Elogios dedicados a ~~Blackwater~~

Obra ganadora del premio literario George Polk
Obra ganadora del premio James Aronson de periodismo por la justicia social

«La reservada y sigilosa empresa contratista militar Blackwater queda resonantemente puesta al descubierto».

—*New York Times Book Review*

«El libro más grande del año es *Blackwater: el auge del ejército mercenario más poderoso del mundo*, de Jeremy Scahill. El autor desveló los tejemanejes de ese ejército privado ilegal mucho antes de que los grandes medios de comunicación y el Congreso empezaran a prestarle atención. Se trata de un relato extraordinariamente bien investigado y explicado sobre el nexo de unión entre los fundamentalistas de extrema derecha, la maquinaria bélica de Bush y Cheney, la política privatizadora y la especulación».

—Matthew Rothschild en *The Progressive*

«Scahill me ha aportado información [...] que no he logrado obtener del ejército estadounidense. [...] He leído más en las páginas del Sr. Scahill que en lo que se ha dignado a ofrecernos nuestro propio gobierno».

—Congresista Marcy Kaptur,
Comité sobre el Presupuesto de la Defensa
(Cámara de Representantes de los EE.UU.)

«Esto no tiene nada que ver con esos farragosos volúmenes de tendenciosidad partidista. [...] Meticulosamente documentado y con una amplitud enciclopédica [...] este libro constituye una guía exhaustiva y plenamente autorizada [...] que sirve muy bien como provocadora introducción y acicate para el debate».

—Bill Sizemore, periodista nominado al premio Pulitzer,
Virginian-Pilot

«Apasionante y explosiva denuncia de cómo la administración Bush ha gastado decenas de millones de dólares en la construcción de un ejército privado paralelo que opera en Irak al margen de la ley. [...] Cuando *Blackwater* salió por vez primera a la luz, apenas obtuvo reseñas o comentarios, y los informativos televisivos tenían tanto miedo de ser demandados judicialmente que el libro fue prácticamente vetado en ellos. Sin embargo, este pasado otoño (apenas unos meses más tarde), cuando el gobierno iraquí acusó a Blackwater de masacrar a varios miembros de la población civil en el centro de Bagdad, el libro adquirió de pronto tintes premonitorios y supimos que la misma prensa que había jaleado la guerra también había pasado por alto la mayor noticia en la zona de combate: que lo de Irak es algo más que una ocupación fallida, ya que supone todo un experimento radical de privatización estatal».

—Naomi Klein, *The Guardian* (Londres)

«Ni Andy McNab habría podido inventarse un relato profético como éste sobre un ejército privado de mercenarios dirigido por un millonario conservador cristiano que, a su vez, financia las campañas del presidente. Una escalofriante revelación del colmo de la privatización militar».

—Christopher Fowler, «Best Books of 2007», en *The New Review*

«Fascinante y magníficamente documentado [...] el nuevo libro de Jeremy Scahill constituye una brillante denuncia y pertenece a la lista de lecturas recomendadas de todo ciudadano concienciado».

— Scott Horton, experto en derecho internacional y militar,
Facultad de Derecho de la Universidad de Columbia

«Scahill muestra su legítima preocupación por las ramificaciones morales y políticas de un ejército sustituto tan poderoso que no responde ante nadie, sin olvidar el efecto que sus fuerzas —que perciben salarios anuales de seis cifras— tienen sobre la moral de los soldados normales. Pero el mensaje más crudo de este libro es el relacionado con los peligros que representa (ahora y siempre) un ejército mercenario y que se resumen en la posibilidad perenne de que se vuelva contra su patrón».

—*Star-Ledger*

«El libro [de Scahill] es tan aterrador como ilustrativo».

—Bill Maher, conductor de *Real Time* (HBO)

«La crónica que Jeremy Scahill hace de la creciente dependencia del Estado con respecto a empresas contratistas privadas que se lucran abundantemente con la muerte y la destrucción se lee como un apasionante relato futurista. El autor, sin embargo, no escribe sobre el futuro, sino sobre el presente y su investigación está enciclopédicamente documentada».

—*Courier-Journal*

«La figura de Jeremy Scahill es la más odiada en Blackwater USA. [...] [Él] tal vez sea el crítico más pertinaz de esta empresa militar privada».

—*Virginian-Pilot*

«Este exhaustivo *Blackwater* de Jeremy Scahill aparece en el momento más oportuno. [...] Dwight Eisenhower nos previno hace décadas del ascenso de un complejo militar-industrial. Scahill ve en el auge de Blackwater la materialización de aquella oscura profecía».

—*Weekend Australian*

«Ahora que Blackwater casi nunca falta a su cita diaria con las noticias, este libro representa un estudio muy útil de los mercenarios modernos (o, como prefieren llamarse a sí mismos, de los "contratistas de seguridad privados" dedicados a la "industria de la paz y la estabilidad"). [...] Scahill es un agudo autor de obras de investigación».

—*The Guardian* (Londres)

«Debería ser de lectura obligatoria. Es sumamente interesante...y aterrador».

—Scarlett Johansson, actriz

«En realidad, Jeremy Scahill no sabe nada de Blackwater».

—Martin Strong, vicepresidente de Blackwater Worldwide

Blackwater

Jeremy Scahill

Blackwater

*El auge del ejército mercenario
más poderoso del mundo*

Haymarket Books, Chicago, Illinois

La primera edición en español fue publicada en 2008 por Ediciones Paidos, Barcelona, Spain
Esta edición fue publicada en 2008 por Haymarket Books
P.O. Box 180165, Chicago, IL 60618
773-583-7884
info@haymarketbooks.org
www.haymarketbooks.org

Publicada con el apoyo financiero de Wallace Global Fund.

Impreso en Canadá

Diseño de María E. Torres.

Numeración de la división de Cataloging-in-Publication de la Biblioteca del Congreso está disponible.
ISBN 978-1931859-6-2

A los periodistas independientes y no «incrustados» en unidad militar alguna, en especial, a los trabajadores de los medios árabes, que arriesgan (y, a menudo, pierden) la vida por ser los ojos y los oídos del mundo. Sin su valentía y sacrificio, los únicos que escribirían realmente la historia serían los autoproclamados vencedores, los ricos y los poderosos.

Sumario

Nota del autor

Este libro no habría sido posible sin el incansable esfuerzo de mi colega Garrett Ordower. Garrett es un extraordinario periodista de investigación que dedicó innumerables horas a cursar solicitudes a los organismos oficiales para que nos enviaran datos de sus archivos en virtud de la Ley federal estadounidense de Libertad de Información, así como a realizar sus propias pesquisas sobre personajes y hechos dificultosos, a indagar datos y cifras, y a entrevistar a nuestras fuentes. También redactó espléndidos borradores iniciales de algunos capítulos del presente libro. Estaré eternamente agradecido a Garrett por la labor cuidadosa y diligente que ha invertido en este proyecto y por su inquebrantable dedicación a la vieja y ya desusada costumbre de sacar «trapos sucios» a la luz. Este libro es tan suyo como mío. Aguardo expectante los futuros proyectos que nos depara Garrett en el mundo del derecho y del periodismo. Para mí sería un honor volver a trabajar con él de nuevo.

Por otra parte, querría expresar mi gratitud a Eric Stoner, quien me prestó su ayuda en labores de investigación durante las actualizaciones de este libro para su versión en rústica. Quiero también alertar al lector de que Blackwater se negó a autorizarme entrevista alguna con sus ejecutivos. Una persona que actuaba como portavoz de la compañía me escribió una nota de «agradecimiento» por mi «interés por Blackwater», pero me aclaró que la empresa «no podía complacer» mi solicitud para entrevistar a los hombres que la dirigen. Estoy en deuda con los concienzudos reportajes publicados en sus respectivos periódicos por Jay Price y Joseph Neff (del *News & Observer* de Raleigh) y por Bill Sizemore y Joanne Kimberlin (del *Virginian-Pilot*). Estos reporteros y su trabajo pionero han hecho un gran servicio a los estadounidenses narrándoles la crónica de la historia de Blackwater y el explosivo crecimiento del sector militar privado. También quiero dar especiales gracias a T. Christian Miller, del *Los Angeles Times*, y a Anthony Shadid y Rajiv Chandrasekaran, del *Washington Post*, así como a P. W. Singer y Robert Young Pelton, autores de libros sobre el tema. Animo también a los lectores a leer el apartado de agradecimientos incluido al final de este libro para que se hagan una idea más exacta de la gran cantidad de personas que han contribuido al proceso de elaboración de esta obra.

El rostro de Blackwater

2 de octubre de 2007
Washington, D.C.

A sus 38 años de edad y con sus características facciones aniñadas, Erik Prince, dueño de Blackwater, entró con paso seguro en la majestuosamente decorada sala de vistas de las comisiones de investigación del Congreso. Inmediatamente acudió a él una nube de fotógrafos. Los *flashes* de las cámaras emitían incesantes destellos y las cabezas de los allí agolpados se volvían hacia el interior de la abarrotada cámara. El hombre que llevaba las riendas de un pequeño ejército de mercenarios iba escoltado no por su escuadrón de élite de antiguos miembros de los SEAL de la Armada y de las Fuerzas Especiales, sino por una guardia de abogados y asesores. En apenas unos minutos, su imagen sería proyectada a todo el planeta; también aparecería en las pantallas de los televisores de todo Irak, donde la indignación contra sus hombres crecía por momentos. Su empresa era ya famosa y, por vez primera desde el inicio de la ocupación, tenía un rostro.

Fue un momento al que Prince se había resistido durante mucho tiempo. Con anterioridad a aquel día (cálido en Washington) de octubre de 2007, había rehuido ser el centro de atención y era bien sabido que su gente se empleaba a fondo en frustrar cualquier intento por parte de los periodistas de obtener una fotografía suya. Cuando Prince aparecía en público, lo hacía casi exclusivamente en congresos militares, donde su papel se limitaba a cantar las excelencias de su compañía y de su labor para el gobierno estadounidense, que consistía, en parte, en mantener con vida en Irak a las autoridades más odiadas en aquel país. Desde el 11 de septiembre, Blackwater había ascendido hasta una posición de extraordinaria prominencia en el aparato de la «guerra contra el terror» y sus contratos con el gobierno federal habían crecido hasta alcanzar un monto total superior a los 1.000 millones de dólares. Ese día, sin embargo, el hombre que controlaba una fuerza situada a la vanguardia de la ofensiva bélica de la administración Bush en Irak iba a estar a la defensiva.

Poco después de las diez de la mañana del 2 de octubre, Prince prestó juramento como testigo estrella en una sesión del Comité sobre Supervisión y Reforma Gubernamental presidido por el representante Henry Waxman. El musculoso y bien afeitado ex SEAL de la Armada vestía un elegante traje azul hecho a medida (más propio de un director ejecutivo de gran empresa que de un contratista salvaje). Frente a la silla de Prince, sobre la mesa, había un adusto letrero de papel con su nombre: «Sr. Prince». Los republicanos trataron de suspender la reunión antes de que diera comienzo en señal de protesta, pero su moción fue derrotada en votación. Muy al estilo de Waxman, el título anunciado de aquel evento era genérico y minimizador de su importancia: «Audiencia sobre la contratación de seguridad privada en Irak y Afganistán». Pero el motivo de la comparecencia de Prince en el Capitolio aquel día era muy concreto y tenía una fuerte carga política. Dos semanas antes, sus efectivos de Blackwater habían estado en el centro mismo de la acción mercenaria más mortífera acaecida en Irak desde el comienzo de la ocupación, en un incidente que un alto mando militar estadounidense dijo que podría tener consecuencias «peores que Abu Ghraib». Aquélla fue una masacre bautizada por algunos como el «domingo sangriento de Bagdad».

El domingo sangriento de Bagdad

Día: 16 de septiembre de 2007. Hora: aproximadamente, las 12:08 del mediodía. Lugar: plaza Nisur, Bagdad, Irak. Hacía un calor tórrido, con temperaturas próximas a los 40 grados centígrados. El convoy de Blackwater, fuertemente armado, llegó a un cruce congestionado de tráfico en el distrito de Mansur de la capital iraquí. Aquel otrora selecto barrio bagdadí conservaba aún boutiques, cafés y galerías de arte que databan de los buenos tiempos de antaño. La aparatosa caravana estaba formada por cuatro grandes vehículos blindados equipados con ametralladoras de 7,62 milímetros montadas en su parte superior.[1] Para la policía iraquí, se había convertido en parte rutinaria de su labor diaria en el Irak ocupado detener el tráfico para dejar paso a las personalidades estadounidenses —protegidas por soldados privados armados hasta los dientes— que pasaban a su lado como una exhalación. Si se lo preguntan a las autoridades norteamericanas, éstas les dirán que el motivo de semejante medida era impedir un atentado de la insurgencia contra los convoyes estadounidenses. Por lo general, sin embargo, los policías iraquíes lo hacían para proteger la seguridad de la propia población civil del lugar, que se arriesgaba a ser abatida a tiros por el simple hecho de acercarse demasiado a las vidas más valoradas en su país: las de los altos cargos extranjeros de la ocupación.

En el mismo momento en que el convoy de Blackwater entraba en la plaza, un joven iraquí, estudiante de medicina, llamado Ahmed Hathem Al Rubaie, llevaba a su madre en el sedán Opel de la familia. Acababan de dejar al padre de Ahmed, Jawad, un patólogo de renombre, en las inmediaciones del hospital donde éste trabajaba. Luego, habían reanudado la marcha para hacer algunos recados, entre los que se incluía recoger los formularios de solicitud de ingreso en la universidad para la hermana de

Ahmed. Tenían idea de volver más tarde para recoger a Jawad cuando se hubieran encargado de todas las tareas previstas. Pero el destino quiso que se encontraran retenidos cerca de la plaza Nisur. Los Rubaie eran musulmanes creyentes y practicantes y estaban observando el ayuno propio del mes santo del Ramadán. Ahmed era políglota, aficionado al fútbol y estudiaba ya el tercer curso de medicina con la intención de hacerse cirujano. La medicina formaba parte de su ADN. Al igual que su padre, la acompañante de Ahmed aquel día, su madre, era también médico: concretamente, alergóloga. Jawad dice que la familia podía haberse ido de Irak, pero pensaron que se les necesitaba en el país. «Me duele cuando veo que los médicos se marchan de Irak», llegó a comentar.[2]

Alí Jalaf Salman, un guardia de tráfico iraquí que estaba de servicio en la plaza Nisur aquel día, recuerda perfectamente el momento en que el convoy de Blackwater se incorporó al cruce, lo que le obligó (a él y a sus colegas) a hacer todo lo posible por detener el resto del tráfico. Pero, nada más llegar a la plaza, los vehículos del convoy dieron sorpresivamente la media vuelta y empezaron a conducir en dirección prohibida por una calle de sentido único.[3] Jalaf observó que el convoy se detuvo bruscamente. Según él, un hombre blanco y corpulento con bigote, que estaba apostado sobre el tercer vehículo del convoy de Blackwater, empezó a abrir fuego con su arma «al azar».[4]

Jalaf miró hacia el lugar adonde iban dirigidos aquellos disparos, en la calle Yarmuk, y oyó a una mujer que gritaba, «¡mi hijo!, ¡mi hijo!».[5] El agente de policía fue corriendo a toda prisa hacia la voz y encontró a una mujer de mediana edad en el interior de un vehículo que sostenía a un hombre de unos veinte años que había recibido un disparo en la frente y estaba cubierto de sangre. «Traté de ayudar a aquel joven, pero su madre lo agarraba con mucha fuerza», recuerda Jalaf.[6] Otro policía iraquí, Sarhan Thiab, corrió también hacia el coche. «Intentamos ayudarle», dijo. «Vi que tenía la parte izquierda de la cabeza destrozada y su madre no dejaba de gritar, "¡hijo mío, hijo mío! ¡Ayúdenme, ayúdenme!".[7]

El agente Jalaf recuerda que miró en dirección a los tiradores de Blackwater: «Levanté el brazo izquierdo todo lo que pude tratando de indicar al convoy que detuviera los disparos».[8] Dice que pensó que con eso lograría que aquellos hombres dejaran de disparar, porque él era un agente de policía claramente identificable como tal.[9] El cuerpo del joven se hallaba aún en el asiento del conductor del automóvil, que era de cambio automático, y, cuando Jalaf y Thiab se hallaban ya a su lado, el coche empezó a avanzar, tal vez debido a que el pie del hombre muerto continuaba pisando el acelerador.[10] Los guardias de Blackwater declararon más tarde que abrieron fuego inicialmente sobre el vehículo porque aceleró sin detenerse, algo que niegan multitud de testigos.[11] Las fotos aéreas tomadas de aquella escena mostraron más tarde que el coche ni siquiera había entrado en la rotonda de la plaza cuando recibió los disparos de los hombres de Blackwater,[12] y el *New York Times* informó que «el coche de las primeras personas asesinadas no empezó a aproximarse al convoy de Blackwater hasta después de que su conductor iraquí hubiera recibido un disparo en la cabeza y hubiera perdido el control del vehículo».[13] Thiab lo explicó así: «Intenté hacer señales con las manos para que los de Blackwater entendieran que el coche se estaba moviendo solo y estábamos tratando de pararlo. Intentábamos sacar a la mujer, pero tuvimos que salir corriendo de allí para ponernos a cubierto».[14]

«¡No disparen, por favor!», Jalaf recuerda haber gritado.[15] Pero, según él mismo explica, mientras tenía la mano levantada, un tirador del cuarto vehículo de Blackwater abrió fuego sobre la madre que agarraba a su hijo y la mató ante los ojos de Jalaf y Thiab.[16] «Vi cómo salían volando trozos de la cabeza de aquella mujer delante de mí», explicó Thiab. «Al momento, abrieron fuego intenso contra nosotros».[17] En unos pocos instantes, comenta Jalaf, fueron tantos los disparos de «grandes ametralladoras» que alcanzaron el coche que éste hizo explosión, envolviendo en llamas los cuerpos que aún alojaba en su interior y fundiendo su carne en un solo amasijo.[18] «Todos y cada uno de los cuatro vehículos abrieron fuego intenso en todas direcciones. Dispararon y mataron a todos los que iban en coches encarados hacia ellos y a los transeúntes más cercanos», según recordaba Thiab. «Cuando acabó aquello, miramos a nuestro alrededor y vimos que una quincena de coches habían sido destruidos y que los cuerpos de las personas asesinadas estaban esparcidos por las aceras y por la calzada de la calle».[19] Inquiridos posteriormente por los investigadores estadounidenses acerca de por qué no llegaron a disparar en ningún momento contra los hombres de Blackwater, Jalaf les dijo: «Yo no estoy autorizado a disparar y mi trabajo es vigilar el tráfico».[20]

Las víctimas fueron identificadas después como Ahmed Hathem Al Rubaie y su madre, Mahasin. El padre de Ahmed, Jawad, tiene un hermano, Raad, que trabajaba en un hospital próximo, adonde fueron llevadas las víctimas de los disparos. «Él oyó los tiros», recuerda Jawad. «Fue una batalla, una contienda, una guerra. Y, por supuesto, ni se le pasó por la cabeza que mi esposa y mi hijo fueran las víctimas...estuvieran entre las víctimas del incidente».[21] Raad «fue al depósito de cadáveres y el responsable le dijo que habían recibido dieciséis cuerpos de las víctimas del incidente de aquel día. Todos habían sido identificados; todos eran identificables, salvo dos: dos cadáveres completamente calcinados. [...] Éstos los pusieron en bolsas negras de plástico».[22] Raad sospechó que pudiera tratarse de Ahmed y Mahasin, pero, dijo, «mi corazón no quería creerlo».[23] Él y su esposa se dirigieron en coche hacia la plaza Nisur y vieron que allí había un sedán abrasado. El vehículo no llevaba ya ninguna matrícula, pero la esposa de Raad descubrió una huella que habían dejado los números sobre la arena del lugar. Raad telefoneó a Jawad y le leyó las cifras: sus peores temores se confirmaron.[24]

Jawad corrió a toda prisa hacia el depósito de cadáveres, donde vio los cuerpos calcinados. Identificó a su mujer por un puente dental de ésta y a su hijo por los restos de uno de sus zapatos.[25] En total, según Jawad, se hallaron una cuarentena de orificios de bala en su vehículo.[26] Dijo que nunca regresó para reclamar el coche, porque quiso que «se convirtiera en un homenaje al doloroso suceso provocado por personas que, supuestamente, vinieron a protegernos».[27]

El ataque contra el vehículo de Ahmed y Mahasin derivó en una orgía de disparos que acabó dejando a diecisiete iraquíes muertos y a más de veinte heridos.

Después de que el coche de Ahmed y Mahasin explotara, el ruido de los disparos siguió resonando de forma sostenida en la plaza Nisur mientras la gente del lugar huía para salvar la vida. Además del fuego procedente de los tiradores de los cuatro vehículos blindados de Blackwater, los testigos afirman que también hubo disparos provenientes de los helicópteros Little Bird de la empresa. «Los helicópteros empezaron a disparar contra los coches», explicó Jalaf. «Dispararon y mataron al conductor de un Volkswagen e hirieron a un acompañante», que escapó «porque se arrojó rodando a la calle desde el coche», según el testimonio del agente.[28] Varios testigos dibujaron la aterradora escena de un tiroteo indiscriminado por parte de los guardias de Blackwater. «Aquello fue una película de terror», dice Jalaf.[29] «Fue una catástrofe», explicó Zina Fadhil, una farmacéutica de veintiún años de edad que sobrevivió al ataque. «Murió mucha gente inocente».[30]

Otro agente de policía iraquí presente en el escenario, Husam Abdul Rahman, comentó que los disparos también iban dirigidos a quienes trataban de huir de sus vehículos. «Si alguien salía de su coche, era blanco inmediato de las balas», dijo.[31]

«Vi a mujeres y a niños que saltaban de los coches y se arrastraban sobre la calzada para que no les alcanzasen los disparos», explicó el abogado iraquí Hasán Yabar Salman, quien recibió cuatro disparos en la espalda durante aquel incidente. «Aun así, las ráfagas no cesaron y muchas de aquellas personas acabaron muertas. Vi a un niño de unos diez años que saltó asustado de un minibús y al que le dispararon en la cabeza. Su madre gritaba angustiada llamándole. Saltó tras él y también la mataron».[32]

Salman dice que cuando accedió aquel día a la plaza conducía justo detrás del convoy de Blackwater y, de pronto, éste se detuvo. Algunos testigos aseguran que se oyó algo parecido a la detonación de una explosión a bastante distancia de allí, pero demasiado lejos como para ser percibida como una amenaza directa. Salman dijo que los guardias de Blackwater le ordenaron que diera media vuelta con su vehículo y abandonara el lugar. Poco después, se iniciaba el tiroteo. «¿Por qué abrieron fuego?», se preguntaba. «No lo sé. Nadie —insisto, nadie— les había disparado. Los extranjeros nos pidieron que regresáramos por donde habíamos venido y yo estaba haciendo eso mismo con mi coche, así que no tenían ningún motivo para disparar».[33] Él asegura que su coche recibió en total doce impactos de bala, incluyendo los cuatro que perforaron su espalda.

Mohamed Abdul Razzaq y su hijo de nueve años, Alí, estaban en el interior de un vehículo que circulaba justo detrás del de Ahmed y Mahasin, las primeras víctimas de aquel día. «Íbamos seis personas en el coche: yo, mi hijo, mi hermana y los tres hijos de ésta. Los cuatro críos ocupaban los asientos posteriores», dijo Razzaq.[34] Él explicó que las fuerzas de Blackwater habían «indicado con gestos que nos detuviéramos, así que todos nos quedamos parados. [...] Es una zona segura, así que pensamos que sería lo de siempre: nos harían parar un rato para que pasaran los convoyes. Pero poco después de aquello, empezaron a disparar intensa y aleatoriamente contra los coches sin excepción».[35] Él dijo que su vehículo «fue alcanzado por una treintena de balas. Todo quedó estropeado: el motor, el parabrisas delantero y el trasero, y las ruedas».[36]

«Cuando empezaron los disparos, les dije a todos que agacharan las cabezas. Oía a los niños gritar de miedo. Cuando pararon, alcé la cabeza y oí a mi sobrino que me gritaba: "¡Alí está muerto, Alí está muerto!"».[37]

«Mi hijo estaba sentado a mi lado», dijo. «Le dispararon en la cabeza y sus sesos estaban esparcidos por la parte trasera del coche»,[38] recordó Razzaq. «Cuando lo abracé, su cabeza estaba gravemente herida, pero su corazón aún latía. Pensé que había alguna posibilidad y lo llevé a toda prisa al hospital. El médico me dijo que estaba clínicamente muerto y que sus probabilidades de supervivencia eran mínimas. Una hora después, Alí murió».[39] Razzaq, que sobrevivió al tiroteo, regresó más tarde al escenario y recogió los fragmentos del cráneo y de la masa encefálica de su hijo con sus manos, los envolvió en una tela y los llevó para que fueran enterrados en la ciudad santa chií de Nayaf. «Aún huelo la sangre, la sangre de mi hijo, en los dedos», dijo Razzaq dos semanas después de la muerte de su hijo.[40]

Según los informes, el tumulto duró unos quince minutos en total.[41] Una señal indicativa de lo rápidamente que se descontroló la situación es que las autoridades estadounidenses informaron que «uno o más» de los guardias de Blackwater instaron a sus colegas a que dejaran de disparar.[42] La expresión «alto el fuego» fue «supuestamente pronunciada en varias ocasiones», según explicó un alto mando al New York Times. «Hubo una diferencia de criterio en aquel mismo momento».[43] Al parecer, en un momento dado, uno de los guardias de Blackwater apuntó a otro con su arma. «Aquello fue como un duelo a la mexicana», declaró uno de los guardias contratados por la empresa.[44] Según Salman —el abogado iraquí que estaba presente en la plaza aquel día—, el guardia de Blackwater gritó a su colega: «¡No! ¡No! ¡No!». El abogado fue tiroteado en la espalda cuando trataba de huir.[45]

Cuando la intensidad de los disparos empezó a remitir, según los testimonios de los testigos, alguien detonó una especie de bomba de humo en la plaza, tal vez para cubrir la partida del convoy de Blackwater, una práctica habitual en aquellas expediciones de seguridad.[46] Varios iraquíes contaron también que las fuerzas de Blackwater siguieron disparando mientras abandonaban la plaza. «Incluso cuando se retiraban, continuaron lanzando ráfagas de disparos indiscriminadamente para despejar el tráfico», explicó un agente iraquí que presenció el tiroteo.[47]

En apenas unas horas, y a medida que se fueron difundiendo las noticias de la masacre, el de Blackwater se convirtió en un nombre familiar en todo el mundo. La empresa declaró que sus fuerzas habían sido «violentamente atacadas»[48] y habían «actuado legal y apropiadamente»,[49] además de haber «defendido heroicamente las vidas de ciudadanos estadounidenses en una zona de guerra».[50] «Los "civiles" sobre los que supuestamente dispararon los profesionales de Blackwater eran, en realidad, enemigos armados».[51] En menos de 24 horas, los muertos de la plaza Nisur acabaron provocando la peor crisis diplomática hasta la fecha entre Washington y el régimen que EE.UU. había instaurado en Bagdad. Aunque las fuerzas de Blackwater ya habían estado presentes en el centro mismo de algunos de los momentos más sangrientos de la guerra, habían operado fundamentalmente en la sombra hasta aquel momento. Cuatro años después de que las primeras botas de guardias contratados por Blackwater pisaran suelo iraquí, la empresa y sus efectivos salieron bruscamente de la oscuridad. La plaza Nisur sirvió para impulsar a Erik Prince hacia la infamia internacional.

Pauta mortal

Pese a que en Irak hay decenas de miles de mercenarios desplegados, durante los primeros cinco años de la ocupación de aquel país, las fuerzas de seguridad privadas no han estado sujetas a consecuencia legal alguna por las acciones con resultado de muerte que allí cometieron. Hasta la primavera de 2008, ni uno solo de sus miembros había sido procesado judicialmente por un delito perpetrado contra una persona iraquí. De hecho, esos actos rara vez habían sido objeto siquiera de una expresión pública de protesta por parte de las autoridades iraquíes. Y de la administración Bush sólo habían sido merecedores de palabras de alabanza, cuando no del silencio más absoluto. En el Congreso, la privatización de la guerra casi no fue tema de debate, pese a los esfuerzos de unos cuantos legisladores clarividentes que se habían apercibido de la amenaza. Los políticos de línea más beligerante que sí le prestaron atención lo hicieron para obtener aún mayor volumen de negocio para los contratistas bélicos. La cobertura informativa de las actividades de los mercenarios en Irak era esporádica y vinculada casi exclusivamente al estallido de incidentes. Casi nadie se fijaba en los aspectos trascendentales a mayor escala. Pero tras lo de la plaza Nisur, Blackwater y otras empresas de mercenarios perdieron repentinamente su celosamente guardado encubrimiento.

Aunque el tiroteo de la plaza Nasur llevó la cuestión de las fuerzas privadas que operan en Irak —y, en concreto, el nombre de Blackwater— hasta las primeras planas de los periódicos de todo el mundo, aquél no había sido, ni mucho menos, el primer incidente mortal en el que se había visto envuelto personal de la empresa. La novedad estribaba en la enérgica respuesta que había dado el gobierno pro estadounidense iraquí. Cuando ni siquiera habían transcurrido 24 horas desde la matanza, el ministro iraquí del Interior anunció la expulsión de Blackwater del país; el primer ministro Nuri Al Maliki calificó la conducta de la empresa de «criminal».[52] Para el gobierno de Irak, aquélla había sido la gota que colmaba el vaso.

Las iras del gobierno de Bagdad habrían sido ya más que comprensibles si el único incidente en el que estuviese implicada Blackwater fuese el de la plaza Nisur. Pero lo cierto es que ésa había sido la pauta de los cuatro años anteriores y que el nivel de letalidad se había intensificado durante los doce meses precedentes a la matanza de aquellos 17 iraquíes en Bagdad. Lo que más había indignado a la ciudadanía de Irak había sido la ausencia de consecuencia alguna para la compañía por sus acciones. Se dice que los contratistas desplegados en Irak tenían un lema: «Lo que ocurre aquí y ahora, no sale de este lugar ni de este momento».[53] Como uno de los guardias armados contratados informó al *Washington Post*, «desde el principio se nos ha dicho que si, por alguna razón, sucedía algo y los iraquíes trataban de llevarnos ante un tribunal, ya se encargaría alguien de meternos en la parte trasera de un coche para sacarnos a hurtadillas del país en plena noche».[54]

Eso fue, al parecer, lo que ocurrió tras otro incidente trágico con las fuerzas de Blackwater. La Nochebuena de 2006, en el interior de la fortificadísima Zona Verde de Bagdad, Andrew Moonen,[55] un guardia a sueldo de Blackwater que se encontraba libre de servicio, acababa de abandonar una fiesta de celebración navideña. Según los testigos, caminaba bebido por el sector de la zona conocido como «Little Venice»[56] cuando se encontró con Rahim Jalif, un guardaespaldas iraquí del vicepresidente Adil Abdul Mahdi.[57] «Entre las 10:30 y las 11:30 p.m., el empleado de Blackwater, provisto de una pistola Glock de 9 mm, atravesó una verja de entrada al recinto donde se hallan las dependencias del primer ministro y allí fue encarado por el guardia iraquí que estaba de servicio en aquel momento», según una investigación del Congreso estadounidense. «El empleado de Blackwater efectuó múltiples disparos, de los que tres impactaron en el cuerpo del guardia. Luego huyó del escenario».[58]

Varios directivos de Blackwater confirmaron que, a los pocos días, sacaron rápidamente a su empleado de Irak para llevarlo a un lugar seguro, algo en lo que, según dicen, se limitaron a cumplir órdenes de Washington.[59] Las autoridades iraquíes calificaron aquella muerte de «asesinato criminal».[60] Blackwater dijo que despidió a su vigilante, pero, a principios de 2008, aún no había sido acusado de delito alguno. Transcurrido un año desde aquel incidente, Erik Prince declaró que Blackwater había revocado las autorizaciones de seguridad de Moonen, lo que, según el propio Prince, significaba que Moonen «jamás volver[ía] a trabajar para la administración estadounidense en un puesto que exija una licencia de seguridad de ese nivel», o que, en cualquier caso, sería «muy, muy improbable».[61] Pero unas semanas después de aquellos disparos fatales, Moonen fue empleado de nuevo por una empresa contratista del Departamento de Defensa y volvió a trabajar bajo un contrato del gobierno estadounidense en Oriente Medio.[62]

El congresista Dennis Kucinich, miembro del Comité de la Cámara de Representantes sobre Supervisión y Reforma Gubernamental, sugirió que, al facilitarle a Moonen su salida en secreto de Irak, «los directivos [de Blackwater] podrían haberse convertido de hecho en cómplices [...] de ayudar a huir de la justicia a alguien que ha cometido un asesinato».[63] Según un memorando remitido por la embajada de Estados Unidos a la secretaria de Estado Condoleezza Rice, tras aquel tiroteo, el vicepresidente iraquí Abdul Mahdi trató de ocultar la noticia porque estaba convencido de que «los iraquíes no entenderían que un extranjero pudiese matar a un iraquí y volver libre a su propio país como si nada».[64]

Seis semanas más tarde, el 7 de febrero, un tirador de Blackwater mató a un guardia de un disparo en la cabeza en las instalaciones de la Cadena de Medios Iraquíes (de titularidad pública) y, acto seguido, disparó contra otros dos que habían repelido el ataque inicial.[65] El gobierno iraquí investigó el incidente —al igual que la propia cadena estatal— y llegó a la siguiente conclusión: «El 7 de febrero, miembros de Blackwater abrieron fuego desde el tejado del edificio del Ministerio de Justicia, de forma intencionada y sin mediar provocación alguna, y mataron a tiros a tres miembros de nuestro equipo de seguridad mientras estaban de servicio en el interior del complejo de la cadena de medios».[66] Pero el gobierno estadounidense, guiándose por la información facilitada por Blackwater, concluyó que las acciones de aquel francotirador «entraban dentro de las normas aprobadas sobre el uso de la fuerza».[67] Blackwater afirma que sus fuerzas fueron las primeras en recibir disparos, algo que contradicen los testigos y el gobierno iraquí. Ni la embajada de Estados Unidos ni Blackwater tomaron declaración a ningún testigo iraquí.[68]

En mayo de 2007, efectivos de Blackwater se vieron envueltos en dos acciones consecutivas con resultado de muerte en un mismo barrio bagdadí próximo al Ministerio del Interior iraquí, según una información de Steve Fainaru y Saad al-Izzi para el *Washington Post*.[69] En uno de los incidentes, las fuerzas de Blackwater dispararon sobre un vehículo iraquí después de que, según ellas, éste se apartara bruscamente de su trayectoria inicial y se acercara demasiado a su convoy, y mataron a su conductor (un civil). Como ya sucediera con el tiroteo del 16 de septiembre, los testigos dijeron que aquellos disparos no habían tenido provocación previa. En el caos que siguió al incidente, los operativos de Blackwater se negaron, al parecer, a dar sus nombres o cualquier otro detalle sobre lo ocurrido a las autoridades iraquíes, lo que desató un tenso pulso entre las fuerzas de Blackwater y las locales (armadas unas y otras con fusiles de asalto). La cosa podría haber sido mucho más sangrienta de no haberse personado en el escenario un convoy militar estadounidense que intervino para calmar la situación. El día antes de aquel incidente, en un barrio cercano, varios guardias de Blackwater se vieron envueltos en una batalla a tiros de casi una hora de duración que atrajo tanto a soldados regulares estadounidenses como a fuerzas iraquíes, y en la que, según se dijo, fueron al menos cuatro los iraquíes que murieron. Las fuentes estadounidenses informaron de que las fuerzas de Blackwater «cumplieron su cometido» protegiendo la vida de las autoridades.[70]

Brevemente después de lo acaecido en la plaza Nisur, el embajador Ryan Crocker declaró: «Yo soy aquí el embajador, así que soy responsable. [...] Sí, ojalá hubiera tenido la clarividencia necesaria para apreciar que había cosas ahí fuera que podían corregirse».[71] En cualquier caso, llegados a ese punto, era ya imposible ignorar la evidencia de que existía un problema grave.

Según el *Washington Post*, a principios de junio de 2007, tres meses antes de lo de la plaza Nisur, «la preocupación por la actuación de Blackwater había llegado hasta el Comité Nacional de Inteligencia de Irak, formado por altos mandos de los servicios de inteligencia iraquíes y estadounidenses, como el general de división David B. Lacquement, adjunto al jefe de Estado Mayor del Ejército de Tierra para asuntos de inteligencia. El general de división Huseín Kamal, titular de la Dirección General de Inteligencia del Ministerio del Interior iraquí, pidió a las autoridades estadounidenses que tomaran medidas enérgicas contra las empresas de seguridad privada. Según las actas de la reunión, los mandos militares estadounidenses respondieron a Kamal que Blackwater se hallaba bajo la autoridad del Departamento de Estado y, por tanto, escapaba a su control. No se volvió a hablar de la cuestión».[72]

Las autoridades iraquíes alegaron que, durante el año anterior a la matanza de la plaza Nisur, se habían producido, al menos, seis incidentes mortales en los que Blackwater había estado involucrada.[73] En total, entre junio de 2005 y septiembre de 2007, hubo diez tiroteos con resultado de muerte de los que se tenga constancia.[74] Entre éstos, estuvieron tanto un incidente con disparos producido cerca del Ministerio de Exteriores el 4 de febrero de 2007 y en el que, al parecer, perdió la vida Hana Al Amidi, un periodista iraquí, como un tiroteo del 9 de septiembre de 2007 durante el que cinco iraquíes murieron en las inmediaciones de un edificio gubernamental en Bagdad. También se produjo un tiroteo el 12 de septiembre de 2007 que dejó heridas a cinco personas en el este de la capital.[75]

«Tratamos repetidas veces de contactar con el gobierno estadounidense a través de canales administrativos y diplomáticos para transmitirles nuestra queja por la reiterada participación de los guardias de Blackwater en incidentes diversos que habían provocado la muerte de un elevado número de iraquíes», explicó Kamal.[76] Sin embargo, la portavoz de la embajada de Estados Unidos, Mirembe Nantongo, dijo: «En nuestros archivos, no contamos con ninguna documentación oficial proveniente de nuestros socios iraquíes en la que se solicite la aclaración de ningún incidente».[77] Esa declaración se contradecía con las palabras de otro alto funcionario estadounidense, Matthew Degn, quien ejerció de enlace con el Ministerio del Interior iraquí hasta agosto de 2007. Degn explicó al *Washington Post* que las autoridades iraquíes habían enviado una auténtica avalancha de memorandos a los directivos de Blackwater y a los altos cargos estadounidenses con mucha anterioridad al tiroteo del 16 de septiembre y que sus peticiones instando a la toma de medidas habían sido repetidamente rechazadas. «Tuvimos numerosas conversaciones sobre las frustraciones [del gobierno iraquí] con Blackwater, pero cada vez que [las autoridades iraquíes] intentaban ponerse en contacto con el gobierno [estadounidense], sus peticiones caían en saco roto»,[78] comentó Degn.

«Blackwater proporciona un valioso servicio»

El día después de los disparos en la plaza Nisur, el Departamento de Estado norteamericano ordenó que todas las autoridades militares no estadounidenses permanecieran dentro del perímetro de la Zona Verde y que se interrumpiera el envío de convoyes diplomáticos. Aquello no dejaba de ser un crudo recordatorio de la importancia central de Blackwater en el operativo de la ocupación estadounidense. Según el comentario jocoso de un observador iraquí, la Zona Verde se convirtió en el «Zoo Verde».[79] El gobierno de Irak, actuando como si tuviera realmente el país bajo control, anunció su pretensión de llevar a juicio a los hombres de Blackwater responsables de los asesinatos. «No permitiremos que se asesine a iraquíes a sangre fría», declaró Maliki. «Entre los iraquíes en su conjunto (incluido su gobierno), reina una sensación de tensión e irritación por este crimen».[80]

Pero no iba a resultar tan fácil librarse de Blackwater. Cuatro días después de haber sido apartado inicialmente de sus funciones, el personal contratado por la empresa volvía a las calles iraquíes. A fin de cuentas, Blackwater no es una más de las compañías de seguridad desplegadas en Irak: es la empresa de mercenarios líder en la ocupación estadounidense. Empezó a asumir ese papel en el verano de 2003, tras convertirse en la beneficiaria de un contrato no competitivo para encargarse de la seguridad del embajador Paul Bremer, máxima autoridad de la Autoridad Provisional de la Coalición entre mayo de 2003 y junio de 2004. Desde entonces, ha protegido la vida de todos los embajadores estadounidenses subsiguientes, desde John Negroponte hasta Ryan Crocker. Custodió a la secretaria de Estado Condoleezza Rice cuando visitó el país, así como a multitud de delegaciones de congresistas estadounidenses. Desde su contrato inicial para operar en Irak hasta finales de 2007, sólo con los contratos de «seguridad diplomática» obtenidos a través del Departamento de Estado, Blackwater llevaba ganados 1.000 millones de dólares.[81]

La presencia de Blackwater en las calles de Irak a los pocos días de que Maliki pidiera su expulsión actuó como un símbolo patente de la absoluta falta de soberanía iraquí. Maliki no tardó en recibir fuertes presiones de Estados Unidos para que se desdijera de sus peticiones iniciales de expulsión y enjuiciamiento. Aunque Rice llamó inmediatamente al primer ministro iraquí para disculparse, también se encargó de recalcar públicamente que «necesitamos protección para nuestros diplomáticos».[82] Unos días después, Tahsín Sheijli, representante del gobierno de Maliki, declaró: «Si echamos a esta empresa de forma inmediata, se producirá un vacío que ocasionaría un gran desequilibrio en la situación de la seguridad».[83] A la vista de la carnicería del 16 de septiembre, aquella era una afirmación complicada de entender.

Dando un revelador giro de 180 grados, Maliki accedió con presteza a aplazar cualquier decisión sobre el estatus de Blackwater hasta que se conocieran los resultados de una investigación «conjunta» estadounidense-iraquí. Sin embargo, el primer ministro también se hallaba bajo una fuerte presión de los propios iraquíes, muchas de cuyas más destacadas figuras de la política y de la resistencia exigían que Blackwater abandonara inmediatamente el país. Plenamente consciente de esto y hallándose de visita oficial en Estados Unidos una semana después del tiroteo, Maliki llegó incluso a calificar la situación de «serio ataque a la soberanía de Irak» que resultaba «imposible de aceptar».[84]

Pese a sus titubeos iniciales, una vez de vuelta en Bagdad, Maliki pareció mostrarse fuerte y verdaderamente decidido a llevar a los perpetradores de la matanza de la plaza Nisur ante la justicia. Un equipo de investigadores formado por funcionarios de los ministerios iraquíes del Interior, Seguridad Nacional y Defensa, reveló en un informe preliminar que «el asesinato de ciudadanos a sangre fría que Blackwater llevó a cabo en la zona de Nisur está considerado como un acto de terrorismo contra la población civil como cualquier otro atentado terrorista».[85] Pero, como en el caso de otros incidentes mortales, los investigadores iraquíes dijeron que habían recibido poca o nula información del gobierno estadounidense y que se les había negado todo acceso a los empleados de Blackwater implicados en los disparos. Un funcionario estadounidense dio la impresión de descalificar la validez de la investigación interministerial del gobierno de Irak declarando al *New York Times* que «la única que existe es la investigación conjunta que estamos llevando a cabo con los iraquíes».[86]

Pese a todo, las autoridades de Bagdad anunciaron su intención de presentar cargos penales formales contra las fuerzas de Blackwater implicadas en el tiroteo y el mencionado informe de los ministerios iraquíes dejó muy claro que «los criminales ser[ían] remitidos al sistema judicial iraquí».[87] Abdul Satar Ghafur Bairaqdar, miembro del Consejo Judicial Supremo de Irak, el más alto tribunal del país, declaró: «Esta empresa está sujeta a la ley iraquí y el delito fue cometido en territorio de Irak, así que el poder judicial iraquí es el competente para ocuparse del caso».[88]

Por desgracia, la cosa no fue tan sencilla.

El 27 de junio de 2004, el día antes de que Bremer abandonara Bagdad de forma casi desapercibida, dictó un decreto conocido como Orden nº 17.[89] Esta directiva garantizaba la inmunidad general a todos los contratistas privados que trabajasen para Estados Unidos en Irak, lo que, en la práctica, privaba al gobierno iraquí de la posibilidad de procesar los delitos de dichos contratistas (o del personal contratado por éstos) en sus tribunales nacionales. El momento de emisión de aquella norma fue curioso, ya que Bremer se marchaba del país tras —supuestamente— haber «traspasado la soberanía» al gobierno de Irak. La inmunidad otorgada por la Orden nº 17 continúa vigente en el momento actual y estaba plenamente en vigor cuando sucedió el incidente de la plaza Nisur. Los representantes del sector de la seguridad privada y las autoridades estadounidenses argumentan desde hace tiempo que Irak no dispone de un sistema judicial imparcial y estable que esté facultado para encargarse del enjuiciamiento del personal de los contratistas privados extranjeros. Independientemente de que esa afirmación sea legítima o no, lo cierto es que, si Estados Unidos se tomara los delitos de los contratistas en serio, habría buscado vías alternativas de enjuiciamiento o de sanción de los presuntos asesinos (al menos, para mostrar a los iraquíes que en Washington no se hace caso omiso de su preocupación e indignación). Pero la realidad es que ni un solo miembro del personal armado de las empresas contratistas (ya sea de Blackwater o de cualquiera otra) ha sido nunca acusado formalmente en ningún tribunal del mundo por un delito cometido contra un iraquí. De ahí que estas fuerzas trabajen en un clima de impunidad total, que algunos observadores consideran deliberado y útil para otros fines más genéricos de la propia ocupación del país. «El hecho de que dispongan de inmunidad significa que no existe siquiera la posibilidad de que teman consecuencia alguna por asesinar o por actuar con crueldad», afirma Michael Ratner, presidente del Center for Constitutional Rights. «Nada de eso es casual; la finalidad misma de una medida así es embrutecer e infundir miedo en la población iraquí».[90]

Cuando sucedió el tiroteo de la plaza Nisur, Blackwater era una de las más de 170 empresas de mercenarios que ofrecían sus servicios en Irak. Aunque estaba considerada de forma generalizada como la élite por excelencia de todas esas compañías, contaba con dos competidoras (DynCorp y Triple Canopy) que gustosamente se habrían aprestado a ocupar su lugar como beneficiaria de uno de los contratos de seguridad privada más lucrativos de la historia contemporánea. Pero lo acaecido entre bastidores durante los días y las semanas inmediatamente posteriores al 16 de septiembre dijo mucho de lo profundamente incrustada que estaba Blackwater en la maquinaria de la ocupación y de lo importante que la empresa de Erik Prince había pasado a ser para la Casa Blanca. Blackwater «tiene un cliente que la apoyará siempre, haga lo que haga», explicó al *Washington Post* H. C. Lawrence Smith, subdirector de la Asociación de Compañías de Seguridad Privada de Irak (patrocinada por las empresas del sector), poco después de los sucesos de la plaza Nisur.[91]

El inconfesable secreto a voces que circulaba por Washington era que Blackwater había cumplido con su trabajo en Irak, que era el de mantener con vida por cualesquiera medios necesarios a las autoridades más odiadas de la ocupación estadounidense. «Lo que me dijeron fue: "Nuestra misión es proteger a la personalidad a nuestro cargo a toda costa. Si eso significa malhumorar a los iraquíes, mala suerte"», recordaba Ann Exline Starr, ex asesora de la ocupación estadounidense que fue custodiada en Irak tanto por Blackwater como por DynCorp.[92] Esa «misión» alentó una conducta que primaba las vidas estadounidenses infinitamente por encima de las de la población civil iraquí, incluso en casos en los que el único delito del ciudadano o de la ciudadana local de turno era el de conducir demasiado cerca del convoy de alguna personalidad protegida por guardias de Blackwater. «Esos tipos guardan mis espaldas», comentó el embajador Ryan Crocker poco después de lo de la plaza Nisur. «Y he de confesar que lo hacen muy bien. Yo sigo teniendo en una gran consideración a los individuos que trabajan para Blackwater».[93] Y no fue ni mucho menos el único en acudir en defensa de la empresa. «Ninguno de los individuos que Blackwater ha protegido ha sido asesinado» en Irak, declaró el congresista republicano Patrick McHenry, representante de Carolina del Norte, estado donde Blackwater tiene su sede central. «Ésa es, creo yo, la cifra que aquí nos importa».[94]

«Se trata de un balance perfecto», comentó el republicano de Connecticut Chris Shays, quien añadió que, «por el motivo que fuera», Blackwater no obtenía «ningún reconocimiento por ello».[95]

Hubo un momento, cuando los medios indagaban cada vez más a fondo lo acaecido en el tiroteo de la plaza Nisur y los demócratas del Congreso abrían los ojos a las actividades de Blackwater en Irak, en el que dio la impresión de que la presencia de la compañía en el país árabe tenía los días contados. Las autoridades estadounidenses tenían que estar preocupadas también en el plano práctico por la posibilidad de que los guardaespaldas enviados por Washington se convirtieran en blancos u objetivos más codiciados que el personal cuya protección tenían a su cargo.

Unos días después de los sucesos de la plaza Nasur, estalló un nuevo escándalo que implicaba también a Blackwater. En este caso, sin embargo, las sospechas estaban centradas en Washington y ponían de manifiesto la estrecha relación entre la compañía y la administración Bush. Concretamente, se mencionó la posibilidad de que una serie de armas llevadas a Irak por los contingentes de Blackwater hubiesen acabado en manos del grupo combatiente kurdo, el PKK, declarado como «organización terrorista extranjera» por el Departamento de Estado.[96] Según una carta remitida por el miembro de la Cámara de Representantes Henry Waxman al inspector general del Departamento de Estado, Howard «Cookie» Krongard, éste (quien, según la acusación de Waxman, era un activo «partidista» que mantenía estrechos lazos con la administración Bush) había obstruido una investigación federal sobre la supuesta «introducción ilegal de armas en Irak» por parte de Blackwater.[97]

Waxman citaba un mensaje de correo electrónico de Krongard, fechado en julio de 2007, en el que éste ordenó al personal de su oficina que «ces[ara] INMEDIATAMENTE» de cooperar con el fiscal federal que investigaba a Blackwater hasta que el propio Krongard hablara con éste. Waxman dijo que las acciones de Krongard habían acarreado «semanas de retraso» y que, con la posterior asignación de un especialista en relaciones con los medios de comunicación (en vez de un investigador) para ayudar al mencionado fiscal, el inspector general de Defensa había «obstaculizado la investigación».[98] Más tarde se supo que el hermano de Krongard, Alvin «Buzzy» Krongard, había aceptado un puesto como asesor a sueldo de Blackwater, al cual renunció después de que el comité de Waxman lo hiciera público.[99] (Como se explica en el capítulo 3, Alvin Krongard, quien fuera en su momento tercero en importancia de la jerarquía de la CIA, fue uno de los factores que ayudó a Blackwater a obtener su primer contrato de seguridad privada en Afganistán en 2002.) Howard Krongard dimitió acto seguido de su cargo en el Departamento de Estado a finales de 2007.[100] Por su parte, Blackwater negó que estuviera «relacionada o que [fuera] cómplice en modo alguno de actividades ilegales de tráfico de armas» y declaró que estaba cooperando con la investigación federal.[101]

Mientras Blackwater era criticada en los medios por estos escándalos, entre bastidores se desarrollaron una serie de acontecimientos que olían a maniobra de encubrimiento a gran escala de la masacre de la plaza Nisur, en una iniciativa que parecía emanar de algunos de los más altos niveles de poder de Washington. Mientras Waxman se preparaba para la visita de Erik Prince al Capitolio en octubre, descubrió que, tras el tiroteo, el Departamento de Estado había ordenado a Blackwater que «no hiciera revelación alguna de los documentos ni de la información» referidos a su contrato de seguridad en Irak sin una autorización por escrito.[102] Waxman protestó ante Rice indicándole que el Congreso tenía la «potestad constitucional» de investigar a Blackwater y diciéndole, además, que «se equivoca[ba] interfiriendo en la investigación del comité».[103] Sintiéndose blanco de las críticas, el Departamento de Estado varió su postura el mismo día en que Waxman escribió a Rice, diciendo que la restricción sólo concernía a la información clasificada como reservada.[104]

A diferencia de otras muchas compañías privadas que trabajan para las fuerzas de ocupación en Irak, Blackwater respondía directamente de sus acciones ante la Casa Blanca y no estaba bajo las órdenes del ejército. Kucinich la acusa de «constituir, en realidad, una rama más de la administración presidencial y de las políticas de ésta».[105] Tanto el general David Petraeus como el embajador Crocker dejaron muy claro que, sin Blackwater y otras empresas del mismo tipo, la ocupación no sería sostenible. «Siento un gran respeto por su trabajo», dijo el subsecretario de Estado John Negroponte, quien fue protegido por personal de la compañía durante su estancia en Irak. Blackwater, dijo, «me mantuvo a salvo para que pudiera hacer mi labor». Sin ellos, añadió, «el personal civil del Departamento de Estado no podría desempeñar responsabilidades cruciales en lugares como Irak y Afganistán».[106] Nicholas Burns, subsecretario de Estado para Asuntos Políticos, declaró: «Tenemos mucha gente en Bagdad —es nuestra mayor embajada en el mundo— y tiene que estar bien protegida».[107]

Pese a que George W. Bush ha evidenciado en ocasiones su total disposición a arrojar a sus aliados a los leones cuando su propia supervivencia —o la de sus políticas favoritas— ha estado en cuestión, Blackwater no estaba destinada a unirse a Donald Rumsfeld o a George Tenet en el profundo sumidero de los daños colaterales. «Blackwater proporciona un valioso servicio», declaró el presidente tras la masacre de la plaza Nisur. «Protege la vida de las personas. Y yo agradezco el sacrificio y el servicio que los empleados de Blackwater han prestado».[108] En aquel momento, los miembros de la administración Bush estaban probablemente cayendo en la cuenta de que, les gustase o no, necesitaban a Blackwater. Por muy oportuno que fuese librarse de la empresa, la ocupación de Irak habría sido prácticamente imposible de proseguir sin ella. A tal punto había llegado la compañía (y las demás de su clase) como parte integral de las operaciones militares de Estados Unidos.

Un príncipe en el Capitolio

La primera vez que Erik Prince fue citado a comparecer ante el Congreso para responder sobre las actividades de Blackwater, en febrero de 2007, envió a su abogado. Por entonces, la mayoría de la gente no había oído nunca hablar de su empresa. Tras los sucesos de la plaza Nisur, no tuvo más remedio que presentarse en persona en las dependencias del Congreso. El 2 de octubre de 2007, el mundo iba a conocer por fin al Sr. Prince.[109] Las medidas de seguridad eran muy estrictas en el interior de la sala del comité y una larga cola de espectadores y de periodistas que no habían podido entrar se extendía por los pasillos del edificio Rayburn. Muchos fueron arrinconados e introducidos en una sala adicional para alojar a quienes no cabían en la primera, pero la mayoría permanecieron en los corredores. Sólo unas pocas decenas de personas fueron autorizadas a ser testigos del acontecimiento en persona. Entre ellas, estaban los familiares de los guardias de Blackwater asesinados en Faluya, que habían presentado una demanda judicial contra la empresa por muerte dolosa de sus seres queridos. Todo el sector de asientos situado justo detrás del sillón de cuero donde Prince iba a sentarse había sido acotado con letreros en los que se leía «reservado para Blackwater USA». Varias de esas sillas continuaron vacías durante toda la sesión.

Prince llegó rodeado de abogados y asesores (entre ellos, Barbara Comstock, veterana colaboradora republicana y experta en comunicación de crisis) y de una serie de altos ejecutivos de Blackwater, entre ellos, los hombres que actúan como auténtica mano derecha de Prince: el vicepresidente Bill Matthews y el presidente Gary Jackson. Los consejeros de Prince interrumpieron repetidamente el desarrollo de la sesión para formar piña con los demás asesores en torno al mandamás de Blackwater y decidir —como si de un equipo deportivo se tratara— su siguiente ju-

gada. Como preparación para su comparecencia de aquel día, los abogados de Prince se habían hecho con los servicios de BKSH, filial de
Burson-Marsteller (gigante de las relaciones públicas controlada por uno
de los barones de la propaganda, Mark Penn) dedicada a la consultoría
política.[110] Aquélla no dejaba de ser una elección interesante, puesto que
Penn fue el principal estratega de Hillary Clinton y algunos observadores
lo habían llegado a llamar «el Rove de Hillary». Quizás más revelador
aún fuese el hecho de que BKSH estaba dirigida por Charles Black Jr.,
asesor de ambos presidentes Bush.[111]

Lo que había puesto a Prince en aquel disparadero eran sin duda los
sucesos de la plaza Nisur. Pero, sorprendentemente, Prince no quiso responder a pregunta alguna sobre aquel incidente. La víspera de la sesión,
el Departamento de Justicia de Alberto Gonzales anunció que había
puesto en marcha una investigación criminal sobre el tiroteo. Waxman
dijo que el Departamento de Justicia le había pedido que no tomase testimonio sobre el incidente para no contaminar la investigación abierta.
Aunque Waxman afirmó que el Congreso «tiene derecho independiente
a conocer esta información», accedió a mantenerla fuera de la mesa. El
momento del anuncio de la primera investigación por parte de la administración Bush —dos semanas después de la comisión del presunto crimen y la víspera de la comparecencia ante el Congreso del hombre que
estaba al mando de los supuestos perpetradores— era bastante sospechoso, por no decir otra cosa.

Waxman hizo sonar su mazo e impuso el orden en la reunión. «Durante los últimos 25 años, se ha venido desplegando una sofisticada campaña de privatización de diversos servicios estatales», declaró. «Su base
teórica viene a decir que la empresa privada puede proveer esos servicios
públicos mejor y a menor coste que el propio Estado. Ésa es la teoría que
ha venido poniéndose en práctica a lo largo de los últimos seis años.
Como consecuencia, la privatización ha experimentado un gran auge».

«Puede que ningún contratista federal haya crecido tan rápidamente
en Estados Unidos como Blackwater en estos últimos siete años», dijo
Waxman al inicio de la sesión. «En 2000, Blackwater sólo manejaba un
volumen de 204.000 dólares en contratos con la administración pública.
Desde entonces, ha recibido más de 1.000 millones en contratos con el
gobierno federal. Más de la mitad de dichos contratos le fueron concedidos sin mediar un concurso plenamente competitivo y abierto. La privatización está funcionando excepcionalmente bien para Blackwater. La

pregunta que nos ocupa en esta sesión es si esa subcontratación de funciones hacia Blackwater es un buen negocio para el contribuyente y el ejército estadounidenses, y para nuestro interés nacional en Irak».

Tras los comentarios introductorios, Erik Prince se puso de pie ante el comité, levantó la mano derecha y juró decir la verdad. Prince pintó un panorama de su propia empresa en el que ésta aparecía como una prolongación del ejército estadounidense, cuyos hombres «ejercían funciones de defensa» en una zona bélica peligrosa en la que «sangran en rojo, blanco y azul» para proteger heroicamente a las «autoridades de la reconstrucción» que tratan de «volver a unir el desgarrado tejido de Irak, y para alejarlas de ese punto X, de ese lugar donde los malos, los terroristas, han decidido matarlos aquel día». Empleó la expresión «los malos» al menos nueve veces durante su testimonio y, en cierto momento, llegó incluso a declarar: «Los malos se han imaginado que matar a americanos tiene un gran impacto mediático, creo yo. Están tratando de echarnos. Intentan apuntar al corazón mismo de la determinación y la voluntad estadounidenses de permanecer allí».

Durante cerca de cuatro horas de declaración y preguntas, Prince proclamó sin reparo que, en Irak, sus hombres han actuado «apropiadamente en todo momento», y negó que su empresa hubiera matado jamás a civiles inocentes. No le tembló la mano en ningún momento y tampoco afloró gota alguna de sudor en su rostro. Decir que mantuvo la calma ante la tormenta sería quedarse corto: Prince se mostró más bien desafiante.

«Usted admitirá que el personal de Blackwater ha disparado y matado a civiles inocentes, ¿no?», preguntó a Prince el demócrata por Illinois Danny Davis.

«No, señoría. No estoy de acuerdo con lo que dice», replicó Prince. «Creo que ha habido ocasiones en las que algunos han recurrido a la fuerza defensiva para protegerse, para proteger los "paquetes" que tenían bajo su custodia y para tratar de eludir el peligro. Puede que haya habido balas rebotadas, puede que haya accidentes de tráfico, claro que sí. Pero así es la guerra».

Prince añadió con petulancia: «No tenemos el lujo de poder quedarnos detrás para proceder a la investigación de la escena del crimen terrorista y averiguar lo que realmente ha ocurrido».

Que Prince afirmara que Blackwater no había matado a ningún inocente resultaba sencillamente imposible de creer. Y no sólo por lo que dicen los testigos presenciales y los supervivientes de los disparos de la plaza Nisur y de otras acciones del personal de la empresa con resultado de muerte. Según un informe elaborado por el gabinete de Waxman, entre 2005 y el momento de aquella sesión, los operativos de Blackwater en Irak habían abierto fuego en, al menos, 195 ocasiones.[112] En más de un 80% de esos casos, ellos habían sido los primeros en disparar. Y ésas eran estadísticas basadas en los propios informes de Blackwater. De hecho, había quien decía que la compañía suavizaba las cifras reales. Un ex vigilante a sueldo de Blackwater que estuvo destinado durante cerca de tres años en Irak explicó al *Washington Post* que su equipo de veinte hombres tenía una media de «cuatro o cinco» incidentes con disparos a la semana (lo que multiplicaba por mucho la tasa de 1,4 incidentes por semana declarados por la empresa).[113] En el informe de Waxman también se describía un incidente en el que «las fuerzas de Blackwater dispararon en la cabeza a un transeúnte civil. En otro, y según funcionarios del Departamento de Estado, Blackwater intentó encubrir unos disparos que mataron a otro viandante aparentemente inocente».[114]

No es de extrañar que Prince dijera que estaba a favor del mantenimiento de la vigencia de la Orden n° 17 en Irak: el decreto heredado de la era Bremer que inmunizaba a fuerzas como las de Blackwater frente a cualquier proceso judicial que se quisiera abrir contra ellas en los tribunales iraquíes. En un determinado momento, a Prince se le preguntó si Blackwater operaba conforme a las mismas «reglas de combate» que el ejército. «Sí, son esencialmente las mismas», dijo él, pero, al punto, trató de corregir su afirmación sin dar con las palabras justas y acabó admitiendo que no era exactamente así: «Bueno, bueno, perdón, las reglas del Departamento de Defensa para los contratistas. Nuestros guardias no tienen ni mucho menos las mismas que las de un soldado de los Estados Unidos».

Lo cierto es que, mientras que un número apreciable de soldados estadounidenses han sido llevados ante un consejo de guerra por cargos de asesinato en Irak, hasta el momento, ni un solo miembro del personal contratado por Blackwater ha sido acusado formalmente ante ningún sistema judicial (ni civil ni militar, ni estadounidense ni iraquí) por un delito cometido en Irak. Prince dijo que a los guardias contratados por Blackwater que «no cumplen con lo requerido, sólo les queda una decisión que tomar: ventana o pasillo», refiriéndose al asiento que les tocaría ocupar en el vuelo de regreso a su país. De hecho, ésa y la de ser despedidos parecen haber sido las únicas consecuencias afrontadas por los hombres de Prince por sus acciones en Irak. En total, Blackwater había rescindido el contrato a más de 120 de sus empleados armados en Irak (más de la séptima parte del total que tenía desplegados en aquel país en el momento de la sesión del Congreso).[115]

Llegados a ese punto, el comité se centró y se extendió sobre un incidente en concreto: el asesinato en Nochebuena del guardaespaldas del vicepresidente iraquí. Prince confirmó que Blackwater había sacado del país al guardia implicado y lo había despedido, y también declaró que la empresa le había impuesto una sanción económica y le había hecho pagar el billete de avión de vuelta a su país. Prince dijo que desconocía si aquel hombre había sido acusado formalmente de delito alguno (algo que no había sucedido y que todavía no se ha producido). «Si viviera en Estados Unidos, se le habría arrestado y se habrían presentado cargos penales contra él», observó la demócrata Carolyn Maloney. «Si fuera un miembro de nuestro ejército, se le habría sometido a un consejo de guerra. Pero, por lo que parece, Blackwater opera siguiendo unas reglas especiales». Prince respondió: «Como organización privada que somos, no podemos hacer más. No podemos azotarlo, no podemos encarcelarlo». Maloney le dijo entonces a Prince: «Bueno, pero en Estados Unidos, si alguien cometiera un crimen, no lo embarcaríamos a toda prisa en el primer vuelo que saliera del país».

Preguntado directamente si aquello había sido un asesinato, como alegaban las autoridades iraquíes, Prince respondió: «Fue alguien que se metió en una mala situación». Cuando se le presionó aún más sobre aquel tema, Prince consultó a sus asesores y dijo: «Señoría, aparte de las series sobre detectives que veo en la tele, no soy abogado y, por lo tanto, no sé decirle si aquello fue un homicidio sin más o un homicidio negligente. No lo sé. Desconozco con qué matices calificarlo. Pero sé que infringió nuestras normas. Se metió en una mala situación de la que no supo salir y, como consecuencia, se produjo una tragedia».

El comité también reveló un mensaje interno de correo electrónico enviado inmediatamente después de aquel episodio por un empleado de Blackwater a un colega, en el que el primero le señalaba al segundo que una información de la televisión iraquí había atribuido erróneamente el asesinato del guardaespaldas a un soldado estadounidense. «Por lo menos, mientras identifican a quien disparó, nos quitarán presión de encima», escribió el empleado de Blackwater. El congresista Elijah Cummings concluyó: «En otras palabras, lo que él decía era: "Oh, qué bien, todo el mundo piensa que fue el ejército y no Blackwater. Qué buena noticia para nosotros. Qué grato lado positivo dentro de la desgracia». Prince respondió: «No creo que esa noticia falsa estuviera en los medios más de unas pocas horas, señoría».

Este intercambio de preguntas y respuestas desencadenó un debate sobre una de las principales cuestiones de la reunión de aquel día: ¿Blackwater era perjudicial para el programa de contrainsurgencia establecido por el ejército estadounidense en Irak?

«A juzgar por algunas de las pruebas aquí presentadas, parece que Blackwater y otras compañías llevan a cabo sus misiones (en ocasiones, al menos) de un modo que apunta en la dirección diametralmente opuesta a la que el general Petraeus pretende tomar», indicó a Prince el demócrata John Tierney. «Eso no significa que ustedes estén incumpliendo sus obligaciones contractuales». Tierney leyó entonces numerosos comentarios de diversos altos mandos militares estadounidenses y expertos en contrainsurgencia en los que se mencionaba la posibilidad de que las acciones de Blackwater tuvieran un efecto de rebote sobre las tropas oficiales de Estados Unidos.

Tierney citó, por ejemplo, al coronel del Ejército de Tierra Peter Mansoor: «Si apartan el tráfico de las carreteras o si acribillan a balazos un coche que les parece sospechoso, no digo que no estén actuando dentro de lo estipulado en su contrato, pero están perjudicando la misión en general, que es la de ganarnos a la población para nuestro bando». También citó al oficial retirado del Ejército de Tierra Ralph Peters: «El personal armado de las empresas contratistas actúa en perjuicio de las COIN (las iniciativas de contrainsurgencia). Pregunten, si no, a los soldados que están en Irak». El general de brigada Karl Horst había dicho: «Estos tipos andan sueltos por este país y cometen estupideces. No hay ninguna autoridad por encima de ellos, así que no puedes aplicarles mano dura cuando se exceden en el uso de la fuerza. Disparan a las personas y luego son otros los que tienen que venir a lidiar con lo que dejan detrás. Y eso se repite por todo el país». Y el coronel Thomas X. Hammes también comentó en su momento que «el problema radicaba en que, para proteger a la personalidad principal, tenían que mostrarse muy agresivos. Y cada vez que salían, tenían que ofender a la población local, obligándolos a apartarse a un lado de la calzada, mostrándose dominadores e intimidantes, a veces sacando incluso a algunos vehículos de la carretera: en definitiva, haciéndose enemigos una y otra vez. Así que, por un lado, estaban cumpliendo el contrato realmente como les habíamos pedido que lo hicieran, pero, al mismo tiempo, estaban haciendo daño a nuestra campaña de contrainsurgencia».

Tierney dijo entonces a Prince: «O sea que, si nos fijamos en los propios archivos de Blackwater, en los que se muestra que ustedes apartan sistemáticamente el tráfico de las carreteras y disparan contra los vehículos —tienen más de 160 incidentes registrados de disparos contra coches sospechosos—, podemos apreciar, en mi opinión, por qué las tácticas que ustedes emplean para cumplir con su contrato podrían mitigar [*sic*] en contra de lo que estamos tratando de conseguir con la insurgencia».

«Comprendo las dificultades a las que el ejército se enfrenta allí», respondió Prince, quien añadió: «Nos esforzamos por ser perfectos, pero no podemos elegir cuándo nos atacan los malos. Usted sabe que los malos han aprendido...los terroristas han aprendido a fabricar armas de precisión con un coche: cargándolo de explosivos y poniéndole un conductor suicida al volante».

Los miembros del comité de la Cámara de Representantes también sacaron a colación el tema del coste señalando que cada guardia armado desplegado allí por Blackwater representaba un gasto de 1.222 dólares diarios para el contribuyente. «Sabemos que los sargentos del ejército le cuestan al Estado entre 50.000 y 70.000 dólares anuales», dijo Waxman. «También sabemos que un puesto comparable en Blackwater le cuesta al gobierno federal el séxtuplo: más de 400.000 dólares». A Prince le recordaron las declaraciones hechas una semana antes por el secretario de Defensa, Robert Gates, a propósito de la disparidad salarial entre soldados y fuerzas privadas: «Me preocupa que, a veces, los sueldos que son capaces de pagar sean un reclamo para que algunos de nuestros soldados abandonen el servicio activo y pasen a trabajar para esas empresas», había comentado Gates, quien añadió que estaba buscando asesoramiento legal sobre la posibilidad de incluir una cláusula «anticompetencia» en los contratos de seguridad privada. Prince dijo que él no tenía ninguna objeción al respecto (le parecía «bien»), pero aseguró también que «a muchos soldados les disgustaría no tener la posibilidad de emplear en el sector privado las habilidades que aprenden en el ejército».

Hacia el final de la sesión, alguien apuntó que el general Petraeus cobra unos 180.000 dólares al año. Preguntado acerca de su propio salario, Prince dijo que no lo conocía con exactitud. Presionado un poco más al respecto, admitió que estaba «por encima del millón de dólares anuales». Según sus estimaciones, aproximadamente el 90% del negocio del imperio del Prince Group (la compañía matriz de Blackwater) procede de los contratos federales. No quiso revelar cuánto había ganado la compañía con las tareas desempeñadas en Irak, pero, «a modo de ejemplo», mencionó que, en algunos contratos, Blackwater obtiene un margen de beneficio aproximado del 10%, lo que uno de los congresistas del comité comentó que podía significar una cantidad superior a los 100 millones de dólares. Prince se negó en redondo a dar una respuesta directa a la pregunta sobre los beneficios. «Somos una empresa privada», dijo. «Y la palabra clave aquí es "privada"».

No dando crédito a lo que oía, el demócrata por Connecticut Christopher Murphy preguntó: «¿Cómo puede usted decir que esa información no es relevante». Y añadió: «Mis electores pagan el 90% de su salario». Al final, a Prince sólo se le ocurrió decir: «No soy una persona que funcione en clave económica».

Pese a que las acciones de Blackwater en Irak durante los pasados cuatro años han provocado sistemáticamente una escalada de la violencia y del número de muertos, muchos de los incidentes más tristemente famosos en los que se ha visto implicada la compañía no fueron siquiera comentados (o lo fueron sólo de pasada) en aquella sesión. Algunos de los miembros demócratas del comité parecían estar leyendo por primera vez su documentación sobre el tema en el momento mismo en que Prince testificaba, con lo que dieron la impresión de no haber venido suficientemente preparados para abordar el papel central de Blackwater en la maquinaria bélica estadounidense. Prince tuvo que hacer frente a algunas preguntas de especial dureza e importancia, pero, a menudo, sus respuestas se quedaban sin la previsible contrarréplica o sin un cuestionamiento lógico. En ningún momento se debatió el motivo mismo por el que Prince comparecía aquel día ante el Congreso y por el que el mundo entero estaba viendo su testimonio: la masacre de la plaza Nisur. Tampoco hubo mención alguna de las víctimas iraquíes en aquel incidente.

Los republicanos se esforzaron al máximo por hacer que la sesión pareciera un episodio propio de una caza de brujas e hicieron acopio de numerosos elogios dirigidos a Prince por su patriotismo y su servicio al país. «Esto no tiene nada que ver con Blackwater», dijo el republicano conservador por California Darrell Issa. «Lo que estamos oyendo hoy aquí es, en realidad, una reedición del ataque de MoveOn.org contra el patriotismo del general Petraeus». Varios republicanos agradecieron a Prince que los hubiese mantenido a salvo mientras visitaban Irak, incapaces, al parecer, de apreciar la ironía de hasta qué punto una afirmación de ese tipo podía afectar a su imparcialidad.

A quien no pasó desapercibida dicha ironía fue al demócrata por Massachusetts Stephen Lynch. Él dijo que, en sus visitas a Irak, también había contado con la protección de Blackwater, que, según reconoció, «había hecho muy, muy bien su trabajo». Y añadió: «Para mí resulta difícil estar aquí, con este comité, criticando a aquellos empleados, porque estoy en deuda con ellos [...] pero ése es precisamente mi problema. Si me cuesta criticar a Blackwater, a su personal contratado y las ocasiones en las que han jugado sucio, ¿qué no le costará al Departamento de Estado?». Lynch puso en entredicho la posibilidad de que llevaran a cabo investigaciones efectivas de la conducta de Blackwater cuando la propia empresa es responsable de la seguridad de quienes tienen la responsabilidad de investigar a la compañía. «¿Los empleados del Departamento de Estado? Ustedes los custodian todos los días. Protegen su bienestar físico, los transportan de un lado a otro, los escoltan. Y estoy seguro de que en el Departamento de Estado sienten una enorme deuda de gratitud por sus servicios», comentó Lynch dirigiéndose a Prince. «Y, pese a ello, son esas mismas personas las que, en nuestro sistema, tienen el encargo de hacerles responder por todos los aspectos de su contrato y por la conducta de sus empleados. [...] Ése es un conflicto de intereses imposible de resolver para ellos». Prince nunca llegó a abordar ese tema, porque el tiempo de Lynch se agotó. Pero la apreciación de este último era muy importante. Según la investigación de Comité sobre Supervisión, «no existe prueba alguna» de que «el Departamento de Estado tratara de limitar las acciones de Blackwater, expresara preocupación por el número de incidentes con disparos en los que aparecía envuelta la compañía (o por la elevada tasa de casos en la que los empleados de ésta disparaban primero) o detuviera a los guardias de Blackwater para investigarlos».[116] En realidad, el Departamento de Estado no sólo no había investigado ni había frenado de forma efectiva a Blackwater, sino que existían pruebas de que había hecho justamente lo contrario y había tratado de cubrir las espaldas de la empresa cuando ésta quedó expuesta a la línea de fuego.

La duración de la sesión estaba ya próxima a las cuatro horas y a Prince se le dio a elegir si prefería tomar un descanso o responder las preguntas restantes. «Pregúntenmelas y, así, ya habremos acabado», replicó. Instantes después, el abogado de Prince se levantó como impulsado por un resorte de su asiento (justo detrás del máximo mandatario de Blackwater) y empezó a hacer señas insistentes dirigidas al comité indicando con las manos una «T» de «tiempo». Con aquello, concluyó la sesión. Prince se levantó, recogió el letrero con su nombre que había encima de la mesa y desfiló acompañado de su séquito hacia la puerta de salida de la sala.

No hay duda de que la intervención de última hora del Departamento de Justicia quitó parte de la presión a la que podría haber estado sometido Prince por los sucesos de la plaza Nisur. «Nos proporcionó un testimonio muy interesado», comentó Waxman. «Entiendo que quisiera hacer eso. Era lo que le más le convenía».[117] En Blackwater tuvieron claramente la sensación de que su hombre había sido el triunfador del día. Envalentonada por la desafiante comparecencia de Prince ante el Congreso, Blackwater lanzó una nueva campaña de relaciones públicas para defender su imagen protagonizada por el propio Prince. Lejos de tener que afrontar la presión de unos medios de comunicación críticos, Prince se encontró a partir de entonces con rostros amables y preguntas fáciles en sus encuentros con la prensa. Poco después de su testimonio en el Congreso, el congresista archiconservador por California (y viejo amigo de Prince) Dana Rohrabacher comparó al jefe de Blackwater con otra controvertida figura que también fue obligado en su momento a levantar su mano derecha ante un comité del legislativo federal. «Prince», según Rohrabacher, «está a punto de convertirse en un héroe de este país como lo fue Ollie North».[118]

Entretanto, en Bagdad, los supervivientes y las familias de las víctimas de la plaza Nisur iban aprendiendo lo que realmente significaba la justicia estadounidense.

Nada de lo que digan podrá utilizarse contra ustedes en un tribunal de justicia

Cualquier criminólogo les dirá lo fundamental que resulta sellar la escena de un delito con la máxima inmediatez posible. Hay que asegurar las pruebas, tomar declaración a los testigos, identificar a los sospechosos y llevárselos detenidos. Es una carrera contra el reloj. La manera en que la administración Bush manejó la situación creada en la plaza Nisur constituye un caso de manual de cómo no se debe investigar un crimen. Tal vez de eso se trataba desde un principio.

Diez días después del tiroteo y ante la perspectiva de un escándalo en aumento para la administración, se filtró a los medios el informe de «primeras impresiones» del Departamento de Estado sobre los sucesos de la plaza Nisur. Fechado el 16 de septiembre de 2007, el mismo día de los disparos, y con las palabras «Sensible, pero no confidencial» estampadas en su portada, fue titulado «Ataque con DAP [disparos de arma pequeña] contra un equipo COM».[119] El informe alegaba que el equipo de Blackwater entró en la plaza, donde fue «recibido con fuego de armas pequeñas» procedente de unas «8–10 personas», las cuales «disparaban desde múltiples puntos cercanos, yendo algunos de los agresores vestidos con atuendo civil y otros, con uniformes de la policía iraquí. El equipo respondió con disparos defensivos». No hacía mención alguna de ningún civil muerto o herido. Aunque, en un principio, pudiera parecer que el Departamento de Estado había investigado los hechos y contradecía las alegaciones generalizadas de un tiroteo sin provocación previa, la realidad (no revelada en aquel momento) es que el informe había sido redactado por un empleado de Blackwater, Darren Hanner, e impreso en papel con el membrete oficial del Departamento de Estado.[120]

Aún pasarían dos semanas antes de que la administración Bush consiguiera despachar un equipo de diez miembros del FBI —el órgano investigador oficial del gobierno federal estadounidense— a Bagdad para realizar sus propias pesquisas sobre el tiroteo.[121] Cuando los agentes del FBI se preparaban para partir hacia Bagdad, se conoció la noticia de que iban a ser custodiados nada menos que por guardias de la propia Blackwater.[122] El senador Patrick Leahy se aprestó a plantear objeciones a tal idea, lo que forzó al organismo policial a anunciar que sus agentes serían protegidos por personal oficial y no por miembros de la misma empresa que iban a investigar.[123]

Mientras tanto, las pesquisas oficiales de la administración Bush serían llevadas por el Departamento de Estado, la vida de cuyo personal sobre el terreno seguía dependiendo de la labor de los principales sospechosos. «Confiar la realización de actividades policiales delicadas a personas que no pertenecen a cuerpos oficiales de policía carece de todo sentido si se desea una justicia imparcial», afirma Melanie Sloan, una ex fiscal federal que es actualmente directora ejecutiva de Citizens for Responsibility and Ethics en Washington.[124]

Normalmente, cuando se interroga a un grupo de personas que presuntamente han abatido a tiros a 17 civiles de forma ilegal, los investigadores los informan de algo así como que «tienen derecho a permanecer en silencio; cualquier cosa que digan podrá ser utilizada contra ustedes en un tribunal de justicia». Pero eso no fue lo que se les dijo a los guardias de Blackwater implicados en los sucesos de la plaza Nisur. Fueron interrogados por los investigadores de Seguridad Diplomática del Departamento de Estado sabedores de que sus declaraciones y la información que de ellos se obtuviera no podrían ser usadas para presentar cargos penales contra ellos y no podrían ser siquiera introducidas como pruebas.[125]

ABC News consiguió copias de las declaraciones juradas prestadas por los guardias de Blackwater inmediatamente después del tiroteo. Todas ellas se iniciaban con las palabras «Entiendo que esta declaración se presta en apoyo de una investigación administrativa oficial» y «Entiendo, además, que ni mis palabras ni cualquier información o prueba que pueda obtenerse a partir de éstas podrán ser utilizadas contra mí en un procedimiento penal».[126] Ratner (el presidente del CCR) asegura que la oferta de esos llamados acuerdos de «inmunidad de uso» por parte del Departamento de Estado fue «sumamente irregular» y dice, además, no recordar ningún precedente semejante.[127] En circunstancias normales, según Ratner, esa inmunidad sólo se otorga después de que haya sido convocado un gran jurado o un comité del Congreso y cuando la parte en cuestión ha invocado su derecho a no autoincriminarse reconocido en la Quinta Enmienda. La inmunidad sería entonces autorizada por un juez o por el comité de turno.

«Lo que ha hecho el Departamento de Estado en este caso no se corresponde con los criterios legales apropiados. Probablemente, acabará dificultando en gran medida cualquier enjuiciamiento, si no lo hace imposible», explica el experto en derecho castrense Scott Horton, de Human Rights First. «En ese sentido, el objetivo que perseguía el Departamento de Estado haciendo algo así no deja de alentar dudas. No parece haberle interesado tanto recopilar los hechos como inmunizar a Blackwater y a sus empleados. Con su pretensión desde el principio de otorgar inmunidad, el Departamento de Estado se implica más a fondo en aquel acto ilegal y, con respecto a Blackwater, adopta una postura que parece abonar directamente la tesis de la conspiración. Eso hará que los resultados de esta investigación difícilmente convenzan a nadie».[128] Un diplomático estadounidense describió al *Los Angeles Times* cómo era la relación entre la oficina de seguridad de la embajada de EE.UU. en Bagdad y Blackwater. «Son como la pescadilla que se muerde la cola», dijo. «Se protegen la una a la otra. Salen en defensa la una de la otra. No sé si eso es bueno, ese muro de silencio. Desde luego, cuando sirve para proteger al culpable, seguro que no lo es».[129]

Pero no se trataba únicamente de que el Departamento de Estado estuviera aparentemente corrompiendo, reprimiendo u obstaculizando la acción de la justicia contra Blackwater. Cuando el Congreso investigó los sucesos de la plaza Nisur, lo que salió a relucir fueron pruebas de una pauta que se había venido repitiendo de forma evidente: el Departamento de Estado había instado repetidamente a Blackwater a pagar dinero para silenciar a las familias de las víctimas iraquíes. «Al parecer, en casos en los que se habían producido muertes iraquíes, la respuesta preferida del Departamento de Estado era la de pedir a Blackwater que realizara pagos monetarios para "pasar página", en vez de insistir en que la empresa rindiera cuentas de lo ocurrido o de investigar la posible responsabilidad penal del personal de ésta», según un informe del Comité sobre Supervisión de la Cámara de Representantes. «La consecuencia aparentemente más seria a la que se enfrentaba el personal de Blackwater por mala conducta era la rescisión de su contrato laboral».[130] El congresista Waxman acusó al Departamento de Estado de estar «actuando como amparador de Blackwater».[131]

En la Navidad de 2006, al día siguiente de que el guardia de Blackwater presuntamente disparara y matara al guardaespaldas del vicepresidente iraquí, el Departamento de Estado recomendó que la empresa compensara económicamente a la familia del vigilante asesinado. El encargado de negocios de la embajada estadounidense escribió al oficial de seguridad regional, en calidad de representante de Blackwater, diciéndole: «¿Querrás encargarte de que Blackwater haga todo lo posible para asegurar que se procure una compensación cuantiosa? Si queremos evitar que todo esto se vuelva aún peor, creo que un pago sin demoras y una disculpa inmediata —aunque luego quieran alegar que fue un accidente— serían el mejor modo de garantizar que los iraquíes no tomen otras medidas, como la de decirle a Blackwater que ya no puede seguir operando en Irak».[132]

Aquélla fue una advertencia profética, ya que se produjo nueve meses antes de que los iraquíes exigieran justamente eso tras los sucesos de la plaza Nisur. El encargado de negocios sugirió inicialmente una compensación de 250.000 dólares, pero el Servicio de Seguridad Diplomática del Departamento de Estado dijo que esa cifra era excesiva y podía hacer que otros iraquíes «trat[asen] de ser asesinados para solucionar de una vez por todas la situación económica de sus familias».[133] Al final, el Departamento de Estado y Blackwater acordaron supuestamente efectuar un pago de 15.000 dólares. Durante su testimonio ante el Congreso, Prince corrigió esa cifra y dijo que su empresa había desembolsado en realidad 20.000 dólares.[134] En otro caso, ocurrido en Al Hilah en junio de 2005, un operario de Blackwater asesinó a un «transeúnte aparentemente inocente» y el Departamento de Estado solicitó que Blackwater pagase 5.000 dólares a la familia.[135] «¿Puede decirme cómo se determinó que la vida de aquel hombre valía 5.000 dólares?», preguntó a Prince el congresista Davis. «Nosotros no determinamos ese valor, señoría», contestó Prince. «Ésa es una política que digamos que se aplica de forma generalizada para el conjunto de Irak. No la hacemos nosotros».[136] Ahora bien, en aquellos casos en los que el gobierno y Blackwater alegaron que los guardias de ésta dispararon en defensa propia, no se ofreció dinero alguno a las familias de las víctimas. Las tres personas alcanzadas por los disparos de un tirador de Blackwater en una emisora de televisión iraquí en febrero de 2007, por poner un ejemplo, no recibieron nada.[137]

Poco después del tiroteo de la plaza Nisur, el Departamento de Estado comenzó a ponerse en contacto con las familias de las víctimas iraquíes. El doctor Jawad, cuyo hijo y cuya esposa fueron las primeras víctimas aquel día, dijo que las autoridades estadounidenses le preguntaron cuánto dinero quería como compensación. «Les respondí que sus vidas no tenían precio», recordó Jawad.[138] Pero las autoridades estadounidenses siguieron presionándole para que les indicara una cantidad en dólares. Así que, según explicó él mismo, acabó diciéndole a un representante del Departamento de Estado: «Si pudiera devolverme a mis seres queridos, yo estaría encantado de darle a él 200 millones de dólares». Para muchos iraquíes, las ofertas estadounidenses eran un insulto. «Si el matrimonio es la mitad de nuestra vida, Mahasin era mi mejor mitad», dijo Jawad refiriéndose a su esposa. «Siempre estábamos juntos. Yo no sé cómo llevar mi vida o cómo cuidar a mis otros dos hijos sin ella».[139]

Mohamed Abdul Razzaq, cuyo hijo Alí, de nueve años de edad, murió allí aquel día, se preguntaba: «¿Para qué iba a pedir yo una compensación? ¿De qué serviría? ¿Me devolvería a mi hijo? No». Alí «iba al colegio, pero el año pasado tuvo que dejar de ir a clase porque fuimos desplazados. Ahora los americanos lo han matado, ¿por qué? ¿Qué hizo él? ¿Qué hice yo? Después de lo que presencié, ahora me despierto sobresaltado por la noche, tengo pesadillas, es como si experimentara la muerte, con balas silbando de un lado para otro y explosiones que alcanzan a los coches. ¿Por qué? ¿Por qué hicieron eso?», repetía. «Yo sólo pregunto por qué. Simplemente quiero que admitan la verdad».[140]

El gobierno iraquí acabó exigiendo 8 millones de dólares en concepto de compensación por cada víctima.[141] Al final, el Departamento de Estado, en representación de Blackwater, ofreció a los familiares entre 10.000 y 12.500 dólares,[142] cantidades que muchos de ellos rechazaron. Un alto cargo estadounidense dijo que aquella oferta de dinero no equivalía a «una admisión de culpabilidad».[143] En cualquier caso, aquélla no sería la última palabra que Blackwater oiría de las familias de las víctimas de la plaza Nisur.

Cuando el FBI llegó finalmente a Bagdad, algunos de los guardias de Blackwater implicados en el tiroteo se negaron a ser interrogados invocando las promesas de inmunidad presentadas en su momento por el Departamento de Estado.[144] El FBI también descubrió que la escena del crimen había quedado gravemente comprometida.[145] Blackwater alegaría más tarde que la prueba de que sus hombres habían sido atacados por los iraquíes podía hallarse en los desperfectos ocasionados aquel día en los vehículos blindados de la empresa. Prince dijo que tres de éstos habían sido objeto de repetidos disparos y que el radiador de uno de ellos había sido «reventado a tiros e inutilizado».[146] El informe inicial del Departamento de Estado (el que había redactado el empleado de Blackwater) sostenía que uno de los vehículos había quedado «inutilizado durante el ataque» y había tenido que salir remolcado del escenario.[147] Pero cuando el FBI fue a investigar los vehículos, se encontró con que Blackwater ya «los había reparado y repintado». Según informó Associated Press, «las reparaciones destruyeron pruebas que los investigadores del Departamento de Justicia esperaban examinar en un caso penal que ha[bía] atraído la atención mundial».[148] La portavoz de Blackwater, Anne Tyrrell, declaró que cualquier reparación «habría sido hecha siguiendo instrucciones del gobierno».[149] El Departamento de Estado no quiso hacer comentarios al respecto.

En marcado contraste con el enfoque dado por la administración Bush a los sucesos de la plaza Nisur, las autoridades iraquíes iniciaron su investigación instantes después de la masacre, tomando declaración a multitud de testigos y confeccionando una cronología de los hechos. Cuando publicaron sus conclusiones, los defensores de Blackwater no perdieron ni un momento en poner en entredicho la integridad del gobierno de Bagdad. «Los iraquíes afirman que los hombres de Blackwater dispararon indiscriminadamente y sin provocación previa. Pero no hay motivo alguno para suponer —como hacen muchos críticos— que la versión más condenatoria es la verdadera», escribió Max Boot, apologista de la empresa de Carolina del Norte, en *Los Angeles Times*, y añadió: «Sobre todo, porque las condenas más duras han venido del Ministerio del Interior iraquí, un conocido hervidero de sectarismo».[150]

Aunque Blackwater se negó a responder a preguntas concretas sobre el incidente alegando que ya había una investigación en marcha, la compañía tenía su propia versión de los hechos. La mañana en que Prince compareció ante el Comité sobre Supervisión, los medios ya disponían de una copia de los comentarios que había preparado para la ocasión. Nunca llegó a facilitarlos públicamente, pero acabaron constituyendo el relato más completo sobre el incidente salido de las filas de Blackwater. Prince alegaba que sus hombres fueron recibidos con disparos en la plaza Nisur. «Entre las amenazas identificadas había unos hombres armados con fusiles AK-47 que disparaban contra el convoy, así como una serie de vehículos que se aproximaban a éste y que parecían ir conducidos por terroristas suicidas. El personal de Blackwater trató de salir de la zona, pero uno de sus vehículos quedó inutilizado por el fuego enemigo», afirmaba Prince en su declaración. «Entre quienes disparaban contra el equipo de Blackwater, parecía haber algunos que vestían los uniformes de la Policía Nacional iraquí (o algunos elementos de dichos uniformes). Mientras procedían a la retirada, los vehículos de Blackwater continuaron recibiendo disparos de dicho personal».[151]

Dos mes después del tiroteo, ABC News obtuvo la declaración jurada del guardia de Blackwater Paul Slough, un veterano del Ejército de Tierra estadounidense de 29 años de edad. Slough era el artillero de torreta aquel día y, según se cree, fue el tirador que más se prodigó en la plaza.[152] Su declaración fue facilitada al Departamento de Estado —bajo promesa de inmunidad— tres días después del incidente. En ella, él describía su versión de cómo se habían iniciado los disparos y hacía referencia al coche que conducía Ahmed, el estudiante de medicina, acompañado de su madre, Mahasin. «Cuando nuestra caravana llegó al cruce, advertí la presencia de un sedán blanco de cuatro puertas que se dirigía directamente hacia nosotros», alegó Slough. «Yo y otros empezamos a gritar y hacer señales con las manos para que el coche se detuviera, pero el conductor me miró directamente y prosiguió la marcha hacia nuestro convoy. Temiendo por mi vida y por la de mis compañeros de equipo, disparé sobre el conductor y detuve la amenaza. [...] Un individuo de uniforme comenzó entonces a empujar el vehículo hacia la caravana y, de nuevo, grité y disparé sobre el vehículo hasta que éste se paró».[153] Ésta era una versión de los hechos claramente contradictoria con la de los iraquíes (incluida la de varios testigos presenciales), que insistían en que los disparos se produjeron sin que hubiese habido provocación alguna. También contradecía lo que habían descubierto las investigaciones de los grandes medios de comunicación y lo que indicaban las fotos aéreas del lugar tomadas inmediatamente después del incidente.[154] Slough describió también varios casos más en los que «disparó» a iraquíes para «detener la amenaza».[155]

En su declaración ante el Congreso, Prince recalcó que, «basándonos en lo que actualmente sabemos, el equipo de Blackwater actuó apropiadamente mientras operaba en una zona de guerra muy compleja». Sostuvo que «Blackwater y su gente han sido objeto de alegaciones negativas y sin fundamento que se han querido hacer pasar por noticias ciertas», y que «se han hecho públicas muchas informaciones que han declarado equivocadamente culpable a Blackwater por la muerte de un número diverso de civiles». Prince concluía que había habido «prisa por emitir un juicio basado en información inexacta».[156]

Hubo una fuerza que sí se aprestó a ir al escenario para obtener información. Y, a diferencia del gobierno iraquí, los medios de comunicación o los testigos, este investigador no podía ser desestimado o desacreditado tan fácilmente: era el ejército estadounidense, que llegó a la escena el mismo día del incidente a las 12:39 p.m., instantes después de que hubiera finalizado el tiroteo.[157]

Entre la carnicería en la que se había convertido la plaza Nisur, soldados del Tercer Batallón del 82º Regimiento de Artillería de Campo de la Segunda Brigada de la Primera División de Caballería tomaron declaración a los testigos, llevaron a cabo una investigación in situ y conversaron con la policía iraquí. El informe elaborado por aquellas fuerzas, al mando del teniente coronel Mike Tarsa, contradecía casi todas las aseveraciones de Prince y Slough. Sus autores negaron rotundamente que hubiese «habido intervención alguna de actividad enemiga» y dictaminaron que todos los asesinatos habían sido injustificados. Para ellos, los disparos constituyeron un «suceso criminal». La investigación de Tarsa reveló que muchas de las víctimas iraquíes fueron tiroteadas mientras intentaban huir: «Todo apunta a que los disparos fueron excesivos». Tras cribar el escenario, los soldados de Tarsa no hallaron casquillo alguno de munición de fusiles de asalto AK-47 ni de ametralladoras BKC como las que usan habitualmente los soldados y los policías iraquíes que, según las alegaciones de Prince, habían disparado supuestamente contra las fuerzas de Blackwater. Pero sí encontraron abundantes restos de munición procedente de armas de fabricación estadounidense: casquillos de bronce de los fusiles M4 de 5,56 milímetros, casquillos de munición de ametralladora M240B de 7,62 milímetros y casquillos de munición de lanzagranadas M203 de 40 milímetros. Los soldados de Tarsa también dijeron estar «sorprendidos por el calibre de las armas de fuego utilizadas».[158] Blackwater declaró entonces, a principios de octubre, que no haría comentarios al respecto hasta que el FBI hubiese concluido su investigación, pero Prince trató de poner en entredicho las conclusiones de Tarsa. «Es lo que dice un coronel», comentó Prince. «Y desconozco su experiencia como investigador de escenarios criminales».[159]

En noviembre, aparecieron los primeros extractos de las conclusiones de las pesquisas del FBI en el *New York Times*, que informaba que los agentes federales habían «juzgado injustificados los disparos sobre, al menos, catorce de las víctimas, que habían infringido, además, las normas sobre uso de fuerza letal que imperan en Irak para el personal de las empresas contratistas de seguridad».[160] El informa añadía que «los investigadores no han hallado prueba alguna que apoye que los empleados de Blackwater fueron los primeros en ser tiroteados por civiles iraquíes, tal como aquéllos afirman», y citaba las palabras de un alto mando, quien dijo: «Yo no lo calificaría de masacre, pero decir que fue algo injustificado es quedarse corto». Un investigador militar «comentó que el FBI estaba siendo generoso con Blackwater al valorar algunos de los asesinatos como justificables». Este militar estaba claramente indignado por el tiroteo de aquel día y algunos mandos estaban convencidos de que tendría un efecto de rebote negativo sobre los soldados estadounidenses. «Fue una auténtica tragedia», explicó al *Washington Post* el general de división Joseph Fil, máxima autoridad militar en Bagdad. «Cuando pasa algo así, todo el mundo lo ve y dice: "Han sido los americanos". Y sí, hemos sido nosotros. Y ha sido en un momento tremendamente inoportuno. Supone un nuevo obstáculo, otro revés más».[161] Durante este período, un coro de voces se alzó contra Blackwater desde las propias filas del ejército. La disparidad salarial entre los empleados de los contratistas privados y los soldados oficiales minaba la moral y los altos mandos se quejaban de que la conducta inapropiada de Blackwater y de otras fuerzas privadas no hacía más que dañar la campaña estadounidense de «contrainsurgencia». Ésta era una crítica de la que se hacían eco las más altas jerarquías militares. En un comentario inusualmente contundente apenas un mes después de los sucesos de la plaza Nisur, el secretario de Defensa Robert Gates dijo que la misión de muchas fuerzas de seguridad privadas seguía «objetivos enfrentados con los de nuestra misión global en Irak», y añadió que, «en el cumplimiento del objetivo de trasladar a una personalidad de forma segura hasta su destino, y a juzgar por todo lo que he leído y por lo que nuestro propio equipo ha informado al respecto, ha habido casos en los que, por decirlo con suavidad, los iraquíes han sido ofendidos y no han sido tratados apropiadamente».[162]

Lo que resultaba especialmente penoso (aparte de la pérdida de vidas de civiles iraquíes) era que, aunque Blackwater no estuviera tan bien conectado políticamente con la Casa Blanca, aunque el Departamento de Justicia estadounidense hubiese sido verdaderamente independiente y aunque no se hubiese ofrecido inmunidad alguna y se hubiese procedido a una investigación ciertamente agresiva, no habría sido suficiente. La secretaria de Estado Condoleezza Rice envió a Bagdad a un equipo de personas encabezado por el veterano diplomático Patrick Kennedy para que examinase las fuerzas de seguridad privadas del departamento a la luz de los sucesos de la plaza Nisur. Cuando sus miembros regresaron a Washington, lo hicieron trayendo consigo la conclusión de que no tenían «constancia de que exist[iera] fundamento alguno para exigir responsabilidades a los contratistas privados del Departamento de Defensa [como Blackwater] atendiendo al derecho estadounidense».[163]

En plena y enconada polémica en Estados Unidos sobre el uso de fuerzas privadas, diversos juristas debatían sobre qué tribunal (si es que había alguno) podía ser competente para juzgar los delitos de Blackwater y de otras fuerzas mercenarias en Irak. No sólo las ofertas de inmunidad hechas por el Departamento de Estado al inicio de la investigación sobre lo acaecido en la plaza Nisur comprometían potencialmente la posibilidad de un enjuiciamiento criminal —como reconoció el Departamento de Justicia a principios de 2008—, sino que la conclusión central de muchos analistas era que Blackwater operaba en una especie de penumbra legal que, al parecer, se hallaba fuera del alcance tanto de la justicia civil y militar estadounidense como de la justicia iraquí en general.[164] A finales de 2007 fue convocado un gran jurado federal para investigar los hechos, pero en medio de abundantes dudas sobre la posibilidad real de un enjuiciamiento criminal. Muchos analistas legales consideraban que la justicia ordinaria estadounidense aplicable a los contratistas federales que operaban en el extranjero sólo era válida para aquéllos que trabajaban para el ejército; Blackwater, sin embargo, trabajaba para el Departamento de Estado.

Aunque la Cámara de Representantes aprobó poco después de los sucesos de la plaza Nisur una extensión de la ley para que ésta cubriera a todos los contratistas y a sus empleados, ésta no podía ser aplicada con carácter retroactivo y, además, tenía aún pendiente su aprobación en el Senado. La administración Bush se «opon[ía] rotundamente» a dicho cambio en la legislación y, en una declaración hecha pública al día siguiente de la comparecencia de Prince ante el comité de Waxman, afirmó que esa nueva ley tendría «consecuencias intolerables para una serie de actividades y operaciones cruciales y necesarias para la seguridad nacional».[165] Un consejo de guerra parecía una opción harto improbable y podía encontrar resistencia entre los defensores de los derechos civiles, quienes podrían considerar dicha medida como un paso hacia la aplicación de la justicia militar a la población civil (aun cuando habría muchos que alegarían que ésta es una denominación que no podría darse a personas que trabajan como mercenarios armados). Washington había dejado muy claro que no estaba dispuesto a entregar personal estadounidense a los tribunales iraquíes y, por otra parte, seguía vigente desde el final de la era Bremer la prohibición de enjuiciar en Irak a los contratistas y a sus empleados. Algunos analistas creían que el Departamento de Justicia trataría de llevar a juicio a, al menos, uno de los guardias de Blackwater implicados en el incidente de la plaza Nisur (concretamente, llegó a hablarse de Slough como figura «central de la investigación») a modo de muestra representativa de rendición de cuentas. Pero, debido a la redacción exacta de la legislación por la que se regían los contratistas en el momento de los asesinatos, la posibilidad de que ese intento fracasara era muy significativa. Algunos expertos legales sostenían que el derecho estadounidense justificaba que se presentaran cargos penales contra los tiradores por crímenes de guerra, pero para eso hacía falta no sólo la voluntad política de la administración Bush, sino también una acusación formal de hecho contra el sistema de privatización de la maquinaria de guerra en su conjunto, lo que parecía harto improbable. La posibilidad de que se presentaran cargos contra unos soldados privados (especialmente, por crímenes de guerra) habría creado también un fuerte incentivo negativo que disuadiría a las empresas de mercenarios de trabajar para la administración Bush. «No hay duda de que existe la jurisdicción competente y los fundamentos necesarios para actuar contra ellos en virtud de la Ley sobre Crímenes de Guerra», comenta el experto en justicia militar Scott Horton. «Pero la administración Bush no quiere adentrarse en ese terreno, no quiere tocar nada de eso. Creo que lo han dejado muy claro».[166] El secretario de Estado adjunto para la Oficina de Seguridad Diplomática, Gregory Starr, admitió que «cabe la posibilidad más que probable de que no se puedan pedir responsabilidades a Blackwater» por aquellos asesinatos.[167]

Algunas de las familias de las víctimas iraquíes y de los supervivientes de la plaza Nisur no quisieron esperar a que el Congreso y la administración Bush resolvieran estas cuestiones y no tenían fe en que se hiciera justicia de ese modo. Así que iniciaron la única acción que podían emprender: demandaron a Blackwater, no en Irak, sino en Washington, D.C.

«Crímenes de guerra» y «asesinatos extrajudiciales»

Días después del tiroteo, algunos supervivientes iraquíes y familiares de las víctimas se pusieron en contacto con varios abogados locales especializados en derechos humanos que trabajaban con gabinetes legales estadounidenses que habían presentado demandas contra otros contratistas de la guerra de Irak por presuntos abusos. Letrados del Center for Constitutional Rights y de otros dos bufetes, encabezados por la abogada Susan Burke (de Burke O'Neil), comenzaron a entrevistar a supervivientes, a testigos y a familiares de las víctimas. El CCR estaba ya familiarizado con casos sobre supuestos delitos cometidos por el personal de las empresas contratistas en Irak, puesto que había presentado una gran demanda contra algunas de las fuerzas privadas que se contaban entre los supuestos perpetradores de las torturas y los abusos cometidos en la prisión de Abu Ghraib. Burke también había dirigido la presentación de aquella demanda. Según ella misma recordaba: «[Las familias de la plaza

Nisur] acudieron a nosotros porque conocían nuestra labor como representantes de las víctimas de torturas en Abu Ghraib y nos preguntaron si sería posible tratar de hacer justicia de algún modo, conseguir que aquella empresa deshonesta rindiera cuentas por sus actos».[168]

El 11 de octubre de 2007, varios civiles iraquíes interpusieron una demanda contra Blackwater. Burke y el CCR presentaron aquella pionera petición de enjuiciamiento ante un tribunal federal en Washington, D.C., en nombre de cinco de las personas iraquíes muertas en la plaza Nisur y de dos de las supervivientes que resultaron heridas en aquel ataque. En el texto de la demanda se alegaba que las acciones de Blackwater eran equiparables a «asesinatos extrajudiciales» y a «crímenes de guerra».[169] Fue interpuesta, en parte, acogiéndose al Estatuto de Responsabilidad Civil Extranjera, que permite litigar en los tribunales estadounidenses por violaciones de los derechos humanos fundamentales cometidas en otros países.

«Blackwater creó y promovió una cultura de vacío legal entre sus empleados animándolos a actuar en beneficio de los intereses económicos de la empresa y a costa de otras vidas humanas inocentes», se acusaba en el escrito presentado. «Esta interposición pretende que se reclamen daños punitivos en cuantía suficiente para castigar a Erik Prince y a sus empresas Blackwater por su reiterado asesinato cruel de personas inocentes». Se decía, además, que se creía que la demanda era la primera presentada en EE.UU. por civiles iraquíes contra una compañía de «seguridad» privada.

Asimismo, se aducía en ella que «Blackwater comercializa profusamente el hecho de que nunca haya muerto ninguna autoridad estadounidense en Irak mientras ésta estaba bajo su protección» y «entiende su disposición a asesinar a personas inocentes como una ventaja estratégica que diferencia a Blackwater de otras compañías de seguridad y la sitúa por encima de éstas». Blackwater, según el texto de la demanda interpuesta, «ha estado y está dispuesta a matar a transeúntes inocentes para preservar a cero esa estadística de muertes y hacer de ello un activo de mercadotecnia. La empresa se beneficia económicamente de su disposición a matar a personas inocentes».

Entre los demandantes, estaban los herederos de las primeras víctimas, Ahmed Hathem Al Rubaie y su madre, Mahasin. «Ella murió tiroteada por los pistoleros de Blackwater mientras sostenía en brazos el cadáver de su hijo y pedía ayuda», explicaba la demanda. Los otros tres iraquíes nombrados en el texto interpuesto y también asesinados el 16 de septiembre —Odei Ismaíl Ibrahim, Himud Saed Atban y Usama Fadhil Abás— dejaron tras de sí un total de catorce hijos e hijas, uno de ellos, todavía un bebé, según Burke.

«En cualquier nación civilizada del mundo, el Estado de derecho dicta que no existe motivo legítimo alguno para matar indiscriminadamente a personas inocentes», explica Ratner. «Creemos que los actos de Blackwater en la plaza Nisur fueron deliberados, intencionados, gratuitos, dolosos y abusivos, y constituyen crímenes de guerra. Blackwater perjudica a Estados Unidos con su reiterada y continua incapacidad para actuar con acuerdo a la ley de la guerra, a las leyes estadounidenses y al derecho internacional».[170]

Entre las alegaciones que se formulaban en la demanda, se encontraban las siguientes:

- Pese a que Blackwater afirma que las suyas son fuerzas defensivas, «los directivos y los empleados de la empresa se refieren continuamente» a sus «fuerzas armadas móviles» con el calificativo de «"tiradores"».

- Blackwater no debería haber pasado por la plaza Nisur y desoyó las órdenes de no dirigirse hacia allí. En el momento de los disparos, «los tiradores de Blackwater no estaban protegiendo a ninguna autoridad del Departamento de Estado. Los tiradores de Blackwater ya habían dejado en su destino al alto funcionario bajo su protección antes de que llegaran a la plaza Nisur». El «Centro de Operaciones Tácticas» (operado por personal tanto de Blackwater como del Departamento de Estado) «indicó expresamente a los tiradores de la empresa que permanecieran junto a la autoridad de turno y que no abandonaran la zona segura. El personal de Blackwater estaba "obligado" a seguir aquella directiva y no la siguió».

- «Blackwater envía habitualmente a "tiradores" fuertemente armados a las calles de Bagdad aun sabiendo que algunos de ellos están influidos químicamente por esteroides y por otras sustancias que alteran sus facultades mentales. Se demostrará razonablemente que Blackwater no sometió a sus "tiradores" a ninguna prueba de drogas antes de enviarlos equipados con armamento pesado a las calles de Bagdad». (Blackwater negó las alegaciones relacionadas con los esteroides diciendo que sus fuerzas se someten a tests de drogas durante su proceso de solicitud de ingreso y con una periodicidad trimestral mientras trabajan para la empresa. Un portavoz de ésta declaró: «Blackwater tiene establecidas políticas muy estrictas con respecto al consumo de drogas y si se descubre que uno de sus empleados consume drogas ilegales, éste es despedido inmediatamente».)

• Blackwater no tiene «un contrato válido» con el gobierno de Estados Unidos: «La Ley Anti-Pinkerton [...] prohíbe que el gobierno federal estadounidense entable relaciones comerciales con "ningún individuo empleado en la Agencia de Detectives Pinkerton o en cualquier organización similar". La historia legislativa de dicha Ley deja claro que por "organización similar" se entiende cualquier organización de mercenarios o cuasi-mercenarios. Blackwater constituye una de esas "organizaciones similares" y, por consiguiente, carece de autorización para establecer una relación contractual válida con el gobierno de los Estados Unidos». (No deja de ser irónico que, unos meses después de la interposición de la demanda, el vicepresidente de Blackwater, Martin Strong, llegase a comparar directamente de hecho la labor de la empresa con la de Pinkerton. «Bueno, yo aún puedo recordar los tiempos en que Abraham Lincoln, que quería llegar al lugar de su discurso de toma de posesión, no pudo encontrar a nadie más para protegerle que a los Pinkerton, que eran una solución del sector privado para la protección del nuevo presidente estadounidense», dijo. «Así que esto lleva ya mucho, mucho tiempo produciéndose».[171])

Blackwater declinó públicamente responder a las alegaciones contenidas en la demanda aludiendo a la existencia de investigaciones gubernamentales en marcha, pero su portavoz, Anne Tyrrell, dijo que la empresa «se defender[ía] enérgicamente».[172] No obstante, Erik Prince inició una ofensiva... contra los abogados de las víctimas iraquíes. «Los abogados, los letrados penales que han presentado esta demanda son los mismos que actuaron como defensa por el atentado contra el World Trade Center en 1993, al jeque ciego y a un buen puñado de asesinos de agentes del FBI y de otros policías», declaró Prince en la CNN dos días después de la interposición del escrito de demanda. «Así que estamos ante un caso judicial con motivaciones esencialmente políticas que pretende atraer la atención mediática».[173] En realidad, Prince estaba totalmente equivocado. El CCR no representó «al jeque ciego» ni ejerció como «defensa» en el caso por el atentado de 1993 contra el WTC. Pero el ejercicio de efecto propagandístico de Prince fue rápidamente adoptado por sus partidarios desde la derecha y divulgado en los medios de comunicación.

Unos días más tarde, J. Michael Waller, vicepresidente del Center for Security Policy (un *think tank* conservador de línea dura con estrechos contactos con la administración Bush), escribió un artículo de opinión en el *New York Post* titulado «Lawyers for Terror» («Abogados defensores del terrorismo»).[174] En él, acusaba al CCR y a Michael Ratner de acumular «un historial de cuatro décadas como ayudantes e instigadores de terroristas, espías y asesinos de policías», y afirmaba que «su especialidad es la defensa de los enemigos de la sociedad estadounidense». Waller también escribió: «Mientras aguardamos los datos que determinen la responsabilidad de la tragedia del 16 de septiembre en la plaza Nisur, debemos exigir respuestas a otra pregunta: de los más de un millón de abogados en Estados Unidos que podían haber elegido para querellarse contra Blackwater, ¿cómo fueron a elegir unos iraquíes de a pie a los pocos que ayudan a asesinos de policías y a terroristas?».

Ratner dice que esas afirmaciones constituían «intentos evidentemente encaminados a desviar la atención de las acciones de Blackwater en Irak y, en especial, de su papel en los asesinatos de Nisur. No creo que los ataques a la reputación engañen a nadie. Esos intentos de manchar la reputación son una cortina de humo para tapar los asesinatos. En el juicio, los hechos hablarán por sí mismos y se revelará la verdad».[175]

El 19 de diciembre de 2007, el CCR y Burke interpusieron una nueva demanda contra Blackwater. Ésta vino motivada por el presunto asesinato de cinco iraquíes a cargo de personal de la empresa el 9 de septiembre en la plaza Watahba de Bagdad, una semana antes de los asesinatos de la plaza Nisur. «Los tiradores de Blackwater dispararon, sin justificación, y mataron a cinco civiles inocentes», se alegaba en la demanda. «Numerosos civiles inocentes resultaron [...] heridos también en el incidente».[176] Burke presentó el escrito de demanda en nombre de la familia de Alí Husamaldín Albazzaz. «Este caballero era un comerciante de alfombras y fue abatido a tiros sin ningún motivo en absoluto. Dejó tras de sí una hija (una bebé de veinte días) y una familia. Se trata de un nuevo ejemplo en el que los tiradores de Blackwater dispararon primero y preguntaron después», según alegó Burke en la documentación presentada.[177]

«Si el gobierno no quiere que hagamos esto, nos iremos a hacer otra cosa»

Pese a la enorme controversia que rodea a Blackwater, sus fuerzas (y sus lucrativas contratas) han continuado bien asentadas sobre el terreno en Irak. Un empleado de la empresa refirió al *New York Times* una conversación que los representantes de la compañía habían mantenido con Gregory Starr, del Departamento de Estado, en noviembre de 2007. «Él dijo que Blackwater no había perdido el contrato que tiene aquí, en Irak, y que éste depende por completo de nuestras acciones a partir de ahora».[178] El 3 de diciembre, Blackwater publicó anuncios de empleo solicitando «especialistas en seguridad» y tiradores para cubrir las nuevas necesidades de la «ampliación del contrato» de seguridad diplomática que ya tenía con el Departamento de Estado.

En lugar de esconderse y aguardar a que los escándalos remitieran, Blackwater emprendió una gran campaña de reforma de su marca y pasó a denominarse Blackwater Worldwide y a suavizar su logotipo: de zarpa de oso rodeada por la circunferencia de una mira telescópica a zarpa de oso flanqueada por dos semióvalos (que dan la sensación del contorno de un planeta, muy del estilo de los emblemas de la ONU). Su remozado sitio web alardea ahora de un proyecto empresarial «guiado por la integridad, la innovación y el deseo de que el mundo sea más seguro».[180] Prince se prestó a ser entrevistado en diversas ocasiones. Muchas de esas entrevistas fueron realizadas por periodistas de grandes medios de comunicación que se mostraron aduladores y acríticos. En ellas, Prince dibujó una imagen propagandística de Blackwater como prolongación patriótica del ejército y repitió con frecuencia, casi palabra por palabra, las mismas y estudiadas frases. Fue elegido en el puesto número once de los «Power 50» de la revista *Detail*: los hombres «que controlan nuestras pautas y hábitos en cuanto a lo que compramos o a lo que vemos por televisión, nuestras ansiedades, nuestros deseos [...] las personas que han ocupado el interior de nuestras cabezas».[181]

Una de las actuaciones más estrambóticas de la empresa durante este período se produjo el 1 de diciembre, cuando tropas paracaidistas de Blackwater escenificaron un espectacular aterrizaje aéreo, con estandartes y paracaídas de la compañía. No fue en Bagdad o en Kabul, sino en San Diego, en el estadio Qualcomm, durante el espectáculo de la media parte del partido de fútbol americano entre los equipos de las universidades de San Diego State y Brigham Young. La empresa también ha patrocinado a uno de los corredores de la NASCAR y ha colaborado con el fabricante de armas Sig Sauer para crear una pistola completa Blackwater de 9 milímetros, de edición especial, con el logotipo de la compañía en la empuñadura y garantía limitada de por vida. Por 18 dólares, los padres pueden también adquirir peleles para sus bebés en la Blackwater Pro-Shop con el logotipo de la compañía bordado en el pecho.[182]

Durante su ofensiva mediática, Prince dio a entender que Blackwater podría abandonar Irak. «Creemos que el mercado de la seguridad está decreciendo», comentó al *Wall Street Journal* en octubre.[183] Una de las interpretaciones que podían hacerse de tales intenciones era que Blackwater ya había conseguido todo lo que quería de su labor en Irak. El propio Prince lo explicó así ante el Congreso: «Si el gobierno no quiere que hagamos esto, nos iremos a hacer otra cosa».[184] Aunque su nombre se había convertido en un insulto en el mundo de los derechos humanos, Blackwater no sólo había ganado mucho dinero en Irak, sino que se había labrado una reputación como empresa capaz de mantener con vida a las autoridades estadounidenses (por los medios que fueran necesarios) en una zona de guerra tremendamente hostil. Ésa era una imagen que podría resultar muy útil a Blackwater en un proceso de expansión a escala mundial.

Prince prometió que, en el futuro, Blackwater «va a desempeñar actividades de más amplio espectro».[185] En plena profusión de escándalos, la empresa ha pujado por una participación en un contrato de 15.000 millones de dólares con el Pentágono para «combatir a terroristas vinculados con el comercio de drogas».[186] Este contrato para la «guerra contra la droga» colocaría a Blackwater en la misma liga que los padrinos del negocio bélico, entre los que se cuentan Lockheed Martin, Northrop Grumman y Raytheon.

Además de su sólida presencia en el negocio de las labores policiales y militares, y de la formación en seguridad interior, Blackwater se está diversificando. Entre sus proyectos e iniciativas actuales, se encuentran los siguientes:[187]

• La filial de Blackwater, Greystone Ltd., registrada en Barbados, es una empresa dedicada a las actividades mercenarias a la antigua usanza que ofrece «personal de los mejores ejércitos del mundo» para que otros gobiernos y organizaciones privadas contraten sus servicios. También presume de contar con un «programa de fuerzas de paz multinacionales» con efectivos «especializados en el control de multitudes y en el empleo de técnicas no letales, y con personal militar para las áreas de operaciones menos estables».

• Total Intelligence Solutions, del propio Prince y dirigida por tres veteranos de la CIA (entre ellos, el número dos de Blackwater, Cofer Black), pone en el mercado servicios como los de la Agencia de Inteligencia norteamericana para las empresas y los Estados que quieran contratarlos. (Véase el «Epílogo».)

• Blackwater está lanzando al mercado un vehículo blindado llamado Grizzly que define como el más versátil de la historia. La empresa tiene intención de modificarlo para que pueda ser de uso legal en las carreteras del país.

• La división de aviación de Blackwater cuenta con unos cuarenta aparatos, entre ellos, aviones turbopropulsados que pueden ser utilizados para aterrizajes poco ortodoxos. Ha encargado la fabricación de un avión paramilitar Super Tucano en Brasil, que podrá ser empleado en operaciones de contrainsurgencia. En agosto de 2007, esta misma división obtuvo un contrato de 92 millones de dólares del Pentágono para operar vuelos en el Asia central.

• A finales de 2007, realizó pruebas con la aeronave no tripulada Polar 400, que podría ser vendida tanto al Departamento de Seguridad Interior para su uso en las labores de vigilancia de frontera entre EE.UU. y México como a «clientes de los sectores militar, policial y no gubernamental».

• La división marítima, en rápido crecimiento, dispone ya de un navío de 184 pies de eslora que ha sido adaptado y equipado para un potencial uso paramilitar.

Lo que ha hecho Blackwater desde que inició su andadura comercial a finales de los años noventa ha sido construir una estructura privatizada paralela al aparato nacional de seguridad estadounidense. En el momento

de escribir estas líneas, sus diversas divisiones continúan siendo beneficiarias de grandes contratos y el gobierno de los Estados Unidos sigue
siendo el mayor consumidor de sus servicios. En diciembre de 2007, registró una nueva firma de presión política de altos vuelos, Womble,
Carlyle, Sandridge & Rice.[188] El formulario de presentación, entregado
en el Senado estadounidense en enero de 2008, señalaba que este nuevo
gabinete realizaría actividades de lobby a favor de Blackwater en una amplia variedad de sectores contractuales: defensa, seguridad interior, tecnología aeroespacial, planificación ante desastres, relaciones exteriores y
labores policiales.

La guerra es negocio y el negocio va bien

En muchos sentidos, Blackwater es la encarnación de la «revolución de
los asuntos militares» promovida por la administración Bush y que ha
comportado una agresiva subcontratación de funciones castrenses fundamentales. El papel central desempeñado por la compañía en la ocupación estadounidense de Irak fue todo un emblema del nuevo rostro de la
maquinaria bélica de Estados Unidos. Pero también constituye un símbolo de los tiempos que vivimos, en los que todos los aspectos de la vida
están siendo objeto de una radical privatización: escuelas, sanidad, prisiones, seguridad interior, inteligencia, servicios municipales. Si bien
Blackwater debe sin duda su sorprendente éxito a la política exterior
(beligerante y a la ofensiva) de la administración Bush, es importante
recordar que la empresa inauguró su actividad de negocio cuando el ex
presidente Bill Clinton aún ocupaba la Casa Blanca. Fue la administración de Clinton la que autorizó a Blackwater como proveedor del
gobierno federal y la que concedió a la compañía sus primeros contratos
gubernamentales.

Lo cierto es que la privatización no es un objetivo puramente republicano o privativo de la administración Bush. No hay duda de que el actual
presidente la ha intensificado, pero fue adoptada y ha sido alimentada por
las estructuras de poder de ambos partidos durante décadas. «Éste era ya
un procedimiento operativo estándar incluso durante la administración
Clinton», comenta el demócrata por Illinois Jan Schakowsky, uno de los
más agudos críticos en el Congreso de la subcontratación bélica. «Pero
ahora hemos sido testigos de la enorme progresión de este sector, que

maneja actualmente miles y miles de millones de dólares. No hay duda de que estamos ante una expansión».[189] El gobierno estadounidense paga a los contratistas el equivalente de los impuestos totales abonados por los contribuyentes con ingresos inferiores a 100.000 dólares anuales, lo que significa que «más del 90% de los contribuyentes podría remitir todo lo que deben directamente a [los contratistas] en vez de al [gobierno]», según un reportaje de investigación publicado en *Vanity Fair*.[190] En palabras de la periodista Naomi Klein, «conforme a esta visión radical de las cosas, los contratistas tratan al Estado como un cajero automático del que retiran contratos ingentes para realizar funciones vitales como la seguridad fronteriza y la interrogación de prisioneros, y en el que también efectúan ingresos en forma de aportaciones a las campañas de los políticos».[191]

«Creo que es sumamente peligroso que un país empiece a externalizar su monopolio sobre el uso de la fuerza y de la violencia en aras de sus objetivos en materia de política exterior o de seguridad nacional», explica el veterano diplomático estadounidense Joe Wilson, quien fuera el último embajador en Irak antes de la guerra del Golfo de 1991. Los miles de millones de dólares que se reparten entre las empresas bélicas, sostiene Wilson, «las convierten en un grupo de interés muy poderoso dentro del sistema político estadounidense, un grupo de interés que, además, está bien armado. En algún momento, alguien se planteará la pregunta: ¿a quién deben ellos lealtad?».[192]

A medida que el virus de la privatización (que aqueja a ambos partidos mayoritarios) se extiende cada vez más, empresas como Blackwater se afianzan progresivamente en los sectores estatales más sensibles. Blackwater progresa a pleno rendimiento. Es evidente que ningún escándalo aislado va a aminorar su marcha. Y si Blackwater tuviera que cerrar puertas mañana mismo, son multitud las compañías que estarían encantadas de ocupar su lugar y hacer su trabajo.

Si bien la privatización radical está teniendo un efecto devastador en toda la sociedad, la privatización de la maquinaria de guerra ha sido letal. La prosperidad del negocio de Blackwater como empresa depende de que haya guerra y conflicto. Opera en un sector basado en la demanda en el que los beneficios empresariales están estrechamente ligados a la escalada de la violencia. Esa demanda ha sido enorme durante la presidencia de George W. Bush. En particular, la militarización sin precedentes de la Oficina de Seguridad Diplomática del Departamento de Estado —que se

ha producido en paralelo con el proceso de rápida privatización— ha en-
riquecido a Blackwater. El Servicio de Protección Mundial del Personal
de dicho departamento fue ideado originalmente como un sistema de escolta personal a pequeña escala para proteger a grupos reducidos de diplomáticos estadounidenses y a otras autoridades norteamericanas y de
otros países. En Irak, la administración lo convirtió en una fuerza paramilitar de varios miles de efectivos. El gasto en ese programa experimentó un gran salto: de 50 millones de dólares en 2003 a 613 millones en
2006.[193] Según la investigación del Comité sobre Supervisión (de la Cámara de Representantes), «en el ejercicio fiscal de 2001, Blackwater tenía
concedidos contratos federales por un valor total de 736.906 dólares. En
2006, contaba ya con más de 593 millones de dólares en contratos gubernamentales, un aumento de más de un 80.000%».[194] En 2007, Blackwater
tenía desplegados en Irak el equivalente de dos tercios de los efectivos
que la Oficina de Seguridad Diplomática estadounidense sumaba en
todos los demás países del mundo. En palabras del embajador Ryan
Crocker, pronunciadas a finales de 2007, «es sencillamente imposible
que la Oficina de Seguridad Diplomática del Departamento de Estado
pudiera disponer nunca de suficiente personal a tiempo completo para
encargarse de las funciones de seguridad en Irak. No hay otra alternativa
más que los contratos».[195]

En verano de 2007, había más personal de «contratistas privados»
desplegado en Irak a sueldo del gobierno estadounidense (180.000 efectivos) que soldados reales (160.000).[196] Estos empleados privados trabajaban para unas 630 compañías y procedían de más de cien países de todo el
mundo.[197] Decenas de miles de ellos eran guardias armados como los que
trabajan para Blackwater, aunque se desconoce exactamente cuántos,
porque ni la administración ni el ejército podían (o querían) proporcionar esas cifras. En cualquier caso, esto significaba que el ejército estadounidense se había convertido en el socio menor de la coalición que ocupa
Irak. La existencia de un potente ejército en la sombra ha sido el que ha
hecho posible seguir adelante con una guerra impopular propulsada por
fuerzas que han provocado muertos y heridos que no se han contabili-
zado y de los que ni siquiera se ha informado. Ese ejército paralelo también ha permitido que continúe sin plantearse el debate sobre la
necesidad del servicio militar obligatorio (una medida que podría hacer
políticamente insostenible la continuación de la guerra). También ha socavado las bases de la diplomacia internacional, porque la administración

no tuvo necesidad de construir una «coalición de los dispuestos»: simplemente, alquiló una fuerza de ocupación. Se contrató a soldados privados procedentes de países que no estaban afectados directamente por la guerra o cuyos gobiernos se oponían a ella, y se los utilizó como carne de cañón barata.

La guerra es negocio y el negocio ha ido muy bien. No sólo son las acciones de Blackwater y los de su clase las que tienen que ser investigadas, reveladas y enjuiciadas: es el sistema en su conjunto. Si no se hace frente de forma enérgica a la demanda insaciable de estos «servicios» mercenarios —derivada de unas guerras ofensivas e impopulares de conquista—, Blackwater y otras empresas de mercenarios tienen poco que temer. En el lenguaje de la calle, ellas son los traficantes, pero el gobierno es el adicto. Estas compañías no son sólo manzanas podridas: son el fruto de un árbol muy tóxico. Este sistema depende del maridaje entre inmunidad e impunidad. Si el gobierno empezara a golpear a las empresas de mercenarios con cargos formales de acusación por crímenes de guerra, asesinato o violación de los derechos humanos (y no sólo a título simbólico), el riesgo que asumirían estas compañías sería tremendo. Esto, a su vez, dificultaría enormemente las guerras como la de Irak y puede que hasta las hiciera imposibles de llevar adelante. Pero ni siquiera tras la atrocidad de la plaza Nisur hubo síntoma alguno de que eso pudiera ocurrir. A comienzos de 2008, el presidente Bush trató nuevamente de obligar al gobierno iraquí a ampliar la inmunidad a los contratistas privados y a su personal durante la negociación de un nuevo acuerdo de «Estatus de fuerzas» con Bagdad.[198] También declaró que «no har[ía] efectivas» una disposición contenida en una ley de 2008 —firmada por él mismo— que habría servido para establecer una Comisión bipartita sobre Contratación en Tiempo de Guerra dedicada a investigar a los contratistas bélicos, ni otra que otorgaba protecciones a los denunciantes internos de prácticas ilegales de los contratistas gubernamentales. En una declaración, Bush dijo que esas disposiciones «inhibirían la capacidad del presidente» para «proteger la seguridad nacional, supervisar el ejecutivo y ejecutar su autoridad como Comandante en Jefe».[199]

Aunque Bush ha sido sin duda el mayor partidario de la industria bélica, la perspectiva de que su sucesor en la Casa Blanca (tanto si éste es demócrata como si es republicano) emprenda una acción decidida como la que se necesita para hacer frente a la amenaza mercenaria es bastante improbable. La industria de guerra es una contribuidora a partes iguales en las campañas de los diversos políticos y cuenta con sólidos apoyos de figuras influyentes a ambos lados de la línea de separación entre partidos. A finales de 2007, Schakowsky introdujo en la Cámara de Representantes un proyecto de ley para frenar la externalización de la seguridad (la Stop Outsourcing Security —ó SOS— Act), con el que pretendía poner fin a la utilización de Blackwater y otras empresas de mercenarios en las zonas de guerra en las que estuviera implicado Estados Unidos a partir de 2009. «Las empresas de contratación privada han perdido su derecho a representar a Estados Unidos», declaró Schakowsky, quien aseguró que éstas «exponen a nuestras tropas a daños y provocan innecesariamente la muerte a numerosos civiles iraquíes inocentes. Han dejado de ser un activo para convertirse en una carga».[200] Sólo una pequeña fracción de los 435 legisladores de la Cámara de Representantes firmaron en apoyo de su proyecto legislativo y, hasta la primavera de 2008, sólo dos senadores —el independiente por Vermont Bernie Sanders y la demócrata por Nueva York Hillary Clinton— también lo habían hecho.

Debido a la negativa de la administración Bush a que las fuerzas mercenarias afronten responsabilidades por sus delitos en Irak y a la falta de voluntad de los demócratas para cuestionar realmente la maquinaria bélica radicalmente privatizada, la única esperanza de que se haga justicia que tienen las víctimas de la plaza Nisur radica en la demanda que tienen interpuesta contra Blackwater en Washington, D.C. En ciertos sentidos, no deja de ser ése el lugar más lógico para un juicio así, puesto que la violencia desatada por Blackwater en Irak tiene su origen último en la lucrativa maquinaria de guerra que tiene su sede en la capital estadounidense. Poco después de los sucesos de la plaza Nisur, a Erik Prince se le preguntó en una entrevista: «¿A cuántos civiles iraquíes han matado los empleados de Blackwater?». «Ésa es una cifra imposible de conocer», contestó Prince, en un raro momento de franqueza sobre el tema.[201] La importancia de esa admisión no pasó inadvertida a los abogados que han demandado a Blackwater por lo de la plaza Nisur. «Lo que están haciendo estas familias iraquíes es un servicio ciudadano al resto de sus compatriotas, porque no quieren que Blackwater mate a nadie más», explica la letrada Susan Burke. «Vamos a sacar a la luz la cultura empresarial que está conduciendo a toda esta muerte y destrucción en Irak».[202]

Estados Unidos debate actualmente su posible retirada de Irak, pero Blackwater no parece sentirse amenazada por ello. En abril de 2008, contra las objeciones del gobierno iraquí, el contrato de la empresa para sus operaciones en Irak fue prorrogado por un año más. Gregory Starr, del Departamento de Estado, dijo que la decisión fue tomada «tras meditar detenidamente los requisitos operativos necesarios para apyoar los objetivos de la política exterior del gobierno estadounidense en Irak».[203] Algunos destacados demócratas han abogado por una retirada militar gradual que acabaría dejando allí una «fuerza de ataque» contraterrorista y conservaría la Zona Verde y la seguridad necesaria para el personal de la embajada estadounidense, lo que convertiría a ésta en más grande del mundo, dotada con una plantilla que incluiría potencialmente a decenas de miles de miembros de fuerzas armadas. Esto, a su vez, supone la continuación y el aumento de la presencia de fuerzas privadas en Irak. De hecho, uno de los principales ejecutivos de Blackwater, Joseph Schmitz, pareció encontrar un lado positivo para su empresa y para otros contratistas bélicos en una posible retirada estadounidense de Irak: «Existe la perspectiva de que Estados Unidos, como Estado, retirara su huella militar de allí y que, a partir de ese momento, hubiera una mayor necesidad de afluencia de contratistas privados a aquel país».[204]

Capítulo 1

Fabricación de un asesinato

El mundo era un lugar muy distinto el 10 de septiembre de 2001, cuando Donald Rumsfeld subió a la tribuna del Pentágono para pronunciar uno de sus primeros discursos importantes como secretario de Defensa del presidente George W. Bush. Al Qaeda ni siquiera existía para la mayoría de los estadounidenses y Sadam Husein seguía siendo el presidente de Irak. Rumsfeld ya había desempeñado aquel cargo con anterioridad en una ocasión (durante la presidencia de Gerald Ford, entre 1975 y 1977) y lo había retomado en 2001 cargado de ambiciosos proyectos. Ese día de septiembre del primer año de la administración Bush, Rumsfeld se dirigió a las autoridades del Pentágono encargadas de supervisar los sustanciales y sustanciosos negocios de los contratos de defensa (es decir, de lidiar con los Halliburton, DynCorp, Bechtel y compañía). El secretario de Defensa, de pie ante un grupo de ex ejecutivos de Enron, Northrop Grumman, General Dynamics y Aerospace Corporation a quienes había designado como sus principales adjuntos en el departamento, emitió una auténtica declaración de guerra.

«El tema de hoy es un adversario que supone una amenaza, una amenaza muy seria, para la seguridad de los Estados Unidos de América», dijo Rumsfeld en un tono atronador.[1] «Este adversario es uno de los últimos reductos de la planificación centralizada en el mundo. Gobierna dictando planes quinquenales. Desde una única capital, trata de imponer sus exigencias en diferentes zonas horarias, continentes, océanos y más allá. De manera sistemática y brutal, ahoga el pensamiento libre y aplasta toda nueva idea. Crea problemas a la defensa de Estados Unidos y pone en peligro la vida de hombres y mujeres por igual.» Tras una breve pausa dramática, Rumsfeld (un veterano combatiente de la Guerra Fría) prosiguió con su explicación: «Puede que este adversario nos recuerde a la antigua Unión Soviética, pero ésta es un enemigo que ya no existe: nuestros antagonistas son hoy más sutiles e implacables. Quizá piensen que me estoy refiriendo a uno de los últimos dictadores decrépitos del mundo. Pero también los días de éstos pertenecen casi por completo al pasado. Y su fuerza y su tamaño no son en absoluto comparables a las de este otro rival. El adversario está mucho más cerca de nosotros: es la burocracia del Pentágono.» Rumsfeld proponía un giro radical en la gestión de los asuntos del Pentágono y el reemplazo de la antigua administración del Departamento de Defensa por un nuevo modelo basado en el sector privado. El problema, según Rumsfeld, estribaba en que, a diferencia de las empresas privadas, «las administraciones públicas son inmortales, por lo que necesitamos dar con otros incentivos para la adaptación y la mejora de la burocracia». Lo que estaba en juego, declaró, era muy serio («una cuestión de vida o muerte, en última instancia, para todos los estadounidenses»). Ese día, Rumsfeld anunció una iniciativa a gran escala para aprovechar el uso del sector privado para las guerras de Estados Unidos y predijo que su idea toparía con una feroz resistencia. «Habrá quien se pregunte: "¿Cómo puede ser que el secretario de Defensa ataque al Pentágono ante su propio pueblo?"», dijo Rumsfeld, quien, acto seguido, explicó a su auditorio que «a esas personas les respondo que no tengo deseo alguno de atacar al Pentágono, sino de liberarlo. Necesitamos salvarlo de sí mismo».

Y, a la mañana siguiente, el Pentágono fue atacado, pero literalmente: el Boeing 757 del vuelo 77 de American Airlines fue secuestrado y dirigido contra el ala occidental del edificio sobre la que se precipitó y se estrelló. Rumsfeld tuvo el famoso gesto de ayudar a los equipos de rescate a extraer cuerpos de entre los escombros. Pero el secretario de Defensa —todo un maestro ajedrecista del militarismo— no tardó en aprovechar la oportunidad (casi inimaginable) que le presentó el 11-S para cursar con carácter de urgencia su propia guerra personal, expuesta el día anterior. El mundo había cambiado de forma irremisible y, en un instante, el futuro de la fuerza militar más poderosa del mundo se había convertido en un lienzo en blanco sobre el que Rumsfeld y sus aliados podían pintar su propia obra de arte. La nueva política del Pentágono iba a fundamentarse en gran medida sobre el sector privado, e iba a hacer especial hincapié en las acciones encubiertas, en los sistemas de armamento sofisticados y en un uso más intenso de las Fuerzas Especiales y de los contratistas militares. Dicha política acabaría conociéndose como la Doctrina Rumsfeld. El propio Rumsfeld escribió en un artículo del número de verano de 2002 de la revista *Foreign Affairs*, titulado «Transforming the Military» («La transformación del Ejército»), que «debemos promover un enfoque más empresarial que favorezca que nuestra gente actúe de forma más preventiva que reactiva y se comporte menos como una burocracia y más como una entidad de capital riesgo».[2] El enfoque de «huella reducida» de Rumsfeld abrió curiosamente la puerta a uno de los fenómenos más significativos de la guerra moderna: el uso extendido de contratistas privados para todos los aspectos bélicos, incluido el combate.

Entre quienes recibieron las primeras llamadas de la administración para sumarse a la «guerra global contra el terror» que se iba a librar conforme a los criterios de la Doctrina Rumsfeld estaba una empresa apenas conocida que operaba desde un campo de entrenamiento militar privado cercano al pantano de Great Dismal en Carolina del Norte. Se llamaba Blackwater USA. Tras la gran tragedia del 11 de septiembre, y casi de la noche a la mañana, una empresa que apenas existía unos años antes se iba a convertir en un actor central en una guerra global emprendida por el imperio más poderoso de la historia. «Llevo cuatro años dedicándome al negocio de la formación y ya estaba empezando a tomarme con un cierto cinismo la poca importancia que la gente le da al tema de la seguridad», explicaba el dueño de Blackwater, Erik Prince, al presentador de Fox News, Bill O'Reilly, poco después del 11-S. «Ahora el teléfono no para de sonar.»[3]

Pero la historia de Blackwater no empieza el 11-S; tampoco comienza siquiera con sus ejecutivos ni en el momento de su fundación. En muchos sentidos, condensa la historia de la guerra moderna. Por encima de todo, representa la materialización del trabajo de toda una vida de los funcionarios y autoridades que formaban el núcleo duro del equipo bélico de la administración Bush.

Durante la guerra del Golfo de 1991, Dick Cheney —estrecho aliado de Rumsfeld— era secretario de Defensa. Una de cada diez personas desplegadas en la zona de combate en aquel entonces lo hizo adscrita a una contrata privada, una proporción que Cheney estaba obstinado en impulsar al alza. Antes de dejar el cargo en 1993, Cheney encargó un estudio a una de las divisiones de la compañía que acabaría presidiendo posteriormente, Halliburton, sobre cómo privatizar la burocracia militar con la máxima celeridad. Casi de la noche a la mañana, Halliburton creó para sí misma todo un sector de servicios para las operaciones militares estadounidenses en el extranjero con un potencial de beneficios aparentemente infinito. Cuanto más agresivamente expandía Estados Unidos su radio de acción militar, mejor iba el negocio para Halliburton. Aquél era un prototipo para el futuro. En los siguientes ocho años de gobierno de Bill Clinton, Cheney trabajó en el influyente *think tank* neoconservador The American Enterprise Institute, que encabezó la ofensiva en pos de la privatización acelerada de la administración pública y del ejército. En 1995, Cheney tomó el mando el Halliburton y se dedicó a la construcción del que se convertiría en el mayor contratista privado del gobierno estadounidense en el área de la defensa. El presidente Clinton asumió en gran medida el programa privatizador y la empresa de Cheney —junto a otros contratistas— firmó lucrativos contratos durante el conflicto de los Balcanes de la década de 1990 y la guerra de Kosovo de 1999. Una empresa de consultoría militar, Military Professional Resources Incorporated, con sede en Virginia y con una plantilla de altos oficiales del ejército ya retirados, recibió autorización de la administración Clinton a mediados de la década de 1990 para instruir al ejército croata en su guerra secesionista contra Yugoslavia, dominada por Serbia, un conflicto que acabaría inclinando finalmente la balanza de toda aquella confrontación bélica. El mencionado contrato fue todo un anuncio de la forma de intervención del sector privado en las cuestiones bélicas que se convertiría en habitual en la posterior guerra contra el terrorismo. Pero la privatización era únicamente una parte de una agenda más amplia. Cheney y Rumsfeld eran miembros fundamentales del Proyecto para un Nuevo Siglo Estadounidense (Project for a New American Century, o PNAC), iniciado en 1997 por el activista neoconservador William Kristol.[4] Dicho grupo presionó a Clinton para que hiciera efectivo un cambio de régimen en Irak; sus principios, entre los que se propugnaba «una política de fortaleza militar y de claridad moral»,[5] constituirían la base de gran parte de los planes de política internacional de la administración Bush.

En septiembre de 2000, apenas unos meses antes de que los miembros del Proyecto pasasen a formar el núcleo central de la Casa Blanca de Bush, el PNAC publicó un informe titulado *Rebuilding America's Defenses: Strategy, Forces and Resources for a New Century* («La reconstrucción de las defensas de Estados Unidos: estrategia, fuerzas y recursos para el nuevo siglo»). En el informe, en el que el Proyecto exponía su propuesta de puesta a punto de la maquinaria de guerra estadounidense, se reconocía que «el proceso de transformación, por muy revolucionario que sea el cambio que genere, será probablemente largo en ausencia de algún acontecimiento catastrófico y catalizador, como un nuevo Pearl Harbor».[6] Justo un año después, los atentados del 11-S acabaron proporcionando dicho catalizador: una justificación sin precedentes para seguir adelante con su programa radical configurado por un reducido núcleo de agentes neoconservadores que acababan de asumir cargos oficiales.

El argumento secundario de las guerras del periodo posterior al 11-S que, a menudo, se pasa por alto es la externalización y la privatización a las que éstas han dado lugar. Desde el momento mismo en que el equipo de Bush accedió al poder, el Pentágono empezó a aprovisionarse de ideólogos como Paul Wolfowitz, Douglas Feith, Zalmay Khalilzad y Stephen Cambone, así como de ex ejecutivos empresariales —muchos de ellos procedentes de grandes fabricantes de armamento— como el subsecretario de Defensa Pete Aldridge (Aerospace Corporation), el secretario del Ejército Thomas White (Enron), el secretario de la Armada Gordon England (General Dynamics) y el secretario de la Fuerza Aérea James Roche (Northrop Grumman). Los nuevos dirigentes civiles del Pentágono accedieron a sus cargos con dos grandes objetivos en mente: un cambio de régimen en determinadas naciones estratégicas y la operación de privatización y externalización más amplias de la historia castrense estadounidense (una auténtica «revolución de los asuntos militares»). Tras el 11-S, esta campaña se volvió imparable.

La rápida derrota de los talibanes en Afganistán envalentonó a Rumsfeld y a la administración en el instante mismo en que comenzaban a hacer planes para la pieza central de la cruzada neoconservadora: Irak. Desde el momento en que comenzó la concentración de tropas estadounidenses en previsión de la posterior invasión, el Pentágono convirtió a los contratistas privados en parte integral de los procedimientos. Mientras EE.UU. daba incluso la apariencia pública de estar intentando una campaña diplomática, Halliburton se preparaba a puerta cerrada para la mayor operación de su historia. Cuando los tanques estadounidenses entraron en Bagdad en 2003, traían consigo el mayor ejército de guardias privados jamás empleado en una guerra. Y cuando Rumsfeld acabó su mandato al frente del Departamento de Defensa, el número de «soldados» a sueldo de empresas contratistas privadas desplegado sobre el terreno en Irak se calculaba en unos 100.000 (una proporción casi de uno a uno con los soldados estadounidenses en servicio activo allí destinados).[7] Para mayor satisfacción de la industria bélica, antes de dimitir, Rumsfeld dio el extraordinario paso de clasificar a los efectivos aportados por los contratistas privados como parte constitutiva oficial de la maquinaria de guerra estadounidense. En el Informe Cuatrienal del Pentágono correspondiente a 2006, Rumsfeld expuso lo que él mismo denominó una «hoja de ruta para el cambio» del departamento de Defensa, que, según decía, se había iniciado en 2001.[8] En ella se hablaba de la «Fuerza Total» del departamento, que era definida como «los componentes militares activos y en la reserva, los funcionarios y los *contratistas*, que constituyen el conjunto de la capacidad de combate [del departamento]. Los miembros de la Fuerza Total sirven en millares de lugares de todo el mundo, donde realizan una amplia gama de actividades para llevar a cabo misiones de crítica importancia».

Proclamada en medio de una guerra global de límites indeterminados y alcance impreciso, esta definición formal representaba una reprobación radical de las inquietantes advertencias lanzadas décadas antes por el presidente Eisenhower en su discurso de despedida ante la nación, en el que preveía las «graves implicaciones» del ascenso del «complejo militar-industrial». En 1961, Eisenhower declaró: «El potencial de una desastrosa acumulación de poder indebido existe y persistirá. Jamás debemos dejar que el peso de esta combinación ponga en peligro nuestras libertades o los procesos democráticos. No deberíamos dar nada por sentado. Sólo una ciudadanía vigilante y bien informada podrá obligar a que el entramado de la enorme maquinaria industrial y militar de defensa forme un engranaje adecuado con nuestros métodos y objetivos pacíficos a fin de que la seguridad y la libertad prosperen conjuntamente». Lo que se ha desarrollado en los años siguientes y, en particular, durante el mandato de la administración Bush no es otra cosa, ni más ni menos, que el oscuro escenario que Eisenhower profetizó en su momento.

Aunque la guerra contra el terrorismo y la ocupación de Irak han alumbrado un gran número de nuevas empresas, pocas (por no decir que ninguna) han experimentado el meteórico ascenso hacia el poder, los beneficios y la prominencia de Blackwater. En menos de una década, ha logrado emerger de un pantano de Carolina del Norte para erigirse en una especie de Guardia Pretoriana de la «guerra global contra el terror» de la administración Bush. En la actualidad, Blackwater cuenta con más de 2.300 soldados privados desplegados en nueve países, incluido el propio interior de Estados Unidos. Mantiene, además, una base de datos de 21.000 ex miembros de Fuerzas Especiales, soldados y agentes policiales retirados, a los que podría «llamar a filas» de forma inmediata. Blackwater dispone también de una flota privada de más de veinte aparatos aéreos, entre los que se incluyen helicópteros de artillería y una división de dirigibles de vigilancia. Su sede central en Moyock (Carolina del Norte) es, con sus 2.800 hectáreas, la instalación militar privada más grande del mundo. En ella se instruye anualmente a decenas de miles de agentes de las fuerzas del orden, tanto federales como locales, así como a tropas de naciones extranjeras «amigas». La empresa tiene su propia división de inteligencia y cuenta entre sus ejecutivos a ex altos cargos militares y de otros servicios de inteligencia. Recientemente, ha iniciado la construcción de unas nuevas instalaciones en California («Blackwater Oeste») e Illinois («Blackwater Norte»), así como un recinto de instrucción y entrenamiento en la selva de Filipinas. Blackwater acumula contratas estatales por un monto económico total de más de 500 millones de dólares, sin incluir sus operaciones secretas a cargo de fondos públicos «reservados» para agencias de inteligencia estadounidenses o para compañías/individuos privados y gobiernos extranjeros. Como señaló un congresista estadounidense en una ocasión, ateniéndonos a criterios estrictamente militares, Blackwater dispone de la capacidad necesaria para derrocar a muchos gobiernos del mundo actual.

Blackwater es un ejército privado y está controlado por una única persona: Erik Prince, un archimillonario cristiano y derechista radical que ha sido un importante financiador no sólo de las campañas del presidente Bush, sino también de la ofensiva programática general de la derecha cristiana. De hecho, hasta el momento de escribir estas líneas, Prince no ha donado aún ni un céntimo a ningún candidato demócrata (algo a lo que tiene perfecto derecho, pero que no deja de revelar una pauta bastante inusual para el máximo directivo de una poderosa empresa de servicios bélicos y da fe de hasta qué punto es sincero su compromiso ideológico). Blackwater ha sido uno de los más eficaces batallones a disposición de Rumsfeld en la guerra de éste contra el Pentágono, y Prince no se reprime a la hora de hablar del papel que está ejerciendo su compañía en la transformación radical de las fuerzas armadas estadounidenses. Recientemente, en un panel de debate con altos mandos militares, lanzó la siguiente pregunta: «Cuando tienen un envío postal que quieren que llegue a su destino la mañana siguiente, ¿a quién recurren: a Correos o a FedEx?». Y añadió: «Nuestra meta como empresa es conseguir para el aparato de la seguridad nacional lo que FedEx consiguió para los servicios postales».[9]

Puede que el síntoma más revelador de que tal transformación ya se había llevado a cabo se observara cuando la Casa Blanca subcontrató a Blackwater en 2003 la tarea de proteger a los más altos cargos de Estados Unidos en Irak. Cuando L. Paul Bremer, el enviado del presidente durante el primer año de la ocupación, se instaló en Bagdad para poner en práctica la llamada agenda Bush, lo hizo protegido por Blackwater, como lo han estado los sucesivos embajadores estadounidenses en aquel país. A diferencia de los soldados en servicio activo, mal retribuidos, los guardias de Blackwater percibían salarios anuales de seis cifras. «Los sueldos normales de los profesionales del DSP (destacamento de seguridad personal [en Irak]) se cifraban hasta hace poco en unos 300 dólares diarios [por hombre]», informaba la revista *Fortune* por aquel entonces. «En cuanto Blackwater empezó a reclutar personal para su primera gran labor (la de ejercer de guardia personal de Paul Bremer), la tarifa se disparó hasta los 600 dólares al día.»[10] Sin apenas debate público al respecto, la administración Bush ha subcontratado al sector privado muchas de las funciones históricamente desempeñadas por las fuerzas armadas del Estado. Estas empresas privadas no están sometidas prácticamente a control alguno por parte de los contribuyentes de quienes obtienen sus ganancias. Hubo incluso quien empezó a comparar el mercado de los mercenarios en Irak con la Fiebre del Oro de Alaska o con el duelo de O.K. Corral. El londinense *The Times* lo expresó así en aquel momento: «En Irak, el *boom* de negocio de la posguerra no está siendo el del petróleo, sino el de la seguridad».[11]

Mientras esta fuerza privada se expandía hasta niveles sin precedentes por todo Irak, Bremer, en su último acto antes de abandonar enfurruñado Bagdad el 28 de junio de 2004, publicó un decreto conocido como Orden nº 17 que inmunizaba a los contratistas y a sus empleados en aquel país frente a cualquier acusación penal.[12] Aquélla era una medida significativa en el mar de políticas (y de ausencia de éstas) por el que se regía la ocupación de Irak: un paso que envalentonó aún más a las fuerzas privadas. Soldados de Estados Unidos han sido acusados y juzgados por asesinato y torturas en Irak, pero el Pentágono no ha sometido a sus numerosas fuerzas privadas a los mismos criterios. De eso se habló en una de las raras comisiones de investigación del Congreso dedicadas a la cuestión de los contratistas en Irak, celebrada en junio de 2006. Blackwater representaba a la industria privada del sector en aquellas vistas públicas, en las que también participaron varios altos cargos gubernamentales. El congresista Dennis Kucinich interpeló a Shay Assad, director de Contratos y Adquisiciones de Defensa del Pentágono (la sección del departamento de Defensa responsable de los contratistas) señalando que las tropas estadounidenses están sometidas a unas reglas de combate y que han de rendir cuentas ante la justicia por su incumplimiento, y que, precisamente por ello, varios soldados habían sido acusados y juzgados por vulneraciones de las mismas en Irak, pero no había sucedido lo mismo con ningún contratista. Kucinich comentó, concretamente, que hasta la fecha de aquellas sesiones, «ningún contratista de seguridad ha sido formalmente acusado» de delitos cometidos en Irak.[13] Entonces, le preguntó directamente a Assad: «¿Estaría preparado el Departamento de Defensa para la formulación de una acusación formal contra cualquier empleado de un contratista privado del que se demostrase que hubiese asesinado ilegalmente a un civil?».

«Señoría, no puedo responder a esa pregunta», repuso Assad.

«¡Pues vaya!», reaccionó Kucinich. «¿Se da cuenta de lo que eso significa? Esos contratistas privados pueden asesinar impunemente cuando quieran.» Los contratistas, añadió Kucinich, «no parecen estar sujetos a ley alguna y, por consiguiente, tienen una licencia mayor para tomarse la justicia por su mano».

Blackwater ha declarado abiertamente que sus fuerzas están por encima de la ley. Por un lado, se ha resistido a todo intento de sometimiento de sus soldados privados al Código Uniforme de Justicia Militar del Pentágono (o UCMJ, según sus siglas inglesas), insistiendo en que éstos no son militares, sino civiles; por el otro, Blackwater ha reclamado inmunidad frente a cualquier litigio civil en Estados Unidos, argumentando que sus efectivos forman parte de la Fuerza Total estadounidense. Blackwater ha sostenido en diversos informes legales que, si los tribunales estadounidenses autorizan la interposición de demandas contra la compañía por fallecimiento indebido de alguno de sus trabajadores, se pondría en peligro la capacidad bélica de toda la nación: «Para que unos contratistas federales responsables puedan acompañar a las Fuerzas Armadas estadounidenses en el campo de batalla, es imprescindible que su inmunidad frente a toda responsabilidad por bajas en combate esté protegida a nivel federal y sea uniformemente confirmada por los tribunales de Estados Unidos. Nada resultaría más destructivo para el concepto de Fuerza Total, basada en soldados profesionales voluntarios que subyace a la doctrina del ejército estadounidense en materia de personal, que exponer a los componentes privados de esa fuerza a los sistemas de responsabilidad por daños y perjuicios de los cincuenta estados de la Unión trasladados a los terrenos de combate de ultramar. [...] La supervisión y el mando del presidente sobre estas operaciones militares, incluidas sus decisiones a lo largo de la cadena de mando a propósito de la instrucción, el despliegue, el armamento, las misiones, la composición, la planificación, el análisis, la gestión y el control de los contratistas militares privados y de sus misiones, trasciende el campo de acción de [los tribunales de justicia]».[14] Blackwater afirma que sus fuerzas operan bajo el código de conducta (carente de fuerza jurídica e imposible de invocar ante los tribunales) redactado por la propia organización patronal de su sector, irónicamente denominada International Peace Operations Association («Asociación Internacional de Operaciones de Paz»). Erik Prince dice que sus fuerzas son «responsables ante nuestro país»,[15] como si las declaraciones de lealtad a la bandera fuesen prueba de la justicia de unos motivos o de unas actividades, o pudiesen sustituir de algún modo a un marco jurídico independiente.

Pero lo que alienta esta lógica no es únicamente la práctica inmunidad de la que ya gozan los contratistas, sino también la imposibilidad de que el Pentágono pueda supervisar una fuerza privada tan numerosa que, además, está actualmente reconocida como una parte integrante más de la maquinaria bélica estadounidense. Los contratistas privados operan en gran medida dentro de una zona legal ambigua que deja abierta la puerta a posibles abusos. A finales de 2006, una breve enmienda de una sola línea fue discretamente agregada al ingente proyecto de ley del Congreso sobre el presupuesto de los gastos de defensa para 2007, sancionado como ley por el presidente Bush, por la que pasaba a ser posible que los guardias privados (de las empresas contratistas) destacados en zonas de combate quedasen sujetos al UCMJ del Pentágono, conocido también como el sistema de justicia militar.[16] Pero el ejército tiene ya suficiente trabajo con las labores de vigilancia policial de sus propias y numerosísimas fuerzas, por lo que difícilmente puede esperarse que supervise efectivamente a otros 100.000 empleados privados. Aunque las cinco palabras incluidas en el documento legal establecen a duras penas un sistema teórico de supervisión independiente, los expertos prevén que la industria bélica privada seguirá resistiéndose con uñas y dientes a su aplicación. Pese a recurrir inusitadamente al despliegue de empleados de seguridad de contratistas privados en Irak, en Afganistán y en otras zonas, el gobierno no ha sido capaz siquiera de contarlos, y menos aún de vigilar sus actividades. Un informe de la Government Accountability Office, o GAO (la Oficina de Auditoría General del Gobierno federal estadounidense), publicado en diciembre de 2006, revelaba que el ejército no dispone de un sistema eficaz de supervisión y que «las autoridades militares eran incapaces de determinar cuántos contratistas se hallaban destacados en bases iraquíes».[17] El Ejército de Tierra y la Fuerza Aérea no pudieron facilitar a los investigadores de la GAO «el número de efectivos de contratistas que estaban usando en los destacamentos ni los servicios que dichos efectivos privados estaban prestando a las fuerzas estadounidenses». La GAO concluyó, entonces, que «los problemas relacionados con la gestión y la supervisión del personal de empresas contratistas han tenido un impacto negativo sobre las operaciones militares y la moral de las unidades, al tiempo que han socavado la capacidad del departamento de Defensa para obtener garantías razonables de que los contratistas están cumpliendo realmente con las estipulaciones de sus contratos del modo más eficiente posible en cuanto a costes».

Una semana después de que hubiese terminado el mandato de Rumsfeld al frente del Pentágono, la guerra contra el terrorismo había obligado a las fuerzas estadounidenses a estirar sus recursos hasta tal punto que el ex secretario de Estado, el general Colin Powell, declaró que «el ejército regular está prácticamente roto».[18] Pero, en lugar de replantearse todas esas agresivas políticas y guerras de conquista, la administración Bush y el Pentágono se refirieron a la necesidad de expandir aún más el tamaño de su ejército. Prince ya les había ofrecido una propuesta propia: la creación de lo que él mismo denominó una «brigada de efectivos por contrato» para complementar las fuerzas armadas convencionales estadounidenses: «Existe preocupación en el Departamento de Defensa en torno a la posibilidad de aumentar el tamaño permanente del Ejército de Tierra», dijo. «Nosotros queremos incorporar 30.000 personas y ellos han hablado de unos costes de entre 3.600 y 4.000 millones de dólares para cubrir esa ampliación. Pues bien, si las matemáticas no me fallan, eso viene a significar unos 135.000 dólares por soldado. [...] Nosotros podríamos hacerlo sin duda por un precio menor.»[19] Aquéllas eran unas declaraciones extraordinarias que sólo podían venir de alguien que controla su propio ejército. A Prince le gusta caracterizar a Blackwater como una prolongación patriótica de las fuerzas armadas estadounidenses, y en septiembre de 2005 redactó una circular dirigida a toda la compañía en la que hacía obligatorio para todos los empleados y para el personal de seguridad contratado por la empresa pronunciar el mismo juramento de lealtad a la Constitución estadounidense que rige entre los «clientes del ámbito de la seguridad nacional (es decir, el Pentágono, el Departamento de Estado y las agencias de inteligencia)», de los que se nutre Blackwater, y por el que quienes lo pronuncian se comprometen a «apoyar y defender la Constitución de Estados Unidos frente a todos los enemigos, extranjeros o nacionales, [...] con la ayuda de Dios».[20]

Pero a pesar de que Blackwater se describa a sí misma como una entidad muy estadounidense que trata de defender a los indefensos, algunos de sus proyectos más ambiciosos y secretos revelan una realidad muy distinta y alarmante. En mayo de 2004 y sin atraer atención alguna, Blackwater registró una nueva división, Greystone Limited, en la oficina central de contrataciones del gobierno federal estadounidense. Pero en lugar de establecer la sede central de la nueva sociedad anónima en Carolina del Norte, Virginia o Delaware —donde radican las otras divisiones de Blackwater—, Greystone fue registrada en el extranjero, en la isla-nación caribeña de Barbados. Y, gracias a ello, fue clasificada por el gobierno federal como un «ente empresarial exento de impuestos».[21] Los folletos y documentos promocionales de Greystone ofrecían a sus clientes potenciales unos «equipos de intervención preventiva» que podían ser contratados «para satisfacer las necesidades de seguridad (existentes o emergentes) que nuestros clientes puedan tener en el extranjero. Nuestros equipos están preparados para llevar a cabo campañas de estabilización, labores de protección y recuperación de activos, y tareas de retirada urgente de personal». También ofrecía una amplia gama de servicios de instrucción, incluida la formación en «operaciones defensivas y ofensivas en grupos reducidos». Greystone presumía de «mantener y formar a una plantilla de personal extraído de una base diversa de ex profesionales de operaciones especiales, defensa, inteligencia y policía, listos para ser convocados inmediatamente y desplegados en cualquier parte del mundo». Los países de los que Greystone afirmaba haber reclutado a su personal eran Filipinas, Chile, Nepal, Colombia, Ecuador, El Salvador, Honduras, Panamá y Perú, muchas de cuyas fuerzas militares o policiales tienen un historial cuando menos cuestionable en materia de derechos humanos. La empresa requería a los solicitantes de empleo que señalaran para qué armamento estaban cualificados: fusiles AK-47, pistolas Glock 19, fusiles M-16, carabinas M-4, ametralladoras, morteros y/o armas lanzaproyectiles portátiles que se cargan al hombro (lanzagranadas RPG, lanzacohetes antitanque). Entre las cualificaciones laborales que se ponían como ejemplo en aquel mismo formulario de solicitud estaban las siguientes: francotirador, tirador, artillero de helicóptero, experto en artillería explosiva y miembro de equipo de contraasalto. En Irak, Blackwater ha desplegado un gran número de mercenarios chilenos, algunos de los cuales se formaron militarmente y sirvieron durante el brutal régimen de Augusto Pinochet. «Registramos hasta los confines de la Tierra en busca de profesionales», declaró en una ocasión el presidente de Blackwater, Gary Jackson. «Los comandos chilenos son sumamente profesionales y encajan bien en el sistema de Blackwater.»[22]

Habiendo expandido sus fuerzas armadas nacionales hasta sus límites máximos y tras haber descartado el servicio militar obligatorio por motivos políticos, el gobierno estadounidense se ve obligado a buscar Estados aliados que estén dispuestos a proporcionar personal para las ocupaciones que requiere su «guerra global contra el terror». Si los ejércitos nacionales de otros Estados no desean unirse a esa «coalición de los dispuestos», ahí están Blackwater y sus aliados para ofrecer una solución de tipo distinto: una internacionalización alternativa de las fuerzas conseguida a partir del reclutamiento de soldados privados de todo el mundo. Si los gobiernos de otros países no se suben al carro, siempre puede haber soldados extranjeros —de naciones cuyos gobiernos, en muchos casos, se oponen a las guerras de Estados Unidos— que se alisten si se les paga por ello. Este proceso, critican algunos, no es más que una subversión de la existencia misma del Estado-nación y de los principios de la soberanía y la autodeterminación. «El creciente uso de contratistas, fuerzas privadas o, como dirían algunos, "mercenarios" facilita el inicio y la continuación de guerras, porque ya no se necesita la ciudadanía, sino simplemente dinero», explica Michael Ratner, presidente del Center for Constitutional Rights, organización que ha demandado judicialmente a guardias contratados y a sus empresas por supuestas violaciones de los derechos humanos en Irak.[23] «Cuando la llamada a ir a una guerra es a toda la población de un país, siempre se produce una resistencia, una necesaria resistencia, para impedir guerras que sean de ampliación territorial, absurdas o, en el caso de Estados Unidos, de imperialismo hegemónico. De ahí que las fuerzas privadas sean casi una necesidad para un Estados Unidos empeñado en retener su imperio en declive. Pensemos, si no, en Roma y en la creciente necesidad de mercenarios que tuvo. Aquí, en Estados Unidos, está sucediendo lo mismo. Controlar una población contrariada y sometida a abusos mediante una fuerza policial comprometida con la obediencia a la Constitución puede resultar una labor sumamente complicada; las fuerzas privadas, sin embargo, pueden resolver ese "problema".»

Como en el caso de Halliburton, la mayor empresa contratista del Pentágono, lo que diferencia a Blackwater de unos simples especuladores del negocio de la guerra es la perspectiva a muy largo plazo que tienen sus ejecutivos. No se han limitado a aprovechar una oportunidad momentánea muy lucrativa como tantos de sus competidores, sino que se han lanzado a labrarse un nicho de mercado permanente que se puedan reservar para sí mismos durante décadas. En cualquier caso, las aspiraciones de Blackwater no se limitan a las guerras internacionales. Sus fuerzas acudieron a Nueva Orleans tras el paso del huracán Katrina en 2005 antes que la mayoría de agencias federales: cientos de mercenarios de Blackwater, armados hasta los dientes (y, algunos de ellos, recién regresados de Irak), se desplegaron en abanico por la zona del desastre. En apenas una semana, Blackwater era oficialmente contratada por el Departamento de Seguridad Interior para operar en la costa estadounidense del golfo de México, con una factura de 950 dólares diarios por soldado.[24] En menos de un año, la compañía había recaudado más de 70 millones de dólares (unos 243.000 dólares diarios) en contratos federales relacionados con las consecuencias de aquel huracán.[25] La empresa descubrió con el Katrina otra gran oportunidad y pronto empezó a solicitar permisos para contratos con gobiernos locales de los cincuenta estados. Los ejecutivos de Blackwater se han reunido con el gobernador de California, Arnold Schwarzenegger, y han hablado de la posibilidad de desplegarse en ese estado en caso de terremoto o de otros desastres. «Mire, a ninguno de nosotros nos agrada la idea de que la devastación se haya convertido en una oportunidad de negocio», declaró el directivo de Blackwater al mando de esta nueva división de operaciones interiores formada tras el Katrina.[26] «Es algo desagradable, pero es lo que hay. Los médicos, los abogados, los organizadores de funerales, incluso los periódicos: todos ellos se ganan la vida con las cosas malas que pasan. Nosotros también, porque alguien se tiene que ocupar de ello.» Pero las voces críticas califican el despliegue de fuerzas de Blackwater en el interior del país de precedente peligroso que podría minar la democracia estadounidense. «Sus actos podrían no estar sujetos a las limitaciones constitucionales que rigen para las autoridades y los funcionarios federales y estatales, como son los derechos (consagrados en la Primera y la Cuarta Enmiendas) a no ser sometidos a registros ni a confiscaciones ilegales. A diferencia de los agentes de policía, estos otros no han sido formados para proteger los derechos constitucionales», comenta Michael Ratner, del CCR. «Este tipo de grupos paramilitares evocan en nuestra mente a los camisas pardas del partido nazi: funcionan como un mecanismo extrajudicial de mantenimiento del orden que puede operar (y, de hecho, opera) fuera de la ley. El empleo de estos grupos paramilitares supone una amenaza sumamente peligrosa para nuestros derechos.»

Lo que resulta particularmente temible a propósito del papel de Blackwater en una guerra que el presidente Bush etiquetó de «cruzada» es que los principales ejecutivos de la compañía estén entregados a un programa ideológico supremacista cristiano. Erik Prince y su familia han aportado generosas sumas a la guerra de la derecha religiosa contra el laicismo y a la expansión de la presencia del cristianismo en la esfera pública.[27] Prince es un buen amigo y benefactor de algunos de los extremistas cristianos más militantes del país, como Chuck Colson, antiguo conspirador en el caso Watergate, que acabó convirtiéndose en asesor del presidente Bush y pionero de las «prisiones confesionales», y como Gary Bauer, líder conservador cristiano y uno de los firmantes originales de la «Declaración de principios» del Proyecto para un Nuevo Siglo Estadounidense (PNAC), con quien Prince ha trabajado codo con codo desde su juventud y que había sido ya buen amigo de su padre. Algunos de los ejecutivos de Blackwater presumen incluso de pertenecer a la Soberana Orden Militar de Malta,[28] una milicia cristiana formada en el siglo XI, con anterioridad a la primera Cruzada, con la misión de defender «los territorios que los cruzados habían conquistado a los musulmanes».[29] En la actualidad, la Orden presume de ser «un sujeto soberano del derecho internacional, con su propia constitución, sus pasaportes, sus sellos y sus instituciones públicas», y de mantener «relaciones diplomáticas con 94 países».[30] La subcontratación de las operaciones militares estadounidenses en países musulmanes y en sociedades laicas con estos neocruzados no hace más que reafirmar los mayores temores de muchas personas del mundo árabe y de los demás oponentes de las guerras de la actual administración.

La mayor parte del mundo se enteró por vez primera de la existencia de «compañías militares privadas» tras la tristemente famosa emboscada de la que fueron víctimas cuatro soldados de Blackwater en Faluya, Irak, el 31 de marzo de 2004: un truculento asesinato cometido por una turba desenfrenada que señaló un punto de inflexión en la guerra y el inicio de la explosión de la resistencia iraquí. Muchas de las noticias de los medios en aquel entonces (y aún hoy en día) se referían a aquellas poco precisas fuerzas con términos como «personal civil contratado» o «trabajadores de reconstrucción extranjeros», como si se tratara de ingenieros, obreros de la construcción, proveedores de ayuda humanitaria o especialistas en hidrología. Casi nunca se usó la expresión «mercenarios» para describirlos. No es por casualidad. En realidad, forma parte de una sumamente sofisticada campaña de reetiquetaje organizada por la propia industria de los mercenarios y cada vez más aceptada por los políticos, los burócratas y otros poderosos decisores de Washington y otras capitales occidentales. Los hombres que fallecieron en Faluya eran miembros del mayor socio con que cuenta Washington en la «coalición de los dispuestos» en Irak (mayor incluso que el conjunto total de fuerzas desplegadas por Gran Bretaña) y, aun así, la mayor parte del mundo no tenía la más mínima pista de que tal socio estuviera allí. La emboscada trajo como consecuencia que Blackwater alcanzara una posición de privilegio para influir en las regulaciones sobre la supervisión (o ausencia de ésta) de un sector en rápida expansión del que Blackwater era, precisamente, el nuevo líder. Tres meses más tarde, la compañía obtuvo la concesión de uno de los contratos de seguridad internacional más valiosos del gobierno federal estadounidense: el de la protección del personal y las instalaciones diplomáticas estadounidenses. Las tan publicitadas muertes de cuatro de sus soldados privados resultarían ser la chispa que ha empujado a Blackwater a una senda de éxito para los años venideros.

La historia del ascenso de Blackwater es toda una epopeya en la historia del complejo militar-industrial. La compañía es la viva imagen de los cambios obrados por la llamada revolución de los asuntos militares y por el programa privatizador, y radicalmente expandidos desde la administración Bush bajo la capa de la guerra contra el terrorismo. Pero, a un nivel aún más fundamental, la historia de Blackwater nos habla del futuro de la guerra, la democracia y el gobierno. Es un relato que se remonta a los inicios de la compañía, en 1996, cuando los visionarios ejecutivos de Blackwater inauguraron un campamento privado de instrucción militar con el fin de «satisfacer la demanda prevista de externalización desde el Estado de la formación en el manejo de armas de fuego y en el campo de la seguridad», continúa con el *boom* de contratos obtenidos tras el 11-S y pasa por las calles ensangrentadas de Faluya, donde los cadáveres de sus mercenarios fueron colgados de un puente y abandonados a la vista de todos. Esa misma historia incluye un tiroteo en los tejados de Nayaf, principal bastión de Muqtada Al Sáder; una expedición al mar Caspio, una zona rica en petróleo adonde la administración estadounidense envió a Blackwater para establecer una base militar a unos pocos kilómetros de la frontera iraní; una incursión en las calles de Nueva Orleans, arrasadas por el huracán; y muchas horas en los salones del poder de Washington, D.C., donde los ejecutivos de Blackwater son recibidos con los brazos abiertos y saludados como nuevos héroes de la guerra contra el terrorismo. Pero el auge del ejército mercenario más poderoso del mundo empezó a mucha distancia de los actuales campos de batalla, en la aletargada localidad de Holland, Michigan, donde nació Erik Prince en el seno de una dinastía cristiana de derechas. Fue la familia Prince la que sentó las bases de todo gastando millones de dólares a lo largo de muchas décadas para llevar al poder a las fuerzas que, precisamente, harían posible el meteórico ascenso de Blackwater.

Capítulo 2

El *petit* Prince

Nadie puede imaginar un lugar más alejado de Faluya que la señorial mansión situada en el 1057 de South Shore Drive en Holland, Michigan. El hogar en el que creció el joven Erik Prince, fundador de Blackwater USA, se asienta sobre la dormida orilla del lago Macatawa, un brazo del lago Michigan que se adentra en aquel rincón del Medio Oeste estadounidense. En los días de verano, los árboles resplandecen a un lado y a otro del camino de entrada; el lago refleja plácidamente los destellos de la luz del sol. De vez en cuando, se oye el ruido de un coche que pasa o el golpeteo del arranque del motor de una embarcación, pero, por lo demás, el vecindario está en calma y en silencio: la viva imagen de postal de la sociedad estadounidense más opulenta. Dos mujeres de mediana edad que hacen *footing* adelantan a un hombre que maneja perezosamente su cortadora de césped. Pero, por lo demás, la calle está desierta. Mientras se ejercitan, una de las mujeres dirige la mirada hacia su compañera (casi chocan sus viseras) y le pregunta si la familia Prince continúa siendo la propietaria de la mansión. La finca es muy conocida y la familia aún más. En Holland (Michigan), los Prince siempre fueron como miembros de la realeza y el padre de Erik, Edgar Prince, era el rey.

Se podría decir que, del mismo modo que el complejo de Blackwater en Moyock (Carolina del Norte) —una turbera de 2.800 hectáreas en la que resuena constantemente el fuego de las ametralladoras— es el feudo personal de Erik Prince, el idílico «pueblo holandés» de Holland había sido el de su padre. Empresario hecho a sí mismo, Edgar Prince tenía en nómina a casi la cuarta parte de la población de la localidad. Él dio forma a sus instituciones, planificó y financió su centro urbano, y fue uno de los mayores benefactores de sus dos universidades. Una década después del repentino fallecimiento de Edgar en 1995, la ciudad sigue impregnada de su presencia y de su legado. En la confluencia de dos de las calles más concurridas del centro de Holland (en el que destaca un aire *chic* muy del gusto de las madres de treinta y tantos y de clase media-alta) se alza un monumento en memoria de Ed Prince: siete huellas de pie grabadas en bronce sobre el suelo que conducen a un pedestal sobre el que figuran las estatuas de bronce a tamaño real de un trío de músicos (un violonchelista con esmoquin, un violinista con bigote y una mujer joven con blusa tocando su flauta). Hay, además, otra estatua que representa a una niña abrazada de pie a un niño que sostiene una partitura, mientras ambos cantan (como da a entender el gesto congelado de sus bocas abiertas). Sobre ese mismo pedestal y bajo el conjunto escultórico se puede leer una placa conmemorativa de Edgar D. Prince: «Siempre oiremos tus pasos. El pueblo del *downtown* de Holland en homenaje a tu extraordinaria visión y generosidad».

Si para algo estaba siempre dispuesto Edgar Prince, era para aleccionar a sus hijos sobre cómo construir y mantener un imperio basado en unos valores cristianos estrictos, una ideología política derechista y unas convicciones económicas liberalizadoras. Pero aunque el paisaje actual de Holland está salpicado de monumentos de homenaje al legado de la familia Prince, Edgar no fue el emperador original de la localidad. Holland había sido gobernada por patriarcas cristianos desde el instante fundacional de la comunidad. En 1846, junto a un clan de 57 refugiados holandeses compatriotas suyos y tras una larga y agotadora travesía, Albertus Van Raalte desembarcó en las costas del Michigan occidental. El predecesor de Prince había huido de su país de origen porque había «sufrido toda clase de humillaciones y persecuciones por su desafío a las restricciones religiosas impuestas por la iglesia del Estado», según el gobierno municipal.[1]

Van Raalte formaba parte de una secta de la Iglesia Reformada Holandesa a la que la corona de aquel país se oponía por aquel entonces. Tras llegar a Estados Unidos a bordo de su navío, el *Southerner*, Van Raalte condujo a aquel clan a las orillas del lago Michigan, donde proyectaba desarrollar una comunidad con plena libertad para vivir y ejercer su culto conforme a los principios de su particular corriente de la Reforma holandesa, y sin influencia externa alguna. Tras realizar algunas exploraciones, dio con el lugar perfecto, a orillas de un lago que desembocaba en el Michigan. La comunidad de Van Raalte se fundó el 9 de febrero de 1847 en el lugar donde Erik Prince pasaría años después su juventud (parte de ella, posiblemente, sobre la crujiente madera del muelle que se introduce en aquel brazo del lago Michigan). Pero los planes perfectos de Van Raalte no llegarían nunca a materializarse como él esperaba, según una biografía producida por el Hope College (institución universitaria que él mismo fundó y que ha recibido millones de dólares en donativos de la familia Prince): «El objetivo [de Van Raalte] de desarrollar una comunidad cristiana regida por principios cristianos era ciertamente visionario, pero se hizo añicos en 1850. El municipio de Holland se convirtió en la unidad básica de gobierno. El ideal de control cristiano de Van Raalte se perdió».[2] Pero Van Raalte buscó otros medios alternativos para establecer su Sangrilá particular en Holland. «Su influencia se dejó sentir porque se dedicó activamente a la política y continuó siendo propietario de grandes extensiones de terreno», según la biografía. «Aunque muchos de los medios que empleó para alcanzar la meta de una comunidad cristiana se desbarataron por el camino, Van Raalte seguía siendo el pastor de la única iglesia, miembro del consejo escolar del distrito, luz y guía de la academia, principal terrateniente y empresario con extensas propiedades inmobiliarias.»[3] Prácticamente la misma descripción podría haberse aplicado a Edgar Prince y, posteriormente, a Erik, nacido casi un siglo después de la muerte de Van Raalte.

La conservadora Iglesia Reformada Holandesa que proporcionaba guía religiosa a Van Raalte, como posteriormente se la proporcionaría a la familia Prince, basaba sus creencias en las enseñanzas del pastor protestante del siglo XVII Juan Calvino. Uno de los principios fundamentales del calvinismo es el de la predestinación: la creencia de que Dios ha predestinado a algunas personas a la salvación y a otras a la condenación. Los calvinistas creen que a las personas no nos corresponde inmiscuirnos en las decisiones de Dios ni tratar de adivinarlas. Su religión también predica la obediencia estricta y el trabajo duro, desde la creencia de que Dios guiará a los seguidores, pero que éstos son responsables de sus obras. Los calvinistas se enorgullecen desde hace mucho tiempo de su ética del trabajo. El municipio de Holland presume de que sus lugareños excavaron el canal que conduce hasta el lago Michigan (una vía navegable que acabaría resultando de un gran valor para el comercio) con sus propias manos y, después de reposar los picos y las palas, pusieron manos a la obra para construir un puente sobre su nuevo canal.[4]

Fue por esa famosa ética del trabajo por la que el abuelo de Erik Prince, Peter Prince, dueño de la empresa Tulip City Produce, se subió a un camión camino de una reunión de negocios en Grand Rapids (a unos 50 kilómetros de distancia) cuando aún era de madrugada el 21 de mayo de 1943. Al poco tiempo de iniciado el viaje, Prince se quejó de unos ardores de estómago a su socio en el negocio mayorista de productos agrícolas y compañero de travesía y decidieron parar unos instantes. No tardaron en reanudar la marcha, pero cerca de Hudsonville, a mitad de camino, Prince se desplomó sobre su colega, que conducía en aquel momento. Un médico de la localidad certificó su defunción a la edad de 36 años.[5] El hijo de Peter, Edgar, tenía 11.

Una década después, Edgar Prince se graduó como ingeniero por la Universidad de Michigan y conoció a Elsa Zwiep, hija de los dueños de la tienda de semillas Zwiep, de Holland, que había finalizado sus estudios en pedagogía y sociología en el cercano Calvin College.[6] Se casaron y Edgar siguió la tradición familiar de entrar en el ejército, sirviendo en la Fuerza Aérea. El matrimonio se mudó al este y, posteriormente, de nuevo al oeste, ya que Edgar fue destinado sucesivamente a bases de Carolina del Sur y de Colorado. Si bien no está claro que Peter fuese un veterano de las fuerzas armadas —alcanzó la edad para el servicio militar durante el intervalo transcurrido entre la Primera Guerra Mundial y la Segunda—, cuatro de los cinco hermanos de Peter estaban en el ejército cuando él murió.[7] Aunque Edgar Prince había viajado profusamente durante sus años de universitario y de miembro de la Fuerza Aérea, su ciudad natal de Holland les atrajo de nuevo a él y a Elsa hasta la orilla del lago Michigan y hasta las estrictas tradiciones religiosas y culturales a las que se adhería la familia Prince. «Nos pareció que Holland era un lugar muy confortable para vivir», afirmaría años después el propio Edgar Prince en un libro sobre el renovado centro urbano de Holland, en el que se incluían tres capítulos dedicados a la familia. «Aquí tenemos familia. Disfrutamos de las oportunidades recreativas. Nos gusta el patrimonio local, basado en la reputación holandesa del orden, la limpieza, el trabajo duro y la excelencia como horizonte de referencia.»[8]

Tras su regreso a la localidad, Edgar puso manos a la obra y empezó a trabajar en la fundición de moldes, donde ascendió hasta el puesto de ingeniero jefe de la empresa local Buss Machine Works.[9] Edgar, sin embargo, tenía ambiciones mucho más altas y no tardó en dejar ese trabajo. En 1965, él y dos compañeros de su anterior empresa fundaron su propia compañía de fabricación de maquinaria de moldes para la industria automovilística.[10] En 1969, produjo y vendió una máquina de 1.500

toneladas métricas capaz de crear una caja de transmisión de aluminio cada dos minutos.[11] En 1973, Prince Corporation era ya todo un éxito empresarial: cientos de personas trabajaban en las diversas divisiones de la compañía en Holland.[12] Ese mismo año, la empresa empezó a producir lo que se convertiría en su artículo insignia, un invento que acabaría instalado en la práctica totalidad de los automóviles del planeta y que auparía a Edgar Prince al club de los multimillonarios: la omnipresente visera interior antideslumbrante con iluminación incorporada.[13]

Pero pese a la riqueza y a los abundantes éxitos de la familia Prince, las jornadas laborales de 16-18 horas empezaron a pasar factura a Edgar y, a principios de la década de 1960, estuvo a punto de ser víctima de la misma fatalidad que su padre por culpa de un grave ataque al corazón.[14] «Fue entonces, yacente en la cama de un hospital y reflexionando sobre todo lo que aquellos esfuerzos le habían reportado, cuando decidió renovar el compromiso de su fe en Jesucristo», recordó en una ocasión Gary Bauer, amigo de Prince y uno de los líderes precursores de la derecha religiosa, además de fundador del grupo de presión conservador cristiano Family Research Council. «Ed enfocó su futuro y el de su empresa hacia Dios. Desde ese momento en adelante, la Prince Corporation se vio bendecida por un crecimiento y un éxito económico sin precedentes.»[15] Edgar Prince se recuperó de su ataque al corazón y guió su compañía hacia una prosperidad asombrosa. El catálogo de la Prince Corporation se expandió rápidamente con artículos como las luces para lectura en el interior de los vehículos, las viseras con dispositivo de apertura de la puerta del garaje, las consolas con cenicero incorporado y las bandejas con huecos para tazas o para monedas, entre otros múltiples productos.[16] En 1980, el imperio Prince contaba con numerosas plantas de producción y más de 550 empleados.[17] Como el propio Erik Prince recordaría más tarde, «mi padre fue un emprendedor de gran éxito. De la nada puso en marcha una compañía que empezó produciendo máquinas de moldeado a alta presión y que creció hasta convertirse en un proveedor de primera línea de componentes para automóviles en pleno Michigan occidental. Ellos fueron los que desarrollaron y patentaron la primera visera antideslumbrante para automóvil con luz incorporada, y también desarrollaron la brújula-termómetro digital para coche y el primer dispositivo programable de apertura de puertas de garaje».[18] Pero, según Prince, «no todas sus ideas fueron un éxito. Hubo cosas, como una luz para el cajón de los calcetines, una máquina de deshuesado automático de jamones y una motonieve impulsada por hélice, que no funcionaron tan bien para la empresa. Mi padre las usaba como ejemplos de lo necesarias que eran la perseverancia y la determinación».[19]

Ése no era el único sentido en el que el producto en sí parecía tener una importancia secundaria para Prince. «Las personas marcan la diferencia», se puede leer en un viejo folleto informativo de la Prince Corporation. «La excelencia en una empresa no llega por arte de magia; la excelencia es el resultado del compromiso y el duro trabajo de unas personas dedicadas. Tanto si hablamos de productos como de procesos, no existe ningún conjuro ni una fórmula sencilla que permita solucionar los retos del mañana: sólo las personas pueden afrontarlos.»[20] Edgar Prince era aficionado a ciertas iniciativas curiosas en ese sentido. En una de ellas, obligó a que los ejecutivos se ciñeran a un estricto régimen de ejercicio. Tres días a la semana, de las 4.15 a las 5.15 horas de la tarde, los ejecutivos se reunían en el club de tenis de Holland, del que también era propietario el propio Prince.[21] En 1987, el padre de Erik inauguró unas descomunales instalaciones de más de 50.000 metros cuadrados diseminadas por un terreno de casi 15 hectáreas, que incluían su cuarto centro de producción y viviendas para muchos de los 1.500 empleados que tenía por entonces en nómina.[22] En el centro de aquel «campus» de Prince había un edificio con una claraboya de cerca de 500 metros cuadrados y servicios como una pista de baloncesto y otra de voleibol.[23] Nunca hacía que sus ejecutivos trabajaran en domingo y facilitaba que éstos volaran rápidamente de regreso de sus viajes de negocios para que pudieran estar en casa con sus familias el Día del Señor.[24]

Puede que la industria automovilística de Detroit estuviera sufriendo una seria crisis en la década de 1980, «pero nadie se lo figuraría a juzgar por cómo le van las cosas a la Prince Corporation», se podía leer en el párrafo inicial de una noticia publicada en aquellos años por el *Holland Sentinel*.[25] «El negocio de mi familia era el del suministro de componentes del automóvil: el más enconadamente competitivo del mundo», explicó Erik Prince a Robert Young Pelton. «Mi padre estaba centrado en la calidad, el volumen y la satisfacción del cliente. De eso hablábamos en la mesa a la hora de la cena.»[26] Pero Edgar Prince tenía más cosas en mente que el éxito de su negocio o sus empleados, y gracias al dinero ganado con la Prince Corporation, obtuvo por fin los medios que necesitaba para tratar de alcanzar esas otras metas más elevadas a las que aspiraba. Y eso significaba dedicar importantes sumas de dinero a causas de signo cristiano conservador. «Ed Prince no era un constructor de imperios. Él construía un Reino», recordaba hace unos años Gary Bauer. «Para él, el éxito personal ocupaba un lugar secundario ante la difusión del Evangelio y la lucha por la restauración moral de nuestra sociedad.»[27]

En la década de 1980, la familia Prince se «fusionó» con una de las más venerables familias conservadoras de Estados Unidos gracias al matrimonio entre la hermana de Erik, Betsy, y Dick DeVos, cuyo padre, Richard, había fundado la empresa de *marketing* multinivel Amway y acabaría haciéndose también propietario del club de baloncesto de los Magic de Orlando.[28] Amway era un centro neurálgico de distribución de productos para el hogar y había sido periódicamente acusado de estar gestionado como una secta y de no ser otra cosa que un sofisticado esquema piramidal.[29] La compañía ascendió hasta convertirse en una de las principales contribuidoras empresariales a las campañas electorales de la década de 1990, principalmente del lado de los candidatos y las causas republicanas. Además, utilizaba su infraestructura de negocio para establecer una ingente red de organización política.[30] «Amway recurre en gran medida a la devoción casi fanática (hay quien dice que sectaria) de sus más de 500.000 «distribuidores independientes» en Estados Unidos. Al tiempo que venden los jabones, las vitaminas, los detergentes y otros productos domésticos de la compañía, los distribuidores promueven la filosofía de Amway», informaba la revista *Mother Jones* en un artículo sobre la empresa.[31] «Te dicen que siempre votes conservador, sean cuales sean las circunstancias. Te dicen que los progresistas están a favor de los homosexuales y permiten que las mujeres abandonen el lugar que les corresponde», explicó a esa misma revista Karen Jones, ex distribuidora de Amway. «Te dicen que necesitamos que las cosas vuelvan a ser como se supone que han de ser.»[32] De los directivos de Amway también se dice que empleaban «los mensajes de correo de voz, los encuentros generales de la compañía y las cintas de audio con consignas motivadoras para movilizar a los distribuidores y convertirlos en una potente fuerza política nacional».[33]

El enlace de Betsy y Dick constituyó una alianza análoga a las que tan habituales resultan entre las familias de los monarcas en Europa. La familia DeVos era una de las pocas en Michigan cuyo poder e influencia sobrepasaban los de los Prince. Era una de las mayores fuentes de financiación de las causas derechistas en la historia de Estados Unidos y su dinero había impulsado a políticos y activistas cristianos extremistas a posiciones de destacada relevancia. Durante un tiempo, Betsy y Dick vivieron en la misma calle que la familia Prince (y, por tanto, que Erik, nueve años menor que su hermana).[34]

En 1988, Gary Bauer y el fundador de Focus on the Family, James Dobson, iniciaron la construcción de lo que se convertiría en el Family Research Council (FRC), la influyente organización evangélica, incondicionalmente conservadora y curtida en numerosas campañas que le han situado a la cabeza de la promoción de medidas como la prohibición de los matrimonios homosexuales, la puesta en práctica de los cheques escolares para los centros educativos cristianos o la ilegalización del aborto y de la investigación con células madre. Para su despegue inicial, sin embargo, necesitaban fondos y recurrieron a Edgar Prince. «[C]uando Jim Dobson y yo llegamos a la conclusión de que no disponíamos de los recursos económicos necesarios para poner en marcha el FRC, Ed y su familia fueron los que acudieron a cubrir la brecha», escribió Bauer. «Puedo afirmar sin lugar a dudas que sin Ed, Elsa y sus maravillosos hijos no existiría el Family Research Council.»[35] El joven Erik se convertiría, además, en uno de los primeros becarios de prácticas de Bauer en el FRC.[36] Fue una de las múltiples causas derechistas en cuya financiación se embarcaron los Prince junto a los DeVos la que condujo a la que se conocería como Revolución Republicana en 1994: la que llevó a la mayoría en el Congreso a Newt Gingrich y su programa derechista radical conocido como el «Contrato con América», y arrebató el control de ambas cámaras a los demócratas por primera vez en cuarenta años. En apoyo de dicha «revolución», la Amway de DeVos realizó un donativo de unos 2,5 millones de dólares al Partido Republicano: la mayor donación de financiación electoral indirecta (o *soft money*) a cualquier partido jamás registrada en la historia.[37] En 1996, Amway también donó 1,3 millones de dólares a la Oficina de Convenciones y Visitantes de San Diego para sufragar «publirreportajes» en apoyo de los republicanos, que se emitieron por el Family Channel de Pat Robertson durante la convención nacional del Partido Republicano.[38]

Betsy, la hermana de Erik, ha llegado incluso a presidir el Partido Republicano de Michigan entre 1996 y 2000, y entre 2003 y 2005. Y, en algún momento, ha barajado la posibilidad de presentarse como candidata para el Senado estadounidense.[39] Fue, además, una de las recaudadoras «pioneras» de fondos para la campaña de George W. Bush, para la que consiguió reunir más de 100.000 dólares.[40] Su marido, Dick, fue el candidato republicano a gobernador del estado en 2006, unos comicios que finalmente perdió.[41] Algunos observadores políticos experimentados de Michigan aseguran que difícilmente se puede sobreestimar la influencia que la familia DeVos tiene sobre la política de ese estado. «Quienquiera que se presente como candidato republicano a algún cargo político en Michigan debe consultar antes con la familia DeVos», declaró en una ocasión el profesor de ciencia política del Calvin College Doug Koopman. «En el seno de esa comunidad se les ve no sólo como una fuente de fondos, sino también como jueces de la idoneidad de [un candidato].»[42]

Los clanes Prince y DeVos fueron también unos de los principales motores impulsores del Michigan Family Forum (MFF), la delegación en ese estado de Focus on the Family, la organización de Jim Dobson.[43] Además de las decenas de miles de dólares vertidos por la familia Prince en el MFF, otra de las hermanas de Erik, Emilie Wierda, ha ejercido de tesorera de la organización.[44] El MFF ha movilizado a votantes en las iglesias conservadoras para que apoyen a aquellos legisladores que respalden el programa de la derecha cristiana. Desde 1990, el MFF ha venido ejecutando lo que, en esencia, consiste en un *lobby* encubierto a través del establecimiento de más de mil «comités de impacto comunitario» (CIC), que han funcionado más allá del alcance de cualquier radar y alejados del escrutinio público.[45] «Los CIC proporcionan una serie de ventajas de cara a la organización política que otras formas de organización de la derecha cristiana no tienen», según escribió Russ Bellant en 1996 en su libro *The Religious Right in Michigan Politics*. «Al realizarse en el interior de iglesias, sus reuniones no son visibles en el mundo político. Y como quienes dirigen estos grupos pueden ser seglares y no pastores, es también posible que no tengan un perfil destacado ni siquiera en la comunidad eclesiástica más allá de la red del Family Forum.»[46] El MFF también instauró la Michigan Prayer Network (Red de Oración de Michigan), formada por «guerreros de la oración» asignados a casi todos los representantes legislativos electos del estado.[47] Aunque estos grupos tenían la prohibición expresa de actuar como *lobbies*, el efecto que aquellas peticiones (en las que se rogaba a los legisladores que «rezaran») tenían sobre cuestiones como la libre elección de centro escolar o la oposición a los derechos de las personas homosexuales convertía a dicha iniciativa —por emplear las palabras de un legislador de Michigan— en «un ardid de presión como la ejercida por cualquier otro *lobby*».[48]

Al abrir sus arcas a la derecha cristiana, Edgar Prince también se convirtió en un mecenas de la comunidad de Holland en su conjunto, ya que invirtió millones de dólares en el Hope College, el centro universitario fundado originalmente por Albert Van Raalte, y en su igualmente devoto rival, el Calvin College, del que la propia esposa de Edgar había sido alumna.[49] Él y Elsa rehicieron casi en solitario la zona central de Holland (su *downtown*) y le imprimieron un nuevo *boom*, salvándola del destino al que se han visto abocados cientos de otras pequeñas poblaciones en todo el Medio Oeste, hundidas paulatinamente en el olvido económico por culpa de una mala urbanización y de las deslocalizaciones, las reducciones de plantilla de las grandes empresas, los despidos y el declive generalizado del sector industrial estadounidense. Los Prince contribuyeron a la construcción de los Evergreen Commons, un centro muy popular para la tercera edad en pleno centro de la localidad, y ejercieron una presión muy intensa para conseguir la preservación y la restauración de los monumentos históricos de la población.[50] Lucharon por tener una ciudad bien urbanizada que perdurara y prosperara durante generaciones manteniendo la que para ellos era una necesaria vinculación con sus raíces holandesas. Así, hicieron personalmente suyas causas como la de salvar una torre de reloj de piedra que había sido antaño una de las piedras angulares del centro de la localidad antes de caer en un estado de serio deterioro.[51] Algunas de las ideas de Edgar Prince para el mantenimiento de un distrito central vibrante en Holland parecían totalmente descabelladas. A finales de la década de 1980, ideó e hizo campaña a favor de un sistema subterráneo de conductos de calefacción que derretirían la nieve y el hielo en todo el distrito financiero, lo que garantizaría que no hubiese problema para ir de compras con los cochecitos de los niños pequeños durante el frío invierno del Michigan occidental.[52] Cuando el consistorio rehusó hacer frente a aquel plan de 1,1 millones de dólares de presupuesto, Prince se mostró dispuesto a cubrir de su propio bolsillo una cuarta parte del monto total.[53]

Durante todo ese tiempo, Edgar Prince no dejó de equilibrar sus obligaciones empresariales con las religiosas, tanto en su Iglesia Reformada Holandesa local como en la Prince Corporation. «Ed alcanzaba sus momentos álgidos y resultaba más valioso para [el Family Research Council] en los momentos sombríos y difíciles, como durante la batalla en torno a la confirmación de Clarence Thomas para el Tribunal Supremo, tras la amarga decepción causada por la inesperada sentencia favora-

ble al aborto de ese mismo alto tribunal en el caso de Planned Parent-
hood contra Casey, durante el giro antifamilia que tomó el Congreso en
1992, y en meses recientes, con motivo de la oleada de iniciativas dirigidas a redefinir la familia tradicional y a socavar la institución del matrimonio», escribió Gary Bauer a propósito de Prince en 1995.[54] La Prince
Corporation siguió prosperando, un «*boom* cimentado en principios bí-
blicos», según escribió también Bauer.[55] En 1992, la plantilla de la compañía ya ascendía a 2.250 empleados.[56] Al iniciarse 1995, se había disparado hasta superar los 4.000 trabajadores y los 400 millones de dólares
de volumen anual de ventas.[57] Prince había unido también su visión para
los negocios con su deseo de florecimiento para Holland y, de ese modo,
había fundado la Lumir Corporation, que se convertiría en la más destacada promotora inmobiliaria del centro urbano de Holland, siendo responsable de obras como el centro Evergreen Commons para la tercera
edad, presupuestado en 2,5 millones de dólares.[58] Sin embargo, la tragedia no tardaría en abatirse sobre el imperio Prince.

Hacia la una de la tarde del 2 de marzo de 1995, Edgar Prince tuvo
una de sus charlas habituales con el presidente de la Prince Corporation,
John Spoelhof,[59] amigo suyo desde hacía mucho tiempo con el que acababa de ir a esquiar a Colorado la semana anterior.[60] Tras despedirse,
Prince, que tenía 63 años por entonces, entró en el ascensor de la sede
central de su compañía. En su interior, sufrió un ataque cardíaco fulmi-
nante y no fue hallado desplomado sobre el suelo hasta quince minutos
después.[61] Pese a los intentos por reanimarlo de dos empleados suyos,
Edgar fue declarado cadáver en menos de una hora.[62] «Le vi probablemente dos minutos antes de que falleciera», dijo Spoelhof. «Me fijé en la
expresión y en el color de su cara y Ed era el Ed de siempre. Lo conocía
muy bien después de tantos años; si hubiese tenido algún tipo de lividez,
lo habría notado.»[63]

Como sucede cuando fallecen los reyes, los patriarcas y los jefes de
Estado, la localidad de Holland entró en un periodo de intenso luto. La
bandera ondeaba a media asta.[64] Todos los diarios de la región publicaron en portada panegíricos de Prince acompañados de recuadros informativos, imágenes y cronologías. Más de mil personas se congregaron
en la iglesia Reformada Christ Memorial para escuchar a los líderes
evangélicos James Dobson y Gary Bauer, quienes se refirieron a Edgar
como su «mentor» y ensalzaron la figura de Prince.[65] Bauer recordó lo
insistente que era Prince en que el tejado de la nueva sede central del

Family Research Council en Washington, D.C., estuviera rematado por una cruz que recordara al presidente, a los miembros del Tribunal Supremo y al Congreso «de que ésta es una nación sometida al juicio de Dios».[66] En el suplemento para la zona del lago del *Grand Rapids Press*, se podía leer un titular a toda página: «Un hombre cristiano». Y el reverendo Ren Broekhuizen dijo: «Ed Prince fue un individuo exquisito y de gran talento que nunca apartó su vista del objetivo de honrar a Jesucristo en vida».[67] Ese mismo pastor, amigo de Prince desde hacía dos décadas, sería quien se casaría con la viuda de Erik, Elsa, cinco años más tarde.[68]

En el momento de la muerte de su padre, Erik Prince era un miembro de los grupos de operaciones especiales de la Armada que había servido en sucesivas misiones en Bosnia, Haití y Oriente Medio.[69] Dio la coincidencia, sin embargo, de que había ido a visitarlo una semana antes de su muerte, con motivo del bautizo de la hija de Erik, momento en el que Edgar había hecho la señal de la cruz sobre la frente de la pequeña.[70] Erik recordó que su padre le había enseñado a no decir nunca «no puedo».[71] En el momento de su fallecimiento, Edgar llevaba 41 años casado con Elsa y habían criado a tres hijas además de Erik. «Papá era sin duda el pastor de su familia y la reunía al completo siempre que tenía ocasión. Él se ocupaba de todos los preparativos y cuidaba de todos los detalles», explicó Erik al *Holland Sentinel* tras la muerte de Edgar.[72] Erik parecía sentirse eufórico por el hecho de que su padre hubiese podido conocer y bautizar a su primera hija, Sophia, pero esa euforia tenía también un matiz de pesadumbre: «Él la quería. Ésa fue la última vez que le vi. Lo que me causa especial pesar es que mis hijos nunca le conocerán. Yo quería que pudieran hablar con él y aprender de él».[73]

Erik Prince adoraba a su padre y se había esforzado por seguir sus pasos desde niño. Erik había sido un joven activo: había practicado atletismo y había jugado al fútbol y al baloncesto en las escuelas cristianas de Holland en las que había estudiado primaria y secundaria (y que también contaban con apoyo económico de su familia). El hondamente religioso instituto de secundaria en el que estudió Prince insertaba páginas y más páginas de citas y salmos de la Biblia en sus anuarios escolares. Un año, en la tercera página de su anuario se recitaba lo siguiente: «En el Reino de Dios, toda vida vive el significado de la Nueva Humanidad en Cristo. Para esto se necesita toda la inventiva, toda la creatividad y todos los descubrimientos que podamos lograr». Gary Bauer reconocía el vínculo especial existente entre Edgar y Erik: «Erik Prince, el único hijo varón de Ed y Elsa, y uno de los primeros becarios universitarios de prácticas en el FRC, lo conocía muy bien sin duda».[74] Además de su labor para el Family Research Council, Erik pasó sus años de universitario asumiendo cada vez más los pasos de su padre. Tras el instituto, se incorporó a la Academia Naval con la intención de ser un piloto de la Armada, pero renunció tras tres semestres para estudiar en el Hillsdale College, una universidad cristiana de Michigan conocida por su adscripción a los principios del ultraliberalismo económico. Su campus fue considerado el más conservador del país en un sondeo del Princeton Review realizado en 2006.

«Era un chico inteligente y de trato agradable, y, además, sabe hablar muy bien», dijo de Erik un profesor suyo, Gary Wolfram. «Lo que es especialmente bueno de él es que comprende la interrelación entre los mercados y el sistema político.»[75] Prince también tenía sed de acción y de adrenalina. Inicialmente, la sació convirtiéndose en el primer estudiante universitario en unirse al departamento de bomberos voluntarios de Hillsdale. «Cuando has estado una hora y media apagando un fuego y ya se ha ido toda la gente, algunos de los muchachos prefieren sentarse en el parachoques del camión y tomarse un refresco», explicó en una ocasión el bombero Kevin Pauken. «Pero hay otros que se dedican a recoger las mangueras y el material para poder salir de allí de inmediato. Erik era uno de ésos.»[76]

Con la edad, Erik fue haciéndose cada vez más activo en el campo político de la derecha y consiguió una beca de prácticas de seis meses en la Casa Blanca de George Bush padre. En el transcurso de ese periodo, el joven Prince (que tenía 19 años en aquel entonces) realizó su primera contribución económica a un partido político: concretamente, un donativo de 15.000 dólares al Comité Republicano Nacional del Congreso estadounidense. Desde entonces, Prince, su primera esposa —Joan (ya fallecida)— y su esposa actual, Joanna, han donado 244.800 dólares en contribuciones a campañas electorales de candidatos a cargos federales, pero ni un céntimo de todo ese dinero ha ido a parar a un candidato demócrata.[77] Han apoyado a Jesse Helms, Ollie North, Richard Pombo, Spencer Abraham, Dick Chrysler, Rick Santorum, Tom Coburn, Tom DeLay, Jim DeMint, Mike Pence y Duncan Hunter, entre otros.[78] Prince también trabajó una temporada en la oficina del congresista republicano Dana Rohrabacher.[79] En 1992, se sintió cautivado por la campaña del candidato presidencial renegado Pat Buchanan, que se enfrentó al presidente Bush por la nominación del Partido Republicano presentando un programa antiinmigración, antiaborto y antihomosexual extremo. El respaldo de Erik Prince —que entonces tenía 22 años de edad— a Buchanan provocó que tuviera una riña con su hermana Betsy, quien, como presidenta de un distrito local del Partido Republicano, trabajaba por la reelección de Bush.[80] Pero ni a Erik ni a Edgar parecía interesarles Bush. «He trabajado como becario para la administración Bush durante seis meses», declaró Erik al *Gran Rapids Press* en 1992. «Allí he visto muchas cosas con las que no estoy de acuerdo: invitaciones a grupos homosexuales, el acuerdo presupuestario, la Ley de la Limpieza del Aire y otros proyectos legislativos de esa índole. En mi opinión, la actual administración se ha mostrado indiferente ante muchos de los temas que interesan a los conservadores.»[81]

Erik empezó a coordinar la campaña de Buchanan en Hillsdale y Edgar contribuyó a ella. Pero la incursión de Erik en el terreno público de la política fue efímera. Al año siguiente, regresó al ejército y se incorporó al Equipo 8 de los SEAL (los grupos de operaciones especiales) de la Armada a través de la Escuela de Formación de Cadetes en 1992[82] y allí inició el recorrido que le llevaría a Moyock, Carolina del Norte. Fue durante sus cuatro años de permanencia en el Equipo 8 de los SEAL en Norfolk, Virginia, cuando conoció a muchas de las personas con las que fundaría Blackwater.[83] Erik parecía contento de ser un SEAL de la Armada y su familia parecía orgullosa de que lo fuera. «[Edgar] siempre quiso que sus hijos hicieran lo que quisieran hacer y no lo que él había hecho», declaró Elsa Prince unos meses después de la muerte de su marido. «Deseaba que fueran allí donde sus preferencias y su talento los llevasen.»[84]

Pero durante los meses posteriores al fallecimiento de Edgar Prince, el futuro de la Prince Corporation no parecía estar nada claro. Sus más de 4.000 empleados dependían de un proyecto que había sido, básicamente, una idea de Edgar Prince. La compañía y muchos de los miembros de la familia tenían la sensación de que sólo los Prince podía garantizar que la reputación de la empresa sobreviviera a su fundador. Elsa se convirtió en presidenta del consejo de administración de Prince Corporation y Erik regresó a casa para ayudar a poner en orden los asuntos de la compañía y apoyar a su familia. A su esposa, Joan Nicole, le acababan de diagnosticar un cáncer terminal. Ser un SEAL a tiempo completo había dejado de ser una opción para él.

Pero el joven Prince no quería convertirse en el rey de la Prince Corporation. El 22 de julio de 1996, apenas un año después de la muerte de Edgar, la familia, tras largas deliberaciones y un gran número de pretendientes, acordó vender la sociedad a Johnson Controls por 1.350 millones de dólares en efectivo. La venta se hizo a condición de que se mantuvieran tanto el nombre de Prince como los empleados y el ambiente de comunidad que siempre se había promovido en la empresa. Las noticias y los artículos sobre el tema en la prensa local se contagiaron de ese mismo entusiasmo y citaron profusamente a Elsa Prince deshaciéndose en elogios hacia el pacto alcanzado: «El Señor abrió las puertas correctas en el instante adecuado en respuesta a nuestras plegarias. Él siempre sabe elegir el momento a la perfección.»[85] Además, según añadió la propia Elsa, aquella adquisición haría posible que la compañía de su esposo tuviera «influencia mucho más allá de Estados Unidos».[86] Años después, esa influencia se dejó sentir sin duda en Holland, cuando cientos de puestos de trabajo empezaron a emigrar a México.[87] Johnson Controls acabó finalmente despojando a la empresa de su antiguo nombre y cerrando las puertas de algunas de las fábricas locales.[88]

Aunque la influencia del empresario Edgar Prince no ha dejado de remitir en Holland a lo largo de los últimos años, la política y las creencias religiosas que él promovió y el centro urbano de la localidad que él creó no han dejado de crecer. Cuando Edgar aún vivía, la familia Prince se mantenía en gran medida apartada de la implicación política abierta y prefería intervenir con su dinero. En los años posteriores a la muerte de su marido, Elsa Prince adquirió notoriedad como portavoz de diversas causas políticas derechistas, incluidas aquellas que su esposo había favorecido. En 2004, fue la mayor contribuidora económica a la campaña para la prohibición (aprobada finalmente en referéndum) de los matrimonios entre personas del mismo sexo en Michigan, a la que inyectó 75.000 dólares de sus arcas personales.[89] Formó parte de las juntas directivas del Family Research Council y de Focus on the Family, y ha participado activamente en el Council for National Policy y toda una serie de organizaciones religiosas derechistas.[90] «Mi mayor motivación es hacer cosas que Jesús querría que hiciéramos para que le conociéramos mejor y para que conociéramos mejor los caminos que tiene para nosotros», explicó en 2003 al *Holland Sentinel*.[91] Edgar, Elsa y el nuevo marido de ésta, Ren, han donado una suma acumulada total de 556.000 dólares a candidatos y comités de acción política del Partido Republicano,[92] además de una cantidad no revelada de millones a otras causas derechistas. Junto a la familia DeVos, los Prince siguen siendo actores destacados en el movimiento conservador cristiano de Michigan y de todo el país. Una de sus enconadas batallas recientes (aunque infructuosa en este caso) fue la de la implantación de los llamados cheques escolares en Michigan. La familia DeVos gastó más de 3 millones de dólares en 2000 para promover ese eterno ideal conservador en materia de educación.[93]

Erik Prince adoptó la misma actitud confidencial y alejada del ojo público de su padre, así como la pasión de éste por las causas religiosas de signo derechista, pero con un elemento adicional. «Erik es católico», explica Robert Young Pelton, quien ha tenido acceso como pocos a Prince. «Mucha gente lo sitúa en la misma religión que su padre, pero él se convirtió al catolicismo.»[94] En realidad, muchos de los ejecutivos que han acabado formando posteriormente el núcleo central del imperio Blackwater son también católicos, y cuando falleció la primera esposa de Prince, Joan, se celebró una misa católica en su memoria cerca de su ciudad natal, en las afueras de Schenectady, Nueva York, y otra en las proximidades del domicilio de la familia en McLean, Virginia.[95] En 1997, el teniente Erik Prince, SEAL de la Armada de Estados Unidos, editó una especie de libro catequístico titulado *Christian Fatherhood: The Eight Commitments of St. Joseph's Covenant Keepers* («Paternidad cristiana: los ocho mandamientos de los custodios de la alianza de San José»), con el que afirmaba «proporcionar a los hombres la formación básica que necesitan para completar (su) misión».[96] Por aquel entonces, Prince tenía dos hijos pequeños. El autor del libro, Stephen Wood, es el fundador de Family Life Center International, una organización de apología del catolicismo especializada en facilitar «los medios morales [...] encaminados a profundizar el amor de una familia y el conocimiento de su fe, y, por tanto, las esperanzas de influir en la sociedad de hoy. Hacemos especial hincapié en la paternidad y en proporcionar los recursos que ayuden a los padres a materializar su vocación». Entre esos «medios morales» se incluyen libros con títulos como *A Parent's Guide to Preventing Homosexuality* («Guía paterna para prevenir la homosexualidad») y *Breast Cancer and the Pill* («El cáncer de mama y la píldora anticonceptiva»), entre otros muchos.

Siguiendo el ejemplo de su padre como financiador de causas del protestantismo evangélico derechista, Prince se convirtió en una importante fuente de apoyo económico para organizaciones católicas extremistas marginales. En 1999, aportó 25.000 dólares a Catholic Answers, una organización evangelizadora católica de San Diego fundada por el fundamentalista católico Karl Keating. Keating dedicó su vida a la apologética cristiana y a la defensa a toda costa del catolicismo. Durante las elecciones de 2004 y 2006, su grupo promovió una «Guía para votantes católicos de verdad», en la que se enumeraban cinco cuestiones «innegociables» que, según se decía en dicho documento, jamás pueden ser moralmente aceptables conforme a la doctrina católica: el aborto, el matrimonio homosexual, la investigación con células madre procedentes de embriones humanos, la eutanasia y la clonación humana.[97] Sin embargo, entre los temas calificados de «no innegociables» estaban cuestiones como las de «cuándo ir a la guerra y cuándo aplicar la pena de muerte».[98] Cuando la esposa de Prince se estaba muriendo de cáncer, Erik envió un mensaje de correo electrónico a Keating, quien, a su vez, pidió a sus seguidores que rezaran por los Prince.[99] Al año siguiente, Prince proporcionó fondos para la revista mensual católica y de signo derechista *Crisis*.[100] También donó sumas generosas a varias iglesias de Michigan, como, por ejemplo, 50.000 dólares al oratorio de la Sagrada Familia, una iglesia católica de Kalamazoo, y 100.000 a la iglesia y la escuela católicas de San Isidoro, en Grand Rapids, así como a diversas iglesias católicas de Virginia.[101]

Pero la filantropía de Erik Prince no se ha limitado ni mucho menos a las causas católicas. La familia Prince estuvo profundamente implicada en el secreto Council for National Policy («Consejo para la Política Nacional»), descrito por el *New York Times* como «un casi desconocido club de unos cuantos cientos de los más poderosos conservadores del país [que se ha] reunido a puerta cerrada en lugares no revelados para celebrar una conferencia confidencial» tres veces al año «en la que diseñar estrategias sobre cómo conseguir que el país vire hacia la derecha».[102] El Consejo fue fundado en 1981 por el reverendo Tim LaHaye, uno de los pioneros del movimiento cristiano derechista moderno en Estados Unidos y coautor de la serie de novelas apocalípticas *Left Behind* («Dejados atrás»).[103] Se trataba de construir una alternativa conservadora cristiana al Council on Foreign Relations (Consejo de Relaciones Exteriores), que LaHaye consideraba demasiado progresista. La lista de miembros del CNP es secreta y a éstos se les informa que «los medios de comunicación no deben saber cuándo ni dónde nos reunimos, ni quién participa en nuestros programas, ni antes ni después de una reunión».[104]

Pero, aunque las listas de miembros no son públicas, se sabe que a las reuniones del CNP han asistido diversas personalidades destacadas del conservadurismo, como Jerry Falwell, Phyllis Schlafly, Pat Robertson, Tony Perkins, James Dobson, Gary Bauer y Ralph Reed. Holland H. Coors (de la dinastía familiar propietaria de la conocida empresa cervecera), Wayne LaPierre (de la Asociación Nacional del Rifle), Richard y Dick DeVos; y otros personajes de su misma cuerda, como Oliver North, Grover Norquist y Frank Gaffney, también están afiliados al CNP.[105] En las sesiones se aceptan invitados «sólo con la aprobación unánime del comité ejecutivo».[106] George W. Bush habló ante dicho grupo en 1999 para solicitar el apoyo de éste a su candidatura a la presidencia.[107]

El grupo también ha ejercido de anfitrión de miembros poderosos de la administración Bush. Poco después de la invasión de Irak, el vicepresidente Dick Cheney y el secretario de Defensa, Donald Rumsfeld, asistieron a reuniones del CNP; en 2004, John Bolton informó al grupo sobre los planes de EE.UU. para Irán; también John Ashcroft ha asistido a algunas reuniones, al igual que Dan Senor, asesor principal de Paul Bremer, jefe inicial de la ocupación de Irak.[108] El ex líder de la mayoría republicana en la Cámara de Representantes, Tom DeLay, y otros destacados políticos de su mismo partido también han acudido a reuniones del grupo.[109] Bill Frist, quien a la sazón era líder de la mayoría republicana en el Senado, fue galardonado con el premio Thomas Jefferson que concede el CNP. En su discurso de aceptación, dijo a los allí presentes que «el destino de nuestra nación descansa sobre los hombros del movimiento conservador».[110] Edgar Prince ejerció de vicepresidente del CNP durante una temporada, entre 1988 y 1989, y era de nuevo vicepresidente del Consejo en el momento de su muerte.[111] Elsa Prince también perteneció a la organización. La familia DeVos ha donado, al menos, 100.000 dólares al CNP. Y los Prince donaron un mínimo de 20.000 dólares en un plazo de dos años durante la década de 1990.[112] Si bien la ausencia de registros públicos sobre este grupo hace imposible confirmar que Erik Prince sea actualmente miembro del mismo como lo fue su padre, no hay duda de que sí ha donado dinero al CNP[113] y mantiene además una estrecha relación con muchos de sus personajes clave.

Las actividades filantrópicas y políticas de Erik Prince le han hecho ser compañero de viaje de algunas de las figuras políticas más controvertidas de la historia estadounidense reciente. La Fundación Freiheit («libertad» en alemán), del propio Prince, donó 500.000 dólares a la Prison Fellowship (Confraternidad Carcelaria) en 2000.[114] Esta Confraternidad es una autodenominada organización de reforma penitenciaria que, entre otras metas, propugna la creación de «prisiones confesionales».[115] Es obra de Charles Colson, «sicario» de Richard Nixon y uno de los conspiradores del caso Watergate.[116] En 1969, Colson fue nombrado Consejero Especial de Nixon; muchos lo consideraban el «genio maligno» de aquella administración presidencial.[117] En 1971, Colson redactó la que luego se conocería como «Lista de enemigos» de Nixon, todo un catálogo de los oponentes políticos del presidente que estuvieron en el punto de mira de la Casa Blanca.[118] Colson fue también la primera persona sentenciada en firme por el escándalo del Watergate tras declararse culpable de obstrucción a la justicia durante la investigación del robo producido en el despacho del psiquiatra Daniel Ellsberg, el denunciante interno que filtró los llamados «Papeles del Pentágono» durante la guerra de Vietnam.[119] A Colson también se le atribuye haber intentado contratar a varios matones de los sindicatos para que dieran una paliza a los manifestantes contra la guerra y haber sido el cerebro detrás de una conspiración para asaltar o atacar con bombas incendiarias la sede de la Institución Brookings.[120] Colson se convirtió en un cristiano renacido antes de ir a prisión y, tras abandonar la cárcel, escribió el *best seller* sobre su conversión titulado *Born Again*, cuyos ingresos empleó en fundar la ya mencionada Prison Fellowship.

A finales de 2006, la Confraternidad contaba con 22.308 voluntarios que realizaban actividades en más 1.800 instituciones penitenciarias de Estados Unidos, y unos 120.000 internos participaban en sus sesiones mensuales de estudio de la Biblia y sus programas de seminarios.[121] Presumía de ejercer «ministerio» en más de cien países.[122] La Confraternidad de Colson se ha extendido hasta tal punto que, en la actualidad, gobierna la vida diaria de un buen número de internos, incluidos los doscientos de una prisión de Texas (en este último caso, por cortesía de un tal George W. Bush). «Nunca olvidaré aquello», dijo Bush con motivo de la Primera Conferencia Nacional de la Casa Blanca sobre Iniciativas Confesionales y Comunitarias. «Cuando era gobernador de Texas, una de las primeras iniciativas de mi mandato —una de las iniciativas confesionales— fue traspasar una parte de un centro penitenciario a un programa religioso: el de Chuck Colson. Él me convenció de que aquélla sería una gran oportunidad de cambiar la vida de muchas personas. Y que sería mejor... sería mejor que imprimir placas de matrícula.»[123] Bush, cuya administración ha citado en numerosas ocasiones el trabajo de Colson como ejemplo de «iniciativas confesionales» que funcionan, narró también la historia de un interno «cuya vida cambió y fue salvada gracias a la fe».[124] Desde la primera semana de mandato presidencial de Bush en 2001, Colson ha ejercido de asesor habitual suyo. La prisión de Texas dirigida por Colson está en Sugar Land,[125] el distrito del que era representante el entonces líder de la mayoría de la Cámara Tom DeLay.

En 2002, Colson pronunció un discurso en el Calvin College sobre su prisión de Texas: «Mi amigo Erik Prince, que se halla aquí presente esta noche, viajó conmigo recientemente a una prisión en Texas que está bajo administración de la Confraternidad Carcelaria desde hace 18 meses. Se trata de un programa extraordinario porque no se limita a que unos hombres se estén acercando a Cristo y se estén redimiendo en él (con todo lo maravilloso que es eso), sino que, además, ¡están creando toda una cultura!».[126] Un programa similar aplicado en una prisión de Iowa fue hallado inconstitucional en junio de 2006 porque el juez consideró que empleaba fondos estatales para adoctrinar a «los internos en el sistema de creencias cristiano evangélico». Colson ha prometido recurrir la sentencia hasta llevarla ante el Tribunal Supremo si hace falta. Él sugiere que su programa penitenciario confesional es «el único antídoto que realmente funciona» contra lo que para él es «la difusión casi sin obstáculo alguno del islam radical en nuestras prisiones».[127] Colson predijo incluso que si, «Dios no lo quiera, se produce un atentado obra de islamistas radicales autóctonos en suelo estadounidense, muchos —si no la mayoría— de los autores se habrán convertido al islam durante su estancia en prisión».[128] También sugirió que quienes se oponen a su programa de Confraternidad Carcelaria están dando cobijo al terrorismo y manifestó que los esfuerzos por declarar su programa inconstitucional «dejan a los yihadistas y a otros grupos radicales el terreno totalmente libre».[129] En octubre de 2006, Colson recibió el premio Faith & Freedom («Fe y libertad») del Acton Institute for the Study of Religion and Liberty,[130] una organización a la que Prince ha donado, al menos, 200.000 dólares.[131] Esta organización, con sede en Grand Rapids, cuenta con el padrastro de Prince, Ren Broekhuizen, entre los miembros de su junta directiva, y su presidente y fundador es el reverendo Robert

Sirico, el mismo que presidió el funeral de la primera esposa de Erik Prince.[132] «El islam tiene una visión monolítica del mundo en la que sólo cabe una cosa: la destrucción de los infieles y la recuperación de los territorios que perdieron», declaró Colson en la cena de gala del Acton. «Estamos inmersos en una guerra de cien años y ya es hora de que maduremos y de que los cristianos comprendamos nuestra historia y entendamos qué es lo que mueve a las mentes religiosas. La América laica no lo entiende». Colson dijo que, cuando Mahoma escribió el Corán, «creo que se había comido demasiados tamales la noche anterior».[133]

Unos años antes, en el discurso de 2002 en el que Colson elogió a Erik Prince, el antiguo conspirador del Watergate habló largo y tendido de los fundamentos históricos y la necesidad actual de una alianza política y religiosa entre católicos y evangélicos. Colson hizo referencia al trabajo que ya había iniciado a mediados de la década de 1980 junto a, entre otros, el afamado pastor protestante evangélico conservador (y posteriormente convertido en sacerdote católico) Richard Neuhaus de cara a la construcción de un movimiento unificado. Esa labor condujo en última instancia, en 1994, a la redacción del controvertido documento «Evangélicos y católicos juntos: la misión cristiana en el tercer milenio» (o ECT, por las iniciales de su título original en inglés, «Evangelicals and Catholics Together»).[134] El documento ECT exponía la visión que animaría posteriormente la estrategia empresarial de Blackwater y la práctica política de Erik Prince: el maridaje de la autoridad histórica de la Iglesia Católica con el atractivo entre las bases populares del moderno movimiento evangélico conservador estadounidense, una combinación fortalecida con la cooperación de un grupo de neoconservadores judíos (aunque laicos en su mayoría). Damon Linker, editor en tiempos de la revista *First Things* de Neuhaus, bautizó este fenómeno en uno de sus libros calificándolo de auge de los «teocons».[135]

El documento ECT se convirtió en el manifiesto ideológico del movimiento al que Prince pronto prestaría sus servicios y su cartera. En él se declaraba que «el siglo que ahora se aproxima a su fin ha sido la más grande centuria de expansión misionera en la historia cristiana. Creemos que esta expansión ha preparado el camino para un esfuerzo misionero aún mayor en el primer siglo del tercer milenio y rezamos por que así sea. Las dos comunidades del cristianismo mundial más evangélicamente decididas y de más rápido crecimiento son la de los evangélicos y la de los católicos».[136] Los signatarios instaban a una unificación de esas dos religiones en una causa misionera común para que «todas las personas acudan a la fe en Jesucristo como Señor y Salvador».[137] El documento reconocía la separación entre Iglesia y Estado, pero se quejaba «con la misma rotundidad de la distorsión que se hace de ese principio cuando se equipara a una separación entre la religión y la vida pública. [...] El argumento, del que cada vez se hacen más eco diversos sectores de nuestra cultura política, según el cual la religión debería estar excluida de la arena pública, debe ser denunciado como un ataque a los principios más elementales del gobierno democrático».[138] Pero el ECT no se limitaba a ser un simple documento filosófico, sino que establecía, además, un programa de futuro que la administración Bush copiaría casi punto por punto unos pocos años después, cuando Neuhaus pasó a ejercer de asesor muy cercano al presidente a partir de la campaña electoral de 2000.[139]

Los firmantes del documento ECT afirmaban que la religión ocupa un lugar «fundamental y de privilegio en nuestro sistema legal» y exponían la necesidad de defender «las verdades morales de nuestro orden constitucional».[140] El aspecto en el que el documento evidenciaba un mayor apasionamiento era en la oposición al aborto, ya que calificaba las interrupciones voluntarias del embarazo de «ataque descomunal contra la dignidad, los derechos y las necesidades de las mujeres. El aborto es la avanzadilla más destacada de una cultura mutiladora y de muerte». También exigía una «educación moral» en las escuelas y propugnaba que las instituciones educativas «transmitan a las generaciones venideras nuestro patrimonio cultural, que es inseparable de la influencia formativa de la religión, especialmente, del judaísmo y del cristianismo».[141] En el documento se realizaba, además, una defensa enérgica de las políticas económicas neoliberales. «Luchamos por una sociedad libre, la cual incluye una vibrante economía de mercado», declaraban los redactores. «Afirmamos la importancia de una economía libre, no sólo porque ésta es más eficiente, sino porque concuerda con el modo cristiano de entender la libertad humana. La libertad económica, aun siendo susceptible de graves abusos, posibilita las pautas de creatividad, cooperación y responsabilidad que contribuyen al bien común.»[142] Se pedía una «valorización renovada de la cultura occidental» en los siguientes términos: «somos plenamente conscientes de (y estamos llenos de gratitud hacia) el papel del cristianismo en la conformación y el sostenimiento de la cultura occidental de la que formamos parte». El «multiculturalismo», según declaraban los firmantes, ha acabado significando en la mayoría de los casos «una afirmación de todas las culturas salvo la nuestra propia». Por consiguiente, los signatarios del ECT reivindicaban la cultura occidental como «legado» y se marcaban como tarea su transmisión «como regalo para las futuras generaciones».[143]

«Casi dos mil años después de su inicio y cerca de quinientos tras las divisiones de la época de la Reforma, la misión cristiana en el mundo está viva como nunca y camina con paso firme. No sabemos, ni podemos saber, lo que el Señor de la historia nos habrá deparado para el tercer milenio, aunque puede que éste sea la primavera de las misiones mundiales y de la gran expansión cristiana», concluía aquel extenso documento. «Lo que sí sabemos es que el momento actual constituye una oportunidad —y, junto a tal oportunidad, una responsabilidad— para que los evangélicos y los católicos sean cristianos juntos de tal modo que preparen al mundo para la venida de Aquel de quien suyos son el reino, el poder y la gloria por siempre. Amén.»[144] Además de Neuhaus y Colson, firmaban el documento el neoyorquino John Cardinal O'Connor (uno de los más poderosos líderes católicos oficiales de Estados Unidos), el reverendo Pat Robertson y Michael Novak, del conservador American Enterprise Institute.[145] El manifiesto era fruto de una idea madurada desde hacía años y acabó sirviendo de gran ayuda para la unificación del movimiento conservador que hizo posible el ascenso al poder de George W. Bush. Según Damon Linker (quien trabajó durante años para Neuhaus), los signatarios del ECT «no sólo habían forjado una alianza teológica y política de importancia histórica, sino que también habían facilitado un proyecto de futuro religioso y político para Estados Unidos. Se dibujaba así un porvenir religioso en el que la defensa de la ortodoxia teológica y del tradicionalismo moral superaba y dejaba atrás los desacuerdos doctrinales. Y se trazaba un futuro político en el que los cristianos más ortodoxos y tradicionalistas fijaban el tono del debate público y la agenda política de la nación».[146]

Seis años después, con Bush (el presidente de los «teocons») ya instalado en la Casa Blanca, Chuck Colson se encontraba en Michigan con su amigo Erik Prince en el Calvin College hablando de sus prisiones de base confesional. Durante la conferencia, Colson apeló a la herencia mayoritariamente protestante de su público de aquel día mientras defendía su movimiento «teoconservador» basado en la unidad católico-evangélica. Colson citó a un erudito calvinista del siglo XIX cuando dijo: «Roma no es una antagonista, porque está en nuestro mismo bando, ya que también reconoce la Trinidad, la naturaleza divina de Cristo, la Cruz como sacrificio de expiación de nuestros pecados, las Escrituras como Palabra de Dios y los diez mandamientos como norma de vida de imposición divina. Por lo tanto, me pregunto, si los teólogos católicos le plantan batalla de forma valiente y hábil a la misma tendencia que nosotros mismos queremos combatir a muerte, ¿no sería juicioso aceptar su valiosa ayuda?».[147] Erik Prince ha estado en el centro de esta iniciativa derechista para unir a los católicos conservadores, a los evangélicos y a los neoconservadores en una guerra santa teoconservadora común, en la que Blackwater ejerce como una especie de brazo armado del movimiento. El propio Prince imaginó en una ocasión el papel de sus mercenarios de este modo: «Todos llevan armas, como Jeremías reconstruyendo el templo en Israel, con una espada en una mano y una espátula en la otra».[148]

Además de apoyar a organizaciones católicas extremistas, Prince ha seguido contribuyendo generosamente a las causas cristianas evangélicas que sus padres también patrocinaban, incluyendo cuantiosos donativos a un conjunto de escuelas y universidades protestantes. Prince también ha donado, al menos, 200.000 dólares al Haggai Institute de Atlanta, Georgia (que se unen a los cientos de miles más que ha donado el conjunto de la familia Prince).[149] Haggai, una de las organizaciones misioneras cristianas más destacadas del mundo, presume de haber «entrenado» a más de 60.000 «líderes» evangélicos en todo el planeta, pero especialmente concentrados en los países pobres o en vías de desarrollo.[150] Prince también ha formado parte de la junta directiva de Christian Freedom International (anteriormente llamada Christian Solidarity International), un grupo misionero activo en una cruzada por toda clase de países, desde Somalia y Sudán hasta Afganistán e Irak. En su declaración de intenciones se puede leer lo siguiente: «Más cristianos han sido víctimas de martirio en los pasados cien años que en los anteriores 1.900. Y la persecución de que son objeto los cristianos no deja de aumentar. Actualmente, hay más cristianos oprimidos por su fe que nunca. En este mismo momento, en muchas naciones, los cristianos son acosados, torturados, encarcelados e incluso sometidos a martirio por su fe en Jesucristo».[151] Jim Jacobson, un antiguo ayudante de Gary Bauer en la Casa Blanca de Ronald Reagan, dirige el grupo, que se ha posicionado públicamente en diversas ocasiones en contra de la labor de las Naciones Unidas y ha tildado a algunas de las agencias de la ONU de «mercaderes de sufrimiento».[152] También se ha quejado de que la autodeterminación iraquí puede suponer un perjuicio para los cristianos.[153] Instando a Estados Unidos a atacar a Afganistán tras el 11-S, Jacobson declaró: «Sólo mediante unos ataques militares contundentes se expresará nuestro compromiso con la paz mundial y el Estado de derecho».[154] En la junta directiva también se sientan Paul Behrends (quien ha ejercido de «cabildero» para Blackwater llevando a cabo diversas labores de presión política), el ex senador republicano Don Nickles y el ex director de la Voz de América, Robert Reilly (quien inició su carrera como propagandista de la Contra nicaragüense al servicio de la Casa Blanca de Reagan y trabajó durante una breve temporada para la empresa contratista de guerra SAIC cuando ésta trataba infructuosamente de crear un nuevo ministerio iraquí de información).[155]

En 2000, Erik Prince estuvo cuando se le necesitó para un acto destinado a recaudar dinero para una de las causas favoritas de su familia (y del movimiento teoconservador en su conjunto): los cheques escolares. En aquella gala, Prince habló para el *Wall Street Journal* diciendo que tanto su familia como el clan DeVos creen en unos ideales conservadores, cristianos y de libre mercado, y que el negocio de su querido padre —el mismo que había servido para erigir Focus on the Family y el Family Research Council— «era una máquina que generaba dinero que él podía usar para buenas obras».[156] También explicó que su hermana Betsy estaba empleando esas «mismas energías».[157] Para entonces, Prince (a sus 30 años de edad) ya disponía de su propia pequeña máquina generadora de dinero y ésta estaba a punto de hacerse muchísimo más grande. Mientras Erik proseguía con la tradición familiar de los Prince apoyando al movimiento cristiano derechista, su imperio Blackwater crecía a un ritmo constante desde su sede en el pantano de Great Dismal de Carolina del Norte. Pero la rapidez de su crecimiento no se haría evidente hasta que dos aviones se estrellaron contra el World Trade Center un año después y provocaron una horrible tragedia que acabaría alimentando el meteórico ascenso de Erik Prince hasta convertirse en el jefe de uno de los ejércitos privados más poderosos del mundo. Prince no iba a tardar en inspirarse en los ideales de su padre (ni en emplear el dinero de éste) para construir un ejército de soldados que servirían en los frentes de una batalla global —aunque librada principalmente en tierras musulmanas— que un presidente evangélico al que el propio Prince había ayudado a colocar en la Casa Blanca definiría descaradamente como «cruzada».[158]

Capítulo 3

Blackwater inicia su andadura

Ejército de Tierra. Armada. Fuerza Aérea. Marines. Blackwater.
Puede que Erik Prince considere actualmente que su imperio es
como la quinta rama de las fuerzas armadas estadounidenses, pero sus
planes para Blackwater tuvieron unos inicios mucho más modestos y ni
siquiera fueron realmente sus propios planes. Si bien él contribuyó a la
creación de Blackwater haciendo las veces de una especie de cajero automático abierto las veinticuatro horas, tanto la ubicación como la planificación y la práctica totalidad de los detalles de la nueva compañía no
procedían de la mente de Prince, sino de la de uno de sus mentores en
los SEAL de la Armada: Al Clark, quien durante once años fuera uno de
los instructores principales en el manejo de armas de fuego de dicha unidad de élite. Éste declaró recientemente en una entrevista que, en 1993,
él ya había «empezado a dibujar los esbozos iniciales de lo que sería
Blackwater», cuando Prince aún estaba dando los primeros pasos de su
carrera militar.[1] El concepto se gestó a partir de las propias experiencias
de Clark como instructor de tiro de la Armada, donde él mismo comprobó de primera mano lo inadecuada que era, a su juicio, la infraestructura formativa de una de las fuerzas de las que más alarde se hacía en la
maquinaria militar estadounidense. «No había instalaciones. No teníamos nada. La Armada no tenía campos de tiro propios; siempre había
que pedírselos prestados al Cuerpo de Marines o al Ejército de Tierra»,
dijo. «Había instalaciones [privadas] que sí disponían de diferentes piezas de los programas que necesitábamos, pero ninguna lo tenía todo en
un mismo sitio.»[2]
En el plan de Clark faltaba, sin embargo, un elemento imprescindible: el dinero. Poco se imaginaba todavía que, en pocos años, uno de los
hombres más ricos que jamás había servido en las fuerzas armadas esta-

dounidenses sería uno de sus alumnos. En 1996, Clark fue destinado al Equipo 8 de los SEAL para que se hiciera cargo de su programa de formación táctica. El teniente Erik Prince estaba en la primera sección a la que Clark impartió instrucción en su nuevo destino, pero «no sabía que tenía tropecientos millones de dólares», según confesión del propio Clark.[3] Prince pasó la instrucción con Clark, pero en ningún momento hablaron de ningún tipo de sociedad comercial o empresarial. Más adelante, Prince partió con el Equipo 8 de los SEAL a una misión en el extranjero.[4] Siete meses después, Al Clark ya estaba al corriente no sólo de que su ex alumno estaba «forrado» de dinero, sino también de que compartía con él el interés por el pujante mundo de la instrucción militar privatizada. Cuando Prince regresó a Estados Unidos tras la misión de los SEAL, Clark recuerda que «me asocié con él a petición de otra persona. Básicamente, empezamos a comentar cosas a partir de ese momento».[5]

Para Prince, aquél fue un periodo agridulce. Su padre había muerto en 1995 y todo parece indicar que Prince quería quedarse en los SEAL en lugar de zambullirse de cabeza en el negocio familiar. Pero la combinación del fallecimiento de su padre y el empeoramiento de la salud de su primera esposa, Joan (ya enferma de cáncer por entonces), unida a las necesidades de sus cuatro hijos, no dejaron otra opción a Prince. «Mi padre falleció inesperadamente justo antes de una nueva misión en el extranjero», recordaba Prince una década después. «El negocio de mi familia estaba funcionando muy bien y había crecido mucho, así que dejé la Armada antes de lo que era mi intención para ayudar en los asuntos familiares».[6] Sin embargo, la familia no tardó en vender el imperio de Edgar Prince. Los 1.350 millones de dólares en efectivo de la venta de 1996 permitieron a Erik Prince iniciar la construcción de un reino propio en el que combinar sus diversas pasiones religiosas, políticas y militares.[7] «Quería seguir conectado con el ejército, así que construí unas instalaciones de primer nivel que pudieran ser de utilidad para las fuerzas armadas estadounidenses y de otros países amigos, así como para otras organizaciones comerciales y gubernamentales, y para diversas fuerzas de orden público, a la hora de prepararse para entrar en acción», aseguró Prince en 2006. «Muchos miembros de cuerpos de operaciones especiales que conozco compartían mis ideas sobre la necesidad de unas instalaciones privadas avanzadas de entrenamiento. Algunos de ellos se unieron a mí cuando fundé Blackwater. Tras la venta del negocio familiar, yo estaba en la inusual situación de poder autofinanciar aquella iniciativa.»[8]

Pero el intento de Prince de apuntarse casi en exclusiva el mérito por la fundación de Blackwater despierta duras reacciones entre algunos de sus seguidores iniciales en la empresa. Según diversas fuentes (personas que fueron partícipes de la fundación y la historia inicial de Blackwater), la historia de la génesis de la compañía no había sido objeto de disputa hasta que Blackwater adquirió la importancia que le brindó la ocupación de Irak en 2003. A partir de ahí, Erik Prince empezó a difundir una versión de la historia con tintes aparentemente revisionistas. La página web de la empresa presumía de que «nuestro fundador es un ex SEAL de la Armada. Creó Blackwater basándose en la idea de que tanto el ejército como los cuerpos y las agencias de orden público iban a precisar de capacidad adicional para proporcionar una formación completa a nuestros valientes hombres y mujeres (uniformados o no) y del nivel requerido para mantener la seguridad de nuestro país».[9] Prince ha asegurado en alguna ocasión que el concepto mismo de Blackwater se le ocurrió durante la época en que sirvió en el Equipo 8 de los SEAL, cuando participó en misiones internacionales en Haití, Oriente Medio, Bosnia y el Mediterráneo. «En mi entrenamiento por todo el mundo, me di cuenta de lo difícil que resultaba que las unidades recibieran la formación avanzada que necesitaban para garantizarse el éxito», dijo. «En una carta que envié a casa mientras estaba destinado fuera, esbocé la idea general de lo que hoy es Blackwater.»[10]

Al Clark y otros antiguos ejecutivos de Blackwater cuestionan con vehemencia esa versión de la historia de Blackwater. «[Clark] fue el primero a quien se le ocurrió la idea de Blackwater como centro de formación y quien se la mencionó a Erik Prince», según explica un ex ejecutivo de Blackwater. «Al fue el de la idea y Erik aportó el dinero. Erik se lleva hoy todo el mérito porque es el dueño, pero, en realidad, la idea fue de Al.»[11] Por otra parte, la afirmación de Prince en el sentido de que él fue el que esbozó «la idea general de lo que hoy es Blackwater» en 1996 no deja de ser dudosa, dada la estrecha relación que el éxito de la compañía ha guardado con la «guerra contra el terror». Pero lo cierto es que, gracias a su educación y a la formación que recibió de manos de su padre y de los amigos y aliados conservadores de la familia, Erik Prince era un discípulo entregado a la teoría económica liberal y a la privatización; de ahí que entendiese con toda claridad lo que había llevado a Al Clark a imaginarse unas instalaciones que ofrecieran todos los servicios formativos necesarios para el gobierno federal «en un solo lugar». En muchos sentidos, el proyecto Blackwater no podía haber venido en mejor momento, ya que convergió con la adopción por parte del gobierno de algunas de las políticas por las que la familia Prince había abogado desde hacía tanto tiempo.

Blackwater nació justo en el momento en que el ejército se encontraba en medio de una masiva campaña de privatizaciones sin precedentes que se había iniciado durante el mandato de Dick Cheney como secretario de Defensa, entre 1989 y 1993, al servicio de la administración de George Bush padre. «Durante su primer año en el cargo, Cheney redujo el gasto militar en 10.000 millones de dólares. Canceló toda una serie de caros y complejos sistemas de armamento y redujo el número de soldados, que pasó de 2,2 millones a 1,6 millones. Año tras año del mandato de Cheney, de 1989 a 1993, se produjeron sucesivas mermas en el presupuesto militar», según escribió Dan Briody en su libro *The Halliburton Agenda*. «El ejército tenía muy escasa dependencia de los contratistas civiles a principios de la década de 1990 y Cheney estaba dispuesto a cambiar esa situación. La idea consistía en liberar a los soldados de otras tareas para que se concentraran en el combate y dejar que los contratistas privados se encargaran de la logística en la retaguardia. Se trataba también de un modo muy pulcro de poner remedio a la pesadilla en el terreno de las relaciones públicas que para el gobierno de Estados Unidos suponía el envío de tropas al extranjero. Más contratistas significaban menos soldados de reemplazo y, por consiguiente, un recuento de tropas mucho más digerible desde el punto de vista político.»[12] Al final de su mandato, Cheney encargó a Brown and Root (filial de Halliburton que cambió posteriormente su nombre por el de KBR tras una fusión con la empresa contratista de ingeniería M. W. Kellogg) la realización de un estudio confidencial sobre el modo en que el ejército podría privatizar la mayoría de los servicios de apoyo —alojamiento de las tropas, comida, lavandería, etc.— en las operaciones militares internacionales de Estados Unidos.[13] Brown and Root cobró 3,9 millones de dólares por un informe que acabaría dando pie, en la práctica, a la creación de un mercado enormemente lucrativo para sí misma gracias a una marcada expansión del Programa de Aumento de la Logística Civil (LOGCAP) del Pentágono.[14] De hecho, a finales de agosto de 1992, el cuerpo de ingenieros del Ejército de Tierra estadounidense ya había seleccionado a Halliburton (que el propio Cheney no tardaría en presidir) para que se encargara de prácticamente todas las labores de apoyo a los soldados durante los cinco años siguientes.[15] Ese primer contrato de Halliburton abrió de par en par las puertas a la veloz privatización que culminaría en la actual superabundancia de contratistas privados en Irak, Afganistán y demás escenarios que puedan resultar alcanzados por la guerra contra el terrorismo.

Cuando Al Clark, Erik Prince y unos cuantos más empezaron a planificar en serio lo que acabaría convirtiéndose en Blackwater a mediados de la década de 1990, el ejército llevaba años embarcado en un proceso de reducción de efectivos, y las instalaciones de entrenamiento habían sido unas de las víctimas de aquella tendencia. Dichas instalaciones se contaban, además, entre los activos más valiosos de la maquinaria militar. Pero el proceso de ahorro de dinero público iniciado durante la era Reagan/Bush por la Ley de Reestructuración y Cierre de Bases se aceleró durante la presidencia de Bill Clinton hasta dejar al ejército con lo que, para muchos de los miembros de la comunidad de las fuerzas especiales, era un número inadecuado de sitios de entrenamiento. Esta reducción de tamaño abonaría el terreno para la germinación y el rápido crecimiento de Blackwater. «Existía una necesidad de formación en las unidades del ejército y de las fuerzas especiales, porque la mayoría de los campos de tiro y de las instalaciones databan de la Segunda Guerra Mundial y estaban anticuadas», reconoce Bill Masciangelo, primer presidente de Blackwater, que actualmente dirige las ventas al ejército y al Estado del gigante hotelero Cendant. «Dado que se estaban quedando sin lugares para la instrucción y no había nadie que proporcionase unas instalaciones militares modernas, Blackwater se concibió originalmente para paliar esa insuficiencia.»[16] Al Clark, por su parte, aclara que, en el momento de la fundación de Blackwater, «la idea no era original. Todo el mundo sabía desde hacía veinte años que se necesitaba construir un lugar así».[17] No mucho después de que Clark lanzara su idea a Prince en 1996, y según testimonio del primero, Erik le dijo: «Hagámoslo».[18]

Por aquel entonces, Estados Unidos se hallaba en medio de uno de los momentos más oscuros de la historia reciente del Partido Republicano y la derecha religiosa. La derrota de George H. W. Bush a manos de Bill Clinton en las elecciones presidenciales de 1992 significó el final de una era dorada de gobierno conservador que había durado doce años y había sido moldeada, en gran parte, por las políticas de la Casa Blanca de Ronald Reagan. Si bien el aparato político derechista en el que Edgar

Prince era un actor clave había logrado impulsar la «revolución republicana» de 1994 y el ascenso de Newt Gingrich al puesto de presidente de la Cámara de Representantes, la administración Clinton era, a ojos de los «teocons», un «régimen» de extrema izquierda que estaba imponiendo al país un programa abortista, favorable a los homosexuales, antifamilia y antirreligioso. En noviembre de 1996 (el mismo mes en que Clinton ganó de manera aplastante a Bob Dole y obtuvo la reelección), el principal órgano del movimiento teoconservador —la revista de Richard Neuhaus *First Things*— publicó los resultados de un «simposio» titulado «The End of Democracy?» («¿El final de la democracia?») que se preguntaba abiertamente «si hemos alcanzado o estamos alcanzando un punto a partir del que los ciudadanos concienciados ya no pueden dar su asentimiento moral al régimen existente».[19] En aquella colección de artículos se planteaba incluso la posibilidad de una gran confrontación entre la Iglesia y el «régimen», y, en ocasiones, se llegaba incluso a predecir un panorama de guerra civil o de insurrección cristiana contra el gobierno y se exploraban posibilidades que iban «desde el desacato hasta la resistencia y desde la desobediencia civil hasta la revolución justificada desde el punto de vista moral».[20] Un amigo muy cercano de Prince, además de colaborador y beneficiario político suyo, Chuck Colson, era autor de uno de los cinco artículos principales de aquel número; otro de ellos era el juez extremista Robert Bork, a quien Reagan había nominado (sin éxito) para el Tribunal Supremo en 1987. «Los estadounidenses no están acostumbrados a hablar de regímenes. Eso es algo que tienen otras naciones», se afirmaba en la introducción anónima del mencionado número de la revista. «Este simposio se pregunta si no nos estamos engañando y, de ser así, cuáles son las implicaciones de tal autoengaño. Por la palabra "régimen" entendemos el actual sistema de gobierno real existente. La pregunta que sirve de título a este simposio no tiene un ápice de hiperbólica. El tema que se nos plantea es el del fin de la democracia.» Y también proclamaba lo siguiente: «El gobierno de Estados Unidos de América ha dejado de gobernar con el consentimiento de los gobernados. [...] Lo que se está produciendo ahora mismo es el desplazamiento de un orden constitucional para instaurar un régimen que ni tiene, ni obtendrá, ni puede contar con el consentimiento del pueblo».[21] El editorial citaba las palabras del juez del Tribunal Supremo Antonin Scalia: «Un cristiano no debe apoyar a un gobierno que reprima la religión o que tolere que se le pueda arrebatar la vida a un ser humano inocente».[22]

El artículo de Colson se titulaba «Kingdoms in Conflict» («Reinos en conflicto»). «Es posible que los acontecimientos en Estados Unidos hayan alcanzado un punto en el que la única acción política que pueden emprender los creyentes sea la confrontación directa y extrapolítica con este régimen controlado judicialmente», escribió, para luego añadir que «puede que sea inevitable un enfrentamiento entre Iglesia y Estado. Los cristianos *no* debemos ansiar que suceda tal cosa, pero sí es algo para lo que tenemos que prepararnos». Colson afirmaba que «la base de la fundación de Estados Unidos fue un "contrato social" que incluía a creyentes en la Biblia y a racionalistas ilustrados. [...] Si los términos de nuestro contrato se han roto de hecho, los ciudadanos cristianos podrían verse obligados a forzar el regreso del Estado a la senda de su concepción original. [...] También podrían invocarse como apoyo los escritos de Thomas Jefferson, quien habló abiertamente de la necesidad de las revoluciones». Colson no llegaba a pedir una rebelión abierta, pero sin duda contemplaba esa opción como una posibilidad/necesidad para el futuro inmediato cuando decía que, «no sin temor y un punto de estremecimiento, he empezado a creer que, sea cual sea el modo en que los cristianos de Estados Unidos se reúnan para alcanzar un consenso, ése es un momento al que nos aproximamos a toda velocidad».[23]

El simposio publicado en *First Things* desató una gran controversia, incluso en el seno mismo del movimiento teoconservador. Entre quienes acudieron en defensa de Colson, Bork, Neuhaus y otros, estaba el viejo amigo, aliado y beneficiario de los donativos de Edgar Prince, James Dobson (de Focus on the Family). «Mi más honda gratitud hacia los editores de *First Things* por facilitarnos lo que la historia podría revelarnos como su más importante simposio. La legitimidad moral de nuestro gobierno actual y la responsabilidad de los cristianos ante él son cuestiones de apremiante actualidad», escribió Dobson. «Me pregunto si tendremos el coraje de actuar para aplicar las conclusiones que alcancemos con estas deliberaciones». Dobson afirmó que los artículos habían «expuesto un argumento irrebatible sobre la ilegitimidad del régimen que actualmente se hace llamar democracia», y añadió: «Yo me declaro partícipe de una larga tradición de cristianos que creen que los gobernantes pueden estar renunciando al derecho a su mandato divino cuando contravienen sistemáticamente la ley moral de Dios. [...] Podríamos estar aproximándonos con gran celeridad a esa especie de Rubicón al que ya se habían enfrentado nuestros antepasados espirituales: elegir entre Dios y el césar. No es una perspectiva que me agrade en lo más mínimo y rezo por que no llegue nunca a producirse. Pero merece la pena señalar que, históricamente, esos momentos han sido especialmente rejuvenecedores para la fe».[24]

Fue precisamente sobre ese telón de fondo —el de un desafío político y religioso abierto por parte de muchos de los poderosos líderes conservadores a los que Prince y su familia habían apoyado y fortalecido— sobre el que nació Blackwater. Un mes después de que el simposio de *First Things* estudiara la posibilidad de un «enfrentamiento entre Iglesia y Estado» y de una «revolución justificada desde el punto de vista moral»,[25] Erik Prince empezó a acumular uno de los mayores arsenales de armamento en manos privadas en el interior de Estados Unidos y a apenas unas horas de Washington, D.C. Prince reforzó al mismo tiempo sus lazos con poderosos legisladores republicanos y con los líderes del movimiento teoconservador hasta convertirse en uno de sus principales patrocinadores económicos (de un nivel parejo al de su padre).[26] El 26 de diciembre de 1996, tres meses después de su baja del servicio activo con los SEAL,[27] constituyó la sociedad Blackwater Lodge and Training Center.[28] Al año siguiente, adquirió más de 1.600 hectáreas de terreno en el condado de Currituck, en Carolina del Norte, por 756.000 dólares, así como casi 400 hectáreas en el condado limítrofe de Camden por otros 616.000. Prince erigiría su nuevo reino en las inmediaciones del pantano de Great Dismal.[29] La razón de ser declarada de Blackwater era la de «satisfacer la demanda prevista de subcontratación gubernamental de servicios de formación en el uso de armas de fuego y otras temas de seguridad relacionados».[30]

Puede que Blackwater USA tenga actualmente influencia sobre (y acceso a) algunos de los actores más poderosos que operan en los salones del poder en Washington, D.C., pero en sus inicios, la compañía tuvo que esforzarse a fondo para convencer a la comisión planificadora del condado de Currituck —de 20.000 habitantes—[31] de que autorizara la apertura comercial de la empresa en su demarcación. En la América «pre-11-S» de Bill Clinton, el terrorismo internacional no estaba entre las preocupaciones de los comisarios de planificación y éstos tampoco habrían podido imaginarse hasta qué punto llegaría posteriormente a crecer una empresa como Blackwater. Lo que sí les preocupaba eran cuestiones como los valores catastrales, las ordenanzas sobre ruidos o la posibilidad de que milicias paramilitares como las que habían estado relacionadas con Timothy McVeigh, el autor del atentado con bomba en Oklahoma City, pudiesen acudir a su comunidad local a recibir instrucción. Cuando Erik Prince compareció ante los comisarios de planificación, su proyecto apareció descrito en la prensa local como un «campo de tiro al aire libre de 2 millones de dólares».[32] Por entonces, Prince calculaba que las instalaciones podrían crear hasta treinta nuevos empleos en el condado y contribuirían a formar al personal del departamento del *sheriff*. Pero antes de conseguir la aprobación para la inauguración del complejo, Prince tenía que convencer a la comisión para que redactara una nueva ordenanza que permitiera la construcción del mismo y debía especificar las protecciones que instalaría para garantizar que ni la contaminación acústica ni los proyectiles descontrolados alcanzarían la zona residencial circundante.[33]

El proyecto Blackwater topó con una fuerte oposición local. Un año antes, los vecinos de la zona habían mostrado su indignación porque unas balas perdidas de un cazador habían impactado en un camión y en un edificio de un instituto de secundaria local en pleno horario escolar.[34] De ahí que las autoridades del condado tuvieran serias dudas de que la zona de separación propuesta de 270 metros entre las áreas de tiro y las fincas y los inmuebles circundantes fuese suficiente. «La zona de aislamiento de 270 metros tiene en realidad muy poco de tal aislamiento», declaró el fiscal del condado William Romm.[35] Un vecino que se estaba construyendo una casa en las inmediaciones de la ubicación propuesta para Blackwater dijo: «Nadie va a querer vivir cerca de un campo de tiro». Otro residente local aseguró: «Todavía no he hablado con nadie que esté a favor de esto».[36] En una de las reuniones iniciales sobre el tema, una mujer llegó a decir que a ella «jamás se le ocurriría comprarse nada cerca de un campo de tiro de semejante magnitud».[37] La idea tampoco parecía convencer a la comisión y, un mes más tarde, denegó la solicitud de introducción de una nueva ordenanza realizada por Prince. «Estamos muy desilusionados», declaró Prince en aquel momento. «Para ser un condado que asegura ser el paraíso del deportista, esto desmerece su fama en lo que respecta a los deportes de tiro que se practican con toda seguridad.»[38] Tras ser rechazado por Currituck, Prince acudió al vecino condado de Camden, que no tardó en aprobar su proyecto.[39]

En junio de 1997, empezaron los movimientos de tierras en el emplazamiento del futuro complejo de Blackwater y, en mayo de 1998, la empresa inició oficialmente su actividad.[40] Aunque el nombre de la compañía («Agua negra») parezca responder a algún tipo de mal presagio, lo cierto es que fue inspirado por las aguas negras del pantano de Great Dismal —una turbera de 45.000 hectáreas que se extiende desde el sureste de Virginia hasta el noreste de Carolina del Norte— muy próximo a donde Blackwater fue finalmente construido. Aunque muchos (tanto ejecutivos de la empresa como otros) han descrito posteriormente aquella época inicial de Blackwater como de poco movimiento de negocio, el elevado volumen de contratos «informales» y confidenciales hace difícil confirmar esa impresión. Según lo recuerda Clark, la compañía empezó a todo ritmo. «Venía gente de los SEAL porque nosotros procedíamos de su comunidad y ellos lo sabían. Venían, al menos, para hacer sus entrenamientos con las sesiones y los campos de tiro. De ahí corrió la voz a muchas fuerzas y cuerpos de seguridad; hasta del FBI se pasaban por allí cuando se enteraron. Las instalaciones fueron inicialmente un polo de atracción para muchos de ellos porque eran algo nuevo, grande y cercano», afirma Clark.[41] Pese a su ubicación sobre un cenagal, Blackwater estaba estratégicamente situado a media hora de la mayor base naval del mundo, la de Norfolk (con sus más de 17.000 hectáreas de extensión),[42] y no muy lejos del epicentro de los servicios de inteligencia y de policía federales estadounidenses. Aquellas instalaciones también proporcionaban a diversos organismos gubernamentales —federales, estatales y locales— un lugar recóndito y seguro donde entrenar discretamente a sus fuerzas. «Buena parte del motivo por el que algunas de esas agencias acudieron allí fue que querían alejarse de todos los demás, apartarse del ojo público de la prensa y la población en general», reconoce Clark. «Por el simple hecho de llevar uniformes negros, todo el mundo [quería] ir a ver lo que hacían.»[43]

Clark dijo que el nuevo complejo de entrenamiento de Blackwater ofrecía a las fuerzas estadounidenses de operaciones especiales una ventaja adicional sobre las instalaciones privadas de tiro ya existentes, muchas de las cuales estaban bajo la administración de «tiradores de trofeo» de competición. En Blackwater, como recuerda Clark, «el entrenamiento al que los exponíamos —o, al menos, al que yo los exponía mientras trabajé allí— les brindaba una especie de bocanada de aire fresco. Ya me entiende: por fin alguien que no es un tirador de competición que colecciona trofeos ni alguien a quien le van los tiros por la acción y ya está». El tiro de competición, según Clark, se centraba «únicamente en yo, yo y siempre yo. Para esa gente, el segundo lugar sólo es un trofeo menor, pero [para] los tiradores tácticos, gente que tiene que echar abajo puertas o ir al desierto, el segundo lugar no es una posición muy recomendable».[44]

En 1998, Blackwater ya obtenía un buen negocio con la formación de clientes estatales y privados en el uso de una amplia variedad de armas, desde pistolas hasta rifles de precisión y ametralladoras. Alquilaba las instalaciones a los SEAL para su entrenamiento. Había agentes de policía de Virginia, Carolina del Norte y Canadá matriculados en los programas de entrenamiento de Blackwater y la compañía estaba empezando a recibir solicitudes de gobiernos extranjeros. El gobierno español se interesó por los detalles sobre formación en materia de seguridad para proteger a los candidatos presidenciales, y el brasileño hizo lo propio a propósito de la formación contraterrorista.[45] «Son los mejores de los mejores [...] y venir a una escuela en la que quienes te enseñan son los mejores del mundo es genial», explicó uno de los clientes iniciales al *Virginian-Pilot* en septiembre de 1998. «Estar aquí es un honor.»[46]

A medida que fue corriendo la voz sobre la formación impartida por Blackwater, Prince y otros ejecutivos quisieron asegurarse de que la empresa se haría con la reputación de ser pionera en su clase. «Yo era un oficial retirado de los marines que se había estado dedicando al negocio hotelero desde hacía quince años, así que buscaban a alguien con mi balance», explicó en una entrevista Masciangelo, primer presidente de la compañía. «Blackwater proporcionaba más que formación. También estaba la cuestión de la atención al cliente, el ambiente, el entorno y las instalaciones: ése fue el motivo por el que me contrataron.»[47] A finales de 1998, Blackwater contaba ya con un pabellón de más de 800 metros cuadrados con salas de conferencias, aulas, salón, una tienda especializada y un comedor. En la oferta inicial se incluían una amplia variedad de escenarios de tiro, como, por ejemplo, la fachada de una calle en un entorno urbano o un estanque para prácticas de entrenamiento agua-tierra.[48]

Steve Waterman, periodista que escribía para *Soldier of Fortune*, visitó Blackwater en 1999 y describió las instalaciones de Moyock en términos elogiosos. Con «un gran comedor (que yo describiría más bien como restaurante), sistemas de televisión por satélite en las habitaciones y agua caliente sin restricciones en las duchas, yo me atrevería a afirmar que Blackwater está por delante de cualquiera de los complejos de entrenamiento militar o civil que he visitado nunca», escribió Waterman. «Cuando doblas la última esquina y puedes ver por fin los edificios, resulta inmediatamente evidente que quienes gestionan este centro se toman muy en serio sus propósitos y que no se ha escatimado nada para hacer de ésta una instalación de primera categoría. Los edificios son nuevos [...] y el lugar ha sido bien diseñado y está muy cuidado. A la derecha están las residencias y la casa de tácticas. Justo enfrente está el edificio principal en el que se encuentran las aulas, la tienda, los despachos de la administración, el restaurante, el arsenal y las salas de conferencias, además del salón, donde pueden oírse leyendas de grandes tiradores (al estilo de las del Salvaje Oeste de antaño) entre los ejemplares de taxidermia allí expuestos. Un enorme oso negro se cierne sobre el visitante desde el lugar que le han reservado por encima del hogar y unos cuantos animales más le observan con sus ojos de plástico. La zona destinada a limpiar las armas está un poco más lejos, a un costado del edificio principal, y en ella hay espacio para que más de doce personas puedan limpiar sus armas al mismo tiempo. Los bancos llegan a la altura del pecho y hay toberas de aire comprimido para expulsar el polvo y la suciedad de las armas. Las habitaciones, bien iluminadas, tienen cuatro literas cada una y un armario espacioso por ocupante. Hay dos letrinas (o baños, como seguramente las llamarán los profanos en la materia) y cada una de ellas cuenta con varios platos de ducha. A ambos lados del edificio de los dormitorios hay una amplia sala con un sofá y varias sillas, y un aparato de televisión con un sistema de canales por satélite. También hay nevera y fuente de agua refrigerada en cada una de esas salas, amén de revistas diversas que los visitantes pueden hojear a su gusto».[49] En 1998, Blackwater fue escenario de una competición de tiro con pistolas para policías y militares, que sería la primera de una larga serie posterior de eventos similares que acabarían denominándose Shoot-Out at Blackwater («Tiroteo en Blackwater») y continúan atrayendo hacia Moyock a personas de todo el mundo. Pero Blackwater no tardó en demostrar su manifiesta capacidad para sacar partido de la tragedia y el miedo. En realidad, 1999 fue el momento inicial de una serie de destacados incidentes violentos que, con una frecuencia casi anual, adquirieron amplia cobertura en las televisiones internacionales y acabaron generando mayor volumen de negocio y de ganancias para Blackwater.

El 20 de abril de 1999, Dylan Klebold y Eric Harris entraron en su instituto de secundaria (el Columbine High) de Littleton, Colorado, ataviados con gabardinas negras y armados hasta los dientes con armas semiautomáticas y escopetas, y dieron rienda suelta a su furia asesina llevándose por delante las vidas de doce de sus compañeros de estudios y un profesor. El incidente pasó pronto a ser conocido como la «masacre de Columbine». Pese a que la cifra de tiroteos en centros educativos había descendido entre 1992-1993 y 1998-1999, pasando de 32 a 19, la enorme publicidad dispensada al caso Columbine propició una especie de pánico acerca de esa clase de incidentes que se extendió por todo el país.[50] También hizo que los cuerpos y fuerzas de seguridad de todos los niveles administrativos revisaran su preparación para responder a esa clase de sucesos. «Nadie pensó que pudiera pasar algo como lo de Columbine», declaró por entonces Ron Watson, portavoz de la National Tactical Officer's Association (Asociación Nacional de Agentes Tácticos o NTOA). «Así que Columbine ha cambiado nuestro modo de pensar. Ha dado un nuevo enfoque a nuestra formación.»[51]

En septiembre de 1999, unos 400 agentes de equipos SWAT (grupos de operaciones especiales o tácticas) pasaron por Moyock para realizar ejercicios en la recién construida reproducción de un instituto de secundaria conocida como «R U Ready High» («Instituto "¿Están preparados?"»).[52] La NTOA aportó 50.000 dólares para la construcción de aquel remedo de centro educativo dotado de quince salas y con una superficie de 1.370 metros cuadrados, pero el coste total de las obras para Blackwater fue probablemente muy superior.[53] Como ha sucedido con obras posteriores, Prince sólo ha encontrado los medios y la motivación para realizar el gasto correspondiente si ha creído que reportaría una recompensa suficiente. «Erik tenía dinero suficiente para sufragar cualquier cosa que necesitaran al momento y luego podía recuperarlo; tenía capital de sobra», explica Al Clark. «Probablemente, heredó unos 500 millones de dólares, así que le sobraba dinero para jugar con él.»[54] El instituto «de pega» reproducía incluso los efectos sonoros de los gritos de los alumnos, las salpicaduras de sangre, las heridas por bala y los disparos de munición de prácticas. «Están en medio de un caos, de una confusión descomunal», explicaba el comandante retirado de la Unidad de Servicios de Emergencia de la policía metropolitana de Nueva York (NYPD) Al Baker. «En este lugar tan grande, todos son jóvenes y desconocidos. El estruendo es atronador. No se sabe quién es el tirador. Nosotros estamos intentando enseñar las técnicas necesarias para despejar un entorno hostil. Hay muchas hemorragias. Y eso no es algo que admita demora.»[55]

La rápida instalación y puesta en funcionamiento del «R U Ready High» convenció a la NTOA, una organización que entrena anualmente a 4.000 agentes de policía, para dividir su XVI congreso anual entre Virginia Beach y el complejo de Blackwater en Moyock. El acontecimiento convocó a equipos tácticos y agentes policiales de todos los estados de la Unión, así como de Canadá, Haití, Bélgica e Inglaterra. Hacia abril de 2000, la NTOA había sometido ya a más de mil agentes a la formación del «R U Ready» como consecuencia de la fama que iba adquiriendo el nombre de Blackwater entre los departamentos de policía de todo el país. En una gala celebrada por la NTOA en aquel entonces, Prince comentó que sucesos como el de Columbine servían para «recordarnos que la vigilancia es el precio de la libertad y que precisamos de agentes del orden y de militares bien entrenados. Si algo no escasea en el mundo, es la maldad».[56]

El 1 de febrero de 2000, cuando su nombre se propagaba cada vez más por toda la comunidad de las fuerzas de orden público, Blackwater dio un considerable salto adelante al conseguir su primer contrato con la Administración (federal) de Servicios Generales, a partir del cual se confeccionó una lista aprobada por el gobierno de servicios y productos que Blackwater podía vender a las agencias y organismos federales y con los precios oficiales que les podía cobrar. En esencia, la obtención de esa «lista GSA» le abrió a Blackwater las puertas de otros «contratos a largo plazo con cualquier agencia del gobierno federal».[57] El listado establecía una serie de tarifas a pagar por el uso de las instalaciones de Blackwater o de sus instructores para un entrenamiento especializado. El uso del área de formación táctica, por ejemplo, costaba 1.250 dólares diarios para un número inferior a la veintena de tiradores. El uso del área de entrenamiento urbano —del que formaba parte el «R U Ready High»— tenía un precio que oscilaba entre los 1.250 dólares al día para un grupo de menos de treinta personas y los 1.500 para grupos de treinta o más. Cada zona de tiro podía ser alquilada a una agencia gubernamental a razón de 50 dólares por persona y día, con un importe total mínimo de 500 dólares. La lista también preveía unos emolumentos de 1.200 dólares diarios por cada instructor de Blackwater que enseñara lecciones de protección de ejecutivos, protección de fuerzas, combate cuerpo a cuerpo, maniobras de abordaje y rescate de rehenes, y autorizaba a Blackwater a vender las dianas y blancos de tiro especialmente diseñados y fabricados por la propia empresa, y demás material de entrenamiento, a cualquier agencia que se interesase por él y lo solicitase. La oferta iba desde los 1.335 dólares de un mecanismo para capturar y retener las balas disparadas en las prácticas hasta los 170 de un *pepper popper* (blancos metálicos abatibles) pasando por los 512 dólares de los blancos giratorios.[58] Puede que, por sí solos, no parezcan artículos con precios desorbitados, pero la lista de la GSA abrió a Blackwater las puertas de toda la administración federal: sólo bastaba con que se supiera maniobrar mínimamente en el plano político para apuntarse un contrato tras otro. «Es como tener un supermercado gubernamental abierto las 24 horas», explicaba Jamie Smith en una entrevista.[59] Smith es un ex agente de la CIA que trabajó durante años en Blackwater. «Disponer de un contrato de la GSA hace posible que las agencias del gobierno puedan entrar en tu tienda y comprar tu género sin tener que presentar ofertas ni plicas a concurso alguno.» El trabajo de verdad para las empresas que obtienen una designación de la GSA consiste en buscar y encontrar resortes en los diversos organismos de la administración federal para convencerlos de utilizar los servicios de la compañía con la mayor frecuencia y abundancia posibles. Ahí es donde entran en acción los contactos políticos de una empresa. Halliburton había desarrollado un modelo que empresas como Blackwater podían imitar. Como dice Smith, «primero, hay como una especie de apretón de manos, y luego explicas: "Ésta es nuestra lista de la GSA, ¿en qué podemos servirles?"». El primer pago recibido por Blackwater en virtud de su contrato con la GSA fue en marzo de 2000 y ascendió a 68.000 dólares en concepto de «dispositivos para la instrucción en el uso de armamento».[60] Curiosamente, ésa fue la cantidad exacta de dinero donada por Erik Prince unos meses más tarde al comité electoral nacional del Partido Republicano en el mismo año de elecciones que llevó a George W. Bush al poder.[61]

El valor total del contrato quinquenal original de Blackwater con la GSA (es decir, la proyección que el gobierno había hecho del volumen de negocio que Blackwater movería con las agencias federales) se estimaba en unos modestos 125.000 dólares.[62] En el momento de su prorrogación por otros cinco años adicionales en 2005, el negocio estimado ya se había disparado hasta los 6 millones de dólares.[63] Pero todas esas proyecciones han estado muy alejadas del negocio real obtenido por Blackwater gracias a la GSA. Hasta 2006, Blackwater había cobrado ya 111 millones de dólares por ventas relacionadas con la mencionada lista gubernamental. «Se trata de una lista que otorga múltiples concesiones, cantidades indefinidas y un contrato de entregas también indefinidas», según explica el portavoz de la GSA Jon Anderson. «Cuando el contrato se concede por primera vez, no sabemos si los organismos federales van a hacer pedidos al contratista, dado que éste tiene que competir con otros [...] contratistas por los encargos, así que sólo podemos dar un valor estimado de cada contrato, que fijamos en 125.000 dólares. Blackwater tuvo un evidente gran éxito en sus actividades y fue capaz de hacer crecer sus ventas hasta los 111 millones de dólares en un plazo de seis años.»[64]

En 2000, el negocio ya había repuntado con fuerza en Blackwater, pero no todo iba tan bien en las instalaciones de Moyock. Al Clark, el hombre a quien muchos atribuyen el sueño original de la compañía, tenía serias desavenencias con Prince y otros directivos de la empresa. «Con el paso del tiempo, sucedieron algunas cosas con las que no estaba en absoluto de acuerdo, así que me fui para poner en marcha otro negocio», ha explicado más tarde Clark, quien fundó Special Tactical Systems junto a otro ex empleado de Blackwater y antiguo compañero suyo en los SEAL, Dale McClellan, en 2000. «Una de las cosas que empezaron a cambiar fue que Erik quería que aquello también fuera una especie de patio de recreo para sus amigos ricos. Y a mí se me cuestionó que pretendiera entrenar a cualquier soldado al mismo nivel al que entrenaría a un SEAL. A lo que yo repuse que por qué tenemos que basar el valor de la vida de una persona en el uniforme que lleve si, en cuanto empiezan a silbar las balas, éstas no hacen diferencias. Y, básicamente, se me criticó por imponer unos niveles demasiado elevados.»[65]

Clark dice que, durante las sesiones de instrucción y entrenamiento, él «daba a todos todo lo que tenía», pero añade que los ejecutivos de la empresa «pensaban que no habría incentivo alguno para que [los clientes] volvieran si les daba todo. Y mi argumento era que podrían no tener la oportunidad de volver, así que, mientras los teníamos con nosotros, lo mejor era darles todo lo que teníamos. Allí había muchos policías sufragándose aquello de su propio bolsillo, aprovechando parte de sus vacaciones —lejos de sus familias— para ir a una escuela que, según creían, les daba algo que sus departamentos no les daban». Como fundador original de Blackwater que abandonó la compañía justo antes del meteórico ascenso de ésta al éxito financiero, es posible que Clark tenga una opinión contaminada acerca de Prince y de su empresa. A través de un portavoz, Prince rehusó realizar entrevista alguna para este libro, por lo que su opinión sobre las alegaciones de Clark no está clara, salvo en lo que se recoge en la historia oficial de Blackwater. Clark se mostró reacio a extenderse especialmente en torno a su divorcio con Prince, pero resumió del modo siguiente lo que sintió al abandonar Blackwater: «Digamos que yo quería que aquél fuera un lugar construido por profesionales para profesionales y que, por tanto, quería que fuera profesional, pero no tenía la sensación de que estuviera funcionando de ese modo».[66] Blackwater ya había iniciado la senda hacia el éxito cuando Clark dejó la empresa en 2000; para entonces, ya había obtenido unos 200.000 dólares en cobros derivados del contrato con la GSA y de otras concesiones, pero no sería hasta más de un año después cuando el negocio empezó realmente a dispararse. Y eso, gracias a dos atentados terroristas atribuidos a Osama Bin Laden.

Poco después de las 11 de la mañana del 12 de octubre de 2000, en el puerto yemení de Adén, una pequeña embarcación se aproximó al destructor *USS Cole*, de la Armada estadounidense y equipado con misiles teledirigidos, que acababa de concluir una parada rutinaria de repostaje. Cuando se hallaba ya a uno de los costados del navío de guerra, la lancha hizo explosión y abrió un boquete de doce metros de diámetro en su casco. Osama Bin Laden reivindicó posteriormente el ataque suicida, que ocasionó la muerte de 17 marinos estadounidenses e hirió a otros 39. La segunda tragedia en un año —después de la masacre de Columbine de 1999— que acababa beneficiando a Blackwater se saldó para la empresa con un contrato de 35,7 millones de dólares con la Armada (el cuerpo de las Fuerzas Armadas con el que Blackwater mantenía una relación más ancestral) para encargarse de la formación y el entrenamiento en «protección de fuerzas».[67] Tradicionalmente, el guardiamarina medio no recibía formación para funciones de combate, pero, dadas las crecientes amenazas sobre la flota, eso empezó a cambiar. «El atentado contra el *USS Cole* fue una tragedia terrible y un ejemplo espectacular de la clase de amenaza a la que se enfrentan a diario nuestras fuerzas militares en todo el mundo, lo que revela la importancia de la protección de fuerzas, tanto ahora como en el futuro», declaró el almirante Vern Clark, jefe de Operaciones Navales, ante el Comité sobre Fuerzas Armadas del Senado en mayo de 2001. «La Armada ha tomado medidas aquí en nuestro país y en el extranjero para hacer frente a ese desafío, y, para ello, ha experimentado un cambio radical en el modo de planificar y ejecutar la autodefensa. Hemos mejorado la gestión, la formación y el equipamiento de las fuerzas navales para implantar más adecuadamente una perspectiva de combatiente de guerra con respecto a la seguridad física de éstas. El antiterrorismo y la protección de fuerzas son ahora el foco principal de toda misión, actividad y circunstancia. Además, estamos dedicando el máximo esfuerzo a asegurarnos de inculcar esta mentalidad en todos y cada uno de nuestros marinos.»[68] Por entonces, la Armada ya se había comprometido a incorporar «un plan integral de reducción de los costes de infraestructuras introduciendo la competencia, las privatizaciones y las subcontrataciones».[69] Entre sus proyectos se encontraba una revisión de unos 80.500 puestos a tiempo completo para su posible subcontratación externa.[70] El atentado con bomba contra el *USS Cole* potenció significativamente el negocio de Blackwater, pero eso no era nada comparado con el auténtico premio gordo que iba a recaer en la empresa gracias al mayor acto terrorista jamás perpetrado en territorio estadounidense.

La mañana del 11 de septiembre de 2001, el vuelo 11 de American Airlines de Boston a Los Ángeles, con 92 pasajeros a bordo, cambió bruscamente de rumbo y empezó a volar en dirección a la ciudad de Nueva York. A las 8.46 de la mañana, el aparato se estrelló directamente contra la torre norte del World Trade Center. Unos 17 minutos más tarde, el vuelo 175 de United Airlines se empotraba en la torre sur. A las 9.37, el vuelo 77 de American Airlines se precipitaba sobre el Pentágono. Aquellos atentados propiciaron de forma prácticamente inmediata (cuando aún no se habían aplacado del todo las llamas y el humo en que se habían sumido dos de los edificios más famosos del país) la aceleración del programa de privatización y conquista tanto tiempo ansiado por muchos de quienes habían accedido a la Casa Blanca menos de un año antes. El secretario del Ejército de Tierra del presidente Bush, Thomas White, un antiguo ejecutivo de Enron, fue el encargado de supervisar la rápida puesta en práctica de la agenda privatizadora iniciada una década antes por Dick Cheney.[71] El programa originó una auténtica explosión de 100.000 millones de dólares en negocio para la industria militar privada mundial. Entre las grandes beneficiarias de la recién declarada «guerra contra el terror» de la administración estadounidense, iba a estar la Blackwater de Erik Prince. Como dijo Al Clark, «Osama Bin Laden convirtió Blackwater en lo que es hoy».[72]

«El atentado con bomba contra el *USS Cole* en Adén, Yemen, generó una onda expansiva por toda la Armada estadounidense; luego vino el 11-S y la onda se hizo de alcance mundial», explicaba Chris Taylor, vicepresidente de Blackwater, en un discurso pronunciado en la facultad de derecho de la Universidad George Washington. «La Armada reaccionó como debía, dándose cuenta de que para combatir la actual amenaza terrorista, todos los marinos necesitarían formación sustancial en técnicas básicas y avanzadas de protección de fuerzas. La Armada actuó con celeridad para crear un sólido programa de entrenamiento, que Blackwater ejecuta y gestiona en su mayor parte por todo el país. Los marinos de todo el mundo están ahora mejor preparados para detectar, combatir adecuadamente y desactivar ataques potenciales a navíos de guerra atracados en puerto o en ruta. Hasta la fecha, Blackwater ha instruido ya a unos 30.000 marinos.»[73] A Blackwater se le concedió oficialmente el contrato de la Armada (valorado en 35,7 millones de dólares) para la «formación en protección de fuerzas que incluye instrucción fundamental en protección de fuerzas [...] cursos de guardia armada y formación en labores policiales».[74] El grueso de esas tareas se desarrollaría en Norfolk, aunque parte de ellas también se realizarían en San Diego y San Antonio.[75] Un instructor de Blackwater que se encargó de supervisar el desarrollo del contrato comentó poco después de su inicio, en 2002, que sus preparadores se habían asombrado de comprobar que muchos marinos «jamás habían manejado un arma de fuego más allá de su estancia en el campamento de entrenamiento inicial de reclutas».[76]

El ambiente reinante tras el 11-S propició que Erik Prince y sus colegas de Blackwater tuvieran a su disposición un lienzo en blanco sobre el que pintar un futuro lucrativo para la compañía, sin otro límite aparente que la imaginación y el personal disponible. El secretario de Defensa Rumsfeld había accedido al cargo decidido a ampliar extraordinariamente las funciones que las empresas privadas como Blackwater realizarían en las guerras de Estados Unidos, y el 11-S había imprimido a esos planes el más enérgico de los impulsos. Dos semanas después, el 27 de septiembre, Prince hizo una de sus poco frecuentes apariciones ante los medios, concretamente, en el espacio insignia de la cadena Fox News: *The O'Reilly Factor*. «Llevo cuatro años trabajando en el sector de la instrucción y ya estaba empezando a tomarme con un cierto cinismo la poca importancia que la gente le da al tema de la seguridad», declaró Prince en aquel programa. «Ahora el teléfono no para de sonar.»[77] Prince apareció en la Fox para comentar el programa de despliegue de agentes federales de seguridad (*air marshals*) destinados a prestar servicio a bordo de vuelos comerciales y la formación que éstos iban a recibir (parte de ella en la propia Blackwater). Ese mismo mes, Blackwater cerró contratos con el FBI por un monto de, al menos, 610.000 dólares.[78] La empresa no tardaría en ser proveedora de formación y entrenamiento para prácticamente todas las ramas del gobierno federal, desde el Centro de Servicio Administrativo de la Seguridad Nuclear Nacional a la Red de Persecución de Delitos Financieros del Departamento del Tesoro, pasando por la oficina del subsecretario del Departamento de Sanidad y Servicios Humanos.[79]

Pero, pese al aumento en su margen de beneficios que experimentó Blackwater gracias a sus servicios de instrucción tras el 11-S, su verdadera fama y fortuna no llegó hasta que constituyó Blackwater Security Consulting en 2002 e irrumpió así con fuerza en el mundo de los soldados de alquiler. Como ya ocurriera en el caso de la fundación de Blackwater, aquí de nuevo fue Erik Prince quien proporcionó los medios para desarrollar la idea de otra persona. Esta vez, se trataba del proyecto de un ex agente de la CIA llamado Jamie Smith. Smith había sido contratado ya en su momento para impartir clases sobre armamento cuando estudiaba en la Universidad Regent, «la universidad cristiana por excelencia de Estados Unidos», en Virginia Beach, no lejos de Blackwater.[80]

En una entrevista reciente, Smith confesó que pensó por primera vez en la posibilidad de una compañía de seguridad privada cuando trabajaba para la CIA durante la primera guerra del Golfo, en 1991. «No pretendo dar la impresión de que yo ya había sido una especie de adivino una década antes de todo esto, pero sí que tenía una cierta idea en ciernes que parecía que iba a adaptarse muy bien a las crecientes y continuadas tendencias privatizadoras», explicó Smith. «Existían ya empresas que hacían cosas similares y que operaban en medio de un desconocimiento público bastante palpable. DynCorp ya trabajaba por entonces y había otras compañías, como SAIC, que se dedicaban a la misma línea de actividades.» Smith declaró que se había dado cuenta de que el ejército estaba empezando a hacer uso de fuerzas privadas para proteger instalaciones militares, una práctica conocida como «protección de fuerzas», lo que liberaba a un mayor número de miembros del personal castrense para el combate. Era la tendencia y, según Smith, él mismo «no creía que aquello fuese a detenerse en vista del carácter voluntario (profesional) de nuestro servicio militar. ¿Acaso queremos que nuestra fuerza de soldados voluntarios monte guardia a la puerta de nuestros cuarteles cuando podrían estar realizando actividades mucho más valiosas para nosotros? Por eso no pensaba que la tendencia fuese a cambiar, sino que, más bien, tenía visos de mantenerse».[81]

Como años antes le sucediera a Al Clark, Jamie Smith tampoco contaba por aquel entonces con los medios necesarios para poner en marcha su propia empresa privada de seguridad, y aunque el negocio tenía sin duda demanda, ésta no era aún tan incontenible. Más tarde, tras el 11-S, Smith cuenta que Prince «me llamó y me dijo: "Oye, me gustaría que consideraras la posibilidad de trabajar de nuevo con nosotros a tiempo completo". Yo le dije que me interesaba y que consideraría esa posibilidad, pero a condición de que creásemos esa otra compañía de seguridad en la que yo había pensado». Prince accedió, pero, según Smith, no era aún consciente de la tremenda rentabilidad potencial de la que pronto sería la principal fuente de ingresos para Blackwater. «Me dijeron: "No puedes dedicar todo tu tiempo a esto porque no va a funcionar". Concretamente, me indicaron que podía "dedicar a esto, más o menos, un 20% de tu tiempo total, pero no más que eso; tienes que centrarte en lo que estás haciendo en este momento"», explicó Smith.[82] Smith entró a trabajar en Blackwater a tiempo completo en diciembre de 2001 y Blackwater Security Consulting fue constituida como nueva sociedad empresarial en Delaware el 22 de enero de 2002.[83] En apenas unos meses, en plena ocupación estadounidense de Afganistán y cuando ya se había comenzado a planificar la ulterior invasión de Irak, Blackwater Security empezó a declarar beneficios, debidos, en gran medida, a los cientos de miles de dólares al mes que obtenía gracias a un sustancioso contrato con la CIA.[84]

Uno de los artífices clave de la consecución de ese primer contrato de Blackwater Security fue A. B. «Buzzy» Krongard, director ejecutivo de la CIA, el tercero en el orden de mando de la agencia.[85] Krongard, quien fue nombrado para su cargo en marzo de 2001,[86] tenía antecedentes nada habituales para un «agente secreto», ya que había dedicado la mayor parte de su vida adulta al oficio de banquero de inversiones. Hizo crecer Alex.Brown, la firma bancaria de inversiones más veterana del país, hasta convertirla en una de las más exitosas y venderla finalmente a Bankers Trust, de donde dimitió en 1998.[87] Se ha insinuado que Krongard trabajaba de forma encubierta para la CIA años antes de que entrara oficialmente a formar parte de la agencia en 1998 como asesor especial de George Tenet.[88] Pero nunca ha querido revelar cómo conoció al director de la CIA, salvo para declarar que fue a través de «amigos comunes».[89]

Este ex alumno de Princeton, ex jugador de lacrosse (elevado al «salón de la fama» de dicho deporte) y ex marine, presume de haber propinado en una ocasión un puñetazo a un tiburón blanco en la mandíbula y guarda uno de los dientes del escualo en una cadena (así como diversas fotos del animal en su despacho).[90] Pese a sus bravatas, en la agencia había quien opinaba que Krongard era un fraude, según una noticia publicada en *Newsweek* en 2001, poco después de su ascenso al número 3 de la organización. «¿Un fraude? Igual lo soy. Igual no. Eso es todo lo que va a sacarme», respondió Krongard.[91]

Los teóricos de la conspiración del 11-S hace tiempo que se han interesado por Krongard porque el banco que presidió hasta 1998 —y que fue comprado por Deutsche Bank después de su marcha— fue supuestamente responsable del número inusualmente elevado de opciones *put* sobre acciones de United Airlines compradas justo antes del 11-S, opciones que nunca fueron ejecutadas.[92] Aun así, no existe prueba alguna de que él tuviera conocimiento previo de que se iban a cometer los atentados. Durante su estancia en la CIA a las órdenes de George Tenet, Krongard actuó en el plano organizativo interno, reestructurando divisiones[93] y promoviendo proyectos como una firma de capital riesgo de los servicios de inteligencia,[94] pero, en alguna ocasión, también se pronunció públicamente. Así, en octubre de 2001, declaró: «La guerra será ganada, en gran medida, gracias a fuerzas que ustedes desconocen, mediante acciones que no llegarán a ver y por medios de los que quizá no quieran tener jamás noticia, pero venceremos».[95]

Unos tres años más tarde, en enero de 2005, Krongard fue noticia por convertirse en la figura de más rango en la administración presidencial en explicar los beneficios de *no* haber matado ni capturado a Osama Bin Laden. «Se podría decir que estamos mejor con él (en libertad)», dijo, «porque si le sucede algo a Bin Laden, podríamos encontrarnos con un montón de gente desatando un torrente de terror en un pugna por ocupar su puesto y demostrar su valía para el mismo. [...] Él ahora tiene cada vez más de líder carismático que de cerebro de atentados terroristas.»[96] Krongard también describió a Bin Laden «no como un máximo dirigente ejecutivo, sino, más bien, como un inversor capitalista: Digamos que usted y yo queremos hacer volar Trafalgar Square. Pues acudimos a Bin Laden y éste nos dice: "Bien, aquí tenéis dinero y pasaportes, y si necesitáis armas, podéis contactar con este otro hombre"».[97]

La conexión exacta entre Prince y Krongard no está clara. Hay quien alega que Krongard conocía al padre de Prince.[98] En una breve entrevista telefónica, Krongard sólo dijo que estaba «familiarizado» con Prince y Blackwater.[99] Sin embargo, un ex ejecutivo de Blackwater aseguró saber a ciencia cierta «que Erik y Krongard eran muy amigos».[100] Fuera cual fuera la intervención de Krongard en el tema, lo cierto es que fue la CIA la que concedió a Blackwater su primer contrato de seguridad en abril de 2002.[101] Krongard visitó Kabul y dijo que allí se había dado cuenta de la enorme necesidad de seguridad que tenía la nueva delegación de la agencia en aquella capital.[102] Blackwater recibió un contrato de seis meses sin necesidad de puja previa y por un monto de 5,4 millones de dólares para proporcionar veinte guardias de seguridad para la delegación de la CIA en Kabul.[103] Krongard dijo que fue la oferta de Blackwater y no su relación con Prince la que consiguió aquel contrato para la compañía, y que recordaba haber hablado con Prince sobre el contrato pero no estaba seguro de quién había llamado a quién (no estaba seguro de «qué había sido primero, el huevo o la gallina»).[104] También explicó que fue otra persona la que firmó realmente la adjudicación por parte de la CIA. «Blackwater obtuvo el contrato sencillamente porque eran los que antes podían desplegar a su gente sobre el terreno», dijo Krongard en la entrevista. «Estábamos expuestos, así que hicimos todo lo posible a mi regreso de Kabul. [...] Lo único que nos preocupaba era conseguir la mejor seguridad para nuestra gente. Si hubiésemos creído que los marcianos podían facilitárnosla, supongo que hubiésemos buscado su ayuda.»[105]

Al parecer, la relación entre Krongard y Prince alcanzó un elevado grado de camaradería tras la firma del contrato. «Krongard vino a visitar Blackwater y yo tuve que llevar a su [familia] a dar una vuelta por las instalaciones para que hicieran repetidas prácticas de tiro», explicó un ex ejecutivo de la empresa en una entrevista. «Eso fue después de la firma del contrato y es posible que simplemente viniera a ver la compañía que acababa de contratar.»[106] A Prince le entusiasmaba aparentemente la posibilidad de implicarse en las operaciones secretas de la guerra contra el terrorismo, hasta el punto de que llegó a destinarse a sí mismo a las líneas del frente.[107] Prince se sumó a Jamie Smith como parte del contingente original de veinte hombres que Blackwater envió para cumplir con su primer contrato de la CIA, que se inició en mayo de 2002, según el libro de Robert Young Pelton *Licensed to Kill*.[108] La mayor parte de los miembros del equipo se dedicaron a proteger el cuartel de la CIA en

Kabul y sus efectivos en el aeropuerto, aunque Smith y Prince fueron además a uno de los lugares más peligrosos de Afganistán, Shkin, donde Estados Unidos estaba instalando una base a sólo seis kilómetros de la frontera paquistaní. Sin embargo, tras sólo una semana, Prince abandonó el destacamento y la fortaleza de adobe (que algunos habían bautizado como el «Álamo») desde la que operaban las fuerzas estadounidenses. Smith le dijo a Pelton que el viaje de Prince había sido, más bien, para «jugar un poco a ser un paramilitar de la CIA» y que se había ido a «promocionarse» entre quienes podían proporcionar más trabajo para Blackwater Security.[109] Smith permaneció en Shkin dos meses y, a continuación, otros cuatro en Kabul. Tras abandonar Shkin, Prince se quedó en Kabul una semana. Al parecer, Prince disfrutó tanto con la experiencia que, posteriormente, intentó entrar en la CIA, pero, según se comenta, fue rechazado porque la prueba del polígrafo que se le realizó no dio un resultado concluyente.[110] Aun así, y pese a que a Prince se le denegó la categoría de agente de la CIA, no ha dejado de mantener unos vínculos estrechos con la Agencia. Se dice, por ejemplo, que a Prince se le concedió una placa o «insignia verde» que le facilita el acceso a la mayoría de los cuarteles y oficinas de la CIA.[111] «Se pasa por allí [por la sede central de la CIA] con frecuencia, probablemente una vez al mes, más o menos», explicó una fuente de la CIA al periodista de *Harper's* Ken Silverstein en 2006. «Se reúne con altos directivos, sobre todo, en la [dirección general de operaciones].»[112]

Dado que los contratos de la CIA y de otros servicios de inteligencia y seguridad son «informales» o confidenciales, es difícil determinar con exactitud cuánto empezó a recaudar Blackwater a partir de aquella primera misión en Afganistán, pero Smith calificó aquel periodo como de rápido crecimiento para la empresa. La labor de la compañía para la CIA y el ejército, unida a los contactos políticos y militares de Prince, brindaron a Blackwater una importante capacidad para atraerse el que se convertiría en su mayor cliente confirmado: el Departamento de Estado del gobierno federal. «Tras la adjudicación del primer contrato, hubo todo un romance con el Departamento de Estado, cuyas instalaciones estaban ubicadas en la misma calle, así que nos desplazamos mucho hasta allí en Kabul para tratar de convencerles de que nos dejaran entrar», dijo Smith. «Cuando el Departamento de Estado accedió y tuvimos un contrato con ellos, se nos abrieron puertas distintas. Cuando consigues poner el pie para que una organización gubernamental como ésa, que tiene oficinas en países de todo el mundo, no te dé con la puerta en las narices, es algo así como... y, probablemente, lo que diré ahora es una analogía terrible, pero es quizá como la metástasis de un cáncer, ¿sabe? En cuanto pasas al torrente sanguíneo, sabes que vas a estar en todo el organismo en apenas un par de días, no sé si me explico. Así que si logras introducirte en ese conducto, luego, sea donde sea que tengan un problema y una oficina, se te abre una oportunidad.»[113]

A Blackwater, la oportunidad de su vida se le presentó poco después, cuando las fuerzas estadounidenses entraron en Bagdad y tomaron la ciudad en marzo de 2003. Con una lista de la GSA en el bolsillo y equipado con contactos políticos y religiosos de gran alcance, Prince logró hacerse con un contrato de alto nivel en Irak por el que sus hombres pasarían a ser los guardaespaldas privados del principal representante de la administración Bush en Bagdad, el embajador L. Paul Bremer III. Conocido como el «virrey» o el «procónsul» estadounidense en Irak, Bremer era un neoliberal recalcitrante que, al igual que Prince, se había convertido al catolicismo y había suscrito ardientemente el proyecto neoconservador de utilización del poderío militar estadounidense para rehacer el mundo en concordancia con los intereses de Estados Unidos (todo ello en nombre de la democracia). El contrato de Bremer significaba que Prince iba a estar al timón de una fuerza privada de élite desplegada en los diversos frentes de una guerra largo tiempo ansiada por muchas de las fuerzas que componían el movimiento «teocon». Lejos del sencillo campo de tiro ubicado en un cenagal de Carolina del Norte que era Blackwater apenas unos años antes, la compañía había pasado a ser reconocida por la administración Bush como un componente indispensable de su flota en la guerra contra el terrorismo. El presidente de Blackwater, Gary Jackson, un SEAL profesional de la Armada, no tardaría en presumir de que algunos de los contratos de la empresa son tan secretos que la compañía no puede hablar con una agencia federal de las actividades que realiza con otro organismo del mismo gobierno.[114] Irak fue un momento decisivo en el que los mercenarios alcanzaron su mayoría de edad y Blackwater no tardaría en erigirse en la gran referencia del sector. Pero menos de un año después del despliegue de las fuerzas de Prince en Irak, cuatro de los hombres de Blackwater se verían atrapados en una misión fatal en el Triángulo Suní que haría que Blackwater saltara al oprobio internacional y modificaría definitivamente el curso de la ocupación estadounidense y de la resistencia iraquí a ésta. Sucedió en una ciudad llamada Faluya.

Capítulo 4
La Faluya anterior a Blackwater

Los extraños deben saber comportarse.
DICHO DE FALUYA

Mucho antes de que Blackwater se desplegara en Irak (más de una década antes, en realidad), una serie de hechos sobre los que Erik Prince y sus colegas no tenían control alguno pusieron en marcha la cadena de acontecimientos que llevarían a la espantosa emboscada del 31 de marzo de 2004, cuando combatientes de la resistencia iraquí asesinaron a cuatro vigilantes contratados de Blackwater a plena luz del día en el centro de Faluya. La muerte de aquellos estadounidenses acabaría cambiando el curso de la guerra de Irak, incitaría múltiples asedios del ejército de Estados Unidos a Faluya y envalentonaría al movimiento de resistencia antiocupación.

Pero si comenzáramos el relato de lo que les sucedió a los hombres de Blackwater aquel día por los detalles concretos en torno a la emboscada de la que fue objeto su convoy (o siquiera por los sucesos de las jornadas y las semanas inmediatamente previas a los asesinatos), ignoraríamos más de una década de historia que desembocó en aquel incidente. Habrá quien diga que la historia se remonta aún más atrás, a la feroz resistencia de Faluya frente a la ocupación británica de 1920, cuando la rebelión contra los ocupantes que estalló en la ciudad se cobró las vidas de un millar de soldados británicos casi un siglo antes de que Estados Unidos invadiera Irak. Independientemente de todo ello, no hay apenas duda de que la ciudad de Faluya ha sufrido como ninguna otra en Irak desde que la invasión estadounidense se iniciara en 2003. Las fuerzas norteamericanas han atacado la localidad en diversas ocasiones y han matado a miles de personas y forzado el desplazamiento de sus hogares de decenas de miles. Además, las tropas de ocupación han abierto fuego varias veces sobre manifestantes desarmados. Desde la invasión, las autoridades estadounidenses han tratado de infligir un castigo ejemplar a esta población rebelde. En la prensa norteamericana y en los círculos de los expertos, los decisores políticos y los altos mandos militares, Faluya ha quedado caracterizada como un caldo de cultivo de resistencia favorable a Sadam y como refugio de combatientes extranjeros indignados por el derrocamiento del régimen y por la ocupación estadounidense. Pero ésa es una forma muy limitada, incompleta y engañosa de presentar la historia, que no sirve más que para justificar los planes de Washington. Tal como señaló el corresponsal del *Washington Post* (y ganador de un premio Pulitzer) Anthony Shadid, «los vínculos históricos [de Faluya] con el gobierno anterior constituían sólo una parte de la historia. Aquélla es, además, una región muy influida por las tradiciones rurales y por un nacionalismo reflexivo, elementos aunados en una implacable interpretación del islam y en la certeza que ésta trajo consigo. Esta identidad fundamental y los valores que conlleva se hicieron aún más importantes a medida que en la comunidad fue cundiendo la sensación de que se le estaba privando de su derecho de representación política, como tan pública y frecuentemente se denunció desde esta franja de territorio suní».[1] Lo que rara vez se admite en los medios de comunicación es que antes de que los primeros contingentes de tropas estadounidenses llegaran a Irak, antes de los asesinatos de los empleados de Blackwater y de los consiguientes asedios a los que fue sometida la ciudad, y antes de que ésta se convirtiera en un símbolo de la resistencia iraquí, el pueblo de Faluya ya sabía lo que era sufrir a manos de Estados Unidos y sus aliados.

Durante la guerra del Golfo de 1991, Faluya fue escenario de una de las mayores masacres atribuidas a las bombas «errantes» (las que no acertaban en el blanco previsto) durante un conflicto bélico que fue descrito como el nacimiento de la nueva era del armamento «inteligente». Poco después de las 3 de la tarde del 13 de febrero de 1991, los aviones aliados sobrevolaron con gran estruendo la ciudad y dispararon sus misiles sobre un enorme puente de acero que atravesaba el río Éufrates y conectaba Faluya con la carretera principal hacia Bagdad.[2] Como no habían conseguido derribar el puente, las aeronaves regresaron a Faluya una hora después. «Vi ocho aviones», recordaba un testigo presencial. «Seis volaban en círculos, como si estuvieran cubriendo a los otros dos, que fueron los que llevaron a cabo el ataque.»[3] Aparatos Tornado británicos dispararon varios de los tan cacareados misiles «de precisión» guiados por láser contra el puente. Pero un mínimo de tres fallaron su supuesto blanco y uno de ellos cayó sobre una zona residencial que estaba a unos 250 metros del puente, estrellándose contra un bloque de pisos habitados hasta los topes y atravesando por la mitad un mercado que estaba abarrotado de gente en aquel momento.[4] En total, las autoridades hospitalarias locales declararon que más de 130 personas murieron aquel día a consecuencia del impacto y que otras 80 resultaron heridas.[5] Muchas de las víctimas eran niños. Un mando aliado, el capitán David Henderson, dijo que el sistema de láser de los aviones no había funcionado bien. «Para nosotros, el puente era un objetivo militar legítimo», explicó Henderson ante los periodistas.[6] «Por desgracia y por lo que parece, algunas bombas cayeron sobre la población a pesar de nuestros esfuerzos.» Tanto él como otros oficiales acusaron al gobierno iraquí de hacer publicidad de la bomba «errante» como parte de su particular guerra de propaganda. «No deberíamos olvidar las atrocidades cometidas por Irak contra Irán recurriendo a la guerra química y contra [sus] propios compatriotas, los kurdos.»[7] Mientras los miembros de los equipos de rescate y los supervivientes apartaban los escombros del edificio derruido y de los comercios de las inmediaciones, un vecino de Faluya gritaba a los reporteros: «¡Miren lo que ha hecho Bush! Se ve que para él Kuwait empieza aquí».[8]

Fuese o no aquélla una bomba «errante», lo cierto es que durante la década siguiente a aquel ataque, el incidente se recordó en Irak como una masacre que influiría profundamente en la impresión que la población de Faluya iba a tener de las fuerzas estadounidenses invasoras a las órdenes de un nuevo presidente Bush.[9] Para empezar, la población de Faluya, suní en su inmensa mayoría, era ya una de las más leales a Sadam Husein en Irak y cuna de muchos de los soldados de élite de la Guardia Revolucionaria.[10] «Aunque Sadam Husein sabía que Faluya era una ciudad que había apoyado a su régimen, el gobierno iraquí no pudo aislar los hospitales y las clínicas de la ciudad de los efectos devastadores de las sanciones económicas inspiradas por Estados Unidos», recuerda la veterana activista de los derechos humanos Kathy Kelly, fundadora de *Voices in the Wilderness* (Voces en el Desierto).[11] «Antes de la invasión, visitamos salas de hospitales de Faluya que parecían "corredores de la muerte" para los niños pequeños por culpa de la escasez ocasionada por las sanciones.» Kelly ha ido a Irak muchas veces tras su primer viaje al país durante la guerra del Golfo de 1991. Según explica, durante una visita que realizó a Faluya antes de la invasión de 2003 junto a un grupo de activistas británicos en un intento de que Estados Unidos y el Reino

Unido reconocieran su culpabilidad por el bombardeo del mercado de 1991 y para entrevistar a supervivientes de aquel ataque, ella se separó del grupo y, según recuerda, «un hombre empezó a gritarme en inglés: "¡Eh!, americanos, europeos, vengan a mi casa y les enseñaré un agua que ustedes no se atreverían a dar siquiera a sus animales para beber. Y eso es todo lo que tenemos. Ahora quieren volver a matar a nuestros hijos. Pues, miren, a mi hijo no lo podrán matar. A mi hijo ya lo mataron en la primera guerra de Bush"». Kelly recuerda que, tras gritarle de aquel modo, el hombre se tranquilizó y, ya en su casa, le ofreció un té. A ella aquello le pareció prueba suficiente de que, «incluso en Faluya, había una posibilidad de construir unas relaciones justas y amistosas, pese al sufrimiento que se les ha infligido a los iraquíes de a pie. Pero esa posibilidad se fue desperdiciando con cada nuevo día de mantenimiento de las sanciones económicas y, finalmente, con el bombardeo de las zonas de exclusión de vuelos». Cuando las fuerzas estadounidenses invadieron Irak en abril de 2003, no tardaron en arrojar gasolina sobre la ya de por sí volátil indignación antiamericana que había nacido en Faluya, al menos, doce años antes.

Las fuerzas especiales de Estados Unidos tomaron Faluya en abril, al principio de la invasión, pero pronto abandonaron la ciudad.[12] Los iraquíes del lugar dijeron haber accedido a rendir la ciudad (bastión del conservadurismo suní) sin oponer resistencia a cambio de que las tropas estadounidenses no la ocupasen durante más de dos días.[13] Como en numerosas localidades iraquíes, la población de Faluya empezó a organizarse por sí misma y a evaluar las consecuencias de las transformaciones radicales a las que estaba siendo sometido su país. Llegaron incluso a organizar una asamblea para constituir un nuevo consistorio municipal.[14] Al extenderse la ocupación por todo el país, diversos mandos estadounidenses fueron enviados a las diferentes regiones de Irak; la finalmente destinada a Faluya fue la 82ª División Aerotransportada.[15] Como sus compatriotas de otras localidades, la población de Faluya no inició de inmediato una resistencia a las fuerzas ocupantes, sino que optó por esperar y ver. Pero pronto empezó a crecer el resentimiento: los americanos se desplazaban por las calles de la ciudad a toda velocidad en sus Humvees; en los controles se humillaba a los habitantes locales y se invadía su privacidad, y había incluso quejas de que los soldados miraban a las mujeres del lugar de forma inapropiada.[16] También hubo denuncias de que los soldados orinaban directamente en la calle.[17] En Faluya cada vez era más generalizado el consenso en torno a que los estadounidenses debían retirarse, cuando menos, hasta más allá de los límites municipales.[18] Fue sólo cuestión de días que la situación en la ciudad diese un giro decisivo y sangriento hacia lo peor. Cientos de soldados de la 82ª División se desplegaron rápidamente por todo Faluya y el viernes 25 de abril, pocos días antes del cumpleaños de Sadam Husein, ocuparon la escuela Al Qaed («del Líder») en la calle Hay Nazzal y convirtieron el edificio de dos plantas en el cuartel central de los ocupantes en la localidad.[19]

La toma de la escuela, a la que asistían alumnos de primaria y de secundaria, desató de inmediato las iras de los vecinos por diversas razones. Una de ellas era que los padres y los maestros se habían estado esforzando por que sus pequeños y pequeñas recuperaran cierta sensación de normalidad, y la escuela se consideraba un elemento central de esa iniciativa. Pero también se extendieron rumores crecientes de que los soldados estadounidenses utilizaban sus gafas de visión nocturna para espiar a las mujeres iraquíes a través de las ventanas desde la azotea de la escuela y las contemplaban embobados cuando ellas llevaban la cabeza descubierta en la privacidad de los patios de sus casas.[20] Dirigentes iraquíes locales se reunieron con soldados estadounidenses durante todo ese fin de semana instándoles a que se fueran de la escuela. Las horas pasaron y el lunes 28 de abril, día del 66º cumpleaños de Sadam Husein, unos 150 soldados seguían ocupando el centro escolar.[21]

Esa noche, en plena escalada de la tensión en la ciudad por la presencia de las tropas, un imán local predicó contra la ocupación estadounidense desde el púlpito de su mezquita durante los rezos vespertinos y condenó la continuación de la ocupación de la escuela.[22] Ante la fuerte presencia estadounidense en su ciudad, los clérigos locales habían recordado en repetidas ocasiones a sus fieles el dicho «mejor ser fuertes que débiles».[23] Una vez concluidas las oraciones, la gente empezó a congregarse en la que se convertiría en la primera manifestación organizada contra Estados Unidos desde que las tropas entraron en Faluya.[24] Una semana antes, fuerzas estadounidenses habían matado a diez manifestantes en la ciudad norteña de Mosul, pero aquello no disuadió a la población de Faluya. Hacia las 6.30 de la tarde del 28 de abril, un grupo de personas empezó a concentrarse en el exterior de la antigua sede del partido Baaz, de la que también se habían apropiado las fuerzas estadounidenses para convertirla en un puesto de mando. El edificio contiguo era el del despacho del alcalde, apoyado por Estados Unidos, donde el comandante estadounidense local estaba celebrando una reunión en aquel momento.[25] La multitud entonaba eslóganes como «¡Dios es grande! ¡Mahoma es su profeta!» o «¡No a Sadam! ¡No a Estados Unidos!».[26] Algunos mandos militares aseguran que entre la muchedumbre hubo quien empezó a disparar al aire, una práctica habitual en las manifestaciones iraquíes. Los residentes locales dicen que eso no es cierto y que son muchos los testigos iraquíes que afirman que no se disparó ninguna arma.[27] El comandante estadounidense en Faluya, el teniente coronel Eric Nantz, dijo que sus fuerzas advirtieron a los manifestantes para que se dispersaran, anunciándoles en árabe a través de un altavoz —según sus palabras— que aquella concentración «podría ser considerada un acto hostil y podría ser respondida con fuerza letal».[28] La multitud se marchó de las inmediaciones de la alcaldía y se fue desplazando por las calles de Faluya, adquiriendo cada vez mayor fuerza y tamaño. Cuando llegó a la escuela, eran ya cientos de personas. Entre los manifestantes, alguien sostenía una gran foto de Sadam, quien, según los vecinos, era el símbolo más evidente de oposición a las fuerzas ocupantes.[29] «No hay más Dios que Alá y América es enemiga de Alá», cantaban los manifestantes en la calle Hay Nazzal, mientras los estadounidenses los vigilaban desde posiciones de tiro, apostados en el tejado de la escuela. «No queremos a Sadam y no queremos a Bush», dijo Mohamed Abdalá, un contable jubilado. «Los estadounidenses han acabado su trabajo y deben irse.»[30]

Lo que sucedió aquella noche es motivo de enconada discrepancia entre las fuerzas de ocupación estadounidenses y los habitantes de Faluya. Según un gran número de iraquíes locales entrevistados por importantes medios de comunicación en aquel entonces, ningún iraquí disparó contra la escuela ni contra los soldados norteamericanos. Algunos vecinos hablan de tiros disparados aleatoriamente al aire, mientras que otros dicen que ningún manifestante disparó tiro alguno, pero todos los testigos iraquíes niegan categóricamente que se disparase contra las fuerzas estadounidenses. Todos los testigos y los manifestantes iraquíes entrevistados posteriormente por Human Rights Watch declararon que en aquella manifestación nadie llevaba armas. Varios afirmaron que había habido tiros en otros barrios de Faluya, pero no en las inmediaciones de la escuela. Nantz, sin embargo, dijo que la manifestación empezó a hacerse más violenta y la multitud se mostró «hostil, empezó a lanzar piedras y, de vez en cuando, se efectuaron desde ella disparos al aire con diversas armas».[31] Un soldado estadounidense fue alcanzado por una de aquellas piedras, según Nantz. A partir de ese momento, según su testimonio, la escuela empezó a ser atacada por tiradores situados entre la multitud. Los iraquíes que estaban allí aquella noche dicen que eso no es verdad. Los mandos estadounidenses afirman que sus tropas lanzaron granadas de humo y, posteriormente, recibieron órdenes de responder con fuego real.[32] Al instante, la multitud se vio sorprendida por una lluvia de balas. Los estadounidenses dicen que llevaban gafas de visión nocturna y que, por tanto, sólo apuntaban allí donde veían fogonazos de disparos.[33] Los iraquíes aseguran que el tiroteo no tuvo provocación previa y fue incontrolado. «Nosotros sólo gritábamos "No hay más dios que Alá"», recordaba Ahmed Karim, un habitante local que recibió una herida de bala en un muslo. «Habíamos llegado al edificio de la escuela y esperábamos hablar con los soldados, y ellos empezaron a dispararnos indiscriminadamente. Yo creo que sabían que no íbamos armados, pero querían hacer una demostración de fuerza para impedir que nos manifestáramos.»[34]

«Llevábamos una foto de Sadam, sólo una», dijo Hasán, un joven de 19 años. «No estábamos armados y no se arrojó nada. Se habían oído algunos disparos al aire en las proximidades, pero eso había sido bastante antes y no allí. No sé por qué empezaron a disparar los americanos. Cuando se iniciaron los tiros, nosotros simplemente salimos corriendo.»[35] Un adolescente de quince años, Ahmed Al Esaui, que recibió disparos en un brazo y una pierna, dijo: «Allí todos intentábamos huir a la carrera. Y ellos disparaban directamente sobre nosotros. Los soldados estaban muy asustados. No hubo tiros de advertencia y yo no oí aviso alguno por los altavoces».[36]

En un momento, la manifestación de la calle Hay Nazzal se convirtió en un baño de sangre. Muchas personas describieron la escena como un panorama horroroso de personas heridas —niños entre ellas— tiradas por la calle mientras las fuerzas estadounidenses disparaban sobre quienes trataban de rescatarlas.[37] «Empezaron a dispararnos de repente», recordaba Falah Nauar Dhahir, cuyo hermano fue asesinado ese día. «No cesaron de disparar hasta que la gente huyó de allí. Dispararon sobre la gente que trataba de sacar a los heridos del lugar. Y luego hubo disparos aislados, más bien como de francotiradores.»[38] Mutaz Fahd Al Dulaimi vio cómo las fuerzas estadounidenses disparaban a su primo

Samir Alí Al Dulaimi: «Había cuatro [soldados estadounidenses] en la azotea, los vi con mis propios ojos. Allí había una ametralladora pesada. Las ráfagas automáticas de disparos duraron diez minutos sin parar. Algunas personas cayeron al suelo. Si alguna se levantaba, volvían a dispararle». Los conductores de las ambulancias también comentan que las fuerzas estadounidenses les dijeron «¡Márchense!».[39]

«Estábamos sentados en casa. Cuando empezaron los disparos, mi marido trató de cerrar la puerta para que los niños no salieran; en ese momento le dispararon», explicó Edtesam Shamsudeim, de 37 años, que vive muy cerca de la escuela y también recibió un disparo en la pierna.[40] Aquella noche, más de 75 personas resultaron heridas y, al menos, 13 murieron. Entre los muertos, había seis niños.[41] «La acción fue nítida y precisa», comentó Nantz. Los soldados, según dijo, «devolvieron los disparos contra quienes les estaban disparando, y si otras personas resultaron heridas, lo lamentamos mucho».[42] La versión estadounidense de los hechos fue puesta en cuestión casi desde el momento mismo en que los periodistas visitaron la zona. En una crónica desde Faluya, el corresponsal del rotativo londinense *The Independent*, Phil Reeves, escribía lo siguiente:

> No hay orificios de bala visibles en la fachada de la escuela ni marcas reveladoras de un tiroteo recíproco. De hecho, en el lugar no hay marca alguna. Sin embargo, las viviendas que hay al otro lado [...] están salpicadas de señales de ráfagas de ametralladora que arrancaron pedazos de hormigón del tamaño de una mano y dejaron agujeros tan profundos como un bolígrafo. A la pregunta de por qué no había orificios de bala, el teniente coronel Nantz respondió que los disparos iraquíes habían ido dirigidos por encima de las cabezas de los soldados. Nos llevaron a ver dos agujeros de bala en una ventana superior del edificio y unas marcas en una de las paredes, pero se hallaban en un flanco distinto de la escuela.
>
> Se plantean, además, otros interrogantes preocupantes. El teniente coronel Nantz dijo que las tropas habían recibido disparos procedentes de una casa situada al otro lado de la calle. Los estadounidenses nos enseñaron varias ametralladoras ligeras que, según dijeron, habían sido recogidas del escenario del tiroteo. De ser cierto, ésta fue una misión suicida de los iraquíes: nadie que hubiese atacado el edificio desde una posición fija a menos de 40 metros de distancia habría tenido posibilidad alguna de sobrevivir.
>
> La afirmación estadounidense de que entre la multitud había 25 pistolas también daría a entender que los manifestantes habían ido allí a morir

o eran simplemente estúpidos. Y los iraquíes han aprendido en las últimas semanas que si no detienen inmediatamente sus vehículos al llegar a un puesto de control estadounidense, tienen muchas posibilidades de ser acribillados a tiros.[43]

En la investigación que realizó sobre el terreno, Human Rights Watch (HRW) descubrió que «las pruebas físicas halladas en la escuela no concuerdan con la hipótesis de un ataque real contra el edificio como el descrito por las tropas estadounidenses».[44] La versión de éstas «contrastaba frontalmente», afirmaban los investigadores de HRW, con las pruebas descubiertas en las viviendas situadas justo enfrente de la escuela, que tenían «marcas de más de 100 balas —tanto de calibre pequeño como de calibre grande, como el del fuego de las ametralladoras pesadas— disparadas por soldados estadounidenses. Las fachadas y los muros perimetrales de siete de las nueve viviendas situadas enfrente de la escuela mostraban desperfectos importantes ocasionados por balas, y seis de aquellas casas habían sido alcanzadas por más de doce impactos cada una. [...] No se halló marca alguna de disparos en los niveles superiores de las viviendas, pese a las declaraciones de los soldados estadounidenses, que afirmaban que habían apuntado a tiradores que les disparaban desde los tejados del otro lado de la calle».[45]

Toda esperanza que Estados Unidos hubiera podido tener de que su retórica sobre «ganarse los corazones y las mentes» de aquellas personas hubiese podido hallar cierto eco en Faluya se perdió para siempre aquella noche sangrienta. La mañana después de los disparos, se celebraron funerales por los fallecidos conforme a la tradición islámica. Una bandera iraquí ensangrentada ondeaba en el exterior de la sala de urgencias de un hospital local,[46] que se esforzaba por atender a los heridos al tiempo que las noticias sobre la masacre se extendían como la pólvora por todo Faluya y el resto del país. «No nos quedaremos callados ante esto», dijo Ahmad Husein, sentado en un hospital de Faluya junto a su hijo de 18 años, a quien los médicos pronosticaban una muerte segura por culpa de la herida de bala que tenía en el abdomen. «O se van ellos de Faluya o los echamos nosotros.»[47] En la prensa internacional, hubo comparaciones de aquel suceso con la masacre del «Bloody Sunday» (o «domingo sangriento») de 1972, cuando soldados británicos abrieron fuego contra unos manifestantes católicos irlandeses y mataron a 13 de ellos, un acto que contribuyó a popularizar y a movilizar al Ejército Republicano Irlandés (el IRA).[48]

La mañana del miércoles posterior a los asesinatos, un millar de personas se lanzaron a las calles de Faluya para protestar contra la masacre y para exigir que las tropas estadounidenses abandonaran la ciudad. Se concentraron delante de la antigua sede central del partido Baaz, tomada —al igual que la escuela— por los estadounidenses. La agencia de noticias UPI informó que «el panorama en la calle era caótico: soldados estadounidenses apuntando con sus armas hacia la multitud desde edificios que Estados Unidos ha venido utilizando como campamento base, mientras un par de helicópteros de ataque Apache sobrevolaban el escenario en círculos apuntando con sus armas a la muchedumbre allí congregada durante toda la mañana».[49] Una vez más, la protesta acabó en derramamiento de sangre, ya que las fuerzas estadounidenses dispararon y mataron a cuatro personas e hirieron al menos a otras quince.[50] Como ya ocurriera con el incidente de la escuela, los mandos militares estadounidenses declararon que sus fuerzas actuaron en defensa propia. Pero los periodistas de medios informativos de prestigio que acudieron posteriormente al escenario contradijeron esa versión. El corresponsal de UPI en Faluya, P. Mitchell Prothero, informó que «ninguno de los muertos ni de los heridos del incidente del miércoles parecía ir armado y ninguno de los manifestantes allí congregados exhibió ninguna clase de arma. En más de una docena de entrevistas realizadas a testigos del tiroteo, los iraquíes han negado que se hubiera disparado tiro alguno contra las tropas estadounidenses. Los únicos casquillos de bala hallados en la zona fueron los de calibre de 5,56 milímetros utilizados por los soldados de Estados Unidos, pero ninguno de los de calibre de 7,62 milímetros que se emplean habitualmente con las AK-47, el arma preferida de los iraquíes».[51]

Los testigos afirmaron que un hombre recibió disparos en la cara y el pecho. Sus amigos dijeron que era padre de cuatro hijos.[52] Las personas entrevistadas por el *Washington Post* dijeron que las fuerzas estadounidenses que patrullaban los barrios de Faluya «disparaban sin que les importaran mucho las vidas de civiles».[53] «Esto es exactamente igual que lo que sucede en Palestina», explicó al diario Ahmed Yaber Saab, profesor de geografía cuyos dos sobrinos habían sido heridos por las fuerzas estadounidenses. «Yo no me lo creía hasta que lo he visto por mí mismo.»[54] Mientras preparaba un cuerpo para su entierro tras los asesinatos, el jeque Talid Alesaui, un clérigo suní, ironizó sobre la retórica estadounidense: «Entendimos que la libertad significaba que podíamos manifestarnos —dijo—, pero los disparos con los que fuimos recibidos no eran libertad. ¿Es que acaso hay dos tipos de libertad, una para ustedes y otra para nosotros?»[55] Ése era un sentimiento muy extendido en la ciudad. «¿Es ésta la libertad y la liberación de Bush?», preguntaba Faleh Ibrahim, un vecino de Faluya, mientras desfilaba junto a centenares de personas camino de un cementerio acompañando los ataúdes de dos de los muertos. «No queremos a Bush y no queremos ser liberados. Los iraquíes traeremos nuestra propia liberación.»[56]

Unas horas después de que se produjera aquella segunda tanda de asesinatos en Faluya, aterrizaba en el aeropuerto de Basora el secretario de Defensa, Donald Rumsfeld, lo que, en aquel momento, lo convertía en la autoridad estadounidense de más alto rango que visitaba Irak.[57] «Lo que importa ahora es que un gran número de seres humanos inteligentes y llenos de energía han sido liberados —proclamó a su llegada—. Se han despojado del yugo de un régimen auténticamente brutal y despiadado, y eso es bueno.»[58] En Faluya, los soldados estadounidenses abandonaron la escuela Al Qaed y establecieron definitivamente su cuartel general en las oficinas de la delegación del antiguo partido Baaz en la ciudad. Cerca de allí, alguien colgó una pancarta que rezaba: «Tarde o temprano, asesinos americanos, os echaremos a patadas».[59]

Ese mismo día, también se publicó una carta de Sadam (por entonces, aún oculto en la clandestinidad) en la que llamaba a los iraquíes a «olvidar todo lo demás y resistir a la ocupación», y declaraba: «No hay mayor prioridad que la de expulsar al ocupante infiel, criminal y cobarde. Ninguna mano honorable puede estrechar la suya; sólo la de los traidores y los colaboracionistas».[60] Entretanto, la Casa Blanca anunció que el presidente Bush declararía, al día siguiente, el fin de las principales operaciones de combate en Irak a bordo del USS *Abraham Lincoln* (el tristemente famoso momento en el que pronunció su «misión cumplida»). Lo cierto, no obstante, es que la guerra de verdad no había hecho más que comenzar y los acontecimientos de las 48 horas previas iban a desempeñar un papel decisivo. Esa noche, se lanzó una granada contra el nuevo cuartel general estadounidense en Faluya que hirió a siete soldados estadounidenses.[61] Tras reunirse con representantes de Estados Unidos en un esfuerzo por impedir un mayor derramamiento de sangre, el imán Yamal Shaqir Mahmud, de la Gran Mezquita de Faluya, declaró que los americanos argumentaban que la presencia de las tropas era necesaria porque proporcionaban seguridad, «pero la gente de Faluya les ha dicho que ya tenemos seguridad».[62] Para los habitantes de Faluya, su ciudad había pasado a estar oficialmente ocupada. «Tras la masacre, ya no creemos que los americanos hayan venido aquí a liberarnos, sino a ocuparnos, a quitarnos nuestra riqueza y a matarnos», dijo el líder local Mohamed Farhan.[63]

La noticia de las masacres de Faluya no tardó en difundirse por todo Irak y el mundo árabe. En unas pocas semanas, ya había canciones populares en la radio ensalzando a la población de Faluya por haber hecho frente con valentía a las fuerzas de ocupación.[64] También salieron al mercado copias de DVD con imágenes filmadas de los momentos posteriores a las masacres intercaladas con imágenes de ataques de la resistencia contra patrullas estadounidenses y escenas de películas épicas árabes. En uno de esos DVD, las imágenes de la película *Black Hawk derribado*, en la que se mostraba una matanza de soldados estadounidenses en Somalia, aparecían acompañadas de la voz del cantante de Faluya Sabeh Al Hashem, quien cantaba: «Faluya, ataca a sus tropas y nadie podrá salvar a sus soldados heridos. ¿Quién te trajo a Faluya, Bush? Te serviremos el elixir de la muerte».[65] En otra canción, Hashem proclamaba que «el pueblo de Faluya es como una manada de lobos cuando ataca al enemigo».[66]

Todo esto acabaría resultando inquietantemente profético cuando, menos de un año después, cuatro soldados de Blackwater se disponían a cruzar por el centro de Faluya a bordo de sus todoterrenos. Pero, mientras tanto, en las afueras de Washington, D.C., un neoconservador y «experto en terrorismo», L. Paul Bremer, se preparaba para un viaje a Bagdad, donde asumiría la dirección de la ocupación en nombre de la administración Bush. Erik Prince tampoco iba a tardar en tener a sus soldados privados preparados para prestar servicio como guardaespaldas personales de élite del hombre de Bush en Irak.

Capítulo 5

Proteger al hombre de Bush en Bagdad

L. Paul Bremer III llegó a Bagdad el 12 de mayo de 2003 y se instaló en el antiguo Palacio Republicano de Sadam Husein, a orillas del río Tigris.[1] El mayor legado de Bremer en Irak —donde ejerció de procónsul de la ocupación estadounidense durante poco más de un año— tal vez fuese el haber tutelado la transformación de aquel país en el epicentro de la resistencia antiamericana de todo el mundo y el haber presidido un sistema que provocó una oleada generalizada de corrupción y negocios sucios dentro del lucrativo mundo de la contratación de empresas privadas en Irak. Al finalizar el mandato de Bremer, unos 9.000 millones de dólares supuestamente gastados en la reconstrucción iraquí no habían sido justificados de modo alguno, según una auditoría exhaustiva realizada por el Inspector General Especial para Irak de Estados Unidos. Ante tales alegaciones, Bremer respondió que la auditoría había sometido a su Autoridad Provisional de la Coalición a «un nivel de exigencia poco realista».[2]

Al igual que Erik Prince, Bremer es un conservador y converso al catolicismo que adquirió experiencia en el gobierno trabajando para diversas administraciones republicanas y gozaba del respeto de los evangélicos de derecha y de los neoconservadores por igual. A mediados de la década de 1970, era ayudante del secretario de Estado Henry Kissinger. Durante la administración Reagan, ejerció el cargo de secretario ejecutivo y ayudante especial de Alexander Haig, el imponente y poderoso secretario de Estado. En pleno apogeo de las sangrientas guerras de Reagan en América Central, Bremer fue ascendido a embajador general contra el terrorismo. A finales de la década de 1980, Bremer abandonó la administración y se incorporó al sector privado como director gerente de la empresa consultora de Henry Kissinger, Kissinger and Associates.

Uno de los «expertos en terrorismo» favoritos de los neoconservadores, Bremer influyó en el desarrollo de las bases conceptuales de la posterior «guerra contra el terror» y del Departamento de Seguridad Interior.[3] Un año antes del 11-S, se quejó de las directrices de la CIA que «desaconsejaban la contratación de los servicios de espías terroristas» aduciendo que debían hacerse mucho más permisivas para que la agencia pudiera «reclutar activamente a informadores clandestinos».[4] Cuando se produjeron los atentados del 11-S, Bremer era ya un rostro habitual de la comunidad «contraterrorista», sobre todo después de que hubiera sido nombrado en 1999 presidente del Consejo Nacional sobre Terrorismo por el presidente de la Cámara de Representantes, Dennis Hastert. En el momento de los atentados, Bremer era asesor principal sobre política y riesgos emergentes de la gigantesca compañía de seguros Marsh & McLennan. La empresa tenía oficinas en el World Trade Center y en ellas trabajaban 1.700 empleados, 295 de los cuales fallecieron en los atentados.[5]

Apenas transcurridas 48 horas desde el 11-S, Bremer escribió en el *Wall Street Journal*: «Nuestra represalia debe ir más allá de los débiles e indecisos ataques de la pasada década, que eran acciones que parecían diseñadas para "indicar" a los terroristas la seriedad de nuestras intenciones sin infligir daños reales, aunque, naturalmente, la pusilanimidad de las mismas daba muestras justamente de lo contrario. Esta vez, los terroristas y quienes les apoyan deben ser aplastados. Esto significará entrar en guerra con uno o más países. Y será una guerra larga, no de las que se hacen "para la televisión". Como en todas las guerras, habría víctimas civiles. Ganaremos algunas batallas y perderemos otras. Morirán más estadounidenses. Pero, al final, Estados Unidos puede vencer y vencerá, como siempre lo hacemos». Bremer concluía diciendo: «Debemos rehuir la búsqueda de un absurdo "consenso" internacional en torno a nuestras acciones. Hoy son muchas las naciones que expresan su apoyo y su comprensión por las heridas de Estados Unidos, pero mañana sabremos quiénes son nuestros verdaderos amigos».[6] En una aparición en *Fox News* por aquel entonces, Bremer declaró: «Mi esperanza es que lleguemos a la conclusión de que todo Estado que haya estado implicado en esto de un modo u otro, proporcionando algún tipo de apoyo o refugio a ese grupo, debe pagar el máximo precio posible por ello».[7]

Un mes después del 11-S, Bremer pasó a presidir una nueva división de Marsh & McLennan especializada en «seguros contra riesgos terroristas» para las grandes empresas transnacionales. La división, bautizada con el nombre de Crisis Consulting Practice, ofrecía a esas compañías «servicios integrales de contraterrorismo». Para vender sus caros seguros a las sociedades anónimas estadounidenses, según escribió Naomi Klein en *The Nation*, «Bremer tuvo que establecer los "manidos" vínculos entre terrorismo y el fracaso de la economía global por los que los activistas son habitualmente tan criticados. En un documento de trabajo de noviembre de 2001, titulado "Nuevos riesgos en la actividad empresarial internacional", explica que las políticas liberalizadoras "fuerzan el despido masivo de trabajadores. Y la apertura de mercados al comercio exterior somete a los comerciantes y a los monopolios comerciales tradicionales a una enorme presión". Esto genera "crecientes diferenciales de renta y tensiones sociales", que, a su vez, pueden degenerar en diversos ataques a las empresas estadounidenses, desde los de carácter terrorista hasta los intentos de dar marcha atrás a las privatizaciones o de reducir los incentivos al comercio emprendidos por los propios gobiernos».[8] Klein equiparó a Bremer con un pirata informático que «estropea los sitios web de las empresas y luego se ofrece a sí mismo como especialista en seguridad de redes», y predijo que, «en pocos meses, es muy posible que Bremer esté vendiendo seguros contra terrorismo a las mismas compañías que él dejó entrar en Irak».[9] Poco después de la llegada de Bremer a Bagdad, su antiguo jefe en Marsh & McLennan, Jeffrey Greenberg, anunció que 2002 había sido «un gran año para Marsh; los ingresos de explotación subieron un 31%. [...] La experiencia y los conocimientos de Marsh en el análisis del riesgo y en el desarrollo de programas de gestión del riesgo para nuestros clientes han gozado de una gran demanda. [...] Nuestras perspectivas de futuro nunca han sido mejores».[10]

A mediados de abril de 2003, el entonces jefe de gabinete de Dick Cheney, I. Lewis «Scooter» Libby, y el subsecretario de Defensa, Paul Wolfowitz, ya habían mantenido contactos con Bremer para que éste asumiera «la tarea de dirigir la ocupación de Irak».[11] A mediados de mayo, Bremer ya estaba en Bagdad. Su nombramiento como director de reconstrucción y ayuda humanitaria y como jefe de la Autoridad Provisional de la Coalición en Irak generó inmediatamente una fuerte controversia, incluso entre aquellas personas que habían trabajado con él. Un antiguo alto cargo del Departamento de Estado que había coincidido con Bremer en dicho organismo lo tachó de «oportunista voraz con aspiraciones voraces», y añadió: «Con lo que él sabe de Irak no se llenaría ni un dedal».[12] Klein sostiene que lo que la administración buscaba en Bremer no era un especialista en Irak, sino que se le nombró para el cargo porque «es un experto en sacar partido de la guerra contra el terrorismo y en ayudar a las multinacionales estadounidenses a ganar dinero en lugares distantes donde no son populares ni bien recibidas. Dicho de otro modo, es el hombre perfecto para la misión encomendada».[13] Ésa parecía ser también la opinión de Henry Kissinger, quien en aquel entonces dijo, a propósito de Bremer: «No conozco a nadie que pueda hacerlo mejor».[14]

Bremer sustituyó al general Jay Garner, quien parecía decidido a crear un gobierno títere, del estilo del afgano, y mantener una apariencia pública de autogobierno iraquí, al tiempo que aseguraba una presencia permanente de Estados Unidos en Irak.[15] El propio Garner fue duramente criticado durante su mandato de tres semanas en aquel país, pero era sin duda menos ambicioso que su sucesor en cuanto a la conversión de Irak en un laboratorio de la liberalización económica, como el que soñaban muchos miembros de la administración y de la *intelligentsia* neocon. Garner era, según la mayoría de testimonios, un militar, no un ideólogo comprometido con una causa. El *Washington Post* describió a Bremer como «un halcón de línea dura, próximo al ala neoconservadora del Pentágono».[16] Esa impresión se vio aún más confirmada por el hecho de que Dick Cheney enviara a Bagdad a su propio ayudante especial, Brian McCormack, a ejercer de ayudante de Bremer.[17] Se dice también que Bremer confió en gran medida en el asesoramiento del desacreditado exiliado iraquí Ahmad Chalabi en lo referente a la política interna de Irak. Casi de inmediato tras la llegada de Bremer a Bagdad, éste empezó a ser considerado por una parte de los iraquíes como un nuevo Sadam que publicaba decretos como si de un emperador se tratara y aplastaba así toda esperanza iraquí de autogobierno. «Ocupación es una palabra muy fea», declaró Bremer a su llegada al país, «pero es la realidad».[18]

Durante su año de estancia en Irak, Bremer actuó como un virrey sumamente polémico y contencioso que se desplazaba por el país vestido con una chaqueta Brooks Brothers y unas botas Timberland. Se describió a sí mismo como «la única figura de autoridad máxima —aparte de la del dictador Sadam Husein— que la mayoría de los iraquíes han conocido».[19] La primera iniciativa oficial de Bremer —que se dice que fue idea del secretario de Defensa Rumsfeld y de su subsecretario neoconservador Douglas Feith— fue disolver el ejército iraquí e iniciar un proceso de «desbaazización»,[20] que en Irak significó el ostracismo de algunas de las mentes más lúcidas del país, excluidas del proceso político y de reconstrucción por el hecho de haber sido miembros del partido de Sadam (pese a que dicha afiliación era un requisito para el acceso a numerosos cargos en el Irak del dictador). Esa «Orden nº 1» de Bremer provocó, por tanto, el despido de miles de maestros de escuela, médicos, enfermeros y otros trabajadores públicos, al tiempo que desató aún mayores niveles de indignación y desilusión.[21] Para los iraquíes, Bremer no estaba haciendo más que recoger el testigo del estilo de gobierno de Sadam y sus tácticas de caza de brujas. En términos prácticos, las medidas de Bremer enviaron un claro mensaje a muchos iraquíes indicándoles que poca voz se les iba a dar en el futuro, un futuro que, por otra parte, cada vez parecía más sombrío y tristemente familiar. La «Orden nº 2» de Bremer —la de la disolución de las fuerzas armadas iraquíes— hizo que 400.000 soldados de ese país se quedasen sin trabajo y sin pensión compensatoria. «Un soldado iraquí cobraba unos 50 dólares al mes», explicaba un analista árabe. «Proporcionar a esos hombres y a sus familias la alimentación necesaria para todo un año habría costado una suma equivalente al presupuesto de tres días de ocupación estadounidense. Si alguien hace que un hombre pase hambre, éste estará más que dispuesto a disparar sobre su opresor.»[22] En su libro sobre la guerra de Irak, *Night Draws Near*, el ganador del premio Pulitzer y corresponsal de *Washington Post* Anthony Shadid escribió: «El efecto neto de la decisión de Bremer fue dejar en la calle a más de 350.000 oficiales y reclutas, hombres que, como mínimo, tenían alguna formación militar, lo que creó automáticamente una amplia reserva de activistas potenciales para una guerra de guerrillas. (Y tenían a su disposición un millón aproximado de toneladas de armamento y munición de toda clase, ocultas en más de un centenar de almacenes sin vigilancia repartidos por todo el país)».[23] Un alto cargo estadounidense elevó aún más la estimación de la cifra de soldados iraquíes sin trabajo, ya que, según explicó al *New York Times Magazine*, «esa semana nos granjeamos 450.000 enemigos sobre el terreno en Irak».[24] Siguiendo las órdenes de Bremer, algunos soldados recibieron un mes de sueldo como indemnización, pero los mandos del antiguo ejército iraquí no cobraron nada. Al poco de emitirse aquel decreto de Bremer, numerosos ex soldados iraquíes comenzaron a manifestarse en masa ante las oficinas de las fuerzas de ocupación (muchas de las cuales se habían instalado en antiguos palacios de Sadam). «Si hubiéramos luchado, la guerra aún continuaría», declaró el teniente coronel iraquí Ahmed Muhamad, quien encabezó una de aquellas protestas en Basora. «Ni los británicos ni los americanos estarían en nuestros palacios. Tampoco estarían en nuestras calles. Nosotros les dejamos entrar.» Muhamad advertía: «Tenemos armas en nuestras casas. Si no nos pagan, si dejan que nuestros hijos sufran, se van a enterar de quiénes somos».[25] En otro aviso que constituiría todo un presagio de lo que estaba por llegar, otro antiguo mando militar iraquí, el mayor Asam Husein Il Naem, prometía lo siguiente: «Dirigiremos nuevas ofensivas contra los ocupantes. Y sabemos que contaremos con la aprobación del pueblo iraquí».[26]

Entretanto, Bremer agravó la situación reprimiendo las peticiones iraquíes de elecciones libres y creando, en su lugar, un consejo «asesor» iraquí de 35 miembros sobre el que él mismo tendría pleno control y capacidad de veto. Bremer excluyó a numerosos grupos suníes de ese órgano, así como a los partidarios del líder religioso chií Muqtada Al Sáder, pese a que ambos constituían colectivos muy representativos en Irak. El que luego sería primer ministro del país, Ibrahim Al Yafari, dijo que la exclusión de aquellas fuerzas «generó la situación por la que se convirtieron en elementos violentos».[27] Al mes de la llegada de Bremer, ya se había empezado hablar de un levantamiento nacional. «El pueblo iraquí en su conjunto es una bomba de relojería que les estallará a los americanos en la cara si no ponen fin a su ocupación», declaró el jefe tribal Riyad Al Asadi tras reunirse con las autoridades estadounidenses que expusieron el plan de Bremer para el país.[28] «El pueblo iraquí no combatió contra los americanos durante la guerra; sólo la gente de Sadam lo hizo», dijo Asadi. «Pero si el pueblo decide luchar contra ellos ahora, [los estadounidenses] van a estar en un serio aprieto.»[29] Bremer ignoró sistemáticamente todas estas voces iraquíes y, a medida que se fueron extendiendo las sangrientas consecuencias de su decisión de disolver el ejército, subió aún más el tono de su inflamatoria retórica. «Vamos a luchar contra ellos y a imponerles nuestra voluntad, y los capturaremos o, si es necesario, los mataremos hasta que hayamos impuesto el orden público en este país», declaró.[30]

En julio de 2003, Bremer empezó a referirse a Irak en primera persona del plural. «Al final, seremos un país rico», proclamó. «Tenemos petróleo, tenemos agua, tenemos terreno fértil, tenemos una gente maravillosa.»[31] Según la revista *Time*, visitó el Museo Nacional de Irak ese mismo mes, tras los episodios de saqueo masivo de los tesoros nacionales iraquíes (algunos a cargo de las fuerzas militares y los periodistas estadounidenses). Mientras los encargados del museo le mostraban una colección de orfebrería y joyas antiguas, Bremer bromeó: «¿Cuál de éstas podría llevarme a casa para mi mujer?». Nada más hacer ese comentario, según *Time*, «un miembro de su equipo de seguridad interrumpió y le informó de que se tenía noticia de cuatro ataques con granadas en las cercanías del palacio-sede de Bremer. Minutos después, Bremer se subió a toda prisa a un todoterreno que lo aguardaba para conducirlo hasta su despacho, sin tiempo apenas para repartir unos cuantos apretones de manos apresurados mientras abandonaba el edificio. Unas horas más tarde, ese mismo día, un soldado estadounidense moría a tiros mientras hacía guardia frente al museo».[32]

Tampoco ocultó sus influencias religiosas. Al más puro estilo del fanatismo cristiano del general Jerry Boykin, Bremer habló públicamente de la orientación divina que, según decía, le guiaba. «No tengo el menor género de duda de que no podré llevar a cabo esta misión con éxito sin la ayuda de Dios», dijo un mes después de su llegada a Bagdad. «La tarea es demasiado grande y compleja para cualquier persona —o para cualquier grupo de personas— que quiera sacarla adelante. [...] Necesitamos la ayuda de Dios y tenemos que buscarla constantemente.»[33] Su punto de vista parecía venirle de familia. Duncan, el hermano de Bremer, se presentó como candidato al Congreso estadounidense en 2006 por el distrito originario de Focus on the Family, la organización fundada por James Dobson en Colorado. «Quiero ser el hombre de Dios en Washington»,[34] declaró en una ocasión. Presentó un programa electoral de extrema derecha en el que se manifestaba opuesto a toda excepción a una prohibición general del aborto, ni siquiera para las víctimas de violación o de incesto, sobre la base de que, «en ese caso, estaríamos matando a la persona equivocada».[35] Durante su infructuosa campaña, Duncan Bremer mencionó el papel de su hermano en Irak como prueba de su propia experiencia personal en política exterior, aduciendo que había visitado Irak mientras Paul Bremer presidía la ocupación. Duncan Bremer declaró por entonces: «Si bien preferiría que los yihadistas islámicos se convirtieran a mi visión del mundo y se beneficiaran de ella, mi opinión es que, como mínimo, deberían renunciar a su visión del mundo y a su particular versión del islam para que nosotros podamos tener un mundo en paz. Desde un punto de vista geopolítico, no importa si se convierten a un "islam pacífico" (suponiendo que ésa sea una religión real), al budismo o a lo que sea, siempre, eso sí, que abandonen su ideología religiosa».[36] La esposa de Paul Bremer, Francie, a quien Dobson calificó de «guerrera de la oración»,[37] comentó a una publicación cristiana que «su marido veía su labor en Irak como una oportunidad para llevar la luz de la libertad al pueblo de Irak tras décadas de oscuridad en aquel país».[38]

Pero el fanatismo de Bremer no se circunscribía a sus creencias religiosas. Nada más llegar a la capital iraquí, tomó medidas para empezar de inmediato a aplicar el proyecto neoconservador en aquel país, lo que daría paso a un periodo que Naomi Klein denominó «Bagdad, año cero». Fiel a sus antecedentes, tras sólo dos semanas de estancia en el país, Bremer declaró que Irak había «abierto la tienda».[39] El elemento central de su plan era la rápida privatización de la industria petrolera iraquí. Klein, que viajó a Irak en pleno mandato de Bremer y que ha escrito largo y tendido sobre la labor de éste en aquel país, describió los efectos de su gobierno a golpe de edictos del modo siguiente:

> [Bremer] aprobó un conjunto radical de leyes sin precedentes en lo tocante a su generosidad con las grandes empresas multinacionales. Entre ellas estaba, por ejemplo, la Orden n° 37, que reducía el impuesto de sociedades iraquí del 40% a un tipo único del 15%. También estaba la Orden n° 39, que autorizaba a las empresas extranjeras a ser propietarias del 100% de activos iraquíes no pertenecientes al sector de los recursos naturales. Mejor aún: los inversores podían llevarse fuera del país el 100% de las ganancias que obtuvieran en Irak, ya que no se les obligaba a reinvertirlas ni se les aplicaba impuesto alguno por ellas. En virtud de esa Orden n° 39, podían suscribir arrendamientos y contratos de hasta cuarenta años de duración. La Orden n° 40, por su parte, invitaba a los bancos extranjeros a instalarse en Irak en las mismas favorables condiciones. Lo único que quedó en pie de las políticas económicas de Sadam Husein fue una ley que restringía los sindicatos y las negociaciones colectivas.
>
> Si estas políticas nos resultan familiares, es porque son las mismas por las que las multinacionales de todo el mundo siempre presionan a los gobiernos nacionales y por las que abogan en los acuerdos comerciales internacionales. Pero estas reformas sólo han sido aprobadas en parte (o a duras penas) en otros escenarios. Bremer, sin embargo, las lanzó todas al mismo tiempo y de sopetón. De la noche a la mañana, Irak pasó de ser el

país más aislado del mundo a convertirse —sobre el papel— en el mercado más abierto de todos.[40]

Poco después de que Bremer asumiera el mando en Bagdad, el economista Jeff Madrick escribió en el *New York Times*: «Para prácticamente cualquier economista de las principales escuelas de la disciplina, el
plan aprobado por L. Paul Bremer III, el estadounidense al mando de la
Autoridad Provisional de la Coalición, no deja de ser extremo e, incluso,
asombroso. Convertiría de inmediato a Irak en una de las economías del
mundo más abiertas al comercio y a los flujos de capital, y la situaría
entre las de menor carga fiscal del planeta, tanto entre las más ricas
como entre las más pobres. [...] Los planificadores iraquíes (entre los
que, al parecer, también se incluye la administración Bush) parecen
asumir que pueden hacer borrón y cuenta nueva sin más». Madrick se
atrevía incluso a afirmar que el plan de Bremer «permitiría que unos
pocos bancos extranjeros se hicieran con el sistema bancario interno del
país».[41]

Parece lógico, pues, que Bremer —la máxima autoridad estadounidense en Irak y rostro público de la ocupación— no estuviera protegido
por fuerzas gubernamentales de Estados Unidos ni por la seguridad iraquí, sino por una compañía de mercenarios privados fundada por un
cristiano derechista que había inyectado decenas de miles de dólares en
las arcas de las campañas electorales republicanas.

A mediados de agosto, tres meses después de la llegada de Bremer a
Bagdad, los ataques de la resistencia contra las fuerzas estadounidenses y
sus «colaboradores» iraquíes habían pasado a repetirse a diario. «Creemos que tenemos una importante amenaza terrorista en el país, lo que es
una novedad», declaró Bremer el 12 de agosto. «Y esto nos lo tomamos
muy en serio.»[42] Como ya había sucedido con otros incidentes y situaciones de violencia en años precedentes, el caos en Irak iba a convertirse
en éxito económico para Blackwater. El 28 de agosto de 2003, la empresa recibió el contrato oficial (sin concurso previo) de 27,7 millones de
dólares para ser la «única proveedora» de las brigadas de seguridad personal de Bremer y de dos helicópteros de apoyo para esa labor[43] mientras
éste seguía desempeñando la importantísima tarea de aplicar el programa neoconservador en Irak. «Nadie había pensado realmente en el
modo exacto en que iban a sacarlo de Washington para colocarlo con
garantías en Irak», recordaba el presidente de Blackwater, Gary Jackson.

«Los del Servicio Secreto fueron allí, hicieron sus valoraciones y dijeron: "¿Saben? Es mucho, muchísimo más peligroso de lo que ninguno de nosotros creía". Así que acudieron de nuevo a nosotros.»[44] La presencia de Blackwater, según escribió Bremer, «acentuó la sensación de que Irak se había vuelto un lugar aún más peligroso».[45] El hombre que se encargaría de encabezar el equipo de seguridad de Blackwater para Bremer era Frank Gallagher, quien había sido jefe del equipo de seguridad personal de Henry Kissinger en la década de 1990, cuando Bremer trabajaba para este último.[46] «Conocía a Frank y me caía bien», recordó Bremer. «Tenía plena confianza en él.»[47]

La contratación de mercenarios de Blackwater como guardia personal de Bremer fue posible gracias a las mismísimas políticas neoliberales que él había propugnado durante toda su carrera y que en aquel momento estaba implantando en Irak. Aquél fue un momento de especial innovación dentro del proceso que iniciara a principios de la década de 1990 el entonces secretario de Defensa Dick Cheney, cuando contrató a Brown and Root «para estudiar la posibilidad de subcontratar actividades logísticas».[48] También representó un importante giro de 180 grados con respecto a la doctrina tradicional que sostenía que «el ejército estadounidense no entrega funciones críticas para sus misiones a contratistas privados», según Peter Singer, autor de *Corporate Warriors*. «Y no pone a los empleados de esos contratistas en situaciones o puestos en los que tengan que llevar armas. [...] Ahora, sin embargo, es un vigilante privado armado el que se encarga de la tarea de proteger la vida de Paul Bremer: difícilmente puede haber algo más crítico para la misión de un ejército que eso.»[49] La privatización del personal de seguridad de Bremer supuso, casi de inmediato, un cambio crucial para las empresas de mercenarios.

«Los salarios normales de los miembros profesionales de los ESP (equipos de seguridad personal) [en Irak] estaban anteriormente situados en torno a los 300 dólares diarios», según informaba la revista *Fortune*. «En cuanto Blackwater empezó a reclutar empleados para su primer gran encargo, el de la vigilancia personal de Paul Bremer, la tarifa se disparó hasta los 600 dólares al día.»[50] Blackwater calificó su proyecto para Bremer de «paquete de seguridad integral y autónomo».[51] El vicepresidente de la compañía, Chris Taylor, dijo que aquel trabajo «no era un encargo de "protección de ejecutivos" al uso, sino que equivalía, en realidad, a una solución de equipo de seguridad personal (ESP) que todavía no había sido probada en ningún sitio. En respuesta a ese reto, Blackwater desarrolló un innovador programa de ESP de combate para garantizar la seguridad del embajador Bremer y la de cualquier otro embajador que le sucediera».[52] La empresa facilitó 36 especialistas en «protección personal», dos equipos caninos y tres helicópteros Boeing MD-530 con sus correspondientes pilotos para trasladarlo de un lado a otro del país.[53] En octubre de 2003, un portavoz de Blackwater anunció que la compañía sólo contaba con 78 trabajadores contratados en Irak; esa cifra pronto sería superada con creces.[54] Un mes después de la concesión del contrato de Bremer, Blackwater inscribió su nueva división de seguridad en el registro de la Secretaría de Estado de Carolina del Norte.[55] La nueva Blackwater Security Consulting LLC se especializaría en «proporcionar personal especializado en seguridad protectora (PESP) a la Oficina de Seguridad Diplomática del Departamento de Estado federal con el fin de llevar a cabo operaciones de seguridad y protección en Irak».[56] El contrato Bremer había elevado oficialmente a Blackwater al estatus de una especie de guardia pretoriana en la guerra contra el terrorismo, una cualificación que le abriría numerosas puertas en el mundo de los contratos militares privados. Blackwater fue pronto beneficiaria de un muy suculento contrato con el Departamento de Estado para la provisión de seguridad para un gran número de autoridades estadounidenses en Irak, además del embajador. La foto de Paul Bremer no tardó en adornar la cabecera superior del nuevo sitio web de la división de Blackwater Security, acompañada de otras imágenes de mercenarios de Blackwater escoltando a Colin Powell y al primer ministro británico Tony Blair.[57]

Los hombres de Blackwater aderezaron su trabajo para Bremer con un estilo singularmente yanqui y, según la mayoría de los testimonios, consiguieron personificar el tópico del americano desagradable hasta la saciedad. La guardia del embajador estaba formada por hombres de cuerpos esculpidos como los de los culturistas que llevaban unas gafas de sol cerradas de dudoso gusto. Muchos de ellos se habían dejado perilla y vestían uniformes militares de color caqui y chalecos para munición o camisetas remangadas de Blackwater con su característico logotipo formado por una zarpa de oso negra dentro de un punto de mira rojo. Algunos de ellos parecían caricaturas, muñecos o luchadores profesionales. Llevaban el cabello muy corto y no hacían esfuerzo alguno por ocultar los auriculares de sus equipos tranmisores-receptores ni sus ametralladoras ligeras. Iban todo el tiempo dando órdenes a los periodistas y echaban a los automóviles iraquíes fuera de la carretera o les disparaban ráfagas si se interponían en el camino de un convoy de Blackwater. «¿Ha visto todas esas fotos en los medios en las que salen hombres de Blackwater armados hasta los dientes con pistolas y ametralladoras M-4, y que apartan con la mano la cámara que los enfoca? Hay una explicación para eso», explicaba Kelly Capeheart, antiguo guardia contratado por Blackwater que participó en la protección de John Negroponte, sucesor de Bremer en Irak. «No quiero ver mi cara en Al Yazira, lo siento.»[58]

Algunas de las misiones de transporte de Blackwater iban también acompañadas de helicópteros con francotiradores a bordo, a modo de advertencia amenazadora para todos los que estuvieran por debajo a su paso. «Hacían enemigos por todas partes a donde iban», recordaba el coronel Thomas X. Hammes, la autoridad militar estadounidense a la que se encargó la construcción de un «nuevo» ejército iraquí tras la orden de disolución del anterior dictada por Bremer.[59] «Yo me desplazaba con los iraquíes en camiones iraquíes desvencijados y cuando pasaban ellos me apartaban de la carretera. Nos amenazaban y nos intimidaban. [Pero] estaban haciendo su trabajo, exactamente aquello para lo que les pagaban y del modo que se suponía que tenían que hacerlo. Aun así, se ganaban enemigos a cada paso que daban.»[60] Hammes reconocía que la exhibicionista conducta de Blackwater en su misión de protección de Bremer rompía la «primera norma» de la lucha contra una insurgencia: «No te hagas aún más enemigos».[61] Hammes añadió: «Estaban llevando a cabo exactamente lo que habíamos estipulado en nuestro contrato, pero, al mismo tiempo, estaban perjudicando nuestra labor contrainsurgente».[62] Un agente de inteligencia en Irak explicó a la revista *Time* que «esos de Blackwater [...] van en sus automóviles de un lado para otro con sus gafas de sol Oakley y apuntando sus armas hacia el exterior a través de las ventanillas. Han llegado incluso a apuntarme a mí y eso me enfureció de verdad. Pues imagínese lo que pensará cualquier vecino de Faluya».[63] Al Clark, además de ser uno de los fundadores de Blackwater, ayudó a desarrollar los procedimientos de entrenamiento de la compañía. En Estados Unidos, según dijo, «nos enfadamos si tenemos un pequeño toque con el coche», pero «en Bagdad, tienes que superarlo. Tu coche puede ser un arma de 1.400 kilos si la necesitas. Impactas y huyes a toda velocidad. Créame, la policía no va a ir luego a tu casa acusándote de haber abandonado el escenario de un accidente».[64]

Un caso aparente de impunidad homicida de los contratistas en el que, supuestamente, se vieron implicados unos guardias de Blackwater tuvo lugar en mayo de 2004. El incidente fue investigado y relatado exhaustivamente por el corresponsal del *Los Angeles Times* T. Christian Miller.[65] El portavoz de la embajada estadounidense en Bagdad, Robert J. Callahan, estaba finalizando su periodo de servicio en aquel país y estaba realizando sus visitas finales para despedirse de diversos periodistas y medios instalados en diferentes puntos de la capital iraquí. «Como era habitual entre las autoridades del Departamento de Estado, Callahan recurrió a Blackwater para su transporte personal de un lugar a otro de Bagdad», según Miller. En el camino de regreso de una de aquellas visitas, el «convoy de cinco vehículos [de Callahan] giró hacia una amplia avenida que atraviesa el barrio bagdadí de Masbah, una zona con edificios de oficinas de cinco plantas y tiendas a nivel de calle.» En ese mismo momento, según Miller, un camionero iraquí de 32 años de edad llamado Mohamed Nuri Hatab que también estaba pluriempleado como taxista transportaba a dos viajeros que acababa de recoger en su Opel. «Hatab miró hacia delante y vio el convoy de cinco automóviles de Callahan que salía a toda velocidad de una de las travesías de la avenida. Según dijo, cuando se estaba deteniendo para frenar a unos 15 metros de la trayectoria del convoy, oyó una ráfaga de disparos. Las balas atravesaron el capó de su Opel y le hirieron en el hombro y perforaron el pecho de Yas Alí Mohamed Yasiri, un joven pasajero de 19 años que ocupaba el asiento trasero, matándolo», según el relato de Miller. «No hubo aviso previo. Fue un ataque repentino», explicó Hatab.

Miller informó que «una autoridad estadounidense» que no quiso ser citada textualmente «dijo que los funcionarios de la embajada habían investigado el tiroteo y habían dictaminado que dos de los empleados de Blackwater que formaban el convoy aquel día no habían seguido los procedimientos adecuados para advertir a Hatab de que retrocediera, y, en su lugar, abrieron fuego antes de tiempo». La autoridad mencionada explicó también que ambos habían sido despedidos y enviados de vuelta a Estados Unidos. De todos modos, en el momento de escribir estas líneas, continúan sin haber sido investigados judicialmente ni acusados de ningún cargo. Miller obtuvo centenares de páginas de informes sobre incidentes en los que habían estado implicados empleados militares privados destacados en Irak. Según sus informaciones, «un 11% de los cerca de doscientos informes se referían a disparos de guardias contratados contra vehículos civiles. En la mayoría de los casos, los guardias no habían recibido disparo alguno desde los coches iraquíes atacados».[66]

El estilo de Blackwater encajaba a la perfección con la misión de Bremer en Irak. De hecho, podría incluso decirse que Bremer no recibió protección únicamente de los entrenadísimos mercenarios de Blackwater, sino también de la todopoderosa realidad del laboratorio de libre mercado que él estaba dirigiendo en Irak. Más bien parece, en realidad, que ésas eran las fuerzas en las que Bremer confiaba para sobrevivir a su labor en Irak (si él moría, la reputación de Blackwater habría recibido también un tiro mortal). «Si Blackwater pierde a una primera figura (como Bremer), se quedan sin negocio, ¿no?», reflexionaba en voz alta el coronel Hammes. «¿Se imagina que usted fuese Blackwater y tratase de promocionarse para su próximo contrato diciendo "Bueno, lo hicimos bastante bien en Irak durante los primeros cuatro meses, pero, luego, lo mataron". Piense a continuación que usted es el alto directivo que tiene que contratarlos para proteger a sus hombres. Pues les dirá "Creo que me buscaré a otros". [...] El problema de Blackwater [es que] si matan al personaje principal, se les acabó el negocio. Para el ejército es muy negativo que maten al jefe, porque luego hay investigaciones y cosas por el estilo, pero nadie tiene que poner fin a sus actividades por ello.»[67]

Mantener a Paul Bremer con vida significaba para Blackwater una increíble campaña de *marketing*: *Si podemos proteger al hombre más odiado de Irak, podemos proteger a cualquiera y en cualquier lugar*. De hecho, en menos de un año, Osama Bin Laden hizo pública una cinta de audio en la que ofrecía una recompensa por la muerte de Bremer. «Ya sabéis que América prometió grandes recompensas para quienes maten muyahidines (guerreros santos)», declaró Bin Laden en mayo de 2004. «La organización de Al Qaeda garantiza, Dios mediante, 10.000 gramos de oro para quienquiera que mate al ocupante Bremer o al comandante en jefe americano o a su segundo en Irak.»[68] Al parecer, también la resistencia ofrecía 50.000 dólares por la muerte de cualquiera de los guardias de Blackwater.[69] «Allí habían puesto precio a nuestras cabezas», recordaba el ex vigilante privado de Blackwater Capeheart. «Y todos lo sabíamos.»[70]

Bremer declaró que, poco después de que Blackwater se hiciera cargo de su protección, y «a petición de Rumsfeld, el Servicio Secreto estadounidense había realizado un estudio de mi seguridad y había llegado a la conclusión de que yo era el alto funcionario estadounidense más amenazado del mundo. [...] Una información que Blackwater se tomó muy en serio sugería que uno de los barberos iraquíes de palacio había sido pagado para que me matara cuando me estuviera cortando el pelo». Después de aquello, Blackwater trasladó a Bremer a una casa situada dentro del recinto del palacio pero separada de éste en la que, supuestamente, había estado alojada la suegra de Qusay Husein.[71]

En diciembre de 2003, unos meses después de que Blackwater iniciara la vigilancia y protección de Bremer, se produjo el primer ataque de la resistencia públicamente reconocido contra el procónsul. Sucedió la noche del 6 de diciembre, justo a continuación de que Bremer fuera a despedir al secretario de Defensa Rumsfeld en el aeropuerto de Bagdad. «Pasaba ya de las once de la noche cuando Brian McCormack [el asesor de Bremer] y yo nos introdujimos en mi todoterreno blindado para volver rápidamente a la Zona Verde», explicó Bremer. «Como de costumbre, nuestro convoy estaba formado por dos Humvees "acorazados" recubiertos con planchas de acero templado de color habano, un Suburban con blindaje de plomo, nuestro Suburban, otro Suburban blindado que nos seguía y dos Humvees más. Por encima de nosotros, nos acompañaba el zumbido de un par de helicópteros Bell con dos francotiradores de Blackwater a bordo de cada uno de ellos.»[72] En el interior del todoterreno, Bremer y McCormack analizaban si Bremer debía asistir al Foro Económico Mundial de Davos (Suiza). Justo cuando Bremer estaba pensando en que «no [le] vendría mal mimarse un poco utilizando los servicios de la estación de esquí», se produjo una explosión «ensordecedora», seguida de ráfagas de armas de fuego automáticas. Un artefacto explosivo improvisado (AEI) reventó el neumático del vehículo que llevaba el blindaje de plomo y diversos combatientes de la resistencia empezaron a atacarles con fuego de AK-47. Según Bremer, una bala alcanzó una de las ventanillas laterales de su todoterreno. «Nos habían tendido una emboscada, en lo que fue un intento de asesinato sumamente organizado y ejecutado con gran pericia», escribió Bremer. «Me di la vuelta y miré hacia atrás. La ventanilla trasera de cristal reforzado del Suburban había saltado hecha añicos por el AEI. Y las balas de las AK se colaban por el espacio rectangular abierto.» Mientras aceleraban para refugiarse lo más deprisa posible en la seguridad del palacio, Bremer recuerda que, «el vehículo retenía aún el olor pestilente de los explosivos y, en ese momento, reflexioné. Davos, todas esas buenas comidas... Francie podría volar hasta allí y reunirse conmigo, y luego podríamos ir a esquiar. En aquel momento, aquel lugar era lo más radicalmente lejano de la carretera del aeropuerto de Bagdad y de los AEI al que uno podía imaginarse ir».[73]

La oficina de Bremer ocultó intencionadamente el ataque hasta dos semanas más tarde, momento en el que la noticia de la emboscada fue filtrada a la prensa estadounidense y Bremer se vio preguntado al respecto en una rueda de prensa en la ciudad sureña de Basora.[74] «Sí, es verdad», respondió a los periodistas.[75] «Como pueden comprobar, no les salió bien»,[76] y añadió: «Por fortuna, sigo vivo y estoy aquí ante ustedes».[77] Pese a que Bremer calificó posteriormente el ataque de intento de asesinato «sumamente organizado», lo cierto es que en aquel primer momento sus portavoces le restaron importancia y hablaron de un ataque «aleatorio» que, probablemente, no iba dirigido personalmente contra Bremer[78] (en un intento, quizá, de minimizar la sofisticación de la resistencia). Cuando ya se había hecho público el ataque, Dan Senor, actuando como portavoz de Bremer, elogió a Blackwater: «El embajador Bremer cuenta con unas fuerzas de seguridad muy completas y concienzudas y con mecanismos dispuestos para su aplicación siempre que haya algún movimiento sospechoso, y nosotros tenemos una gran confianza en ese personal de seguridad y en dichos mecanismos. Además, en este caso en concreto, funcionaron correctamente».[79]

A medida que Bremer acumulaba kilómetros de viaje por todo Irak, tanto sus políticas como la conducta de sus «guardaespaldas» y del resto de personal contratado de seguridad a los que él había inmunizado frente a toda responsabilidad indignaban cada vez más a los iraquíes. Entretanto, él seguía reforzando la imagen que tenía entre los iraquíes de ser un nuevo Sadam con sus continuas y caras restauraciones del palacio de Bagdad. En diciembre de 2003, Bremer gastó 27.000 dólares para que fueran retirados cuatro imponentes bustos de Sadam del recinto de palacio. «Llevo viéndolos aquí seis meses», dijo Bremer cuando procedían a desalojar el primero de ellos. «Ya ha llegado la hora de que estas cabezas también rueden.»[80] Dado que gran parte de las infraestructuras civiles de Irak se hallaban en una situación caótica, aquél parecía un uso cuestionable de los fondos disponibles, pero los portavoces de Bremer lo justificaron como un acto de cumplimiento de la legislación vigente. «De acuerdo con las normas de la desbaazización, hay que retirarlos», dijo el segundo de Bremer, Charles Heatly. «En realidad, son ilegales.»[81]

Durante la mayor parte del tiempo que Blackwater se encargó de la protección de Bremer, la empresa no llamó la atención. Apenas si hubo mención alguna de Blackwater en las noticias de los medios; los hombres que acompañaban a Bremer eran descritos simplemente como miembros de su equipo de seguridad o como sus guardaespaldas. A veces, había quien los identificaba incluso como agentes del Servicio Secreto. En su sector de actividad, sin embargo, los hombres de Blackwater eran considerados la élite, quienes marcaban tendencia en el rápidamente creciente ejército de mercenarios del país.

Más o menos en el mismo momento en que Blackwater se hizo con el contrato de Bremer, se produjo un intenso aluvión de mercenarios en Irak. Empresas como Control Risks Group, DynCorp, Erinys, Aegis, ArmorGroup, Hart, Kroll y Steele Foundation, muchas de las cuales ya contaban con cierta presencia en el país, empezaron a desplegar miles de mercenarios en Irak y a llevar a cabo agresivas campañas de reclutamiento a nivel internacional. En una práctica evocadora de la era de la guerra de Vietnam, aquellos puestos fueron denominados inicialmente en los anuncios de empleo como «consultores de seguridad privados». Algunas compañías, como Blackwater, obtuvieron contratos lucrativos con el Departamento de Estado, la autoridad estadounidense de la ocupación o el gobierno británico; otras se dedicaban a proteger las obras de la industria petrolera, las embajadas extranjeras o los edificios gubernamentales; finalmente, también había algunas que trabajaban para las grandes empresas contratistas de aquella guerra, como Halliburton, KBR, General Electric y Bechtel, o formando parte de los equipos de seguridad que acompañaban a los periodistas. Entre los mercenarios mejor pagados estaban los ex miembros de las Fuerzas Especiales: los SEAL de la Armada, los Delta Force, los boinas verdes, los rangers y los marines, los SAS británicos, los rangers irlandeses y los SAS australianos, seguidos inmediatamente por los gurkas nepalíes, los comandos serbios y los soldados de infantería fiyianos. Mientras tanto, la posibilidad de jugosas ganancias estaba diezmando a diversas fuerzas armadas oficiales nacionales, ya que sus soldados buscaban empleos más lucrativos en las empresas privadas, que, al mismo tiempo, reclutaban agresivamente a hombres de las fuerzas especiales para destinarlos a puestos de trabajo privados en Irak. «Impresionábamos a mucha gente del ejército regular», explica el ex contratista de Blackwater Kelly Capeheart. «Lo notabas en sus ojos cuando nos miraban o cuando murmuraban algún comentario sobre nosotros. Muchos nos tenían envidia. Tenían la sensación de estar haciendo el mismo trabajo que nosotros pero por mucho menos dinero.»[82]

Además de estos «profesionales», también había numerosos elementos más sórdidos que también participaban de la acción, cobrando menos dinero que sus colegas que trabajaban para empresas y actuando con aún mayor imprudencia: entre ellos, antiguos miembros de las fuerzas represoras del *apartheid* sudafricano, incluso del Koevoet, que, al parecer, habían entrado en Irak contraviniendo las leyes antimercenarios sudafricanas. En noviembre de 2003, Estados Unidos indicaba ya de manera explícita a las compañías que deseaban realizar negocios en Irak que trajeran consigo sus propias fuerzas de seguridad armadas.[83]

Cuando Bremer dejó Irak en junio de 2004, había más de 20.000 soldados privados en el interior de las fronteras del país e Irak pasó a ser conocida como un «Salvaje Oeste» sin *sheriff*. Los mercenarios oficialmente contratados por las autoridades de la ocupación lo eran ya por un presupuesto superior a 2.000 millones de dólares en tareas de seguridad al acabar el «año Bremer» y representaban más del 30% del presupuesto para la «reconstrucción» de Irak. En esas cifras no están incluidas, obviamente, las entidades privadas que contrataban mercenarios profusamente en Irak. Según la revista *The Economist*, la ocupación de Irak hizo disparar los ingresos de las compañías militares británicas de los 320 millones de dólares de antes de la guerra a los más de 1.600 millones de principios de 2004, «lo que convierte a la seguridad en el producto de exportación de Gran Bretaña a Irak más lucrativo (con mucho) del periodo de posguerra».[84] Una fuente citada por dicha publicación calculaba que había más ex soldados del Servicio Aéreo Especial (SAS) trabajando como mercenarios en Irak que SAS de servicio activo en aquel país. En menos de un año, la compañía británica Erinys ya había erigido un ejército privado de 14.000 hombres en Irak[85] con reclutas locales —entre ellos, miembros de las fuerzas del «Irak libre» de Ahmad Chalabi— y comandado por expatriados de la propia empresa, algunos de los cuales eran mercenarios sudafricanos. «[L]a ingente demanda de protección y el temor a los asesinatos casi diarios de trabajadores extranjeros ha agotado la oferta del mercado, lo que, a su vez, ha dado pie al auge de contratistas piratas y a la contratación de los servicios de toda una tropa internacional de pistoleros a sueldo que, según las empresas de mayor reputación, son un lastre tanto para ellas y los iraquíes como para sus clientes», informaba el londinense *The Times*.[86]

Lo que esas fuerzas hicieron en Irak, el número de personas a las que mataron, la cifra de sus miembros que resultaron muertos o heridos... todas éstas son preguntas que permanecen sin respuesta porque nadie supervisaba sus actividades en el país. En el momento de escribir estas líneas, ni un solo guardia o vigilante estadounidense a sueldo de un contratista militar ha sido enjuiciado por delitos cometidos en Irak. Aun así, siempre llegaba alguna que otra noticia procedente de Irak, fruto, en ocasiones, de las propias bravatas de los ex militares contratados. Uno de esos casos fue el de un guardia de Blackwater que fanfarroneaba de cómo empleó munición «no estándar» para matar a un iraquí.

A mediados de septiembre de 2003, un mes después de que Blackwater obtuviera el contrato de Bremer, un equipo de seguridad de la empresa formado por cuatro hombres se dirigía hacia el norte desde Bagdad en un todoterreno por una carretera de tierra cuando, según su propio testimonio, unos tiradores les tendieron una emboscada en un pequeño pueblo. Esa mañana, uno de los vigilantes contratados de Blackwater, Ben Thomas, había cargado su ametralladora M4 con una potente munición experimental cuyo uso no había sido aprobado aún para las fuerzas estadounidenses. Se trataba de proyectiles perforadores del blindaje y de penetración limitada conocidos como APLP.[87] Fabricados por una empresa de San Antonio (Texas) llamada RBCD, han sido creados por medio de lo que se denomina un proceso de «metal mezclado». Según *The Army Times*, las balas «atraviesan el acero y otros blancos de gran dureza, pero no un torso humano, un bloque de veinte centímetros de escayola o, incluso, varias capas de muro de mampostería sin mortero. En lugar de atravesar un cuerpo, se hace añicos en su interior, generando "lesiones imposibles de tratar"».[88] Quien distribuye estas balas experimentales es una empresa de Arkansas llamada Le Mas, que admite haber facilitado a Thomas algunos proyectiles después de que éste se pusiera en contacto con la compañía. Durante el breve enfrentamiento a tiros de aquel día, Thomas dice que disparó una de las balas APLP a un atacante iraquí y lo alcanzó en los glúteos. El proyectil, según lo que él dijo, mató a aquel hombre casi al instante. «Se le introdujo por el trasero y le destruyó por completo la parte inferior del abdomen [...] quedó todo destrozado», según relató Thomas a *The Army Times*. «A quien no estaba allí yo se lo explico de este modo [...] fue como alcanzar a alguien con una bala explosiva en miniatura. [...] Nadie diría que aquel tipo se murió de un tiro en el culo.»[89] Thomas, un antiguo

SEAL de la Armada, dijo que él había disparado a personas utilizando diferentes tipos de munición y que «no había ni punto de comparación en absoluto, ninguno», entre el daño causado por la bala APLP a su víctima iraquí de aquel día y lo que se hubiese podido esperar de una munición estándar. Cuando Thomas regresó a la base tras el tiroteo, sus compañeros mercenarios «se peleaban por» aquellas balas. «Al acabar la jornada, cada uno de nosotros se llevó cinco balas. Era todo lo que nos quedaba.»[90]

Estas balas han sido tema de controversia en el Congreso y su fabricante tiene allí destacados a una serie de representantes que ejercen en su nombre labores de presión política para conseguir la aprobación de su uso por parte de las fuerzas estadounidenses, algo que consideran «una cuestión de seguridad nacional».[91] En realidad, Thomas dijo que le amenazaron con ser llevado ante un consejo de guerra por emplear munición no aprobada tras haber sido confundido por un alto cargo del Pentágono con un soldado regular de servicio.[92] Fue la primera muerte registrada como atribuida al uso de aquellas balas, que habían sido probadas varios años seguidos en el «Shoot-out at Blackwater» que el *Armed Forces Journal* organiza en las instalaciones de la empresa en Moyock.[93] Después de que Thomas supuestamente matase a un iraquí empleando aquella bala APLP, empezó a hablar como si de un portavoz del fabricante anunciando sus balas se tratase. «Yo voy a llevarme conmigo de vuelta a Irak munición Le Mas y ya les he prometido grandes cantidades de ella a mis colegas, tanto a los que estaban conmigo aquel día como a sus amigos», explicó Thomas en una entrevista durante un permiso en Estados Unidos. «Esto es exclusivamente para metérselo a los malos. No es, en absoluto, para el inventario general. Pero para las operaciones especiales, yo no me llevaría otra cosa.»[94] El *Armed Forces Journal* relataba entusiasmado la experiencia de Thomas con aquellas balas y aducía que eran «motivo suficiente para que las autoridades del Pentágono ordenaran insistentemente al Mando de Operaciones Especiales el inicio inmediato de pruebas realistas de la munición de metal mezclado».[95] Thomas publicó posteriormente en su página web de MySpace un enlace con una noticia sobre su uso de las balas perfora-blindajes en Irak dentro de una nota en la que se leía:

OSAMA BIN LADEN ES MI PUTA
y éste es el motivo [enlace con la noticia]
por el que ahora el hijo de puta me quiere ver muerto.[96]

Los mercenarios se movían libremente de un lado a otro del país, pero a los iraquíes no se les facilitaba explicación alguna de quiénes eran esas fuerzas armadas hasta los dientes y, a menudo, sin uniforme. Bremer tardó un año en decidirse a emitir un decreto oficial en el que se definía el estatus de aquellos soldados y fue para inmunizarlos frente a cualquier proceso judicial. Muchos iraquíes —y algunos periodistas— creían erróneamente que los mercenarios eran agentes de la CIA o del Mossad israelí, impresión ésta que no hacía más que enfurecer aún más a los ciudadanos que tenían algún encontronazo con ellos. La conducta y la reputación de los mercenarios también irritaron a los verdaderos agentes de los servicios de inteligencia estadounidenses, que tenían la sensación de que aquella gente podía poner en peligro su propia seguridad en el país.[97] El año 2003 tocaba a su fin y gran parte de Irak se hallaba en ruinas, pero los tan prometidos proyectos y obras de «reconstrucción» (que, en principio, iban a financiarse a partir de los ingresos por petróleo del país) seguían siendo prácticamente inexistentes o habían resultado simplemente fallidos. Para las empresas de mercenarios, sin embargo, el negocio iba viento en popa. Y 2004 no empezó mejor, ya que la situación en Irak se iba aproximando aún más al caos completo, lo que suponía más negocio para las compañías militares privadas.

En febrero de 2004, la oficina de Bremer cometió lo que podía entenderse como un enorme error de cálculo o bien como un displicente (y mortal) desprecio por la realidad. Según una noticia publicada por aquel entonces en el *Washington Post*, «las autoridades estadounidenses que se dedican a cortejar a las empresas para que tomen parte en la reconstrucción insisten en que la seguridad no es un aspecto que tenga que delegarse en contratistas y que las noticias sobre lo que sucede en el país han sido excesivamente dramatizadas. "Los contratistas occidentales no son los objetivos" de los ataques, explicó Tom Foley, el director de la Autoridad Provisional de la Coalición para el desarrollo del sector privado, ante centenares de inversores potenciales congregados en una conferencia del Departamento de Comercio celebrada en Washington el 11 de febrero. Foley dijo que los medios habían exagerado aquel tema».[98] Y nada más lejos de la realidad, según Foley, ya que, según aseveró, «los riesgos son equivalentes a los de practicar submarinismo o montar en motocicleta, que, para muchos, son más que perfectamente asumibles».[99] A mediados de marzo de 2004, las empresas de mercenarios gozaban en su sector de mercado en Irak de un claro desequilibrio que favorecía considerablemente a la oferta sobre la demanda. «El coste de contratar personal de seguridad cualificado en junio (de 2003) era sólo una mínima parte del precio que hay que pagar hoy por el mismo servicio», declaró entonces Mike Battles, fundador de la empresa estadounidense Custer Battles,[100] contratada para proteger el aeropuerto de Bagdad.

El 18 de marzo, corrió la voz de que Estados Unidos estaba preparando un contrato de 100 millones de dólares para reclutar servicios de seguridad privada que se encargaran de la protección de los diez kilómetros cuadrados que ocupa la Zona Verde y de sus 3.000 residentes.[101] «La amenaza actual y la prevista, unidas a la historia reciente de ataques dirigidos contra fuerzas de la Coalición y lo sobreutilizadas que están las fuerzas militares regulares desplegadas, hacen indicada la creación de una fuerza de seguridad privada se dedique a proporcionarnos protección de fuerzas», se leía en la convocatoria.[102] Gracias al éxito del equipo de Blackwater a la hora de mantener con vida a un «nombre» destacado como Bremer, la dirección de la compañía aprovechó la oportunidad que le brindaba el caos de Irak e inauguró nuevas delegaciones en Bagdad, Amán y Kuwait, así como unas oficinas centrales en el epicentro de la comunidad de los servicios de inteligencia estadounidenses, en McLean (Virginia), donde pasó a alojarse su nueva división de Government Relations (relaciones con el gobierno). Blackwater tenía también planes para expandir su lucrativo negocio en la zona en guerra. Pero aquella campaña de búsqueda de beneficios acabaría con cuatro soldados privados estadounidenses muertos en Faluya, con un Irak en llamas... y, eso sí, con un futuro más que prometedor para la propia Blackwater.

Capítulo 6

Scotty se va a la guerra

A principios de 2004, Blackwater se hallaba firmemente consolidada en Irak. Mientras tanto, Erik Prince, Gary Jackson y otros ejecutivos de la empresa se dedicaban a estudiar agresivamente nuevos mercados y contratos para su próspero negocio. Sus hombres protegían al jefe de la ocupación estadounidense y varias oficinas regionales de la Autoridad por todo Irak, lo que concedía a Blackwater una posición de privilegio para la obtención de los mejores contratos y hacía que sus fuerzas fuesen la envidia del pujante sector de la seguridad privada en aquel país. Esto fue posible gracias a la continuada degeneración de la situación de la seguridad en la zona. En enero de 2004, el *Financial Times* informaba de que «[l]os contratistas dicen que, sólo en los últimos dos meses, ha habido más de 500 ataques contra convoyes civiles y militares». Ese mismo mes, el ejecutivo de Blackwater Patrick Toohey «aconsejaba» a las empresas que aspiraban a realizar actividades en Irak que «añadieran un 25% adicional a sus presupuestos en concepto de seguridad».[1] Hubo quien empezó a comparar el mercado de los mercenarios en Irak con la Fiebre del Oro de Alaska y el duelo de O.K. Corral. Según el *The Times* de Londres, «en Irak, el *boom* de negocio de la posguerra no está siendo el del petróleo, sino el de la seguridad».[2] Casi de la noche a la mañana, un sector de actividad anteriormente despreciado emergía de las tinieblas y empezaba a prosperar, y Blackwater encabezaba el pelotón. Ansiosa por ampliar su negocio y sus beneficios, la compañía hizo pronto público que buscaba a ex miembros altamente cualificados de Fuerzas Especiales para su despliegue en Irak. La empresa ofrecía a esos candidatos «cualificados» salarios ante los que la paga militar básica del ejército regular (y casi cualquier otro sueldo) palidecía en comparación. Un ex militar que trabajara a las órdenes de Blackwater podía ganar entre 600 y 800 dólares diarios, y, en algunos casos, aún más. Además, la acotadísima temporalidad de los contratos ofertados por la compañía —de dos meses— facilitaba que el personal así reclutado pudiese reunir una pequeña fortuna en muy poco tiempo (en un número muy determinado de días), lo que los hacía especialmente atractivos. Por otra parte, en muchos casos, esos mismos trabajadores podían solicitar la prorrogación de sus contratos por periodos adicionales si así lo deseaban. Y también gozaban de importantes descuentos fiscales por sus ingresos.

La privatización de la ocupación también ofrecía una oportunidad a muchos aficionados al combate, retirados del servicio y atrapados en el hastío de su existencia cotidiana, para regresar a sus días de gloria en el campo de batalla, pero, esta vez, bajo la bandera de la lucha internacional contra el terrorismo. «Es a lo que te dedicas», explicaba Steve Nash, un antiguo SEAL de la Armada. «Te pasas, por ejemplo, veinte años haciendo cosas como pilotar embarcaciones de alta velocidad o saltar en paracaídas desde los aviones, y, luego, de pronto, te ves vendiendo pólizas de seguros. Y es duro.»[3] Dan Boelens, un agente de policía de Michigan de 55 años de edad que se definía a sí mismo como experto en armas, fue a Irak con Blackwater porque era «la última oportunidad que iba a tener en mi vida de hacer algo excitante» y porque le «gusta la tensión y el subidón de adrenalina que esas cosas me dan».[4]

«Cuando alguien puede ganar más dinero en un mes del que puede cobrar todo un año en el ejército o en un empleo civil, es difícil rechazarlo», explicaba el ex SEAL Dale McClellan, uno de los fundadores originales de Blackwater USA. «Además, la mayoría de nosotros también hemos estado recibiendo tiros durante la mayor parte de nuestra vida.» Sus habilidades —en guerrilla urbana, como tiradores, en combate cuerpo a cuerpo— resultan, según McClellan, «totalmente inútiles en el mundo civil». Por otra parte, existe una ventaja añadida que McClellan denomina el «factor "hombre interesante"». «Asumámoslo», dijo, «a las mujeres les va ese rollo».[5]

«No te forman para mucho más», decía Curtis Williams, otro ex SEAL. «Esa adrenalina es adictiva. Es algo que nunca te deja.»[6] Muchos soldados de Fuerzas Especiales que prestaron servicio durante la «pacífica» década de 1990 también se han sentido privados en su momento del combate abierto de otras épocas y han visto en la guerra contra el terrorismo una oportunidad para hallar su propia gloria personal. «Nos entrenan para servir a nuestro país en un cuerpo de élite», añadía Williams.

«Queremos volver allí y matar al malo. Forma parte de lo que somos.»[7] Un guardia privado de Blackwater que estuvo destinado en Afganistán admitía que el dinero es un factor de primera importancia. «Pero no lo es todo», dijo. «Tras el 11-S, yo quería un poco de venganza.»[8] Entre quienes fueron atraídos a Irak por la oferta de Blackwater estaba un antiguo SEAL de la Armada de 38 años de edad llamado Scott Helvenston.[9]

Helvenston, hombre bronceado de cuerpo esculpido, muy del estilo de los muñecos de G.I. Joe, era como una especie de anuncio andante para el ejército. Literalmente. Su imagen —sin camisa, corriendo por una playa a la cabeza de un pelotón de los SEAL que se ejercitaba a la carrera— ilustró en una ocasión la portada de un calendario promocional de la Armada. Venía de una familia de republicanos orgullosos de serlo, y su tío bisabuelo, Elihu Root, había sido secretario de Guerra de Estados Unidos y ganador del Premio Nobel de la Paz de 1912. El padre de Helvenston murió cuando éste tenía 7 años, así que tuvo que ayudar a criar a su hermano pequeño, Jason. Scott Helvenston era, a decir de todos, un soldado y un deportista modelo. Hizo historia al convertirse en la persona más joven en completar el riguroso programa de los SEAL de la Armada con sólo 17 años de edad. Pasó doce años en los SEAL, cuatro de ellos como instructor. Helvenston dijo de su periodo en la Escuela Básica de Demolición Submarina, una de las fases del programa formativo de los SEAL, que era «el entrenamiento más prolongado y arduo de su clase en el mundo libre», y que «cuando la finalizas, piensas: "Eh, creo que ya puedo arreglármelas con cualquier cosa"».[10] Pero, como muchos ex miembros de Fuerzas Especiales, Helvenston no tenía muy claro qué hacer con su vida cuando dejó el servicio activo en 1994. Sus aptitudes para el combate no eran fácilmente trasladables al «mundo real» y no tenía interés alguno en convertirse en el policía de alquiler de nadie. Su auténtica pasión era el *fitness*: había realizado varios vídeos de ejercicios de gimnasia por medio de su empresa, Amphibian Athletics, y soñaba con inaugurar su propio centro de *fitness*.

Hubo incluso un momento durante la década de 1990 en que Helvenston probó suerte en Hollywood. Entrenó a Demi Moore para la película en la que ésta interpretaba a una de las reclutas de los SEAL, *G.I. Jane* [*La teniente O'Neil*], fue asesor en el film de John Travolta *Face/Off* [*Cara a cara*] e, incluso, tuvo alguna breve actuación especial como doble o especialista en alguna que otra película. También hizo sus pinitos en la telerrealidad, incluido un papel protagonista en el *reality show* sobre las Fuerzas Especiales del ejército titulado *Combat Missions*, producido por el creador de *Survivor* [*Supervivientes*], Mark Burnett. Un crítico de televisión dijo de Helvenston que tenía «un temperamento de fiera» en aquel programa y que la mayor parte del público lo consideraba el malo de la serie.[11] «Es muy emocional e interpreta las cosas de un modo muy concreto, y se interesa mucho por cómo lo ven los demás», comentó Burnett a propósito de Helvenston. «Pero ¿sabe una cosa? Si le da una pistola y lo envía a una batalla, es alguien que usted querrá que esté en su bando. Es un gran SEAL de la Armada y uno de los mejores atletas de Estados Unidos.»[12] En otra serie, *Man vs. Beast*, Helvenston fue el único concursante humano capaz de derrotar a la bestia superando en habilidad a un chimpancé en una carrera de obstáculos.

Aunque no era por falta de empeño, lo cierto es que el trabajo de actor no estaba saliendo como Helvenston esperaba y cada vez le costaba más llegar a fin de mes. «Ganaba bastante dinero, pero nunca era suficiente», recuerda su madre, Katy Helvenston-Wettengel. Estaba divorciado de su esposa, Patricia, pero seguía ocupándose de su manutención y de la de sus dos hijos adolescentes, Kyle y Kelsey. Helvenston tenía también deudas acumuladas y cuando, a través de sus contactos en los SEAL, le llegó el rumor de que podía ganar mucho dinero ejerciendo de guardaespaldas de alto riesgo, empezó a buscar oportunidades. DynCorp le ofreció un empleo en el servicio de protección del presidente afgano, Hamid Karzai, pero acabó rechazándolo porque suponía un compromiso mínimo de un año y Helvenston no quería dejar a sus hijos.[13] Más tarde, a finales de 2003, se enteró de que Blackwater estaba contratando personal que podía estar desplegado sobre el terreno sólo dos meses y aquélla sí que fue una idea que le atrajo de inmediato. La madre de Scott dice que vio en aquello la oportunidad de darle la vuelta por completo a su vida. «Dijo: "Voy a ir allí, ganaré dinero, puede que incluso haga algo importante, y luego volveré para empezar mi nuevo trabajo. Sólo estaré lejos de mis hijos un par de meses". Por eso eligió Blackwater», recuerda.

Cuando hablaba de ello con su familia o sus amigos, Scott Helvenston les decía que iba a proteger al embajador estadounidense en Irak. A fin de cuentas, eso era lo que, en el mundillo de la seguridad privada, se sabía que Blackwater estaba haciendo en aquel país. Además, la empresa estaba dirigida por antiguos miembros de los SEAL como el propio Helvenston: así que, en Irak, se sentiría como en casa y entre gente con sus mismos antecedentes. «Scott tenía la mentalidad de un guerrero», comentó su amigo Mark Divine, un reservista de los SEAL de la Armada entrenado por Helvenston. Divine dijo que Helvenston había previsto ganar unos 60.000 dólares en Irak, pero que también ansiaba encontrarse allí con la clase de acción para la que había sido entrenado pero que no había podido ver realmente durante sus años en los SEAL, que habían coincidido con «tiempos de paz». «Cuando no estás metido en la acción, te sientes un poco como un animal enjaulado. Como si toda tu vida te hubieses entrenado para ser un futbolista profesional y nunca te convocasen para el partido», dijo Divine.[14] El hermano de Helvenston, Jason, afirmaba que, aunque Scott había participado en operaciones encubiertas con los SEAL, no había tenido la sensación de que ninguna de ellas hubiese sido suficientemente arriesgada como para sentirse realizado. «A veces, sentía que nunca había servido a su país porque no se había encontrado con peligro suficiente», reconocía Jason Helvenston. «Por eso se marchó a Irak.»[15] Divine habló con Helvenston dos días antes de que se embarcara rumbo al país árabe. «Aquello era un "hurra" final para Scott», dijo. «Era su última oportunidad de estar de vuelta en el ruedo del combate.» En cuanto a los importantes riesgos de estar destinado en Irak, Divine dijo que lo que Helvenston «sentía era que "si tu hora ha llegado, siempre habrá una bala que lleve tu nombre escrito"».[16]

Si de Katy Helvenston-Wettengel hubiera dependido, su hijo no habría ido a Irak. «Habíamos discutido sobre por qué tenía que ir allí», recuerda. «Creo que debíamos ir a Afganistán, pero nunca creí que debiéramos entrar en Irak. Y Scott, sin embargo, se creyó toda la historia esa de que Sadam Husein estaba confabulado con Al Qaeda. Él creía en lo que estaba haciendo.» El problema es que lo que Scott Helvenston iba a hacer en Irak no era proteger al embajador ni, en realidad, a ninguna otra autoridad estadounidense.

A principios de marzo de 2004, Helvenston se presentó en el centro de entrenamiento de Blackwater en el cenagal de Moyock, en Carolina del Norte, donde le aguardaban dos semanas de preparación para su posterior despliegue en Irak. Allí estaba entre ex miembros de los SEAL y de otros grupos de operaciones especiales. En las instalaciones también había algunos de los componentes de la primera remesa de mercenarios no estadounidenses que Blackwater iba a contratar: comandos chilenos (algunos de ellos formados durante el brutal régimen de Augusto Pinochet) que Blackwater había trasladado en avión hasta Carolina del Norte unos días antes.[17] Ellos, al igual que Helvenston, estaban destinados para su despliegue en Irak como parte de las fuerzas privatizadas, que no dejaban de aumentar a gran velocidad. «Registramos hasta los confines de la Tierra en busca de profesionales», declaró por aquel entonces el presidente de Blackwater, Gary Jackson. «Los comandos chilenos son sumamente profesionales y encajan bien en el sistema de Blackwater.»[18]

Poco después de la llegada de Scott Helvenston a Carolina del Norte, empezaron los problemas. Uno de los hombres que dirigía el entrenamiento en Blackwater era un instructor a quien algunos de sus alumnos llamaban Shrek,[19] presumiblemente en alusión al ogro verde protagonista de una conocida película de animación. Según todos los testimonios, Helvenston estaba entusiasmado con la idea de trabajar para Blackwater y de entrar en acción. Pero poco después del periodo de formación, adujo en un mensaje de correo electrónico enviado a los directivos de Blackwater que entre él y Shrek se había producido un conflicto. Entre otras cosas, Helvenston explicó que Shrek era un mando «poco profesional» y dijo de él que siempre se ponía a la defensiva cuando Helvenston le hacía preguntas durante el entrenamiento. «Con mis participaciones en clase, yo intentaba sinceramente formular mis comentarios de modo que no dieran a entender que [Shrek] estaba equivocado, sino que aquélla había sido la experiencia que yo había adquirido durante un curso de certificación que había seguido con el Departamento de Estado»,[20] según Helvenston, quien añadió que, en vista de cómo reaccionaba Shrek a sus comentarios y sugerencias, él había dejado de ofrecerlos. Tras las sesiones de entrenamiento en Carolina del Norte, Helvenston y Shrek acabaron siendo desplegados juntos en Kuwait, adonde volaron a mediados de marzo en compañía del equipo de comandos chilenos que Blackwater acababa de contratar.[21]

Pese al conflicto que Helvenston consideraba que tenía con Shrek, el hecho de que le hubieran destinado allí con él le pareció una situación aceptable, sobre todo porque dos de sus amigos de la época del programa de telerrealidad *Combat Missions*, John y Kathy Potter, se encontraban también allí ayudando a gestionar las operaciones de Blackwater. «Pasé una semana en Kuwait con Scott justo antes de que fuera a Irak», recordaba Kathy Potter, que dirigía las operaciones de Blackwater en

Kuwait mientras su marido estaba en Bagdad. «Pudimos mantener muy buenas conversaciones sobre su familia, la vida y las lecciones que habíamos aprendido. Scott era un hombre totalmente cambiado con respecto a la última vez que le había visto.»[22] Concretamente, dijo de Helvenston que «¡daba gusto estar con él! No pasaba un día que no me riera a carcajadas con él y sus ocurrencias».

«Su frase favorita (que pronunciaba siempre que tenía ocasión) era "¡Qué condenadamente contento estoy de estar aquí!". Aquello siempre me hacía reír y nos hacía sonreír a todos», según escribió Potter. Ella dijo también de Helvenston que siempre la apoyaba frente a otros «tipos duros [de Blackwater] que venían con una actitud muy negativa y poco respetuosa, y se comportaban de manera machista y desafiante».[23] Pero, en apenas unos días, las cosas empezaron a torcerse —y mucho— para Helvenston.

Cuando partió para Oriente Medio, la familia de Scott Helvenston pensaba que iba allí a proteger a Paul Bremer. Pero lo cierto es que fue asignado a la realización de una tarea mucho menos glamurosa. Dentro de la campaña de captación de negocio de Blackwater, la empresa se había asociado hacía poco con una compañía kuwaití llamada Regency Hotel and Hospital Company, y juntas se habían hecho con un contrato de seguridad con Eurest Support Services (ESS), una subcontrata de Halliburton, para proteger convoyes de transporte de material de cocina para el ejército estadounidense. Blackwater y Regency habían vencido en la lucha por ese contrato a otra empresa de seguridad, Control Risks Group, y estaban deseosas de obtener más contratos lucrativos de ESS (que se describía a sí misma como «la mayor compañía de servicios de alimentación del mundo») en su otra división, dedicada a prestar servicio a los proyectos y las obras de construcción en Irak. Blackwater empezó entonces a formar rápidamente equipos humanos para iniciar de inmediato las labores de escolta de los convoyes, y a una de dichas brigadas acabó siendo destinado Helvenston en Irak. Mientras tanto, y sin que él lo supiera, se producían ciertos tejemanejes comerciales entre bambalinas.

Blackwater pagaba a sus hombres 600 dólares diarios, pero cobraba a Regency una factura de 815, según los contratos y las informaciones recogidos en el *News and Observer* de Raleigh.[24] «Además», proseguía el diario, «Blackwater facturaba a Regency por separado la totalidad de sus costes y gastos generales en Irak: seguros, alojamiento, viajes, armas, munición, vehículos, espacio y material de oficina, apoyo administrativo, impuestos y tasas». Regency facturaba posteriormente a ESS una suma desconocida por todos esos mismos servicios. Kathy Potter explicó al *News and Observer* que Regency «indicaba un precio a ESS, digamos, por ejemplo, que de 1.500 dólares por hombre y día, y luego le decía a Blackwater que le cobraba sólo 1.200».[25] En su contrato con Blackwater/Regency, ESS hacía referencia, a su vez, a su contrato con otra filial de Halliburton, KBR, señalando, al parecer, que Blackwater operaba conforme a una subcontrata de KBR con ESS. El *News and Observer* informó que ESS facturaba a KBR por los servicios de Blackwater y que, por su parte, KBR facturaba al gobierno federal una cuantía desconocida de dinero por esos mismos servicios.[26] KBR/Halliburton, que practica una política de no revelación de sus subcontratistas, dijo no tener «constancia de servicio alguno» que Blackwater pudiese haber facilitado a ESS.

En febrero de 2007, representantes de ESS, KBR y Blackwater comparecieron conjuntamente ante un comité del Congreso encargado de investigar el despilfarro y los abusos cometidos por los contratistas de la guerra de Irak.[27] Estaba previsto que compareciera también un representante de Regency, pero no se presentó. En su testimonio jurado durante aquella sesión, el asesor legal de Blackwater Andrew Howell afirmó: «Suponer que todo lo que no sea la cantidad desembolsada en costes laborales es puro margen de ganancia y beneficio es un error». Según él, la diferencia reflejaba otros gastos soportados por Blackwater. El representante de ESS alegó algo parecido. Howell dijo que, en virtud de aquel contrato, Blackwater sólo habría obtenido un beneficio apenas superior a diez dólares por hombre y día, pero la empresa, según él, nunca cobró ese margen. Durante la comparecencia, el congresista Dennis Kucinich rebatió la descripción que Blackwater hizo de sus prácticas de facturación y sostuvo que las declaraciones de Howell no «cuadra[ban] con algunos de los hechos». Ése nunca dejó de ser una cuestión puesta en tela de juicio durante el resto de la investigación llevada a cabo por el Congreso.

El contrato original entre Blackwater/Regency y ESS, firmado el 8 de marzo de 2004, reconocía que «la amenaza actual en el teatro de operaciones iraquí» se mantendría «elevada y constante», y especificaba la necesidad de que cada vehículo destinado a misiones de seguridad estuviese ocupado, al menos, por tres hombres «con un mínimo de dos vehículos *blindados* para apoyar los movimientos de ESS».[28] [La cursiva es mía.] Pero el 12 de marzo de 2004, Blackwater y Regency firmaron un subcontrato que especificaba unas estipulaciones de seguridad idénticas a las del original salvo por una palabra: «blindados». Ésta se borró del contrato; al parecer, Blackwater se ahorraba de ese modo 1,5 millones de dólares.[29]

John Potter habría llamado la atención de los directivos de Blackwater y de Regency sobre esa omisión.[30] Pero no tuvo tiempo: cualquier retraso adicional podría haber supuesto una pérdida de beneficios para Blackwater/Regency al dificultar el inicio del trabajo para ESS y el afán de ambas empresas por comenzar era inmenso, ya que querían impresionar a ESS para obtener nuevos contratos. «Lo único que les importaba a los de Regency era el dinero», comentó Kathy Potter. «No les importaban las vidas humanas.»[31] En cualquier caso, la decisión de seguir adelante con el proyecto sin vehículos blindados correspondió a Blackwater. Como informaba el *News and Observer*, «el contrato otorga a Blackwater pleno control sobre cómo y cuándo deben desplazarse los convoyes, basándose en su propio criterio y en el nivel de amenaza existente. Kathy Potter dijo que Blackwater dio su visto bueno a la misión».[32] El 24 de marzo, Blackwater retiró a John Potter del puesto de director del programa y, al parecer, puso a Justin McQuown en su lugar, quien, según los abogados de la familia Helvenston, era el hombre conocido como «Shrek» con quien Helvenston había tenido aquel encontronazo durante el periodo de entrenamiento en Carolina del Norte.[33] McQuown, por mediación de su abogado, declinó ser entrevistado para este libro. Helvenston se enteró en Kuwait de que tanto Kathy como John Potter habían sido retirados de sus puestos. «Lo único que sé con seguridad es que tanto John como Kathy se han dedicado en cuerpo y alma a este trabajo», escribió. «En mi opinión, fuese cual fuese la gravedad de su falta, no deberían haber sido despedidos.»[34]

Entretanto, a Helvenston le habían ido cambiando con bastante asiduidad las tareas asignadas antes de ser incorporado al equipo de Blackwater con el que estaba programado su despliegue en Irak en unos pocos días. «Me he pasado los últimos dos días trabajando, yendo a buscar comidas y conociéndome y conectando con la gente», escribió el 27 de marzo de 2004. «Nos han dicho que está previsto que nos marchemos dentro de dos días para escoltar un autobús hasta Bagdad.»[35] Helvenston escribió también que esa noche había salido a cenar con los miembros de su equipo en Kuwait para ahondar aún más en la creación de un buen ambiente de grupo. Después de la cena, fueron a un «salón de narguile», donde empezó a desencadenarse toda una serie de fatídicos acontecímientos, que se iniciaron con una llamada que Helvenston recibió en su teléfono móvil. «A eso de las diez de esta noche he recibido una llamada preguntándome si podía marcharme esta madrugada a las cinco con un nuevo líder de equipo», escribió. «La verdad es que [...] estaba allí sentado con un zumo de frutas y una pipa de la paz (totalmente legal) en la boca y me sentía... bueno... mareado que no veas y me daban hasta náuseas, así que respondí que no. Aún no había empacado mis cosas y no me sentía con ánimo para algo así.» Helvenston dijo que volvió a su habitación en Kuwait y el líder de su equipo «fue a hablar con Justin. Él, francamente, no quería perderme como miembro de su brigada y creo que se olía que había alguna intención oculta en aquello. "A ver si podemos joder a Scott"».[36]

Luego, según el mensaje de correo electrónico de Helvenston, las cosas se pusieron feas. Él afirmaba que Shrek y otro individuo fueron a la habitación de su hotel aquella noche «para malcararse [*sic*] conmigo. No, no para encararse. ¡PARA MALCARARSE!». El hombre que acompañaba a Shrek, según escribió Helvenston, le llamó «cobarde» y se puso en posición «como si quisiera pelea y Justin [hizo] lo mismo. Yo, que saco mi ASP [una pistola] y veo que ese cobarde quiere guerra. Tuve una primonición [*sic*] de lo que iba a pasar. Mi compañero de habitación, Chris, que se parte de la risa, y Justin me dice que estoy despedido y de vuelta en un avión mañana mismo. Nos decimos unas cuantas lindezas y lo que pasa después es que él me confisca la GLOCK [una marca de pistola] que me había dado permiso para guardar en la habitación».[37] La familia de Helvenston alegaría posteriormente que McQuown «amenazó con despedir a Helvenston si él no partía a primera hora de la mañana siguiente con el nuevo equipo».[38] Con independencia del supuesto conflicto de aquella noche, Helvenston no tardó en llegar a Irak. El abogado de McQuown dijo que su cliente no tuvo «implicación alguna en la planificación ni en la puesta en práctica de [la] misión»[39] a la que Helvenston iría destinado unos días después. El correo electrónico que Helvenston envió la noche antes de ser trasladado a Irak iba dirigido al «dueño, el presidente y los altos directivos» de Blackwater. Su asunto: «falta extrema de profesionalismo».[40] Fue el último mensaje electrónico que Scott Helvenston llegaría a enviar jamás.

Capítulo 7

La emboscada

Por la época en que Scott Helvenston llegó a Oriente Medio, hacia mediados de marzo de 2004, la situación en Faluya estaba alcanzando tintes incendiarios. Tras la masacre acaecida frente a la escuela de la calle Hay Nazzal en abril de 2003, las fuerzas estadounidenses se retiraron hasta el perímetro exterior de la ciudad. Como hicieran los seguidores chiíes de Muqtada Al Sáder en el barrio bagdadí de Ciudad Sáder, los habitantes de Faluya se habían organizado por su cuenta y, con anterioridad a la entrada de las tropas norteamericanas en la ciudad, habían creado un sistema propio de gobierno (habían constituido un Consejo de Administración Civil, con un administrador y un alcalde) en claro desafío a la autoridad de la ocupación. Según Human Rights Watch, «diversas tribus se hicieron cargo de los activos e instituciones locales, como los bancos y las oficinas municipales. Especialmente señalado fue el caso del hospital de Faluya: la tribu responsable del mismo organizó con gran rapidez una patrulla de hombres armados para proteger el recinto frente a un ataque inminente. Los imanes locales instaron a la población a respetar la ley y el orden público. La estrategia funcionó, debido, en parte, a los cohesionados lazos familiares entre los habitantes. Faluya no evidenciaba signos del saqueo y la destrucción visibles, por ejemplo, en Bagdad».[1] Los habitantes locales también se oponían encarnizadamente a cualquier clase de cooperación con Estados Unidos y sus aliados iraquíes. En enero de 2004, el general de división Charles Swannack, comandante de la 82ª División Aerotransportada del Ejército de Tierra, dijo que la región estaba «iniciando la maniobra final de aproximación al éxito», y declaró: «hemos realizado el último viraje y ya enfilamos la recta de llegada a toda velocidad».[2] Las fuerzas de Swannack, sin embargo, habían operado principalmente en las afueras de la ciudad, la cual, para consternación de Bremer y otras autoridades estadounidenses, había mantenido un estatus semiautónomo, vigilada y patrullada por milicianos locales. «Los iraquíes consideran el periodo actual únicamente como una tregua», explicaba Saad Halbusi, un tendero de Faluya, refiriéndose a las semanas posteriores a la masacre de la Escuela del Líder y a la consiguiente retirada estadounidense hasta el perímetro exterior de la ciudad. «Pero acabarán entrando en erupción como un volcán. De momento, sólo hemos cambiado un tirano por un ocupante.»[3] En febrero, en una incursión sumamente organizada y realizada a plena luz del día, combatientes de la resistencia irrumpieron en una comisaría de la policía iraquí respaldada por Estados Unidos en Faluya y mataron a 23 agentes y liberaron a decenas de detenidos.[4] Al mes siguiente, con los milicianos patrullando abiertamente las calles de Faluya y al tiempo que el sentimiento antiocupación aumentaba en todo Irak, Estados Unidos decidió dar un castigo ejemplar a la ciudad. «La situación no mejorará hasta que no limpiemos Faluya», declaró Bremer. «En los noventa días [que quedan hasta el "traspaso" oficial de soberanía], es fundamental que demostremos que hablamos muy en serio.»[5]

El 24 de marzo, la Primera Fuerza Expedicionaria de los Marines asumió la responsabilidad de la ciudad tomando el relevo de la 82ª Aerotransportada y trató inmediatamente de imponer el dominio estadounidense sobre los habitantes de Faluya comprometidos con la lucha contra la ocupación. Días antes, el general de división de los marines James Mattis había expuesto las líneas generales de su estrategia para Faluya y las demás zonas de la provincia de Anbar, de mayoría suní, en una ceremonia de «traspaso» de poderes. «Esperamos ser buenos amigos de los iraquíes que están intentando reorganizar su país», dijo Mattis. «Pero quienes quieran luchar contra nosotros, los combatientes extranjeros y la gente del régimen anterior, lo lamentarán. Vamos a ser muy duros con ellos. [...] Si quieren luchar, lucharemos.»[6] Menos de un año después, Mattis hablaría de su paso por Irak y Afganistán en un acto público en los siguientes términos: «La verdad es que es bastante divertido combatir contra ellos, ¿saben? Para desternillarse de risa». Y añadió: «Disparar contra cierta gente es muy entretenido. A mí, que me reserven un sitio; me encanta armar camorra».[7]

En el momento en que las fuerzas de Mattis tomaron Faluya, Associated Press informó desde el interior de la ciudad en los siguientes términos: «Los marines estadounidenses que acaban de llegar no están dejando lugar a dudas sobre su determinación de derrotar a los insurgentes. Los habitantes locales están sobrecogidos ante tal demostración de fuerza, pero continúan convencidos de que los marines no podrán erradicar toda resistencia».[8] En un mensaje dirigido a las tropas recién llegadas al lugar, Mattis comparó la misión de Faluya con las batallas de la Segunda Guerra Mundial y de Vietnam: «Hemos vuelto a la pelea. [...] Ésta es nuestra prueba de fuego: nuestro Guadalcanal, nuestra batalla de la Presa de Chosin, nuestra Hué. [...] Vais a hacer historia».[9] Jamis Hasnaui, importante líder tribal de Faluya, advirtió en el *Washington Post*: «Si quieren impedir un baño de sangre, deben quedarse fuera de la ciudad y dejar que los iraquíes se encarguen de la seguridad en el interior».[10] Dos días después de su llegada, los marines se enzarzaron en encarnizados combates (de horas de duración) con los iraquíes por las calles del barrio obrero de Al Askari. Al final, un marine murió y siete resultaron heridos. Quince iraquíes —entre ellos, un cámara de ABC News[11] y un niño de dos años—[12] murieron en los enfrentamientos. Inmediatamente después, los marines procedieron a realizar una campaña de batidas por la población como, «según muchos vecinos, no se habían visto en casi un año de ocupación estadounidense».[13] La agresiva ofensiva de los marines contra Faluya planteó una dura elección entre una serie de opciones para un gran número de residentes locales: rendirse a la ocupación extranjera, huir de sus hogares o resistir. Aunque parte de la población de Faluya se decantó por abandonar el lugar, la mayoría se fue envalentonando en la misma medida en que crecía el número de civiles muertos.

Por aquel entonces, se produjo también otro incidente que avivó las llamas de la resistencia suní. Sucedió no en Irak, sino en Palestina. El ejército israelí asesinó sin secretismo alguno al líder espiritual de Hamás, el jeque Ahmed Yasín, en Gaza. El 22 de marzo de 2004, mientras salía en su silla de ruedas de los rezos matinales de aquel día, un helicóptero de artillería israelí disparó un misil Hellfire sobre el jeque y su séquito que mató a Yasín y al menos a seis personas más.[14] Aquel «asesinato selectivo» enfureció a los musulmanes de todo el mundo, pero, especialmente, a los suníes (mayoritarios en Faluya). Justo después de dicho asesinato, más de 1.500 personas se congregaron en la ciudad para orar por la memoria de Yasín. Los clérigos suníes declararon que aquel ataque mortal suponía «una clara justificación para lanzar una *yihad* [guerra santa] contra todas las fuerzas de ocupación».[15] Tiendas, escuelas y edificios gubernamentales cerraron sus puertas para sumarse a una huelga general declarada en Faluya. Para muchos iraquíes, la ocupación estadounidense de su país se enmarcaba dentro de un plan más amplio de favorecimiento de los intereses de Israel en la región, por lo que la ocupación israelí de Palestina y la invasión estadounidense de Irak se veían como fenómenos estrechamente ligados entre sí. «El asesinato de un anciano en silla de ruedas, cuya única arma era su apasionada campaña por la liberación de su país, es un acto de cobardía que demuestra que ni los israelíes ni los estadounidenses desean la paz», dijo Muslih Al Madfai, un hombre de 64 años y vecino de Faluya.[16] El momento del asesinato, que coincidió con el inicio de la agresiva toma de Faluya por parte de los marines, alimentó aún más la creencia de que Estados Unidos e Israel actuaban en connivencia. En realidad, muchos iraquíes de a pie estaban convencidos de que los guardias de los contratistas de seguridad privados eran miembros del Mossad o de la CIA.

Desde el momento mismo en que los marines se desplegaron en abanico por Faluya, empezaron las denuncias de allanamientos y arrestos arbitrarios vivienda por vivienda de los habitantes de la ciudad. «Si encuentran a más de un varón adulto en una casa, se llevan a uno detenido», explicaba Jaled Yamaili, vecino de Faluya. «Estos marines nos están destrozando. Están ejerciendo una presión tremenda sobre la ciudad.»[17] El sábado, 27 de marzo, los marines emitieron un comunicado en el que informaban de que estaban «llevando a cabo operaciones ofensivas [...] con el fin de potenciar un entorno seguro y estable para la población». En él, también se decía que «hay quien ha optado por luchar. Quienes así obran, han decidido su destino: serán combatidos y destruidos».[18] Los marines bloquearon las principales entradas a la ciudad con tanques y vehículos blindados, y cavaron trincheras a lo largo de las carreteras. Por las mismas fechas, empezaron a aparecer pintadas en las paredes de los edificios del barrio de Askari con eslóganes como «¡Viva la resistencia iraquí!», «¡Vivan los honorables hombres de la resistencia!» o «La frente bien alta. Estás en Faluya». Muchos habitantes de la localidad optaron por mantenerse firmes ante la intensificación de la campaña estadounidense destinada a la toma de Faluya. «Todos sufrimos con lo que nos están haciendo los americanos, pero eso no es óbice para que sigamos sintiéndonos igualmente orgullosos de la resistencia», explicaba Saadi Hamadi, de 24 años y licenciado en filología árabe por la Universidad Al Mustansiriya de Bagdad. «Para nosotros, los americanos son exactamente como los israelíes.»[19] La tensión no hacía más que crecer en el interior de Faluya cuando los estadounidenses, usando vehículos patrulla con megáfonos, advertían a la población de que iban a convertir sus barrios en un campo de batalla si los «terroristas» no se iban de allí.[20] Algunas familias ya habían empezado a abandonar sus casas para entonces.

«Las fuerzas estadounidenses se habían retirado de Faluya durante el invierno, porque, según decían, iban a confiar a las fuerzas de seguridad iraquíes la labor que habían venido realizando y porque no querían incitar a la provocación», explicaba en aquellas fechas el veterano corresponsal del *New York Times* John Burns. «Los marines, que asumieron el traspaso de la autoridad sobre la zona de Faluya de manos de la 82ª División Aerotransportada, modificaron esos planes esta misma semana pasada. Decidieron volver a Faluya por la fuerza y asestar un golpe definitivo a algunos de esos insurgentes. La consecuencia de todo ello fue una serie de batallas que se prolongaron toda la semana y en la que murieron varios marines. También [resultaron muertos] un número bastante elevado de civiles iraquíes (hasta dieciséis en un solo día, como sucedió el pasado viernes).»[21] Aquello formaba parte de una estrategia de los marines destinada a expulsar a los «insurgentes». «¿Queremos que esos hijos de puta tengan un refugio seguro?», se preguntaba Clarke Lethin, jefe de operaciones de la Primera División de los Marines. «¿O queremos agitarlos para que salgan de sus escondrijos?»[22] Según el corresponsal especialista en defensa del *Washington Post*, Thomas Ricks, «las patrullas de los marines en el interior de Faluya aprovecharon su proceso de familiarización con la ciudad para remover intencionadamente la situación. Dentro de la localidad, los insurgentes se preparaban para responder a las provocaciones (advirtiendo a los comercios para que cerrasen y levantando barricadas y emboscadas con coches aparcados)». Aun así, el 30 de marzo de 2004, el general de brigada Mark Kimmitt declaró ante los periodistas: «Los marines están encantados con cómo van las cosas en Faluya y tienen muchas ganas de continuar con sus progresos en el establecimiento de un entorno seguro y en la reconstrucción de esa provincia iraquí.»[23] En realidad, Estados Unidos estaba agitando un avispero en Faluya en el que Scott Helvenston y otros tres contratistas de Blackwater se verían envueltos menos de 24 horas más tarde.

Como «ovejas sacrificadas en el matadero»

Jerry Zovko era ya un soldado privado años antes de que empezara la «guerra contra el terror».[24] Había entrado en el ejército de Estados Unidos en 1991, a los 19 años, y se había ido abriendo camino hasta incorporarse a las Fuerzas Especiales, donde acabaría convirtiéndose en *ranger* del Ejército de Tierra.[25] Como croata-americano que era, eligió Yugoslavia (la tierra de sus padres) como destino durante la guerra civil que asoló aquel país a mediados de la década de 1990. Allí, según su familia, participó en operaciones encubiertas. Era independiente, tozudo y ambicioso, y a su regreso de Yugoslavia, se entrenó para ser un boina verde de élite, aunque nunca llegó a ser asignado a ningún equipo. Zovko dejó el ejército en 1997. «Hizo algo para el gobierno que no podía explicarnos», recuerda su madre, Danica Zovko.[26] «No sabemos qué era. Bueno, la verdad es que nunca supe lo que hacía y, aún hoy, sigo sin saberlo.» Ella dice que su hijo le mostró una vez unas pequeñas «fichas» de cobre, del tamaño de un dólar de plata, que, según le comentó, servirían para demostrar quién era a quien tuviera que saberlo. También recuerda una conversación en la que Jerry le dijo: «Mamá, es fácil ser un *ranger* del Ejército; todo se reduce a un esfuerzo físico. Pero cuando te metes en las Fuerzas Especiales, es cuando tu inteligencia entra en juego».

En 1998, Zovko se inició en el relativamente desconocido mundo (para el público en general, al menos) de la seguridad privada. Fue contratado por una de las mayores compañías del ramo, DynCorp, y fue destinado al Estado de Qatar, en el golfo Pérsico, donde trabajó en la embajada estadounidense y aprovechó para aprender árabe. Aquella misión acabaría desembocando en toda una carrera profesional como soldado de alquiler. Viajaba mucho y pasó una temporada en los Emiratos Árabes Unidos. Siempre que Danica Zovko le preguntaba a su hijo qué era exactamente lo que hacía en aquellos destinos tan exóticos, éste siempre respondía del mismo modo a su madre. «Me decía que simplemente se encargaba de la embajada y trabajaba en la cocina. Pero, claro, durante toda la vida que se pasó en el ejército —más de siete años— siempre había trabajado en la "cocina"», recuerda con un tono de duda. «Ahora es cuando he descubierto que él no estaba realmente en la cocina.» Completada la ocupación de Irak, Zovko consiguió un empleo a finales de agosto de 2003 en la empresa Military Professional Resources Incorporated, con sede en Virginia, para formar al nuevo ejército iraquí. Unos meses antes de que partiera para Irak, su madre le preguntó: «¿Acaso quieres ser un pistolero a sueldo o algo por el estilo? ¿Por qué ibas tú a poner tu vida en peligro por otra persona?». Él le respondió: «Mamá, no es eso lo que voy a hacer. Yo voy a entrenar a los iraquíes». El empleo no duró mucho; muchos de los reclutas iraquíes no regresaron nunca de un permiso que, con motivo del Ramadán, se les concedió un par de meses más tarde. Así que Zovko fue reaprovechado por Blackwater, que estaba en plena fiebre de reclutamiento de efectivos para su despliegue en Irak. Aquél era un buen trabajo para Žovko, sobre todo porque junto a él estaría su amigo Wes Batalona, un hawaiano y ex *ranger* del Ejército que había estado destinado en Panamá en 1989 y en Somalia en 1993.[27] Ambos se habían conocido y habían hecho buenas migas durante su breve temporada como instructores del ejército iraquí. Batalona regresó a Irak en febrero de 2004 a instancias de Zovko para trabajar para Blackwater tras el fiasco del empleo como instructor.[28] «Por aquel entonces, Jerry me llamó», recuerda su madre. «Estaba serio. Me dijo que tomase nota de una cosa. Le pregunté: "¿De qué?". Y me dijo que era el número de la póliza del seguro. Entonces, le dije: "Pues si yo tengo que apuntar el número de una póliza de seguro, significa que tú tienes que volver para casa a toda... tú ya me entiendes". Y le colgué el teléfono.» Danica Zovko ordenó a su otro hijo, Tom, que le dijera lo mismo a Jerry si volvía a llamar. «Aquélla fue la primera vez que habíamos discutido con Jerry o le habíamos pedido que regresara a casa. No me dijo que estuviera trabajando para Blackwater», aclara Danica. La siguiente vez que Jerry llamó, «nos prometió a mi marido y a mí que estaría de vuelta para la cena de Pascua, y que iríamos juntos a misa y que pasaría a encargarse del negocio familiar».

Pero unos días antes de Semana Santa, la mañana del 30 de marzo, Zovko y Batalona formaron equipo con otro contratado por Blackwater, Mike Teague, un ex miembro del 160° Regimiento de Operaciones Especiales de la Aviación (los «Night Stalkers» o «Acechadores Nocturnos»). Con 38 años de edad y nacido en Tennessee, Teague —o «Ice Man» («Hombre de hielo») para sus amigos— era un veterano del ejército, donde había servido durante doce años. Antes de pasar a la reserva, estuvo destinado en Panamá y Granada.[29] En fecha más reciente, había conseguido una Estrella de Bronce por su servicio en Afganistán tras el 11-S.[30] Después de aquello, regresó a Estados Unidos y aceptó un trabajo mal pagado en el ramo de la seguridad antes de ser contratado para un empleo bastante más lucrativo con Blackwater en Irak.[31] «Aquél era el trabajo que le encantaba a Mike», explicó su amigo John Menische a la revista *Time*. «Él era un soldado y un guerrero.»[32] Aquel mismo día, Teague había enviado un mensaje de correo electrónico a un amigo desde Irak, en el que le decía que le encantaba el país y que estaba entusiasmado con su nuevo empleo, remunerado con un salario anual de seis cifras.[33] El cuarto miembro de aquel heterogéneo equipo era alguien a quien ni Zovko ni Batalona habían visto jamás en Bagdad: un ex SEAL llamado Scott Helvenston. Su misión era escoltar a unos camiones que iban a recoger material de cocina cerca de Faluya para entregarlo en una base militar.[34] Era uno de los primeros encargos realizados conforme al nuevo contrato de Blackwater para proporcionar vigilancia a los convoyes del servicio de comida de ESS. Con anterioridad a la misión, Batalona se quejó a un amigo de que los miembros del grupo nunca hubiesen trabajado antes juntos.[35] Además, aquella mañana se les había enviado a realizar el trabajo asignado sin dos de los hombres previstos inicialmente, a quienes unas tareas administrativas pendientes les habían retenido en las instalaciones de Blackwater.[36] Y, por si fuera poco, estaba el problema de los vehículos. En lugar de camiones blindados, los escoltas tuvieron que conformarse con dos todoterrenos en los que hacía poco tiempo que se había instalado una simple plancha de acero improvisada para proteger la parte de atrás.[37]

El 30 de marzo de 2004, Scott Helvenston, en su primera jornada de trabajo real en Irak, se encontraba al volante de un todoterreno Mitsubishi Pajero rojo, conduciendo a toda velocidad por el fantasmagórico y vacío desierto del Irak occidental. A su lado iba Teague. Helvenston había conocido a los demás el día antes, lo cual no puede considerarse precisamente el procedimiento ideal para unos hombres que estaban a punto de ser enviados a una de las zonas más peligrosas del mundo. Por detrás del todoterreno rojo y a muy corta distancia, el corpulento Jerry Zovko conducía otro Pajero, pero de color negro; junto a él iba Batalona, quien, con sus 48 años de edad, era el mayor del grupo. La misión que les tocaba aquel día no tenía nada que ver con Paul Bremer ni con la seguridad de la legación diplomática. Estaban poniendo sus vidas literalmente en el disparadero por unos cuantos tenedores, cucharas, ollas y sartenes. De todos modos, aquellos hombres no cobraban 600 dólares diarios por fijar prioridades o por cuestionar la situación en general, sino, simplemente, para asegurarse de que el trabajo se hiciera bien y de que el «nombre» a quien les tocara proteger en aquel momento estuviese bien protegido. Un día podía ser material de cocina; al siguiente, el embajador.

Ahora, en retrospectiva, se nos ocurren muchos y muy variados motivos por los que aquellos hombres no debían haber sido enviados a aquella misión. Para empezar, al equipo le faltaban dos miembros. La CIA y el Departamento de Estado dicen que nunca enviarían únicamente a cuatro hombres a una misión en el territorio hostil al que éstos se dirigían aquel día: seis es lo mínimo. El hombre que faltaba en cada uno de los dos vehículos habría manejado una ametralladora pesada SAW con un margen de maniobra de 180 grados para acribillar a cualquier atacante, especialmente a cualquiera que atacara por la retaguardia. «A mí me toca conducir, así que dependo un montón de que mis compañeros tengan un buen campo de tiro», escribió Helvenston en un mensaje de correo electrónico a su ex esposa, Tricia, unos días antes de partir para Faluya.[38] Sin ese tercer hombre, el acompañante del conductor estaba obligado a hacer de copiloto y, al mismo tiempo y sin ayuda ninguna, a defender el vehículo de posibles ataques. Pero, además, aquellos hombres deberían haber viajado en vehículos más protegidos que unos simples todoterrenos (medios de transporte conocidos en Irak como «imanes de balas» por lo habitual que es su uso entre los vigilantes a sueldo de los contratistas extranjeros).[39] También se suponía que aquellos hombres tendrían que haber tenido la oportunidad de ponerse al corriente de la información de los servicios de inteligencia disponible antes de la operación y de revisar el nivel de amenaza existente a lo largo de su recorrido, pero, al parecer, la misión se decidió y se organizó con demasiada urgencia. Y, para colmo, se dice que Helvenston fue enviado a conducir el grupo aquel día sin un mapa adecuado de la peligrosa zona en la que se iban a adentrar.[40] Desde nuestra actual perspectiva, es fácil apreciar los datos y pensar que aquellos hombres tenían que haber dicho: «¡Y un cuerno! Al diablo con la misión. Nosotros no vamos». A fin de cuentas, ellos no eran militares en activo del ejército regular, así que no se habrían enfrentado a un consejo de guerra por desobedecer órdenes. Lo único que podían perder negándose a ir era su reputación y, muy posiblemente, sus salarios. «No deberíamos haber ido [a aquella misión]», explicó Kathy Potter (amiga de Helvenston y ex empleada de Blackwater) al *News and Observer*. «Pero esos hombres son ambiciosos y tienen mucho empuje, así que tratan de apañárselas con lo que les den.»[41]

Y así partieron hacia el silencio del desierto del Irak occidental. Cuesta imaginar que no hablaran de la mala fortuna que les había acompañado al tocarles en suerte aquella misión. Nadie que no fuera iraquí podía siquiera acercarse a Faluya en aquellos momentos sin correr un gran peligro y no hacía falta informe alguno de inteligencia para saberlo. Los marines estadounidenses se hallaban en plena ofensiva dentro de la ciudad y ningún militar en su sano juicio se habría adentrado en Faluya con sólo cuatro hombres y sin una cobertura de artillería mínimamente seria. La dirección de Blackwater era sobradamente consciente de ello. En el propio contrato que había firmado con ESS, Blackwater lo había dejado claro al reconocer que, con «la actual amenaza en el teatro de operaciones iraquí evidenciada por los recientes incidentes contra entidades civiles en Faluya, Ar Ramadi, Al Tayi y Al Hilah, hay áreas enteras de Irak en las que se hará necesaria la presencia de un mínimo de tres miembros del Personal de Seguridad por vehículo. La amenaza en el momento presente (y en el futuro inmediato) seguirá siendo constante y peligrosa. Por consiguiente, sólo será posible proporcionar unos Destacamentos de Seguridad Protectora adecuados desde el punto de vista táctico y plenamente capacitados para las misiones si el *tamaño mínimo de cada equipo es de seis operarios*».[42] [La cursiva es mía.]

En los días inmediatamente previos a aquella misión en concreto, la situación en Faluya había entrado ya en una espiral descontrolada. Varios soldados estadounidenses habían caído en emboscadas dentro de la ciudad, el número de víctimas civiles crecía y cada vez era más extendido el comentario de que «la ciudad de las mezquitas» se estaba erigiendo rápidamente en la ciudad de la resistencia. Un día antes de que los cuatro empleados de Blackwater partieran en dirección a Faluya, un convoy de los marines activó a su paso un artefacto explosivo improvisado. Al instante, combatientes de la resistencia se abalanzaron sobre el vehículo abriendo fuego con sus AK-47 y matando a un marine e hiriendo a otros dos.[43] A la mañana siguiente, cuando Helvenston y los demás se dirigían a Faluya, los marines cerraron la principal carretera de enlace entre la ciudad y Bagdad.[44] Nueve marines habían muerto en los once días anteriores en diversos puntos de la ciudad. Tras meses de relativa calma, un gigante estaba emergiendo de las ruinas de la doctrina militar del *shock and awe*, y Scott Helvenston y los otros tres contratistas de Blackwater no iban a tardar en encontrarse atrapados en su terreno.

La suerte quiso (o, tal vez, fuera la imprudencia de no llevar un mapa encima) que la noche del 30 de marzo Helvenston y sus tres compañeros se perdieran. Condujeron durante un buen rato por el llamado Triángulo Suní sin saber adónde iban antes de establecer contacto con el ejército estadounidense destacado en la zona. Lograron así llegar a una base de los marines, el Campamento Faluya (como se lo conocía según su nueva denominación, que había sido cambiada hacía poco), y decidieron pasar allí la noche antes de reanudar su viaje. Es de sobra conocido en Irak que muchos soldados en servicio activo guardan rencor a los mercenarios. La mayoría de soldados sabían que tipos como Helvenston y sus tres compañeros ganaban en un día lo que un soldado de tropa gana en una semana. Así que no es de extrañar que aquellos empleados de Blackwater no fuesen recibidos precisamente como invitados de honor en la base. Pese a todo, los cuatro se hicieron un hueco allí y cenaron con el resto de la tropa. Un oficial de los marines los increpó airadamente llamándolos «*cowboys*» y quejándose de que se negaran a informar a los comandantes (o a cualquier otra persona) de la base sobre la naturaleza de su misión.[45] Según una investigación llevada a cabo por el Congreso en 2007, varios miembros del personal de KBR destinados en el Campamento Faluya informaron de que «los del personal de Blackwater parecían estar desorganizados y no tener conciencia del riesgo potencial de desplazarse a través de la ciudad de Faluya. Uno de los empleados de KBR dijo haber tenido la sensación de que "la misión que les había tocado se había decidido a toda prisa y no estaban preparados para ella"».[46] Los empleados de KBR explicaron a los investigadores del Congreso que «advirtieron en múltiples ocasiones [a los hombres de Blackwater] sobre la temeridad de conducir atravesando el centro de Faluya y les informaron de que aquélla era una zona donde se producían frecuentes emboscadas. Tras uno de aquellos avisos, uno de los guardias de Blackwater dijo que no iban a cruzar Faluya. Pero cuando se les volvió a advertir otra vez, los empleados de Blackwater respondieron que "ya verían cómo había ido todo cuando hubieran salido de allí". Según un miembro del personal de KBR, "era como si les estuvieran presionando para meterse allí y lo antes posible"».[47] A la mañana siguiente, antes de reemprender la marcha, Helvenston telefoneó a su madre, quien diría después que estaba ya muerta de preocupación por que su hijo estuviera en aquel lugar. Pero lo que aún la inquietaba más era que, hasta aquel momento, llevase días sin haberla llamado. Era ya noche avanzada en Leesburg (Florida), por lo que la madre de Scott había apagado el timbre del teléfono para ir a dormir, así que Helvenston dejó un mensaje: *Todo va bien, mamá. Por favor, no te preocupes. Voy a volver pronto a casa. Iré a cuidar de ti.*

Instantes después, Scott Helvenston iba al volante del Pajero por la Nacional 10, directo hacia la que, posiblemente, era la ciudad más peligrosa del mundo en la que podían encontrarse cuatro americanos con aspecto de agentes de la CIA, gafas de sol cerradas y sin apenas blindaje protector. Eran aproximadamente las 9.30 de la mañana y la ciudad de las mezquitas estaba ya despierta y a la espera.

La arteria principal que atraviesa Faluya es una calle habitualmente congestionada, flanqueada por restaurantes, cafés, zocos y remolinos de gente que pulula por el lugar. En un determinado momento previo a la llegada de los agentes de Blackwater a Faluya, según testigos, un pequeño grupo de hombres enmascarados habían detonado una especie de artefacto explosivo que había hecho que las calles se vaciaran de gente y que los comerciantes echaran el cierre a sus tiendas.[48] Desde el momento mismo en que el convoy atravesó los límites exteriores de la ciudad, se convirtió en un objetivo fácilmente detectable. De hecho, es muy posible que todo fuese un complot desde el principio. En un vídeo realizado supuestamente por un grupo de la resistencia iraquí, los insurgentes afirmaban que habían sido informados previamente de los movimientos del convoy de Blackwater, en el que ellos creían que iban agentes de la inteligencia estadounidense. «Un muyahidín leal, que actuaba como espía para el Ejército de la Yihad Islámica», explicaba en el vídeo un insurgente con el rostro tapado, «acudió a nuestro comandante y le dijo que un grupo de la CIA iba a pasar por Faluya de camino a Habaniya».[49] Ese mismo insurgente añadió: «Sus miembros no llevarían guardaespaldas y vestirían como civiles para evitar ser capturados por los muyahidines, porque, como saben, todo estadounidense que pase por Faluya será asesinado».[50] Los representantes de Blackwater alegaron más tarde que agentes supuestamente pertenecientes a la policía iraquí instalada por Estados Unidos habían escoltado a sus hombres hasta la ciudad.[51] Un alto cargo de la inteligencia estadounidense «con acceso directo a esa información» declaró posteriormente al periodista Thomas Ricks que había habido una filtración desde la Zona Verde acerca de los movimientos del convoy de Blackwater.[52] Las alegaciones sobre la supuesta participación de la policía iraquí se vieron posteriormente desmentidas en las conclusiones de una investigación de la APC remitida al Congreso.[53]

Como llevaban mucho más tiempo que Helvenston en el país, Zovko y Batalona iban en el vehículo de cabeza, al que seguían dos camiones de plataforma vacíos (y listos para ser cargados con material de cocina al otro lado de Faluya) y conducidos por iraquíes. Al cargo de la retaguardia iban Helvenston y Teague en el Pajero rojo. Al poco de entrar en la ciudad, el convoy empezó a aminorar la marcha. A su derecha había tiendas y mercadillos; a su izquierda, espacio abierto. En el momento en que se detuvo la comitiva, según cuentan algunos testigos, un grupo de cuatro o cinco muchachos se aproximaron al vehículo de cabeza y empezaron a hablar con los hombres de Blackwater que viajaban en su interior. Finalmente, los vehículos se detuvieron y, en ese mismo momento, los testigos dicen que alguien lanzó una granada al todoterreno de Helvenston. Antes de que él o Teague pudieran hacerse siquiera una idea de lo que estaba sucediendo, el estruendo inconfundible de las ráfagas de ametralladora empezó a rugir por las calles de Faluya. Las balas rasgaron el costado del Pajero como si fuera mantequilla.

Aquello era lo peor que podía sucederle a alguien de las Fuerzas Especiales: darse cuenta de que estaba atrapado. Nadie sabe a ciencia cierta qué fue lo último que vio Scott Helvenston antes de exhalar su último aliento, pero no cabe duda de que debió de ser horrendo. Posiblemente vivió lo suficiente como para darse cuenta de que iba a perecer de una muerte espantosa. Cuando su cuerpo, herido de muerte, se desangraba en el todoterreno, una multitud de hombres saltó sobre el capó del Pajero y empezó a descargar cartuchos enteros de munición sobre el interior del vehículo y a romper el parabrisas delantero. Junto a Helvenston yacía Mike Teague, de cuyo cuello no dejaba de brotar sangre. Las exclamaciones de «Alá u akbar» («Dios es grande») llenaban la atmósfera de aquella mañana. Los atacantes se habían movido con gran presteza, como halcones sobre una presa fatalmente herida. Enseguida, más de una docena de jóvenes que habían estado observando la escena delante de un local de kebabs se unieron a la carnicería.[54] Según un testigo presencial, uno de los hombres de Blackwater sobrevivió al ataque inicial tras haber sido alcanzado en el pecho por los disparos, pero entonces la turba lo sacó del vehículo y, mientras él suplicaba por su vida, «la gente empezó a arrojarle ladrillos y a saltarle encima hasta que lo mataron». Según ese mismo testigo, «le cortaron un brazo, una pierna y la cabeza, y allí siguieron gritando entusiasmados y bailando».[55]

Para cuando empezaron los disparos sobre el vehículo de Helvenston, Jerry Zovko y Wes Batalona ya se habían dado cuenta de que les habían preparado una emboscada. Batalona apretó el acelerador y se saltó la mediana, tratando de rescatar a los otros dos o de salir a toda prisa de allí. Según un ex operario de una compañía militar privada, Blackwater entrena a sus hombres «para que no ayuden a los demás cuando uno de los vehículos es alcanzado en una emboscada. Les enseñan a salir de allí pitando. La propia supervivencia es la meta última».[56] Pero, dado el escaso blindaje de su todoterreno y puesto que contaban con un único tirador, Batalona y Zovko podían darse a sí mismos ya por muertos. Casi al momento, su vehículo colisionó contra otro y sobre él cayó una lluvia de balas de ametralladora. Las ráfagas volaron la cabeza de Zovko. La camisa hawaiana de Batalona quedó llena de orificios de bala; su cabeza se desplomó sobre ella. A unos metros, la muchedumbre estaba destrozando el Pajero de Helvenston. Tras saquear las armas y la ropa de los muertos, alguien trajo gasolina y roció con ella los vehículos y los cuerpos, y les prendió fuego. La estremecedora banda sonora de la masacre, captada en vídeos realizados por combatientes de la resistencia, estaba compuesta por una mezcolanza de estruendo de cláxones y gritos ocasionales de «¡Alá u akbar!».

En plena carnicería, unos periodistas llegaron al escenario y captaron imágenes que no tardarían en convertirse en tristemente célebres. La multitud allí congregada aumentó hasta superar las 300 personas, al tiempo que los atacantes originales desaparecían por las travesías laterales de la ciudad. Los cadáveres carbonizados fueron extraídos del todoterreno calcinado para que hombres y niños empezaran literalmente a desmembrarlos. Había hombres que golpeaban los cuerpos con las suelas de sus zapatos, mientras que otros despedazaban partes quemadas de los cadáveres con cañerías de metal y palas. Un joven se dedicó metódicamente a dar patadas a una de las cabezas hasta seccionarla del resto del cuerpo. Ante las cámaras, alguien sostuvo un pequeño cartel en el que, bajo la típica estampa pirata de la calavera y los dos huesos cruzados, se podía leer: «¡Faluya es la tumba de los americanos!». La turba estalló en cánticos: «¡Con nuestra sangre y nuestras almas nos sacrificaremos por el islam!». Al poco tiempo, la multitud ató dos de los cuerpos al parachoques trasero de un sedán Opel de color rojo y los arrastró hasta el puente principal sobre el río Éufrates.[57] Otro de los cuerpos fue atado a un coche que llevaba un póster del líder de Hamás asesinado, el jeque Yasín.[58] Por el camino, alguien ató un ladrillo a la pierna derecha desmembrada de uno de los hombres y la arrojó por encima de unos cables del tendido eléctrico. Al llegar al puente, unos cuantos hombres se encaramaron a las vigas de acero y colgaron de ellas los restos calcinados y sin vida de Helvenston y de Teague, que quedaron suspendidos sobre el río, formando una imagen sobrecogedoramente simbólica. Sus cuerpos pendieron sobre el Éufrates durante casi diez horas, como «ovejas sacrificadas en el matadero», según las palabras textuales de un habitante de la ciudad.[59] Posteriormente, unas cuantas personas los descolgaron y los colocaron sobre una pila de neumáticos para volver a prenderles fuego una vez más.[60] Extinguido éste, unos hombres sujetaron lo que quedaba de algunos de los cuerpos a un carro gris tirado por burros y los exhibieron en desfile por Faluya, hasta arrojarlos finalmente ante un edificio municipal.[61] Decenas de iraquíes siguieron aquel carro en una especie de macabra procesión mientras exclamaban: «¿Qué te hizo venir aquí, Bush, y meterte con la gente de Faluya?».[62] Uno de aquellos hombres advirtió: «Esto es lo que les espera a todos los americanos que vengan a Faluya».[63]

Aquél fue, en la guerra de Irak, el momento que Mogadiscio representó para la intervención estadounidense en Somalia, pero con dos diferencias cruciales: los hombres asesinados no eran militares estadounidenses, sino mercenarios, y, a diferencia de lo acaecido en Somalia en 1993, Estados Unidos no se retiró del país, sino todo lo contrario. Las muertes de aquellos cuatro soldados de Blackwater dispararían un violento asedio estadounidense que provocaría, a su vez, un periodo de resistencia a la ocupación sin precedentes, casi un año después de la fecha de la caída de Bagdad.

Capítulo 8

«Pacificaremos Faluya»

Los cuerpos calcinados de los hombres a sueldo de Blackwater se hallaban aún suspendidos de aquel puente de Faluya cuando la noticia de la emboscada empezó a difundirse por todo el planeta. «No se les puede hacer algo así a unos americanos», dijo el capitán Douglas Zembiac al ver la escena por televisión en el comedor de una base militar en las afueras de Faluya.[1] En cualquier caso, no hubo una respuesta inmediata de parte de los miles de marines estadounidenses destacados en las inmediaciones. Tal vez se debiera a que, aquella misma mañana, cinco de ellos habían muerto cerca de Faluya tras ser alcanzados por una bomba colocada en la cuneta de la carretera por la que circulaban. O quizás era porque los hombres de Blackwater no eran fuerzas militares «oficiales» de Estados Unidos. En cualquier caso, los cuerpos de los agentes privados quedaron suspendidos durante horas sobre el Éufrates sirviendo como lúgubre recordatorio de que, un año después de la caída de Bagdad y transcurridos once meses desde que el presidente Bush declarara el fin de las principales operaciones de combate (y noventa días antes de la fecha prevista para el «traspaso oficial de soberanía» a los iraquíes), la guerra no había hecho más que comenzar. El portavoz del ejército estadounidense, el general de brigada Mark Kimmitt, trató inicialmente de minimizar la importancia de la emboscada calificándola de caso «aislado» y de ámbito «reducido, localizado»,[2] que podía encuadrarse dentro de un «ligero repunte en el número de combates localizados».[3] Faluya, según dijo Kimmitt, «sigue siendo una de esas ciudades iraquíes que todavía no parece haberlo entendido».[4] Kimmitt declaró en una sesión informativa para la prensa celebrada el mismo día de la emboscada que, «mientras sucedía este incidente en Faluya, nosotros hemos estado inaugurando escuelas por todo el país. Estamos inaugurando clínicas sanitarias. Estamos aumentando el volumen de producción de electricidad. Estamos aumentando el volumen de producción de petróleo».[5] Y añadió: «¿Que si es una tragedia? Sin duda, es una tragedia. Hoy hay cuatro familias en el mundo que van a tener a alguien llamando a su puerta para comunicarles la mala noticia. Y nadie quiere estar a un lado de la puerta ni al otro cuando eso pasa, ni recibiendo la noticia ni comunicándola. [...] Pero eso no va a disuadirnos de nuestra misión. En realidad, si interrumpiéramos nuestras misiones, estaríamos deshonrando las muertes de esas personas».[6] El portavoz de Paul Bremer, Dan Senor, declaró ante los reporteros que «las personas que sacaron aquellos cuerpos de los vehículos y asaltaron de aquella manera a los agentes privados no son aquellas a las que hemos venido a ayudar aquí», sino, según dijo, «personas que tenemos que capturar o matar para que este país pueda pasar página y avanzar».[7] Senor dijo que los perpetradores de la emboscada y quienes la habían apoyado representaban una «ínfima minoría» de los iraquíes. «La inmensa mayoría están agradecidos por la liberación... se me ocurre que una cifra del 95 o del 98%», añadió.[8]

Mientras tanto, a miles de kilómetros de distancia, en Washington, D.C., el presidente Bush se hallaba en plena precampaña electoral para las presidenciales, hablando en el elegante Hotel Marriott Wardman Park ante los asistentes a una cena de recaudación de fondos para la candidatura Bush-Cheney. «En Irak, nos enfrentamos todavía a matones y a terroristas que prefieren continuar matando a inocentes a aceptar el avance de la libertad», declaró el presidente ante sus seguidores. «Este atajo de asesinos está tratando de minar nuestra voluntad. Estados Unidos nunca se dejará intimidar por matones y asesinos. Estamos combatiendo contundentemente a los terroristas en Irak. Y los derrotaremos allí para no tener que enfrentarnos a ellos en nuestro propio país.»[9] A la mañana siguiente, los estadounidenses desayunaban con la noticia de los horrendos asesinatos en Faluya. «Una muchedumbre de iraquíes mutila los cuerpos de cuatro civiles estadounidenses», bramaba un titular a toda página en el *Chicago Tribune*. «Civiles estadounidenses mutilados en un ataque en Irak», anunciaba el *Washington Post*. «Americanos profanados», proclamaba el *Miami Herald*. Las referencias a Somalia fueron frecuentes.

Tras los esfuerzos iniciales de Kimmitt por minimizar la importancia de la emboscada, la Casa Blanca y el propio Paul Bremer admitieron que la prolongada mutilación pública de los hombres de Blackwater suponía un tremendo golpe para la guerra propagandística que Estados Unidos libraba contra la resistencia iraquí que tan rápidamente estaba emergiendo en aquel momento. Hubo quien llegó incluso a creer que la emboscada había sido planeada como un intento de reproducir directamente la misma situación que se produjo en Somalia en 1993. Los rebeldes de aquel país derribaron en aquel entonces un helicóptero Black Hawk estadounidense y, en aquella acción, mataron a 18 soldados de EE.UU. Posteriormente, arrastraron algunos de los cadáveres por las calles de Mogadiscio, lo que impulsó a la administración Clinton a retirar sus tropas del país. En Irak, a menos de tres meses del tan cacareado «traspaso» de poderes, la administración Bush se enfrentaba a una innegable realidad: la de una envalentonada resistencia a una ocupación cada vez más impopular, tanto en el propio Estados Unidos como en el interior de Irak. «Aquellas imágenes se convirtieron de inmediato en símbolos de lo brutalmente real que era la insurgencia», escribiría más tarde Bremer, a lo que añadiría que «ponían de relieve que las fuerzas militares de la Coalición no tenían el control de Faluya».[10] Bremer asegura que dijo al teniente general Ricardo Sánchez, comandante de las fuerzas estadounidenses en Irak: «Tenemos que reaccionar ante semejante atrocidad, porque, si no, el enemigo va a pensar que somos unos indecisos».[11] Sánchez, según Bremer, le respondió: «Estamos desempolvando la operación que habíamos planeado el pasado otoño [...] la que habíamos pensado para limpiar Faluya».[12] Casi al momento, se aceleraron los planes para aplastar la «ciudad de las mezquitas». «No nos dejaremos intimidar», declaró el portavoz de la Casa Blanca, Scott McClellan. «La democracia está arraigando y ya no hay marcha atrás.»[13] El senador John Kerry —el entonces candidato demócrata a la presidencia— coincidió en esa apreciación y dijo: «Estos espantosos ataques nos recuerdan el salvajismo de los enemigos del futuro de Irak. Del mismo modo que estamos unidos en la tristeza, también lo estamos en nuestra determinación para que esos enemigos no se impongan».[14] La congresista Nancy Pelosi, líder de los demócratas en la Cámara de Representantes federal, declaró: «No vamos a salir corriendo de la ciudad sólo porque ciertas personas actúen fuera de la ley en Faluya».[15] Entretanto, los expertos de opinión política de los canales televisivos por cable clamaban venganza. Bill O'Reilly, de Fox News, mencionó la posibilidad de una «solución final»[16] y añadió: «No me importa la gente de Faluya. No vamos a ganarnos ahora sus corazones y sus mentes. Van a tratar de matarnos hasta el final. Ya lo han demostrado. Así que arrasemos aquel lugar».[17] Más tarde, al tiempo que pedía que Estados Unidos «empleara la máxima fuerza para castigar a los terroristas de Faluya»,[18] O'Reilly declaró: «El miedo puede ser positivo. Los terroristas homicidas y quienes hacen posible que lo sean deben ser asesinados o encarcelados. Y su castigo debe servir de ejemplo para los demás. ¿O cómo creen que Sadam consiguió controlar Irak durante tantas décadas? Lo hizo gracias al miedo».[19] Mientras tanto, en MSNBC, el general y ex candidato presidencial demócrata Wesley Clark dijo: «En Faluya, la resistencia no está viniendo a menos, por lo que yo puedo ver. Al contrario, está creciendo y consolidándose. Y no podemos tolerar ese desafío a nuestra autoridad».[20]

Muchos se preguntaban por qué —con 4.000 marines desplegados en las inmediaciones de Faluya— había sido posible un acto tan prolongado de mutilación de los cadáveres de los empleados de Blackwater y por qué se había permitido que sus cuerpos carbonizados pendieran durante horas de aquel puente. «Pese a que los dos vehículos ardieron durante un buen rato y levantaron densas nubes de humo negro por encima de los tejados de las tiendas de la ciudad, allí no se enviaron ambulancias, bomberos ni fuerzas de seguridad para que intentaran rescatar a las víctimas», informó la agencia UPI. «Esta vez, no hubo helicópteros Black Hawk que acudieran volando al rescate, sino que las calles de Faluya fueron entregadas a la muchedumbre alborozada, caótica y violenta que se regocijaba con aquellos maltratados restos humanos.»[21] El coronel Michael Walker, portavoz de los marines, puntualizó: «¿Acaso deberíamos haber enviado un tanque a recoger, con el debido respeto, cuatro cuerpos sin vida? ¿Y de qué habría servido? Una turba descontrolada es precisamente eso, una turba descontrolada. No habríamos hecho más que provocarlos. Lo inteligente era dejar que la cosa se fuera apagando».[22]

En respuesta a la pregunta de un periodista sobre si los marines no habían entrado en Faluya justo después de que se produjera la emboscada para enfrentarse a la muchedumbre que atacaba al equipo de Blackwater porque lo consideraron «demasiado peligroso», Kimmitt replicó: «No creo que exista un solo lugar en este país en el que las fuerzas de la Coalición no puedan entrar porque lo consideren demasiado peligroso».[23] Ese mismo día en la CNN, el presentador de *Crossfire*, Tucker Carlson, dijo: «Yo creo que deberíamos ejecutar a todas las personas responsables de las muertes de esos americanos. Esto ha sido un síntoma de debilidad y así fue como se nos vino encima el 11-S, porque permitimos que cosas como ésa quedaran sin respuesta. Esto es muy importante».[24]

En apenas 24 horas, el tono de Kimmitt había cambiado por completo. «Responderemos, pero no vamos a abalanzarnos en tropel sobre la ciudad. Va a ser algo bien preparado, preciso y apabullante», declaró en una sesión informativa para la prensa en Bagdad.[25] «Pronto estaremos de vuelta en Faluya, pero será en el momento y el lugar que nosotros elijamos. Cazaremos a los criminales y los mataremos o los apresaremos. Y pacificaremos Faluya.»[26]

Paul Bremer pronunció sus primeros comentarios públicos sobre los asesinatos durante un discurso ante cerca de 500 nuevos graduados por la academia de la policía iraquí en Bagdad. «Los sucesos de ayer en Faluya son un dramático ejemplo de la lucha constante entre la dignidad humana y la barbarie», declaró, al tiempo que advertía de que el asesinato de los hombres de Blackwater «no quedará sin castigo». Los agentes muertos, dijo, «vinieron a ayudar a que Irak se recuperara de décadas de dictadura, a que el pueblo iraquí conquistara las elecciones, la democracia y la libertad deseadas por la inmensa mayoría de la población del país. Estos crímenes son una atrocidad muy dolorosa para los miembros de la Coalición, pero no harán descarrilar el tren hacia la estabilidad y la democracia en Irak. Los cobardes y los sádicos que ayer actuaron representan lo peor de la sociedad».[27]

En la mayoría de las noticias publicadas en Estados Unidos sobre la emboscada se describía Faluya como un baluarte de la resistencia suní abarrotado de combatientes extranjeros y de leales a Sadam. La versión de los acontecimientos que acabó predominando en las informaciones era que los hombres de Blackwater eran «empleados civiles» inocentes que se dedicaban al reparto y entrega de alimentos, y que habían sido masacrados salvajemente por unos asesinos en Faluya. Tras el incidente, Kimmitt llegó a decir a los periodistas que los hombres de Blackwater estaban «allí para proporcionar asistencia, para suministrar alimentos a esa zona local»,[28] como si se tratase de trabajadores de ayuda humanitaria de la Cruz Roja. Sin embargo, tanto en el interior de Faluya como en otras localidades iraquíes, la emboscada fue vista de un modo distinto. La noticia de que aquellos hombres no eran, técnicamente hablando, soldados estadounidenses en activo no alteraba el hecho de que eran unos americanos armados hasta los dientes que se habían aventurado por el centro mismo de Faluya en un momento en el que las tropas de Estados Unidos estaban matando a civiles iraquíes y trataban de tomar la ciudad por la fuerza. Según informó el *New York Times*, «muchos habitantes de Faluya manifestaron creer que, el miércoles, habían obtenido una importante victoria. Insistían en que los cuatro vigilantes de seguridad, que conducían todoterrenos sin distintivo alguno, trabajaban para la Agencia Central de Inteligencia. "Eso es lo que esos espías se merecen", dijo Salam Alduleimi, de 28 años y vecino de Faluya».[29]

En el programa *Larry King Live* de la CNN, el presentador de *ABC News*, Peter Jennings, que acababa de regresar de Irak apenas unos días antes de los asesinatos de los hombres de Blackwater, dijo: «Ahora mismo, hay allí una especie de segundo ejército de estadounidenses en forma de personal de seguridad y se les puede ver en cualquier lugar del país donde haya una autoridad de la Coalición haciendo algo. La verdad es que me sorprendió lo mucho que destacaban como posibles objetivos de ataques o atentados. Van armados hasta los dientes. Muchos parecen salidos de una película de Sylvester Stallone. Y, aun así, se desplazan por todo el país. Y creo que los insurgentes, sean quienes sean, ya se han fijado en ellos y puede que los estén siguiendo de cerca. Así que ahora que ha sucedido lo de Faluya, y pese a la gravedad de los hechos, he de reconocer que no me he sentido especialmente sorprendido».[30]

Otros calificaron la emboscada de respuesta al reciente asesinato de civiles en Faluya a manos de las fuerzas estadounidenses: concretamente, a la batalla a tiros que había tenido lugar la semana anterior y había dejado más de una docena de iraquíes muertos. «Allí fueron asesinados niños y mujeres. Y eran inocentes», declaró Ibrahim Abdulá Al Dulaimi. «La población de Faluya está indignada con los soldados americanos.»[31] En Faluya, empezaron a circular panfletos que aseguraban que los empleados de Blackwater habían sido asesinados en venganza por el asesinato del líder de Hamás, el jeque Ahmed Yasín, por parte de Israel.[32] Amir, un dependiente de una tienda de Faluya, dijo: «Puede que los americanos piensen que esto es bastante insólito, pero ya se pueden ir preparando. Si ellos se presentan en los sitios y disparan sobre la población civil, ¿por qué no les pueden matar a ellos?».[33] Tampoco eran ajenos a esa clase de sentimientos los agentes de la fuerza policial iraquí recién creada por los estadounidenses. «La violencia contra los americanos no deja de aumentar», declaró el mayor Abdelasís Faisal Hamid Mehamdi, residente en Faluya y miembro de la nueva policía desde 2003, justo después de la caída de Bagdad. «Ellos invadieron el país y no nos han dado nada.

Vinieron para instaurar la democracia y ayudar al pueblo, pero no hemos visto nada de una cosa ni de la otra: sólo muerte y violencia.»[34]

Un alto funcionario local de Faluya, Sami Farhud Al Mafrayi, que, en su momento, había apoyado la ocupación, dijo: «Los americanos no están cumpliendo sus promesas de ayudar a construir este país. [...] Yo antes estaba a favor del ejército, pero me han puesto en una situación muy difícil con mi propia gente. ¿Y ahora quieren que les entreguemos a esas personas?».[35] Dijo también que la terrible situación humana y la violencia creadas por la ocupación habían «decepcionado e irritado a la población». «Quien tiene hambre te devorará», añadió, «y aquí la gente está muy hambrienta».[36] Aquel contexto parecía estar claro también para algunos soldados y mandos del ejército estadounidense. «Quienes cometieron este atroz crimen buscaban venganza», declaró Eric Thorliefson, teniente de los marines destacado en las afueras de Faluya, a lo que añadió: «Y nosotros responderemos con la fuerza».[37]

Pero al tiempo que las autoridades estadounidenses condenaban la mutilación pública de los cadáveres, se negaban a responder preguntas sobre la política que ellas mismas habían seguido distribuyendo fotografías truculentas de los cuerpos destrozados de iraquíes «de alto valor» asesinados por las fuerzas norteamericanas, como las de los hijos de Sadam, Uday y Qusay, en julio de 2003, con el solo propósito de certificar públicamente su muerte. Si Washington se mostraba indignado por la carnicería cometida con los hombres de Blackwater, los iraquíes no lo estaban menos por esta técnica de propaganda estadounidense. El mismo día de los asesinatos de los soldados privados, McClellan fue interpelado al respecto en la Casa Blanca. Al portavoz le preguntaron si la administración no apreciaba «cierta hipocresía en el hecho de que se condene [la exhibición de] unos cuerpos embalsamados como prueba de su muerte, pero no se oiga el más mínimo comentario cuando los cadáveres de unos estadounidenses son llevados a rastras por las calles».

«Resulta ofensivo. La manera en que han sido tratadas esas personas es totalmente infame», respondió McClellan, ignorando la pregunta. «Y esperamos que todo el mundo actúe con responsabilidad a la hora de dar cobertura a la noticia.»[38] Lo cierto es que la mayoría de las imágenes de la emboscada (y de los hechos que la siguieron) emitidas en las cadenas y los periódicos estadounidenses fueron retocadas o difuminadas. Pero, pese a todo, el mensaje quedó muy claro. Ante el incremento de las comparaciones en los medios internacionales de aquella situación con la de

Somalia años antes, la administración estadounidense pasó al contraataque. «No vamos a retirarnos. No vamos a salir corriendo de allí», declaró a la televisión alemana el secretario de Estado, Colin Powell, el primer alto funcionario de la administración Bush que comentó directamente los asesinatos de los hombres de Blackwater. «Estados Unidos está capacitado para permanecer allí y combatir y derrotar a un enemigo. No vamos a huir despavoridos.»[39]

Entretanto, varios periodistas empezaron a preguntarse acerca de quiénes eran aquellos cuatro trabajadores por contrato y qué estaban haciendo en medio de Faluya. «Yo dejaré que cada empresa contratista se pronuncie por sí misma respecto a los clientes que tienen en Irak. Por lo que yo sé, Blackwater tiene más de uno. Pero, como he dicho, les remito a ellos si desean obtener esa información. Yo ciertamente no la tengo», declaró Dan Senor, portavoz de la ocupación en Bagdad. «Ellos... nosotros tenemos un contrato con Blackwater con... relacionado con la seguridad del embajador Bremer. Ellos participan en la protección del embajador Bremer», dijo Senor.[40] Al propio Senor le preguntaron en la CNN: «Entonces, con el debido respeto por los hombres que perdieron la vida, ¿no existe cierta preocupación de que esta empresa no esté realizando apropiadamente su labor?».

«Ni la más mínima», repuso Senor. «Tenemos la más absoluta confianza en Blackwater y en las otras instituciones de seguridad que protegen al señor Bremer y proporcionan seguridad por todo el país.»[41]

Mientras tanto, en Carolina del Norte, los teléfonos no habían dejado de sonar desde que se hicieron públicas las identidades de los cuatro «trabajadores civiles contratados». La compañía se negó a confirmar oficialmente los nombres de los fallecidos siguiendo la política de la casa. «Puede que el enemigo cuente con contactos en EE.UU.», dijo el ex vicepresidente de Blackwater Jamie Smith. «Si empezamos a revelar nombres —sean de las personas que sean— y esos contactos descubren quiénes son sus amigos y comienzan a hacer preguntas, la cosa podría convertirse en un problema de seguridad.»[42]

El día posterior a la emboscada, Blackwater contrató los servicios de un gabinete de presión política de tendencia republicana, el Alexander Strategy Group (muy poderoso y bien relacionado, y que ya en su momento fue fundado y estuvo formado por ex miembros de alto nivel del gabinete del entonces líder de la mayoría de la Cámara de Representantes, Tom DeLay), para que les ayudara a manejar la fama recientemente adquirida por la empresa de seguridad.[43] Blackwater hizo pública una breve declaración para la prensa. «Las gráficas imágenes de aquel ataque no provocado y la posterior profanación atroz de nuestros amigos ponen de manifiesto las extraordinarias condiciones en las que trabajamos por voluntad propia para llevar la libertad y la democracia al pueblo iraquí», se leía en dicha declaración.[44] «Las fuerzas de la Coalición y los administradores y contratistas civiles trabajan todos los días codo con codo con la población iraquí para proporcionar bienes y servicios esenciales como la comida, el agua, la electricidad y la seguridad para los ciudadanos iraquíes y los miembros de la Coalición. Nuestras tareas son peligrosas y, si bien lamentamos profundamente el fallecimiento de nuestros colegas, también nos enorgullecemos de estar realizando una labor muy importante para el pueblo de Irak y nos sentimos muy satisfechos por ello.»[45] El congresista republicano Walter Jones Jr., representante del condado de Currituck (Carolina del Norte), donde se halla situada la sede central de Blackwater, dijo que los trabajadores de esta empresa habían «muerto en nombre de la libertad».[46] El senador republicano John Warner, presidente del Comité sobre Fuerzas Armadas del Senado, ensalzó a los hombres de Blackwater en una sesión del Comité con las siguientes palabras: «Esas personas son indispensables para la labor que estamos realizando en Irak, fundamentalmente, para la reconstrucción de las infraestructuras».[47]

En la sección llamada «Rincón del capellán» («Chaplain's Corner») del boletín de Blackwater (el *Blackwater Tactical Weekly*) publicado inmediatamente después de la emboscada, el capellán D. R. Staton proseguía con la caracterización engañosa de aquellos hombres como trabajadores «humanitarios» que habían acudido a Irak «a salvar a un pueblo» y escribía lo siguiente: «Esos cuatro americanos estaban allí porque se les había contratado para proporcionar seguridad a unos convoyes de alimentos que abastecen de suministros vitales a la población autóctona. [...] Este incidente en concreto pone de relieve el odio de los militantes islámicos hacia quienquiera que no lo sea y, en especial, hacia aquellos a quienes llaman demonios blancos o el "gran Satán" o, simplemente, "infieles". ¿Se fijaron ustedes en los individuos que componían aquella turba tal como nos los mostraba la televisión? ¿Se dieron cuenta de sus actitudes y de sus edades? Les lavan el cerebro desde que nacen para que odien a todos los que no están con ellos. [...] Y, sobre todo, ¡a nosotros! [...] ¡Y a los israelíes!». El mensaje de los asaltantes, según escribió Staton, era «disuadir a nuestras fuerzas de entrar en Faluya y el área especial reivindicada alrededor de dicha ciudad. ¡Pero el mensaje se volverá contra ellos!». Staton concluía su sermón con una súplica a sus lectores: «¡Haced que el enemigo pague caras todas las acciones cometidas contra nosotros como representantes de la libertad y la justicia!».[48]

Pero no todos los trabajadores y trabajadoras de Blackwater estaban por la labor. «Creo que están muriendo para nada», dijo Marty Huffstickler, electricista a tiempo parcial para la compañía en Moyock. «No estoy de acuerdo con lo que está pasando en aquel lugar. La gente de aquel país no nos quiere allí.»[49]

Para los marines, que acababan de hacerse cargo del mando militar de Faluya, la emboscada contra los hombres de Blackwater no podía haber venido en peor momento, ya que obligó a cambiar considerablemente el curso de la estrategia del general de división James Mattis. Los comandantes locales querían tratar los asesinatos como un asunto policial: entrar en la ciudad y arrestar o matar a quienes los habían perpetrado y ya está.[50] Pero en la Casa Blanca aquellas muertes fueron vistas como un reto muy serio para la determinación de los estadounidenses en Irak, un reto que podía poner en peligro la totalidad de su proyecto para aquel país. Así que el presidente Bush convocó de inmediato a Rumsfeld y al principal mando militar estadounidense en la región, el general John Abizaid, para pedirles un plan de acción.

Según *Los Angeles Times*:

> Rumsfeld y Abizaid vinieron preparados con una respuesta, según un alto funcionario: «un ataque concreto y aplastante» para tomar Faluya. Eso era lo que Bush esperaba oír, según uno de sus ayudantes explicó más tarde. Lo que no le dijeron al presidente es que los marines desplegados en la zona estaban en profundo desacuerdo con la idea de un asalto total sobre la ciudad. «Nosotros teníamos la sensación [...] de que debíamos dejar que la situación se calmara un poco para que no pareciera que estábamos atacando por pura venganza», explicó más tarde el teniente general y comandante de los marines James T. Conway. Conway transmitió esa impresión a sus superiores en la cadena de mando hasta que llegó a Rumsfeld, según testimonio de un funcionario de su departamento. Pero Rumsfeld y sus asesores principales discrepaban de esa idea y no comunicaron [las reservas del teniente general Conway] al presidente. «Si se amenaza con usar la fuerza, en algún momento habrá que demostrar la disposición a emplearla de verdad», diría posteriormente el portavoz del

Pentágono, Lawrence Di Rita. Bush dio inmediatamente su aprobación al ataque.[51]

La noticia de la luz verde presidencial para un ataque llegó hasta la base de los marines instalada en las afueras de Faluya. «El presidente sabe que aquí va a haber mucha sangre», explicó Sánchez a los mandos de las fuerzas allí desplegadas. «Lo admite.»[52] Un oficial dijo que aquello era como si les ordenaran «entrar allí a darles una paliza a todos».[53] El 2 de abril de 2004, apenas 48 horas después de la emboscada, la «Operación Determinación Vigilante» recibió máxima prioridad. El brigada de los marines Randall Carter empezó a mentalizar a sus hombres para la misión. «Los marines sólo estamos realmente motivados dos veces», declaró. «Una es cuando estamos de permiso. La otra es cuando vamos a matar a alguien. Aquí no estamos de permiso. [...] Estamos aquí por un solo motivo: para dominar Faluya. Y eso es lo que vamos a hacer.»[54] En el interior de la ciudad, mientras tanto, los habitantes de Faluya también se preparaban para una batalla que muchos consideraban inevitable.

Antes de que las tropas estadounidenses emprendieran el asalto en toda regla a la localidad, el segundo de Bremer, Jim Steele, asesor principal para las fuerzas de seguridad iraquíes, fue enviado en secreto a Faluya con un pequeño equipo de miembros de esas fuerzas (entrenados por los americanos) y de otras personas a las que Steele calificó de «asesores estadounidenses».[55] Steele era ejecutivo de Enron cuando Paul Wolfowitz lo llamó para ese trabajo en Irak.[56] Lo que tal vez atraía más a la administración del perfil de Steele era su dilatada historia de relación personal con las «guerras sucias» de Estados Unidos en América Central. Siendo coronel de los marines a mediados de la década de 1980, Steele había actuado como una autoridad clave de la «contrainsurgencia» durante la sangrienta guerra promovida por EE.UU. en El Salvador, donde se encargó de coordinar el Grupo Militar Estadounidense,[57] que supervisaba la asistencia militar de Washington y la formación de los escuadrones de la muerte del ejército salvadoreño que combatían contra la guerrilla izquierdista del FMLN.[58] A finales de la década de 1980, Steele fue llamado a testificar durante la investigación del *affaire* Irán-Contra acerca de su papel en la transferencia encubierta de armamento hacia los escuadrones de la muerte de la Contra nicaragüense, una operación continua que pasaba por la base de la Fuerza Aérea estadounidense en la localidad salvadoreña de Ilopango.[59] También trabajó con la policía panameña tras el derrocamiento de Manuel Noriega en 1990 a raíz de la intervención estadounidense en aquel país.[60]

Steele desempeñó un papel similar con las fuerzas iraquíes entrenadas por Estados Unidos durante los primeros tiempos de la ocupación y tuvo una participación clave en un programa de lo que algunos han definido como «salvadorización de Irak».[61] Conforme a dicha estrategia, «los soldados estadounidenses se dedican cada vez más a ejercer un papel asesor del estilo del que ya habían ejercido en su momento en El Salvador», según escribió Peter Maass en *The New York Times Magazine*. «Durante ese proceso, brindan apoyo a fuerzas locales que, como sucedía con el ejército de El Salvador, no rehuyen la violencia. No es casualidad que esta nueva estrategia resulte especialmente visible en una unidad paramilitar cuyo asesor principal es el propio Steele. Por su participación crucial en el conflicto salvadoreño, él sabe cómo organizar una campaña de contrainsurgencia ejecutada por fuerzas locales.»[62]

La misión «secreta» de Steele tras la emboscada a los hombres de Blackwater tenía como fin, según su testimonio, recuperar los cadáveres y «estudiar la situación del enemigo».[63] Poco después, él mismo expuso lo que, en su opinión, debía suceder. «En Faluya, tiene sentido aplicar una política de mano dura», comentó. «Eso es lo único que entiende parte de esa gente. Igual que en el sur [donde Estados Unidos se enfrentaba a una rebelión chií en aumento]. No nos podemos mostrar débiles. Si no, eso mismo puede repetirse luego en cualquier otra parte.»[64] Pronto la «ciudad de las mezquitas» iba a verse sometida a un asedio: el sueño de «limpiar» Faluya expresado por Bremer en su momento había encontrado una justificación para materializarse. Mientras los comandantes estadounidenses preparaban a sus tropas para el ataque, la cotización de Blackwater se revalorizaba en Washington y los hombres de Erik Prince no iban a tardar en hallarse envueltos en el segundo gran frente de resistencia que estallaría poco después contra la ocupación: esta vez, en la ciudad sagrada chií de Nayaf.

Mientras los marines iniciaban los preparativos para invadir Faluya, en Washington, D.C., la cotización de Erik Prince se incrementaba espectacularmente por momentos. En apenas unos días, Prince y otros ejecutivos de Blackwater serían recibidos en el Capitolio como invitados especiales de algunos de los legisladores republicanos más poderosos e influyentes (los hombres que realmente regían el Congreso), donde Blackwater sería aclamada como «socio silencioso» en la guerra contra el terrorismo.[1] Pero mientras su agenda se llenaba, Prince tuvo que prestar atención a otra crisis que tuvo a sus mercenarios como centro. A diferencia de lo sucedido en Faluya, donde la muerte de cuatro hombres de Blackwater había servido únicamente de chispa inicial para una ofensiva estadounidense, las fuerzas de Blackwater participaron como combatientes activas en este segundo incidente y se vieron involucradas en una batalla de un día entero contra cientos de seguidores del exaltado clérigo Muqtada Al Sáder en la ciudad sagrada chií de Nayaf, donde Blackwater había sido contratada para vigilar las oficinas centrales de la autoridad de la ocupación estadounidense.

En las semanas que precedieron a la emboscada del 31 de marzo en Faluya, la administración Bush había estado intensificando su campaña contra Sáder, a quien Bremer y la Casa Blanca veían como un obstáculo para el objetivo central de EE.UU. en aquel entonces: el llamado «traspaso de soberanía», programado para junio de 2004. Hijo de un venerado líder religioso asesinado por las fuerzas de Sadam, la figura de Sáder había emergido en el Irak ocupado como comandante del Ejército del Mahdi —así llamado en honor a un mesías chií— y, posiblemente, como el más elocuente y popular oponente a la ocupación estadounidense.[2] La administración estadounidense y Bremer creían que había que párar los pies a Sáder y a su movimiento chií insurgente, como había que frenar a los suníes rebeldes de Faluya. En abril de 2004, mientras Estados Unidos emprendía varias guerras simultáneas de contrainsurgencia contra los principales movimientos de la resistencia suní y chií en Irak, Blackwater desempeñó un papel decisivo en los momentos posiblemente más trascendentales de la ocupación de Irak, un periodo que alteró irreversiblemente el curso de la guerra y acabó por convertirse en el del estallido de la insurrección antiamericana.

Mientras que el asesinato de los hombres de Blackwater en Faluya acaparó los titulares y las portadas internacionales durante días y es aún recordado como un momento emblemático de la guerra, el papel significativo de las fuerzas de Blackwater en Nayaf durante la revuelta chií de cinco días pasó prácticamente desapercibido. Y, sin embargo, este episodio (durante el que soldados estadounidenses en activo libraron batalla a las órdenes de mercenarios de Blackwater) sirvió para aumentar espectacularmente y hasta extremos sin precedentes el grado de externalización de la guerra practicado por la administración Bush. Como la emboscada de Faluya, la suerte de Blackwater en Nayaf también estuvo guiada por la historia.

Durante su año en Irak, Paul Bremer fue el máximo responsable de varias políticas estadounidenses que aceleraron en gran medida el surgimiento de múltiples movimientos de resistencia contra la ocupación. En abril de 2004, alcanzaron su punto crítico. «Los británicos tardaron tres años en convertir tanto a los suníes como a los chiíes en sus enemigos en 1920», escribió el veterano corresponsal de guerra británico Robert Fisk desde Faluya. «Los estadounidenses están consiguiendo lo mismo en menos de un año.»[3] La desmovilización del ejército iraquí combinada con el despido de miles de empleados del Estado en virtud del programa de «desbaazización» implantado por Washington habían llevado al paro a decenas de millares de hombres iraquíes en edad de combate y los habían empujado a la resistencia. Los iraquíes eran testigos de cómo grandes empresas extranjeras —la mayoría de ellas de origen estadounidense— se desplegaban por el país para cosechar enormes beneficios mientras sus conciudadanos de a pie vivían sumidos en la miseria y la inseguridad. Además, las víctimas de los crímenes cometidos por los estadounidenses no contaban prácticamente con recurso alguno, ya que las empresas contratistas gozaban básicamente de inmunidad frente al sistema judicial local, lo que las rodeaba de una insoportable aureola de impunidad absoluta.[4]

Al mismo tiempo, la grave situación humana en el país y los asesinatos y las desapariciones de civiles iraquíes habían abierto la puerta para que diversos líderes religiosos ofrecieran seguridad y servicios sociales a cambio de lealtad. En ningún otro caso se hizo más patente ese fenómeno que en el ascenso de Muqtada Al Sáder al estatus de héroe de la resistencia nacional. En el caos y el horror que siguió al *shock and awe*, Sáder fue una de las contadas figuras que, dentro del país, abordó realmente los problemas de la pobreza y el sufrimiento extremos. Logró así establecer una extensa red de instituciones sociales en sus zonas de influencia, entre las que se contaba el vasto y populoso suburbio bagdadí de Ciudad Sáder, cuyos dos millones de habitantes habían vivido abandonados a su suerte desde hacía años por el régimen de Sadam. Mientras la desbaazización decretada por Bremer desmantelaba las instituciones y las protecciones sociales, la red de Sáder construía alternativas y conquistaba miles de nuevos seguidores. «Inmediatamente después de la invasión, Sáder desplegó a discípulos suyos ataviados de negro para que patrullaran las calles de los suburbios chiíes de Bagdad», según informaba el *New York Times*. «Sus hombres se dedicaban a repartir pan, agua y naranjas. También proporcionaban una valiosísima (por escasa) seguridad para la población. Sáder vio un vacío y lo llenó.»[5] Mientras otras figuras religiosas y políticas competían por el poder en el seno de las instituciones recién creadas por Estados Unidos, Sáder renegaba de todos los elementos y los partidarios de ese nuevo régimen. En agosto de 2003, su milicia contaba aproximadamente con unos quinientos miembros. En abril de 2004, había crecido hasta alcanzar una cifra estimada de unos diez mil.[6]

La creciente credibilidad y popularidad de Sáder, unida a su furibunda retórica en contra de la ocupación —y, en particular, de Bremer—, no tardaron en valerle la etiqueta (impuesta por los estadounidenses) de «fuera de la ley».[7] En vista de la proximidad cada vez mayor de la «fecha límite» de junio de 2004, Estados Unidos creía que había que poner freno tanto a Sáder como a los militantes suníes de Faluya.

Washington veía desde hacía tiempo a Sáder como un enemigo de primera fila en el «nuevo» Irak, y diversos altos cargos estadounidenses, incluido el subsecretario de Defensa, Paul Wolfowitz, y el comandante en jefe del ejército norteamericano en Irak, el general Ricardo Sánchez, llevaban meses analizando planes para neutralizarlo. «Desde un primer momento, se llegó a la conclusión de que aquel hombre era un problema y había que frenarlo», según las declaraciones al *Washington Post* de un alto cargo federal estadounidense. «Pero no había un plan claro sobre cómo hacerlo.»[8] Eso cambió en marzo de 2004, cuando Bremer lanzó su guerra sin cuartel contra Sáder y contra sus instituciones y su gente. Al tiempo que Bremer y la administración Bush emprendían una gran campaña propagandística con vistas al «traspaso» de soberanía, Sáder no dejaba de clamar contra la ocupación y contra los colaboradores autóctonos de ésta. Exigía que Estados Unidos se retirase y llegó incluso a proclamar a su Ejército del Mahdi «enemigo de la ocupación».[9] Sáder no era simplemente una figura religiosa chií, era también un nacionalista iraquí que sabía hablar el lenguaje de la calle y aderezaba sus sermones con frecuentes referencias a la jerga y la cultura populares.

Según el *Washington Post*, hacía tiempo que existía inquietud ante la posibilidad de que, yendo por Sáder, Estados Unidos no hiciera más que potenciar la popularidad —ya de por sí creciente— del líder religioso y corriera incluso el riesgo de convertirlo en un mártir. En marzo, sin embargo, y según el *Post*, «los cálculos de Bremer habían cambiado».[10] El 28 de marzo, el ejército estadounidense asaltó las oficinas bagdadíes del pequeño semanario antiocupación de Sáder, *Al Hausa* («El seminario»), desalojando al personal y colocando un gran candado en la puerta.[11] En una carta escrita en un árabe «escaso y simple» y que llevaba el sello oficial de la APC (la Autoridad Provisional de la Coalición),[12] Bremer acusaba a la publicación de infringir su Orden nº 14 e imputaba a *Al Hausa* la «intención de perturbar la seguridad general e incitar a la violencia».[13] Aunque las autoridades estadounidenses no fueron capaces de citar un solo ejemplo en el que el semanario hubiese alentado ataques contra las fuerzas de ocupación, Bremer mencionaba allí dos casos de lo que él describía como informaciones falsas. Uno de ellos era el siguiente titular que la publicación había elegido para uno de sus artículos: «Bremer sigue los pasos de Sadam».[14] Aquella medida tomada contra Sáder había contado con el respaldo total de varios altos cargos de la administración Bush. «Creemos en la libertad de prensa», comentó el portavoz de Bremer, Dan Senor. «Pero si dejamos que esto siga fuera de control, acabarán muriendo personas. Cierta retórica no pretende más que provocar violencia y eso es algo que no toleraremos.»[15] Como se demostraría con el tiempo, aquella medida de fuerza fue un desastroso error de cálculo de Bremer. *Al Hausa* recibía su nombre de un seminario chií con más de mil años de historia que se había caracterizado en el pasado por alentar diversas revueltas contra los ocupantes extranjeros y, muy especialmente, en los años veinte del siglo xx, contra los británicos.[16] «Al Sáder había ido perdiendo popularidad a lo largo de los meses anteriores», escribió el veterano corresponsal de *Newsday* en Irak, Mohamad Bazzi. «Pero·tras la clausura del semanario de Al Sáder en Bagdad por parte de soldados estadounidenses el pasado 28 de marzo, bajo la acusación de incitación a la violencia, el joven clérigo recuperó apoyos y se consolidó como el más feroz crítico chií de la ocupación estadounidense.»[17] El cierre de *Al Hausa* desató de inmediato protestas multitudinarias y alimentó las especulaciones en el sentido de que Bremer tenía intención de arrestar a Sáder.[18] Finalmente, las manifestaciones de protesta se extendieron hasta las puertas mismas de la Zona Verde, donde los congregados gritaban: «Con una palabra tuya, Muqtada, ¡reanudaremos la revolución de 1920!».[19]

Antes incluso de que Estados Unidos iniciara sus ataques contra Sáder, ya se apreciaban muestras serias en todo Irak de un levantamiento nacional tanto de los chiíes como de los suníes. Dos días antes de que Bremer decretara la clausura de *Al Hausa*, los soldados estadounidenses habían lanzado una ofensiva sobre un barrio de Faluya en la que habían matado, al menos, a quince iraquíes, un incidente que indignó a muchos suníes.[20] Cuando se produjo la emboscada a los trabajadores de Blackwater en Faluya el 31 de marzo, el·sur del país se hallaba ya al borde de la revuelta y decenas de miles de chiíes se habían lanzado a las calles. El 2 de abril, durante los rezos del viernes, Sáder declaró: «Yo soy el brazo ejecutor de Hezbolá y de Hamás aquí, en Irak».[21] Cuando las fuerzas estadounidenses se preparaban para someter a Faluya a un asedio en toda regla, Bremer arrojó leña al fuego de una situación de por sí volátil ordenando el arresto del principal ayudante de Sáder, el jeque Mustafá Yaqubi, que fue detenido el sábado 3 de abril de 2004.[22] Para Sáder, aquélla fue la gota que colmó el vaso. Inmediatamente después, llamó a sus seguidores a levantarse abierta y encarnizadamente contra la ocupación.

Tras el arresto de Yaqubi, miles de indignados seguidores de Sáder se desplazaron en autobuses desde Bagdad hasta la sede espiritual de su líder en Kufa, al lado de la ciudad santa de Nayaf,[23] donde muchos creían que las fuerzas de ocupación tenían retenido a Yaqubi. Por el camino, se encontraron con carreteras abarrotadas de hombres preparados para presentar batalla. «Nosotros no elegimos el momento del levantamiento», declaró Fuad Tàrfi, portavoz de Sáder en Nayaf. «Fueron las fuerzas de ocupación las que lo eligieron.»[24] Al alba del domingo 4 de abril, el Ejército del Mahdi inició la toma de los edificios administrativos de la zona. Los mandos policiales locales rindieron de inmediato su autoridad y lo mismo hicieron otros funcionarios en otro de los edificios gubernamentales. Pero, a partir de ahí, la multitud se dirigió hacia su verdadero objetivo: la sede de la delegación de las autoridades de la ocupación en Nayaf, protegida por Blackwater.

4-4-04

La mañana del 4 de abril de 2004, mientras el sol salía sobre la ciudad santa chií de Nayaf, un puñado de hombres de Blackwater vigilaban apostados en la azotea de las instalaciones de la Autoridad Provisional de la Coalición que tenían el encargo de proteger. Por aquel entonces, la presencia militar estadounidense real en Nayaf era muy limitada debido a las negociaciones que se habían mantenido con los líderes religiosos chiíes, que habían exigido la retirada de las tropas norteamericanas de la zona. Como parte del paquete de actividades del contrato de Blackwater en Irak, la empresa no sólo protegía a Paul Bremer, sino que también se encargaba de la seguridad de, al menos, cinco delegaciones de la autoridad de ocupación estadounidense, incluida la de Nayaf.[25] Como la mayor parte del mundo, los guardias de Blackwater destinados a Nayaf conocían de sobra la suerte que habían corrido sus colegas unos días antes en Faluya. Y, en aquel momento (en el que se gestaba el inicio de todo un levantamiento nacional), observaban cómo un multitudinario grupo de airados manifestantes seguidores de Muqtada Al Sáder alcanzaba ya Camp Golf (en lo que anteriormente era el campus de la Universidad de Kufa), convertido en sede central en la zona de la autoridad de la ocupación.* Blackwater tenía sólo ocho hombres vigilando el recinto aquel día junto a un puñado de soldados de El Salvador. En el complejo también se encontraban por casualidad unos cuantos marines estadounidenses.

El cabo de los marines Lonnie Young estaba en Irak desde enero de 2004. Nacido 24 años antes en Dry Ridge, Kentucky (una localidad

---

* También conocida como Base Al Andalus, nombre que le dieron las autoridades militares españolas que estaban a su mando. (*N. del T.*)

de dos mil habitantes), Young había sido destinado a Irak como administrador del sistema de mensajería de defensa. La mañana del 4 de abril, se encontraba en Nayaf para instalar un equipo de comunicaciones en Camp Golf. «Al entrar por la puerta principal, reparé en un pequeño grupo de manifestantes que protestaban por la calle», recordaba Young en un informe oficial de los hechos de aquel día elaborado por el Cuerpo de Marines.[26] «Al dirigirnos a la base, vimos a numerosos soldados de la Coalición con uniformes "antidisturbios" cerca de la puerta de entrada.» Young y sus colegas se encontraron con el comandante local de las fuerzas de ocupación, un oficial español, y luego subieron a la azotea del edificio para instalar el equipo de comunicaciones. Young acabó su tarea unos 25 minutos después. Así que, pese a que la manifestación ya había alcanzado el perímetro exterior de la base, Young trató de echar una cabezadita de diez minutos en la parte de atrás de su camión, «porque sólo quedaban unos veinte minutos para el almuerzo». Pero, al poco tiempo, uno de sus colegas vino a despertarle para indicarle que el equipo no funcionaba del todo bien. «Le dije que iría al momento para ayudar», explicó Young. «Me vestí, cogí mi arma y estaba ya a punto de salir del camión cuando oí el sonido inconfundible de unas ráfagas de AK-47 procedentes de la calle, enfrente de la base.» Young dijo que agarró a toda prisa y como pudo su equipo y su uniforme y se introdujo en el edificio de la APC, donde acabó yendo a parar a la azotea, junto a ocho mercenarios de Blackwater y a los soldados salvadoreños. Young ocupó una posición en el tejado y preparó su miniametralladora pesada M249 Squad Automatic Weapon (o SAW). Colocó la mirilla telescópica del arma y siguió observando cómo transcurría la acción un poco más abajo y aguardando nuevas órdenes. «Tras un periodo de tiempo que se me hizo una eternidad, aunque igual fue de sólo unos segundos, pude ver a unas personas que salían de un camión y empezaban a correr», recordaba Young. «Uno de aquellos iraquíes se tendió rápidamente en el suelo y nos disparó varias ráfagas. Yo comencé a gritar que tenía a uno en el punto de mira y pregunté si podía disparar.» Pero no había ningún oficial del ejército estadounidense disponible para asumir el mando. Así que, aquel día, el cabo Lonnie Young, miembro en activo del Cuerpo de los Marines de los Estados Unidos, tuvo que recibir órdenes de los mercenarios privados de Blackwater USA.

«Con su permiso, señor, tengo un blanco en el punto de mira», Young recordaba haber gritado. «Al final, los de seguridad de Blackwater dieron la orden de abrir fuego.» Young dijo que él, entonces, «apuntó a su blanco y apretó el gatillo. Pude ver que el hombre iba vestido con una túnica completamente blanca y llevaba un fusil AK-47 en la mano derecha. Parecía estar corriendo todo lo que podía y, en ese momento, le disparé una breve ráfaga de balas de 5,56 milímetros. A través de mi mira vi que el hombre caía sobre el asfalto. Me detuve un segundo a mirar por encima de mi arma y comprobé que el hombre yacía inmóvil en la calle».

«Me invadió una curiosa sensación», recordaba Young. «Fueron muchas las emociones que me asaltaron a la vez. Me sentí útil, feliz y apenado al mismo tiempo.»

Aunque Young y Blackwater sostienen que fueron los iraquíes los que iniciaron el tiroteo de aquel día, otros testigos entrevistados por diversos periodistas en ese mismo escenario dijeron que los hechos se habían desarrollado de forma distinta; éstos afirmaban que la batalla se inició cuando las fuerzas que protegían las instalaciones de los ocupantes hicieron varios disparos con balas de fogueo desde la azotea mientras los manifestantes se congregaban ante el recinto. «Alarmados al ver que la muchedumbre no dejaba de avanzar hacia ellos, [las fuerzas de la azotea] efectuaron disparos con balas de fogueo con la intención de dispersar a los manifestantes, pero lo único que consiguieron fue irritarlos aún más», escribió el corresponsal del *Washington Post*, Anthony Shadid. «Puede incluso que en ese momento pasaran a disparar con munición real. Fue entonces cuando varios hombres armados mezclados entre la multitud, empezaron a responder a los disparos con armas de pequeño tamaño, lanzagranadas y morteros.»[27] Las estimaciones del número de personas que se congregaron a las puertas de las instalaciones de las fuerzas de la ocupación aquel día oscilan entre unas 700 y más de 2.000.

Con independencia de cómo empezó, lo cierto es que tras el inicio del tiroteo, los hombres de Blackwater, los salvadoreños y el cabo Young fueron vaciando cargador tras cargador, disparando miles de balas y cientos de granadas de 40 milímetros sobre la multitud.[28] Era tal el número de disparos efectuados que algunos de ellos tenían que dejar de disparar cada quince minutos para que los cañones de sus armas pudieran enfriarse un poco.[29] Los hombres de Sáder respondieron con fuego de lanzagranadas y de fusiles AK-47.[30] Shadid recogió también en su crónica que, «al cabo de un rato, varios testigos vieron un vehículo ocupado por cuatro soldados salvadoreños que había quedado atrapado en la parte exterior de la puerta de acceso a la base. Los manifestantes se abalanzaron sobre los aterrados ocupantes que se vieron enseguida superados por todos los flancos. Entonces sacaron del vehículo a uno de sus nuevos prisioneros y le colocaron una granada en la boca a la que extrajeron allí mismo la anilla del seguro. Dos de los otros soldados, cuyos rostros, llenos de magulladuras, delataban la paliza a la que acababan de ser sometidos, fueron vistos [más tarde] cuando eran conducidos por hombres armados al interior de la mezquita».[31]

En plena lucha, varios agentes de la policía militar se unieron a las fuerzas de la azotea comandadas por los hombres de Blackwater. Durante la batalla, que se prolongó con parecida intensidad durante casi cuatro horas, uno de los agentes de Blackwater empezó a grabar la acción en vídeo. Esa grabación llegó después a Internet y se convirtió en un extraordinario documento histórico de los sucesos del 4 de abril de 2004.[32] Dicho vídeo casero se inicia con una ensordecedora descarga de fuego de artillería y con las imágenes de los hombres de Blackwater, el cabo Young y, al menos, otros dos soldados ataviados con uniforme de camuflaje disparando ráfaga tras ráfaga. «Estás apuntando demasiado alto, amigo», se oye cómo grita uno de los trabajadores de Blackwater a los soldados.

«¿Veis a un hombre en el suelo?», grita la voz. «¡Lanzagranadas!»

«¿Dónde?»

«Justo delante del camión, ¡apoyado contra la pared!»

¡Bum, bam! ¡Ratatatatá! Ráfagas de munición explosiva durante treinta segundos seguidos. «¿Tenéis más munición?», grita alguien. «El camión está vacío, el camión está vacío.»

Los disparos se interrumpen mientras los hombres valoran la situación que se desarrolla un poco más abajo. «Quedaos como estáis, quedaos justo como estáis ahora», ordena una voz. «Escrutad vuestros sectores y ya está. Escrutad vuestros sectores. ¿Quién necesita munición?»

«Cargadores, aquí hay cargadores.»

«Negros de mierda», dice otra voz mientras los hombres empiezan a recargar sus armas. La cámara gira rápidamente hacia quien parece ser su operador en aquel momento —un agente de Blackwater con perilla y gafas de sol— que mira al objetivo y sonríe. En el momento en que la cámara vuelve a girar para enfocar de nuevo la acción, quien la maneja comenta entre risas «¿Qué coño?». El objetivo enfoca entonces a un hombre que parece ser un soldado estadounidense y el cámara le pregunta por su arma: «Oye, colega, ¿no está esa arma caliente de cojones?».

«Con todo el tiempo que llevo [palabra ininteligible] en el jodido Cuerpo de los Marines y nunca había disparado un arma», responde el soldado. Otra voz grita: «¡Apunta a tu objetivo!»

Sobre la azotea también se puede ver a unos hombres que parecen ser soldados salvadoreños; por lo que se puede apreciar, uno de los empleados de Blackwater, que viste una camiseta azul y una gorra de béisbol, da instrucciones a uno de los salvadoreños sobre cómo colocar el arma pesada que lleva. «Agárrense fuerte, agárrense fuerte, agárrense fuerte», dice otro hombre con perilla, ametralladora y camiseta, que lleva además un chaleco antibalas y una gorra de béisbol de color azul.

«¡Eh! Cuidado con esos hijos de puta de aquí cerca», dice otra voz.

«¡Sí, anda que van a poder conmigo los Mahdi del carajo!»

Y a partir de ahí, se reanuda el fuego intenso descargado por los hombres de la azotea. Junto a las ráfagas de ametralladora, se oye el sistemático bum, bum, bum de otras armas más pesadas. «¡Eh, dadle a alguien!», grita alguien mientras el estruendo ensordecedor de las ráfagas de artillería explota sobre Nayaf. Uno de los hombres de Blackwater parece dirigir a tres soldados camuflados que disparan desde la azotea.

Durante la batalla, los tiradores iraquíes alcanzaron a un total de tres de los hombres que protegían las instalaciones de las fuerzas de ocupación. Según Young, uno de los vigilantes de seguridad de Blackwater fue alcanzado por un disparo y la sangre manó hasta un metro y medio más allá de su cara. «Pude verle un agujero de una moneda de 25 centavos de ancho en la mandíbula», recordó el cabo Young. «Para entonces, ya había perdido medio litro de sangre. Traté de presionar sobre la herida para detener la hemorragia, pero la sangre no dejaba de brotar a chorros entre mis dedos.» Young dijo que introdujo la mano en la herida y pinzó la arteria carótida de aquel hombre para taponarla. Luego lo recogió y lo llevó hasta el médico de Blackwater, para reincorporarse de inmediato a su puesto en la azotea. Una foto que se tomó aquel día muestra a Young en el tejado apuntando con su SAW hacia la multitud y acompañado de hombres de Blackwater con gafas de sol y armados hasta los dientes colocados justo detrás y al lado de él. «Escudriñé las calles con la vista y no vi más que a cientos de iraquíes muertos esparcidos por el suelo», dijo Young. «Era una imagen increíble; pese a los muchos que yacían ya muertos, seguía habiendo iraquíes que avanzaban y corrían hacia la puerta de entrada delantera. Así que volví a abrir fuego. Mientras vaciaba un cargador tras otro, veía cómo personas vestidas con túnicas blancas y negras caían al suelo a medida que pasaba la mira de mi arma sobre ellas. Lo único que podía pensar en aquel momento era que o mataba o me mataban. Tenía la impresión de que estábamos perdiendo terreno. Y, en muchos sentidos, así era, pero esa sensación hacía que combatiera con aún mayor ahínco.»

Blackwater declaró posteriormente que, a lo largo de aquella batalla, sus hombres trataron infructuosamente de ponerse en contacto con los mandos militares estadounidenses. Un alto ejecutivo de la empresa, Patrick Toohey, explicó al *New York Times* que hubo un momento en el que la multitud empezó a avanzar rápidamente sobre las instalaciones y «a los hombres de Blackwater les quedaban muy pocas balas, menos de diez a cada uno».[33] Sitiados como se encontraban, acabaron contactando con las oficinas centrales de Blackwater en Bagdad. El personal de Paul Bremer dio inmediatamente el visto bueno para que Blackwater enviara tres helicópteros de la propia empresa —conocidos como «Culos de mono» y que eran precisamente los mismos empleados para la seguridad de Bremer— para suministrarles más munición.[34] La tripulación de los helicópteros también rescató al cabo Young, que, entretanto, había resultado herido.[35] «Corrimos al exterior y vimos que tres helicópteros de Blackwater habían aterrizado allí», recordaba Young. «Me dirigí a toda prisa hacia el helicóptero que estaba más lejos y me introduje en el asiento del copiloto. Mientras despegábamos, yo estaba muy nervioso. Yo no tenía un arma ni ningún tipo de protección antibalas, pero veía que todo el mundo estaba disparando alrededor de la base. [...] Allí sentado me sentía casi impotente.» Al final, el helicóptero de Blackwater logró transportar al marine hasta un lugar seguro. «[A Bremer] le pareció perfecto que acudieran a salvar las vidas de unos estadounidenses», declaró después Toohey.[36]

En otro vídeo filmado en la azotea de la APC de Nayaf, se puede ver cómo se realizó la descarga de los suministros transportados por los helicópteros de Blackwater.[37] Tras ese momento inicial, el vídeo pasa a mostrarnos un primer plano de quien parece ser uno de los vigilantes de Blackwater apuntando con un arma de francotirador. «Se ha deslizado en uno de esos edificios», dice un hombre fuera de cámara. «¿El que se ve ahí corriendo sobre el muro?», pregunta el tirador. Y antes de que el hombre que habla fuera de cámara diga «sí», el tirador aprieta el gatillo sin inmutarse. Suenan tres disparos. Repone el cargador.

«Tenemos localizado a un grupo de tres. Ahora mismo están corriendo todos ellos», dice el hombre que habla fuera de cámara. «¡Vaya! Tenemos un montón de... ¿ves a ese de blanco? Va demasiado rápido... no veas cómo mueve el culo ahora mismo.» El tirador ajusta su mira. «Se nos acerca un grupo numeroso. Por allí, escurriéndose sobre el muro», anuncia tranquilo. Y efectúa tres disparos más. «¡Uf! Tienes ahí a todo un grupo de ellos», dice el hombre que habla fuera de cámara y parece estar ejerciendo de ojeador.

Otro disparo.

«Tenemos a un puñado de malos a las doce en punto, a unos 800 metros», comunica por su *walkie-talkie* el hombre que habla fuera de cámara. «Quince de ellos vienen corriendo hacia aquí.» Una voz desde el comunicador le pregunta al presunto ojeador por la ubicación exacta de los «malos» mientras el tirador continúa disparando. Pero ya no hace falta que intervengan. «Negativo», responde. «Ya los ha limpiado.»

Breves instantes después, el tirador indica que fuerzas militares estadounidenses se han sumado a la batalla dejando caer un proyectil JDAM (iniciales en inglés de Munición de Ataque Directo Combinado, un misil aire-tierra controlado por GPS, conocido también como «bomba inteligente») en las inmediaciones. El tirador pregunta a su compañero: «¿Quién ha tirado el JDAM?».

«Los marines.»

«Sí», dice el tirador. «Los nuestros volaban hacia aquí cuando ese JDAM hizo explosión.» La referencia que el tirador hace a que «los nuestros volaban hacia aquí» cuando el misil JDAM tocó tierra da a entender que, además de la munición, Blackwater también aprovechó el viaje para desplegar a más de sus hombres en Nayaf durante el combate.

«Otro coche a toda leche... un Mercedes azul», comenta el tirador mientras le dispara un tiro. «Muy bien. He dado al coche que iba justo delante.» Otro tiro. El vídeo da un salto en ese momento y nos muestra a continuación nuevas ráfagas de disparos y vuelve a enfocar al tirador. «¿El de la bandera verde?», pregunta. «Sí, ése», le confirma su compañero. Suena un disparo. «Es el Ejército del Mahdi. La bandera verde es la del Ejército del Mahdi. Siempre están dispuestos a combatir a la más mínima oportunidad.» Otros tres disparos. «Muy bien. ¿Ves la carretera que sale recta por allí? ¿Esa de ahí?», pregunta el ojeador.

«Sí.»

«Síguela —toda recta— unos 800 metros», instruye al tirador. Mientras éste recarga el arma, su compañero exclama: «¡Oh, mierda! Mira todos esos hijos de puta.» Y le comenta al tirador: «Muy bien, ya los tienes.» El tirador empieza a eliminar a una persona tras otra. «Menuda puntería tenéis vosotros», le dice el ojeador. Otros tres disparos. Mientras dispara, el tirador exclama: «¡Dios bendito! Esto es como un jodido puesto de tiro al pato en una feria». Dos tiros más. «Se están poniendo a cubierto», comenta el ojeador. Otro disparo. Los hombres de Blackwater dicen a continuación que están recibiendo disparos de respuesta y empiezan a acelerar su propio ritmo de disparos. El vídeo pasa entonces a una escena posterior de fuego intenso desde las posiciones de las fuerzas de la ocupación. «¡Achicharra a ese hijo de puta cuando aparezca doblando la esquina! ¡Ahora, dale!», grita alguien. Ratatatatá.

El vigilante a sueldo de Blackwater Ben Thomas —el mismo hombre que admitió haber matado a un iraquí en septiembre de 2003 con proyectiles de «metal mezclado» de uso no permitido—[38] afirmó estar presente en la azotea de Nayaf aquel día. Dos años después del tiroteo de Nayaf, cuando los mencionados vídeos caseros ya habían circulado extensamente por Internet, Thomas arremetió contra quienes criticaban el comportamiento de las fuerzas de Blackwater aquel día. «¿Saben lo que es estar hombro con hombro ocho compañeros de equipo mientras 1.200 hombres armados del Ejército del Mahdi están a tus puertas, a apenas 300 metros de tu posición por tres flancos distintos? Y, aun así, ¿se atreven a criticar las acciones de mis compañeros basándose en lo que han visto en un vídeo de mala calidad?», escribió Thomas en una entrada de un foro web de un contratista militar privado del que es contribuidor habitual.[39] «Mis siete compañeros de equipo y los soldados de las fuerzas especiales salvadoreñas que combatieron junto a nosotros son las únicas personas que vieron lo que pasó. De la guerra se hacen muchas crónicas y estudios. Nayaf no es más que otra pequeña batalla para la historia, pero, para nosotros, fue un lugar de mucha muerte. No es un tema de esos ligeros de sobremesa.»[40] En cuanto a la expresión «negros de mierda» que se oía pronunciar a uno de los hombres en la grabación, Thomas escribió: «Aquel compañero, que no había entrado nunca en combate directo y casi nunca decía tacos, utiliza un término despectivo de contenido racial. Pero ésa no es su forma de ser. Es la de un hombre que acaba de matar a 17 soldados enemigos que se habían acercado a nosotros hasta llegar a apenas 70 metros de nuestro El Álamo particular. Cuando ese amigo mío detuvo el avance en seco del enemigo así, solo y bajo fuego directo, la peor palabra que su mente pudo encontrar para que él se la gritara a aquellos bastardos muertos fue "negros de mierda". Luego, cuando vio el vídeo, lloró. Él no es un racista. Lo que oyen ahí es un hombre aterrado y victorioso al mismo tiempo. Pero eso es lo que no ven en el vídeo».[41]

Al final, soldados de las fuerzas especiales estadounidenses entraron en Nayaf y lograron dispersar a la multitud.[42] Al término de la batalla, un número indeterminado de iraquíes yacían muertos por las calles. Según el cabo Young, eran «cientos». Según otras estimaciones, los muertos fueron entre veinte y treinta, y los heridos, unos doscientos.[43] Puesto que Blackwater era la encargada de vigilar el edificio y de coordinar su defensa, no existen informes militares oficiales sobre cómo se inició el incidente.[44] Blackwater admitió que sus hombres dispararon centenares de balas y proyectiles sobre la multitud, pero su vicepresidente, Patrick Toohey, explicó al *New York Times* que sus empleados «lucharon y acometieron a cada combatiente enemigo con la munición y el fuego precisos». Luego, según el propio *Times*, Toohey «insistió en que sus hombres no habían entrado en combate en absoluto. "Lo que estábamos llevando allí a cabo era una operación de seguridad", declaró. «La línea de separación entre una cosa y la otra», añadió a modo de conclusión, "se está difuminando bastante"». Al final de uno de los vídeos caseros de la batalla de Nayaf, se muestra cómo suben a un camión a varios iraquíes con la cabeza tapada y maniatados con cintas de plástico. Uno de ellos parece estar llorando bajo la capucha que le tapa la cara mientras aprieta las manos contra la frente.

Lo que evidencian tanto el vídeo como el relato que el cabo Young realizó de su recuerdo de los hechos de aquel día es que Blackwater dirigía la operación hasta el punto de ordenar a un marine en activo del ejército de Estados Unidos cuándo abrir fuego. «Cuando te disparan desde una distancia próxima, todo el mundo colabora para hacer lo que hay que hacer», comentó Chris Taylor, de Blackwater, quien tuvo palabras de elogio para el cabo Young tras enterarse de cómo el marine reabasteció de munición a los vigilantes de la empresa apostados en el tejado. «Debería sentirse orgulloso de haber actuado como lo hizo», declaró Taylor.[45] Hacia el mediodía, el máximo comandante militar estadounidense en Irak, el teniente general Ricardo Sánchez, y su segundo, el general de brigada Mark Kimmitt, llegaron al lugar de los hechos. Cuando Kimmitt se refirió más tarde a la batalla allí acaecida, no mencionó el nombre de Blackwater, pero elogió la operación dirigida por los trabajadores de la empresa. «Yo sé —y lo sé porque estuve ayer en una azotea de An Nayaf con un pequeño grupo de soldados estadounidenses y de la Coalición [...] que acababan de pasar por tres horas y media de combate, y pude verlo en sus ojos—, yo sé, digo, que allí no hubo crisis alguna. Todos sabían a qué habían venido», dijo Kimmitt. «Habían perdido a tres compañeros, que habían resultado heridos. Y allí estábamos, entre los casquillos de bala y, por qué no decirlo, la sangre de sus camaradas, y se mostraban totalmente seguros y tranquilos. Y estaban tranquilos por tres motivos: porque están increíblemente bien preparados, porque son extraordinariamente buenos en su trabajo y porque sabían por qué estaban allí.»[46] Toohey (el ejecutivo de Blackwater), tras reconocer el creciente uso de contratistas militares privados, concluía que «esto es algo completamente nuevo en el ámbito militar. Piense en ello. Se está contratando a personal civil para llevar a cabo tareas militares».[47]

Para los iraquíes y, en especial, para los seguidores de Sáder, la del 4 de abril se recuerda como una masacre en una de las ciudades más sagradas del islam chií (de hecho, hubo varios clérigos entre las bajas de aquel día).[48] Para los hombres de Blackwater y para el cabo Young, fue el día en el que —contra todo pronóstico— lograron repeler a todas aquellas hordas de milicianos armados y airados que pretendían asesinarlos y tomar un edificio que ellos tenían la misión (encomendada por su propio gobierno) de proteger. «Yo pensé: "Éste es mi último día. Pero no me iré sin armar un buen estruendo"», explicó más tarde el cabo Young al *Virginian-Pilot*. «Si tenía que morir, que fuese defendiendo a mi país.»[49] Pero pese al gran número de iraquíes muertos en aquel incidente y a que Blackwater mantuvo el control del edificio de la APC, la batalla envalentonó a las fuerzas y a los partidarios de Al Sáder. Aquella misma tarde, «por los altavoces de la mezquita de Kufa se anunció que el Ejército del Mahdi se había hecho con el control de Kufa, Nayaf, Nasiriya y Ciudad Sáder, el populoso suburbio chií de Bagdad», según informaba el *Washington Post*. «El puesto de control que vigilaba el acceso al puente de entrada en Kufa y Nayaf había pasado a ser operado por jóvenes milicianos. Numerosos agentes de la policía iraquí, pagados y entrenados por las fuerzas de la Coalición liderada por EE.UU., se habían unido al asalto a las instalaciones.»[50] También esa misma tarde, Paul Bremer anunció que había nombrado a unos nuevos ministros de defensa y de servicios de inteligencia iraquíes. En el mismo acto en el que realizó dicho anuncio, Bremer se refirió también al combate producido en Nayaf. «Esta mañana, un grupo de personas han cruzado la línea y se han situado en el lado de la violencia», declaró Bremer. «Eso es algo que no toleraremos.»[51]

Justo antes de que el sol se pusiera sobre Nayaf, Muqtada Al Sáder lanzó un llamamiento público a poner fin a todas las protestas para pasar al levantamiento abierto. «Aterrorizad a vuestro enemigo», dijo. «Dios os recompensará bien por complacerle de ese modo. [...] Ya no es posible callar ante el abuso al que nos someten.»[52] Esa noche, fuerzas militares estadounidenses entraron en el barrio bagdadí de Ciudad Sáder. Un portavoz del ejército norteamericano dijo que cazas y helicópteros de artillería de Estados Unidos estaban contraatacando como respuesta al enfrentamiento de Nayaf, y en unas imágenes de televisión transmitidas por Reuters podía verse cómo los tanques aplastaban sin miramientos los coches de la población civil aparcados en las calles del lugar.[53] A medida que se fue extendiendo la noticia de las órdenes pronunciadas por Sáder, también lo hicieron las emboscadas tendidas por sus seguidores contra las fuerzas estadounidenses en diversos lugares, también en Ciudad Sáder, donde el hijo de Cindy Sheehan,* Casey —un especialista del Ejército de Tierra estadounidense—, cayó muerto ese mismo día.[54] En total, ocho soldados americanos fallecieron en Ciudad Sáder el 4 de abril y otros cincuenta resultaron heridos, además de un número indeterminado de iraquíes.[55] El general de división Martin Dempsey, comandante de la Primera División Acorazada, calificaría más tarde los combates de aquel día en Ciudad Sáder como «el mayor enfrentamiento armado desde la caída de Bagdad hace un año».[56] Los seguidores de Al Sáder acabarían organizando levantamientos en, al menos, ocho ciudades de todo Irak.

El lunes 5 de abril, Paul Bremer declaró oficialmente a Muqtada Al Sáder «fuera de la ley». «Está intentando establecer su propia autoridad en lugar de la autoridad legítima», aseguró Bremer. «No lo vamos a tolerar. Reafirmaremos la ley y el orden público esperados por el pueblo iraquí.»[57] Horas después, las autoridades de la ocupación anunciaban que se había emitido una orden para el arresto de Sáder.[58] Aquélla resultaría ser una decisión desastrosa que no haría más que potenciar el estatus de Al Sáder hasta extremos insospechados. Además, junto a la situación en Faluya, la ofensiva contra Al Sáder sirvió para unir breve-

---

* Desde aquel día, destacadísima activista y figura en Estados Unidos del movimiento contra la guerra en Irak. (*N. del T.*)

mente a los chiíes y a los suníes en una guerra de guerrillas contra la ocupación.

En Estados Unidos, daba comienzo por entonces un encendido debate acerca del uso en aumento de contratistas privados. Este cambio de actitud se debía en buena medida a la implicación de Blackwater en los sucesos de Faluya y Nayaf. En un editorial sin firma, el *New York Times* citaba la emboscada de Faluya como prueba de la «preocupante dependencia que Estados Unidos tiene de los pistoleros a sueldo» y el enfrentamiento armado de Nayaf como indicio de que el «Pentágono parece estar externalizando, al menos, parte de sus responsabilidades básicas sobre la seguridad de Irak en lugar de enfrentarse a la necesidad de enviar a más soldados».[59] El editorial del *Times* neoyorquino añadía lo siguiente: «El secretario de Defensa, Donald Rumsfeld, está decidido a buscar nuevas formas de "subcontratación y privatización" para el Pentágono. Pero eso resulta desaconsejable cuando las que están en juego son la seguridad y las funciones de combate básicas. El Pentágono debería reclutar y formar a más soldados, en lugar de arriesgarse a crear una nueva clase de mercenarios».[60] En medio de las críticas en aumento por el empleo de soldados privados, Blackwater fue reconocida como actor relevante en ciertos círculos, en especial entre los líderes republicanos del Congreso. Por si había alguna duda, a partir de aquel momento se hizo evidente que Blackwater era un personaje de primera fila en aquel drama bélico. La noche del enfrentamiento armado en Nayaf, a cientos de kilómetros al noroeste de allí, más de mil marines estadounidenses rodeaban Faluya y se preparaban para vengar el asesinato de los cuatro vigilantes contratados por Blackwater que había tenido lugar allí cinco días antes.

Capítulo 10

«Esto es por los americanos de Blackwater»

Aun a pesar de la rebelión chií que se estaba extendiendo por todo Irak, la Casa Blanca continuaba decidida a aplastar el enclave suní de Faluya. La emboscada a los hombres de Blackwater había proporcionado a la administración estadounidense el pretexto ideal —alentado de forma entusiasta por Paul Bremer desde Bagdad— para lanzar una ofensiva a gran escala contra una población que se convertía, a cada día que pasaba, en un símbolo más patente de que ni Estados Unidos ni sus colaboradores iraquíes tenían el control real del país. Echarse atrás ante aquella insurrección antiocupación (la más audaz lanzada hasta ese momento tanto por los suníes como por los chiíes) y reeditar lo acaecido años antes en Mogadiscio habría dado a entender, según la lógica seguida por la administración de Washington, que Estados Unidos estaba perdiendo una guerra que el presidente Bush ya había dado públicamente por «misión cumplida». Bremer y la administración habían calculado que, «pacificando» la suní Faluya e infligiendo un castigo ejemplar al líder chií Muqtada Al Sáder, podrían eliminar quirúrgicamente la resistencia organizada en Irak. Las desastrosas políticas seguidas por Washington acabaron provocando la muerte de miles de iraquíes y cientos de soldados estadounidenses. Pero, al mismo tiempo, facilitaron una extraordinaria oportunidad de negocio para Blackwater y sus amigos mercenarios (de la que se hablará en profundidad en apartados posteriores de este libro).

El primer sitio estadounidense de Faluya se inició el 4 de abril de 2004, el mismo día del enfrentamiento armado en el que participaron los hombres de Blackwater en Nayaf. Fue bautizado con el nombre en clave de Operación Determinación Vigilante. Esa noche, más de mil marines y dos batallones iraquíes rodearon Faluya, una ciudad de unos 350.000

habitantes. Las fuerzas estadounidenses apostaron tanques, ametralladoras pesadas y Humvees blindados en las principales rutas de acceso y salida de la ciudad, y levantaron barreras con alambre de concertina, con las que consiguieron bloquear literalmente a la población en el interior de la localidad. Los marines instalaron «campamentos» para detenidos.[1] Las fuerzas estadounidenses requisaron la emisora de radio local y empezaron a emitir propaganda en la que indicaban a la población que cooperaran con los americanos identificando a los combatientes de la resistencia y sus posiciones. La policía iraquí repartió folletos por las mezquitas de Faluya en los que se anunciaba la prohibición de llevar armas y un toque de queda obligatorio desde las 7 de la tarde y las 6 de la mañana,[2] y entregó carteles con el aviso «Se busca» y las fotos de personas sospechosas de haber participado en el ataque al convoy protegido por los hombres de Blackwater.[3] En las afueras de la ciudad, los marines cavaron trincheras en un lugar próximo a un cementerio musulmán y apostaron tiradores en el tejado de una mezquita.[4] «La ciudad está rodeada», explicó a los periodistas el teniente James Vanzant, de la Primera Fuerza Expedicionaria de los Marines. «Estamos buscando a los malos que se esconden en ella.»[5] Los mandos estadounidenses anunciaron su intención de proceder a registros casa por casa en el interior de Faluya con el objeto de hallar a los asesinos de los cuatro guardias contratados por Blackwater. «Ésas son las personas a las que específicamente trataremos de capturar o matar», dijo el teniente Eric Knapp, portavoz de los marines.[6] Los mandos estadounidenses enviaron a sus colaboradores iraquíes a la ciudad para advertir a los habitantes locales de que no opusieran resistencia si las fuerzas estadounidenses entraban en sus casas y de que reunieran a todos los que vivieran en cada una de ellas en una única habitación durante los registros de esa clase.[7] Si querían hablar con los soldados invasores, primero debían levantar la mano.[8] Miles de faluyanos huyeron de la ciudad en previsión de la inminente ofensiva estadounidense.

A la mañana siguiente, las fuerzas estadounidenses realizaron sus primeras incursiones en Faluya: en primer lugar, enviaron a tropas especializadas en detectar y dar caza a «objetivos de alto valor». Luego, se produjo el asalto a gran escala llevado a cabo por 2.500 marines de tres batallones, apoyados por tanques.[9] Las tropas estadounidenses no tardaron en verse envueltas en feroces batallas a tiros con los combatientes de la resistencia. A medida que se fueron intensificando los combates, los marines pidieron apoyo aéreo. El 7 de abril, un helicóptero de ataque AH-1W Cobra atacó las instalaciones de la mezquita de Abdelasís Al Samarrai, a la que Estados Unidos acusaba de refugiar a combatientes de la resistencia que luchaban contra las fuerzas invasoras.[10] La base del minarete de la mezquita fue alcanzada por un misil.[11] Y, finalmente, un avión F-16 de combate descendió hasta allí y dejó caer una bomba de más de 200 kilos sobre el recinto de la mezquita,[12] lo que suponía una vulneración de la Convención de Ginebra, que prohíbe la utilización de recintos religiosos como objetivos bélicos. Los marines emitieron una declaración en la que justificaban el ataque alegando que, puesto que había combatientes de la resistencia en su interior, «la mezquita había perdido su estatus protegido y, por consiguiente, había pasado a ser un blanco militar lícito».[13] Según algunos testigos, puede que hasta un total de 40 iraquíes murieran en aquel ataque sobre la mezquita.[14] En los combates de aquel día, también murieron varios soldados estadounidenses.

El ejército, mientras tanto, había ocupado las principales instalaciones sanitarias de Faluya para impedir que fuesen utilizadas para tratar a los heridos del enemigo.[15] «Las fuerzas estadounidenses bombardearon la central eléctrica en el momento inicial del asalto a la ciudad», recordaba el periodista Rahul Mahajan, uno de los pocos periodistas que logró entrar en Faluya sin acompañamiento militar en aquella ocasión. «[D]urante las semanas que siguieron, Faluya fue una ciudad a oscuras, donde la luz sólo llegaba a ciertos lugares de importancia crítica, como las mezquitas y las clínicas, gracias al empleo de generadores.»[16] Las existencias de alimentos eran cada vez más exiguas. Un médico local afirmaba que 16 niños y 8 mujeres habían muerto como consecuencia de un ataque aéreo a uno de los barrios de la ciudad el 6 de abril.[17] El asedio a Faluya había empezado y funcionaba a pleno rendimiento. «Nuestros efectivos están sólidamente instalados en la ciudad y mis unidades están endureciendo el control», explicó el teniente coronel Brennan Byrne, comandante de los marines.[18] Si alguien se resiste, añadió, «lo doblegaremos y lo echaremos de allí».[19] Faluya, según Byrne, se había convertido en un refugio para los combatientes de la resistencia y los contrabandistas porque «nadie se había tomado la molestia aún de limpiar el lugar como era debido».[20] El batallón de Byrne «fue el primero en convencer a los equipos especializados en guerra psicológica del ejército estadounidense de que pusieran en marcha una guerra escatológica», según recordó en un libro posterior Bing West, un escritor especializado en temas militares que acompañó a las fuerzas estadounidenses («incrustado» en ellas) en el asalto de éstas a Faluya.[21] Los pelotones «competían por ingeniarse los insultos más indecentes u ofensivos para que los traductores los vociferaran a la población a través de los altavoces. Cuando, indignados, los iraquíes salían alocadamente de las mezquitas disparando sus AK contra los que así les hablaban, los marines los abatían con su superior potencia de fuego. La táctica de insultar y disparar se propagó por todas las líneas. Los marines empezaron enseguida a llamar a la ciudad "Lalafaluya" en tono jocoso (remedando la popular gira de conciertos de rock alternativo «Lollapalooza») y a utilizar como banda sonora canciones como el «Welcome to the jungle» de Guns n' Roses y el «Hell's bells» de AC/DC».[22]

Cuando empezaron a aparecer las primeras imágenes del interior de Faluya, obtenidas fundamentalmente por periodistas de las cadenas de televisión árabes, en las que se evidenciaba la terrible crisis humana que se estaba viviendo en la ciudad, se desataron protestas y manifestaciones por todo Irak reprimidas con violencia por las fuerzas estadounidenses.[23] Las mezquitas de Bagdad y de otras localidades empezaron a organizar convoyes de ayuda humanitaria destinados a Faluya. También se hicieron peticiones de donaciones de sangre para acumular existencias para la ciudad sitiada.[24] El 8 de abril, las autoridades hospitalarias locales de Faluya dibujaron un horripilante panorama del sufrimiento humano que se vivía en la localidad y aseguraron que más de 280 civiles habían muerto en los ataques y más de 400 habían resultado heridos.[25] «Tenemos también constancia de personas muertas y heridas que están sepultadas bajo los escombros en diversos puntos de la ciudad, pero a las que no podemos llegar por culpa de los combates», explicaba el doctor Taher Al Isaui.[26] El ejército estadounidense negó que estuviera asesinando a la población civil y acusó a los combatientes de la resistencia de tratar de protegerse mezclándose con el resto de la población. «Cuesta diferenciar a los insurgentes del resto de personas de la población civil», declaró el mayor Larry Kaifesh. «Es difícil hacerse una idea precisa. Así que tenemos que dejarnos guiar por nuestra intuición.»[27]

Byrne, según el *Washington Post*, «dijo que todos esos cadáveres eran de insurgentes. Según su estimación, el 80% de la población de Faluya era neutral o favorable a la presencia militar estadounidense».[28] Tan optimista pronunciamiento no casaba, sin embargo, con la ferocidad de la resistencia, que estaba logrando impedir que los estadounidenses se hicieran con el control total de la ciudad, aunque a un coste humano increíble. «El enemigo estaba mejor preparado de lo que las informaciones que obraban en poder de los marines les habían hecho suponer», escribió el veterano periodista del *Washington Post* Thomas Ricks.[29] Citaba, en concreto, un resumen interno de la batalla elaborado por el Cuerpo de los Marines. En él se decía que «los insurgentes sorprendieron a los estadounidenses por la coordinación de sus ataques: bien compenetrados, con fuego combinado de artillería y lanzagranadas, con un empleo eficaz del fuego indirecto», y se añadía que «el enemigo maniobró con eficacia y resistió y combatió».[30]

Cuando el asedio se acercaba ya a la semana de duración, los cadáveres empezaban a amontonarse por las calles de la ciudad y, según los testigos, se iba extendiendo un hedor de muerte por todo Faluya. «Nada podía haberme preparado para lo que vi en Faluya», recordaba un médico de Bagdad que logró entrar en la ciudad como miembro de una delegación de paz. «Ninguna ley en la Tierra puede justificar lo que los americanos le han hecho a personas inocentes.»[31] Los periodistas estadounidenses independientes Dahr Jamail y Rahul Mahajan consiguieron entretanto entrar también en Faluya —sin acompañamiento militar alguno— una semana después del inicio del asedio. Jamail describió la escena que observó en una sala de urgencias improvisada en una pequeña clínica médica, tras llegar a la ciudad junto a un convoy humanitario. «Mientras estuve allí, observé un torrente incesante de mujeres y niños que eran traídos apresuradamente hasta aquella pequeña y sucia clínica tras haber sido alcanzados por disparos de los estadounidenses. Los coches aparcaban precipitadamente encima de la acera y de ellos bajaban personas llorosas que traían a sus familiares heridos. Una mujer y un niño pequeño habían recibido sendos disparos en el cuello», escribió Jamail en una crónica desde el interior de la ciudad sitiada. «El pequeño, que tenía los ojos vidriosos y la vista perdida, no paraba de vomitar mientras los médicos trataban frenéticamente de salvarle la vida. Tras 30 minutos, parecía claro que ninguno de los dos iba a sobrevivir.»[32] Jamail aseguraba haber visto cómo llegaba una víctima tras otra hasta aquella clínica, «casi todas ellas mujeres y niños».[33] El periodista bautizó a Faluya como «el Sarajevo del Éufrates».[34]

Por aquellas mismas fechas, Mahajan informaba así de lo que allí estaba viendo: «Además de las bombas de 200, 400 y 900 kilos lanzadas por la artillería y los aviones de combate, y de los siniestros bombarderos

AC-130 Spectre, capaces de demoler toda una manzana de casas en menos de un minuto, los marines habían apostado tiradores que cubrían toda la ciudad con sus ángulos de tiro. Durante semanas enteras, Faluya se dividió en una serie de reductos que, en algunos casos, eran inaccesibles entre sí, separados por la tierra de nadie que trazaban los francotiradores con las trayectorias de sus disparos. Éstos, además, disparaban indiscriminadamente; a menudo lo hacían sobre cualquier cosa que se moviese. De las 20 personas que vi llegar a la clínica en las pocas horas que estuve allí, sólo cinco eran "varones en edad militar". Sí que vi a ancianas, a ancianos, a un niño de diez años con un disparo en la cabeza y en situación terminal, según me comentaron los médicos (aunque, según dijeron, en Bagdad podrían haberlo salvado). En algo sí que parecían estar discriminando los tiradores, sin embargo: todas las ambulancias que observé tenían orificios de bala. En concreto, dos de ellas, que inspeccioné más a fondo, ofrecían muestras evidentes de haber sido tiroteadas a propósito. Amigos míos que salieron a recoger a personas heridas también recibieron disparos».[35] Jamail también informaba de que «los habitantes locales han transformado dos campos de fútbol en cementerios».[36]

La guerra contra Al Yazira

Aunque la mayoría del mundo entendió que el asedio a Faluya era un acontecimiento que suponía un cambio trascendental en la ocupación de Irak, los relatos sobre el nivel de sufrimiento humano soportado por los iraquíes fueron minimizados en la prensa «mayoritaria» de Estados Unidos. Los periodistas de las grandes empresas mediáticas, protegidos por las fuerzas militares estadounidenses en las que se «incrustaron» para entrar en la ciudad, informaban exclusivamente desde el punto de mira de los invasores y recurrían desproporcionadamente a las declaraciones de los portavoces militares y de sus colaboradores iraquíes. Las gráficas descripciones y la verborrea explícita que habían inundado el paisaje periodístico tras la emboscada y el asesinato de los hombres de Blackwater unos días antes desaparecieron de las informaciones sobre las consecuencias para la población civil del asalto a Faluya. Cuando los enfrentamientos se intensificaron y se extendieron en las afueras de la ciudad, el corresponsal del *New York Times* Jeffrey Gettleman, obviando toda mención de la catástrofe humana que allí se estaba produciendo, escribió que lo encarnizado de los combates «demostraba no sólo la intensidad de la resistencia, sino también una *marcada disposición de los insurgentes a dar su vida».*[37] (*Las cursivas son mías.*) Unidas a las afirmaciones del ejército estadounidense, que aseguraba que «entre el 90 y el 95%» de los iraquíes muertos en la intervención en Faluya eran combatientes,[38] esas informaciones del «diario de referencia» por excelencia en EE.UU., transmitidas desde la protección de los destacamentos militares en el lugar, resultaban apenas indistinguibles de la propaganda castrense oficial estadounidense. «Para ellos es como su "Super Bowl"» fueron las palabras del mayor T. V. Johnson, un portavoz de los marines, citadas por Gettleman en su noticia. «Faluya es su destino de moda para quien quiera matar americanos.»[39]

Pero mientras los cronistas «incrustados» de la prensa estadounidense se centraban en el relato de la «guerra urbana», los periodistas árabes que trabajaban sin acompañamiento ni protección militar —y entre los que destacaban los reporteros de la popular cadena televisiva de noticias Al Yazira— informaban las 24 horas del día desde el interior de la ciudad sitiada. Sus informaciones transmitían una imagen gráfica y nítida de la devastación entre la población civil y desmentían las declaraciones de los mandos estadounidenses acerca de sus supuestos ataques de precisión. Al Yazira y Al Arabiya transmitían imágenes de los cadáveres esparcidos por las calles y de la destrucción de las infraestructuras de la ciudad. En una ocasión, mientras el general de brigada Mark Kimmitt aseguraba en una entrevista telefónica con Al Yazira que Estados Unidos había decretado un alto el fuego y lo estaba cumpliendo, la cadena emitió simultáneamente imágenes en directo de incursiones ininterrumpidas de cazas estadounidenses sobre barrios residenciales del interior de Faluya.[40] Las filmaciones tomadas por las cámaras de Al Yazira en Faluya no sólo se estaban transmitiendo de forma generalizada al mundo árabe, sino a las cadenas televisivas de todo el planeta. El veterano periodista de Al Yazira Ahmed Mansour y su cámara, Laith Mushtaq, habían entrado en Faluya el 3 de abril y eran la fuente principal de imágenes de la devastación de la población civil de la ciudad. Allí pudieron grabar asiduamente escenas de mujeres y niños que habían perdido la vida a causa de la ofensiva estadounidense. En una de sus informaciones, transmitieron la noticia de que toda una familia del barrio de Yolan había muerto al parecer en un ataque aéreo de Estados Unidos. «Los aviones bombardearon su casa y las de todo el vecindario, y sus cuerpos sin vida fueron trasladados al hospital», recordaba posteriormente Mushtaq. «Yo fui a la clínica y no pude ver nada más que un mar de cadáveres de niños y mujeres, pero, sobre todo, de niños, porque los agricultores y los ganaderos suelen tener muchos hijos. Así que aquéllas fueron escenas increíbles, inimaginables. Yo iba haciendo fotos de aquello, obligándome a mí mismo a hacerlas, porque, al mismo tiempo, no podía reprimir las lágrimas.»[41]

Mansour, que es una de las personalidades más conocidas de Al Yazira, dijo que se había dado cuenta con anterioridad de que, en el interior de la ciudad, había apenas un puñado de periodistas, por lo que creyó que tenía la responsabilidad de quedarse allí, a pesar del enorme riesgo que corría. «Quería informar de aquella realidad al mundo entero. Quería que todo el mundo supiera lo que le estaba sucediendo a aquella población asediada. Ni se me ocurrió irme de la ciudad. Decidí quedarme y unir mi destino al de aquella gente. Si mueren, yo estaré con ellos; si logran salir de ésta, yo estaré con ellos. Decidí no pensar en ninguna posibilidad: ni en lo que me harían las fuerzas estadounidenses si me capturaban, ni en mi familia, ni en nada. Sólo pensaba en aquellas personas.»[42] En pleno asedio, Mansour informó en directo desde Faluya: «Anoche, unos tanques nos dispararon en dos ocasiones [...] pero logramos escapar. Estados Unidos quiere que nos vayamos de Faluya, pero nos quedaremos».[43] A pesar del férreo control al que tenía sometidos a sus corresponsales estadounidenses protegidos, Washington estaba perdiendo la guerra de propaganda a escala mundial. Así que las autoridades estadounidenses decidieron atacar al mensajero. El 9 de abril, Washington exigió que Al Yazira abandonara Faluya como condición previa a un alto el fuego.[44] La cadena se negó. Mansour escribió más tarde que, al día siguiente, «varios cazas americanos dispararon diversos proyectiles en las inmediaciones de nuestra posición y bombardearon la vivienda en la que habíamos pasado la noche anterior, acción en la que mataron al dueño de la casa, el señor Husein Samir. Por culpa de aquellas graves amenazas, tuvimos que dejar de emitir durante unos días: cada vez que tratábamos de establecer conexión, los cazas nos localizaban [y] quedábamos expuestos a su fuego».[45]

El 12 de abril, respondiendo a preguntas sobre las imágenes de una catástrofe entre la población civil de Faluya mostradas en Al Yazira, Kimmitt instó a la población a «cambiar de canal. Cambien de canal y busquen una cadena de noticias legítima, honesta y fiable». Kimmitt añadió: «Las cadenas que muestran a los estadounidenses como si estuvieran matando intencionadamente a mujeres y a niños no son fuentes legítimas de información. Lo que emiten es propaganda y mentiras».[46] Dan Senor, asesor principal de Bremer, afirmó que Al Yazira y Al Arabiya «están distorsionando los hechos y contribuyen a una sensación de ira y frustración que, posiblemente, debería ir dirigida en realidad hacia los individuos y las organizaciones de la propia Faluya que se dedican a mutilar a estadounidenses y a masacrar a otros iraquíes, y no hacia la Coalición».[47] El 15 de abril, el secretario de Defensa, Donald Rumsfeld, se hizo eco de esos comentarios en términos aún más duros y calificó el estilo informativo de Al Yazira de «malicioso, inexacto e inexcusable».[48] Un periodista le preguntó si Estados Unidos llevaba un recuento de «víctimas civiles». «Obviamente, no», replicó Rumsfeld. «Nosotros no estamos en esa ciudad. Pero usted ya sabe lo que hacen nuestras fuerzas y está claro que no se dedican a ir por ahí matando a centenares de civiles. [...] Lo que esa cadena hace es una vergüenza.»[49] Fue justamente al día siguiente, según un memorando del gobierno británico que llevaba el sello de «Alto secreto» y del que daría cuenta posteriormente el *Daily Mirror*, cuando, supuestamente, el presidente Bush informó al primer ministro del Reino Unido, Tony Blair, acerca de su deseo de bombardear Al Yazira.[50] «Dejó claro que pretendía bombardear las instalaciones de Al Yazira en Qatar y otras delegaciones», informaba una fuente sin revelar al *Mirror*. «No había duda de lo que Bush quería hacer.»[51] Ahmed Mansour dijo que creía que lo que Al Yazira ofrecía en sus crónicas desde el interior de Faluya servía para equilibrar una información que, de no ser así, habría sido contada exclusivamente desde el punto de vista de los corresponsales protegidos por Estados Unidos y de los portavoces militares de aquel país. «¿Acaso es profesionalismo que unos periodistas lleven uniformes [militares] estadounidenses y acompañen [a los militares] en sus aviones y sus tanques para cubrir tal noticia o informar de tal otra?», se preguntaba Mansour. «Las batallas han de cubrirse desde ambos bandos. Nosotros estábamos entre la población civil e informamos desde allí, mientras que ellos contaban con periodistas "incrustados" en las mismas fuerzas que habían lanzado aquel ataque, y que formaban parte de los mismos efectivos estadounidenses que habían ocupado Irak, y se dedicaban a informar como sus protectores querían. Nosotros tratábamos de crear una especie de equilibrio para que la verdad no se perdiera para siempre.»[52]

Castigo colectivo

Los horrores vividos en Faluya, unidos al fracaso estadounidense a la hora de hacerse con el control efectivo de la ciudad y a la osada resistencia de los habitantes de la localidad, sirvió para animar a otros iraquíes a alzarse. A medida que el asedio se prolongaba, personas de todo Irak empezaron a acudir a Faluya para ayudar en la defensa de la ciudad. «La batalla de Faluya es la batalla de la historia, la batalla de Irak, la batalla de la nación», proclamó Harit Al Dari, destacado miembro de la Asociación de Eruditos Musulmanes, ante miles de fieles en los rezos del viernes en pleno asedio. «Dios misericordioso, véngate de la sangre derramada. Véngate de la matanza. Envía a tu ejército contra los ocupantes. Mátalos a todos. No perdones a ninguno.»[53] Cuando el llamado «alto el fuego» anunciado por las autoridades estadounidenses pudo hacerse por fin efectivo durante el fin de semana del 9 de abril, la cifra de marines muertos en la ofensiva alcanzaba ya la treintena. Pero eran los iraquíes quienes habían pagado el precio más alto. Tras el asedio estadounidense de toda una semana, habían muerto en Faluya unas 600 personas, entre ellas «cientos de mujeres y niños».[54] El 13 de abril, el presidente Bush pronunció un discurso transmitido en horario de máxima audiencia por las cadenas de televisión nacionales estadounidenses. «En Irak, se han infiltrado terroristas de otros países con ánimo de incitar y organizar ataques», declaró el presidente desde la Sala Este de la Casa Blanca. «La violencia de la que hemos sido testigos responde a un intento de usurpación de poder de estos elementos extremistas y despiadados [...] pero no es un levantamiento popular.»[55]

Sin embargo, a medio mundo de distancia de los salones del poder de Washington, los miles de faluyanos que huían de su ciudad camino de otras zonas de Irak llevaban consigo relatos horrorosos de lo allí acaecido y de los civiles muertos que ninguna propaganda podía acallar. Pese a la retórica estadounidense sobre una supuesta liberación de Faluya de las garras de los «combatientes extranjeros» y los baazistas, lo cierto es que a los iraquíes no se les escapaba que la justificación declarada para la destrucción de Faluya y para la muerte de cientos de personas había sido el asesinato previo de cuatro mercenarios norteamericanos, que, para la mayoría de la población iraquí, eran los auténticos combatientes extranjeros. «Por sólo cuatro individuos, los americanos han matado a niños, mujeres, ancianos... ¿y ahora tienen sitiada toda una ciudad?», se preguntaba Haitam Saha en un punto de recogida de ayuda humanitaria para Faluya instalado en Bagdad.[56] «Sabemos quiénes fueron las personas que mataron a los vigilantes privados estadounidenses», explicó a un reportero un clérigo de una mezquita local. «Pero en lugar de negociar con nosotros, Bremer ha optado por vengarse.»[57] Hasta los miembros del Consejo de Gobierno iraquí, organismo instaurado por EE.UU., expresaron su indignación. «Estas operaciones constituyeron un castigo masivo», dijo el presidente de dicho Consejo, Adnán Pachachi,[58] quien tres meses antes se había sentado junto a la primera dama estadounidense, Laura Bush, como invitado especial de ésta con motivo del discurso sobre el Estado de la Unión en Washington, D.C.[59] «No estuvo bien castigar a toda la población de Faluya. Consideramos estas operaciones de los estadounidenses inaceptables e ilegales.»[60]

En vista del paso al que Determinación Vigilante continuaba cobrándose un alto precio en muertes entre la población de Faluya, los iraquíes de las fuerzas de seguridad creadas por Estados Unidos empezaron a desertar de sus puestos. Algunos llegaron incluso a unirse a la resistencia al asedio y comenzaron a atacar a las fuerzas estadounidenses en diversos puntos de la ciudad. «En total, hasta uno de cada cuatro miembros del ejército, la defensa civil, la policía y otras fuerzas de seguridad iraquíes recién creadas optó durante esos días por abandonarlas, cambiar de bando o, simplemente, dejar de trabajar», según Anthony Shadid.[61] Cuando, en un intento desesperado, Estados Unidos trató de traspasar la «responsabilidad» de Faluya a una fuerza iraquí, unos 800 fusiles de asalto AK-47, 27 camionetas y 50 radios que los marines habían donado a la recién creada brigada acabaron en manos de la resistencia.[62] El teniente general James Conway admitió con posterioridad que, «cumpliendo la orden de atacar Faluya, creo que no hicimos más que aumentar el nivel de animadversión ya existente».[63] Cuando el desastre que Estados Unidos estaba sufriendo en el terreno de las relaciones públicas no hacía más que empeorar, Kimmitt declaró: «Yo diría que el auténtico castigo colectivo que padece la población de Faluya es tener en su seno a esos terroristas, a esos cobardes que se agazapan en el interior de las mezquitas, los hospitales y las escuelas, y que usan a las mujeres y a los niños como escudos para ocultarse ante los marines, que no tratan más que de liberar a la población de los cobardes que anidan en el interior de la ciudad de Faluya».[64] Pero para la mayoría del mundo, el responsable de aquel «castigo colectivo» (una expresión árabe con reminiscencias de la política israelí contra Palestina) contra la población de Faluya había sido Estados Unidos. De hecho, esas mismas fueron las palabras exactas que empleó el enviado de la ONU a Irak, Lajdar Brahimi, cuando declaró: «El castigo colectivo es sin duda inaceptable, como el asedio a la ciudad es también del todo inadmisible».[65] Brahimi se preguntaba: «Cuando se sitia una ciudad, se bombardea una ciudad y su población no puede ni siquiera ir al hospital, ¿de qué otra forma podemos llamar a algo así?».[66]

Al final, tal vez fueron ochocientos iraquíes en total los que murieron como consecuencia del primero de los varios sitios a los que acabaría siendo sometida Faluya.[67] Decenas de miles de civiles huyeron de sus hogares y la ciudad fue arrasada. Y aun así, Estados Unidos no logró aplastar Faluya. Lejos de servir para afirmar la supremacía estadounidense en Irak, Faluya demostró la eficacia de las tácticas guerrilleras contra los ocupantes. «Faluya, aquella pequeña ciudad convertida en núcleo central de la insurrección árabe suní, había sido considerada hasta entonces una especie de lugar provinciano y pueblerino por los demás suníes de Irak», escribió el veterano corresponsal en Oriente Medio Patrick Cockburn en una crónica desde Irak a finales de abril. «Era visto como un enclave de islamismo, tribalismo y elevada afección hacia el anterior régimen. El número de guerrilleros no sumaba probablemente más de 400 sobre una población total de 300.000 habitantes. Pero asaltando toda una ciudad como si de Verdún o Stalingrado se tratase, los marines estadounidenses la habían convertido en un símbolo nacionalista.»[68]

En su testificación ante el Congreso el día 20 de abril, el general Richard Myers, jefe de la Junta de Jefes de Estado Mayor de EE.UU., defendió la operación en estos términos: «Como recordarán, entramos allí por las atrocidades a las que fueron sometidos los miembros del personal de seguridad de Blackwater, cuatro personas que fueron asesinadas y, posteriormente, quemadas y colgadas de un puente. Fuimos allí porque teníamos que hacerlo para dar con los perpetradores de aquellos crímenes. Y lo que nos encontramos fue una ciudad convertida en un inmenso nido de ratas, una infección que aún hoy no ha dejado de supurar y sigue precisando tratamiento».[69] El sitio al que fue sometida Faluya en abril se repitió unos meses más tarde, en noviembre de 2004, pero esta vez en forma de una ofensiva aún mayor que acabó provocando más centenares de iraquíes muertos, más decenas de miles de personas desplazadas de sus hogares y unos niveles de indignación aún más acentuados en todo el país. En total, las fuerzas estadounidenses llevaron a cabo casi 700 ataques aéreos que dañaron o destruyeron 18.000 de los 39.000 edificios de Faluya.[70] Unos 150 soldados estadounidenses murieron en aquellas operaciones, pero «nunca llegó a darse con» los «perpetradores» de la emboscada al convoy protegido por Blackwater,[71] pese a las promesas previas de las autoridades políticas y militares, lo que reforzó aún más la sensación de venganza con respecto a la masacre cometida por los estadounidenses en Faluya. Los marines cambiaron el nombre del infausto puente por el de «Puente Blackwater» y, sobre una de sus vigas, alguien escribió en inglés y con tinta negra: «Esto es por los americanos de Blackwater que fueron asesinados aquí en 2004. *Semper Fidelis*. P.D.: Que os jodan».[72] El periodista Dahr Jamail llegó posteriormente a la conclusión de que, «en abril de 2004, mientras una ciudad entera era invadida y sus habitantes huían despavoridos, buscaban un escondrijo donde podían o, simplemente, eran masacrados, en Estados Unidos, y gracias a nuestros medios informativos, se prestaba una extraordinaria atención pública a unos seres humanos cuyos cadáveres habían sido mutilados en Irak. Pero entre tantos miles de referencias a la mencionada mutilación que se hicieron durante aquel mes, todavía no hemos hallado ni una relacionada con lo acaecido tras el 31 de marzo. [...] Por lo que parece, los únicos que pueden ser "mutilados" son los mercenarios de Blackwater y otros asesinos profesionales estadounidenses, pero nunca los bebés iraquíes decapitados».[73]

Capítulo 11

El señor Prince se va a Washington

Antes de la invasión de Irak, cuando la mayoría de nosotros oíamos la expresión «personal civil contratado», no nos venían a la mente imágenes de hombres con ametralladoras y chalecos antibala desplazándose en todoterreno por parajes inhóspitos. Pensábamos, a lo sumo, en trabajadores de la construcción. Y así sucedió también con las familias de numerosos soldados privados destinados a Irak y Afganistán. Sus seres queridos no eran para ellas «personal civil contratado», sino miembros de «fuerzas especiales» o del «ejército», y así se referían frecuentemente a ellos en sus conversaciones familiares. Su cargo real o la empresa para la que trabajaban era irrelevante en ese sentido, ya que lo que estaban haciendo en Irak o Afganistán era lo que siempre habían hecho: luchar por su país. Los padres de uno de los vigilantes contratados por Blackwater que murió en Irak dijeron que «el hondo patriotismo [de su hijo] y su inquebrantable fe cristiana» habían sido «lo que lo había llevado a trabajar a Irak»,[1] un sentimiento extendido en la comunidad militar privada. Así que cuando el 31 de marzo de 2004 empezaron a llegar hasta Estados Unidos noticias de que cuatro «trabajadores civiles contratados» habían sido objeto de una emboscada en Faluya, varias de las familias de aquellos hombres no establecieron ningún tipo de relación. A fin de cuentas, para ellos, sus seres queridos no eran personal civil: eran militares. En Ohio, Danica Zovko, la madre de Jerry, oyó por la radio la noticia de que habían asesinado en Faluya a cuatro trabajadores estadounidenses miembros del «personal contratado» desplegado en Irak.[2] Tras ver las imágenes emitidas desde Faluya, llegó incluso a escribir un mensaje de correo electrónico a su hijo diciéndole que tuviera cuidado: «En Irak están matando a personas como lo hacían en Somalia».[3]

Katy Helvenston-Wettengel, la madre de Scott, estaba trabajando en su casa en Leesburg, Florida, sentada de espaldas a la televisión.[4] «Estaba sentada aquí, a mi mesa, investigando unas cosas, y tenía puesta la CNN sin prestarle apenas atención», recuerda. «Pero, de pronto, empezaron las noticias del mediodía y me di la vuelta para mirar y allí estaba aquel vehículo en llamas. Y me dije: "Oh, Dios mío".» En aquel momento no se le pasó por la cabeza que las imágenes que estaba viendo correspondían a las de la horrenda muerte de su propio hijo. «Cuando hablaron de "personal contratado", yo pensé que eran obreros de la construcción contratados para los oleoductos o algo por el estilo. Cambié incluso de canal porque pensé que aquello era demasiado y no podía seguir mirándolo.» Así que Helvenston-Wettengel prosiguió con su trabajo, pero entonces oyó que los hombres de los que se hablaba en las noticias eran «personal de seguridad contratado» y eso la intranquilizó. «Me dije: "Dios mío, Scotty pertenece al personal de seguridad contratado, pero no está en Faluya, sino que está protegiendo a Paul Bremer en Bagdad"», recordaba ella. «Telefoneé a mi otro hijo, Jason, y él me dijo: "Mamá, te preocupas demasiado".» Además, pensó ella, su hijo acababa de llegar a Irak hacía apenas unos días: «Se suponía que todavía no estaba para que lo asignaran a misión alguna». Helvenston-Wettengel salió de casa aquella tarde para asistir a una reunión y, cuando a regresó a su domicilio a las siete, observó que el indicador luminoso de su contestador telefónico parpadeaba como loco: 18 nuevos mensajes. «Los cuatro primeros eran de Jason. Me decía: "Mamá, era Blackwater. Los que cayeron en la emboscada eran hombres de Blackwater"». Helvenston-Wettengel llamó a la sede central de Blackwater y una mujer le atendió la llamada. «Hola, soy Katy Helvenston, la mamá de Scotty», le dijo. «¿Scotty está bien?» La representante de Blackwater le respondió que no lo sabía. «¡Pero si han pasado ya doce horas!», exclamó Helvenston-Wettengel. «¿Cómo que no lo sabe?» La madre de Scott recuerda que la representante de Blackwater le dijo que la compañía estaba en pleno proceso de comprobación de emergencia con cada uno de los miembros de su personal contratado desplegados en Irak. «Me dijo que había allí unos 400 y que 250 de ellos habían confirmado que se encontraban bien. Le pregunté si Scotty era uno de éstos y la mujer me respondió que no.» Helvenston-Wettengel cuenta que volvió a telefonear a Blackwater cada hora, desesperada por obtener algún tipo de información. Mientras tanto, buscó Faluya en el mapa y descubrió que no estaba muy lejos de Bagdad. A medianoche, era ya consciente en su interior de que su hijo había muerto. «Scotty se había portado muy bien llamándome y enviándome mensajes de correo electrónico, así que no podía dejar de pensar que, si estuviera bien, me habría llamado para decírmelo, porque sabía lo mucho que me preocupaba yo», recuerda ella. «Así que, no sé cómo, pero sabía lo que le había pasado.»

Al tiempo que las familias empezaban a absorber el golpe y el horror de lo que les había sucedido a sus seres queridos en Faluya, aquel suceso abría al mundo —y, por cierto, a numerosos cargos electos en Washington— un resquicio por el que pudo descubrir hasta qué punto se había privatizado la guerra y lo hondamente implicado en la ocupación que se hallaba el personal militar privado (al que pertenecían los hombres de Blackwater que acababan de morir). En la guerra del Golfo de 1991, una de cada sesenta personas desplegadas por la Coalición eran trabajadores contratados. Con la ocupación de 2003, esa proporción aumentó meteóricamente hasta ser de una de cada tres personas.[5] Para Erik Prince, los asesinatos de Faluya y los enfrentamientos armados de Nayaf supusieron una oportunidad casi inimaginable: bajo la apariencia de sesiones informativas y de control de daños, Prince y su entorno pudieron reunirse con los grandes intermediarios de poder de Washington y convencerlos del proyecto de privatización militar patrocinado por Blackwater en el momento mismo en que esos senadores y congresistas estaban empezando a reconocer la necesidad de emplear a mercenarios para mantener la ocupación de Irak (y para no perder las oportunidades de negocio que ésta brindaba). Gracias a una oportuna conjunción temporal de acontecimientos que habría sido imposible de crear de ningún otro modo, Blackwater se vio aupada a una posición privilegiada, análoga a la del representante de una empresa farmacéutica que ofrece un analgésico novedoso a un paciente enfermo en el momento en el que a éste le asaltan los peores dolores.

El *lobby* pro Blackwater

Al día siguiente de la emboscada de Faluya, Erik Prince recurrió a un buen amigo suyo, Paul Behrends, socio de una poderosa compañía de presión política de signo republicano, el Alexander Strategy Group, fundado por personal destacado del gabinete del entonces líder de la mayoría de la Cámara de Representantes, Tom DeLay.[6] Behrends, un teniente coronel en la reserva del Cuerpo de los Marines de Estados Unidos, había sido asesor principal sobre seguridad nacional del congresista republicano por California Dana Rohrabacher, quien también fuera consejero del presidente Reagan. La relación entre Prince y Behrends acumulaba una larga historia tras de sí: en 1990–1991, el joven Prince había trabajado para Rohrabacher y había coincidido allí con Behrends.[7] Aquello supuso el inicio de una estrecha colaboración política, comercial y religiosa entre ambos hombres que no haría más que fortalecerse a medida que Blackwater fue creciendo.

Behrends se registró por vez primera como «cabildero» en representación de Blackwater en mayo de 1998 y empezó a defender los intereses de la compañía en ámbitos que iban desde la planificación para la prevención de catástrofes hasta las relaciones exteriores.[8] Ese mismo mes, la firma de Behrends, Boland & Madigan, consiguió traer al congresista Rohrabacher y a otro «defensor acérrimo» de la Segunda Enmienda constitucional, el también miembro de la Cámara de Representantes John Doolittle, hasta las instalaciones de Prince en Moyock para asistir a la gran inauguración de Blackwater con todos los gastos pagados por la compañía.[9]

Mientras Prince —con la ayuda de Behrends en calidad de cabildero suyo— construía su imperio Blackwater, Behrends se involucraba cada vez más en áreas de la política exterior estadounidense que acabarían convirtiéndose en frentes principales de la posterior guerra contra el terrorismo y en campos lucrativos para Blackwater. Entre dichos ámbitos se encontraba un proyecto que implicaba a grandes compañías petroleras y en el que había mucho dinero en juego, encabezado por la gigante Unocal, para construir y operar un oleoducto a través de Afganistán, gobernado por entonces por los talibanes. Behrends actuó como cabildero a favor de Delta Oil, socio de Unocal en aquel proyecto, presionando a Estados Unidos para que reconociera oficialmente al gobierno afgano.[10] Prince y el ex jefe de Behrends, Rohrabacher, llevaban mucho tiempo interesados en Afganistán, desde la época en que este último trabajó como uno de los principales redactores de discursos en la Casa Blanca de Ronald Reagan (en aquel momento, Estados Unidos apoyaba agresivamente a los muyahidines afganos contra la ocupación soviética de su país). Rohrabacher, conocido por sus simpatías por los «ejércitos de liberación» que servían a los intereses del gobierno estadounidense y estaban apoyados por éste, viajó hasta Afganistán en 1988, donde se unió personalmente a los muyahidines en la lucha de éstos contra las fuerzas soviéticas, antes de jurar su cargo como congresista.[11] No era de extrañar, pues, que Blackwater se convirtiera en una de las primeras empresas militares privadas contratadas para llevar a cabo operaciones en el interior de Afganistán tras el 11-S.

Prince y Behrends habían sido miembros durante mucho tiempo de la junta directiva de Christian Freedom International (CFI), organización misionera evangélica fundada y gestionada por veteranos de la administración Reagan (entre ellos, varios de los principales implicados en el escándalo Irán-Contra). Su fundador y presidente, Jim Jacobson, adquirió experiencia política trabajando a las órdenes del amigo y beneficiario de Erik Prince, Gary Bauer, cuando éste ejerció como jefe de la Oficina de Desarrollo de Políticas del presidente Reagan. Jacobson también trabajó para la administración de George Bush padre. CFI brindó posteriormente un apoyo entusiasta a la guerra contra el terrorismo de la administración del presidente Bush hijo y, si en algo ha criticado las guerras lanzadas por la Casa Blanca en Irak y en Afganistán, ha sido únicamente por no haber hecho lo suficiente para defender a los cristianos.

Cuando se produjo la emboscada de Faluya, pocas eran las compañías especializadas en labores de presión política con más influencia en el Capitolio que Alexander Strategy, pieza central del llamado «K Street Project»* del Partido Republicano, un proyecto por el que los cabilderos de ese signo político lograron recaudar «de sus clientes enormes sumas de dinero dedicadas a asegurarse de que los republicanos conservaran la mayoría del Congreso. A cambio de semejante fidelidad, los líderes del partido permiten el acceso de los cabilderos a los políticos encargados de la toma de decisiones y proporcionan favores legislativos a los clientes de dichos *lobbies*», según Public Citizen, organismo dedicado al control de la actividad del Congreso estadounidense.[12] Behrends y sus socios pusieron inmediatamente manos a la obra para promocionar a Prince y a Blackwater. «[Blackwater] no se había buscado aquella publicidad ni todo lo que le había pasado», explicaba Chris Bertelli, portavoz

---

* La calle K es una de las arterias centrales de Washington, D.C., y en ella se concentran la gran mayoría de los gabinetes de presión política, *think tanks* y movimientos y asociaciones que actúan como *lobbies* sobre las instituciones gubernamentales de la capital estadounidense. (*N. del T.*)

de Alexander Strategy asignado a Blackwater tras los asesinatos de Faluya. «Queremos hacer todo lo posible para que [los medios de comunicación y el Congreso] sepan lo que Blackwater hace y a qué se dedica.»[13]

Una semana después de la emboscada, Erik Prince se reunió con, al menos, cuatro de los miembros de mayor relieve del Comité sobre Fuerzas Armadas del Senado, incluido su presidente, John Warner.[14] El ex SEAL de la Armada reconvertido en ejecutivo de Blackwater Patrick Toohey acompañó a Prince en aquel encuentro con legisladores del Congreso,[15] al igual que Behrends. El senador Rick Santorum dispuso la reunión, en la que también estuvieron presentes Warner y otros dos senadores republicanos clave: el presidente del Comité sobre Asignaciones Presupuestarias, Ted Stevens (senador por Alaska), y George Allen (senador por Virginia).[16] Aquella reunión se producía después una serie de encuentros anteriores que Prince había mantenido personalmente con poderosos republicanos de la Cámara de Representantes encargados de la supervisión de los contratos militares del gobierno federal. Prince se había reunido, entre otros, con Tom DeLay (líder de la mayoría —republicana— de la Cámara y mecenas de Alexander Strategy), Porter Goss (presidente del Comité sobre Servicios de Inteligencia de la Cámara —y futuro director de la CIA—), Duncan Hunter (presidente del Comité sobre Fuerzas Armadas de la Cámara) y el representante Bill Young (presidente del Comité sobre Asignaciones Presupuestarias de la Cámara).[17] Lo hablado en aquellos encuentros sigue siendo un secreto a día de hoy, ya que ni Blackwater ni los congresistas han comentado en público nada al respecto. Pero de lo que no había duda alguna era de que había llegado el momento de la compañía.

Gracias a la destreza con la que personajes tan poco amigos de la publicidad como Erik Prince y otros ejecutivos de la empresa fueron guiados por las altas esferas políticas durante aquellos días por los cabilderos de ASG (especialmente preparados para ello gracias a sus excelentes contactos), Blackwater se puso en situación de rentabilizar su recién adquirida fama desempeñando un papel clave en la elaboración de la normativa que regiría a partir de entonces para los mercenarios contratados por el gobierno federal estadounidense.[18] «A partir de los publicitados sucesos del 31 de marzo, se han elevado aquí en Washington tanto la visibilidad [de Blackwater] como su necesidad de transmitir un mensaje coherente», explicaba Bertelli, de ASG. «Actualmente, existen diversas regulaciones federales que son de aplicación para sus actividades, pero que resultan, en general, de una naturaleza bastante más amplia. Lo que se echa en falta, pues, son normas específicas del sector. Y eso es algo en lo que estamos decididos a participar».[19] En mayo, se dijo de Blackwater que estaba «liderando una campaña de presión política de la que también participaban otras empresas privadas de seguridad y otros contratistas con la intención de bloquear cualquier iniciativa del Congreso o del Pentágono destinada a unificar a dichas compañías y a sus empleados bajo el mismo código jurídico» que el de los soldados en activo de las Fuerzas Armadas.[20] «El Código Uniforme de Justicia Militar no debería ser aplicable para el personal civil, ya que, cuando alguien entra en las Fuerzas Armadas, renuncia en la práctica a ciertos derechos constitucionales», comentaba Bertelli. «El militar se somete a un sistema legal distinto que el civil.»[21] (Dos años después, y pese a los esfuerzos de Blackwater, en la asignación presupuestaria del Congreso para la defensa nacional acabaron incluyéndose cláusulas destinadas a someter a los trabajadores contratados al UCMJ.) Ese mismo mes de junio, se le concedió a Blackwater uno de los contratos de seguridad internacional más valiosos para la protección de diplomáticos en las legaciones estadounidenses en el extranjero.[22] La propia empresa recibió, al mismo tiempo, su propia dosis de protección cuando Bremer le otorgó inmunidad generalizada por sus operaciones en Irak.[23]

Pero mientras los ejecutivos de Blackwater trataban con éxito de convencer a la élite republicana del Capitolio, otros congresistas empezaban a cuestionarse lo que los hombres de Blackwater estaban haciendo no ya en Faluya aquel día, sino incluso en Irak en general. Una semana después de la emboscada, trece senadores demócratas, encabezados por el senador por Rhode Island, Jack Reed, escribieron una carta a Donald Rumsfeld en la que pedían que el Pentágono publicase un «cómputo exacto» del personal no iraquí «armado de forma privada» que operaba en Irak. «Estos trabajadores de seguridad contratados están armados y operan de un modo que resulta difícil de distinguir del de las fuerzas militares, especialmente de las de los grupos de operaciones especiales. Sin embargo, estas compañías de seguridad privadas no están sometidas al control militar ni a las normas que rigen la conducta del personal militar estadounidense», escribieron los senadores.[24] «Permitiendo la presencia de ejércitos privados que operasen fuera del control de la autoridad gubernamental y respondieran sólo antes quienes les pagasen, Estados Unidos sentaría un peligroso precedente.» Los senadores aseveraban que la seguridad en un «área hostil levantada en armas es una misión clásica del ejército» y «delegar[la] en contratistas privados suscita cuestiones de una gran seriedad». Rumsfeld no respondió a aquella carta.[25] Todo lo contrario: las esclusas de la reconstrucción iraquí se abrieron de par en par y, con ello, precipitaron un auténtico aluvión de mercenarios contratados. Por emplear los rotundos términos del *New York Times*, «la combinación de una insurgencia letal y de miles de millones de dólares en ayuda exterior ha desatado unas poderosas fuerzas de mercado en la zona de guerra. Nuevas compañías de seguridad compiten agresivamente por lucrativos contratos en un auténtico frenesí de concesiones y cierres de tratos».[26]

Dos semanas después de los asesinatos de Faluya, Blackwater anunció sus planes de construcción en sus terrenos de Moyock de unas nuevas (y gigantescas) instalaciones, consistentes en un edificio administrativo de 2.600 metros cuadrados, para el propio funcionamiento interno de la compañía.[27] El producto finalizado, sin embargo, acabaría siendo de casi 6.000 metros cuadrados, más del doble de la superficie construida inicialmente proyectada.[28] Aquél fue un acontecimiento trascendental en la evolución de Blackwater, a la que desde hacía seis años se le denegaba el permiso para las obras debido a las objeciones planteadas por el gobierno local. En los días posteriores a la emboscada, las autoridades del condado se apresuraron a enmendar las ordenanzas locales para hacer posible la expansión de Blackwater. Gracias a los nuevos permisos, Blackwater tuvo luz verde para construir y utilizar campos de tiro y zonas de aterrizaje de paracaidistas, así como para dedicarse a la instrucción en el manejo de explosivos y en el combate cuerpo a cuerpo y en el manejo de armas incendiarias y de armas de asalto automáticas.[29] «Ésta será nuestra sede central mundial», sentenció el presidente de la compañía, Gary Jackson.[30]

Entretanto, transcurridas solamente dos semanas desde los asesinatos de Faluya, Blackwater emitió una nota de prensa en la anunciaba que acogería el primer «Congreso y concurso mundial de SWAT (Equipos de Armas y Tácticas Especiales)» de la historia. La nota proclamaba que «nunca antes en la historia del mundo ha habido tal necesidad de hombres y mujeres que sepan responder eficazmente a nuestros incidentes más críticos. Blackwater USA, el mayor recinto del mundo dedicado a la formación táctica y el manejo de armamento, organiza un congreso para satisfacer esa necesidad que será como ningún otro que se haya celebrado antes».[31] Anunciaba talleres sobre temas diversos, como «la resolución de situaciones de secuestro con rehenes, la identificación del perfil de los terroristas suicidas y la psicología de la intervención y la supervivencia en incidentes críticos».[32] Tras la parte dedicada al congreso propiamente dicho, habría una especie de Olimpíadas para SWAT, en las que equipos llegados de todo Estados Unidos y Canadá competirían en una serie de encuentros retransmitidos por ESPN. En la rueda de prensa de presentación del certamen, Gary Jackson se negó a responder pregunta alguna sobre la emboscada de Faluya, reconduciendo en todo momento la conversación hacia el concurso de SWAT.[33] La única mención de Faluya se produjo durante la bendición del acontecimiento pronunciada por el capellán. «Éstas son casi unas vacaciones comparadas con una semana normal de trabajo», explicó días más tarde Jackson a los periodistas, durante la inauguración propiamente dicha de aquellos juegos.[34]

En el congreso que precedió al concurso, el teniente coronel retirado David Grossman, autor del libro *On Killing* (*Del matar*) y fundador del Killology Research Group,* se dirigió a los participantes en el salón de baile de un hotel, que recorría de un lado a otro con un micrófono en la mano.[35] Habló allí del advenimiento de una «nueva Edad de las tinieblas» en la que reinaba el terrorismo de Al Qaeda y los tiroteos en los centros escolares. «¡Los malos vienen con rifles y chalecos antibalas!», exclamaba a modo de advertencia. «¡Destruirán nuestro modo de vida en tan sólo un día!» El mundo, según dijo Grossman, está lleno de corderos y, por lo tanto, los guerreros —hombres como los reunidos en aquel congreso de Blackwater— tenían el deber de protegerlos de los lobos. «¡Adhirámonos al espíritu del guerrero!», exhortó. «Necesitamos guerreros que no le hagan ascos a ese verbo de cinco letras tan sucio y desagradable: ¡matar!» En aquellas mismas fechas, Gary Jackson envió un correo electrónico a la lista de distribución de Blackwater animando a los destinatarios a no perderse al «fantástico» conferenciante que tendrían durante la cena de gala del certamen, uno de los espías más experimentados de la historia estadounidense reciente, J. Cofer Black, quien por aquel entonces era el jefe de contraterrorismo del Departamento de Estado.[36] Tras el 11-S, en su calidad de director de la división de contraterrorismo de la CIA, Black había dirigido la caza de Bin Laden empren-

* Algo así como «Grupo de Investigación en la Ciencia del Matar». (*N. del T.*)

dida por la administración presidencial estadounidense. Finalmente, un año después de la emboscada de Faluya, acabaría incorporándose a Blackwater como vicepresidente de la compañía dentro de una campaña de contratación de ex altos cargos públicos emprendida por ésta para consolidar su imperio y su influencia.

La increíble expansión doméstica emprendida por Blackwater la entronizó como empresa que marcaba la pauta entre las proveedoras de fuerzas mercenarias. «El aumento de la violencia observado este mes ha hecho saltar a un primer plano el pequeño ejército de empresas estadounidenses privadas de seguridad que operan como paramilitares en Irak en virtud de contratos suscritos con el Pentágono», informaba *PR Week*, una revista del ramo de las relaciones públicas.[37] «Al tiempo que crecen las peticiones de que dichas compañías estén sometidas a una mayor regulación, éstas no dejan de incrementar su presencia en Washington para hacer oír su voz. [...] A la vanguardia de todas ellas se sitúa Blackwater USA, la empresa de Carolina del Norte que perdió a cuatro empleados en un ataque perpetrado en Faluya el 31 de marzo pasado.» Después de que Blackwater se estrenara en el empleo de gabinetes de presión política con contactos de alto nivel para promocionar sus servicios, otras compañías de mercenarios siguieron su ejemplo. Todas parecieron caer en la cuenta de que se había iniciado una auténtica fiebre del oro para los servicios de mercenarios. La Steele Foundation, con sede en California y una de las primeras compañías privadas de seguridad que desplegó a sus efectivos en Irak, contrató los servicios del ex embajador Robert Frowick (quien tuviera una actuación destacada durante los conflictos de los Balcanes) el 13 de abril de 2004 para que le ayudara a gestionar sus «relaciones estratégicas con el gobierno» de Washington.[38] Mientras tanto, la proveedora de servicios y fuerzas mercenarias Global Risk Strategies, con base en Londres, alquiló espacio de oficinas en el Distrito de Columbia ese mismo mes para instalar en él sus operaciones de presión política. «Somos plenamente conscientes de que el D.C. funciona de un modo totalmente distinto», declaró Charlie Andrews, ejecutivo de Global. «Lo que necesitamos para ayudar a nuestra compañía es una organización que nos lleve de la mano y nos guíe a través de los procedimientos y los protocolos de la capital estadounidense.»[39] En pleno chaparrón de cabildeo político a cargo de compañías militares privadas, el senador Warner explicó al *New York Times* su opinión acerca de los mercenarios: «Yo los llamo nuestro socio silencioso en esta lucha», dijo.[40]

El día después de que Erik Prince se reuniera con Warner y los otros senadores republicanos, su nuevo portavoz, Chris Bertelli (de ASG), presumió del incremento considerable que había podido apreciar en el número de solicitudes enviadas por ex soldados para trabajar en Blackwater. «Están enfadados», comentó Bertelli, «y nos dicen: "Dejadnos ir allí"».[41] Bertelli dijo que, con las gráficas imágenes de la emboscada de Faluya aún frescas en la mente de muchos, «es natural suponer que la mayor evidencia que se tiene ahora de los peligros que conlleva este trabajo impulse hacia arriba los salarios de quienes tienen que ponerse en la trayectoria de las balas».[42] A finales de abril, el *New York Times* informaba que «algunos altos mandos militares se quejan abiertamente de que el cebo de unas pagas de entre 500 y 1.500 dólares diarios está arrebatándoles algunos de los más experimentados miembros de sus equipos de Operaciones Especiales precisamente en el momento en que más se precisa de sus servicios».[43]

En Irak, la situación se deterioraba por momentos. El 13 de abril, en una crónica desde Bagdad, los corresponsales de guerra británicos Robert Fisk y Patrick Cockburn informaban que, «al menos, unos 80 mercenarios extranjeros —guardias de seguridad reclutados en Estados Unidos, Europa y Sudáfrica, a sueldo de empresas norteamericanas— han muerto en el transcurso de los últimos ocho días en Irak».[44] La violencia que sacudía el país había interrumpido por completo «buena parte de los trabajos de reconstrucción» y la cifra de miembros del personal contratado que estaban siendo asesinados o raptados había alcanzado niveles sin precedentes.[45] Cerca de cincuenta de ellos fueron secuestrados durante el mes siguiente a la emboscada del 31 de marzo contra los hombres de Blackwater.[46] Los trabajadores extranjeros contratados (llevados allí por Washington para ayudar en la ocupación y en las operaciones de reconstrucción), los cooperantes de la ayuda exterior y los periodistas se convirtieron así en una importante fuente de fondos para las fuerzas que combatían a Estados Unidos en Irak. Pese a que la política oficial de Washington es la de no pagar rescate alguno, lo cierto es que los grupos de la resistencia recaudan hasta 36 millones de dólares anuales en concepto de sumas destinadas a liberar al personal secuestrado.[47] En abril de 2004, Rusia retiró a unos 800 trabajadores civiles de Irak,[48] una medida que también tomó Alemania.[49] Un alto cargo iraquí anunció también por aquellas fechas que, ese mismo mes, más de 1.500 trabajadores contratados extranjeros habían abandonado el país.[50] Según informaba la revista *Fortune*, «el repunte de la violencia coincide con un momento en el que el gobierno está concediendo nuevos contratos por un valor total de unos 10.000 millones de dólares y en el que, por tanto, empresas como Halliburton y Bechtel están tratando de incrementar su presencia en aquel país».[51] Estados Unidos se esforzaba por despertar el interés de un mayor número de socios comerciales y organizó para ello una serie de conferencias internacionales destinadas a atraer a nuevas empresas. «En Roma, estuvieron más de 300 compañías y el interés fue tal que tuvimos que utilizar una sala adicional», explicaba Joseph Vincent Schwan, vicepresidente del Equipo de Trabajo para Inversiones y Obras de Reconstrucción en Irak y Afganistán.[52] El propio Schwan presumía de haber reunido a 550 empresas en una conferencia similar en Dubai y a otras 250 en Filadelfia. La Cámara de Comercio de Estados Unidos también distribuyó por todo el mundo (de Londres a Sydney pasando por Seúl) una presentación de PowerPoint elaborada por ella misma y titulada «Doing business in Iraq» («Hacer negocios en Irak»).[53]

En la conferencia celebrada en Dubai tres semanas después de la emboscada de Faluya (y que la prensa local describió como una «oportunidad de ganar miles de millones de dólares con obras y tareas subcontratadas en Irak»), Schwan se dirigió a los contratistas potenciales diciéndoles que «Irak supone una oportunidad única en la vida».[54] Pero para capitalizar esa oportunidad, la seguridad era una necesidad, por lo que se instaba a esos mismos contratistas a que sumaran a su factura el coste de la contratación de mercenarios. De hecho, y como servicio público para sus destinatarios, la propia presentación «Doing business in Iraq» contenía una lista de compañías de mercenarios de alquiler.[55]

El recién nombrado Inspector General Especial de Estados Unidos para Irak, Stuart Bowen Jr., explicaba por aquellas mismas fechas el alcance de la nueva demanda de servicios de mercenarios en Irak. «Creo que, en un principio, las empresas contratistas esperaban que las fuerzas de la Coalición proporcionaran un nivel adecuado de seguridad interna y que, con ello, hicieran innecesaria la presencia de personal contratado para garantizar su propia seguridad», explicaba Bowen. «Pero la amenaza que plantea la situación actual obliga a que un porcentaje inesperado y sustancial del dinero de los contratistas tenga que ir dedicado a la seguridad privada.»[56] De resultas del incesante aumento de la demanda de servicios de seguridad privada como los facilitados por empresas como Blackwater, las compañías que prestaban sus servicios a las fuerzas de ocupación empezaron a facturar a la APC sumas sustancialmente más elevadas en concepto de costes de protección. «Las cifras de las que tengo noticia alcanzan ahora el 25%», comentaba el propio Bowen, pese a que el porcentaje inicialmente estimado del presupuesto de la «reconstrucción» que tendría que ir dedicado a pagar los servicios de empresas privadas de seguridad como Halliburton no superaba el 10%.[57] El funcionario del Pentágono encargado de los contratos de suministros del Ejército de Tierra confirmó la estimación de Bowen.[58]

«El ejército estadounidense ha generado gran parte de la demanda de guardias de seguridad», informaba el londinense *The Times*. «Ha externalizado hacia contratistas privados un gran número de funciones anteriormente encuadradas dentro de la propia estructura militar, y esos contratistas, a su vez, precisan de protección.»[59] Dado el elevado grado de privatización de servicios esenciales que ya había efectuado Estados Unidos —entre los que se encontraban la provisión de alimentos, combustible, agua y alojamiento para las tropas—, las empresas privadas se habían convertido en componentes necesarios de la ocupación, por lo que la administración Bush ni siquiera llegó a considerar la posibilidad de no utilizar a contratistas cuando la situación alcanzó niveles muy letales. Como bien reconocía Bruce Cole, una de las autoridades de la ocupación, «no vamos a parar ahora sólo porque los costes de seguridad estén subiendo».[60] En lugar de ello, la administración se sumió más a fondo en el hoyo de la privatización y optó por pagar más dinero a más compañías, y por alentar el ya de por sí impresionante crecimiento de la industria de los servicios de mercenarios. «Cuando llegaron al país las primeras brigadas de trabajadores de Halliburton dedicadas a la reconstrucción de los oleoductos, disponían de protección militar», según explicaba la revista *Fortune*. «Pero ahora han tenido que contratar seguridad privada. Con todoterrenos blindados que cuestan más de 100.000 dólares cada uno y guardias armados que cobran 1.000 dólares al día, las grandes compañías contratistas como Bechtel y Halliburton se gastan cientos de millones en la protección de sus empleados. Como el gobierno federal es quien acaba pagando la factura, eso significa, en última instancia, menos dólares para las auténticas obras de reconstrucción.»[61] Y muchos más dólares para las compañías militares privadas, podríamos añadir.

Lo que quedó claro tras la emboscada de Faluya y el enfrentamiento armado de Nayaf era que los mercenarios habían pasado a erigirse en un elemento necesario de la ocupación. «A cada semana que pasa con una insurgencia activa en una zona de guerra sin frente definido, estas compañías se ven más profundamente inmersas en los combates, en algunos casos hasta el extremo de que prácticamente desaparece la distinción entre tropas profesionales y comandos privados», informaba el *New York Times*. «Cada vez más, dan la impresión de tratarse de unas milicias privadas con ánimo de lucro.»[62] Un año después del inicio de la invasión, el número de mercenarios presentes en el país se había disparado. Global Risk Strategies, una de las primeras empresas de mercenarios que se desplegó en Irak, pasó de 90 hombres a 1.500; Steele Foundation, de 50 a 500, y otras compañías anteriormente desconocidas, como Erinys, experimentaron una auténtica pujanza (hasta el punto de contratar a 14.000 iraquíes para cubrir plazas de soldados privados).[63] La empresa de ingeniería global Fluor —la mayor sociedad anónima estadounidense dedicada a la construcción y a las obras de ingeniería— contrató a unos 700 guardias privados para proteger a sus 350 trabajadores y poder cumplir así sus contratos, valorados en 2.000 millones de dólares.[64] «Digamos, simplemente, que hay más personas con pistola y dedicadas a vigilar que las que se dedican a apretar tuercas y tornillos», comentaba Garry Flowers, vicepresidente de Fluor.[65] Las empresas de mercenarios más «consolidadas» —o las que tenían contactos con las potencias ocupantes— empezaron a quejarse de la competencia de otras firmas que ofrecían servicios de seguridad de mucha menor calidad y con trabajadores menos «cualificados» a precios más reducidos. También saltó la polémica por la presencia de guardias procedentes de las antiguas fuerzas de seguridad del *apartheid* sudafricano y de la que sólo se tuvo noticia a partir de la muerte en servicio de algunos de ellos. «Los mercenarios de los que estamos hablando trabajaron para fuerzas de seguridad que eran sinónimo de asesinatos y torturas», comentaba Richard Goldstone, un ex juez del Tribunal Constitucional de Sudáfrica que también ejerció como fiscal jefe de los tribunales de la ONU que juzgaban los crímenes de guerra cometidos en la antigua Yugoslavia y en Ruanda. «Me ha horrorizado saber que personas así estén siendo empleadas en una situación en la que lo que debería alentarse es la introducción de la democracia. Ésa no es la gente con la que se debería contar en esa clase de iniciativa.»[66] Un alto cargo del Pentágono explicó a la revista *Time* que «estas empresas están contratando a quien pueden. Está claro que algunas de esas personas han sido miembros de grupos de fuerzas especiales, pero algunos de ellos son buenos y otros no».[67]

El 28 de abril de 2004, estallaba el escándalo de la prisión de Abu Ghraib con motivo de la emisión en el programa de la CBS *60 Minutes II* de unas imágenes de contenido altamente explícito en las que se podía ver a soldados estadounidenses torturando y humillando a prisioneros iraquíes.[68] Pronto se supo que dos empresas contratistas privadas estadounidenses —Titan Corporation, con base en San Diego, y CACI, con base en Virginia— estaban presuntamente implicadas en las torturas, ya que habían proporcionado interrogadores para su uso en la prisión durante el periodo de los supuestos abusos. Un informe de investigación del Ejército de Tierra elaborado por el general de división Antonio Taguba reveló que un interrogador de CACI y un traductor de Titan «estaban entre los responsables directos o indirectos de los abusos en Abu Ghraib».[69] Ambas compañías negaron las imputaciones. Uno de los ex directores de CACI era el subsecretario de Estado, Richard Armitage,[70] un personaje clave de la administración estadounidense en la guerra contra el terrorismo. En una posterior demanda colectiva presentada por el Center for Constitutional Rights, se acusaba a Titan y a CACI de conspirar con diversas autoridades estadounidenses para «humillar, torturar y abusar de personas» a fin de obtener más contratos para sus «servicios de interrogación».[71] Pero, si bien los contratistas privados se veían ahora sometidos a un escrutinio más severo, apenas estaban notando efecto adverso alguno sobre la marcha del negocio.

En Irak, Blackwater, valiéndose del tirón de la supuesta calidad de sus efectivos humanos (ex miembros de grupos de operaciones especiales) y de sus contactos políticos, facturaba a algunos clientes entre 1.500 y 2.000 dólares por hombre y día, según la revista *Time*.[72] Mientras tanto, las empresas de actividades militares privadas aprovecharon la emboscada de Faluya para reivindicar ante el gobierno federal estadounidense la aprobación abierta del uso de armamento más pesado por parte de sus soldados privados en Irak.[73] A pesar, incluso, de la controversia y los problemas de imagen crecientes, aquél fue un momento increíble en la historia de la actividad mercenaria, un momento que abrió de golpe una puerta a una legitimación difícilmente concebible antes de que se emprendiera la llamada «guerra contra el terror». Un año después de la invasión de Irak, las acciones de una de las mayores empresas privadas de seguridad, Kroll Inc. —que proporcionaba sus servicios a la Agencia Estadounidense para el Desarrollo Internacional (USAID)—, habían aumentado su cotización en un 38%, al tiempo que sus beneficios se habían «disparado» un 231% gracias, entre otras cosas, a que su volumen de ventas se había duplicado hasta alcanzar los 485,5 millones de dólares.[74] «Mire usted, esto es la fiebre del oro», sentenciaba Michael Cherkasky, presidente de Kroll, quien añadía, a modo de advertencia: «Lo que ocurre es muy sencillo. La gente que no sabe lo que está haciendo puede acabar haciéndose mucho daño».[75] Cuesta evaluar la magnitud completa de los beneficios obtenidos por las empresas del sector, dado que muchas de ellas —incluida Blackwater— son sumamente reservadas y no son sociedades anónimas con títulos que coticen en mercados públicos de acciones. Pero las estimaciones iniciales realizadas por algunos expertos cifraban el valor del conjunto del sector en unos 100.000 millones de dólares anuales.[76] «Hemos crecido un 300% en cada uno de los últimos tres años», alardeaba Gary Jackson sobre Blackwater poco antes de que se produjeran los asesinatos de Faluya. «Tenemos un nicho de mercado muy reducido y nos esforzamos por quedarnos con la *crème de la crème*, lo mejorcito.»[77]

Tras los sucesos de Faluya y Nayaf, algunas de las empresas militares privadas empezaron a coordinarse informalmente entre sí compartiendo información técnica y de inteligencia. «Cada compañía privada viene a ser el equivalente de un batallón individual», explicaba al *Washington Post* un alto cargo del gobierno estadounidense. «Ahora se están uniendo para constituir la mayor organización de seguridad del mundo.»[78] Aquél fue una especie de experimento del profesor Frankenstein en externalización de labores militares y de inteligencia con Irak como laboratorio. «[E]l poder de los mercenarios no ha dejado de crecer», escribía Robert Fisk desde Bagdad en el verano de 2004. «Los matones con pistolas de Blackwater van ahora por ahí empujando y propinando puñetazos a los iraquíes que se interponen en su camino: los periodistas kurdos abandonaron dos veces una rueda de prensa de Bremer por el trato abusivo recibido de esos hombres. Bagdad está plagada de unos misteriosos occidentales equipados con toda clase de tecnología y armamento, que van por la calle gritando a los iraquíes y abusando de ellos, y que beben como esponjas en los mal defendidos hoteles de la ciudad. Para los iraquíes de a pie, se han convertido en la viva imagen de todo aquello que Occidente tiene de malo. Nos gusta llamarlos "trabajadores contratados", pero las denuncias de incidentes de disparos de estos mercenarios contra iraquíes inocentes están aumentando de manera preocupante, amparados como están los primeros en la más absoluta impunidad.»[79]

Kafka estaría orgulloso

Ese verano, Estados Unidos empezó a sufragar un gran centro de inteligencia y operaciones para los mercenarios, que pretendía convertir en una especie de Zona Verde privatizada dentro de la propia Zona Verde. La primera partida destinada al mismo llegó en mayo de 2004 y ascendía a la astronómica cifra de 293 millones de dólares, suministrados en forma de un contrato de tres años concedido a la recién formada empresa británica Aegis Defense Services, fundada y dirigida por el mercenario más célebre del mundo, Tim Spicer, un ex oficial de las Fuerzas Especiales británicas.[80] La empresa para la que Spicer trabajaba anteriormente, Sandline, había sido contratada por las facciones enfrentadas en guerra en Papúa-Nueva Guinea a finales de la década de 1990, lo que desató una gran polémica en Gran Bretaña acerca del uso de mercenarios.[81] Spicer puso en marcha su nueva empresa en septiembre de 2002 para sacudirse de encima la imagen de mercenarios que les acompañaba a él y a sus empleados en Sandline. «Quería asegurarme de que Aegis fuese un animal completamente distinto», comentó.[82] Spicer se convirtió en algo así como el padrino de la campaña destinada a refundir la imagen de las empresas de mercenarios para convertirlas en «compañías militares privadas». La concesión a Spicer del mayor contrato en materia de seguridad ofrecido en relación con la ocupación de Irak hasta aquella fecha era un simbólico presagio del albor de una nueva era. Además, la escala del contrato y el momento de su concesión eran toda una declaración de las intenciones reales de Estados Unidos con respecto al «traspaso de soberanía» previsto para un mes más tarde: *Nosotros —y nuestros mercenarios— nos quedamos*. Era también un testimonio devastador sobre la ligereza de una parte crucial de la retórica de aquel llamado «traspaso», aquella que proclamaba que los iraquíes asumirían toda la responsabilidad de la seguridad del país. Remedando el sistema utilizado por Halliburton para asegurarse unos beneficios a gran escala con los contratos suscritos con el gobierno, el contrato de Spicer era un acuerdo «*cost plus*»,* una disposición que, «en la práctica, retribuye a las compañías con un volumen mayor de ganancias cuanto más gastan y, por consiguiente, es propicia al abuso y la ineficiencia», según escribió Peter Singer, un experto en sub-contratación militar privada de la Brookings Institution. «No tiene paralelo alguno en las buenas prácticas del mundo empresarial por la sencilla razón de que sigue la lógica contraria a todo lo que Adam Smith escribió sobre los mercados libres.»[83]

La intención oficial del contrato era doble: Aegis se encargaría de coordinar y supervisar las actividades y los movimientos de la pléyade de empresas militares privadas presentes en el país para prestar sus servi-cios a la ocupación, y facilitaría también informes y sesiones informati-vas sobre inteligencia y seguridad. Aegis no tardó en instalar seis centros de control por todo Irak.[84] En virtud del contrato, Aegis se encargaría también de proporcionar hasta un total de 75 «equipos de protección próxima» que se ocupasen de impedir que los empleados de la Oficina de Gestión de Programas de la autoridad de la ocupación fuesen objeto de «asesinatos, secuestros, lesiones o situaciones violentas o embarazo-sas».[85] El trato impulsó a Aegis (una empresa que no arrojaba beneficios) hasta convertirla en una de las más exitosas de las que operaban en la guerra contra el terrorismo. «El contrato nos ha transformado de una organización muy pequeña en una de gran tamaño», comentó en una oca-sión Spicer, el mayor accionista de Aegis. «Ahora queremos consolidar-nos. Iremos allí donde la amenaza nos lleve.»[86] La concesión de aquel contrato a Spicer despertó las iras de diversos sectores, entre los que también se contaban las otras compañías militares. La texana DynCorp, uno de los seis postores originales por el contrato, presentó una queja ante la Oficina de Auditoría General del gobierno federal (la GAO).[87] Aegis no estaba siquiera incluida en la lista de empresas militares priva-das en Irak recomendadas por el Departamento de Estado.[88] Incluso algunos legisladores republicanos se alzaron en armas contra aquel acuerdo. El congresista texano Pete Sessions escribió una carta al secre-tario de Defensa Rumsfeld en apoyo a DynCorp en la que le decía que era «inconcebible que la empresa a la que se ha encargado la responsabi-lidad de coordinar toda la seguridad de las compañías y los individuos

---

* Conforme a dicha modalidad de contrato, el contratista percibe, al finalizar el trabajo para el que ha sido contratado, una retribución igual al total de los costes incurridos más una prima de beneficios, que puede ser una cantidad fija preestablecida o un porcentaje sobre el volumen total del presupuesto de gastos. (N. del T.)

implicados en la reconstrucción sea una que no ha estado nunca presente en aquel país».[89]

Tampoco acababa de agradar el pasado de Spicer. En otra carta dirigida a Rumsfeld poco después del anuncio del contrato con Aegis, los senadores John Kerry, Edward Kennedy, Hillary Clinton, Christopher Dodd y Charles Schumer pedían al secretario de Defensa que ordenara un examen del contrato por parte del Inspector General del gobierno federal, ya que, según las palabras de los legisladores, Spicer era «un individuo con un largo historial de apoyo al uso excesivo de violencia contra la población civil» y un hombre «que defiende sin reparos [los abusos contra los derechos humanos]».[90] Como prueba, los senadores citaban un artículo del *Boston Globe* en el que se acusaba a Spicer de tener «una mala reputación por su pasado como comerciante de armas en África y como jefe de una unidad militar que había cometido varios asesinatos en Irlanda del Norte».[91] Las protestas de los senadores cayeron aparentemente en saco roto, ya que Estados Unidos renovó el contrato de Spicer los dos años siguientes.[92] «Ese contrato es todo un ejemplo de lo que no hay que hacer», escribió en el *New York Times* Peter Singer, el investigador de Brookings.[93] Tras citar la más que evidente ausencia de coordinación, supervisión y gestión de los mercenarios en Irak, Singer sentenciaba: «[S]ubcontratar ese problema a otra compañía privada atiende a una lógica de la que el mismo Kafka se sentiría orgulloso, y, por otra parte, sólo sirve para alejar aún más a esas empresas del alcance de la vigilancia y la supervisión públicas».[94]

A finales de 2005, la controversia azotó de nuevo a Aegis por culpa de un vídeo publicado en el sitio web de un ex empleado de la empresa en el que parecía mostrarse a guardias privados de seguridad disparando sobre vehículos civiles que circulaban por carreteras iraquíes.[95] Aparentemente, el vídeo había sido filmado con una cámara montada en la ventanilla trasera de un todoterreno. Según el *Washington Post*, «contenía varias filmaciones breves en las que se veía cómo varios coches eran acribillados por ráfagas de ametralladora mientras sonaba la canción de Elvis Presley "Mystery Train". Otra versión que fue colgada meses después contenía las risas y las voces de hombres que se intercambiaban comentarios jocosos mientras disparaban. Aquellas escenas fueron emitidas profusamente en los canales de televisión por satélite en lengua árabe y provocaron denuncias diversas de varios congresistas estadounidenses».[96] Una posterior investigación llevada a cabo por la División de Investigación Criminal del ejército norteamericano determinó que «faltaba una causa probable para creer que allí se había cometido delito alguno».[97] También llegó a la conclusión de que los incidentes grabados entraban «dentro de los límites de las reglas para el uso de la fuerza».[98]

El Inspector General Especial de Estados Unidos para Irak ordenó que se realizase una auditoría a Aegis en 2005 y no halló «pruebas suficientes de que Aegis esté suministrando la mejor protección y la mejor seguridad posibles para el personal y las instalaciones del gobierno y de los contratistas que participan en la reconstrucción».[99] Pese a la polémica, lo importante para el resto de empresas del sector era que «las compañías militares privadas» estaban siendo aceptadas en el redil general de los países ocupantes y adquiriendo una mayor legitimación. «Ha habido muchos cambios en el modo de funcionar de este negocio durante los últimos diez años», confesaba Tim Spicer a finales de 2006. «Lo que yo hacía diez años atrás era muy avanzado para la época. Pero el catalizador ha sido la guerra contra el terrorismo. El periodo transcurrido desde el 11-S ha puesto de relieve la necesidad de contar con un sector fuerte dedicado a la seguridad privada.»[100] En octubre de 2006, se calculaba que había unos 21.000 mercenarios trabajando para empresas británicas instaladas en Irak, frente a los 7.200 soldados en activo del ejército británico presentes en aquel país.[101]

Una nueva emboscada

En el verano de 2004, mientras proseguía el aluvión de nuevos soldados privados con destino a Irak, la situación sobre el terreno no dejaba de deteriorarse. En junio, varios comandos de Blackwater fueron nuevamente víctimas de una emboscada que trajo claras reminiscencias de los asesinatos de Faluya. La mañana del sábado 5 de junio, sobre las 10.30 de la mañana, dos todoterrenos de Blackwater se dirigían hacia el aeropuerto de Bagdad.[102] Chris Bertelli, actuando como portavoz de Blackwater/Alexander Strategy, dijo que aquellos hombres estaban realizando una misión relacionada con el contrato de Blackwater para ESS[103] (como la que estaban llevando a cabo los cuatro guardias asesinados en Faluya en el momento de su muerte). Bertelli especificó que se trataba de un subcontrato con KBR, filial de Halliburton.[104] En aquel equipo de Blackwater trabajaba aquella mañana una mezcla de guardias estadouni-

denses y polacos. Uno de los americanos, Chris Neidrich, había trabajado anteriormente en la caravana de vehículos que acompañaba a Bremer.[105] En uno de los últimos mensajes de correo electrónico que envió
antes de la misión, Neidrich explicaba que él y sus amigos habían bro-
meado sobre la necesidad de conducir, por lo menos, a 150 kilómetros
por hora para eludir la acción de las bombas colocadas al borde de las
carreteras iraquíes. «¿Sabes? Cuando vuelva a casa, tendré que reprimir-
me de conducir durante dos meses», escribió Neidrich. «No recuerdo
cuándo fue la última vez que conduje despacio, que me detuve en un
semáforo o en un stop o, ni siquiera, ante una persona que cruzaba la
calle.»[106] Los miembros polacos del equipo de Blackwater de aquel día
eran antiguos componentes de las GROM («Trueno»), las fuerzas de
élite de su país, que habían abandonado el contingente militar oficial que
Polonia tenía desplegado en Irak para pasar a trabajar para Blackwater.[107]
El general Slawomir Petelicki, ex comandante de las GROM, dijo que
Blackwater ofrecía a los militares de élite polacos 15.000 dólares al mes
más seguro.[108]

Cuando el convoy de Blackwater circulaba todo lo aceleradamente
que podía por la autovía de cuatro carriles que va hacia el aeropuerto,
unos combatientes de la resistencia comenzaron a seguirlos de cerca en
sus propios vehículos. «Allí les tendieron una trampa entre cuatro y cinco vehículos llenos de hombres provistos de armas automáticas», explicó
Bertelli. «Fue una emboscada a gran velocidad.»[109] Al parecer, los combatientes de la resistencia dispararon un proyectil de lanzagranadas
sobre el vehículo de Blackwater que cerraba el convoy por la cola. La
granada impactó en el depósito de combustible y la explosión resultante
hizo que el todoterreno quedara envuelto en llamas de inmediato.[110] El
segundo vehículo de Blackwater se dio la vuelta para asistir al que había
sido atacado y, en ese momento, se inició una auténtica batalla a tiros.
«El tiroteo fue un infierno», comentó K. C. Poulin, dueño de Critical
Intervention Services, una compañía de seguridad privada para la que
Neidrich había trabajado durante años en Estados Unidos. «Se enfren-
taron a contrincantes hostiles de varios vehículos y gastaron toda su
munición en el combate. Se trataba de un ataque bien organizado. No
eran unos terroristas del montón.»[111] Blackwater reveló que sus hombres se habían visto superados en una proporción de 20 a 7.[112] Al final,
Neidrich y otro de los estadounidenses murieron en el enfrentamiento,
así como dos de los guardias polacos contratados.[113] Los tres hombres de

Blackwater restantes.lograron abrirse paso, según parece, hasta la calzada del sentido contrario de la autovía, donde pararon uno de los vehículos que por ella circulaban y se subieron a él escapando así del escenario.[114]

La emboscada tuvo lugar en la principal vía de conexión por carretera entre la Zona Verde y el aeropuerto de Bagdad y volvió a llevar el nombre de Blackwater a los titulares de los periódicos. «¿Se acuerdan ustedes de hace un año, cuando el portavoz de Sadam, el estrambótico "Bob de Bagdad", como aquí lo llamábamos, aseguró que las fuerzas estadounidenses no controlaban el aeropuerto?», escribía el columnista del *New York Times* Thomas Friedman a propósito de la emboscada. «Pues resulta que no teníamos que habernos reído tanto de él, porque, un año después, seguimos sin controlar por completo la carretera principal entre el aeropuerto de Bagdad y la capital iraquí. En esas condiciones, es imposible construir nada.» Lo irónico es que Blackwater no tardaría en convertirse en uno de los proveedores de servicios de taxi mejor pagados a lo largo de esa misma peligrosa ruta transportando a sus clientes en vehículos blindados. El día siguiente a la emboscada, cuando el caos se intensificaba en Irak, el primer ministro iraquí en funciones (designado por EE.UU.), Ayad Alaui, un antiguo activo de la CIA, por fin parecía atreverse a atribuir la violencia reinante a la política estadounidense en el país. Concretamente, declaró a Al Yazira que Estados Unidos había cometido «graves errores», como fue el de la «disolución del ejército, los servicios policiales y las fuerzas de seguridad internas».[115] Alaui pedía que se reconstruyera el ejército iraquí. Pero el daño ya estaba hecho y pocos actores se beneficiaban más de aquella violencia que las compañías militares privadas.

Paul Bremer abandonó Irak a hurtadillas el 28 de junio de 2004, dos días antes de la fecha prevista para el «traspaso de soberanía». Para su última ronda de visitas en Bagdad (que dedicó a despedirse de sus aliados iraquíes), el jefe de su equipo de seguridad, Frank Gallagher, se mostró especialmente insistente en la necesidad de reforzar la protección del procónsul. «Así que, para la ocasión, añadió 17 Humvees adicionales para cubrir la ruta de nuestro convoy y ordenó que los tres helicópteros de Blackwater —cada uno de ellos equipado con dos "artilleros"— sobrevolara justo por encima de nuestro séquito motorizado y consiguió que el ejército nos cediera un par de helicópteros Apache para proteger nuestros flancos y otro par de cazabombarderos F-16 para brindarnos cobertura aérea por encima», recordaba el propio Bremer.[116] Uno de los últimos actos oficiales de Bremer fue la publicación de un decreto por el que concedía inmunidad a Blackwater y a otras empresas contratistas frente a posibles acciones judiciales por cualquier delito potencial cometido en Irak. El 27 de junio, Bremer firmó la Orden nº 17, que proclamaba que «los contratistas serán inmunes frente a cualquier proceso judicial iraquí por actos realizados en virtud de los términos y condiciones establecidos en un Contrato o en cualquier subcontrato derivado de aquél».[117] Ese mismo mes, el senador Patrick Leahy trató de adjuntar una enmienda «contra los especuladores de guerra» al proyecto de ley de los presupuestos federales de defensa, la cual, entre otras disposiciones, habría creado «una jurisdicción extraterritorial competente sobre delitos cometidos en el extranjero» por los contratistas o sus trabajadores.[118] Pero fue rechazada en votación.

Las políticas de Paul Bremer habían afianzado a Blackwater entre los grandes beneficiarios de contratos en Irak y entre ellos destacaba el tan preciado acuerdo para proteger a los altos cargos estadounidenses en el país. Blackwater no tardó en convertirse también en la empresa responsable de la seguridad del sucesor de Bremer, el embajador John Negroponte, personaje tristemente famoso por su crucial papel en las «guerras sucias» de EE.UU. en Centroamérica durante la década de 1980.[119] Conocido ya entonces como el «procónsul» cuando ejerció como embajador estadounidense en Honduras entre 1981 y 1985, Negroponte fue uno de los supervisores del envío de ayuda estadounidense a los escuadrones de la muerte de la Contra nicaragüense, que luchaba por derrocar al gobierno izquierdista sandinista (un programa al que el propio Negroponte se refería como «nuestro proyecto especial»).[120] Negroponte fue acusado también de encubrir abusos generalizados de los derechos humanos perpetrados por la junta militar hondureña, que ocupaba el gobierno del país con apoyo estadounidense.[121] Como ya ocurriera con varios altos funcionarios estadounidenses de la era del escándalo Irán-Contra, Negroponte recibió un cargo clave en la administración Bush. En Irak, se iba a encargar de supervisar la mayor embajada del mundo y la mayor delegación de la CIA.[122]

Cuando Bremer se marchó de Irak, lo que se estaba desarrollando era un fenómeno mucho más amplio que Blackwater comprendió como nadie (posiblemente, como ninguna otra empresa militar privada del planeta): a los nuevos soldados de fortuna se les había presentado un momento propicio (*kairos*) como ningún otro anteriormente. A raíz de la carnicería de Faluya, Blackwater estaba conduciendo a las empresas de mercenarios a un nivel de legitimidad que cualquiera habría creído inimaginable apenas unos años antes. Una de las metas más generales de la nueva campaña de refundición de la imagen de la industria de las fuerzas mercenarias era la aceptación de éstas como elementos legítimos de los aparatos de defensa nacional y seguridad del país. Para Blackwater, el contrato para la protección y vigilancia de Bremer en Irak tenía sin duda alguna un valor muy superior al que pudiera figurar en su increíblemente lucrativo precio: era prestigioso y constituía una valiosísima herramienta de *marketing* que le podía permitir obtener más clientes y más contratos gubernamentales de monto económico elevado. La compañía podía presumir a partir de ese momento de que el gobierno estadounidense le había confiado la protección de sus más altas autoridades en la primera línea del frente más peligroso de su «guerra contra el terror». El contrato también transmitía la impresión inequívoca de que las operaciones de Blackwater contaban con el sello de aprobación del gobierno de Estados Unidos.

Mientras las empresas militares privadas luchaban cuerpo a cuerpo en Irak por la obtención de nuevos contratos, Blackwater era recompensada, como quien no quería la cosa y sin apenas despertar atención, con toda una «sonda» de alimentación intravenosa del gobierno federal, administrada en la propia sede central de la empresa en Moyock y a cargo del contribuyente estadounidense. En junio de 2004, cuando finalizaba el mandato de Bremer en Bagdad, Blackwater obtuvo la concesión de uno de los contratos federales más jugosos y prestigiosos de su sector, gracias al poco conocido programa del Servicio de Protección Mundial del Personal (WPPS, según sus iniciales en inglés) del Departamento de Estado.[123] Los documentos del departamento describen el programa del WPPS como una iniciativa de «seguridad diplomática» del Estado destinada a la protección de funcionarios estadounidenses y de «determinados funcionarios de alto nivel de gobiernos extranjeros cuando surja la necesidad». Según aparecen descritas en los documentos gubernamentales, dicho servicio tiene encomendadas las tareas de «proporcionar equipos cualificados de protección armada» y, si se le ordena, «equipos de contraasalto y de tiradores de largo alcance». Las compañías implicadas pueden también facilitar traductores y realizar labores de inteligencia. De todos modos, el Departamento de Estado advertía a las empresas postoras que «se asegur[aran] de que el personal de los equipos de protección asignados por los contratistas está preparado para operar y vivir en condiciones austeras y, en ocasiones, de gran inestabilidad, en cualquier lugar del mundo». El contrato también especificaba que, si fuera preciso, «los miembros de ese personal que sean ciudadanos estadounidenses podrán recibir un pasaporte apropiado a su situación, ya sea oficial o diplomático». Asimismo, se autorizaba a los contratistas privados a reclutar y a instruir a ciudadanos de otras nacionalidades, y a «llevar a cabo operaciones de seguridad protectora con ellos en otros países».

En su solicitud de ofertas para el contrato mundial de 2004, el Departamento de Estado hacía referencia a una necesidad nacida de «la continua agitación que se vive en Oriente Medio y los esfuerzos estabilizadores de Estados Unidos en la posguerra de Bosnia, Afganistán e Irak». También mencionaba que el gobierno federal «carece de capacidad para proporcionar servicios de protección a largo plazo con su plantilla de agentes especiales, por lo que se hace necesario un refuerzo contractual externo».

El contrato del WPPS se repartió entre un puñado de compañías de mercenarios con buenos contactos en las altas esferas de Washington, entre ellas DynCorp y Triple Canopy. La previsión inicial (conforme a una lista de ese contrato elaborada por el propio Departamento de Estado) era que Blackwater percibiera 229,5 millones de dólares en cinco años por su parte del servicio. Sin embargo, a 30 de junio de 2006, sólo dos años después del inicio del programa, la retribución total de la empresa por el mismo ascendía ya a un total de 321.715.794 dólares. Un portavoz gubernamental declaró más tarde que el valor estimado del contrato de Blackwater hasta septiembre de 2006 sumaba 337 millones de dólares.[124] Hasta finales de 2007, Blackwater había cobrado más de 750 millones de dólares en virtud de aquel contrato. En un largo informe de auditoría de la propuesta de contrato para el WPPS presentada por Blackwater, encargado por el gobierno federal, se acusaba a la empresa de Carolina del Norte de presentar como beneficios parte de sus costes indirectos y totales, lo que significaría «no sólo una duplicación de beneficios, sino una escalada piramidal de los mismos, ya que, en la práctica, Blackwater aplica beneficios sobre beneficios».[125] La auditoría alegaba además que la compañía trataba de inflar las ganancias previstas representando diferentes divisiones internas como si fueran empresas totalmente separadas entre sí.[126]

El contrato del WPPS supuso todo un hito para Blackwater y permitió consolidar la posición de la compañía como empresa de mercenarios favorita del gobierno estadounidense: una auténtica guardia privada de élite para la guerra global de la administración Bush. A finales de noviembre de 2004, el presidente de Blackwater, Gary Jackson, remitió un mensaje de correo electrónico masivo celebrando la reelección del presidente Bush y el nuevo contrato suscrito por la compañía: «Bien, las elecciones presidenciales ya se han terminado. Las masas han hablado. Los progresistas han ido a hacer cola en las clínicas para someterse a un tratamiento contra el Síndrome por Derrota Electoral, y la guerra contra el terror del presidente Bush continuará avanzando durante los próximos cuatro años. Nuestro ejército está librando fenomenalmente bien esa guerra contra el terrorismo, como dejan patente los resultados de la victoria más reciente, la de la Batalla de Faluya. Mientras Irak prosiga en su avance hacia la estabilización, el Departamento de Estado continuará enviando allí a más autoridades del gobierno estadounidense que ayuden a que aquel país se convierta en una democracia. Aunque la mayoría de los iraquíes quieren la democracia, seguirá habiendo terroristas que no la quieran y que constituyan una importante amenaza para la seguridad de nuestros altos cargos. Estos altos funcionarios precisan de protección profesional y la Oficina de Seguridad Diplomática del Departamento de Estado ha seleccionado y ha contratado a Blackwater Security Consulting para que le asista en la provisión de dicha protección».[127] Jackson anunciaba entusiasmado que para aquellos candidatos cualificados que estuvieran deseando «participar en la estabilización de Irak y apoyar la guerra del presidente contra el terrorismo», aquél era «el momento de unirse a Blackwater».[128]

Capítulo 12

Oleoductos y quimeras en el Caspio

Aunque el nombre de Blackwater era reconocido en 2004 casi exclusivamente en relación con la emboscada de Faluya y con el papel de esa empresa en Irak, aquélla no fue la única primera línea de la «guerra contra el terror» a la que la administración Bush envió a la compañía de Carolina del Norte. A partir de julio de 2004, inició la contratación de fuerzas de Blackwater para que trabajaran sin llamar mucho la atención en el corazón de la región del mar Caspio —rica en yacimientos petrolíferos y de gas— formando a una fuerza militar inspirada en el modelo de los SEAL de la Armada y estableciendo una base justo al norte de la frontera iraní como parte de una gran jugada estadounidense en lo que los analistas veteranos de la región denominan el «Gran Juego». Del mismo modo que tras el desgraciado incidente de Faluya, Blackwater consiguió obtener más contratos en Irak, también tuvo que ayudar a defender otro de los proyectos favoritos (y potencialmente más lucrativos) de algunas de las figuras más poderosas del *establishment* estadounidense de la seguridad nacional, como Henry Kissinger, James Baker III o Dick Cheney.

Es evidente que la ofensiva estadounidense por el dominio de las reservas petroleras mundiales no comenzó con la guerra del Golfo de 1991 ni con la posterior invasión de Irak de 2003. Aunque Irak y la guerra contra el terrorismo hayan dominado los titulares de prensa, el gobierno estadounidense y los grupos de interés empresariales de ese país llevan mucho tiempo comprometidos en una campaña paralela (y más silenciosa) que tiene como objetivo la obtención de otro gran premio, ubicado éste en antiguo territorio de la extinta Unión Soviética: el mar del Caspio, cuyo subsuelo se calcula que guarda una volumen de crudo que supera con creces los 100.000 millones de barriles.[1] Tras la caída de la URSS en 1991, Washington y sus aliados no quisieron desaprovechar la oportunidad de arrebatar del control de Moscú uno de los grandes depósitos de recursos naturales valiosos aún por explotar. Las grandes petroleras multinacionales se lanzaron ávidamente sobre aquella presa al tiempo que Estados Unidos y sus aliados se movían con rapidez para apuntalar a los regímenes represivos de las antiguas repúblicas soviéticas de la región del Caspio. Unocal se pasó buena parte de la década de 1990 tratando de construir y explotar un oleoducto desde Tayikistán y a través de Afganistán, un proyecto en el que también trabajó el amigo de Erik Prince (y cabildero en representación de Blackwater) Paul Behrends. Pero también había un gran interés por países como Kazajstán y Azerbaiyán, así como por la muy importante (desde el punto de vista estratégico) república de Georgia. Aunque el trayecto desde Tayikistán acabó resultando demasiado complicado como para que la construcción del oleoducto llegara a buen puerto, aquélla no fue, ni mucho menos, la única opción explorada por las grandes petroleras, la Casa Blanca y todo un poderoso reparto de actores políticos de peso de anteriores administraciones presidenciales estadounidenses.

Lo que dificultaba un dominio rápido para Estados Unidos de aquellos recursos ubicados en una región (la del Caspio) sin salida al mar era el hecho de que otros dos importantes países —Rusia e Irán— eran también fronterizos con la zona y consideraban la incursión estadounidense en aquella área como una amenaza hostil. Ya en 1997 se había formado un poderoso consorcio norteamericano que estudiaba con ahínco múltiples vías de acceso a los recursos del Caspio. «Las empresas petroleras estadounidenses —Amoco, Unocal, Exxon, Pennzoil— han invertido miles de millones de dólares en Azerbaiyán y tienen previsto invertir miles de millones más. De resultas de ello, han desarrollado una postura marcadamente pro azerí», informaba desde Azerbaiyán el corresponsal del *New York Times* Stephen Kinzer. «La lista de ciudadanos americanos privados que tratan de ganar dinero con el petróleo azerí o de promover inversiones en este país se asemeja a una nómina del *establishment* de asesores y altos cargos (actuales y anteriores) de la seguridad nacional. Entre los nombres de mayor prominencia están los de los ex secretarios de Estado Henry A. Kissinger y James A. Baker III, el ex secretario de Defensa Dick Cheney, el ex senador y ex secretario del Tesoro Lloyd Bentsen, el ex jefe de gabinete de la Casa Blanca John H. Sununu, y dos ex consejeros de Seguridad Nacional como Brent Scowcroft y Zbigniew Brzezinski.»[2]

Aunque, ya en su momento, la administración Clinton desarrolló una febril actividad para hacerse con el control de los recursos del Caspio, invitando para ello al presidente azerí a la Casa Blanca para un encuentro de dos horas en agosto de 1997 y tratando de ganarse su cooperación,[3] fue con el acceso al poder de la administración Bush cuando esas «quimeras» de antaño se convirtieron en una realidad. En mayo de 2001, el grupo de trabajo de Dick Cheney sobre asuntos energéticos calculaba que las reservas de petróleo probadas que se hallaban depositadas en los tramos azerí y kazajo de la ribera del Caspio equivalían a «unos 20.000 millones de barriles, ligeramente superiores a las del mar del Norte y algo menores que las de Estados Unidos».[4] El grupo de Cheney estimaba que si Estados Unidos consiguiera tender un gran oleoducto en dirección al oeste desde el mar Caspio —y que, por lo tanto, se alejase del control de Moscú—, las exportaciones diarias desde el Caspio hacia los mercados mundiales podrían alcanzar los 2,6 millones de barriles diarios en 2005, «siempre que Estados Unidos colabore estrechamente con las empresas privadas y los países de la zona para desarrollar rutas de exportación comercialmente viables».[5] A título comparativo, en 2005, Irán exportaba 2,6 millones de barriles de petróleo al día, mientras que Venezuela exportaba 2,2 millones, Kuwait, 2,3, Nigeria, 2,3 e Irak, 1,3.[6]

Pero desde la desaparición de la Unión Soviética, el acceso al petróleo de la región del Caspio se ha demostrado una tarea sumamente difícil para Washington. Ya en tiempos de la administración Clinton, Estados Unidos y sus aliados idearon un plan que, en esencia, suponía el respaldo de Washington al represivo régimen instalado en el poder en Azerbaiyán y la instalación de una explotación petrolera de última generación frente a la costa de la capital azerí, Bakú, sobre una pequeña península que se adentra en el Caspio occidental. El petróleo circularía entonces a través de un gigantesco oleoducto que conectaría Bakú con Tiflis (Georgia) y seguiría a través de Turquía hasta la ciudad portuaria mediterránea de Ceyhan. Desde allí, el petróleo del Caspio sería fácilmente transportable hasta los mercados occidentales. El proyecto podría poner fin al monopolio que Moscú ejercía de hecho sobre el transporte del petróleo del Caspio y, al mismo tiempo, proporcionaría a Washington una oportunidad sin precedentes para hacer valer su influencia en los antiguos territorios soviéticos. Cuando el proyecto se inició en 1994, algunos analistas lo acogieron con entusiasmo y pronosticaron que crearía un «nuevo golfo Pérsico». Según algunas proyecciones de aquel momento, las reservas de petróleo calculadas para la región alcanzaban los 230.000 millones de barriles (ocho veces las reservas probadas de todo Estados Unidos).[7]

Sin embargo, durante los últimos años del mandato de Clinton, el proyecto pasó a ser considerado como una especie de pozo de dinero sin apenas probabilidades de salir adelante. Los países de la ribera del Caspio estaban gobernados por regímenes corruptos e inestables que seguían estando bajo control ruso pese a su supuesta independencia nominal. Por lo tanto, cualquier oleoducto en aquella zona resultaría sumamente costoso y sería siempre vulnerable a posibles sabotajes. Para colmo, las prospecciones occidentales realizadas en el Caspio rebajaron las estimaciones de los recursos potenciales de la cuenca hasta niveles bastante más moderados que los de las proyecciones anteriores.[8] Aunque Estados Unidos no renunció a explotar el potencial de la zona del Caspio, el programa progresaba a ritmo lento. Todo eso cambió cuando Bush accedió a la presidencia y empezó a invitar a la Casa Blanca a los ejecutivos de las grandes petroleras como si de reuniones familiares se tratase. En septiembre de 2002, ya se había iniciado la construcción del ingente oleoducto del Caspio (de cerca de 1.800 kilómetros de longitud). La BBC lo describió como una obra patrocinada por las autoridades estadounidenses para «debilitar el dominio de Rusia sobre la red de oleoductos de la región y dejar Irán al margen».[9]

Uno de los problemas potenciales del proyecto era lo que la Casa Blanca consideraba como peligrosa geografía del trazado, próximo a lugares como Chechenia o Irán. La administración Bush tomó, como consecuencia, una serie de medidas que acabarían provocando (hasta el momento, al menos) un cambio de régimen en la región y el despliegue de fuerzas de Blackwater y de otras compañías al servicio del gobierno estadounidense para proteger la que sería una de las más ambiciosas conquistas de poder de Washington en antiguo territorio soviético.

En 2003, la administración Bush ayudó a derrocar el gobierno de un aliado tradicional de Estados Unidos, el presidente georgiano Eduard Shevardnadze. Considerado en tiempos el más estrecho colaborador de Washington en la región y bautizado con el apelativo cariñoso de «Shevy-Chevy» por altos cargos estadounidenses como James Baker, Shevardnadze cayó rápidamente en desgracia ante la administración de George Bush hijo cuando empezó a hacer negocios de forma creciente con Moscú tras años de influencia estadounidense.[10] ¿Sus pecados? Otorgar concesiones para nuevas perforaciones y oleoductos a empresas rusas, y obstruir el gran plan de Washington para la construcción de un oleoducto en el Caspio. Poco después de semejantes transgresiones, en noviembre de 2003, fue obligado a dimitir cuando la conocida como «Revolución Rosa» llevó al poder a un gobierno más decididamente pro estadounidense. La primera llamada telefónica que la nueva presidenta en funciones, Nino Burdzhanadze, realizó nada más reemplazar a Shevardnadze en el cargo fue a la petrolera BP para «garantizarle que no habría problema alguno con el oleoducto».[11] Justo antes de asumir el poder en Georgia, el nuevo líder apoyado por EE.UU., Mijail Saakashvili, anunció: «Todos los contratos estratégicos en Georgia, especialmente, el contrato del oleoducto del Caspio, son asunto de vital importancia para el Estado georgiano».[12] Ese cambio de régimen comportó el cierre de bases rusas en Georgia y el aumento de la ayuda militar estadounidense destinada a ese país. A principios de 2004, el secretario de Defensa Rumsfeld envió a Georgia a guardias militares privados de la empresa Cubic, con sede en Washington, en virtud de un contrato de tres años (y 15 millones de dólares de monto total), «para equipar y asesorar al desmoronado ejército de aquella antigua república soviética, adornando así una expansión hacia el este que ha irritado especialmente a Moscú», según informaba el londinense *The Guardian*. «Un alto cargo de la seguridad georgiana comentó que el equipo de Cubic también mejoraría la protección del oleoducto que llevará el petróleo del Caspio desde Bakú hasta Turquía pasando por Georgia. Este último país ha expresado ya su gratitud anunciando el envío de 500 soldados a Irak.»[13]

La administración Bush sabía que aquel polémico oleoducto precisaría de protección en cada uno de los países que atravesase. Pero, si bien Washington pudo incrementar sin problemas su ayuda militar a Georgia, se enfrentaba a una prohibición de envío de asistencia del mismo tipo a Azerbaiyán (el país de donde tenía que extraerse el petróleo) que el Congreso no levantaba desde hacía diez años. En 1992, el Congreso estadounidense prohibió dicha ayuda por el sangriento conflicto étnico y territorial de aquel país con Armenia en la región de Nagorno-Karabaj. Pero el 25 de abril de 2002, el presidente Bush decretó una «exención» de esa sección de la ley aprobada diez años antes para permitir la reanudación de la ayuda militar estadounidense a Azerbaiyán. La Casa Blanca justificó el levantamiento de dicha prohibición en virtud de la «necesidad de apoyar las iniciativas de Estados Unidos contra el terrorismo internacional [y] de favorecer la disponibilidad operativa de las fuerzas armadas estadounidenses o de sus aliados de coalición en la lucha contra el terrorismo internacional»,[14] lo que, dicho en otras palabras, significaba la protección de los intereses petroleros en la zona. En otoño de 2003, la administración puso oficialmente en marcha un proyecto que denominó «Guardia del Caspio», que suponía un reforzamiento significativo por parte de Estados Unidos de las capacidades militares de Kazajstán y Azerbaiyán.[15] Este programa, similar al plan estadounidense en Georgia y cuyo monto económico ascendía a 135 millones de dólares, pretendía crear una red de comandos y fuerzas de operaciones especiales que protegiera la lucrativa explotación petrolera y gasística tramada por las grandes transnacionales del petróleo y vigilara el enorme oleoducto en obras destinado a facilitar el flujo de los hidrocarburos atesorados en el Caspio hacia los mercados occidentales.

Pero el petróleo y el gas eran sólo parte de la historia. Aunque no hay duda de que Washington codiciaba los recursos del Caspio y los consideraba un preciado botín que debía asegurarse a toda costa, lo que confería también un valor muy especial a Azerbaiyán era su proximidad geográfica al núcleo de la ofensiva general de la administración estadounidense para la conquista de todo Oriente Medio. En un momento en el que se hablaba abiertamente de la posibilidad de un ataque estadounidense contra Irak y de informes que detallaban la planificación militar de esas operaciones dentro de la «guerra contra el terror», muchos de los vecinos de Teherán, y, en especial, los que lindaban directamente con Irán, como es el caso de Azerbaiyán, se mostraban muy reticentes a permitir la presencia abierta de tropas estadounidenses en su territorio. Irán había dejado muy claro que tomaría represalias contra cualquier Estado que brindara su apoyo a Estados Unidos en caso de ataque. En el momento mismo en que el programa Guardia del Caspio se ponía en marcha en 2004, «el parlamento azerí aprobó una ley que prohibía el estacionamiento de tropas extranjeras en su territorio nacional, una medida que muchos consideraban un gesto dirigido a Moscú y a Teherán, países que se oponen a cualquier estrechamiento de lazos militares entre Azerbaiyán y EE.UU.», informaba la agencia de noticias EurasiaNet.[16] Pero pese a esos guiños de apertura hacia los enemigos de Washington, lo cierto es que Azerbaiyán se había convertido en destinatario de un considerable caudal de asistencia militar estadounidense.

Que entre Blackwater

A principios de 2004, coincidiendo con la subida del tono de la retórica empleada por Estados Unidos contra Irán, miembro de honor del llamado «eje del mal», Blackwater USA fue contratada por el Pentágono como parte del programa Guardia del Caspio para desplegar agentes en Azerbaiyán, donde sus empleados se encargarían de crear y formar a una fuerza azerí de élite basada en el modelo de los SEAL de la Armada estadounidense y destinada, en última instancia, a proteger los intereses de Estados Unidos y de sus aliados en una región hostil. El contrato de un año (y 2,5 millones de dólares de presupuesto) suscrito con el Ejército de Tierra indicaba que su concesión había estado abierta a concurso, pero que sólo Blackwater había pujado por él.[17] En los documentos del Pentágono, quedaba poco clara la naturaleza de la labor de Blackwater en Azerbaiyán y apenas se mencionaban aspectos como «ayudas a la formación» y «dispositivos para el entrenamiento en el manejo de armamento». Pese al secretismo, algo era evidente: Blackwater había vuelto a situarse en el primer plano de uno de los proyectos mimados de la administración Bush. «Se ha solicitado nuestra ayuda para crear, por así decirlo, un equipo como el de los SEAL para el ejército de Azerbaiyán, que les ayude tanto a defender sus intereses petroleros en el Caspio como a vigilar lo que sucede en aquel mar a altas horas de la madrugada», explicó entonces Chris Taylor, el vicepresidente de Blackwater. «Se trata de cuestiones muy, muy sensibles desde el punto de vista político.»[18] Blackwater se sumó así al paisaje de empresas presentes en aquellos momentos en Bakú, y en el que se incluían otras grandes compañías relacionadas con la administración Bush como Bechtel, Halliburton, Chevron-Texaco, Unocal y ExxonMobil.

Para algunos analistas, Guardia del Caspio y el contrato de Blackwater suponían una vía de acceso encubierta para el despliegue militar estadounidense. «Quien nos contrató para ir allí a crear algo fue el gobierno estadounidense, que nos encargó equipar a Azerbaiyán con un grupo de operaciones especiales marítimas», comentó el fundador de Blackwater, Erik Prince, en una conferencia militar estadounidense celebrada en 2006. «Nosotros cogimos una vieja base de las Spetsnaz (las fuerzas especiales soviéticas) y creamos con ella una unidad azerí de alto nivel formada por noventa hombres.»[19] Prince calificó el trabajo de Blackwater en Azerbaiyán de «una muy buena forma velada de hacerlo». En lugar de enviar batallones de soldados estadounidenses en activo a aquel país, el Pentágono desplegó a «personal civil contratado» por Blackwater y otras empresas para instalar allí un operativo que cumpliera un doble propósito: proteger las nuevas explotaciones de petróleo y gas de Occidente en una región históricamente dominada por Rusia e Irán, y, posiblemente, sentar los cimientos de una base operativa que sirva de avanzada para un ataque contra Irak. «En comparación con las iniciativas estadounidenses de formación y equipamiento de tropas en la vecina Georgia, el entrenamiento de los comandos azeríes constituía un programa de un perfil relativamente bajo», señalaba el corresponsal para Asia central Nathan Hodge. «Es comprensible: el país se encuentra encajonado entre Rusia e Irán, por lo que enviar a todo un contingente de instructores militares estadounidenses uniformados habría sido tomado como una provocación. El uso de empresas contratistas privadas contribuye a mantener las cosas fuera del alcance del radar de los países vecinos.»[20]

Un indicio de la importancia estratégica de Azerbaiyán lo da la lista de nombres asociados con la Cámara de Comercio Estadounidense-Azerí, una organización formada en 1995 para «facilitar y fomentar el comercio y las inversiones en Azerbaiyán», y para «servir de enlace entre las empresas extranjeras y los negocios y las autoridades azeríes».[21] Su «Consejo de asesores» recuerda a un «Quién es quién» de los halcones de la era Reagan-Bush padre: James Baker III, Henry Kissinger, John Sununu y Brent Scowcroft.[22] La junta directiva incluye además a altos ejecutivos de ExxonMobil, Chevron, ConocoPhilips y Coca-Cola, y entre los miembros del consejo de administración se cuentan el dictador de Azerbaiyán, Ilham Aliyev, y el destacado neoconservador Richard Perle. En la lista, figuran también como «ex» cargos de ese mismo organismo nada menos que Dick Cheney y Richard Armitage.[23] «Estos hombres son el poder sobre el que se asienta el trono de Azerbaiyán», apuntaba el periodista de investigación Tim Shorrock, quien añadía que sería imposible imaginar despliegue alguno de Blackwater «sin el asentimiento de alguna de esas figuras principales».[24]

En un anuncio para la contratación de nuevo personal publicado por Blackwater en 2004, se pedía un gerente que supervisara el contrato «para formar, equipar e instaurar una Unidad Naval permanente de Operaciones Especiales en las fuerzas armadas de Azerbaiyán».[25] El salario allí anunciado era de entre 130.000 y 150.000 dólares anuales. Blackwater se refería al proyecto como parte de un programa de «perfeccionamiento de un comando marítimo». «El mar Caspio es una región de alto interés por muy numerosos motivos», explicaba el vicepresidente de Blackwater, Chris Taylor, en una conferencia sobre contrataciones en 2005, donde puso la labor de su empresa en Azerbaiyán como ejemplo de lo que debía ser un contrato fructífero del gobierno estadounidense para ayudar a mejorar las fuerzas armadas de Estados aliados. «No estamos ante un juego de suma cero. No intentamos quedarnos con todo lo que podemos del pastel para que luego el gobierno no tenga nada y nosotros amasemos todo el dinero que logremos acumular. Esto no funciona así. Y si queremos "repetir el negocio", si queremos disfrutar de una sólida reputación trabajando para el gobierno en un área que realmente incide en el equilibrio estratégico o ayudando a ello, tenemos que entrar en ese toma y daca. Y nos gusta pensar que eso es algo que hacemos a diario.»[26]

Guardia del Caspio parecía formar parte de una estrategia que el secretario de Defensa Rumsfeld expuso públicamente en una visita que efectuó a la región a principios de 2004. En una rueda de prensa celebrada en Uzbekistán el 24 de febrero de ese mismo año, Rumsfeld reveló que él había estado analizando junto a otros altos cargos del gobierno federal la posibilidad de instalar «sedes operativas» en la zona, descritas según él mismo como instalaciones «que no serían tan permanentes como una base, pero que servirían de emplazamientos de apoyo a los que Estados Unidos y los países de la Coalición podrían tener acceso periódico e intermitente. [...] Lo importante para nosotros es disfrutar de una buena acogida cuando nos despleguemos sobre el terreno, por lo que sería interesante poder contar con la flexibilidad que nos brindaría el uso de tales instalaciones».[27] En Georgia, donde el Pentágono también ha desplegado a personal de contratistas militares, un diplomático occidental reveló al *Guardian* que Estados Unidos estaba considerando «la creación de un "área de vanguardia operativa" donde almacenar equipos y combustible, similar a las estructuras de apoyo con las que ya cuenta en el Golfo».[28] Según el rotativo, «las dos medidas combinadas proporcionarían a Washington una "base virtual" —con equipos almacenados y un ejército georgiano leal— sin la incomodidad diplomática que supondría la instalación de una base permanente».[29]

Ése parecía ser también el sentido de la presencia de Blackwater en Azerbaiyán. En la estratégicamente importante Bakú, Blackwater remozó unas instalaciones de entrenamiento de grupos de operaciones marítimas especiales que databan de la era soviética y que los planificadores del Pentágono habían pensado convertir en un centro de mando que siguiera el modelo de los utilizados por el Departamento de Seguridad Interior.[30] Como parte de Guardia del Caspio, Estados Unidos también contrató al gigante de la industria de defensa y contratista de la guerra de Irak Washington Group International para construir en Astara, unos pocos kilómetros al norte de la frontera con Irán, una de las dos instalaciones de vigilancia por radar previstas en dicho programa.[31] La otra se ubicó en la cima de una montaña situada justo al sur de la región rusa del Cáucaso norte, no muy lejos de Chechenia.[32] Washington renovó además el cercano aeropuerto de Nakhchewan para adaptarlo al tráfico de la aviación militar, incluida la de la OTAN.[33] Mientras tanto, animada por su íntima relación con Washington, Azerbaiyán incrementó espectacularmente (un 70%) su gasto militar en 2005 hasta alcanzar los 300 millones de dólares.[34] Al acabar 2006, ya había rebasado la astronómica cifra de 700 millones de dólares anuales. Mientras, el presidente del país se comprometía públicamente a aumentarlo hasta los 1.000 millones para el año siguiente.[35]

En caso de una guerra de EE.UU. contra Irán, Azerbaiyán desempeñaría un papel central; para Teherán, la escalada militar orquestada por los estadounidenses en el Caspio suponía una seria amenaza que no hacía presagiar un futuro pacífico. Así que Irán respondió al anuncio de la participación de Blackwater en la región anunciando, por su parte, la creación de su propia fuerza de policía naval especial encargada de patrullar su ribera del Caspio.[36] Poniendo la guinda a las inquietudes iraníes, Ariel Cohen, de la derechista Fundación Heritage, escribió en el *Washington Times* en 2005 que Guardia del Caspio era «importante [...] de cara a cualquier futuro conflicto con Irán».[37] Según informaba el *Jane's Defence Weekly*, la presencia estadounidense en las inmediaciones del Caspio permitía a Washington «introducirse en una región que es rica en petróleo y gas natural, además de fronteriza con Irán. "Son los intereses estadounidenses de toda la vida, es algo bastante egoísta, en realidad", explicó el coronel Mike Anderson, del Ejército de Tierra estadounidense y jefe de la División de Planes y Políticas para Europa del Mando Europeo de EE.UU. (EUCOM). "Es evidente que hemos decidido ayudar a dos Estados ribereños como son Azerbaiyán y Kazajstán, pero siempre, en el fondo, porque es en nuestro propio interés"».[38]

Hasta abril de 2005, Rumsfeld ya había visitado Azerbaiyán (un pequeño país de 8,5 millones de habitantes) en un mínimo de tres ocasiones.[39] Fueron visitas envueltas en un gran hermetismo: tanto las autoridades estadounidenses como las azeríes respondían únicamente con generalidades cuando se les preguntaba por qué se dejaba caer tan a menudo Rumsfeld por aquel país. Tras la tercera visita del secretario de Defensa estadounidense, el popular diario *Echo* publicó el siguiente titular: «¡A Rumsfeld le interesa el petróleo!».[40] En realidad, la oleada de actividades relacionadas con los intereses militares estadounidenses en Azerbaiyán, incluido el despliegue de Blackwater, fue programada para coincidir en el tiempo con el lanzamiento de una de las operaciones occidentales en territorio de la antigua Unión Soviética más controvertidas en el plano diplomático desde la caída del Muro de Berlín: el ingente oleoducto de 1.800 kilómetros de longitud que, por vez primera, transferiría crudo del Caspio a través de una ruta que circunvalaría por completo a Rusia y a Irán, algo que tanto Moscú como Teherán consideraban una grave injerencia estadounidense en sus esferas particulares de actuación. Las obras de construcción de dicho oleoducto, valoradas en 3.600 millones de dólares, contaban con una apreciable financiación del Banco Mundial, el Banco Estadounidense de Exportaciones e Importaciones (el Eximbank) y la Overseas Private Investment Corporation (la institución pública estadounidense de apoyo a la inversión privada en el extranjero),[41] y estaban encabezadas por un consorcio liderado por la petrolera BP y participado también por las estadounidenses Unocal, ConocoPhilips y Hess. Según el plan original, el oleoducto comenzaría en Bakú (Azerbaiyán), pasaría por Tiflis (Georgia) y terminaría en el puerto turco de Ceyhan, donde el petróleo sería embarcado con destino al consumo occidental.

Conocido por las iniciales de sus tres paradas principales, el oleoducto BTC fue elevado a la categoría de «nueva ronda del Gran Juego» por veteranos analistas expertos en Rusia, quienes entendían que formaba parte de un plan más amplio destinado a aislar a Moscú. Vladimir Radyuhin, por ejemplo, dijo que «el oleoducto es un elemento clave dentro de la estrategia estadounidense dedicada a redibujar el mapa geopolítico de la antigua Unión Soviética y a desbancar a Rusia como fuerza dominante entre los antiguos miembros de la URSS. Estados Unidos ha priorizado ese proyecto sobre los de otros oleoductos más rentables a través de Rusia o de Irán con el fin de crear una ruta alternativa de exportación del petróleo producido en Azerbaiyán, Kazajstán, Turkmenistán y Uzbekistán, países que, hasta el momento, han dependido de los oleoductos rusos para exportar su crudo hacia Europa».[42] Radyuhin añadía que el programa Guardia del Caspio impulsado por Washington «unido a la llamada alianza GUUAM (entre Georgia, Ucrania, Uzbekistán, Azerbaiyán y Moldavia) patrocinada por EE.UU., permitirá que los estadounidenses ejerzan su control sobre una mayoría absoluta de los Estados post-soviéticos y creen un cordón sanitario en torno a Rusia».[43] El presidente de la Comisión para Asuntos Internacionales de la cámara alta del parlamento ruso, Mijaíl Margelov, declaró por entonces que «Rusia siempre se opondrá a la presencia de cualquier contingente militar extranjero dentro de los confines de la [región del Caspio]. [...] Por encima de todo, se trata de una cuestión de seguridad nacional [para Rusia]».[44]

Con anterioridad a la puesta en marcha del proyecto del oleoducto BTC, Estados Unidos había invertido también en el Consorcio del Oleoducto del Caspio, un proyecto de construcción de un oleoducto de 1.500 kilómetros y 2.600 millones de dólares de presupuesto bajo control ruso que unía el yacimiento petrolífero de Tengiz, en Kazajstán, con el puerto ruso de Novorossiysk, en el mar Negro.[45] La Casa Blanca calificó aquella inversión como «la mayor jamás realizada por Estados Unidos en Rusia».[46] En noviembre de 2001, cuando zarpó el primer petrolero cargado de petróleo del Caspio transportado por aquel oleoducto, el secretario estadounidense de Comercio, Don Evans, comentó: «Es una señal para el mundo de que Estados Unidos, Rusia y los Estados del Asia central están cooperando para generar prosperidad y estabilidad en esta parte del planeta».[47] Pero cuando pocos años después, en 2005, empezó a funcionar el nuevo oleoducto BTC, Bush animó públicamente a «las compañías que producen petróleo [en Kazajstán] y otros países de la región del Caspio [a] utilizar el BTC como vía de salida hacia los mercados globales».[48] Era como si aquél hubiese sido el plan pretendido desde un principio. De hecho, el grupo de trabajo sobre asuntos energéticos de Cheney había ideado en su momento un programa que haría posible que grandes multinacionales del petróleo —como Chevron y Exxon— que ya operaban en Kazajstán utilizando el oleoducto ruso recondujeran su petróleo a través del oleoducto BTC, con lo que, en la práctica, se enjugarían los beneficios que Rusia obtenía hasta aquel momento. Todas aquellas ideas se expusieron en las recomendaciones realizadas en mayo de 2001 por el Grupo de Desarrollo de la Política Energética Nacional creado por la Casa Blanca y presidido por Cheney. En concreto, el grupo aconsejaba que el presidente Bush «dé instrucciones a los secretarios de Comercio, Estado y Energía para que continúen colaborando con las empresas y los países relevantes de cara a establecer las condiciones comerciales que permitan que las petroleras que operan en Kazajstán tengan la opción de exportar su crudo a través del oleoducto BTC» en vez de por la conducción que se hallaba bajo control ruso. Instaba a la administración estadounidense a «ahondar en [su] diálogo comercial con Kazajstán, Azerbaiyán y otros Estados del Caspio para favorecer un clima de negocios sólido, transparente y estable para la construcción de infraestructuras energéticas y de otros ámbitos relacionados».[49]

El oleoducto BTC se inauguró en mayo de 2005 y el presidente Bush envió allí a su flamante nuevo secretario de Energía, Samuel Bodman, como representante suyo en la ceremonia. «BTC abre una nueva era en el desarrollo de la cuenca del Caspio. Garantiza que el petróleo del Caspio llegue a los mercados de Europa y de otras partes del mundo de manera perfectamente viable en el aspecto comercial y responsable en el medioambiental», decía Bush en una carta leída por Bodman en dicho acto.[50] La carta iba dirigida al dictador de Azerbaiyán, a quien Bush dedicaba comentarios elogiosos. «En un momento en el que Azerbaiyán avanza en sus reformas democráticas y en su apertura hacia una economía de mercado, este oleoducto puede contribuir a generar un crecimiento económico equilibrado y a establecer los cimientos para una sociedad próspera y justa que promueva la causa de la libertad», escribió Bush.[51] Pero, según informaba David Sanger para el *New York Times*, pocos días antes de la lectura de la carta del presidente en aquella ceremonia, «la policía azerí había dispersado a golpe de porra a unos manifestantes pro democráticos convocados por los partidos opositores al grito de "¡elecciones libres!" y para desafiar la prohibición decretada por el gobierno de toda protesta contra el presidente Ilham Aliyev. Aliyev es uno de los aliados del presidente Bush en la guerra contra el terrorismo, pese a que salió elegido en unas elecciones de dudosa limpieza como sucesor en el cargo de su padre, un antiguo hombre fuerte de la era soviética».[52]

El historial de Azerbaiyán en materia de derechos humanos es pésimo. «Las torturas, los abusos policiales y el uso excesivo de la fuerza por parte de las fuerzas de seguridad son generalizados», según Human

Rights Watch.[53] El Departamento de Estado de EE.UU. calificaba dicho historial de «malo» y consideraba que el presidente Aliyev —el aliado de Kissinger, Baker y Cheney, entre otros— retuvo el poder mediante unas elecciones «que no cumplieron los criterios internacionales mínimos exigibles a unos comicios democráticos debido a numerosas y serias irregularidades».[54] El Departamento de Estado aducía que en Azerbaiyán estaba «restringido el derecho de los ciudadanos a cambiar pacíficamente de gobierno» y había «torturas y malos tratos a las personas detenidas, arrestos y detenciones arbitrarias (especialmente, de oponentes políticos), condiciones penitenciarias muy duras y que ponían en peligro la vida de los presos, un uso excesivo de la fuerza para dispersar las manifestaciones [y] una clara impunidad policial».[55] También determinaba que «los miembros de las fuerzas de seguridad cometen numerosos abusos en la esfera de los derechos humanos».[56] Y, aun así, Estados Unidos ha gastado millones de dólares para desplegar a efectivos de Blackwater en aquel país con el propósito explícito de fortalecer las capacidades militares de Azerbaiyán creando, entre otras cosas, unas unidades basadas en el modelo de las más destacadas Fuerzas Especiales estadounidenses, los SEAL de la Armada. Como en el caso de otros aliados por conveniencia de la actual administración presidencial, lo que más se valoraba de Azerbaiyán era su utilidad de cara a garantizarse beneficios por el petróleo y como escenario de pruebas potencial para futuras guerras. El contrato de Blackwater para desarrollar su actividad en aquel país reforzó tanto a Estados Unidos (que lograba así instalar un puesto de avanzada en una región cuya importancia no hará más que crecer para la política estadounidense) como a la propia empresa, que ha promocionado su labor en Azerbaiyán como ejemplo para adquirir más acuerdos de negocio.[57] El periodista Tim Shorrock llegó a la siguiente conclusión: «El proyecto de Blackwater en Azerbaiyán es una prueba evidente de que los contratistas han traspasado la línea y han dejado de ser meros mercenarios para convertirse en socios estratégicos del complejo militar-industrial».[58]

Capítulo 13

El hombre de Blackwater en Chile

Mientras la administración Bush se esforzaba infructuosamente por crear una «Coalición de [naciones] dispuestas» a apoyar su invasión y ocupación de Irak, las empresas militares privadas contratadas por Washington para ayudar a Estados Unidos en sus operaciones en territorio iraquí reclutaban agresivamente a su personal por todo el globo y, en no pocas ocasiones, en naciones cuyas fuerzas militares y de orden público tenían una reputación y un historial más que dudosos en materia de respeto de los derechos humanos. Las empresas de mercenarios presentes en Irak eran las que (junto a los trabajadores de todos los rincones del mundo en vías de desarrollo —muchos de cuyos países de origen se oponían frontalmente a aquella guerra— contratados por Halliburton, Bechtel, Fluor y otras megaempresas «reconstructoras») conferían a la ocupación una naturaleza predominantemente «internacional» o multilateral. Puede que Estados Unidos no fuese capaz de convencer a muchos gobiernos para que desplegaran sus fuerzas en Irak, pero lo que sí podía era atraer a ciudadanos de sus países con la promesa de unos salarios considerablemente más elevados que los que podían percibir quedándose en sus lugares de origen. A diferencia de algunas de las empresas militares privadas que también operaban en Irak —y que contrataban mano de obra iraquí barata como personal para sus proyectos de seguridad—, Blackwater tenía fama de ser una compañía de seguridad de élite gracias, sobre todo, al relevante contrato que había obtenido para proteger a los principales altos cargos estadounidenses en el país, así como varias delegaciones regionales de las fuerzas de ocupación. Pero al tiempo que Blackwater promovía esta imagen —tanto en Bagdad como en Washington— de empresa típicamente americana y altamente profesionalizada que acudía en apoyo de su nación cuando ésta se hallaba en guerra, iniciaba una campaña de reclutamiento de mercenarios de turbia procedencia para aportar el personal necesario para las crecientes actividades a las que le obligaba la incesante lluvia de contratos en Irak.

No es ninguna novedad que Estados Unidos entrene a fuerzas extranjeras para que presten apoyo tanto en operaciones encubiertas como en políticas de represión, especialmente en América Latina. A lo largo de sus seis décadas de existencia, la Escuela de las Américas del Ejército estadounidense (rebautizada en 2001 como Instituto de Cooperación para la Seguridad Hemisférica) formó a más de 60.000 soldados latinoamericanos «en técnicas de contrainsurgencia, tiro de precisión, guerra de comandos y psicológica, inteligencia militar y tácticas de interrogatorio».[1] Según Amnistía Internacional, la SOA (iniciales en inglés de dicha Escuela) se hizo «famosa por entrenar y formar a personal militar latinoamericano que, posteriormente, cometía violaciones de los derechos humanos en sus propios países. [...] La SOA utilizaba manuales que defendían la tortura, la extorsión, el secuestro y la ejecución».[2] Durante las décadas de 1980 y 1990, Estados Unidos instigó también «guerras sucias» armando, financiando y entrenando de forma encubierta a escuadrones de la muerte o a ejércitos represores para que aplastaran aquellos movimientos populares que Washington consideraba una amenaza para sus intereses. La ocupación de Irak propició un incremento del empleo y el entrenamiento de fuerzas extranjeras por parte del sector privado. Los mismos países latinoamericanos que habían sido víctimas de los escuadrones de la muerte y las políticas represivas patrocinadas por Estados Unidos —y cuyas poblaciones se opusieron mayoritariamente a la invasión de Irak en 2003— se convirtieron en los nuevos escenarios de entrenamiento y reclutamiento de los mercenarios alistados en la guerra de Irak.

Uno de los mayores contingentes de soldados no estadounidenses importados hasta Irak por Blackwater fue el compuesto por antiguos miembros de comandos chilenos, algunos de los cuales habían sido formados o habían servido durante la brutal dictadura militar del general Augusto Pinochet. La historia de cómo cerca de un millar de chilenos llegaron a Irak de esa forma se encierra, en muchos sentidos, en la historia particular del ex oficial del ejército chileno al que Erik Prince contrató para que llevara a cabo el reclutamiento de nuevo personal para Blackwater en Chile: José Miguel Pizarro Ovalle.[3] Pizarro, un partidario acérrimo de Pinochet, trabajó como traductor para el ejército estadouni-

dense en América Latina durante la década de 1990, antes de convertirse en enlace entre más de una docena de gobiernos latinoamericanos y
los fabricantes de armas de Estados Unidos. Pizarro descubrió Blackwater USA al iniciarse la invasión estadounidense de Irak en 2003 y, casi de
la noche a la mañana, se convirtió en un pionero en el reclutamiento de
centenares de mercenarios latinoamericanos por salarios bajos para la
propia Blackwater y para otras compañías militares privadas que operaban en Irak. «Desde el punto de vista latinoamericano, la mía no es una
historia creíble», comentó Pizarro en una larga entrevista de dos horas y
media de duración. «Pero desde el punto de vista estadounidense, la mía
es la típica historia de éxito a la americana.»

Pizarro, que prefiere que le llamen «Mike», tiene la doble nacionalidad chilena y estadounidense, ya que nació en Los Ángeles, en 1968,
donde su padre trabajaba como dibujante de dibujos animados en Para-
mount Pictures. Su padre también trabajaba de repartidor de UPS y su
madre, de cajera para el Bank of America. Poco después de que el candidato socialista a la presidencia de Chile, Salvador Allende, ganara las
elecciones de aquel país en 1971 —convirtiéndose así en el primer jefe
de Estado marxista del hemisferio occidental elegido democráticamente
en las urnas—, los Pizarro regresaron a su Santiago natal. Dos años más
tarde, el gobierno de Allende fue derrocado por un golpe de Estado apoyado por EE.UU. que llevó al poder a uno de los más tristemente famosos dictadores del mundo. Para entender mejor la significación de que
Blackwater reclutara a mercenarios chilenos para su despliegue en Irak
(y de que contratara a un apologista de Augusto Pinochet como su punta de lanza) es preciso entender el papel del gobierno estadounidense en
Chile durante las cuatro décadas que precedieron a la invasión de Irak de
2003.

Cuando inició su campaña como candidato a la presidencia de Chile,
Salvador Allende hacía 25 años que era senador en su país. La coalición
que él encabezaba, Unidad Popular, se comprometió durante la campaña a mejorar la vida de millones de chilenos pobres.[4] El 4 de septiembre
de 1970, Allende ganó por un estrecho margen (pero en unos comicios
libres y limpios) una disputadísima contienda electoral por la presidencia, en la que los partidos de la derecha, la CIA y diversas grandes
empresas multinacionales respaldaron agresivamente a su principal oponente. Allende había logrado desafiar así una «gran iniciativa encubierta» de una década de duración, según la definió el entonces secretario

estadounidense de Estado, Dean Rusk, que pretendía «reducir las probabilidades de que Chile se convirtiera en el primer país americano en elegir un presidente marxista declarado».[5] La victoria de Allende, un momento histórico en la política latinoamericana, alarmó a las estructuras del poder en Washington y a grandes corporaciones empresariales estadounidenses como PepsiCo, Anaconda Copper o ITT, que habían apoyado al adversario de Allende. La Casa Blanca de Nixon emprendió de inmediato un plan encubierto para impedir la investidura de Allende o, en caso de que éste accediera finalmente al cargo, para derrocar a su gobierno.[6]

No obstante, el Congreso chileno ratificó por mayoría abrumadora a Allende como presidente y éste procedió con presteza a aplicar su programa, conocido como «la vía chilena al socialismo». Entre sus medidas se incluían la nacionalización de grandes empresas en sectores económicos clave, la puesta en marcha de un sistema sanitario y un sistema educativo públicos, la redistribución de la tierra, campañas de alfabetización y programas de reparto gratuito de leche para los niños. Allende reanudó las relaciones diplomáticas con Cuba desafiando a Washington y se mostró muy próximo a Fidel Castro, quien le correspondió realizando una visita de un mes a Chile.

Durante la efímera presidencia de Allende, la administración Nixon —con la colaboración de grandes empresas estadounidenses y de poderosos medios de comunicación santiaguinos— alentó sin reservas la agitación en el país y lo aisló económicamente. En un telegrama remitido a Washington, el embajador estadounidense, Edward Korrey, informaba que había explicado a las autoridades chilenas que «no dejaremos que ni una sola tuerca y ni un solo tornillo lleguen a Chile mientras siga gobernando Allende. Haremos todo lo que esté en nuestro poder para condenar a Chile y a los chilenos a la privación y la pobreza más absolutas».[7] Nixon, mientras tanto, emitió una directiva en la que indicaba que Estados Unidos debía «hacer que la economía [chilena] grite de dolor».[8] En 1973, la hiperinflación (generada por influencia estadounidense) y las huelgas tenían paralizado el país y Washington apoyaba una campaña mediática dentro del propio Chile para culpar de la situación al gobierno de Allende y, en última instancia, provocar su caída.[9]

La mañana del 11 de septiembre de 1973, el general Pinochet —comandante en jefe del ejército— coordinó una operación militar a gran escala para rodear el Palacio de la Moneda, sede presidencial. En una grabación de un mensaje de radio en el que Pinochet daba instrucciones a sus tropas se oye cómo el general llega a decir: «muerto el perro, se acabó la rabia».[10] Poco después de las 9 de aquella mañana —mientras se oían disparos y bombas como sonido de fondo— Allende se dirigió a la nación a través de una de las escasas emisoras de radio que aún emitían a aquellas horas. «Colocado en un tránsito histórico, pagaré con mi vida la lealtad del pueblo», dijo Allende. «Y les digo que tengo la certeza de que la semilla que entregáramos a la conciencia digna de miles y miles de chilenos no podrá ser segada definitivamente.»[11] Salvador Allende moriría apenas unas horas más tarde —presuntamente, tras suicidarse— y daría así inicio una de las eras más oscuras de la historia de aquel país.

«El [gobierno de Estados Unidos] quiere dejar claro su deseo de cooperar con la Junta Militar y de ayudar en aquello en que más apropiadamente pueda», rezaba un telegrama secreto enviado desde la Sala de Situaciones de la Casa Blanca y fechado dos días después del golpe. «Acogemos con satisfacción el deseo de la Junta, expresado por boca del general Pinochet, de fortalecer los lazos entre Chile y Estados Unidos.»[12]

Con el apoyo de Washington, la Junta disolvió inmediatamente el Congreso chileno y proclamó presidente a Pinochet. Millares de partidarios de Allende y sospechosos de «simpatizar con el comunismo» fueron perseguidos y arrestados por las fuerzas de seguridad de la Junta. Miles de ellos fueron conducidos entre septiembre y noviembre de 1973 hasta el Estadio Nacional de Chile, donde cientos fueron ejecutados y millares, torturados.[13] Nunca se sabrá con certeza el número de chilenos asesinados durante los primeros días del régimen de Pinochet, pero la delegación de la CIA en Santiago informó que, hasta el 20 de septiembre, el golpe «y las subsiguientes operaciones de limpieza han provocado 4.000 muertos». Cuatro días más tarde, la CIA barajaba estimaciones que situaban esa cifra entre los 2.000 y los 10.000.[14] Según un documento informativo secreto titulado «Ejecuciones chilenas» y elaborado en octubre de 1973 por el secretario de Estado Henry Kissinger, la Junta Militar había asesinado a unos 1.500 civiles, de los que había ejecutado de forma sumaria a entre 320 y 360.[15] «Durante una despiadada dictadura de 17 años de duración, el ejército chileno fue responsable del asesinato, la desaparición y la muerte por torturas de 3.197 ciudadanos y ciudadanas, al tiempo que sometió a abusos salvajes (tortura, encarcelación arbitraria, exilio forzoso y otras formas de terrorismo de Estado) a miles de chilenos y chilenas más», según escribió el investigador Peter Kornbluh en su precursora obra *The Pinochet File* (*Pinochet: los archivos secretos*). «A las pocas semanas del golpe, Pinochet creó una fuerza de policía secreta con competencias para eliminar a todos los enemigos de su régimen.»[16] Tal fue el descaro al que llegó la Junta Militar —y tal era su confianza en el apoyo de Washington— que no tuvo reparos en asesinar a ciudadanos estadounidenses en Chile y en perseguir a disidentes chilenos, como el ex ministro de exteriores de Allende, Orlando Letelier, hasta Washington, D.C. Tanto Letelier como su investigador ayudante, Ronni Karpen Moffitt (un ciudadano estadounidense), fueron asesinados en 1976 cuando una bomba colocada en su coche hizo explosión a tan sólo catorce calles de distancia de la Casa Blanca.[17]

Pese a la evidencia abrumadora de la brutalidad de la Junta chilena, José Miguel Pizarro, el reclutador chileno de Blackwater, continuó siendo un firme defensor de Pinochet y de su golpe de Estado. «Es exactamente la misma guerra contra el terror» que la emprendida por la administración Bush, asegura Pizarro. «En mi opinión, el Ejército, la Armada y la Fuerza Aérea chilenas realizaron un gran ofensiva y arrestaron a un gran número de personas, pero la gran mayoría de ellas fueron exculpadas rápidamente y muy pocas continuaron realmente detenidas tras las tres o cuatro primeras semanas del levantamiento militar.» En ningún momento se produjeron ejecuciones en masa, según Pizarro. En la entrevista, él no negó que en Chile el poder hubiera estado en manos de un «gobierno militar», pero aclaró que «afirmar que, por el volumen, la escala de la corrupción o los abusos de los derechos humanos, allí imperaba una dictadura militar real y auténtica es mentir descaradamente».

Pizarro creció y se crió orgulloso del Chile de Pinochet y soñando servir en el ejército chileno: «Guardo una foto mía de cuando tenía siete años con un rifle de plástico en la mano. Tiene gracia, nunca quise ser otra cosa que un oficial del ejército». Pese a lo bien documentadas que están las atrocidades cometidas por el régimen de Pinochet en Chile, Pizarro replicó: «Tiene gracia porque durante esos 17 años de gobierno militar viví en Santiago mismo y jamás vi a soldados disparando, arrestando, matando o haciendo nada que pudiera considerarse malo desde ningún punto de vista». Tildó las acusaciones de que Pinochet supervisaba «institucionalmente los abusos contra los derechos humanos» de «mentira descarada». Para él, Pinochet fue el hombre que restableció la democracia en Chile, que expulsó al comunismo y que localizó y detuvo a los cubanos del gobierno de Fidel Castro que se habían infiltrado en

Chile como «asesores» tras las elecciones ganadas por Allende. Pizarro también negó las alegaciones de torturas generalizadas y añadió que los chilenos hablan de las torturas con demasiada ligereza. Cuando le pregunté si él personalmente conocía a alguien que hubiera sido torturado, recordó una anécdota que le había contado un amigo de la familia, cuyo padre había sido arrestado en 1973, cuando se hallaba en medio de una barbacoa con familiares y amigos, «y entonces irrumpieron los militares y se llevaron preso a mi padre. Lo retuvieron durante 48 horas y luego lo dejaron ir en medio de una carretera». Pizarro dijo que los documentos gubernamentales oficiales estipulaban que 2.871 personas fueron asesinadas bajo la dictadura, pero añadió: «Bueno, tras sólo tres años de guerra en Irak ustedes ya llevan casi 3.000 muertos». No hay duda, según él mismo reconoció, de que «hubo abusos contra los derechos humanos» en Chile, pero, aclaró, fueron cometidos por «la policía secreta, por pequeños grupos de oficiales corruptos». Aquéllos fueron abusos de los derechos humanos «según los estándares chilenos», dijo, pero «si aplicáramos los estándares colombianos, por ejemplo, estaríamos hablando, no sé, ¿de un pícnic?».

A juicio de Pizarro, Pinochet fue «un gran patriota mal aconsejado por unos asesores civiles y militares que sabían poco de relaciones públicas y de imagen internacional. Pero el problema seguía siendo pura y estrictamente de relaciones públicas. Todo lo que él estaba haciendo estaba bien. Construía puentes, escuelas, empresas. Copiaba el modelo estadounidense. Estrechó nuestros lazos con EE.UU. Combatió el comunismo, la corrupción y el terrorismo. Hizo exactamente lo que se espera que haga un presidente cuando hace las cosas bien. Sin embargo, estaba tan mal asesorado en cuanto a las relaciones públicas que no entendió la importancia de ganarse a la prensa, a los medios. No entendió el término *transparencia*. Y nosotros no teníamos nada que ocultar». Pizarro dijo que eso era lo que él «valoraba negativamente» de Pinochet.

Pese a que Allende resultó elegido en unos comicios democráticos reconocidos como tales a nivel internacional, Pizarro aseguró que el golpe de Pinochet fue necesario para restablecer la democracia en Chile. «El general Pinochet decidió reconstruir la nación, dividirla en regiones, enviar a personal civil a estudiar economía a Chicago, cambiar el modelo económico tradicional de Chile hasta 1973, crear aquí algo que fuera una imagen reflejada de Estados Unidos. Y eso fue lo que hizo», resumió Pizarro con orgullo. «Y, de la noche a la mañana, en menos de diez años, éste que antes era un pequeño país tercermundista, una república bananera, acabó erigiéndose en todo un modelo, y sigue siendo un modelo económico y político para la región. Es la nación de habla hispana más estable de toda América Latina.» Según Pizarro, los gobiernos civiles que han sucedido a Pinochet y a su régimen siempre han temido que el ejército chileno quisiera volver a asumir el poder, como hizo en 1973, si se demostraba que eran corruptos. De ahí que, según él dice, los dirigentes civiles de Chile hayan emprendido un revisionismo histórico de la era Pinochet con el propósito de demonizar a las fuerzas armadas chilenas y, así, «destruir la imagen de los militares, presentarlos como corruptos, tontos, propios de una república bananera, lo que sea con tal de destrozar su imagen y asegurarse de que nunca vuelvan a acceder al poder». Este proceso histórico ha arraigado, sostenía Pizarro, porque «los partidos de la derecha se lo han tomado con demasiada calma y han vivido demasiado callados y acomodados; no han sabido ser suficientemente agresivos y responsables como para defender lo que realmente sucedió y para explicar a la gente lo que verdaderamente aconteció en Chile durante esos 17 años».

En 1987, cuando Pinochet aún mantenía su férreo control sobre Chile, Pizarro finalizó sus estudios secundarios e ingresó directamente en la Academia Militar Nacional, de donde se licenció cuatro años después con el grado de subteniente. El día de su graduación, estrechó la mano del general Pinochet e inició su carrera en las fuerzas armadas chilenas. Pizarro anduvo destinado en varios regimientos y trabajó como traductor para el Ejército de Tierra en las reuniones de los generales chilenos con sus homónimos de otros países. Eso le puso en contacto con personal militar de la embajada estadounidense en Santiago. Pizarro dijo que, en 1995, entabló amistad con un oficial estadounidense en particular, de quien no quiso revelar el nombre. Él escuchaba las anécdotas que ese nuevo amigo americano suyo y los colegas de éste contaban a menudo sobre sus aventuras con el ejército de Estados Unidos en lugares diversos de todo el planeta —desde Panamá hasta la guerra del Golfo—. Pizarro también veía los vídeos que tenían grabados de sus vivencias y participaba en las comidas al aire libre que organizaban. «Me impresionaba su profesionalidad, su espíritu de compañerismo, su manera de darse buenas noticias, su forma de trabajar. Aquellos tipos eran auténticos guerreros», recordaba Pizarro. «Fueron a una guerra, la ganaron, volvieron a casa y no se volvieron locos o inestables por ello. Eran gente normal. Así que aquello me motivó a pensar. Tal vez, quién sabe, yo podía también formar parte de eso.» Pizarro empezó a plantearse dejar las fuerzas armadas chilenas para unirse a las estadounidenses. «Me encanta el ejército de Chile», dijo, «pero, gracias a mi doble nacionalidad, tenía la oportunidad de incorporarme al ejército de un país que comparte las mismas metas democráticas de la sociedad occidental que Chile, pero que realmente despliega sus tropas por el mundo. En Chile me sentía como un médico que iba a estar estudiando treinta años para no llegar jamás a operar a un solo paciente. Y yo soy un profesional. Quería que me destinaran sobre el terreno». Aproximadamente un mes después de informar a sus superiores en Chile, Pizarro se unió a los marines estadounidenses, «donde tenía garantizado que me destinarían sobre el terreno en un plazo máximo de noventa días. Me encantaba. Yo era el hombre más feliz».

Pizarro inició su carrera militar en EE.UU. pasando por un periodo de instrucción en Paris Island (Carolina del Sur) y, posteriormente, en la Escuela de Unidades Acorazadas del Ejército de Tierra en Fort Knox, Kentucky. Al licenciarse de ésta en 1996, el comandante del destacamento de los marines de Fort Knox lo convocó a su despacho.

«José, ¿es verdad que eras oficial del ejército chileno?»

«Sí, señor.»

«¿Sabes hablar español?»

«Sí, señor. Mejor que el inglés.»

«Pues quizá tengamos algo que puede dar un buen empujón a tu carrera», comentó el comandante a Pizarro, quien, al poco de aquella conversación, fue enviado con la Segunda Fuerza Expedicionaria de los Marines al Campamento Lejeune, en Carolina del Norte, donde, inmediatamente después, recibió la orden de trabajar durante tres años —de 1996 a 1999— «en la unidad de los marines especializada en operaciones militares en Sudamérica, conocida como la Unitas». Pizarro dice que, durante esos tres años, viajó por toda América Latina trabajando con el SOUTHCOM (el Mando Sur de las fuerzas armadas estadounidenses) como traductor de «tenientes coroneles, coroneles y almirantes de la Armada y el Cuerpo de Marines de Estados Unidos en sus desplazamientos a América del Sur. Tanto si me necesitaban para un encuentro de 48 horas con el comandante en jefe de la infantería de marina brasileña como si iban para unas maniobras militares de tres semanas en Colombia, allí iba yo con un teniente coronel (con un teniente coronel de los marines estadounidenses) en calidad de traductor. Así que yo estaba encantado. Fue una experiencia superinteresante. Fui a todos los países de América Latina salvo Bolivia. Fui a Brasil, Argentina, Chile, Ecuador, Colombia, Venezuela, a todos los demás. Me lo estaba pasando en grande aprendiendo a presentar la política exterior estadounidense o las políticas atmosféricas de la industria de defensa de Estados Unidos a las fuerzas armadas de América Latina».

Tras tres años de trabajo con Unitas y el SOUTHCOM, Pizarro decidió llevarse su experiencia al sector privado. En 1999, según él mismo explicó, «ofreció» sus «servicios» al fabricante estadounidense de armamento General Dynamics. Según dijo, los contactos que fue haciendo durante su labor para el ejército estadounidense en América Latina lo colocaron en una situación privilegiada para ayudar a la expansión de las ventas y la comercialización de General Dynamics en aquella región. Pizarro explicó que él «sabía de la necesidad de helicópteros, sistemas de armamento, etc.», que tenían los gobiernos latinoamericanos. «Creo que llegué a hacerme una idea de lo que necesitaban, de sus presupuestos, de su cultura presupuestaria, etc.», dijo. General Dynamics contrató a Pizarro y, según él, lo nombró jefe de su división latinoamericana. «Yo estaba al cargo de las ventas de los Mark 19, MK19, GOA19... es decir, de lanzagranadas automáticos, cohetes y ametralladoras eléctricas transportables en helicópteros de combate», dijo Pizarro. Trabajó con General Dynamics durante un año y medio y, según explicó, ganó tanto dinero entre su salario y las primas por las armas vendidas a los gobiernos latinoamericanos que pudo montar su propia empresa. «Me di cuenta de que tenía dinero suficiente para, pues eso, crear mi propia empresa y trabajar por mi cuenta, en lugar de para otros.»

En 2001, Pizarro puso en marcha Red Táctica, una compañía privada que actuaba como enlace entre los gobiernos latinoamericanos y los fabricantes de armas estadounidenses. «Como todos los gobiernos de América Latina cuentan con un agregado militar, un agregado naval, un agregado de la fuerza aérea y un agregado policial que ocupan edificios separados, eso significa que, en la práctica, dieciséis países por cuatro agregados militares configuraban un tremendo mercado para mí», reconoció Pizarro. «Así que fuimos, por ejemplo, a la embajada argentina. "Buenos días, me llamo Mike Pizarro. Soy ciudadano estadounidense pero también soy ciudadano chileno. Soy bilingüe y bicultural. Señor almirante, sé exactamente lo que andan buscando. Ustedes buscan submarinos, torpedos, radares, sistemas electrónicos de comunicación, etc."» Pizarro acabó relacionándose con prácticamente todos los agregados militares y de defensa de las naciones latinoamericanas «amigas» y se ganó una reputación como «persona a la que acudir» entre los gobiernos de dichos países interesados por adquirir los sistemas armamentísticos especializados fabricados por las grandes empresas del sector de la defensa.

Pizarro negó rotundamente que él hubiese sido traficante de armas, y se mofó incluso de tal etiqueta. Dijo que lo que él vendía a las autoridades latinoamericanas era «inteligencia comercial» y que éstas le pagaban, básicamente, para que él les hiciera su trabajo. «Las agregadurías militares son, por definición, un premio, una recompensa, un ascenso, unas vacaciones en Washington. Se supone que allí no se va a trabajar de verdad», comentó Pizarro. «Así son las cosas en el mundo latino. Entre nosotros, si un general es ascendido a un generalato de más alto rango, se le concede un año de vacaciones pagadas con toda su familia en Washington, D.C. Así que si tienen a alguien —y lo sé muy bien— que puede hacerles realmente el trabajo por unos miles de dólares al mes o menos incluso, para ellos supone una ventaja enorme. Es una idea que les atrae mucho.» Pizarro dice que trabajó con los agregados militares de «todas» las naciones latinoamericanas que están a bien con Estados Unidos «vendiéndoles información» sobre dónde podían adquirir diversos sistemas de armamento, equipos militares, radares, piezas de recambio... incluso fusiles. Pizarro también vendía sus servicios a las empresas de defensa y armamento —tanto estadounidenses como europeas— que pretendían introducirse en los mercados latinoamericanos. Les decía: «Bien, digamos que me pagan 10.000 dólares al mes durante tres meses. Yo les proporcionaré información técnica y comercial suficiente como para que sus agentes de ventas sepan exactamente a qué puertas llamar, a qué funcionarios dirigirse, y cómo, cuándo, por cuánto y durante cuánto tiempo».

Pizarro explicó que ganó tanto dinero vendiendo esa «inteligencia comercial» que, a principios de 2003, decidió «apartarse de la empresa y disfrutar del dinero, gozar del tiempo libre». Pizarro dejó el día a día de Red Táctica en manos de sus socios en la empresa y empezó a escribir en una revista alemana especializada en tecnología militar. En febrero de 2003, cuando Estados Unidos se preparaba para invadir Irak, un productor del canal de habla hispana de la CNN se puso en contacto con él y le pidió que acudiera a la delegación de la cadena en Washington para una entrevista de trabajo como comentarista del inminente conflicto bélico. Pizarro dijo que, tras la prueba, «me ofrecieron un empleo a tiempo completo por toda la duración de la guerra. Así que me alojaron en un hotel, el de la CNN en la sede central de la propia CNN en Atlanta, durante un mes, además del mes previo en Washington, al lado de mi casa». «La verdad es que tenía que presentarme en los estudios tantas veces al día que pensaron que lo mejor era tenerme allí, como si estuviera de guardia. Así que me pusieron en nómina con un salario y todo», dijo. Durante todo ese tiempo, Red Táctica siguió funcionando «con el piloto automático». Pizarro comentó que durante el tiempo que estuvo en Atlanta, entabló amistad con el general en la reserva Wesley Clark, ex Comandante Supremo de las fuerzas aliadas de la OTAN y posterior candidato presidencial demócrata en 2004, que también colaboraba como analista y comentarista para la CNN. «Me avergüenza mucho decirlo», confesó Pizarro, «pero por si no sabía algo, por si algún espectador me hacía una pregunta o por si se planteaba una pregunta de puro sentido común, yo iba antes a la tertulia de la CNN en inglés», y allí le pedía a Clark consejo sobre qué análisis ofrecer por antena. Pizarro luego usaba los análisis de Clark en sus propios comentarios en la CNN en español. «¡Qué gran tipo!», exclamó Pizarro al acordarse de Clark. «¡Qué bien me cae!»

El empleo a tiempo completo de Pizarro en la CNN en español se prolongó hasta el final de abril, y a partir de ese momento, volvió a centrar su atención en Red Táctica. La ocupación de Irak estaba en marcha, así que él empezó a ir a exposiciones y exhibiciones militares en busca de nuevo negocio. En julio de 2003, Pizarro asistió a la Modern Marine Expo en Quantico (Virginia) y allí le llamó la atención una «mujer muy guapa» de uno de los *stands*. Esta resultó ser una representante de Blackwater USA, según dijo Pizarro: una ex agente de policía encargada de la venta de los sistemas de dianas para prácticas de tiro de Blackwater. Pizarro jamás había oído hablar de Blackwater, así que entabló conversación con la atractiva representante acerca de la posibilidad de que Red Táctica ayudara a comercializar los sistemas de Blackwater. Pizarro recordaba que el sistema de esta última empresa era «fantástico. Es sencillamente fabuloso. Les dije que podía ayudarles a venderlo en América Latina». Tras preguntar a Pizarro acerca de sus credenciales, la representante de Blackwater le sugirió que se desplazara hasta las instalaciones de la compañía en Moyock. Lo que Pizarro vio en aquel viaje le cambió la vida.

Al describir su primera visita a Blackwater en el verano de 2003 (en plena eclosión del negocio de los mercenarios en Irak), Pizarro hablaba con el entusiasmo de un niño que explica a sus amigos del colegio los regalos que le han traído por Navidad. «Estaba fascinado», recordaba. «Es un ejército privado en pleno siglo XXI. Una compañía privada con su propia formación, sus propias fuerzas privadas para la protección de instalaciones del gobierno de EE.UU. en zonas de guerra. Aquello parecía salido de una película del Dr. No. [...] Es que es como una película. Es un recinto gigantesco que contiene un escenario urbano para prácticas militares: allí hay una ciudad de mentira donde uno se puede entrenar con munición real o con balas de pintura, con vehículos, con helicópteros. ¡Uf!, impresionante, ciertamente impresionante.» Pizarro creía que se iba a encontrar una especie de versión un poco mejorada de un campo de tiro y entrenamiento al uso, pero cuando llegó allí vio «a gente de todo el mundo entrenando: personal civil, militar, de tierra, naval, aéreo, marines, paracaidistas... Vamos, que aquello era como una base militar privada».

Pizarro dijo que, «a los cinco segundos, ya había abandonado la idea de ayudarles a vender sistemas de dianas de tiro» y empezó a figurarse cómo podría encajar en aquel increíble escenario cinematográfico. Pizarro dijo que no quería echar a perder su oportunidad, así que mantuvo «la boca cerrada». Pero por su cabeza pasó la idea de proveer de fuerzas chilenas a Blackwater. «No quería parecer una especie de maleta andante», dijo. «Era una corazonada. Algo así como pensar que, tal vez, tal vez, si pudiera conseguir a suficientes miembros de las fuerzas especiales de la Armada chilena, a suficientes paracaidistas del Ejército de Tierra chileno, a suficientes miembros de los comandos de los marines chilenos... Yo sé lo profesionales que son. Son superjóvenes. Acaban de pasar a la reserva tras veinte o quince años de servicio activo y se ponen a trabajar de guardias de seguridad en un supermercado... Vamos, que lo que quería decir es que, en teoría, yo debía ser capaz de crear algo con todo eso.» Pizarro explicó que, tras su primera visita a Blackwater, dedicó «unas semanas a hacer llamadas a algunas personas allí en Chile. Les telefoneé desde Washington. Contacté con algunos tenientes coroneles, algunos mayores retirados. "¿Puedes conseguirme cien miembros de comandos?" "¿Puedes conseguirme cien paracaidistas?" "¿Puedes conseguirme a miembros de los grupos de operaciones especiales de la Armada que sean bilingües en un par de semanas?" "Sí", "no", "de acuerdo", "puedo conseguirte a veinte". Y otro me decía: "Yo puedo conseguirte a siete." "Pues yo a 25."» Las llamadas de teléfono se tradujeron después en encuentros en Santiago con autoridades militares, pero Pizarro dijo que allí no fue recibido con mucho entusiasmo. Tuvo que oír el mismo tipo de comentarios una y otra vez: «pero eso parece ilegal», «no parece limpio», «no me suena bien», «no, no nos interesa», «vas a fracasar». Pero aquellas respuestas, según el propio Pizarro, no hicieron más que «darme más ánimos. Estaba convencido de estar haciendo lo correcto».

Uno de los grandes motivos por los que, según Pizarro, tenía ese convencimiento era que había mantenido conversaciones frecuentes con Doug Brooks, presidente de la International Peace Operations Association («Asociación Internacional de Operaciones de Paz»), o IPOA, un organismo que representa a varias empresas del sector militar privado y del que Blackwater es actualmente un miembro destacado. «[Brooks] no me pareció ningún desalmado ilegal o malvado», explicó Pizarro. «Me dio la impresión de ser un joven muy profesional y me dijo que aquello era perfectamente legal. Vamos, que tuve numerosísimas reuniones con sus amigos en su despacho y ambos vivimos en Washington, y cuando me convencí de que lo que estaba haciendo era legal, estaba bien y era correcto, ya no tuve dudas. Nada iba a detenerme.» Brooks admitió en un mensaje de correo electrónico haberse reunido con Pizarro «varias veces», pero dijo no «recordar conversación alguna [sobre la] legalidad» del plan del ex militar chileno. Finalmente, tras «centenares de encuentros», Pizarro dijo que dio con gente de la comunidad militar chilena que creyó en su idea de proporcionar tropas chilenas a las empresas militares estadounidenses: «Conseguí reunirme con el coronel apropiado, el teniente coronel apropiado, el almirante apropiado y el personal en la reserva apropiado». Pizarro y sus camaradas contrataron los servicios de una empresa privada chilena de recursos humanos para que les ayudara a reclutar a hombres para su plan. Cuando Pizarro tuvo la sensación de que lo había sacado adelante, regresó a Estados Unidos para vender su proyecto a Blackwater en octubre de 2003. Según dijo, habló con el presidente de la compañía, Gary Jackson. «A Gary no le gustó el proyecto», recordaba Pizarro. «Me echó de su despacho como si me estuviera diciendo "¿Cómo? De ninguna manera. No vamos a hacer algo así. Es una locura. Fuera de aquí".» Pero Pizarro no se rindió, así que, luego, consiguió reunirse con Erik Prince en el despacho de éste en Virginia. Según su propio testimonio, Pizarro entró en la oficina de Prince y éste le dijo: «¿Quién demonios es usted?».

«Me llamo Mike Pizarro. ¿Tendría cinco minutos para mí, señor?»

«Le doy tres», le replicó Prince.

Pizarro dijo que le enseñó a Prince una presentación en PowerPoint de las fuerzas chilenas que quería proporcionar a Blackwater. En apenas unos instantes, según Pizarro, Prince empezó a entusiasmarse con la idea. «¿Y sabe qué?», Pizarro recordaba encantado en nuestra entrevista, «cuando [Prince] era un SEAL de la Armada estadounidense, estuvo en Chile». Prince, dijo Pizarro, tenía en muy alta consideración a las fuerzas armadas chilenas. «Así que conocía al equivalente de los SEAL de la Armada de Chile. Tenía amigos allí. Conocía nuestra profesionalidad, la orientación de nuestra formación, lo bilingüe que era el personal allí alistado y la calidad de nuestros oficiales.» Pizarro recordó que Prince le dijo: «Mike, escuche, me ha convencido. Si puede usted conseguir que uno solo de esos miembros de los grupos de operaciones especiales de la Armada chilena trabaje para mí, habrá valido la pena. Así que impresióneme». Pizarro también explicó que, cuando ya salía por la puerta de aquel despacho de Virginia, Prince le dijo: «En cuanto tenga lista una demostración, llámenos y enviaré a unos evaluadores» a Chile. A la mañana siguiente, Pizarro tomaba un vuelo de regreso a Santiago.

Ya de vuelta en Chile, Pizarro se movió con rapidez. Junto a sus socios comerciales fundó una empresa, Grupo Táctico, y alquiló una hacienda en Calera de Tango, al sur de Santiago, donde evaluarían a los candidatos que se presentasen a sus ofertas de empleo militar. El gerente comercial de Pizarro era Herman Brady Maquiavello, hijo de Herman Brady Roche, ex ministro de defensa de Pinochet.[18] El 12 de octubre de 2003, publicaron un anuncio en el principal diario del país, *El Mercurio*: «Ex miembros FF.AA. Empresa internacional busca para extranjero. Oficiales, suboficiales, preferentemente FF.EE. Salud compatible. Condición física. Inglés básico. Documentación retiro obligatoria. 20 al 24 de octubre, 8.45 a 17.00».[19] Tras las primeras entrevistas a aspirantes a los puestos ofertados, empezó a circular el rumor de que la empresa ofrecía salarios de hasta 3.000 dólares mensuales,[20] una cifra que superaba con mucho el sueldo de 400 dólares al mes que cobran los soldados en Chile.[21] Un ex militar que solicitó uno de aquellos empleos explicó al diario chileno *La Tercera* que se les «informó que una empresa extranjera de seguridad necesita a unos 200 ex militares para realizar labores de guardia en Irak».[22] Otro dijo que le «gustaría tener ese trabajo», porque «son 2.500 dólares y me dijeron en el fuerte que era para ir a Irak a mantener vigilancia en instalaciones diversas y pozos petroleros».[23] Pizarro no tardó en recibir un alud de solicitudes de oficiales chilenos en la reserva y de otros que deseaban convertirse en reservistas para poder incorporarse a esta nueva fuerza privada.[24]

Sin apenas tiempo a reaccionar, Pizarro tenía ya sobre la mesa más de mil solicitudes entre las que seleccionar.[25] Pero justo cuando sus planes parecían despegar definitivamente, la prensa chilena empezó a informar de sus actividades. Los periódicos se hicieron eco tanto de las sospechas que recaían sobre un comandante naval chileno (Pizarro, a quien se acusaba de haber infringido los procedimientos militares) como del anuncio de oferta de empleo dirigido a soldados. Al mismo tiempo, varios parlamentarios socialistas acusaron a los colegas de Pizarro de estar contratando a soldados chilenos en servicio activo.[26] A los pocos días de la publicación del anuncio en la prensa, diversos parlamentarios empezaron a exigir una investigación de las actividades de Pizarro. «Los parlamentarios recordaron que el Ministerio de Defensa —y no una empresa privada— es la única entidad que, a requerimiento de la ONU, podría seleccionar militares activos para apoyar a las fuerzas de paz en ese país, por lo que cualquier otro método sería ilegal», informaba *La Tercera* poco después de que el proyecto de Pizarro se hubiese hecho público.[27] Pizarro respondió en aquel momento que su actividad era «absolutamente legal y transparente».[28] La prensa chilena también rememoró una polémica surgida en julio de 2002, cuando, según el diario brasileño *Jornal do Brasil*, Pizarro declaró que la academia castrense chilena estaba estudiando un proyecto de intervención en Colombia contra los rebeldes de las FARC dentro de un contingente de 2.600 soldados del propio Chile y de Estados Unidos, Argentina, Uruguay, Ecuador y Perú, bajo el auspicio de Naciones Unidas.[29] El Ministerio de Defensa chileno tuvo que publicar un desmentido, lo que creó un tenso incidente entre Chile y Colombia.[30] También se rumoreaba en Chile que Pizarro trabajaba para la CIA. «Claro, no hay duda: Mike Pizarro es un agente de la CIA apoyado por el FBI y las fuerzas imperiales de Estados Unidos, y, claro está, trabaja para el presidente Bush», bromeó Pizarro en nuestra entrevista refiriéndose a aquellos rumores. «Hay quien dice incluso que también acude al rancho del presidente Bush en Texas. Lo que quiero decir es que todas esas historias surgen del desconocimiento más absoluto.»

Pese a todo aquello, Pizarro siguió adelante. Él y sus colegas trabajaron febrilmente en su hacienda para recortar de mil a trescientos el número de hombres que presentarían a los evaluadores de Blackwater.[31] Adquirieron docenas de fusiles «de imitación» (de goma y cerámica) para las sesiones de entrenamiento y los pintaron de negro.[32] A finales de octubre, Pizarro ya tenía a sus 300 hombres seleccionados y telefoneó a Erik Prince: «Estamos listos», le dijo, «envíe a su gente». Según Pizarro, Prince le comentó que él tenía que viajar a Suiza, así que le dio el número del teléfono móvil de Gary Jackson. Sabedor de la actitud de Jackson hacia aquel proyecto, el propio Prince le indicó a Pizarro que esperara unos minutos antes de llamarlo para que pudiera informar personalmente al presidente de su empresa, según explicó Pizarro. El chileno dijo que Jackson le comentó: «"Muy bien, acabo de hablar con Erik. Esto es una puta pérdida de tiempo. Enviaré ahí a mis tres evaluadores, pero, Mike, será mejor que sea verdad lo que prometes, porque esto es una pérdida de tiempo total y absoluta", y bla, bla, bla. Estaba muy negativo. Pero es que así es Gary».

Pizarro convocó en la hacienda de Calera de Tango a los 300 hombres que él y sus colegas habían elegido para someterlos a la evaluación de Blackwater y les dijo: «Vendrán a entrevistarlos unos evaluadores estadounidenses. Les harán preguntas básicas. Querrán probar su nivel de aptitudes de liderazgo, lo inteligentes que son, lo bien preparados que están, etc., su habilidad física». Pizarro explicó que los dividirían en tres grupos: uno para cada uno de los tres evaluadores norteamericanos. «Habrá unos cien hombres por cada uno de ellos. Tardarán prácticamente todo el día. Así que tienen ustedes que ser pacientes. Yo no puedo prometerles nada. Si logramos impresionar a esos tipos, tal vez, tal vez, nos contraten para trabajar en Irak protegiendo los consulados y la embajada de Estados Unidos», dijo Pizarro. Él mismo afirmó que los evaluadores de Blackwater llegaron a Chile la última semana de noviembre de 2003. «Los tres eran ex componentes de los SEAL de la Armada estadounidense, unos tipos impresionantes, de más de metro ochenta de estatura, gigantescos, en perfecta forma, muy profesionales», explicó. «Los tres eran bilingües. Eran impresionantes, de verdad. Y ellos solitos evaluaron a nuestros 300 hombres» en tres días. «Luego regresaron a Estados Unidos y, a partir de ahí, dieron inicio los catorce días más largos de mi vida, porque durante esas dos semanas no tuvimos noticia alguna de Blackwater.»

Entretanto, en Chile crecía la controversia en torno a las actividades de Pizarro. Éste comentó que, unas pocas horas antes de la llegada de los evaluadores de Blackwater a la hacienda, se presentaron allí reporteros de un canal chileno de televisión y filmaron varias de las actividades que allí se desarrollaban. Horas después, Pizarro fue acusado en una cadena nacional chilena de «formar a un ejército privado» bajo supervisión de personal militar estadounidense, según él mismo explicó. «El noticiario me presentaba como una especie de Arnold Schwarzenegger (en su versión latina)... era absurdo», comentó. «Mis familiares me llamaban llorando por teléfono. Mi madre me preguntaba: "Mike, ¿qué estás haciendo? Vamos a ir a la cárcel". "No, mamá, son rifles de mentira." "Pues parecía muy real. Te van a hundir." Es que hasta mi novia me echó de su casa.» Pese a la creciente polémica y al silencio de Blackwater, Pizarro continuaba teniendo la esperanza de que su plan llegaría a buen puerto.

El 18 de diciembre, Pizarro explicó que recibió un mensaje de correo electrónico de Gary Jackson: «Nos interesa. Traigan a 100 personas en febrero para que sean evaluadas en Estados Unidos.» Pizarro eligió a sus «100 mejores», según dijo, y preparó su viaje a Carolina del Norte. Los soldados chilenos seleccionados estuvieron 48 horas aislados en Chile antes de su partida y, durante aquellos dos días, no pudieron siquiera llamar a sus familias.[33] Acudieron a la embajada estadounidense en Santiago, donde se les emitieron de inmediato visados de entrada múltiple.[34] El 4 de febrero de 2004, Pizarro llegó a Moyock acompañado de 78 soldados chilenos que iban a ser sometidos a «evaluación» allí mismo. Instruir, tal como Pizarro dejó muy claro, «es ilegal. No se les puede instruir. Lo que se les hizo fue *evaluarlos*». Según él, «todos ellos pasaron una evaluación de su dominio del inglés, de sus conocimientos médicos y de primeros auxilios, de sus habilidades como tiradores con rifle y con pistola, de sus habilidades como conductores, de sus conocimientos de telecomunicaciones y de sus aptitudes para el liderazgo». Pizarro quedó gratamente impresionado por uno de los ejercicios, en el que los evaluadores de Blackwater emplearon soldados de juguete para exponer varios escenarios que podían darse en Irak y preguntar a los chilenos cómo manejarían la situación en cada uno de ellos. Aquello era «muy inteligente y muy barato», recordaba Pizarro con asombro. «No costó ni un centavo, pero sirvió realmente para poner a prueba a mis hombres hasta el límite.» En total, el primer contingente de 78 chilenos estuvo diez días en Blackwater. Pizarro comentó que los evaluadores «quedaron muy impresionados» con sus hombres. Sólo enviaron de vuelta a Chile a uno de ellos, dijo, por un problema de mal carácter.

El 14 de febrero de 2004, Blackwater aerotransportó de Carolina del Norte a Bagdad al primer grupo de comandos especiales chilenos. «Los desplegaron allí inmediatamente», explicó Pizarro. «Y luego me asignaron un nuevo contrato por un grupo de 78 más en menos de 24 horas. Así que volví a volar [hasta Blackwater] a finales de febrero acompañado de ese segundo grupo.» Pizarro recordó con gran orgullo una entrevista concedida por Gary Jackson —de quien él dijo que había tenido dudas sobre el proyecto desde el principio— a un diario chileno el día en que el primer grupo de chilenos partió para Irak con adelanto sobre el calendario previsto. «Lo han hecho increíblemente bien y son todos unos profesionales», explicó el presidente de Blackwater a *La Tercera*. «Por eso se van hoy en un vuelo que parte esta misma mañana hacia Oriente Medio.»[35] Jim Sierawski, el director de formación de Blackwater, dijo que se había procedido con tanta rapidez al despliegue de aquellos hombres porque los ex miembros de las fuerzas especiales chilenas no precisaban de preparación adicional con respecto a la que ya habían recibido en el ejército chileno. «Sus conocimientos les confieren las habilidades necesarias para hacer lo que tienen que hacer en diferentes misiones», recalcó.[36] «Los chilenos del primer grupo estaban muy bien preparados. Basta decir que la edad media era de 43 años», indicó Pizarro en la entrevista. «Eran soldados de operaciones especiales muy avezados.»

Ya en Irak, las fuerzas chilenas recibieron el encargo de realizar una «protección estática» de edificios (por lo general, de delegaciones del Departamento de Estado o de instalaciones de la APC, según Pizarro). Los chilenos del primer grupo fueron destinados a Samawa, donde, según Pizarro, se ocuparon de la vigilancia de un edificio de la APC, así como de unas oficinas regionales en Diwaniya. El segundo contingente fue directamente destinado a un hotel de Hilá que había sido transformado en edificio de las fuerzas de ocupación. También protegían unas instalaciones de la APC en la ciudad santa chií de Kerbala. «Estamos tranquilos», explicó a *La Tercera* el ex oficial del Ejército de Tierra chileno Carlos Wamgnet. «Esta misión no es algo nuevo para nosotros. En el fondo, es prolongar nuestra carrera militar.»[37] «Yo no me siento un mercenario», declaró al diario el ex infante de Marina chileno John Rivas.[38] Pizarro viajó a Irak en dos ocasiones para observar a los hombres que tenía contratados para Blackwater y estuvo en aquel país por un tiempo total de un mes, periodo durante el que se desplazó a todos los lugares, «desde Bagdad hasta Basora», donde había chilenos destinados. «Hemos tenido éxito. No nos estamos aprovechando de la muerte. No estamos matando a nadie», puntualizó Pizarro. «No estamos disparando un tiro. No estamos operando en la calle. Simplemente, estamos proporcionando servicios de seguridad estática. No interactuamos con la población iraquí. No patrullamos las calles iraquíes. Nunca tocamos, hablamos ni nos involucramos de ningún modo con civiles en Irak.» Pero, según informó el periodista Louis E. V. Nevaer poco después de la llegada de los chilenos a Irak, «los diarios chilenos estiman que, aproximadamente, 37 de sus compatriotas desplegados en Irak son veteranos experimentados de la era Pinochet. Las autoridades del gobierno de Santiago están alarmadas de que unos hombres que gozaron de los beneficios de una amnistía en Chile —condicionada a que permanecieran "retirados" de sus anteriores actividades militares— se encuentren ahora en Irak».[39]

Pizarro explicó que Blackwater estaba tan impresionada con los chilenos que había dejado de trasladarlos en masa hasta Carolina del Norte para su evaluación. Ahora, según Pizarro, la empresa se lleva a unos veinte cada mes hasta las instalaciones de Blackwater en aquel estado norteamericano, pero transporta directamente al resto por avión desde Santiago hasta Jordania, donde son evaluados por técnicos de la compañía en Amman antes de su despliegue final en Irak. «Hemos creado tal nivel de tranquilidad, de profesionalidad, de confianza [...] que Blackwater se ha vuelto adicta a nosotros», dijo Pizarro. «Básicamente, por el precio de un ex militar estadounidense, se llevan a cuatro y hasta a cinco ex miembros de comandos chilenos.» Según Pizarro, la sed de nuevos agentes chilenos que parece sentirse en Blackwater es «muy, muy intensa». En total, Pizarro dijo haber suministrado 756 soldados chilenos a Blackwater y a otras compañías durante dos años y medio. En marzo de 2004, Gary Jackson ya se había erigido en patrocinador público de las fuerzas chilenas. En una entrevista publicada en el *Guardian* de Londres, explicaba que Chile era el único país latinoamericano donde Blackwater había contratado a ex miembros de fuerzas especiales para destinarlos a Irak. «Registramos hasta los confines de la Tierra en busca de profesionales. Los comandos chilenos son sumamente profesionales y encajan bien en el sistema de Blackwater», declaró. «No fuimos allí y dijimos: "Tú, tú y tú, venid a trabajar con nosotros". Todos ellos fueron evaluados en Chile y tenían formación y conocimientos militares. No somos los Boy Scouts.»[40] En vista de las alegaciones de los parlamentarios chilenos, que lo acusaban de llevar a cabo actividades ilegales y de reclutar a «mercenarios», Pizarro registró su compañía en Uruguay para eludir posibles problemas con la justicia de Chile. Finalmente, pues, los contratos han acabado suscribiéndose entre Blackwater y una empresa fantasma llamada Neskowin.[41] «Es legal al 110%», declaró Pizarro en abril de 2004. «Estamos asegurados a prueba de balas. No pueden hacer nada para detenernos.»[42]

Pero la difusión de la noticia del uso de comandos chilenos entrenados durante la dictadura de Pinochet suscitó fuertes condenas en todo el país. Como miembro rotatorio del Consejo de Seguridad de la ONU en aquel momento, Chile se opuso a la guerra en Irak.[43] «La presencia de paramilitares chilenos en Irak ha provocado un rechazo visceral entre la población, un 92% de la cual se oponía hace apenas un año a cualquier tipo de intervención de EE.UU. en aquel país», explicaba el escritor chileno Roberto Manríquez en junio de 2004.[44] También indignó y horrorizó a muchas víctimas del régimen pinochetista. «Es nauseabundo que unos oficiales del ejército chileno sean considerados buenos soldados por una experiencia que adquirieron durante los años de la dictadura», opinaba Tito Tricot, un sociólogo chileno encarcelado y torturado durante la dictadura.[45] Según él, lo que se valoraba de los ex soldados chilenos que trabajan para Blackwater «es su experiencia y sus conocimientos en el apartado de los secuestros, las torturas y el asesinato de civiles indefensos. Lo que debería ser un motivo de vergüenza nacional pasa a convertirse en un activo de mercado gracias a la privatización de la guerra iraquí. Todo esto es posible, no sólo por la total falta de respeto de Estados Unidos por los derechos humanos, sino también porque tampoco en Chile se ha hecho la justicia debida. Por lo tanto, unos miembros de las fuerzas armadas que deberían estar en prisión por las atrocidades que cometieron durante la dictadura pasean libres y tranquilos por las calles de nuestro país como si nada hubiera sucedido. Y, encima, ahora se les recompensa por su pasado criminal».[46]

El periodista Gustavo González escribió que algunos de los chilenos que trabajan para Blackwater estaban «entre el personal militar desplazado del servicio activo en virtud de un plan de modernización de las fuerzas armadas aplicado en el Ejército de Tierra por el general Luis Emilio Cheyre, actual jefe del ejército chileno. Cheyre, al igual que su predecesor, el general Ricardo Izurieta, que reemplazó a Pinochet en 1998 como comandante en jefe de las fuerzas armadas del país, llevó a cabo una purga discreta pero eficaz, con la que forzó el pase a la reserva de oficiales y suboficiales que habían desempeñado algún papel en la represión de la dictadura, durante la que unas 3.000 personas fueron asesinadas o "desaparecieron"».[47]

Pese a la creciente controversia vivida en Chile en torno a la exportación de «mercenarios chilenos» para combatir en una guerra a la que se oponía la inmensa mayoría de la población chilena —y su gobierno electo—, las cosas procedían sin problemas para Pizarro, quien preveía en la prensa chilena que, en 2006, tendría ya desplegados en Irak a unos 3.000 chilenos.[48] En septiembre de 2004, Global Guards (la nueva empresa de Pizarro, que, según explicó él mismo, pretende seguir el modelo de Blackwater) publicó otro anuncio en *El Mercurio*, aunque, esta vez, para reclutar a pilotos y a mecánicos que se encargaran de un servicio de «aerotaxi» para el traslado de empresarios a Irak.[49] *La Tercera* informó que los pilotos serían remunerados con 12.000 dólares mensuales, mientras que los mecánicos cobrarían en torno a los 4.000. En apenas unas horas, cuarenta pilotos y setenta mecánicos habían enviado ya sus currículos.[50]

Pero entonces Pizarro cometió un grave error de cálculo.

En el momento de máximo apogeo de su actividad, a finales de 2004, Pizarro decidió buscar clientes adicionales y empezó a trabajar simultáneamente para una competidora directa de Blackwater: Triple Canopy. «Triple Canopy empezó a pedirme centenares y centenares de ex paracaidistas chilenos para labores de seguridad estática [en Irak]», recordó Pizarro en nuestra entrevista. Deseoso de ampliar su negocio, decidió proporcionar a esa compañía, según su testimonio, cuatrocientos guardias chilenos. «Pero aquélla fue una mala combinación. Yo no sabía hasta qué punto llegaba el odio mutuo» entre Blackwater y Triple Canopy. Cuando Blackwater se enteró del trato con Triple Canopy, según Pizarro, Gary Jackson le informó que Blackwater ponía fin a toda colaboración. «Gary me dijo que se sentía traicionado, que lo que yo había hecho era imperdonable, que no podía perdonarme, que había traicionado su confianza, que él era —lo que, en cierto sentido, es verdad— quien, en el fondo, me había ayudado a crear mi propia compañía.» Pizarro dijo en nuestra entrevista que lamentaba profundamente que sus contratos con

Blackwater se hubiesen quedado en nada y destacó que los hombres que él proporcionaba a esta empresa eran soldados «de primera fila, del máximo nivel, perfectamente bilingües, ex miembros de las fuerzas especiales», mientras que Triple Canopy se interesaba más bien por hombres «de un segundo nivel»: «Un ex soldado de infantería medio con conocimientos rudimentarios del idioma y experiencia operativa limitada». Aun así, según Pizarro, Blackwater no quiso renovar los contratos nunca más. «Acabé perdiendo a Blackwater», recordaba con una desilusión más que evidente. «Blackwater es una compañía fantástica.» Para colmo, la empresa estadounidense continuó contratando por su cuenta a algunos de los ex militares seleccionados por Pizarro. Pero, pese a su «decepción» por lo de Blackwater, Pizarro afirmó que «la buena noticia» era que los chilenos estaban «ganando mucho dinero».

Tras perder los contratos con Blackwater, Pizarro continuó suministrando soldados a Triple Canopy y a Boots and Coots, una compañía texana especializada en extinguir los incendios que se producen en los pozos petrolíferos. Los ex miembros de comandos militares chilenos seleccionados por Pizarro acabaron siendo conocidos como «pingüinos negros», un nombre que, según él dijo, dieron en Blackwater a sus hombres «porque venimos de un país situado en el área antártica, del país de la nieve, y somos unos tipos bajitos y muy morenos que se mueven despacio, pero venimos muy bien equipados. Nos llamaban los pingüinos». Pizarro adoptó ese apelativo como marca para sus fuerzas y desarrolló incluso un logotipo en torno a ese concepto. Dijo también que la de los «Pingüinos Negros» era una iniciativa que pretendía «emular a Blackwater». A partir de enero de 2005, según confesó Pizarro en nuestra entrevista, Blackwater inició el proceso de sustitución de sus chilenos por fuerzas jordanas más baratas: «De tercer nivel, sin duda, sin conocimiento alguno de inglés [...] ni experiencia militar de relieve; unos simples reclutas jordanos». Coincidiendo más o menos con el momento en que se agrió su relación con Blackwater, según Pizarro, la competencia se hizo mucho más dura porque la «reconstrucción de Irak» estaba casi detenida, lo que significaba menos proyectos que vigilar para las fuerzas de seguridad privadas. Muchas empresas, dijo, empezaron a contratar a agentes con menor formación y salarios más bajos. «Allí teníamos que competir con los salvadoreños, los peruanos, los nigerianos, los jordanos, los fiyianos», observó. «Y no podíamos competir con ellos. Nuestro precio era el triple del suyo.»

El Plan Colombia de Blackwater

Mientras tanto, Blackwater (como tantas otras empresas militares privadas) trataba de internacionalizar sus fuerzas desplegadas en Irak contratando a ex militares colombianos para sumarlos a sus efectivos chilenos.[51] En julio de 2005, Jeffrey Shippy, que había trabajado anteriormente para la compañía estadounidense de seguridad DynCorp International, inició sus intentos de comercialización de ex militares colombianos entre las compañías que operaban en Irak. «Estas fuerzas armadas llevan 41 años luchando contra terroristas», escribió Shippy en un anuncio web en el que se glosaban las ventajas de contratar a ex soldados colombianos. «Son tropas que han sido entrenadas por los SEAL de la Armada y por [la DEA] de Estados Unidos para llevar a cabo operaciones antidroga y contraterroristas en las selvas y los ríos de Colombia.»[52] En aquel entonces, Shippy ofrecía los servicios de más de mil ex soldados y ex agentes policiales colombianos entrenados en su momento por EE.UU. Shippy, un veterano de la Fuerza Aérea estadounidense, aseguró que la idea se le había ocurrido tras una visita a Bagdad en la que comprobó la situación del mercado. «Ahora mismo, el Departamento de Estado tiene un especial interés en ahorrar dinero en el capítulo de seguridad», afirmó Shippy. «Y buscamos a personal del Tercer Mundo para esos puestos porque, además, impulsan los salarios a la baja.»[53] En aquel momento, según *Los Angeles Times*, Blackwater ya había desplegado a unos 120 colombianos en Irak.[54] Aunque Gary Jackson rehusó confirmar ese dato al diario, el empleo de tropas colombianas por parte de Blackwater se hizo innegable un año después, en junio de 2006, cuando decenas de guardias contratados en aquel país sudamericano denunciaron públicamente en Bagdad que la empresa estadounidense les estaba escamoteando los salarios convenidos.

A finales de agosto de 2006, 35 ex militares colombianos contratados por Blackwater para trabajar en Irak declararon en la revista colombiana *Semana* que la empresa los había estafado y les estaba pagando solamente a 34 dólares la jornada de trabajo en un empleo por el que sus colegas estadounidenses cobraban cifras exponencialmente superiores.[55] El capitán retirado del Ejército Nacional colombiano Esteban Osorio declaró que la pesadilla comenzó en Colombia, en septiembre de 2005. «Fue cuando me encontré con un sargento que me dijo: "Mi mayor, están reclutando gente para mandar a Irak. Pagan buena plata, como 6.000 o

7.000 dólares mensuales libres, vamos y pasemos las hojas de vida". A mí se me quedó esa cifra en la cabeza», explicó Osorio a *Semana*. «Jamás había imaginado tanta plata junta», dijo el ex mayor del Ejército Nacional Juan Carlos Forero en el mismo reportaje. «¿A quién no lo tienta el hecho de un trabajo donde gane seis o siete veces lo que a uno le pagan?» Tras enterarse de la posibilidad de trabajar por grandes sueldos en Irak, Forero acudió a una oficina de reclutamiento de Bogotá para entregar su currículo. «La empresa se llama ID Systems», recordaba. «Esa empresa es la representante en Colombia de una firma gringa que se llama Blackwater. Ellos son unos de los más grandes contratistas de seguridad privada en el mundo y trabajan para el gobierno de Estados Unidos.» Al llegar a ID Systems, Forero dijo que se sintió gratamente impresionado al ver allí a otros ex oficiales militares, entre los que se encontraba el capitán Osorio, a quien ya conocía. Éste dijo que un capitán del Ejército llamado Gonzalo Guevara fue quien les dio la bienvenida. «Nos contó que básicamente lo que teníamos que ir a hacer era prestar seguridad en instalaciones militares en Irak», recordaba. «Nos dijo que los salarios estaban alrededor de los 4.000 dólares mensuales.» Ya no eran los 7.000 dólares rumoreados inicialmente, pero, de todos modos, seguía siendo «muy buena plata».

En octubre de 2005, según explicaron aquellos hombres, se les ordenó presentarse en la Escuela de Caballería, en la zona norte de Bogotá, para un curso de reentrenamiento, donde, según su testimonio, ex militares estadounidenses les impartieron clases que iban desde las de tipo teórico sobre Irak y el «enemigo» hasta las prácticas en el manejo de armas y las pruebas de polígono. Un alto cargo del gobierno colombiano dijo a *Semana* que el ejército del país había hecho un «favor» prestando una de sus bases para esas actividades formativas: «Es una compañía avalada por el gobierno de Estados Unidos que le solicitó al Ejército colaboración, que consiste en permitirles utilizar las instalaciones militares, con el compromiso de no reclutar personal activo». Los hombres dijeron que, tras aquel entrenamiento, se les ordenó estar preparados para ser desplegados sobre el terreno en cualquier momento. La llamada de ID Systems indicándoles que Blackwater ya tenía sitio para ellos en Irak no llegó hasta junio de 2006, pero, esta vez, en vez de los 4.000 dólares que les habían dicho que cobrarían, les indicaron que el salario sería de sólo 2.700 dólares mensuales. Pese a la decepción, no dejaba de ser una paga muy superior a la que cualquiera de ellos estaba percibiendo en

Colombia. El mayor Forero dijo que una noche, al filo de la medianoche, les dieron unos contratos para que los firmaran y les ordenaron presentarse en el aeropuerto en cuatro horas. «Nosotros no alcanzamos a leer nada del contrato», recordaba. «Sólo firmamos y salimos corriendo porque cuando nos lo entregaron nos dijeron que teníamos que estar en cuatro horas en el aeropuerto y como todo fue de afán, escasamente tuvimos tiempo de ir a despedirnos de las familias, empacar maleta y salir para El Dorado [el aeropuerto de Bogotá].» Durante aquel viaje a Bagdad, que los llevó por Venezuela, Alemania y Jordania, los hombres tuvieron tiempo por fin de leer los contratos que acababan de firmar. «Ahí nos dimos cuenta de que algo andaba mal porque decía que nos iban a pagar 34 dólares diarios, es decir que nuestro sueldo iba a ser de 1.000 dólares mensuales y no de 2.700», recordaba Forero.

Cuando los colombianos llegaron a Bagdad, no perdieron tiempo en preguntar por el tema de su paga a su supervisor, pero éste les dijo que lo dejaran para más adelante. En Bagdad, supieron que iban a reemplazar a un contingente de soldados rumanos que también habían estado allí contratados por Blackwater. «Cuando estábamos haciendo el empalme con los rumanos nos preguntaron que por cuánto nos habían contratado y les dijimos que por 1.000 dólares.» Los rumanos no daban crédito a lo que oían: «Nadie cuerdo en el mundo se viene a Bagdad por sólo 1.000 dólares», les dijeron y añadieron que a ellos les pagaban 4.000 dólares por hacer el mismo trabajo. Según afirmaban los colombianos, se quejaron tanto ante Blackwater como ante ID Systems y les dijeron que si no les iban a pagar, al menos, los 2.700 dólares mensuales que les prometieron, querían regresar a Colombia. «Cuando nosotros llegamos a la base, a todos nos quitaron los billetes aéreos de regreso. Después de la carta nos reunieron y nos dijeron que si queríamos regresar, lo hiciéramos por nuestros propios medios», recordaba el capitán Osorio. «Nos dijeron que el que quisiera devolverse podía hacerlo, pero nosotros no teníamos un solo peso y ¿de dónde íbamos a sacar en Bagdad los 10 o 12 millones de pesos que vale el billete hasta Colombia?» También dijo que los superiores «amenazaban con sacarnos de las instalaciones de la base a plena calle en Bagdad en donde uno queda expuesto a que lo maten o en el mejor de los casos lo secuestren». Desesperados, los hombres se pusieron en contacto con unos periodistas de *Semana*, que informaron de su situación. «Queremos que alguien nos ayude a regresar a Colombia y que, además, la gente que están reclutando en el país no se deje engañar y esté enterada de la realidad», explicaba Forero a los reporteros de la revista. Como lamentaba otro de aquellos hombres, «viene uno y le dicen "le vamos a pagar tanto" y eso es mentira». El vicepresidente de Blackwater, Chris Taylor, confirmó que los colombianos estaban cobrando la miseria que alegaban cobrar, pero dijo que aquello había sido el resultado de una revisión reciente de los términos contractuales. «Hubo un cambio de contrato: el anterior expiró y salió uno nuevo a concurso, por lo que las cifras de éste son diferentes», según dijo Taylor. «Todos estos colombianos firmaron un contrato por 34 dólares diarios antes de partir hacia Irak».[56] Blackwater aseguraba que se había ofrecido a repatriar a aquellos hombres después de la queja que presentaron por su paga.

La misma historia de siempre

Casi desde el momento mismo en que se inició el *boom* del mercado de mercenarios internacionales al servicio de las guerras de Estados Unidos en Irak y Afganistán, afloraron por toda América Latina revelaciones sobre cursos de entrenamiento y actividades como las de Pizarro en Chile. En septiembre de 2005, saltó la noticia de la existencia de un campamento de instrucción secreto en la remota área montañosa de Lepaterique, en Honduras, 25 kilómetros al oeste de Tegucigalpa.[57] Lo regentaba una empresa de Chicago llamada Your Solutions, dirigida, al parecer, por Ángel Méndez, un ex soldado estadounidense.[58] En la década de 1980, la base militar de Lepaterique sirvió de escenario del entrenamiento de la Contra nicaragüense a cargo de la CIA y de sede del tristemente célebre Batallón 316,[59] un escuadrón de la muerte hondureño con apoyo estadounidense responsable de una oleada de asesinatos políticos y torturas producidos a lo largo de aquel decenio, durante el que John Negroponte ejerció como embajador de Estados Unidos en Honduras. Dos décadas después, una empresa privada estadounidense la estaba utilizando para preparar a ex soldados hondureños para el trabajo con compañías privadas de mercenarios desplegadas en Irak. Los instructores «nos explicaron que adonde íbamos todos serían nuestros enemigos y tendríamos que mirarlos como tales, porque querrían matarnos a nosotros y a los gringos también», declaraba uno de los ex militares (sin identificar) allí entrenados. «Así que tendríamos que ser despiadados a la hora de matar a quien fuera, aunque se tratara de un niño.»[60] Muchos de los hondureños reclutados por Your Solutions habían formado parte de las tropas enviadas por su país a Irak en 2003.[61] El gobierno hondureño retiró posteriormente a aquellos soldados de allí ante la generalizada oposición de la población hondureña a la guerra (y justo después de que se anunciara que Negroponte iba a ser el nuevo embajador de Estados Unidos en Irak). En septiembre se supo que Your Solutions no estaba contratando únicamente a hondureños: en aquel campamento de instrucción había más de doscientos chilenos que se preparaban para su posterior despliegue en Irak.[62]

Entre los chilenos que trabajaba para Your Solutions supervisando las operaciones en Honduras estaba Óscar Aspe, un socio empresarial de Pizarro que había comandado una de las unidades chilenas arribadas a Bagdad en virtud del contrato firmado con Blackwater en 2004.[63] Antiguo infante de Marina chileno y ex miembro del comando de fuerzas especiales de la Armada, Aspe decía, a propósito de su estancia en Irak, que «más peligro sentía en Chile cuando hacía operaciones de alto riesgo».[64] Allí, en Chile, Aspe estuvo presuntamente implicado en el asesinato de Marcelo Barrios, un estudiante universitario y activista muerto en 1989.[65] Los defensores de los derechos humanos denunciaron que aquél había sido un asesinato político, pero nadie fue condenado por el mismo. Cuando, en septiembre de 2005, las autoridades hondureñas se enteraron de la existencia de aquel campamento y de que los chilenos que en él se entrenaban habían entrado en el país con visados de turista, el ministro de Exteriores hondureño, Daniel Ramos, ordenó que estos últimos abandonaran Honduras alegando que la constitución nacional prohibía la formación como militares y agentes de seguridad de extranjeros en territorio hondureño. «Estos extranjeros harían bien en abandonar el país», declaró Ramos en una rueda de prensa. «Si no, nos veremos obligados a tomar medidas más severas.»[66] Nada sugería que Your Solutions mantuviese algún tipo de relación comercial con Blackwater. De hecho, lo que se decía era que aquellos hombres iban a ir destinados a Irak con Triple Canopy como parte del contrato de esta empresa para proveer vigilancia de seguridad a las instalaciones estadounidenses en aquel país.[67] El director general de Your Solutions, Benjamín Canales, un ex soldado hondureño,[68] defendió la instrucción que se estaba realizando en Honduras. «Esas personas no son mercenarios como alguno las ha llamado», dijo. «Eso duele, porque se trata de personas honorables que no están molestando a nadie.»[69] Añadió que los chilenos estaban siendo entrenados como «guardaespaldas privados», no como un «ejército nacional».[70] Por entonces, Your Solutions ya había conseguido enviar a 36 hondureños a Irak y tenía previsto enviar a otros 353 (y a 211 chilenos) al extranjero.[71] Al parecer, aquellos hombres cobrarían unos 1.000 dólares al mes[72] (mucho menos que los chilenos de Pizarro). Aspe se mostró desafiante ante la expulsión de Your Solutions de suelo hondureño: «Nuestra misión es llegar a Irak tanto si se nos expulsa [de Honduras] como si no.»[73] En noviembre, se decía que Your Solutions ya había enviado a 108 hondureños, 88 chilenos y 16 nicaragüenses a Irak... en un solo día.[74] También se informó de operaciones similares en Nicaragua y Perú. En noviembre, pero de 2006, el gobierno hondureño impuso a Your Solutions una multa de 25.000 dólares por infringir la legislación laboral del país. «La multa se impuso porque la compañía entrenaba a mercenarios, y ser un mercenario es una vulneración de los derechos laborales en cualquier país», explicó Santos Flores, portavoz gubernamental.[75] Para entonces, Benjamín Canales ya había huido de Honduras.[76]

En cuanto a José Miguel Pizarro, en octubre de 2005 un fiscal militar chileno, Waldo Martínez, lo acusó de «organizar grupos de combate armado y asumir ilegalmente funciones que correspondían a las fuerzas armadas y a la policía».[77] De ser hallado culpable, la pena máxima podría alcanzar los cinco años de prisión. Pizarro respondió públicamente diciendo que todas sus actividades eran legales y que él disponía de autorización del Departamento de Estado norteamericano para operar en Irak. «No somos mercenarios», dijo Pizarro. «Somos guardias de seguridad privados internacionales. Los mercenarios son delincuentes a los que se persigue como tales en todos los países del mundo.»[78] Acusó a los políticos socialistas de hallarse embarcados en lo que él calificó de campaña de «desprestigio» y lamentó la «falta de leyes aquí en Chile para presentar demandas por difamación». Pizarro sigue manteniendo que él no infringió ninguna ley; no se le ha condenado por delito o infracción alguna.

A finales de 2006, Pizarro dijo en nuestra entrevista que no se había emprendido todavía medida judicial alguna contra él y se mostró tranquilo ante potenciales problemas legales en el futuro. Continuaba dirigiendo Global Guards y abasteciendo de soldados a Triple Canopy y a otras compañías presentes en Irak, pero ya no era la «fiebre del oro» que había sido en el momento de máximo apogeo de su sociedad comercial con Blackwater, que terminó en diciembre de 2005, fecha en la que expiró el último de los contratos que tenía suscritos con la empresa estadounidense. En 2006, los «pingüinos negros» de Pizarro prestaban servicio en las delegaciones regionales de EE.UU. en Basora y Kirkuk, y protegían las oficinas de Triple Canopy en Bagdad.[79] Pizarro dijo que también estaba «estudiando la posibilidad de trabajar en Pakistán y Afganistán». Según él, estaba preparado para reanudar su colaboración con Blackwater en cualquier momento si esta empresa lo llamaba. Pizarro definió lo que él hace como «la manera más hermosa de ganarse la vida» y dijo que aguardaba con gran expectación a que Estados Unidos reiniciase sus tareas de «reconstrucción» en Irak, lo que, según su opinión, reinstauraría el «mercado» de la seguridad privada en aquel país. «Estaremos sentados aquí, bien quietos, esperando a que el entorno político creado por el gobierno estadounidense para la reconstrucción de Irak acabe cuajando, y creemos sinceramente que será cuestión no de años, sino de meses, que el pueblo americano se dé cuenta de lo imperioso que resulta que Estados Unidos reconstruya aquella nación», decía Pizarro en octubre de 2006. «Y reconstruir significa trasladar hasta allí a 400 compañías civiles», las cuales precisarían de importantes dispositivos de seguridad que podrían proporcionarles empresas como la suya.

Para el ex preso político chileno (y víctima de torturas) Tito Tricot, el empleo por parte de Estados Unidos de soldados chilenos y de otros países con atroces historiales en el capítulo de los derechos humanos no es «nada nuevo», pero, según dice, «en la privatización de la guerra de Irak y la utilización de mercenarios hay un trasfondo tremendamente perverso. Esta externalización o subcontratación de servicios pretende reducir costes (no olvidemos que los mercenarios del "Tercer Mundo" cobran menos que sus homónimos del mundo desarrollado) y maximizar beneficios. Equivale a decir: "Dejemos que sean otros los que libren la guerra para los americanos". En cualquier caso, el pueblo iraquí no importa lo más mínimo. Es precisamente esa deshumanización del "enemigo" la que facilita que las compañías privadas y el gobierno estadounidense recluten a mercenarios. Es exactamente la misma estrategia que empleó el ejército chileno cuando entrenó a miembros de la policía secreta para facilitar la aniquilación de los opositores a la dictadura. Dicho de otro modo, lo de los mercenarios chilenos en Irak es la misma historia de siempre».[80]

Capítulo 14

«Las putas de la guerra»

Mientras Blackwater tramaba su expansión a raíz de la emboscada de Faluya e internacionalizaba sus fuerzas en Irak, las familias de los cuatro hombres allí asesinados el 31 de marzo de 2004 buscaban respuestas. Querían saber cómo habían ido a parar sus seres queridos a tan volátil ciudad aquella mañana, por no hablar del modo en que lo habían hecho: en unos todoterrenos sin protección y cortos de personal y de armas. Todas aquellas familias se consideraban estadounidenses patriotas: eran familias militares, gente de la comunidad de los grupos de operaciones especiales. Para la familia Zovko, la vida desde lo de Faluya se había consumido en una lucha por comprender la vida y la muerte de su hijo. Danica Zovko, la madre de Jerry, pasó meses juntando fragmentos de detalles y recuerdos personales.[1] En concreto, recordaba una semana del verano de 2003 en que Jerry había ido a visitarla antes de partir para Irak. Las caídas en el suministro eléctrico que se experimentaron a nivel nacional aquellos días también habían afectado al domicilio que la familia tiene en Cleveland, Ohio, y lo habían dejado sin luz. «Tuvimos mucho tiempo para pasarlo en casa sin más (sin televisión, sin radio, sin nada), sentados fuera y hablando.» Recordó una conversación con su hijo acerca del trabajo y los viajes de éste. «Mientras estábamos sentados aquí mismo, mi Jerry me dijo: "Lo mejor que alguien puede hacer en la vida es algo así como plantar semillas y ver lo que pasa con ellas, porque, así, vaya uno adonde vaya, nunca cierra las puertas del todo tras de sí, siempre tiene a alguien que estará allí y con quien puede contar". Cuando lo pienso ahora, de todo lo que hablamos y lo que hicimos eso es lo que me viene a la cabeza.»

En un primer momento, a Danica Zovko no le pareció que hubiera más culpables de la atroz muerte de su hijo que los insurgentes de Faluya. En los momentos inmediatamente posteriores, no fue capaz de leer ninguna noticia al respecto ni de contemplar las gráficas imágenes del suceso que llegaban a Estados Unidos, pero tampoco albergaba dudas sobre quién era responsable de aquello. Blackwater dio la impresión de tener controlada la situación desde el principio. A las ocho de la tarde del 31 de marzo de 2004, Erik Prince se presentó personalmente en el domicilio familiar de Cleveland, acompañado de un agente de la policía del estado. Danica lo recordó así: «[Prince] nos dijo que Jerry era uno de los hombres asesinados aquel día. Estábamos anonadados, simplemente anonadados. También me dijo que él personalmente creía que, si le hubiesen preguntado quién era el mejor preparado para sobrevivir a la guerra en Irak, él habría dicho que mi Jerry. Dijo que había visto a Jerry, se había reunido con él, había estado en Bagdad con él y que Jerry era... Vamos, que cualquiera habría dicho que Jerry le caía fenomenalmente bien». Danica Zovko comentó que Prince le hizo entrega de unos impresos que ella tenía que rellenar para obtener 3.000 dólares para los gastos del funeral y prometió que el cuerpo de Jerry regresaría pronto a casa y el propio Prince asistiría al funeral en persona.

El 6 de abril, los Zovko recibieron una carta de Paul Bremer: «Quiero asegurarles personalmente que Jerry estaba sirviendo a una causa honorable. El pueblo iraquí conseguirá finalmente arribar a buen puerto en su largo viaje hacia una sociedad democrática y libre. Jerry era una persona dedicada a su trabajo y seguirá sirviéndonos de inspiración a todos nosotros aquí en Irak, tanto a civiles como a militares. Él lo dio todo en acto de servicio. Pueden estar convencidos de que nuestras autoridades están investigando activamente la muerte de Jerry y que no descansaremos hasta que los responsables sean castigados por tan despreciable crimen. Su familia estará presente en nuestro recuerdo y en nuestras oraciones en estos difíciles momentos en los que todos ustedes tienen que hacer frente a semejante tragedia. Yo haré lo que esté en mi mano para garantizar que la contribución que Jerry ha hecho a este país sea recordada para siempre por el pueblo de Irak [*sic*]».[2] Tres días después, los restos mortales de Zovko regresaban a Estados Unidos en un cajón de aluminio desembarcado en la base de la Fuerza Aérea en Dover (Delaware).[3] Cumpliendo su palabra, según dijo Danica Zovko, Erik Prince asistió al velatorio y al funeral.

Mientras tanto, en Tampa (Florida), la familia de Scott Helvenston celebró un funeral en el Cementerio Nacional de Florida. Su padrino, el juez federal William Levens, hizo un panegírico de Scott calificándolo de «guerrero que quería la paz: la paz en su corazón y la paz en el mundo».[4] En la esquela publicada en la prensa, la familia de Helvenston escribió que «Scott perdió heroicamente la vida sirviendo a su país».[5] Unas semanas después, los antiguos compañeros de instituto de Scott Helvenston se enteraron de que en su localidad natal de Winter Haven (Florida) se iba a celebrar un homenaje organizado por el miembro republicano de la Cámara de Representantes estatal Baxter Troutman. El evento «Operación Homenaje a las Tropas» pretendía honrar a los militares desplegados en la zona de guerra y a él acudieron unas ocho mil personas, entre las que se incluían la primera dama, Laura Bush, y el gobernador de Florida y hermano del presidente, Jeb Bush.[6] Los compañeros de estudios de Helvenston esperaban que el nombre de su amigo caído, todo un ex SEAL, fuese mencionado desde el estrado en memoria de su servicio en Irak. Pero Troutman, el organizador, se negó porque Scott era un trabajador contratado por una empresa privada, no un soldado en servicio activo. «Esto era en honor de los soldados (tanto hombres como mujeres) que no están allí por elección propia. Para mí, esa diferencia es muy importante», dijo Troutman. «Si yo soy empleado de una empresa y no me gustan las condiciones a las que me someten, siempre puedo volverme para casa.»[7] Para los amigos de Scott, aquél fue un golpe muy duro. «Estarían dedicándole nombres de calles si él hubiese seguido alistado en el ejército», se lamentó su antiguo compañero de instituto, Ed Twyford.[8]

Katy Helvenston-Wettengel estaba descubriendo en aquellos momentos que las familias de los trabajadores contratados fallecidos en la guerra apenas disponían de recursos externos con los que contar, así que decidió ponerse en contacto con una de las pocas personas que ella podía imaginar que entendería por lo que estaba pasando. Buscó el número de teléfono de Danica Zovko en la guía y la llamó. Las dos acabaron entablando amistad y desarrollando un propósito compartido de búsqueda de la verdad sobre lo que les había ocurrido a sus hijos. «Los primeros dos meses, tomamos varias veces el avión para visitarnos la una a la otra, digamos que una vez cada dos semanas, y nos dimos mucho apoyo mutuo. Si una de las dos se hundía, allí estaba la otra para levantarnos a las dos», recordaba Helvenston-Wettegel. «Durante esos primeros meses tras el suceso, yo no paraba de llorar. Y eso me duró casi un año. Lloraba todos los días. Lo echaba tanto de menos; era mi hijito. Ya sé que era todo un hombretón, pero no dejaba de ser mi pequeñín.»[9]

A medida que fueron surgiendo nuevos detalles sobre la emboscada en los medios de comunicación, las familias pasaron de la pena y la tristeza a las preguntas sobre cómo había sucedido todo aquello. «¿Por qué no iban escoltados?», se preguntó en una ocasión Tom Zovko, hermano de Jerry. «No puedo creer que mi hermano hubiese hecho una cosa así. No tenía ni un pelo de descuidado.»[10] Cuando Danica Kovko supo más detalles de la misión que estaban realizando aquellos hombres en Faluya, dijo que «no podía creerlo. No podía creerme que mi hijo estuviera escoltando camiones y protegiendo camiones. Mi hijo no era así. Eso hizo que me figurara que no, que no era mi Jerry, que debía de ser otra persona. No me lo podía imaginar haciendo algo como aquello, no podía. Y aún hoy, por mucho que nosotros enterráramos su féretro, como yo no vi el cuerpo, sólo tengo la palabra de otras personas —políticos y gente ávida de dinero— como garantía de que es él quien estaba allí dentro. Y, a veces, aún sueño que mi Jerry está en algún otro lugar y, simplemente, no puede llamarme o no tiene un ordenador a mano. Y es que, ya se sabe, aunque sé que no es así, es inevitable albergar esperanzas». Danica Zovko afirmó que las cosas empezaron a no cuadrarle del todo cuando Blackwater le devolvió las pertenencias y objetos personales de Jerry y ella notó que echaba en falta algunos de ellos. Según dijo, sus esfuerzos por conseguirlos (o, al menos, por obtener alguna información sobre lo que les había sucedido) fueron extrañamente obstaculizados por la propia compañía. Empezó a leer algunos artículos sobre el incidente y sobre la misteriosa empresa para la que trabajaba su hijo, Blackwater. «Cuando quieres averiguar cosas, cuando empiezas a hacerte preguntas, cuando no te contentas con decir que todo está en las manos de Dios, cuando piensas "Bueno, vamos a saber qué pasó", se te abren los ojos», dijo. «Me di cuenta de que no había reglamentos ni leyes que regulasen lo que mi hijo estaba haciendo, que era un campo abierto, ya me entiende. Él trabajaba para una compañía que podía hacer lo que quisiera y del modo en que le viniera en gana.» Así que comenzó a pensar más a fondo en la emboscada en sí: para empezar, *¿qué hacían ellos en Faluya?*

Pero no sólo las familias tuvieron la sensación de que algo no cuadraba. Lo cierto es que el mismo día de la emboscada hubo quien se preguntó públicamente «a quién se le ocurría conducir en unos todoterreno sin protección» por Irak.[11] En Fox News, el coronel retirado Ralph Peters dijo: «Yo tengo una respuesta que no te va a gustar, pero o bien se trataba de los trabajadores contratados más insensatos de la historia de la humanidad, o bien, sinceramente, debían de ser personal de los servicios de inteligencia. No lo sé. Yo estuve hablando hace un rato sobre esto con un coronel amigo mío que está ahora mismo destinado en la zona del Golfo y me dijo: "Si eran vigilantes contratados, lo de hoy ha sido obra de la selección natural darwiniana"».[12] Al día siguiente, en la NPR (la radio nacional pública estadounidense), el corresponsal del *New York Times* Jeffrey Gettleman, recién salido de Faluya, se hacía las mismas preguntas. «Lo que resulta realmente misterioso, de todos modos, es por qué dos vehículos sin escolta ni blindaje protector estaban atravesando el centro de una de las ciudades más peligrosas de Irak sin contar con una protección de verdad», apuntó Gettleman. «Si esto les ha podido pasar a estos hombres, que, bueno, ya se sabe, están bien entrenados y tenían muchísima experiencia en escenarios de esta clase, ¿qué podemos esperar que suceda con otras personas, como yo mismo, que tenemos que adentrarnos en situaciones complicadas como las que se dan en sitios como Faluya y no disponemos de formación militar alguna?»[13] También dijeron la suya otras empresas de mercenarios. «La política de nuestra división de seguridad internacional obliga a nuestros trabajadores a usar vehículos blindados en todo momento», declaró a Fox News Frank Holder, de Kroll. «No aceptamos un encargo si no disponemos de vehículos blindados para llevarlo a cabo.»[14]

Unos días más tarde, el diario *The Observer* de Londres publicó una noticia referida a la emboscada de Faluya bajo el titular «Amenaza velada: por qué los todoterrenos son ahora los vehículos más peligrosos de Irak».[15] En aquel artículo se calificaba el todoterreno de «vehículo por excelencia de las fuerzas de ocupación». El corresponsal del *Observer* explicaba que «Faluya es un núcleo de la resistencia antiamericana. Allí ni siquiera la policía está con los estadounidenses. Los soldados norteamericanos apenas se dejan ver conduciendo sus vehículos por la ciudad. Y si lo hacen, cuentan con el apoyo de algún helicóptero y de un considerable blindaje protector. "Casi todos los extranjeros a los que han asesinado aquí eran idiotas", dijo un ex SEAL de la Armada. Los soldados suelen mostrarse bastante poco compasivos con quienes no siguen los procedimientos correctos establecidos».[16] En un artículo de opinión elaborado desde Amman y Bagdad, el profesor Mark LeVine escribió para el *Christian Science Monitor* que «son muchos los que aquí ven algo sospechoso en la carnicería de la que fueron objeto varios estadounidenses la pasada semana en Faluya. Enviar a unos trabajadores contratados extranjeros a Faluya en unos todoterrenos de último modelo con escolta armada —haciéndolos pasar, además, por una calle abarrotada de tráfico en la que se convierten poco menos que en blancos fijos— puede interpretarse como un intento deliberado por parte estadounidense de instigar a la violencia para luego ser usada como pretexto de una operación de "castigo" del ejército estadounidense».[17] Las gráficas escenas de la mutilación y la retórica de venganza que emanaba del Pentágono y de la Casa Blanca y dominaba el panorama informativo eclipsaron los interrogantes obvios que planteaba aquella misión de Blackwater, pero, en ningún caso, los hicieron desaparecer. La empresa sabía a ciencia cierta que tendría que ofrecer algún tipo de explicación.

Transcurrida una semana desde la emboscada, Blackwater expuso un relato de los hechos que, según el *New York Times*, «podría servir para desviar de Blackwater las culpas por el incidente».[18] «Lo cierto es que nos condujeron a aquella emboscada», explicó al *Times* el vicepresidente de la empresa, Patrick Toohey, un condecorado oficial militar de carrera. «Nos tendieron una trampa.»[19] Según la versión de Blackwater recogida aquel día en el *New York Times*, los cuatro hombres asesinados en Faluya «fueron atraídos en realidad a una emboscada cuidadosamente planeada por hombres que ellos creyeron que formaban parte de una fuerza amiga: el Cuerpo de Defensa Civil iraquí. [...] Éstos prometieron al convoy encabezado por los vehículos de Blackwater un tránsito rápido y seguro por aquella peligrosa ciudad, pero, en lugar de eso, a los pocos kilómetros bloquearon súbitamente la carretera, con lo que cerraron toda vía de escape de los hombres armados que les aguardaban».[20] Según la posterior investigación del Congreso, el informe de la APC sobre la emboscada rebatía esa versión, ya que en él se concluía que «las pruebas no corroboran la afirmación de que la ICDC participó en la emboscada, ni escoltando el convoy hasta Faluya ni utilizando su propio vehículo para bloquear la vía de escape de la comitiva cuando ésta cayó en la emboscada».[21] Pese al incremento de las hostilidades que ya se vivía en Faluya por aquel entonces, el *Times* dio pábulo a la versión de la compañía e informó que el convoy de Blackwater «tenía pocos motivos para la sospecha». En la noticia de aquel día, el diario no planteaba pregunta alguna sobre la falta de vehículos blindados o sobre la presencia únicamente de cuatro hombres en aquella misión en lugar de seis. Otorgando credibilidad al relato de Blackwater, el *New York Times* proclamó que «las averiguaciones iniciales de la empresa concuerdan con algunas quejas planteadas recientemente por varios altos cargos estadounidenses con respecto a las fuerzas iraquíes»:

> En el testimonio que prestó ante el Comité sobre Fuerzas Armadas del Senado el mes pasado, el general John P. Abizaid, el máximo comandante militar estadounidense en Oriente Medio, expresó abiertamente su preocupación a propósito de las fuerzas policiales y de seguridad iraquíes, que actualmente acumulan una plantilla superior a los 200.000 agentes. «No hay duda de que los terroristas y los insurgentes intentarán infiltrarse en las fuerzas de seguridad», dijo. «De hecho, sabemos que ya está pasando y que ha pasado, y nos esforzamos al máximo por examinar a los candidatos.» Asimismo, el Pentágono ha recibido nuevos informes de inteligencia que advierten de que milicianos, tanto suníes como chiíes, han saqueado comisarías de la policía iraquí en algunas ciudades y luego han hecho entrega de las armas y los uniformes policiales robados a grupos de manifestantes violentos, según informaciones de las autoridades gubernamentales.[22]

Pero esa noticia no tardó en verse directamente contradicha por uno de los más altos cargos estadounidenses en Irak en aquel entonces: Jim Steele, el segundo de Bremer, quien había sido enviado en secreto a Faluya para recuperar los cadáveres e investigar.[23] Tras un encuentro de éste con el periodista Jon Lee Anderson del *New Yorker* en Bagdad, Anderson informó que Steele había «llegado a la conclusión de que no había prueba alguna de que la policía iraquí hubiese traicionado a los guardias privados estadounidenses».[24] Malcolm Nance, un ex oficial de la inteligencia naval y asesor del FBI en temas de terrorismo que dirigía una empresa de seguridad privada en Irak en aquel entonces, dijo: «Concretamente en Faluya, cualquier garantía [del Cuerpo de Defensa Civil iraquí] carece de valor. Nadie podría fiarse de la palabra de las fuerzas locales en un lugar como ése, especialmente, si uno va a bordo de un convoy tan poco disimulado como el que conducían los fallecidos.»[25] Richard Perry, otro ex oficial de inteligencia naval, que había trabajado con Scott Helvenston cuando éste estaba aún enrolado en el ejército regular, dijo: «Todo lo sucedido en Faluya aquel día fue un grave error. No me cabe en la cabeza por qué demonios iban ellos conduciendo por la zona más peligrosa de Irak en sólo dos vehículos sin una escolta militar apropiada. [...] Iban poco armados y, aun así, no tuvieron reparos en exponerse a gente que se enfrenta —día sí y día también— al mismísimo ejército estadounidense».[26] La revista *Time* informó que «un ex guardia militar privado que conoce las tácticas operativas de Blackwater afirma que la empresa no dio a todos sus soldados contratados en Afganistán un entrenamiento adecuado en tácticas de conducción ofensiva, aun cuando se sabía que las misiones requerirían el uso y conducción de vehículos y tareas de escolta a autoridades. «En la instrucción impartida no se trataron para nada —insisto, para nada— temas como la conducción evasiva y las tácticas de emboscada», aseguró esta fuente».[27]

Mientras tanto, el *San Francisco Chronicle*, en una crónica desde Bagdad, informaba que Control Risks Group, la empresa a la que Blackwater había arrebatado el contrato de ESS, había advertido por aquellas fechas a Blackwater de que Faluya no era un lugar seguro para los desplazamientos de los convoyes: «Según algunos altos ejecutivos de otras compañías de seguridad que operan en Bagdad, la decisión de Blackwater de seguir adelante con la misión de todos modos vino motivada por el deseo de ésta de impresionar a sus nuevos clientes. "Esto ha armado mucho revuelo", dijo uno de los ejecutivos, que pidió permanecer en el anonimato. "No mucho antes de que partiera aquel convoy, Control Risks advirtió: 'No pasen por Faluya, no es seguro'. Pero Blackwater quería demostrar [...] que no había lugar demasiado peligroso para ellos"».[28] En respuesta a estas insinuaciones, Bertelli, el portavoz de Blackwater, declaró: «Ni que decir tiene que habrá competidores de Blackwater que utilicen este trágico suceso como una oportunidad para intentar dañar nuestra reputación y, así, asegurarse más contratos para sí mismos».[29]

En la que acabaría siendo la declaración más detallada que Blackwater ha llegado a hacer sobre el incidente, Bertelli explicó al *Chronicle* lo siguiente:

> Aunque nuestra investigación interna continúa en marcha, no tenemos constancia de haber recibido advertencias concretas de nadie, ni siquiera de otros contratistas de seguridad privada, a propósito de que la carretera por la que nuestro convoy circulaba el 31 de marzo no fuese la más segura para alcanzar su destino. Los dos hombres que encabezaban el convoy tenían una dilatada experiencia en Irak anterior al viaje que acabó en aquella emboscada y eran muy conscientes de cuáles eran las áreas consideradas de alto peligro. Todos ellos eran ex miembros de los SEAL de la Armada estadounidense y de grupos de Fuerzas Especiales

con una gran preparación. La emboscada tuvo lugar de tal modo que no habría importado que hubiese habido más personal protegiendo el convoy.[30]

Mientras tanto, algunos periodistas empezaron a ahondar en busca de respuestas en la propia casa de Blackwater, en Carolina del Norte. Unos meses después de la publicación de la coartada de la empresa en el *New York Times*, Joseph Neff y Jay Price, del *News and Observer* de Raleigh, arrojaron nuevas dudas sobre el relato de los hechos aportado por Blackwater. «Varios de los guardias que han trabajado contratados por Blackwater en Irak restaron credibilidad a la posibilidad de que los miembros del equipo hubiesen pedido una escolta del Cuerpo de Defensa Civil iraquí», informaba el diario en su edición del 1 de agosto de 2004. «Para empezar, según dijeron estos guardias militares privados (que pidieron ser mantenidos en el anonimato para no perder sus empleos), no se confiaba lo suficiente en las fuerzas de seguridad iraquíes.»[31] Más importante aún era que el *News and Observer* tenía fuentes en el interior de la compañía que cuestionaban seriamente las condiciones en las que aquellos cuatro hombres habían sido enviados a Faluya:

Los guardias contactados también aseguraron que los equipos de seguridad que trabajaban para el contrato con ESS disponían de una potencia de fuego insuficiente. Y el equipo que fue objeto de la emboscada de Faluya debería haber sido el que es estándar en Blackwater: tres hombres en cada coche y no dos, según explicaron. Días después de la emboscada, la familia de Helvenston recibió una copia de un mensaje de correo electrónico fechado el 13 de abril [de 2004] y remitido por alguien que decía llamarse Kathy Potter, una mujer de Alaska que había ayudado a administrar la delegación de Blackwater en Kuwait mientras Helvenston estuvo allí. Las condolencias de Potter ocupaban la mayor parte de aquel largo mensaje, pero en él ella también decía que el equipo normal de Helvenston (el que operaba en el sur de Irak, una zona relativamente segura) estaba formado por seis miembros y no por cuatro como el grupo que se adentró en Faluya. Potter también escribió que Helvenston ayudó a adquirir «los vehículos de refuerzo y los suministros críticos para esos todoterrenos [...] cuando el plan original, que incluía vehículos blindados, no pudo materializarse». Los directivos de la empresa declinaron explicar por qué no había vehículos blindados disponibles para las tareas del contrato de ESS.[32]

En Florida, a Katy Helvenston-Wettengel, la madre de Scott, le asaltaban toda clase de dudas y preguntas. Así que, finalmente, decidió llamar directamente a Erik Prince. Según ella misma dijo, resultó sorprendentemente fácil que se pusiera al teléfono. «Yo le dije: "Quiero el informe sobre el incidente de Scotty". Y también le dije: "Y quiero una copia del contrato que firmó con ustedes"», recordó haberle comentado. «Entonces, él me dijo: "¿Por qué?". Y yo le dije: "Quiero saber lo que pasó, eso es todo". Él respondió que me conseguiría ambas cosas en las semanas siguientes. Y yo le repondí: "Bien, pero si ya han redactado ustedes un informe, ¿por qué no me lo pueden enviar mañana mismo?". Y añadí: "¿Es que van a reelaborarlo especialmente para mí?"». Katy Helvenston-Wettengel confesó no haber «recibido nunca aquel informe. Lo que sí hicieron fue llamarme unos días después, porque, de pronto, [a Blackwater] se le había ocurrido celebrar una gran ceremonia conmemorativa».

Y así fue. Se programó un homenaje para mediados de octubre en las instalaciones de Blackwater en Carolina del Norte. Pero, una semana antes de la ceremonia, Blackwater decidió celebrar otra de carácter muy distinto: la inauguración de una nueva planta de producción de dianas para prácticas militares. El presidente de la compañía, Gary Jackson, habló henchido de orgullo de la rápida expansión de Blackwater. «Las cifras son ciertamente asombrosas. Durante los últimos 18 meses, hemos experimentado un crecimiento de más del 600%», dijo Jackson, quien añadió que, en breve, la nómina de empleados de Blackwater en Carolina del Norte se duplicaría.[33] La empresa, comentó, había abierto también oficinas en Bagdad y Jordania. «Ésta es una industria de mil millones de dólares», dijo Jackson refiriéndose al sector de las dianas de tiro. «Y Blackwater no ha hecho más que rascar la superficie.»[34] En su nota de prensa, Associated Press indicaba que «el gobernador Mike Easley declaró que el hecho de que Carolina del Norte fuera sede de las oficinas centrales de aquella empresa de seguridad global era muy apropiado, tratándose del estado más receptivo al mundo militar de todo el país».[35]

Unos días después, el 17 de octubre, la compañía trasladó en avión a la mayoría de las familias de sus trabajadores fallecidos en Faluya hasta Carolina del Norte, donde Prince tenía previsto dedicar un homenaje de la empresa a su personal muerto en acto de servicio.[36] Además de los familiares de aquellos hombres, también estuvieron presentes otras tres familias de trabajadores contratados por Blackwater que habían muerto igualmente cumpliendo con sus tareas asignadas.[37] La empresa alojó a las familias en un hotel, en cuyas habitaciones les aguardaban, a su llegada, unas cestas de obsequio con quesos y galletas. Danica Zovko aseguró que, desde el momento mismo en que llegaron a Carolina del Norte, «me sentí incómoda. Es como cuando sientes que alguien te mira, pero no sabes quién. Así me sentía yo, rígida. No podía relajarme». Según dijo, a cada familiar le fue asignada una persona de la compañía que lo acompañaba a todas partes y estaba presente en todas las conversaciones, a veces, incluso, cambiándolas de tema si éstas tocaban un asunto en particular: tanto Zovko como Katy Helvenston-Wettengel confesaron haber tenido la impresión muy evidente de que la empresa intentaba evitar que las familias hablasen entre ellas de los detalles del incidente de Faluya.

La ceremonia se celebró. Se plantaron árboles. También se destaparon unas pequeñas lápidas conmemorativas colocadas sobre el suelo y alrededor de un estanque ubicado en el recinto de la compañía, en las que aparecían grabados los nombres de aquellos hombres. Los Zovko dijeron que, el 18 de octubre, les informaron de que habría una reunión en la que podrían hacer preguntas sobre el incidente de Faluya. «Supusimos que todos los demás también acudirían a aquel encuentro», dijo Danica Zovko. Al final, sólo asistieron ella, Jozo (su marido) y su hijo, Tom. «Habían servido alcohol en el almuerzo [para las familias] previo a la reunión, así que, quizás, estábamos todos demasiado cansados para acudir a ésta o a los demás se los habían llevado a hacer una visita», recordaba ella. «Blackwater estaba muy insistente en lo de mostrarnos a todos sus instalaciones, su centro de entrenamiento.» Los Zovko fueron acompañados a un edificio de la compañía y, nada más entrar, vieron dos grandes banderas, una de las cuales llevaba los nombres de Jerry y de sus tres colegas fallecidos. Un representante de la empresa, según dijeron, les explicó que aquella bandera había sido confeccionada por el personal de Blackwater en Irak.

Los Zovko dijeron que les condujeron a una sala de reuniones situada en el segundo piso, donde se sentaron a una amplia mesa de conferencias para veinte personas. Erik Prince no estaba presente. En la cabecera de la mesa, recordaba Danica, había una joven mujer rubia llamada Anne. Un ejecutivo de Blackwater, Mike Rush, también estaba allí, lo mismo que un hombre de cabello canoso que presentaron a la familia con el apodo del «pistolero más rápido de Irak» (un hombre que, según les explicaron, acababa de regresar a Estados Unidos para «divorciarse y vender su casa» antes de volver a partir de nuevo hacia Bagdad). Ninguno de ellos, según Danica, dijo haber conocido personalmente a Jerry: «La única persona de Blackwater que admitió haber conocido a mi Jerry fue Erik Prince».

Danica contó que lo primero por lo que preguntó en aquella reunión fue por la suerte de los objetos personales desaparecidos de su hijo. Le contaron que él se los había llevado todos consigo a Faluya aquel día y que habían quedado destrozados. Al cabo de un rato, los Zovko empezaron a hacer preguntas sobre el incidente en sí. «Annie [la representante de Blackwater] ya no podía siquiera mantenerse sentada en aquel momento, porque yo estaba preguntándoles sobre los contratos, sobre la hora exacta en que murió mi hijo, sobre cómo había muerto. Y tampoco dejaba de preguntarles acerca de las pertenencias personales de Jerry», dijo Danica. «Ya habíamos perdido todos un poco la compostura. Es decir, estábamos siendo civilizados, pero no era una conversación agradable. Ya sabe, era el punto aquel en que nosotros veíamos que no nos estaban diciendo lo que queríamos saber y ellos no estaban muy contentos con lo que nosotros les preguntábamos. Así que Annie llegó incluso a levantarse de su silla... Ella estaba sentada sola, en la cabecera de la mesa. Los otros dos estaban sentados justo enfrente de nosotros. Ella estaba a mi derecha, en la cabecera de la mesa. Pues bien, se levantó y dijo que aquello era confidencial y que si queríamos saber esas cosas tendríamos que demandarlos.» Entonces, Danica Zovko les dijo: «Pues eso es precisamente lo que haremos». En aquel momento, Zovko no sabía siquiera que significaba realmente aquello, pero ya estaba totalmente convencida de que Blackwater ocultaba algo: algo realmente grave acerca de la muerte de su hijo.

Dos semanas más tarde, George W. Bush se proclamó vencedor en las elecciones presidenciales de 2004. Los ejecutivos de Blackwater, encabezados por el propio Prince, habían donado mucho dinero a las arcas de la campaña de Bush y del Partido Republicano, y consideraron aquella reelección como algo sin duda muy positivo para su negocio y necesario para continuar con aquella expansión sin precedentes de las empresas de mercenarios. El 8 de noviembre, Gary Jackson envió un mensaje de correo electrónico a un número masivo de destinatarios con un estridente titular: «¡BUSH GANA POR CUATRO AÑOS MÁS! ¡SÍ, SEÑOR!».[38] El ejército estadounidense acababa de emprender el segundo gran asedio a

Faluya, durante el que había bombardeado la ciudad y había intervenido en virulentos combates casa por casa. Murieron más centenares de iraquíes, miles tuvieron que abandonar sus casas y la resistencia nacional contra la ocupación no hizo más que fortalecerse y ampliarse. Y pese a los feroces ataques contra la ciudad, no se capturó a los asesinos de los hombres de Blackwater.[39] El 14 de noviembre, los marines reabrieron simbólicamente el tristemente célebre puente sobre el Éufrates en Faluya. Fue precisamente entonces cuando escribieron con letras negras y gruesas: «Esto es por los americanos de Blackwater que fueron asesinados aquí en 2004. *Semper Fidelis*. P.D.: Que os jodan».[40] Gary Jackson colgó un enlace a la foto de la pintada en el sitio web de Blackwater añadiendo el comentario siguiente: «BRAVO [...] Esta foto vale más de lo que se imaginan».[41] Las familias de los fallecidos, sin embargo, hallaron escaso consuelo en aquellas ofensivas de venganza o en los eslóganes.

Cuando Katy Helvenston-Wettengel comenzó a quejarse de la conducta de Blackwater y de la falta de transparencia de la empresa con respecto a la emboscada de Faluya, el padrino de Scott, el juez federal William Levens, la puso en contacto con un abogado que, según dijo, la ayudaría a buscar respuestas. Al final, un amigo de Scott, otro trabajador contratado de Blackwater que había servido en el extranjero con él, consiguió que se interesara en el caso el exitoso bufete de abogados de Santa Ana (California) Callahan & Blaine, cuyo dueño, Daniel Callahan, acababa de obtener de un jurado una resolución favorable en un caso de fraude empresarial con una compensación récord de 934 millones de dólares.[42] Callahan aceptó el caso de inmediato. Para ello, consiguió la ayuda local en Carolina del Norte de otro abogado conocido, David Kirby, ex socio del bufete de John Edwards, el candidato demócrata a la vicepresidencia del país en las elecciones de 2004. El nuevo equipo legal empezó a reunir pruebas, a hablar con otros trabajadores contratados por Blackwater, a examinar a fondo las noticias y las informaciones de la prensa en busca de todos los detalles de la emboscada, a observar los escasísimos momentos de la escena captados por los vídeos de la insurgencia y las cámaras de los periodistas. Se hicieron con copias de los contratos laborales que vinculaban a aquellos hombres con la compañía, así como de algunos contratos entre Blackwater y sus socios comerciales en Oriente Medio. En apenas unas semanas, consideraron que ya tenían suficiente material para emprender medidas legales.

El 5 de enero de 2005, las familias de Scott Helvenston, Jerry Zovko,

Wes Batalona y Mike Teague interpusieron una demanda judicial de responsabilidad por muerte dolosa contra Blackwater ante el tribunal superior del condado de Wake, en Carolina del Norte. «Lo que sucede ahora mismo en Irak es peor que lo del Salvaje Oeste», comentó Dan Callahan. «Blackwater opera allí libre de todas las supervisiones que normalmente existen en una sociedad civilizada. Exponiendo públicamente a Blackwater en este caso pondremos también al descubierto el sistema ineficiente y corrupto que impera en aquel país.»[43] En el documento de la demanda se alegaba que aquellos hombres «estarían hoy vivos» si Blackwater no los hubiera enviado sin los preparativos suficientes a aquella desgraciada misión.[44] «Que estos cuatro estadounidenses se hallasen en una ciudad tan desgarrada por la guerra y de tan alto riesgo como Faluya sin vehículos blindados ni armas automáticas, y con un número de miembros en su equipo inferior al mínimo establecido, no fue ningún accidente», se sostenía en la demanda. «Todo lo contrario: ese equipo fue enviado por los responsables de Blackwater a realizar su misión sin el equipo ni el personal necesarios.»[45]

Tras la presentación de la demanda, las familias se sintieron capacitadas para comenzar a expresar públicamente su enojo con la compañía. «Blackwater envió a mi hijo y a los otros tres hombres a Faluya a sabiendas de que existía una posibilidad muy elevada de que algo así pasase», acusaba Katy Helvenston-Wettengel. «Los iraquíes fueron los autores materiales y nadie puede hacer algo más horrible que lo que ellos le hicieron a mi hijo, ¿no? Pero yo considero a Blackwater responsable al mil por cien.»

A primera vista, aquella demanda podía parecer un tanto traída por los pelos. A fin de cuentas, los cuatro trabajadores contratados por Blackwater eran básicamente mercenarios. Todos fueron voluntariamente a Irak, donde iban a recibir sustanciosos sueldos como contrapartida consciente del elevado riesgo que corrían de morir o de quedar seriamente lesionados de por vida. Lo cierto es que todo eso estaba expuesto muy claramente (hasta en los detalles más macabros) en el contrato que habían firmado con Blackwater, en el que se advertía de que se arriesgaban «a recibir disparos, a quedar permanentemente inválidos y/o a fallecer por disparos de arma de fuego o por otro tipo de munición, por la caída de aparatos aéreos o helicópteros, por fuego de francotiradores, por la explosión de minas terrestres, por fuego de artillería, por proyectiles de lanzagranadas, por la acción de un camión o un coche bomba, por terremoto u otra catástrofe natural, por envenenamiento, por un levantamiento civil, por actividad terrorista, en un combate cuerpo a cuerpo, por enfermedad, por intoxicación, etc.; también a morir o a quedar permanentemente inválidos como consecuencia de la caída de un helicóptero o de un aparato aéreo siendo pasajeros de éste, o a padecer una pérdida auditiva, una lesión ocular o la pérdida de la vista; así como a inhalar o a entrar en contacto con contaminantes biológicos o químicos (tanto a bordo de aparatos aéreos como en tierra) y/o con escombros o restos suspendidos en el aire, etc.».[46] Blackwater, por su parte, presentó una moción para desestimar la demanda en la que, citando fragmentos de su propio contrato tipo, insistía en que quienes lo firmaron «eran plenamente conscientes de los peligros y asumieron voluntariamente esos riesgos y cualesquiera otros relacionados (directa o indirectamente) con el compromiso suscrito».[47]

Callahan y su equipo legal no negaban que los hombres supieran los riesgos que habían asumido, pero acusaban a Blackwater de haber rechazado deliberadamente proporcionarles garantías que ellos también creían tener aseguradas, como, por ejemplo, disponer de vehículos blindados, de tres ocupantes por vehículo (un conductor, un navegador y un artillero de retaguardia) y de un arma automática pesada a disposición del artillero de cola, como una SAW Mach 46, capaz de disparar hasta 850 balas por minuto, lo que permite a quien la maneja repeler cualquier ataque que se produzca por la retaguardia.[48] «Ninguna de esas condiciones se cumplió», aseguraba Callahan. La realidad fue muy distinta: cada vehículo estaba ocupado únicamente por dos hombres que, presuntamente, disponían de unas ametralladoras Mach 4 (mucho menos potentes) que no habían tenido siquiera oportunidad de probar.[49] «Sin un arma con la potencia apropiada, sin un tercer hombre por vehículo, sin el blindaje debido, eran blancos fijos», sentenció Callahan.[50]

Disputas contractuales

El contrato que aquellos cuatro hombres estaban ejecutando para Blackwater cuando fueron asesinados en Faluya era uno que la empresa de Carolina del Norte acababa de negociar con Eurest Support Services (ESS), una compañía registrada en Chipre que era, además, una división de la empresa británica Compass Group. Como ya se ha comentado anteriormente, Blackwater había alcanzado un acuerdo de colaboración con una firma kuwaití llamada Regency Hotel and Hospital Company y, juntas, habían conseguido el encargo de proteger los convoyes de transporte de material de cocina para el ejército estadounidense. Blackwater y Regency habían ganado ese contrato frente a la otra candidata principal al mismo, Control Risks Group (otra empresa de seguridad), y la demanda interpuesta contra Blackwater acusaba a esta empresa de estar ansiosa por obtener más contratos lucrativos de ESS a través de la otra división de esta última compañía que se dedicaba a prestar servicio a las obras de construcción en Irak.[51] «Con la infortunada misión del 31 de marzo de 2004, Blackwater intentaba demostrar ante ESS que era capaz de proporcionarle un equipo de seguridad con adelanto sobre el calendario previsto, aunque eso significase que los vehículos, el equipo y la logística de apoyo necesarios no estuviesen listos», se aducía en el texto de la demanda.[52]

Como muchas de las actividades de los contratistas privados en Irak, la misión que los cuatro hombres de Blackwater estaban llevando a cabo aquel día en Faluya estaba envuelta en capas y capas de subcontratos. De hecho, años después de la emboscada aún se discutía para quién estaban trabajando en última instancia en aquel momento. Inicialmente, parecía que los fallecidos operaban al amparo de un subcontrato de ESS con KBR, filial de Halliburton que, supuestamente, facturaba al gobierno federal por los servicios de seguridad prestados por Blackwater.[53] En el contrato primario entre Blackwater/Regency y ESS, esta última se reservaba «el derecho a rescindir este acuerdo o cualquier porción del mismo a los treinta (30) días de haberlo notificado por escrito en caso de que ESS sea avisada por escrito por Kellogg, Brown & Root de la cancelación de los contratos de ESS, cualquiera que sea el motivo, o en caso de que ESS reciba notificación escrita de Kellogg, Brown & Root de que ESS ya no está autorizada a utilizar ninguna forma privada de servicios de seguridad privados [sic]».[54] Tras la emboscada de Faluya, KBR/Halliburton no quiso confirmar la existencia de relación alguna con ESS, pese a la clara referencia a KBR que figuraba en el contrato.

La historia se complicó aún más en julio de 2006, cuando el secretario del Ejército, Francis Harvey, escribió una carta al congresista republicano Christopher Shays, miembro del Comité sobre Reforma Gubernamental de la Cámara de Representantes, en la que le decía que, «si nos basamos en la información que Kellogg, Brown & Root (KBR) ha facilitado al Ejército, esta empresa no ha contratado nunca directamente a ningún contratista privado de seguridad para apoyar la ejecución de un encargo de trabajo en virtud de lo estipulado en el programa LOGCAP III. Además, KBR ha preguntado a ESS al respecto y esta empresa también desconoce que ninguno de los servicios amparados por el contrato del programa LOGCAP fuese realizado por Blackwater USA. [...] El ejército estadounidense proporciona todas las fuerzas armadas que KBR precisa para su protección a menos que no se indique expresamente lo contrario».[55] Harvey escribió también que el comandante de las fuerzas estadounidenses sobre el terreno no había «autorizado a KBR ni a ningún subcontratista del programa LOGCAP a llevar armas. KBR ha declarado que no tiene conocimiento de que ningún subcontratista utilizara seguridad armada privada en virtud del contrato del programa LOGCAP».[56] Cuando testificó ante el Comité sobre Reforma Gubernamental de la Cámara de los Representantes en septiembre de 2006, Tina Ballard, subsecretaria del Ejército, dijo que el propio Ejército de Tierra sostenía que Blackwater no había proveído servicio alguno a KBR.[57]

KBR, por su parte, se explicó así ante los productores del programa *Frontline* de la PBS: «Podemos decirles que la postura de KBR es que cualquier tarea que [ESS o Blackwater] estuvieran realizando cuando se produjo el ataque del 31 de marzo de 2004 no era al servicio de KBR ni de la labor de esta empresa en Irak. [...] Aquélla no fue una misión dirigida por KBR».[58] KBR también afirmó que no era responsable del suministro de material de cocina al Campamento Ridgeway, que era el destino final de los trabajadores de Blackwater cuando éstos fueron asesinados en Faluya.[59] Las afirmaciones de KBR debían valorarse dentro del contexto de lo que los propios auditores del Pentágono descubrieron a propósito de las prácticas de la compañía en Irak. «KBR clasifica casi toda la información que facilita al gobierno como datos sobre los que KBR tiene derechos reservados [...] [lo que] constituye un abuso de los procedimientos [estipulados en las Regulaciones de las Adquisiciones Federales (o FAR)] e inhibe la transparencia de las actividades gubernamentales y del uso del dinero de los contribuyentes», concluía un informe de octubre de 2006 del Inspector General Especial para la Reconstrucción de Irak.[60] «En la práctica, KBR ha convertido las disposiciones de las FAR [...] en un mecanismo que impide que el gobierno haga pública información que, normalmente, tendría que ser transparente, lo que supone una obstaculización potencial de la competencia y de las labores de supervisión.»[61] En Irak, Halliburton/KBR ha llegado hasta tal punto de secretismo que no revela ni siquiera el nombre de sus subcontratistas.[62] «Toda la información de la que dispone KBR confirma que el trabajo de Blackwater para ESS no suponía un servicio que se estuviese prestando a KBR ni estaba amparado por ningún subcontrato otorgado por KBR», declaró Melissa Norcross en calidad de portavoz de Halliburton en diciembre de 2006. «Blackwater prestó servicios para la Oficina Regional para Oriente Medio de KBR. Esta delegación no guarda relación alguna con ningún contrato gubernamental. [...] Se trataba de servicios proporcionados fuera de la Zona Verde que no se facturaban directamente en concepto de ningún contrato estatal.»[63] Todo esto suscitaba varias preguntas fundamentales: ¿Para quién trabajaba finalmente Blackwater cuando envió a esos cuatro hombres a aquella desgraciada misión de Faluya? ¿Y cuál era la relación oficial y documentada de aquella misión con el ejército estadounidense?

Ésas eran las preguntas que el miembro de la Cámara de Representantes por California Henry Waxman, investigador principal del Congreso, había estado estudiando desde noviembre de 2004, cuando aparecieron las primeras informaciones sobre los diversos niveles de subcontratos bajo los que se ocultaba la misión que acabó en los asesinatos de Faluya. El 7 de diciembre de 2006, la historia dio un nuevo giro: Waxman reveló que había obtenido un memorando legal de Compass Group (la matriz británica de ESS), fechado el 30 de noviembre de 2006, en el que se aseguraba que ESS tenía un subcontrato amparado por el contrato de Halliburton con el programa LOGCAP y que, en virtud de dicho subcontrato, la empresa había empleado a Blackwater «para que le facilitara servicios de seguridad».[64] Waxman afirmaba en una carta dirigida a Rumsfeld que, «si la información que contiene el memorando de ESS es exacta, Halliburton alcanzó, por lo que parece, un acuerdo de subcontratación que está expresamente prohibido por el propio contrato». En aquella carta, Waxman añadía que el memorando parecía contradecir lo que el secretario del Ejército Harvey había expuesto en su carta de julio de 2006 y lo que la subsecretaria Ballard había declarado en su posterior testimonio jurado. El memorando también daba a entender la intervención de otro gran contratista bélico en aquel mejunje. «El memorando de ESS también revela que Blackwater operaba conforme a un subcontrato con Fluor [competidora de KBR] cuando cuatro empleados de Blackwater fueron asesinados en Faluya en marzo de 2004», según Waxman. Por ello, acusaba a Blackwater de lo que parecía ser una «provisión de servicios de seguridad al amparo del contrato del LOG-CAP que vulneraba los términos de dicho contrato y no contaba con el conocimiento ni la aprobación del Pentágono».[65]

Finalmente, a principios de febrero de 2007, Waxman logró obtener respuesta para la pregunta que llevaba haciéndose casi tres años. Tras la victoria de los demócratas en las elecciones de 2006 al Congreso estadounidense, Waxman se convirtió en presidente del poderoso Comité de Supervisión y procedió de inmediato a convocar una comisión de investigación sobre la emboscada. Lo que la opinión pública pudo saber gracias a aquellas sesiones fue que el rastro del contrato en virtud del cual operaban los hombres de Blackwater cuando fueron asesinados en Faluya acababa en realidad a las puertas del mayor contratista de la guerra en Irak, KBR.

Aquél fue un giro radical de los acontecimientos que contradecía numerosas negaciones y desmentidos previos, incluidos los de la propia KBR y el ejército estadounidense. Tina Ballard, la autoridad principal del Ejército en materia de contrataciones, había asegurado ante aquel mismo comité seis meses antes que Blackwater no había sido contratada al amparo de un subcontrato previo de KBR.

Sin embargo, durante las sesiones de febrero, Ballard declaró que, «tras haber realizado extensas investigaciones», se había podido comprobar que las afirmaciones anteriores habían sido erróneas y añadió que, si KBR «había anotado en los costes del contrato los gastos que había dedicado a la subcontratación de seguridad privada [...], el ejército estadounidense emprendería las medidas oportunas contempladas en los términos del contrato para recuperar todos los fondos abonados por dichos servicios».[66] Al concluir las sesiones, Ballard anunció que el ejército descontaría 20 millones de dólares de la asignación inicialmente destinada a KBR toda vez que se había demostrado que —bajo el cobijo proporcionado por varias capas de subcontratos— Blackwater había sido contratada infringiendo el contrato principal de KBR con las fuerzas armadas estadounidenses, en el que se estipulaba que sólo éstas podrían proporcionar servicios de seguridad.[67] Que hiciesen falta cerca de tres años para responder a una pregunta tan simple como ésa daba una idea muy aproximada (y descorazonadora) de la vigilancia (o, mejor dicho, de la ausencia de ésta) a la que está sometido el sector de las empresas de mercenarios en Estados Unidos.

Al mismo tiempo, el abogado de Blackwater Andrew Howell declaró ante el Congreso que la compañía no entregaría su informe sobre el incidente de la emboscada de Faluya expresándose en los siguientes términos: «No podemos entregar información reservada. Sería un acto delictivo». Waxman le replicó entonces: «Esa apreciación suya no es del todo correcta. En este comité estamos autorizados a recibir información reservada».[68] Waxman exigió a continuación que Blackwater entregase el documento al comité y un abogado de la empresa respondió: «Blackwater carece de autoridad unilateral para facilitar al Comité cualquier informe reservado sobre el incidente».[69] Muy comprensiblemente, Waxman consideró indignante que una compañía privada le estuviese diciendo a él, el presidente de un comité de la Cámara de Representantes de los Estados Unidos, que no podía hacerle partícipe de cierta información «reservada». Al final, la investigación del Congreso descubrió que «ninguno de los documentos sobre el incidente de Faluya eran reservados».[70] Waxman alegó que el director ejecutivo de Blackwater, Joseph Schmitz, «había reconocido al propio personal del Comité que, en lugar de proporcionar inmediatamente a éste el informe elaborado por la Autoridad Provisional de la Coalición, lo entregó en mano al Departamento de Defensa, donde solicitó que lo revisasen para determinar si debía ser clasificado como reservado o no. Dio todos esos pasos pese a que el informe estaba marcado como "no reservado" y a pesar de que ninguna de sus partes estaba reservada y de que ni Blackwater ni sus asesores externos lo habían archivado como se archivan los documentos reservados. [...] [Posteriormente,] fue el Departamento de Defensa el que entregó el informe al Comité y confirmó que no consideraba aquel documento materia reservada».[71]

Waxman alegó que Schmitz había hecho lo mismo con otro documento, que pidió que fuera «revisado a efectos de su posible clasificación como reservado» por el Departamento de Defensa. El Pentágono informó a Blackwater que tampoco éste constituía materia reservada. Y en otra ocasión, según Waxman, Blackwater se negó a proporcionar documentos requeridos por una citación y sólo los acabó entregando cuando «el Comité amenazó con celebrar una votación de condena a Blackwater por desacato al Congreso».[72] Blackwater declararía posteriormente que había «obtenido permiso» para ceder los documentos gracias a sus «gestiones con el ejecutivo federal».[73]

«Las putas de la guerra»

Independientemente de la controversia que surgiría posteriormente en torno a la presuntas conexiones con KBR, Fluor y el ejército estadounidense, el contrato original entre Blackwater/Regency y ESS, firmado el 8 de marzo de 2004, estipulaba «un mínimo de dos vehículos *blindados* como apoyo a los movimientos de ESS» [la cursiva es mía] y de tres hombres en cada uno de esos vehículos, dado que «el nivel de amenaza actual en el teatro de operaciones iraquí» seguía siendo «constante y peligrosamente elevado». Pero el 12 de marzo de 2004, Blackwater y Regency firmaron un subcontrato que especificaba una serie de disposiciones en materia de seguridad idénticas a las del contrato original excepto en una palabra: «blindados». Aquel adjetivo fue borrado de este segundo contrato. «Con la eliminación de esa sola palabra, "blindados", Blackwater se ahorraba de un plumazo 1,5 millones de dólares que ya no tendrían que desembolsar en la compra de vehículos blindados y que podrían quedarse en sus arcas», alegó en una entrevista Marc Miles, otro de los abogados de las familias. «A aquellos hombres les dijeron que utilizarían vehículos blindados para su trabajo. Si los hubiesen utilizado, sinceramente creo que hoy estarían vivos. Fueron asesinados por insurgentes que, literalmente, los pisotearon y les dispararon con armas de pequeño calibre. No estamos hablando de una bomba colocada en un arcén y activada a su paso, ni de ningún otro artefacto explosivo. Se trataba simplemente de fuego de armas de pequeño calibre, que cualquier vehículo bien blindado habría podido repeler.»[74]

Antes de que Helvenston, Teague, Zovko y Batalona fuesen enviados a Faluya, John Potter —el amigo de Helvenston—, quien se encargaba de supervisar el contrato con ESS, ya había llamado la atención de los directivos de Blackwater sobre la omisión de la palabra «blindados» en el texto del acuerdo finalmente firmado, según se explicaba en la demanda judicial de las familias. Potter «insistió en que el subcontrato debía estipular que los vehículos fuesen blindados, no sólo para no infringir el contrato primario, sino también —y lo que era más importante— para proteger la seguridad de los guardias privados que tendrían que trabajar en la zona. Sin embargo, la obtención de vehículos de esa clase no sólo suponía un gasto para Blackwater, sino que también podía ocasionar un retraso en el inicio de las operaciones. Por eso, el 24 de marzo de 2004, Blackwater destituyó a Potter como Gestor del Programa y lo sustituyó por otro empleado de la empresa, Justin McQuown»,[75] el mismo hombre a quien Helvenston había identificado como «Shrek» y con quien presuntamente había tenido sendos encontronazos en Carolina del Norte y Kuwait.[76]

La demanda aducía que había seis guardias disponibles para la misión de Faluya, pero que los directivos de Blackwater ordenaron que sólo fueran cuatro «infringiendo directamente todas las políticas y acuerdos de la propia empresa».[77] Al parecer, los otros dos vigilantes recibieron órdenes de quedarse en las instalaciones de Blackwater en Bagdad realizando tareas administrativas.[78] Un alto cargo de Blackwater llegó incluso a presumir tras el incidente de que la empresa había salvado dos vidas no enviando a los seis hombres previstos, según se indicaba en el texto de la demanda.[79] Andrew Howell, asesor legal de Blackwater, declaró posteriormente que «el vehículo en el que ellos salieron aquel día fue considerado el apropiado para la misión por todos los que en ella participaron, porque, si no... no creo que [la misión] se hubiese llevado a cabo en aquel momento». Respecto a la alegación de que a aquella misión deberían haber ido seis hombres en vez de cuatro, Howell dijo: «Para la misión que estaban realizando aquel día, en aquel momento, y en vista del nivel de amenaza que se había constatado sobre el terreno en Irak, lo normal era que no viajara una tercera persona en cada vehículo».[80] Pero un alto cargo de Regency explicó posteriormente a los investigadores del Congreso que, «aunque estos vehículos incluían una plancha blindada tras el asiento posterior, ese nivel de protección estaba por debajo del conjunto de medidas exigidas por el contrato» entre ambas empresas.

El 30 de marzo de 2004, el día anterior a la emboscada de Faluya, Tom Powell, director de operaciones de Blackwater en Bagdad, envió un mensaje de correo electrónico a los directivos de la empresa con el título «Situación sobre el terreno». En él escribió: «Necesito nuevos vehículos. Necesito nuevos operarios, necesito munición, necesito Glocks y M4. Todo el blindaje de carrocería para el cliente que puedan conseguirnos. Los chicos están en zona de combate con material prestado y expuestos al peligro. He pedido coches duros [vehículos blindados] desde el principio y, por lo que yo sé, ese encargo sigue pendiente».[81]

El mensaje concluía con la frase «la situación sobre el terreno es terrible».

Otro equipo de Blackwater enviado a una misión aquel día tuvo que hacer frente a una situación similar a la de Helvenston y sus compañeros

—cortos de personal, insuficientemente armados y sin haber tenido un adecuado tiempo de preparación— y ese grupo también se quejó de esas condiciones a los directivos de la compañía. Tras haber sido presuntamente amenazados por éstos con el despido, aquellos hombres salieron a realizar su misión y lograron sobrevivir.[82] Uno de ellos dijo más tarde: «¿Por qué queríamos todos matarlo [al director de operaciones de Blackwater]? Porque nos había enviado a aquella misión de m***** pese a nuestras protestas. Estábamos desorientados, no teníamos mapas, no habíamos dormido lo suficiente y nos había quitado a dos de los nuestros, con lo que había recortado nuestro campo de tiro. Cuando nosotros protestamos por esto, sabíamos que el otro equipo tenía también las mismas quejas. También les habían recortado el personal. [...] ¿Por qué fueron enviados a la zona más caliente de Irak en unos vehículos mal blindados y mal armados para proteger un camión? Ellos no tenían forma alguna de proteger sus flancos porque sólo eran cuatro hombres».[83]

En la demanda también se exponía que a aquellos hombres no se les había facilitado un mapa detallado de la zona de Faluya. Un directivo de Blackwater le dijo a Helvenston que «era demasiado tarde para mapas y que se limitara a hacer su trabajo con lo que tenía», según se sostenía en el texto de la demanda. «El equipo desconocía por completo adónde se dirigía, carecía de mapas que pudieran estudiar para saberlo y no disponía de nada que los guiara hacia su destino.»[84] Según Callahan, existía una ruta alternativa más segura que circunvalaba la localidad, pero de la que aquellos hombres no estaban enterados porque Blackwater no realizó una «evaluación de riesgos» previa al viaje, como obligaba el contrato. En la demanda se sostenía también que aquellos cuatro hombres deberían haber tenido la posibilidad de reunir cierta información de inteligencia y de familiarizarse con las peligrosas rutas por las que se iban a desplazar. El informe interno de Blackwater, que Waxman logró finalmente obtener, reconocía que el equipo de Faluya no tuvo «tiempo para realizar una planificación adecuada de la misión» y fue enviado a ésta «sin tener mapas apropiados de la ciudad».[85] Aquello no llegó a hacerse en ningún momento, según indicó el abogado Miles, «para no perjudicar el balance de cuentas de Blackwater» y para impresionar con su supuesta eficiencia a ESS a fin de obtener nuevos contratos de esta última empresa.[86] La demanda también acusaba a Blackwater de «negarse intencionadamente a permitir que los vigilantes de seguridad contratados por la compañía realizaran» viajes de prueba previos acompañando a los equipos de Control Risks Group a los que iban a reemplazar. En el informe de CRG sobre el incidente, el gerente de proyectos de la compañía escribió que Blackwater «no aprovechó la oportunidad para aprender de la experiencia adquirida por CRG gracias a aquella operación, lo que hizo que se encargase de esa tarea sin haberla preparado adecuadamente y provocó el desgraciado resultado de la pérdida de cuatro vidas. [...] Creo que ese incidente podría haber sido evitado o que, cuando menos, su riesgo podría haberse minorizado [*sic*]».[87] La demanda argüía que Blackwater se había «inventado documentos fundamentales» y había «creado» «con posterioridad a los sucesos de aquella emboscada mortal» una evaluación de riesgos a la que había puesto una fecha anterior para «encubrir aquel incidente».[88] El día después de la emboscada, Erik Prince había dado instrucciones a sus directivos en Bagdad para que «efectuaran una auditoría interna inmediata y mantuvieran la información en absoluto secreto».[89] Cuando ese informe llegó por fin a manos de Waxman, el congresista pudo comprobar que algunos empleados de Blackwater calificaban la delegación de la empresa en Bagdad de «directamente descuidada» y de «barco a punto de naufragar». Un guardia de Blackwater dijo: «A algunos de esos vagos de m***** sólo les importa una cosa, y es el dinero».[90]

Después de que estas (y otras) declaraciones fuesen reveladas por el comité de Waxman, Blackwater publicó su propio informe. «Ni un armamento más potente, ni los vehículos blindados, ni la munición, ni los mapas habrían salvado las vidas de estos americanos», declaró Blackwater. «[E]se suceso fue una tragedia y los únicos culpables de la misma fueron los terroristas».[91] El informe repitió nuevamente las ya desacreditadas alegaciones sobre la participación de la policía iraquí en la emboscada y aseguraba que los cuatro hombres habían tomado la decisión de proceder con la misión aquel día. Además, afirmaba que, «aunque Blackwater hubiera destinado a seis hombres a aquella misión, el resultado habría sido probablemente el mismo».[92]

El abogado Dan Callahan dijo que si Blackwater hubiera hecho en Estados Unidos lo que presuntamente había hecho en Irak, «se la habría podido imputar por la vía penal». Blackwater se negó a realizar comentario alguno sobre el caso, pero su vicepresidente, Chris Taylor, declaró en julio de 2006: «Nosotros no ahorramos detalles, sino que tratamos de preparar a nuestra gente lo mejor que podemos para el entorno en el que van a encontrarse».[93] El abogado de Justin McQuown, William Crenshaw, alegó que la demanda presentada contenía «numerosos errores graves sobre los hechos», ya que, por ejemplo, según afirmaba, McQuown no había «participado en la planificación ni en la puesta en práctica de aquella misión». En un mensaje de correo electrónico, Crenshaw se expresaba de este modo: «Que no se nos malinterprete: los asesinatos de los miembros del equipo de Blackwater fueron trágicos. Como representantes del señor McQuown hacemos extensivas nuestras más sinceras condolencias a las familias de los fallecidos. Pero es también lamentable y falso sugerir que el Sr. McQuown contribuyó de algún modo a tan terrible tragedia».[94]

En una de sus escasísimos pronunciamientos al respecto de la demanda de los familiares, el portavoz de Blackwater, Chris Bertelli, dijo: «Los fallecidos y sus familias estuvieron en nuestro recuerdo y en nuestras oraciones entonces como lo están ahora. [...] Blackwater espera que el honor y la dignidad de nuestros camaradas caídos no se vean disminuidos por el recurso a este proceso judicial».[95] Katy Helvenston-Wettengel calificó esas palabras de «auténtica gilipollez, en mi opinión», y dijo que las familias sólo se decidieron a interponer la demanda después de que sus preguntas hubiesen sido respondidas desde la compañía con evasivas, con información engañosa o, directamente, con mentiras. «Blackwater sólo parece conocer el lenguaje del dinero. Es lo único que entienden», dijo. «Carecen de valores y de moral. Son unas putas. Son las putas de la guerra.»

Tras su admisión a trámite en enero de 2005, el caso se movió con lentitud por el sistema legal y suscitó diversas batallas sobre cuestiones de jurisdicción. Blackwater estuvo representada desde el principio por algunos de los abogados y los bufetes más influyentes y mejor relacionados de todo Estados Unidos. Su abogado original en el caso de Faluya fue Fred Fielding, ex consejero legal de la Casa Blanca durante el mandato del presidente Reagan (entre los ayudantes de Fielding cuando ejercía aquel cargo se encontraba quien se convertiría en el actual presidente del Tribunal Supremo de EE.UU., John Roberts). Fielding había ejercido también como uno de los principales abogados del presidente Nixon y fue uno de los miembros de la Comisión de Investigación del 11-S. Tan buenos eran los contactos de Fielding y tan lejos llegaban que, a principios de 2007, el presidente Bush lo nombró nuevamente consejero legal de la Casa Blanca, con lo que volvía a acceder al cargo sustituyendo, en esta ocasión, a Harriet Miers. Blackwater también ha estado representada en este caso judicial por Greenberg Traurig, el influyente bufete de abogados de Washington, D.C., en el que, tiempo atrás, traba-jara el cabildero caído en desgracia Jack Abramoff. Los abogados de las familias acusaron a Blackwater de haber tratado de obstruir el proceso desde el momento mismo en que se interpuso la demanda.[96] Y si bien parte de esas tácticas podrían considerarse legítimas como estrategia, la defensa de las familias alegó que la empresa había impedido que se tomara declaración formal a ciertas personas implicadas tal como había ordenado el tribunal, hasta el punto de que había tomado medidas mani-fiestas para evitar que testificara un testigo vital: John Potter, el hombre que supuestamente había denunciado la eliminación de la palabra «blin-dados» del texto del subcontrato y quien, a raíz de ello y según la deman-da, había sido obligado a cesar en su cargo.[97]

El abogado Marc Miles dijo que al poco de interponer la demanda, solicitó del tribunal de Carolina del Norte una orden urgente para tomar declaración formal a John Potter. Aquella deposición fue fijada para el 28 de enero de 2005 y Miles tenía previsto volar hasta Alaska, donde, según dijo, vivían los Potter. Pero tres días antes de la mencionada depo-sición, Miles dijo que «Blackwater contrató de nuevo a Potter, lo trajo a Washington en avión (donde, según tengo entendido, se reunió con representantes de la empresa y con sus abogados). Luego, [Blackwater] lo trasladó en otro vuelo hasta Jordania para llevarlo hasta su destino final en Oriente Medio». Miles acusó a Blackwater de «ocultar a un tes-tigo material contratándolo y enviándolo fuera del país». Miles también explicó que Blackwater intentó posteriormente que se desestimara la orden judicial para la deposición de Potter, pero un tribunal federal denegó tal solicitud. Cuando testificó ante el Congreso en junio de 2006, Chris Taylor, el vicepresidente de Blackwater, declaró: «No creo que John Potter esté en nuestra plantilla en este momento».[98]

La historia de Potter dio un nuevo giro en noviembre de 2006, cuan-do Miles descubrió que Potter había vuelto a Estados Unidos. Tras loca-lizarlo por teléfono en su ciudad natal, en Alaska, Miles presentó nueva-mente una solicitud ante el tribunal para obtener una declaración formal de aquel testigo, a lo que Blackwater respondió con rapidez y contun-dencia. En el escrito de motivación con el que la empresa de Carolina del Norte acompañó su solicitud de desestimación de la moción de los abogados de las familias, Blackwater sostenía que el «caso afecta a cues-tiones de seguridad nacional y de información reservada relacionadas con las operaciones militares de Estados Unidos en Irak» y que «cualquier testimonio que [Potter] pudiera prestar supondría inevitablemente la revelación de información clasificada».[99] Miles y sus colegas respondieron que la solicitud de Blackwater «se asemejaba a una buena novela de espías», con todas aquellas «alegaciones de información "clasificada", secretos de Estado y amenazas a la seguridad nacional».[100] En realidad, sostenían ellos, los «trabajadores contratados por Blackwater no actuaban como agentes encubiertos de la CIA, sino que, amparados por un contrato con una empresa hotelera extranjera, se dedicaban a proteger material de cocina». La seguridad nacional y el espionaje, según afirmaban, «no tienen nada que ver con este caso». De la importancia de aquella demanda y, más aún, del ascendiente de Blackwater sobre el gobierno, da buena idea el hecho de que la Fiscalía General de Estados Unidos presentara también un escrito de oposición a la deposición de Potter solicitando que —cuando menos— ésta fuese retrasada para que el gobierno pudiese estudiar la supuesta posesión de información o de documentos clasificados por parte de Potter. El fiscal federal citó la necesidad de «proteger los intereses de la seguridad nacional de Estados Unidos».[101] El litigante principal del ejército estadounidense también presentó una declaración jurada en la que se solicitaba «proteger frente a cualquier revelación inapropiada toda información sensible y debidamente clasificada a la que el señor Potter pueda haber tenido acceso como contratista del gobierno».[102] Lo realmente asombroso fue la rapidez con la que Blackwater fue capaz de movilizar al gobierno y al ejército para que acudieran en su auxilo —justo el día después de navidad— y ayudaran a impedir, al menos momentáneamente, la declaración formal de un testigo potencialmente crucial.

Todas las familias han mantenido en todo momento que interpusieron la demanda no por el dinero, sino para que Blackwater rindiera cuentas. «No hay dinero suficiente en el mundo que pueda pagar lo de mi Jerry. Nadie podrá darme jamás suficiente dinero por eso», comentó Danica Zovko. «Si ellos pusieran ciertas normas y si se vieran obligados a tratar la vida de esas personas como yo tengo que tratar la chapa y la pintura de los coches en mi trabajo en la administración municipal de Cleveland, me conformaría. Es como si existieran más leyes y reglas acerca de cómo arreglar un coche que las que rigen en torno a las vidas humanas. Ninguna cantidad de dinero podrá hacer nada por nosotros. No puede resarcirme de la muerte de mi hijo. Son verdaderamente estúpidos si creen que ésa es la solución.»

En los meses posteriores a la interposición de la demanda, Blackwater no ofreció una refutación de las alegaciones concretas planteadas por las familias, pero negó que, en general, tuvieran validez. La empresa ha argumentado que lo que está en juego en este caso es nada menos que la capacidad del presidente de Estados Unidos para guiar la política exterior como comandante en jefe de las fuerzas armadas. Los abogados de Blackwater sostuvieron que los soldados privados de la compañía han sido reconocidos por el Pentágono como una parte esencial de la llamada «Fuerza Total», que constituye la «capacidad y [el] potencial de combate [de la nación] [...] en miles de destinos de todo el mundo, donde [los componentes de esa Fuerza Total] realizan una amplia gama de actividades para llevar a cabo misiones de vital importancia»,[103] por lo que, aducían ellos, si se permitía que Blackwater fuese demandada por unas muertes producidas en la zona de guerra, se atacaría a la soberanía del Comandante en Jefe. «[L]a división constitucional de poderes [...] excluye la intrusión judicial en el modo en que el contingente contratado del despliegue militar estadounidense en Irak es entrenado, armado y desplegado sobre el terreno» por el presidente de la nación, sostenía Blackwater en uno de los documentos que presentó ante los tribunales.[104] Si ese argumento hubiese prevalecido, habría tenido la ventaja adicional de inmunizar preventivamente a Blackwater frente a toda responsabilidad relacionada con el despliegue de sus fuerzas en las zonas de guerra de Estados Unidos.

La compañía peleó por conseguir el sobreseimiento del caso sobre la base de que, puesto que Blackwater estaba prestando un servicio en operaciones militares de Estados Unidos, no podía ser demandada judicialmente por las muertes o las lesiones de sus trabajadores, ya que esa responsabilidad recaía sobre el gobierno. En su moción para la desestimación del caso en un tribunal federal, Blackwater sostuvo que las familias de los cuatro hombres asesinados en Faluya tenían únicamente derecho a percibir compensaciones económicas de los seguros del Estado. De hecho, los abogados de las familias alegaron que, tras la emboscada, la empresa se movió con rapidez para ayudar a los familiares a solicitar el cobro de las cantidades previstas en la Ley Básica de la Defensa (DBA) en virtud de un seguro federal que cubre a algunos de los trabajadores contratados que realizan tareas de apoyo a las operaciones militares estadounidenses. En los escritos presentados ante los tribunales por el caso de Faluya, Blackwater solicitaba el reconocimiento de la DBA como única fuente de compensación por los hombres asesinados en aquella ciudad. Según la DBA, la máxima indemnización por muerte a la que pueden tener derecho las familias de los trabajadores contratados quedaba limitada a 4.123,12 dólares mensuales.[105] «Lo que Blackwater trata de conseguir es barrer toda su conducta improcedente bajo la alfombra de la Ley Básica de la Defensa», declaró el abogado Miles. «Están intentando decir: "Miren; podemos hacer lo que nos dé la gana sin tener que responder por ello. Podemos enviar a nuestros hombres a una muerte segura para no estropear nuestra cuenta de resultados, porque si alguien nos pide cuentas luego, tenemos un seguro que nos cubre". En esencia, se trata de un seguro para matar.»[106]

De todos modos, el argumento principal de Blackwater giraba en torno a lo que planteaba como ramificaciones más amplias del caso de cara al futuro de la capacidad de desenvolvimiento bélico de Estados Unidos. «Que los contratistas privados puedan ser demandados ante cualquier tribunal por bajas de guerra por las que no se puede demandar a las fuerzas armadas [...] podría retrasar decisivamente varias décadas la capacidad del presidente —como comandante en jefe— para desplegar la Fuerza Total», sostenía Blackwater en un escrito de apelación presentado el 31 de octubre de 2005.[107] En otro escrito presentado dos meses después, la empresa mencionaba la Orden nº 17 de Paul Bremer —que inmunizaba oficialmente a los contratistas en Irak— argumentando que, dado que aquel decreto «refleja[ba] una decisión de política exterior tomada o, al menos, apoyada por Estados Unidos», Blackwater debería gozar de «inmunidad frente a las reclamaciones expuestas» en la demanda judicial.[108] Los abogados de la compañía afirmaban que, si se permitía que el caso contra Blackwater prosperase, podría quedar amenazada la capacidad de desenvolvimiento bélico de la nación: «Para que los contratistas federales responsables puedan acompañar a las Fuerzas Armadas de Estados Unidos en el terreno de combate, es imprescindible que su inmunidad frente a posibles responsabilidades por bajas en combate de sus empleados esté protegida a nivel federal y sea unánimemente confirmada en los tribunales federales. Nada sería más perjudicial para el concepto de la Fuerza Total profesional que subyace a la doctrina del personal militar estadounidense que exponer a los componentes a los sistemas de responsabilidad civil por daños y perjuicios de los cincuenta estados trasladados más allá de las fronteras nacionales, a los campos de batalla del extranjero. [...] La manera en que el presidente supervisa y ordena esas operaciones militares —en la que se incluyen sus decisiones transmitidas a través de la cadena de mando en lo referente a la formación, el despliegue, el armamento, las misiones, la composición, la planificación, el análisis, la gestión y la supervisión de las fuerzas de los contratistas militares privados y de sus misiones— queda fuera del ámbito decisorio de los tribunales federales y, forzosamente también, de los estatales».[109]

Blackwater sostenía que los tribunales no podían interferir en sus actividades porque, con ello, estarían interfiriendo esencialmente en el funcionamiento del ejército en su conjunto, algo prohibido por la «doctrina de la cuestión política», que «es uno de los conjuntos de principios que salvaguardan de la investigación judicial todas aquellas decisiones tomadas por dirigentes políticos civiles a través de la cadena de mando, incluidas, en este caso, las relacionadas con la contratación de empresas privadas para la protección de las líneas de suministros militares frente a posibles ataques enemigos».[110] En Faluya, según argüía Blackwater, sus hombres «estaban realizando una función militar clásica —actuar de escolta armada de un convoy de suministros que cumplía la orden de llegar a una base del ejército— bajo autorización del Departamento de Defensa».[111] Precisamente por ello, según el argumento de la empresa, ésta debería gozar de inmunidad frente a toda responsabilidad: «Cualquier otro resultado equivaldría a una intromisión judicial en la capacidad del presidente para desplegar una Fuerza Total que incluya también a contratistas privados».[112]

Demostrando lo mucho que otros contratistas de aquella guerra consideraban que había en juego en la demanda judicial por los incidentes de Faluya, KBR —el mayor contratista del Pentágono en Irak, que acumulaba unos ingresos totales de 16.100 millones de dólares por sus trabajos en aquel país—[113] presentó en septiembre de 2006 un escrito de *amicus curiae* en apoyo de los argumentos de Blackwater. En el momento de presentar el documento, KBR se identificó a sí misma como «la mayor proveedora civil de servicios de apoyo logístico a "Operaciones de Estabilidad" en todo el mundo del Departamento de Defensa» estadounidense.[114] KBR respaldaba el argumento de la Fuerza Total esgrimido por Blackwater afirmando que el propósito del programa LOG-CAP «es facilitar las Operaciones de Estabilidad mediante la integración de contratistas de apoyo logístico militar como KBR en la Fuerza Total del ejército estadounidense. KBR opera así como un "multiplicador de fuerzas" al llevar a cabo servicios cruciales para las misiones, como puede ser la conducción de convoyes de suministros militares. Tales servicios eran realizados anteriormente en exclusiva por personal militar uniformado, pero, en la actualidad, continúan operando en todos los sentidos bajo la dirección y el control de mandos del ejército estadounidense».[115]

La demanda contra Blackwater fue entendida, desde un primer momento, como un caso que sentaría un importante precedente acerca del papel y el marco legal de las fuerzas privadas en las zonas de guerra de Estados Unidos. La empresa contrató los servicios de un mínimo de cinco bufetes legales punteros para que la ayudaran en su intento de que el caso se sobreseyera o, cuando menos, se trasladara a un tribunal federal.[116] Los abogados de las cuatro familias creían que tendrían un terreno de juego más favorable en un tribunal estatal, ya que allí no regiría ningún tope para las reparaciones exigibles y los demandantes no necesitarían una decisión unánime del jurado para ganar el caso.[117] En octubre de 2006, Blackwater contrató para su representación legal a uno de los mayores pesos pesados (y más persistentes perros de presa) de la abogacía estadounidense: Kenneth Starr, el fiscal independiente del proceso de impugnación abierto en 1998 contra el presidente Bill Clinton por su escándalo sexual con Monica Lewinsky.[118] El nombre de Starr apareció relacionado con el caso por vez primera en la petición presentada por Blackwater el 18 de octubre de 2006 ante el Fiscal General John Roberts para frenar cautelarmente el caso en los tribunales estatales mientras la empresa preparaba su solicitud de revisión judicial, que, de haber sido concedida, habría permitido a Blackwater defender su proposición de sobreseimiento del caso ante el Tribunal Supremo de Estados Unidos, dominado por jueces nominados por los republicanos. Starr y sus colegas argumentaron que Blackwater gozaba de «inmunidad constitucional» frente a esa clase de demandas y dijeron que, si se permitía que el caso de Faluya prosperara, la empresa «sufrirá un daño irreparable».[119] En la petición de 18 páginas presentada ante el Tribunal Supremo, Blackwater sostenía que no había otras demandas judiciales parecidas contra compañías privadas de seguridad o militares en tribunales estatales «porque la exhaustiva estructura reguladora aprobada por el Congreso y el presidente otorga inmunidad a los contratistas militares como Blackwater frente a litigios en los sistemas judiciales de los estados».[120] El 24 de octubre, el juez Roberts (presidente del Supremo) anotó simplemente la palabra «denegada» sobre la solicitud presentada por

Blackwater, sin añadir razonamiento alguno a su decisión. A finales de noviembre de 2006, y contra la objeción de los abogados de la empresa, Donald Stephens, juez del tribunal superior del condado de Wake, falló que el caso contra Blackwater siguiera adelante en el sistema judicial del estado de Carolina del Norte.[121] Un mes más tarde, Starr y sus colegas apelaron ante el Tribunal Supremo de Estados Unidos para que se declarara competente para juzgar aquel caso, sosteniendo que si se permitía que prosperara en los tribunales estatales, «expondría a los contratistas civiles estadounidenses que realizan operaciones ordenadas por el Departamento de Defensa en territorio hostil al desestabilizador alcance de cincuenta sistemas distintos de responsabilidad civil por daños y perjuicios en nuestro propio país. [...] [Esto] relegaría a los contratistas civiles que prestan sus servicios en circunstancias sumamente peligrosas a los caprichos de un régimen balcanizado de sistemas legales contradictorios entre unos estados y otros».[122] En diciembre de 2006, dos años después de la presentación de la demanda judicial de responsabilidad por muerte dolosa contra Blackwater, la empresa presentó una contrademanda *post mortem* contra los cuatro hombres asesinados en Faluya en la que solicitaba 10 millones de dólares a cuenta del patrimonio cedido en herencia por éstos bajo la acusación de que sus familias habían roto los contratos firmados por sus seres queridos con Blackwater, en los que se estipulaba que éstos no podían demandar a la compañía.[123] El abogado Callahan calificó aquella acción de «reclamación inútil dirigida únicamente a obstaculizar la búsqueda de justicia por parte de las familias».

Tras más de dos años perdiendo batallas legales en torno a este caso y en vísperas del inicio del trascendental juicio, Blackwater efectuó una serie de maniobras de última hora entre las altas esferas. En mayo de 2007, los abogados de la compañía convencieron a un juez federal de Carolina del Norte para que ordenara una arbitración del caso a puerta cerrada, ya que, según Blackwater, ése era el único foro legítimo para un caso que atañía a los contratos firmados con la empresa por los cuatro hombres asesinados. La decisión de la comisión privada compuesta por tres miembros sería vinculante y sería muy improbable (por no decir imposible) que prosperase cualquier recurso contra el fallo que ésta emitiera. «Cualquiera que crea en el Estado de derecho debería alegrarse de que el acuerdo escrito al que se llegue se cumpla finalmente y la disputa que ha conducido a este arbitraje se resuelva», declaró la portavoz de Blackwater Anne Tyrrell.[124] Uno de los abogados de Blackwater se atrevió a proclamar que «ha[bía] terminado la intervención del tribunal estatal».[125] Este arbitraje supondría la no celebración de una vista judicial pública, una limitación del alcance de las averiguaciones y de los testigos, y la posibilidad de que el fallo tuviera que mantenerse en secreto si así lo imponía la comisión a las partes en litigio. En la primavera de 2008, los abogados de las familias estaban recurriendo ese fallo del tribunal federal. «Blackwater ha tratado de llevar el examen de su comportamiento culposo fuera del alcance del ojo público y de la decisión de un jurado», afirmaban Callahan y Miles en una declaración. «Blackwater está tratando de anular la capacidad de las familias para descubrir la verdad sobre la implicación de la empresa en las muertes de estos cuatro estadounidenses y pretende silenciar todo comentario público al respecto».[126]

A medida que este *case* ha ido avanzando a través del laberinto judicial, Blackwater no ha dejado de cambiar de equipos de abogados ni de introducir nuevos argumentos y nuevas tentativas de desestimación antes de que llegue a juicio. En enero de 2008, Blackwater arremetió contra Wiley Rein, el bufete que había representado originalmente a la empresa en la demanda por el incidente de Faluya. Blackwater se querelló contra sus antiguos representantes por mala praxis: si los abogados hubiesen hecho su trabajo —argumentó la compañía—, la «demanda judicial habría sido desestimada y el litigio con los demandantes habría terminado».[127] Blackwater pidió 30 millones de dólares por daños y perjuicios. Wiley Rein dijo que aquella petición no tenía fundamento.

A la vista de las decenas de miles de iraquíes que han muerto desde la invasión y de los múltiples asedios a los que Estados Unidos ha sometido a Faluya tras el incidente del asesinato de los hombres de Blackwater, habrá quien diga que esta demanda judicial no es más que una pelea entre belicistas que viven del negocio de la guerra. Pero, mirado en un sentido más general, el auténtico escándalo no fue que aquellos hombres fuesen enviados a Faluya como un equipo de sólo cuatro miembros cuando deberían haber ido seis o que no dispusieran de una ametralladora suficientemente potente para eliminar a sus atacantes. El escándalo radicaba en que Estados Unidos había abierto las puertas de Irak a unas empresas de mercenarios cuyas fuerzas campaban a sus anchas (y con aparente impunidad) por el país. Las consecuencias de aquella política no pasaban inadvertidas a las familias de los cuatro trabajadores de Blackwater asesinados. «Más de mil personas murieron por culpa de lo que le sucedió a Scotty aquel día», dijo Katy Helvenston-Wettengel. «Ha muerto mucha gente inocente.» Aunque en el texto de la demanda no se mencionaba el ataque de represalia emprendido por EE.UU. contra Faluya a raíz de los asesinatos de los hombres de Blackwater, el caso generó una auténtica onda expansiva entre los miembros de la comunidad empresarial que ha cosechado enormes ganancias en Irak y otras zonas en guerra. En el momento en que se interpuso la demanda, más de 428 trabajadores contratados privados habían muerto en Irak, y los contribuyentes estadounidenses habían pagado casi la totalidad de la factura de las indemnizaciones percibidas por las familias por aquellas muertes en acto de servicio. En septiembre de 2006, el Departamento de Trabajo estadounidense ya había actualizado esa cifra hasta los 647 «contratistas» muertos en aquel país. «Éste es un caso que fijará un precedente», dijo el abogado Miles. «Como ya ocurrió con los litigios con la industria del tabaco o con la de los fabricantes de armas de fuego, en cuanto pierdan este primer caso, empezarán a tener miedo de que se presenten nuevas demandas contra ellos.»[128]

Capítulo 15

El accidente del Blackwater 61

El cabo Harley Miller, del Ejército de Tierra de Estados Unidos, consiguió salir de los restos destrozados del vuelo 61 de Blackwater, un avión turbopropulsado que, apenas unos minutos antes, se había estrellado contra el monte Baba, de 4.465 metros de altura, en el macizo afgano del Hindu Kush. Pasó entre los otros dos soldados que le habían acompañado en aquel vuelo, ambos muertos por el impacto y aún sujetos a sus asientos por los cinturones de seguridad. Miller, de 21 años, sufría heridas sólo un poco menos graves que las que habían acabado con la vida de los otros dos hombres. Estaba totalmente solo en medio de aquella montaña, completamente cubierta de nieve, a 600 metros de la cima. Los dos pilotos del aparato —trabajadores contratados por Blackwater— habían salido despedidos 45 metros por delante del avión. Éste se había detenido de golpe tras haber patinado más de cien metros por la nieve. El cadáver del ingeniero del avión yacía también en el exterior de la nave, al lado de lo que quedaba de la pared de cabina.[1]

El cabo Miller fumó un cigarrillo, orinó dos veces (una al lado de la parte trasera del avión y otra cerca del morro de éste) y desplegó dos sacos de dormir. Apoyó una escalera de metal en el fuselaje y, posiblemente, se subió a ella para pedir ayuda o para determinar mejor su posición. Luego, se estiró en la cama improvisada que había preparado. Padecía una fuerte hemorragia interna, tenía una costilla rota, traumatismos en los pulmones y el abdomen, y heridas de menor importancia en la cabeza. Las lesiones de Miller se vieron agravadas por la falta de oxígeno y las gélidas temperaturas, y tras permanecer con vida durante más de ocho horas y totalmente solo en la cima del monte Baba, el choque se cobró su última víctima. Tardaron tres días en recuperar su cuerpo.[2]

El accidente sufrido el 27 de noviembre de 2004 por el Blackwater 61 (un avión de propiedad privada contratado por el ejército estadounidense) atrajo escasa atención de los medios (que apenas se plasmó en forma de edulcoradas esquelas en los periódicos de las localidades de origen de los allí fallecidos). Aunque Blackwater había pasado a ser un nombre conocido tras la emboscada de Faluya de unos meses antes, el accidente aéreo en sí, un insignificante montón de restos inaccesibles en las accidentadas montañas de Afganistán, no fue noticia. Difícilmente podría imaginarse un suceso que hubiese creado una impresión tan diametralmente opuesta a la que generaron los gráficos asesinatos de Faluya. No hubo imágenes truculentas emitidas a escala internacional ni declaraciones de la Casa Blanca. Se trató, a efectos prácticos, de una tragedia menor dentro de la que ya se había convertido —al menos, a ojos de los medios de comunicación— en una guerra secundaria (cuando no olvidada) en Afganistán. Pero aquel avión estrellado acabaría transformándose, sin embargo, en un serio problema legal para Blackwater, ya que, en esta ocasión (y a diferencia de lo sucedido en Faluya), sí existió un rastro de papeles oficiales que documentaron los hechos desde el primer momento.

El ejército estadounidense convocó una Junta de Investigación de las Circunstancias del accidente cuyos trabajos, unidos a los de la Junta Nacional para la Seguridad en el Transporte, generaron cientos y cientos de páginas de documentación. Una de las cajas negras captó los instantes finales del vuelo. A diferencia de lo ocurrido en Faluya, algunas de las víctimas del accidente eran soldados estadounidenses en servicio activo y los causantes (no intencionados) de las muertes eran trabajadores contratados por una empresa privada. A simple vista, podría parecer que, salvo la implicación de Blackwater en ambos incidentes, el avión estrellado en la cima del monte Baba y la escabrosa matanza de Faluya tenían poco en común.

Sin embargo, las similitudes empezaron a aflorar a partir del momento en que las familias de los tres soldados estadounidenses muertos en el accidente presentaron una demanda judicial de responsabilidad por muerte dolosa el 10 de junio de 2005. En la práctica, las circunstancias que rodearon el accidente resultarían ser muy similares a las que rodearon los asesinatos de Faluya, si bien acabarían atrayendo mucha menos atención. Las familias de los soldados muertos en el vuelo 61 de Blackwater sostenían que la compañía había recortado gastos y había eludido procedimientos de seguridad básicos, con lo que, por tales descuidos, había causado la muerte de sus seres queridos.[3] El núcleo central del caso, como el de la demanda de las muertes de Faluya, volvía a ser la reclamación de inmunidad ante toda demanda judicial que Blackwater planteaba para sus fuerzas amparándose en que la compañía formaba parte de la «Fuerza Total» de Estados Unidos en la guerra contra el terrorismo.[4]

Blackwater cuenta con una división aérea, Presidential Airways, que lleva tiempo funcionando alejada del ojo público, aun cuando sus aparatos han frecuentado los mismos aeropuertos en el extranjero que los utilizados por la CIA en su famoso programa de traslados irregulares (o «entregas extraordinarias») de detenidos a terceros países para su interrogatorio.[5] Los pilotos de Blackwater gozan del mismo nivel de autorización de seguridad que el de los pilotos de dichos vuelos de la Agencia Central de Inteligencia estadounidense. David P. Dalrymple, gerente de la delegación de Presidential en Bagram, dijo: «Yo y otros miembros del personal de Presidential que prestan servicio en Afganistán poseemos (o hemos solicitado obtener) niveles de autorización de seguridad del gobierno de Estados Unidos para temas clasificados como "secretos" o "de alto secreto"».[6] La compañía también aseguró que ocupaba «una oficina del Departamento de Defensa estadounidense para agilizar la concesión de autorizaciones de seguridad para temas considerados secretos de Estado».[7]

El contrato por el que Blackwater operaba aquel vuelo 61 en Afganistán había sido firmado en septiembre de 2004, apenas dos meses antes del accidente.[8] Tras tres meses de negociaciones, la Fuerza Aérea decidió conceder a Presidential Airways un contrato de 34,8 millones de dólares para que ésta suministrara vuelos «de despegue y aterrizaje cortos» (o STOL, según su acrónimo en inglés) en Afganistán, Uzbekistán y Pakistán.[9] Presidential accedió a operar seis vuelos regulares diarios a pequeños aeródromos de todo Afganistán, así como otros vuelos especiales según fuesen necesarios. Según los cálculos recogidos en el contrato, los tres aparatos aéreos de Presidential volarían unas 8.760 horas anuales.[10] «Con este contrato, [la división aérea de Blackwater] ha ampliado su radio de acción fuera de Irak y está facilitando una asistencia muy necesaria a los militares —hombres y mujeres— estadounidenses en Afganistán y en los países más meridionales de la antigua Unión Soviética», alardeaba Blackwater en uno de los números de octubre de 2004 de su boletín *Tactical Weekly*.[11]

John Hight, director de operaciones de Presidential, explicó que la compañía había basado su oferta en su «experiencia como operadora de vuelos en pistas de aterrizaje y despegue no asfaltadas y en las labores de transporte de paracaidistas que había desempeñado para el ejército».[12] Hight dijo que, cuando en la compañía supieron que su oferta era la ganadora, empezaron a reclutar a «pilotos experimentados de aparatos CASA» para las misiones de Afganistán. Cinco días después de la firma del contrato, «llegamos con nuestro primer avión a Afganistán», recordaba Hight.[13]

Pero, por experimentados que sean los pilotos, lo cierto es que volar en Afganistán difiere sustancialmente de volar en la mayor parte de Estados Unidos. El territorio afgano está atravesado por cadenas montañosas con picos que superan la altitud de la cima más elevada del Estados Unidos continental, que es el monte Whitney, en California, de 4.418 metros de altura. La montaña más elevada de Afganistán alcanza casi los 7.500 metros. Los pilotos se enfrentaban también a un obstáculo adicional: la comunicación con otras aeronaves en vuelo sobre el país era muy limitada y no disponían de un sistema de control del tráfico aéreo que orientara a los pilotos si se encontraban con un denso banco de nubes u otra clase de fenómeno atmosférico adverso, algo ciertamente arriesgado en el caso de un país como el afgano, en el que, según los expertos, el tiempo puede ser sumamente variable. Esto podía provocar problemas graves con gran facilidad, dado que los aviones eran a menudo pilotados siguiendo «reglas visuales de vuelo», lo que, dicho de otro modo, significaba que los pilotos no tenían a nadie más en su trabajo y debían fiarse básicamente de su instinto y su sentido común para orientarse. Como dijo uno de los pilotos de Blackwater, «el personal de vuelo sabe que si no puedes pasar por encima ni por debajo de lo que se avecina, es mejor que des la vuelta y regreses al punto de partida. No hay que presionarse para completar el trayecto».[14]

Aunque algunas bases afganas —como las de Kabul, Bagram y Shindad— disponían de torres de control, otras muchas no las tenían. En la práctica, se puede decir, según los pilotos de Presidential, que «en cuanto el avión sale unas veinte millas más allá del alcance de los radares, ya no cuenta con la ayuda de nadie».[15] Volar en Afganistán era una actividad tan tecnológicamente reducida que los pilotos se veían obligados a menudo a usar teléfonos vía satélite para informar de su posición cuando aterrizaban en cualquier lugar que no fueran las áreas más frecuentadas, pero incluso la telefonía por satélite solía dar problemas de fiabilidad.[16] Aparte de la imposibilidad práctica de fijar rutas de vuelo, los pilotos tampoco querían «navegar por unas rutas fijas por motivos de protección de fuerzas»,[17] es decir, por temor a ser blanco de las fuerzas antiocupación o «enemigas».

La unión de todos esos factores (la climatología, las reglas visuales de vuelo, la amenaza de fuego enemigo, los aparatos aéreos turbopropulsados ligeros con carga variable de mercancías y pasajeros y las pronunciadas elevaciones del terreno) suponía una combinación muy dificultosa hasta para los más experimentados pilotos. En esencia, el cielo afgano era una especie de frontera impredecible. De hecho, todos los aviones de Blackwater en el país operaban siguiendo reglas visuales de vuelo. «Por consiguiente, no había rutas de vuelo preestablecidas de acceso o de salida de Bagram o de cualquiera de las otras localizaciones en las que operábamos que no fuera la lógica y prudente práctica de seguir la ruta más directa posible evitando los obstáculos del terreno y las adversidades atmosféricas», explicó Paul Hooper, gerente de la delegación de Presidential en aquel país. «La práctica habitual era volar siguiendo la ruta más recta posible. El terreno, la climatología y el deseo de no establecer un patrón de vuelo reconocible en un entorno en el que operaban fuerzas terrestres hostiles eran algunas de las razones por las que nuestro personal de vuelo variaban la derrota de cada vuelo.»[18]

Entre las personas contratadas por Blackwater para volar en circunstancias tan inusuales como peligrosas se encontraban dos experimentados pilotos de aeronaves CASA: Noel English, de 37 años, y Loren «Butch» Hammer, de 35. Ambos tenían ya experiencia pilotando aviones en condiciones poco normales, con escaso apoyo desde tierra, sobre terrenos y climatologías variables, y obligados a aterrizar en emplazamientos alejados de lo convencional. English acumulaba casi novecientas horas de vuelo en un CASA 212 (la mayor parte de ellas como «piloto forestal» en Alaska), mientras que Hammer llevaba años pilotando y copilotando aviones para el transporte y lanzamiento de «bomberos paracaidistas y otros materiales descargados con paracaídas» durante las temporadas de incendios estivales en Estados Unidos, según explicó Kevin McBride, otro piloto de Blackwater que había trabajado anteriormente con el propio Hammer. «Era un primer oficial de a bordo con conocimientos y aptitudes, y una dilatada experiencia sobrevolando terrenos montañosos y en vuelos a baja altura.»[19]

Tras varias semanas de entrenamiento en Melbourne (Florida) de cara a la misión de Afganistán, Hammer e English llegaron a territorio afgano el 14 de noviembre de 2004.[20] Según el Ejército de Tierra estadounidense, Presidential seguía la política de no emparejar en un mismo vuelo a dos pilotos que llevaran menos de un mes «en el teatro».[21] Pero Presidential colocó juntos a Hammer y a English, que llevaban únicamente dos semanas en el país, porque eran los únicos miembros del personal de vuelo de la compañía capaces de pilotar no sólo los aviones CASA, sino también un SA-227 DC, o avión Metro, que podía ser utilizado para vuelos a Uzbekistán.[22] Presidential disponía de dos CASA y de un Metro en la zona de operaciones. Durante su breve estancia en Afganistán, tanto Hammer como English acumularon 33 horas de vuelo cada uno.[23]

El 27 de noviembre, los pilotos se despertaron a las 4.30 de la madrugada. El tiempo era frío (4° centígrados) y despejado en el aeropuerto de Bagram, principal recinto carcelario para los detenidos por las fuerzas estadounidenses en Afganistán y presunto escenario de torturas a prisioneros.[24] La tripulación de Presidential tenía previsto abandonar la base en algo menos de tres horas para realizar una misión de transporte de un par de soldados estadounidenses y 180 kilogramos de granadas de iluminación de mortero de 81 milímetros. Su ruta los llevaría, en una primera escala, a Farah, a unos 700 kilómetros al suroeste de Bagram, luego a Shindad para repostar y, finalmente, de vuelta a Bagram, adonde tenían previsto regresar a la 1.30 de la tarde. Ni Hammer ni English habían realizado esa ruta con anterioridad.[25]

Otros dos pilotos de Presidential habían dormido también la noche anterior en Bagram. Éstos tenían prevista su salida, más o menos, para la misma hora que el vuelo 61 de Blackwater y con una ruta muy similar a la de éste. Al igual que Hammer e English, los pilotos Lance Carey y Robert Gamanche pilotarían esa mañana un CASA de Blackwater en dirección oeste, haciendo una parada técnica en Shindad para repostar combustible. Carey, que compartió habitación en Bagram con English y Hammer durante los tres días previos al vuelo, diría posteriormente que «ambos tenían muchas ganas [de realizarlo]». Gamanche desayunó con English la mañana del vuelo. Ambas tripulaciones repasaron el pronóstico meteorológico de aquel día. «Como nuestros vuelos tenían el mismo destino final (Shindad) y el pronóstico era incierto por culpa de los posibles problemas de visibilidad, optamos por decidir en grupo si iríamos o no», explicó Gamanche. «Si el tiempo en aquel momento en [Shindad] no hubiese sido favorable, nos habríamos quedado en tierra.» No se había informado de problemas meteorológicos en ninguno de los destinos iniciales de los vuelos. «El tiempo en aquel momento era favorable, así que todos decidimos volar», puntualizó Gamanche. Aunque algunos indicios apuntaban a que en Farah y Shindad se estaban registrando fuertes rachas de viento y el polvo en suspensión podía dificultar el aterrizaje, en Bagram «la predicción del tiempo daba a entender que éste sería despejado y que la visibilidad sería ilimitada».[26]

Así pues, el vuelo seguía adelante. Melvin Rowe, mecánico de vuelo de 43 años de edad, se sumó a la tripulación del Blackwater 61. También estaba programada la presencia a bordo de dos pasajeros: el cabo Harley Miller y el alférez Travis Grogan. Cuando ya habían cargado en la bodega del aparato los 180 kilos de munición y éste empezaba a rodar por la pista, un soldado se les aproximó corriendo. Un tercer pasajero se les sumaba: el teniente coronel Michael McMahon, comandante del Destacamento Especial Saber, formado por 25.000 soldados y encargado de toda la región occidental de Afganistán (la zona a la que el vuelo 61 de Blackwater tenía previsto dirigirse aquel día).[27] McMahon, un veterano de la operación Tormenta del Desierto y graduado por West Point,[28] «no era más que una persona adicional que se se presentó allí y [pidió] subirse al avión», según explicó un empleado de Blackwater. Si «nos lo piden y no se sale del sentido común, se hace y ya está».[29] Así que, al final, eran seis las personas que viajaban a bordo de la aeronave.

A las 7.38 de la mañana, el Blackwater 61 despegó de Bagram en dirección noroeste. Lo último que sus seis ocupantes oyeron de alguien que no estuviera a bordo de aquel vuelo fue un «hablamos luego» desde la torre de control. Cinco minutos después, el avión salía del alcance del radar de Bagram, a unos quince kilómetros del aeropuerto.[30] Hammer, el copiloto del Blackwater 61, comentó ya al principio del vuelo la buena visibilidad reinante: «No se puede pedir que sea mejor.» Pero lo era sólo en apariencia, porque, ya desde los primeros momentos, los pilotos dieron muestras de no saber exactamente hacia dónde dirigirse, según prueban las grabaciones tomadas de la caja negra recuperada de aquel vuelo:[31]

> Piloto English: «Espero haber tomado el valle correcto».
> Copiloto Hammer: «¿Éste o aquél?».
> English: «Yo voy a ir por este de aquí».
> Hammer: «Me parece bien. Nunca hemos ido (o, al menos, yo nunca he ido) a Farah [...] desde Bagram, así que será un valle de éstos».

Como era evidente que aquellos pilotos, novatos en Afganistán, no dominaban la ruta que les tocaba cubrir aquel día, English acabó diciendo: «Bueno, pues veamos a dónde nos lleva este de aquí». Tantos los pilotos como Rowe pasaron los siguientes minutos buscando entre sus mapas datos que les permitiesen determinar su localización y su ruta. Hammer dijo que no había traído un sistema de posicionamiento global de mano que les advirtiera en caso de que el aparato se acercara peligrosamente al suelo. Tras unos ocho minutos de vuelo, English empezó a manifestarse un poco preocupado por el tiempo en el oeste de Afganistán: «Normalmente, [...] con una jornada tan corta como la que hoy tenemos, dispondríamos de tiempo para jugar un poco y hacer algo de exploración, pero con los vientos que nos esperan prefiero llegar allí a toda [expresión soez suprimida], tan rápido como podamos».

Pese a los indicios iniciales de posibles complicaciones, los pilotos estuvieron charlando un rato durante el vuelo entre ellos sobre temas triviales. «Os juro que a mí no me pagarían un centavo si supieran lo mucho que me divierto con esto», dijo English. Los pilotos habían sobrevolado buena parte del valle de Bamiyan, aunque, a juzgar por la transcripción de sus conversaciones durante el vuelo, parecían no estar muy seguros de dónde se encontraban exactamente, si bien no era algo que los tuviera muy preocupados. «No veo que tengamos ningún pico que supere los 4.000 metros en toda la ruta, creo», dijo entonces Rowe, el ingeniero de vuelo. «Y hay valles de sobra», añadió English. «O sea que siempre podremos buscar una vía para sortearlo. Además, con esta buena visibilidad que tenemos, será la [expresión soez suprimida] de fácil. Si nos encontramos con algo grande, seguiremos paralelos a su alrededor hasta hallar la salida. Como digo, éste es el primer día de buena visibilidad que he tenido a bordo de un CASA. No es sólo bueno, es sensacional.»

En un determinado momento, los pasajeros preguntaron a los pilotos al lado de qué pasarían en su viaje hacia Farah. Rowe, que era quien tenía los mapas, respondió: «No sé lo que vamos a ver, porque normalmente no venimos por esta ruta». Segundos más tarde, English dijo: «Lo único que queremos evitar es ver una roca enorme a las doce en punto». Luego, Hammer —el copiloto— se fijó en la manera que English tenía de pilotar el aparato aquel día: «Oye, tío, estás hecho todo un piloto de cazas intergalácticos como los de *La guerra de las galaxias*».

«¡Qué razón tienes, [expresión soez suprimida]!», repuso English. «Es que esto es divertido.»

Los pilotos empezaron a encontrarse algunas montañas y a maniobrar para evitar que les cerraran el paso, pero proseguían con su cháchara amistosa y despreocupada. Hablaron de la posibilidad de enchufar un MP3 a sus auriculares; English dijo que quería escuchar «Phillip Glass o algo de New Age que esté bien». Hammer se negó en redondo: «¡Qué va! Aquí deberíamos tener *rock* duro como el de los ochenta. Quiet Riot, Twisted Sister...».

Pero cuatro minutos después, cuando llevaban aproximadamente 25 de vuelo, las cosas empezaron a torcerse muy seriamente para el Blackwater 61. Cuando salieron del valle de Bamiyan, tuvieron que volar en paralelo a la cadena montañosa del Baba. «Vaya, uf, esta cadena de montañas que hay a nuestra izquierda, pues, la verdad, no baja de los 4.200 o 4.300 metros en ningún punto, al menos, no hasta donde alcanza el límite de mi mapa», informó Hammer a English mientras comentaban cómo sortear la montaña. «Bueno, pues vamos a ver si encontramos algún sitio por el que escabullirnos», respondió English. «La verdad es que tampoco importa mucho, porque el valle tiene que hacernos salir por algún punto. Pero, bueno, trata de encontrar un paso por ahí. Si tenemos que subir hasta los 4.300 metros durante un instante, tampoco será muy grave.»

De todos modos, no tardaron en optar por un giro de 180 grados. «Vamos, muchacho, vamos, muchacho, tú puedes conseguirlo», dijo English como si tratara de estirar del avión hacia arriba con su voz. En un tono nervioso, el ingeniero Rowe preguntó a los pilotos: «Bueno, ya está bien, chicos. Vais a salir de ésta, ¿verdad?».

«Sí, eso espero», replicó English.

El informe de la Junta Nacional para la Seguridad en el Transporte indicaba que, en ese momento, en la grabación de la caja negra se oía un sonido similar al de un «pitido de aviso de entrada en pérdida». Dentro del aparato, la conversación se había vuelto un caos. Entonces, Rowe anunció al piloto: «Oye, tienes que, eh, tomar una decisión». En ese momento de la grabación, se oía un ruido de respiración entrecortada y fuerte en la cabina. English exclamó: «Oh, [expresión soez suprimida]». Rowe avisaba en voz alta: «Cien, noventa nudos, modifica esa velocidad de vuelo por él». En ese momento, el pitido de advertencia de entrada en pérdida ya se había vuelto constante y el diálogo entre los tripulantes era frenético y desesperado.

«Ah, [expresión soez suprimida]», exclamó English.

Rowe dijo entonces: «Cámbiala. Ayúdale o modifica tú la velocidad de vuelo por él [...] Butch».

Copiloto Hammer: «Tienes noventa y cinco. Noventa y cinco».

Piloto English: «Oh, Dios. Oh [expresión soez suprimida]».

Ingeniero Rowe: «Nos caemos».

«Dios.»

«Dios.»

Cuando el piloto intentaba dar una vuelta de 180 grados a la vista de que el Blackwater 61 no sería capaz de superar el monte Baba, de 4.465 metros de altura, el ala derecha del aparato impactó con la montaña y fue arrancada de cuajo, lo que hizo que el avión se voltease y patinase más de cien metros sobre la ladera de la montaña, partiendo el fuselaje y estrujando el ala izquierda bajo el peso del resto de la estructura. Los pilotos salieron despedidos 45 metros por delante de los restos del avión y todos los pasajeros murieron en el impacto, salvo el cabo Miller, del Ejército de Tierra.[32]

Si bien el terreno de la ruta entre Bagram y Farah era montañoso, el vuelo 61 de Blackwater había conseguido salvar casi por completo el peor tramo del mismo. El avión había dejado atrás casi todo el valle de Bamiyan cuando los pilotos decidieron girar dirigiéndose casi de lleno hacia el monte Baba. Como explicó más tarde el piloto de Blackwater Kevin McBride, «la verdad es que no sé cómo los pilotos [...] llegaron hasta el lugar donde fueron hallados. [...] El macizo contra el que se estrelló [el Blackwater 61] es el techo de la cadena montañosa más elevada que había en nuestra ruta».[33]

Pero ahí no se acabaron, ni mucho menos, los errores que rodearon a aquel accidente. No fue hasta seis horas después de la hora prevista de llegada del vuelo a Farah (y una después de la que se suponía que debía haber regresado a Bagram) cuando se puso en marcha algún tipo de misión de rescate o recuperación de las víctimas. La búsqueda del Blackwater 61 se vio dificultada ya desde el primer momento porque el avión no tenía instalado ningún dispositivo de rastreo y, al parecer, no se disponía de información suficiente sobre su ruta prevista. A ello se sumó el desconcierto a la hora de decidir a quién competía la responsabilidad de buscar el aparato siniestrado. «En vista de la falta de una operación coordinada de rescate y de la probabilidad de que el aparato hubiese volado en dirección sur, mi unidad operó sobre amplísimos sectores de búsqueda que, básicamente, abarcaban la mayor parte del territorio afgano», comentó el mayor David J. Francis, oficial de operaciones del Destacamento Especial Wings, que formaba parte, a su vez, del Destacamento Especial Conjunto 76. «Reinaba cierta confusión en torno a quién iba a encargarse de la operación de rescate. Alguien preguntó entonces: "¿De quién es esta misión?"», añadió Francis. «No hubo un plan coordinado de rescate hasta [transcurridas once horas del momento para el que estaba previsto el regreso del vuelo a Bagram] el mismo día del accidente.»[34]

Se tardó 74 horas en localizar los restos de siniestro y en que las condiciones atmosféricas hiciesen posible que los helicópteros CH-47 llegaran al lugar y recuperaran los restos, la grabadora de la caja negra y la munición que transportaba el aparato.[35] Aunque el cabo Miller había sobrevivido inicialmente al impacto, no habría tenido posibilidad alguna de seguir con vida tras los tres días transcurridos hasta la llegada de los equipos de rescate. En aquel momento, el siniestro fue descrito en las noticias como un accidente normal y corriente: el típico incidente que apenas merece un breve en los periódicos. Lo cierto es que, dos semanas después de que el Blackwater 61 se estrellase contra el monte Baba, la esposa del ingeniero Rowe describió el suceso como «un accidente aéreo de los de toda la vida».[36]

Pero, a medida que empezaron a conocerse nuevos detalles y que el ejército comenzó su investigación de los hechos, las familias de los soldados fallecidos en el siniestro dejaron de considerarlo un accidente meramente casual. El 10 de junio de 2005, las familias de Michael McMahon, Travis Grogan y Harley Miller se querellaron contra la filial de aviación de Blackwater alegando negligencia de parte de la tripulación del vuelo y acusando a la compañía de haber causado la muerte de los soldados. «Las graves y flagrantes infracciones de la normativa de seguridad evidencian un desprecio irresponsable y consciente por la vida humana y por los derechos y la seguridad de sus pasajeros», sostenía la querella, en la que también se decía que las acciones de la compañía «ponen de manifiesto la insensatez y la displicencia de sus políticas, procedimientos, planificación y operaciones de vuelo».[37] Robert Spohrer, abogado de las familias, alegó que la empresa trataba de «recortar costes» en el servicio que prestaba a las fuerzas armadas del país. «Si [éstas] subcontratan servicios como el traslado aéreo de su personal en Afganistán, deben hacerlo con empresas que pongan la seguridad de nuestros hombres y mujeres de uniforme por delante de la rentabilidad comercial. Desgraciadamente, eso no fue lo que se hizo en el caso que aquí nos ocupa.»[38]

El argumento expuesto por las familias venía reforzado, además, por el hecho de que la Junta de Investigación de las circunstancias del accidente designada por el Ejército de Tierra estadounidense había hallado a Blackwater responsable del siniestro. Tras una prolongada investigación, aquel organismo determinó que la tripulación tenía una «conciencia deteriorada de la situación» y hacía gala de una evidente «falta de atención y un exceso de complacencia», amén de un «pobre criterio y una clara disposición a asumir riesgos inaceptables».[39] La investigación también apuntó la posibilidad de que los pilotos padecieran espejismos visuales e hipoxia, entre cuyos síntomas se incluirían las alucinaciones, la distracción y una disminución de las habilidades motrices. Asimismo, el Ejército afirmó que existían pruebas demostradas de que «la verificación y la coordinación de las decisiones de los diferentes miembros de la tripulación eran inadecuadas».[40] Presidential Airways restó importancia al informe alegando que «se [había] concluido en tan sólo dos semanas y est[aba] repleto de errores, tergiversaciones y supuestos infundados».[41]

En diciembre de 2006, casi dos años después de que los investigadores del Ejército terminaran su informe, le llegó el turno al de la Junta Nacional para la Seguridad en el Transporte (NTSB). La NTSB concluyó que los pilotos de Blackwater «se comportaron de un modo muy poco profesional y volaron deliberadamente a baja altura por una ruta no convencional a lo largo de aquel valle sólo para "divertirse"». Entre las averiguaciones de la Junta también estaba que la visión y el criterio de los pilotos podrían haberse visto disminuidos por el hecho de no haber usado mascarillas de oxígeno, algo que suponía una potencial vulneración de la normativa federal. «Según diversos estudios sobre el tema [...] las personas que no usan oxígeno suplementario suelen evidenciar escasos (o nulos) síntomas, por lo que, muchas veces, no tienen conciencia del efecto», sostenía el informe de la Junta.[42]

Pero, tal vez, la conclusión más significativa de aquel informe (extraída de las autopsias de los cadáveres) que no se mencionaba en el informe previo del Ejército fue que el cabo Miller dispuso de «un tiempo mínimo absoluto de supervivencia de, aproximadamente, ocho horas» tras el accidente y que, si Miller «hubiera recibido asistencia médica no más tarde de ese límite temporal, seguida de una intervención quirúrgica apropiada, lo más probable es que hubiese sobrevivido». Sin embargo, según las conclusiones de la Junta, el hecho de que, al parecer, Presidential Airways careciera de procedimientos como los que estipula la legislación federal para el rastreo de los vuelos hizo que «cuando se iniciaron las búsquedas aéreas, [Miller] llevara ya unas siete horas abandonado junto al avión siniestrado». Su rescate, además, «se vio aún más demorado porque, durante las cinco horas siguientes, los rastreos aéreos se centraron en áreas que el avión ni siquiera había sobrevolado».[43]

Joseph Schmitz, director del departamento legal de la compañía matriz de Blackwater, The Prince Group (y de quien se hablará en mayor profundidad en un capítulo posterior), calificó el informe de «erróneo y guiado por motivaciones políticas», según el *News & Observer* de Raleigh. Schmitz «dijo que el propósito inicial del informe era analizar los fallos del ejército, pero, al final, obvió profundizar en ellos. Estaba claro, según declaró, que la NTSB no había cumplido con los mínimos exigibles a una buena investigación de un accidente, lo que, según él, era una falta de respeto hacia las víctimas y hacia los contribuyentes estadounidenses», y añadió que la empresa solicitaría a la NTSB que reconsiderara sus conclusiones.[44]

En realidad, aunque la NTSB culpó a los pilotos y a Presidential, no se olvidó de asignar también las culpas correspondientes a la FAA y al Pentágono por no ejercer una «supervisión adecuada». Uno de los miembros de la Junta escribió una opinión concurrente con las conclusiones del informe en la que ponía de relieve la confusión de jurisdicciones a la hora de investigar «un accidente civil que tuvo lugar en un escenario de guerra cuando el operador del vuelo realizaba operaciones en nombre del Departamento de Defensa». Deborah Hersman, componente de la NTSB, consideró «desconcertante» que el Departamento de Defensa y la FAA no hubiesen determinado quién era responsable de «esta clase de vuelos» y añadió que, aun cuando se había culpado a la FAA por su nula supervisión de esas actividades, ni ésta ni la NTSB tenían personal alguno destinado en Afganistán.[45] Esas cuestiones y la descripción que Hersman hizo del vuelo 61 de Blackwater como «una operación de evidente naturaleza militar sujeta al control del Departamento de Defensa» apelaban directamente al enfoque adoptado por la compañía para defenderse de la demanda por negligencia con resultado de muerte.

La estrategia de respuesta de Blackwater ante la demanda interpuesta por el accidente en Afganistán fue prácticamente análoga a la que siguió para su defensa en el caso de los asesinatos de Faluya: que la compañía y sus filiales forman parte de la «Fuerza Total» del Departamento de Defensa y que, por consiguiente, deben gozar de inmunidad frente a reclamaciones por daños y perjuicios. Blackwater se resistió obstinadamente a reconocer que los tribunales tuviesen jurisdicción alguna sobre el caso y presentó continuamente mociones para detener el proceso de revelación de pruebas durante el juicio argumentando que la simple posibilidad de que sus empleados fuesen obligados a declarar formalmente infringiría la inmunidad de la empresa. Los abogados de Blackwater sostenían que «la inmunidad frente a las demandas judiciales no sólo significa que la parte demandada no pueda ser hallada responsable, sino que no puede ser demandada en absoluto y no tiene por qué soportar siquiera la carga de participar en el proceso. Formular un requerimiento para que Presidential revele datos supondría, pues, pisotear la inmunidad de la que goza esta empresa».[46]

Blackwater argumentó su inmunidad frente a esa clase de litigio basándose en tres aspectos centrales: que sus actividades pertenecen al ámbito de una «cuestión política» que debe ser abordada por los poderes ejecutivo o legislativo, pero no por el judicial; que la empresa constituye esencialmente una prolongación del ejército y, por consiguiente, debería gozar de la misma inmunidad frente a posibles demandas y querellas judiciales de la que goza el gobierno cuando sus militares mueren o se lesionan en acto de servicio, y que Blackwater debería ser inmune frente a las demandas judiciales ateniéndose a una excepción incluida en la Ley Federal de Reclamaciones por Daños y Perjuicios y que había sido anteriormente concedida a diversas empresas contratistas responsables del diseño y la fabricación de piezas complejas de equipos y aparatos militares. De ahí que otros contratistas militares siguieran muy de cerca los argumentos de Blackwater en los casos judiciales de Faluya y Afganistán creyendo que las sentencias de éstos tendrían implicaciones de muy largo alcance para toda la industria bélica.

La doctrina de la cuestión política

En los escritos presentados ante el tribunal, Blackwater/Presidential hizo referencia a una «doctrina de la cuestión política» basada en la idea de que «el poder judicial se inhibe correctamente de decidir sobre controversias que la Constitución consigna textualmente a un poder político distinto y sobre casos que están fuera de la competencia de los tribunales por falta de unos criterios manejables desde el punto de vista judicial».[47] En alusión a su ya conocida argumentación de que constituía una parte reconocida de la «Fuerza Total» de Estados Unidos y de la «capacidad de combate bélico» del Departamento de Defensa, Blackwater sostenía que «permitir que los tribunales civiles entendieran de cuestiones de responsabilidad por soldados muertos o heridos en operaciones en el campo de batalla en las que han intervenido contratistas inscribiría directamente a esos tribunales civiles en el ámbito de la regulación de las operaciones militares».[48]

Esta lógica no fue acogida favorablemente por el juez federal del caso. Como refutación del argumento de Blackwater, el juez John Antoon citó la sentencia de 2006 del caso *Smith v. Halliburton Co.* Aquella demanda acusaba a Halliburton de negligencia por no haber protegido adecuadamente un comedor en Mosul, Irak, que fue objeto de un atentado con bomba perpetrado el 21 de diciembre de 2004 por un terrorista suicida que mató a 22 personas. Refiriéndose a aquel caso anterior, el juez Antoon expuso que:

> La pregunta correcta, según el tribunal, era si la reclamación obligaría al tribunal a cuestionar la misión del ejército y la respuesta de éste a un ataque. Si el ejército era responsable de proteger aquellas instalaciones, emitir un fallo sobre el asunto supondría necesariamente «cuestionar *a posteriori* una decisión militar» y evaluar la conducta del ejército, lo que constituiría una cuestión política. Sin embargo, si el contratista era el principal responsable de proteger aquel comedor según el contrato conforme al que operaba, la demanda sí sería de competencia judicial. El tribunal de aquel caso concluyó que existía «una diferencia básica entre cuestionar la ejecución de una misión por parte del ejército y cuestionar el modo en que un contratista cumple con sus deberes contractuales», y, con ello, prefiguró la conclusión a la que este tribunal ha llegado: la primera situación plantea una cuestión política, pero la segunda no.[49]

El juez Antoon decidió que, como el Blackwater 61 estaba «obligado a volar —como haría normalmente— conforme a unas normas comerciales civiles, aun tratándose de un territorio extranjero y peligroso», y podía, por consiguiente, negarse a realizar un vuelo si su tripulación lo consideraba demasiado peligroso, «no parece [...] que se le vaya requerir a este Tribunal que cuestione orden militar táctica alguna».[50]

El tribunal rechazó finalmente el argumento de la «cuestión política» presentado por Blackwater aduciendo que no era «una base adecuada para desestimar este caso». Antoon también puso reparos a la opinión expresada por Blackwater de que formaba parte del ejército entendido en un sentido amplio, y señaló que, de haber sido así, el gobierno federal podría haber presentado un escrito de apoyo a la empresa en el caso, pero no lo había presentado. «No podemos pasar por alto que el gobierno de Estados Unidos no ha optado por intervenir en nombre de los demandados en este caso», escribió el juez. «Ha declinado la oportunidad de intervenir para explicar de qué modo podrían verse afectados sus intereses por esta querella.»[51]

Pese a esa reprimenda dirigida a Blackwater, el juez dio la impresión de señalar que estas situaciones podrían cambiar para los contratistas en el futuro. «La medida en la que las empresas comerciales privadas que realizan funciones militares clásicas tienen derecho a cierta protección frente a la responsabilidad por daños y perjuicios constituye un área de interés para los poderes políticos.»[52]

La doctrina Feres

Para defender su inmunidad frente a los litigios de responsabilidad por daños y perjuicios, Blackwater alegó la llamada doctrina Feres, que sostiene que el gobierno goza de inmunidad soberana frente a demandas judiciales de responsabilidad civil por «lesión de sus soldados cuando tal lesión se produce durante (o como consecuencia de) una actividad inherente a su servicio como militares».[53] Blackwater sostenía que «aquí carece de importancia si los fallecidos murieron en un avión contratado por la Fuerza Aérea o en un aparato operado por la propia Fuerza Aérea: lo que realmente importa es que eran miembros del personal militar que murieron en acto de servicio castrense».[54] Blackwater aducía que incluso las familias de los soldados muertos admitían que sus seres queridos «1) estaban destinados en Afganistán, 2) fallecieron en una zona de combate, y 3) murieron mientras eran transportados en una misión del Departamento de Defensa de un aeródromo a otro en Afganistán».[55]

El juez Antoon disintió claramente de la interpretación que hacía Blackwater de la supuesta inmunidad directa de la que gozaba el ejército y señaló que los abogados de Blackwater «no cita[ron] ningún caso en el que la doctrina Feres haya sido considerada aplicable también a los empleados de los contratistas privados».[56] Concretamente, dijo que, en el fondo, Blackwater/Presidential «disimuló su solicitud para que este Tribunal hiciera extensiva la doctrina Feres más allá de sus límites establecidos y lógicos citando casos que ponen el acento en que lo significativo es el estatus de los demandantes como miembros del ejército y no el estatus de la propia [Blackwater]».[57] El juez concluía que «es evidente que los demandados en este caso no son susceptibles de la protección prevista en la doctrina Feres porque son entidades comerciales privadas. [...] Los demandados suscribieron aquel contrato como una actividad comercial. Proporcionaban un servicio por un precio estipulado. Que el servicio se realizase en las montañas de Afganistán durante un conflicto armado no convierte a los demandados (ni a su personal) en miembros del ejército ni en empleados del gobierno».[58] Dicho de otro modo, Antoon sentenció que, aunque el Pentágono se hubiese referido a los contratistas militares privados como parte de su «Fuerza Total», eso no modificaba el estatus de Blackwater como empresa privada con ánimo de lucro y responsable de sus acciones.

La excepción a la Ley Federal de Reclamaciones por Daños y Perjuicios

El tercer argumento principal de Blackwater para reivindicar su inmunidad frente a litigios legales por daños y perjuicios era que, siendo un contratista militar, era inmune a esa clase de demandas del mismo modo que los tribunales habían hallado en el pasado que lo eran varios productores de componentes de equipos militares complejos. En uno de aquellos casos, la familia de un marine muerto demandó a un fabricante por defectos en el diseño de su sistema de evacuación de un helicóptero. El tribunal entendió que «la legislación estatal sobre responsabilidad civil por daños y perjuicios quedaba relegada por la gran importancia que para el gobierno federal tiene la adquisición de equipamiento militar», y que éste tenía «libertad de decisión para priorizar la eficacia bélica sobre la seguridad en el diseño de material y equipos militares».[59]

El juez Antoon sentenció que, aunque esa línea de defensa existe y se ha hecho extensiva a algunos casos adicionales, un tribunal carece de «autoridad para ofrecer el escudo de la inmunidad soberana a un actor privado. Hasta que el Congreso no indique lo contrario, [las excepciones otorgadas a] contratistas privados que no son empleados del Estado quedan limitadas» a casos como el del diseño de equipos complejos. «Este Tribunal duda mucho de que la excepción que se aplica a las actividades de combate en la [Ley Federal de Reclamaciones por Daños y Perjuicios], y que sirve para preservar la tradicional inmunidad soberana del Gobierno en materia de responsabilidad civil, pueda ser aplicable en las demandas interpuestas contra contratistas de la defensa nacional», escribió Antoon. «Y si lo fuera, como mucho sólo protegería a los contratistas privados de defensa frente a reclamaciones por su responsabilidad civil en la fabricación de equipos complejos y sofisticados que se empleen en tiempos de guerra. Nunca se ha ampliado para impedir demandas por una negligencia activa de los contratistas en la provisión de sus servicios ni será este Tribunal quien la amplíe.»[60]

La curiosa división de aviación de Blackwater

A finales de 2006, el juez Antoon denegó todas las mociones presentadas por Blackwater para poner fin a las revelaciones de datos y conseguir la desestimación del caso. Como era de esperar, Blackwater inició inmediatamente el proceso de apelación. Pero, aunque Antoon rechazó de plano el planteamiento que hacía Blackwater de sí misma como prolongación del ejército estadounidense por el hecho de haber sido mencionada como parte de la «Fuerza Total» del Pentágono, es posible que la empresa esté mucho más ligada al funcionamiento del ejército y las agencias de inteligencia de lo que ésta está dispuesta a dar a conocer.

A pesar de que la poca atención prestada hasta el momento a la división de aviación de Blackwater se ha centrado en la demanda interpuesta contra ella por el siniestro de Afganistán, la compañía tiene suscritos múltiples contratos con el gobierno estadounidense para el suministro de pilotos y aparatos. Es difícil obtener información sobre el uso que el gobierno hace de los aviones de Blackwater, pero está sobradamente documentado que las agencias de inteligencia y el ejército estadounidenses han utilizado compañías aéreas privadas para el traslado (o «entrega») irregular de prisioneros a distintos puntos del planeta, especialmente, con motivo de la «guerra contra el terror» de la administración Bush.

En aplicación de este programa clandestino, algunos detenidos han sido trasladados por vía aérea a terceros países con historiales cuestionables o muy negativos en materia de derechos humanos, donde son interrogados lejos de cualquier supervisión y sin atenerse al debido proceso legal. Precisamente, para eludir toda supervisión, el gobierno ha empleado pequeñas empresas privadas de aviación —muchas de ellas con documentos de propiedad poco claros— para el transporte de dichos prisioneros. «Varios sospechosos de terrorismo residentes en Europa, África, Asia y Oriente Medio han sido raptados por agentes estadounidenses encapuchados o enmascarados y subidos a la fuerza a un avión Gulfstream V», escribió la periodista de investigación Jane Mayer en la revista *The New Yorker*. El aparato «tenía autorización para aterrizar en bases militares estadounidenses. Tras su arribada a terceros países, los sospechosos allí "entregados" suelen desvanecerse de la vista de los observadores externos sin dejar rastro. A esos detenidos no se les facilitan abogados y muchas familias no tienen información alguna sobre su paradero».[61] Si bien nada vincula directamente a Blackwater con esas entregas extraordinarias, abundan las pruebas circunstanciales merecedoras de un estudio y una investigación más minuciosos.

El programa de entregas extraordinarias no nació con la administración Bush, sino durante la administración Clinton, a mediados de la década de 1990. La CIA, con aprobación de la Casa Blanca de entonces y conforme a una directiva presidencial, empezó a enviar a sospechosos de terrorismo a Egipto, donde, lejos de la ley y del derecho procesal estadounidenses, podían ser interrogados por agentes de la *mujabarat* de aquel país.[62] En 1998, el Congreso estadounidense aprobó una ley que proclamaba que entre las políticas de Estados Unidos no tiene cabida «la expulsión, la extradición ni el forzamiento del regreso involuntario de una persona a países en los que se piense, conforme a las sospechas suficientemente fundadas que se tenga de ellos, que esa persona corre el riesgo de ser sometida a torturas, y esto es así tanto si dicha persona se hallare físicamente presente en territorio estadounidense como si no».[63] Tras el 11-S, el llamado «Nuevo Paradigma» de la administración Bush logró eludir esa anterior legislación garantista, ya que desposeyó a los presuntos sospechosos de terrorismo de diversos derechos fundamentales.[64] Nadie supo exponer mejor la lógica de tales medidas que el propio vicepresidente Dick Cheney cinco días después de los atentados de Nueva York y Washington, cuando sostuvo en el programa *Meet the Press* de la NBC que el gobierno debía «trabajar también con el "lado oscuro", por así llamarlo». Cheney declaró: «Si queremos tener éxito, buena parte de lo que tiene que hacerse tendrá que hacerse de forma callada, sin suscitar discusión, utilizando fuentes y métodos que están al alcance de nuestras agencias de inteligencia. Ése es el mundo en el que se mueve esa gente. Así que, para nosotros, será vital emplear todos los medios a nuestra disposición para alcanzar nuestro objetivo».[65] Ese mismo sentir se reflejaba en las palabras del número tres de la CIA en aquel momento, Buzzy Krongard (el supuesto responsable del primer contrato de seguridad de Blackwater en Afganistán), quien declaró que la guerra contra el terrorismo sería «ganada, en gran medida, gracias a fuerzas que ustedes desconocen, mediante acciones que no llegarán a ver y por medios de los que quizás no quieran tener jamás noticia».[66]

El uso clandestino de compañías aéreas por parte de Estados Unidos se remonta, al menos, a la época de la guerra de Vietnam. Entre 1962 y 1975, la CIA utilizó una compañía de la que era propietaria en secreto, Air America (que funcionaba simultáneamente como una aerolínea comercial más), para realizar operaciones encubiertas que habrían motivado aún más investigaciones e indignación si se hubiesen hecho públicas en aquel momento. «Air America, una aerolínea que era propiedad en secreto de la CIA, fue un componente crucial de las operaciones de la Agencia en Laos», según un artículo sobre la CIA en el sitio web de ésta escrito por el profesor de historia de la Universidad de Georgia William M. Leary. «En el verano de 1970, dicha aerolínea disponía de unas dos docenas de aviones bimotores de transporte, así como otras dos docenas de aparatos para vuelos de despegue y aterrizaje cortos (STOL) y unos 30 helicópteros, dedicados todos ellos a operaciones en Laos. Más de 300 pilotos, copilotos, mecánicos de vuelo y especialistas en transporte aéreo participaban en misiones que despegaban desde el propio Laos y desde Tailandia. [...] Las tripulaciones de Air America transportaban a decenas de miles de soldados y refugiados, efectuaban misiones de evacuación médica y de rescate de aviadores abatidos en cualquier lugar de Laos, introducían y extraían equipos de vigilancia de carreteras, realizaban misiones de vuelo nocturno de lanzamiento en paracaídas de personas y suministros sobre la Ruta Ho Chi Minh, controlaban los sensores colocados a lo largo de las vías de infiltración, llevaban a cabo un programa de fotorreconocimiento que acabó siendo todo un éxito y participaban en numerosas misiones clandestinas para las que usaban gafas de visión nocturna y equipos electrónicos de última generación. Sin la presencia de Air America, la CIA no habría podido sostener su campaña en Laos como lo hizo.»[67]

En 1975, la Comisión Church inició la investigación de la legalidad de las prácticas de recopilación de información de inteligencia llevadas a cabo por Estados Unidos. El jefe del personal encubierto y comercial de la CIA declaró ante el Senado que, si volvía a surgir una necesidad operativa como la emanada de la guerra de Vietnam, «yo supondría que la Agencia consideraría la posibilidad de poner en marcha una empresa de servicio aéreo de su propiedad con una única condición: que tuviéramos la opción de mantener en secreto que es algo de la CIA».[68]

Décadas más tarde, la administración Bush, embarcada en una guerra que muchos han comparado con la de Vietnam, apreció claramente la necesidad de contar con una flota clandestina de aviones. Poco después del 11-S, la administración puso en marcha un programa para el que contemplaba el uso de una red de aviones privados a la que algunos empezaron a referirse como la «nueva Air America». El programa de «entregas» alcanzó su máxima velocidad de crucero cuando Estados Unidos puso en funcionamiento una sofisticada red de prisiones y centros de detención secretos distribuidos por todo el mundo, ya que precisaba de los aviones privados para el transporte de los prisioneros. La mayor parte de las aeronaves sospechosas de haber participado en esa clase de traslados con motivo de la guerra de la administración Bush contra el terrorismo eran propiedad de empresas tapadera. Esto contrasta con la política de Blackwater, que es propietaria directa de su división de aviación y ha anunciado y promovido públicamente la participación de ésta en actividades militares.

Blackwater Aviation nació en abril de 2003, cuando aún estaba en marcha la ocupación inicial de Irak, a raíz de la adquisición de Aviation Worldwide Services (AWS) y todas sus filiales (incluida Presidential Airways) por parte de Prince Group.[69] El consorcio AWS había sido formado a principios de 2001 por sus dos propietarios, Tim Childrey y Richard Pere, quienes «centraron sus actividades en las operaciones de formación y el transporte aéreo para el gobierno estadounidense».[70] Dentro del consorcio, Presidential Airways era la línea aérea que contaba con licencia oficial para actuar como tal. Además del contrato de Afganistán, Presidential ha proporcionado aparatos CASA 212 y Metro 23 para otros contratos militares de carácter formativo, entre los que se han incluido algunos para el Mando Estadounidense de Operaciones Especiales.[71] STI Aviation era la compañía dedicada al mantenimiento de la flota de Blackwater. Y Air Quest Inc. proporcionaba aviones Cessna Caravan equipados con sistemas de vigilancia aérea: concretamente, en 2001, facilitó aviones de vigilancia para el Mando Sur estadounidense destinados a operaciones en Sudamérica.[72]

«Además de ofrecer soluciones de instrucción en el manejo de armas de fuego, dianas de acero, construcción de campos de tiro y servicios de seguridad, Blackwater ahora ofrece también soluciones aéreas y logísticas para sus clientes», declaró el presidente de Blackwater, Gary Jackson, cuando anunció la adquisición. La nueva división de aviación «complementa nuestro objetivo estratégico, que no es otro que proporcionar una solución única e integrada para todas las necesidades de seguridad y formación táctica de nuestros clientes».[73]

Blackwater también comenzó a desarrollar un dirigible de vigilancia que podría emplearse para espiar a fuerzas «enemigas» en el extranjero o para que el Departamento de Seguridad Interior controlara la frontera.[74] En 2004, Blackwater anunció su intención de trasladar las actividades de su división de aviación a Carolina del Norte y, en 2006, trató de conseguir la autorización necesaria para construir una base aérea privada de dos pistas para su flota de más de veinte aviones.[75] «Disponemos de una flota de aparatos para todos los cuales contamos con clientes», dijo Jackson. «Cada uno de esos aviones está comprometido en un contrato u otro.»[76] Aunque el papel desempeñado por esos aparatos en la guerra contra el terrorismo no está muy claro, la sección aérea de Blackwater se ajusta al patrón de las compañías de las que se sabe a ciencia cierta que han participado en las llamadas entregas extraordinarias.

Los aviones de Blackwater han realizado escalas en Pinal, el «aeroparque» de Arizona en el que tenía su base la flota de Air America.[77] Cuando, a raíz del examen público de sus actividades, la CIA se vio obligada a desmantelar su flota y a vender el aeroparque, una empresa llamada Evergreen International Aviation, en cuyo consejo de administración se sentaba el ex jefe de operaciones aéreas de la CIA, compró la base aérea.[78] En 2006, Evergreen seguía siendo la propietaria del aeródromo, que utilizaba principalmente como instalación de almacenaje de aviones aún no estrenados, básicamente porque el clima del desierto hace posible que los aparatos sobrevivan más tiempo con menor mantenimiento.

No es de extrañar, pues, que la compañía alardeara en abril de 2006 de haber disfrutado de «cuatro años consecutivos de crecimiento».[79]

Además de sus escalas en el aeroparque de Pinal, los aviones de Blackwater frecuentaron otros muchos aeropuertos presuntamente implicados en el programa de entregas extraordinarias. Aero Contractors, que ha sido objeto reciente de atención por sus conexiones con la CIA, tenía su sede central en el condado de Johnston, en Carolina del Norte, una ubicación «intencionadamente cercana a la Base Pope de la Fuerza Aérea, donde los pilotos de la CIA podían recoger agentes paramilitares acuartelados en Fort Bragg [sede de las fuerzas especiales]. La proximidad a una base militar de tal importancia también era oportuna por otros motivos. «Así podíamos sostener nuestra principal tapadera», [según comentó] un ex piloto, "que era la de que estábamos haciendo efectivos unos contratos gubernamentales suscritos con el ejército para los chicos de Fort Bragg".»[80] El ex jefe de pilotos de Air America, Jim Rhyne, fundó Aero Contractors para la CIA y, según uno de sus pilotos, «eligió un aeródromo rural [el del condado de Johnston] porque estaba próximo a Fort Bragg y a muchos veteranos de las Fuerzas Especiales. Además, tampoco había allí una torre de control que alguien pudiera utilizar para espiar las operaciones de la compañía».[81] El del condado de Johnston es uno de los muchos aeropuertos frecuentados por los vuelos de la CIA, según los expertos. «Normalmente, los aviones de la CIA parten de estos aeródromos rurales hacia Dulles», según los autores de *Torture Taxi*.[82]

Repasando los registros de vuelo de varios aviones registrados a nombre de filiales de Blackwater (Aviation Worldwide Services y Presidential Airways), aparecen numerosos vuelos que siguen esas pautas y que también frecuentan los aeropuertos vinculados a la CIA:[83]

— Desde febrero de 2006, el aparato con matrícula N964BW, un CASA 212, ha volado del condado de Johnston a Dulles, ha estado en el aeroparque de Pinal tres veces, ha estado en la Base Pope dos veces, ha estado en la Base Phillips (también de la Fuerza Aérea) y en el Aeródromo Mackall (del Ejército de Tierra), y también ha recalado dos veces en la pista de aterrizaje del Campamento Peary, donde se alojan unas instalaciones de entrenamiento de la CIA (de 3.600 hectáreas de superficie) conocidas como «la Granja».[84]

— El N962BW, otro CASA 212, ha efectuado numerosos viajes entre el condado de Johnston y Dulles, y también ha estado en el Campamento Peary, en el Aeródromo Simmons (del Ejército) situado en Fort Bragg, y en el Aeródromo Blackstone (también del Ejército) en las inmediaciones de Fort Pickett. Su último vuelo registrado fue en septiembre de 2006, cuando se dirigió de Goose Bay, una base que las fuerzas aéreas canadienses y de la OTAN tienen en Terranova, a Narsarsuaq, en Groenlandia.

— El N955BW, un SA227-DC Metro, está registrado a nombre de Aviation Worldwide, pero no tiene registrados vuelos recientes. Tampoco los tienen el N961BW ni el N963BW, que son ambos aparatos CASA 212. Todos estos aviones tienen números de serie a los que no se han asignado números N diferentes.

— En enero de 2006, el rastro del N956BW se perdió en los radares tras haber iniciado un vuelo de Luisiana a Carolina del Norte.

— El N965BW, otro CASA 212, ha realizado viajes regulares al aeroparque de Pinal y al Aeropuerto Logístico del Sur de California (utilizado por el ejército), y ha efectuado escalas en las Islas Turcas y Caicos, la República Dominicana, las Bahamas, en Saint Croix y en Trinidad y Tobago.

— El N966BW, un CASA 212, ha estado en el aeroparque de Pinal, en muchas de las mismas escalas caribeñas que el N965BW, y en la Base Pope de la Fuerza Aérea, y ha realizado varios viajes entre Dulles y Johnston.

— El último desplazamiento registrado para el N967BW, un CASA 212, fue entre Goose Bay y Narsarsuaq dos semanas después del registrado para el N962BW.

— EL N968BW, otro CASA 212, que realiza escalas regulares en el condado de Johnston, Dulles, el aeródromo Phillips y el Campamento Peary, ha estado también en la Base Pope de la Fuerza Aérea, en el aeroparque de Pinal y en la Estación Aeronaval de Oceana.

Por otra parte, aunque los aparatos de Blackwater realizaban circuitos normales en el interior de Afganistán, también se acusó a la empresa de volar al exterior del país, a destinos entre los que se incluía Uzbekistán. Así, en el informe de la FAA sobre el accidente del vuelo 61 de Blackwater, se citaba el testimonio del capitán de la Fuerza Aérea Edwin R. Byrnes, quien decía que uno de los aviones que English y Hammer estaban entrenados para pilotar, «el Metro, iba a ser usado como reactor privado en vuelos con destino a Uzbekistán».[85] Uzbekistán ha sido uno

de los «destinos clave» de las entregas extraordinarias de personas realizadas tanto por el ejército estadounidense como por la CIA. Hasta allí
han sido presuntamente trasladados varios prisioneros desde Afganistán
para ser sometidos a interrogatorios.[86] Además, los aviones de Blackwater que operan en Afganistán lo hacen desde Bagram, un conocido centro de detenciones y torturas bajo dirección estadounidense. Según el
contrato por el que se rigen las operaciones de Blackwater/Presidential
en Afganistán, todo su personal «está obligado a poseer un determinado
nivel de autorización oficial de acceso a secretos de seguridad nacional».[87] El contrato también indicaba otros requisitos relacionados con
las «operaciones de seguridad»: «La información sobre pormenores
como los horarios de los vuelos, los hoteles en los que se alojen las tripulaciones, los viajes de regreso u otros datos de la misión internacional
deberá ser mantenida en estricto secreto y será única y exclusivamente
comunicada a personas que tengan que conocerla. La tripulación de los
vuelos debería estar alerta ante personas que traten de obtener información sobre el contratista, los vuelos, etc., y debería tratar de mantener la
máxima discreción mientras esté realizando misiones del Departamento
de Defensa».[88] En junio de 2007, Blackwater hizo pública una nota de
respuesta a un artículo publicado en el *Daily Mail* de Londres, que acusaba a la compañía de estar involucrada en los traslados irregulares de
personas.[89] «Blackwater y sus empresas afiliadas no llevan (ni han llevado nunca) a cabo ninguno de los llamados vuelos de "entregas extraordinarias", como se ha dado en conocer el transporte de personas detenidas
o sospechosas de terrorismo hasta centros donde son luego sometidas a
interrogatorio», afirmaba aquella declaración. (El diario londinense se
retractó rápidamente de aquellas alegaciones.)[90]

Sería necesaria una investigación de largo alcance para determinar
qué implicación ha tenido Blackwater (si es que ha tenido alguna) en los
programas de entrega secreta de personas a terceros países patrocinados
por el gobierno estadounidense. El presidente de la empresa, Gary Jackson, ha alardeado con osadía de los contratos «informales» y «secretos»
suscritos por Blackwater, y del hecho de que no sean públicos ni susceptibles de seguimiento externo. Llegó incluso a asegurar que dichos contratos eran tan secretos que no podía hablar con una agencia federal
sobre los contratos que Blackwater tenía suscritos con otros organismos
del mismo gobierno federal.[91] El primer contrato de seguridad obtenido
por Blackwater dentro de la llamada «guerra contra el terror» fue un

contrato «informal» con la CIA, una agencia con la que tiene profundos vínculos.[92] Y tampoco podemos olvidar que, a principios de 2005, Blackwater contrató al espía de carrera de la CIA que muchos consideran incitador principal del programa de entregas extraordinarias lanzado por la administración Bush tras el 11-S: J. Cofer Black, el ex jefe del centro de contraterrorismo de la Agencia. En noviembre de 2001, cuando fuerzas estadounidenses capturaron a Ibn Al Sheik Al Libi, a quien se consideraba jefe del campo de entrenamiento de Al Qaeda en Jalden (Afganistán), Black presuntamente solicitó y obtuvo permiso de la Casa Blanca —con la intermediación del director de la CIA, George Tenet— para trasladar y «entregar» clandestinamente a Libi (contra las objeciones, supuestamente, de las autoridades del FBI, que se manifestaron a favor de darle un trato más transparente). «Lo amordazaron con cinta adhesiva, lo maniataron y lo inmovilizaron, y lo enviaron a El Cairo», según declaró a *Newsweek* un ex alto cargo del FBI. «En el aeropuerto, el agente de la CIA a cargo del caso se le acercó y le dijo: "Ahora te vas a El Cairo, ¿sabes? Pero antes de que llegues allí voy a encontrar a tu madre y me la voy a follar".»[93]

Capítulo 16

Cofer Black: se nos ha caído la piel de cordero

Desde el 11-S, pocas personas han tenido tan fácil acceso al presidente Bush y la planificación secreta de la «guerra contra el terror» como el (ex) embajador J. Cofer Black. Veterano de la CIA, en la que había trabajado durante 30 años, Black era una figura legendaria en el misterioso mundo del espionaje internacional y ya había sido amenazado personalmente de muerte por Osama Bin Laden en la década de 1990. Se convirtió en personaje destacado del mundo del espionaje tras el papel central que desempeñó en la captura en Sudán del afamado terrorista internacional Ilich Ramírez Sánchez, más conocido como «Carlos, el Chacal». Black había pasado buena parte de su carrera en África y Oriente Medio, y cuando se produjeron los atentados del 11-S, asumió con entusiasmo un papel clave en la trama de la respuesta estadounidense inmediata.

El 13 de septiembre de 2001 (dos días después del impacto de los tres aviones comerciales contra el World Trade Center y el Pentágono), Black ya ocupaba un asiento en la Sala de Situaciones de la Casa Blanca.[1] El veterano agente de la CIA se hallaba allí para informar al presidente sobre el tipo de campaña para la que él mismo se había preparado desde su incorporación a la agencia en 1974, pero que nunca le habían dejado llevar a cabo.[2] Tras haber recibido formación en operaciones clandestinas, Black fue inicialmente enviado a África, donde transcurrió la mayor parte de su carrera en la CIA. Trabajó en Zambia durante la guerra de Rodesia, luego en Somalia y también en Sudáfrica durante la brutal guerra que el régimen del *apartheid* libró contra la mayoría negra del país.[3] Durante su estancia en Zaire, Black trabajó en el programa secreto de envío de armas a las fuerzas anticomunistas en Angola promovido por la administración Reagan.[4] Tras dos décadas en la CIA y una temporada en Londres, Black llegó bajo tapadera diplomática a la embajada estadounidense en Jartum, Sudán, donde ejerció en realidad de jefe de la delegación de la CIA desde 1993 hasta 1995.[5] Allí fue testigo de primera mano de cómo un rico saudí llamado Osama Bin Laden construía toda una red internacional hasta convertirla en lo que, para cuando Black acabó su turno allí, la CIA describía ya como «la Fundación Ford del terrorismo islámico suní».[6]

Durante buena parte de la década de 1990, los agentes que seguían a Bin Laden trabajaban conforme a una «Directiva Operativa» de la administración Clinton que restringía sus actividades a la recopilación de información de inteligencia sobre el propio Bin Laden y su red, pero les negaba autorización para realizar operaciones secretas.[7] A juicio de Black, Bin Laden constituía una amenaza que debía ser eliminada. Pero la administración estadounidense se negaba a autorizar las medidas letales que Black consideraba necesarias contra Bin Laden y sus compinches. Algunos de los hombres de Black se mostraban entusiasmados con la idea de asesinar al potentado saudí, pero su entusiasmo se veía siempre refrenado por las órdenes de sus superiores. «Por desgracia, en aquel momento, los permisos para asesinar —denominados oficialmente "órdenes ejecutivas letales"— eran un tema tabú en la unidad», según el agente·de la CIA Billy Waugh, que trabajó muy de cerca con Black en Sudán. «A principios de la década de 1990, estábamos obligados por la mojigatería de la legalidad vigente y de los defensores de las buenas obras.»[8] Entre las ideas de Waugh que fueron rechazadas en aquellos tiempos estaba un supuesto complot para asesinar a Bin Laden en Jartum y dejar su cadáver junto a la embajada iraní en un intento de echar la culpa a Teherán, una idea que, según Waugh, tenía «fascinado» a Cofer Black.[9]

Pero del mismo modo que Black y la CIA vigilaban a Bin Laden, también ellos estaban siendo vigilados. Al parecer, en 1994, el grupo de Bin Laden en Jartum había llegado a la conclusión de que Black, que ocultaba sus verdaderas actividades declarándose oficialmente un diplomático más de la embajada, era en realidad un agente de la CIA.[10] En su insuperable libro sobre la historia secreta de la CIA y Bin Laden, *Ghost Wars*, Steve Coll escribió que los hombres de Bin Laden empezaron a tomar nota de los trayectos que Black seguía en sus idas y venidas de la embajada estadounidense. «Black y los agentes que le ayudaban se percataron de aquella vigilancia y empezaron a observar a quienes les observaban a ellos», escribió Coll. «Los agentes de la CIA se dieron cuenta de que los hombres de Bin Laden estaban trazando una especie de "zona idónea para el asesinato" en las proximidades de la embajada. No sabían decir si el ataque se materializaría en forma de secuestro, de atentado con coche bomba o de emboscada con tiradores armados con rifles de asalto, pero pudieron observar al grupo de Bin Laden ensayando la operación en una calle de Jartum. Con el transcurrir de las semanas, la vigilancia y la contravigilancia se hicieron cada vez más intensas. Hubo incluso una ocasión en la que se produjo una persecución automovilística a gran velocidad. Y, en otro incidente de aquellas fechas, los agentes de la CIA llegaron a apuntar con sus armas cargadas a los árabes que los seguían. Black decidió finalmente transmitir una queja al gobierno sudanés a través del embajador estadounidense. Al sentirse descubiertos, los conspiradores dieron marcha atrás en sus planes.»[11] Cuando Black abandonó finalmente Jartum, Bin Laden era más poderoso que cuando el veterano espía había llegado por primera vez a aquel destino; ese hecho ayudaría a avivar la que se acabaría convirtiendo en la mayor obsesión profesional de Black durante los años posteriores.

El mayor triunfo de Black en Sudán, pues, fue la captura de un fugitivo internacional cuya celebridad había precedido en bastantes años a la de Bin Laden. Billy Waugh describió en una ocasión cómo, en Sudán, en diciembre de 1993, fue retirado de la vigilancia de alguien que «no era un pez tan gordo por aquella época» (Osama Bin Laden) para dedicarse «al pez más gordo de todos».[12] Waugh se refirió concretamente a una reunión celebrada en la embajada de Jartum en la que Black anunció cuál era su nuevo objetivo: «En una ciudad como aquélla, donde vivían un millón de almas, íbamos a ser nosotros los responsables de hallar y atrapar nada más y nada menos que a Ilich Ramírez Sánchez, el hombre conocido a lo largo y ancho del globo como Carlos, el Chacal, el terrorista más famoso del mundo».[13] Tras la reunión, según lo recordaba Waugh, «Cofer Black hizo un aparte conmigo y me dijo: "Billy, éste es el hombre. Tienes que atrapar a este tipo". En aquel momento supe, por la evidente gravedad de su voz, que la agencia había convertido aquello en su máxima prioridad. [...] Y yo quería ser el que atrapara a aquel cabrón».[14] Carlos estaba acusado de toda una serie de asesinatos y atentados políticos repartidos entre las décadas de 1970 y 1980, y mientras Cofer Black estuvo en Sudán, el Chacal fue quizás el fugitivo más buscado del mundo.

Black, Waugh y el equipo que seguía al Chacal lograron aprovechar una oportunidad propiciada por el propio Carlos cuando éste llamó a un guardaespaldas de confianza para que viniera desde el extranjero a sacarle del atolladero en el que le había metido su escolta de entonces, que había sido encarcelado en Jartum por haber apuntado borracho con su pistola a un tendero local.[15] Gracias a aquello, fueron capaces de averiguar la identidad del nuevo guardaespaldas y el modelo y la matrícula de su vehículo desde el momento mismo de su llegada a Jartum, lo que les permitió seguir a aquel Toyota Cressida hasta el domicilio del Chacal. Tras meses de cautelosa y minuciosa vigilancia desde un piso de alquiler con visión directa sobre la casa de Carlos, en agosto de 1994 se dio el paso definitivo.[16] Waugh escribió que aquel día entró en la delegación de la CIA sin estar seguro de cuál había sido la suerte del Chacal: «Al momento, Cofer y la genial gerente de aquellas oficinas me pasaron una copa de champán. Cofer exclamó: "Brinda, Billy, grandísimo hijo de perra, que Carlos está en la cárcel en Francia"».[17] El arresto del Chacal revistió a Cofer Black de su posterior estatus de leyenda en los ambientes de la CIA y continúa siendo uno de los puntos de su carrera de los que más puede presumir. Después de Jartum, Black fue nombrado en 1995 jefe de los destacamentos de la CIA para la división de Oriente Próximo y el Sur de Asia (puesto desde el que pudo proseguir con su anterior vigilancia de la red de Bin Laden), y, posteriormente, pasó una breve temporada en 1998 como jefe adjunto de la división de la Agencia para América Latina.[18] En 1999, Black fue premiado con un importante ascenso: la dirección del Centro de Contraterrorismo (CTC) de la CIA.[19]

Cuando Black asumió oficialmente su nuevo cargo en el CTC, su Némesis, Bin Laden, era ya un nombre familiar al que se había acusado públicamente de ser el cerebro que ideó y ordenó los atentados con bomba contra las embajadas de Estados Unidos en Kenia y Tanzania, en los que murieron más de doscientas personas, de las que doce eran de nacionalidad estadounidense. Bin Laden abandonó Sudán poco después de que lo hiciera Black y, al parecer, se instaló en Afganistán. El que hasta entonces había sido un nombre únicamente conocido en los círculos de los servicios de inteligencia (y en el mundo árabe y musulmán) pasaría a ser una de las figuras destacadas de los carteles de los más buscados por el FBI. Entre las responsabilidades de Black a partir de 1999 estuvo la de supervisar la unidad especial dedicada a Bin Laden en el CTC, conocida como la Alec Station (aunque, a nivel interno de la Agencia se la conocía como la «familia Manson» por su obsesión, casi más bien propia de una secta, por «el auge de la amenaza de Al Qaeda»).[20] Black se zambulló con entusiasmo en la planificación y la supervisión de las operaciones secretas. «Profería frases sentenciosas que trataba de envolver en un gran dramatismo y en un tono coloquial de tipo duro, como si quisiera hacerte pensar "Oh, vaya, este tío los tiene bien puestos y sabe muy bien de lo que habla"», comentó Daniel Benjamin, jefe del equipo de contraterrorismo del Consejo de Seguridad Nacional durante la administración Clinton, en una entrevista concedida a *Vanity Fair*. «Decía cosas como "basta ya de hacer el gilipollas; esto se va a poner muy duro y pronto empezará a llegar la gente dentro de bolsas para cadáveres. Y eso es lo que hay y vosotros, muchachos, tenéis que saberlo". Todo el tiempo estaba hablando de las dichosas bolsas para cadáveres.»[21]

Poco después de que Black asumiera oficialmente la jefatura del CTC, a principios de diciembre de 1999, la CIA admitió ante la Casa Blanca que, «tras cuatro años y cientos de millones de dólares invertidos, Alec Station no ha conseguido reclutar aún ni una sola fuente de información dentro del creciente círculo operativo de Bin Laden en Afganistán», según aseguró James Bamford en su libro de investigación sobre el tema. «Aquello era más que embarazoso para la Agencia: era un escándalo. [...] Aquél era un momento muy peligroso para carecer de fuentes de inteligencia. De hecho, pocos días después, los conspiradores del 11-S comenzaron a poner en marcha su plan.»[22] Aunque, técnicamente, Black era la persona que se hallaba al cargo por entonces, acababa de ser nombrado para ese puesto. Más tarde se quejaría de que ni él ni sus compañeros del CTC recibieron apoyo adecuado para liquidar la amenaza de Bin Laden. «Cuando comencé en este cargo en 1999, me figuré que eran muchas las probabilidades de que acabara sentado justo aquí ante ustedes», declaró Black ante la Comisión del 11-S en abril de 2004. «Lo que en resumen quiero y tengo que decirles, asumiendo así mi parte de culpa en todo esto, es que, en cierto modo, le fallé a mi gente a pesar de hacer todo lo que pude. No contábamos con suficientes personas para hacer nuestro trabajo. Y ni por asomo disponíamos del dinero suficiente.»[23] Black aseguró que el CTC «contaba con los mismos efectivos que tres compañías de infantería encargadas de cubrir un frente de unos pocos kilómetros», pero con el agravante de que «las responsabilidades a las que ha de atender nuestro centro de contraterrorismo son de escala mundial».[24] Black dijo también que, con anterioridad al 11-S, «el número de personas, el capítulo financiero y la flexibilidad operativa» eran «decisiones que otros ya habían tomado por nosotros, es decir, tanto por la CIA como por mi centro de contraterrorismo».[25]

Ciertamente, hubo recortes presupuestarios durante el mandato de Black. En 1999, por ejemplo, tuvo que hacer frente a una reducción del 30% en el presupuesto operativo en efectivo del CTC, una rebaja que afectó también a la unidad dedicada a Bin Laden.[26] Algunos analistas comentaron, sin embargo, que la falta de recursos no era el meollo del problema, sino que éste arrancaba del acento especial puesto por Black y sus aliados en las operaciones encubiertas de carácter paramilitar frente a la más tediosa labor de infiltrarse en Al Qaeda o en el círculo de Bin Laden.[27] En 1999, en documentos informativos preparados por la oficina de Black para la Casa Blanca de Clinton, aquélla reconocía que «si no se penetraba en la organización de OBL», la CIA estaba en un aprieto. El informe de Black aseguraba que existía la necesidad «de reclutar fuentes de información», pero añadía que «cuesta mucho reclutar a fuentes terroristas».[28] Lo que se hizo (o no se hizo) a propósito de este problema se convertiría en el origen de una cantidad sustancial de acusaciones tras el 11-S.

En los dos años previos al 11-S, la estrategia seguida por Black para combatir a Al Qaeda se centró en la utilización del país vecino de Afganistán, Uzbekistán, como trampolín de lanzamiento hacia el territorio afgano.[29] Black viajó clandestinamente a la capital, Tashkent, y supervisó en persona la financiación y la formación facilitadas por Estados Unidos para la creación y la puesta en marcha de una fuerza paramilitar uzbeka que, supuestamente, trataría de secuestrar a Bin Laden o a sus principales lugartenientes a través de «operaciones de rapto secretas».[30] El dictador de Uzbekistán, Islam Karimov, estaba librando su propia guerra contra grupos islámicos en su país y era todo un experto en utilizar las amenazas de rebelión islámica para justificar políticas de represión interna generalizada, incluido el arresto de activistas pro democracia.[31] Cuando la CIA llamó a su puerta, Karimov estuvo más que contento de utilizar la excusa de una guerra contra Bin Laden para justificar la ayuda militar encubierta de Washington. Aunque la CIA pudo usar las bases aéreas de aquel país para ciertas operaciones e instaló dispositivos de comunicaciones y escuchas en territorio uzbeko, el resultado final del apoyo encubierto de Estados Unidos a Uzbekistán patrocinado por Black fue que el brutal líder de este país, Karimov, recibió millones de dólares de la CIA que utilizó «para mantener en funcionamiento sus cámaras de tortura», según Bamford. «Y la instrucción de aquel comando especial acabó resultando muy útil para proseguir con la represión dirigida contra las mujeres y las minorías étnicas.»[32] Karimov también era conocido por ejecutar a sus enemigos sumergiéndolos en líquido hirviendo, una práctica que, según el embajador británico en aquel país, distaba de ser «un incidente aislado».[33]

Black también alentó el apoyo encubierto estadounidense a Ahmed Shah Masud, el «León del Panshir», y su Alianza del Norte, que consideraba enemigos suyos tanto a Bin Laden como a Al Qaeda. Como director del CTC, Black se reunió cara a cara con Masud en, al menos, una ocasión: en Tayikistán, en el verano de 2000.[34] La confianza depositada por Black y su unidad en Masud para enfrentarse a Al Qaeda resultó bastante controvertida, incluso dentro del mundo de los servicios de inteligencia. Las fuerzas de Masud representaban una minoría étnica dentro del complejo panorama afgano y tenían su bastión en el norte, lejos de la principal zona de operaciones de Bin Laden. Pero aquella actitud despertaba también una preocupación de alcance más general. «Mientras una parte de la CIA financiaba al grupo de Masud, otra (el Centro Antinarcóticos de la propia Agencia) advertía del gran peligro que representaba», según escribió Bamford. «Su gente, avisaban, continuaba traficando con grandes cantidades de opio y heroína con destino a Europa. Los británicos llegaron también a la misma conclusión.»[35] El experto en contraterrorismo de la Casa Blanca Richard Clarke se oponía a aquella alianza militar con Masud y acusaba a la Alianza del Norte de «traficar con drogas» y «despreciar los derechos humanos».[36] Pese a todo Black explicó a sus colegas que lo importante de aquel apoyo era que servía para «preparar el campo de batalla para la Tercera Guerra Mundial».[37] Sin embargo, Masud no vivió para verlo. El 9 de septiembre de 2001 fue asesinado, presuntamente por activistas de Al Qaeda que se hicieron pasar por periodistas.[38] Durante ese tiempo, Black también presionó a la Fuerza Aérea para que acelerase la producción de un avión espía teledirigido Predator que pudiera equiparse con misiles Hellfire para dispararlos sobre Bin Laden y sus lugartenientes.[39]

Algunos ex altos cargos del contraterrorismo han alegado que, mientras Black permaneció en el CTC, interesó más utilizar a Al Qaeda para justificar la creación de todo un aparato administrativo para el núcleo de acciones encubiertas de la CIA (la Dirección de Operaciones) que para la tarea concreta de poner freno a Bin Laden. «Cuando Cofer Black llegó, él era la estrella, él era el profesional procedente de la D.O.», explicó el veterano directivo de la CIA Michael Scheuer, responsable de la unidad encargada de Bin Laden entre 1995 y 1999, antes del nombramiento de Black.[40] El ex zar del contraterrorismo Richard Clarke comentó a *Vanity Fair*: «Hay algo de cierto en cuanto a que no tenían suficiente dinero, pero lo interesante es que no dedicaron nada del dinero que sí tenían para ir tras Al Qaeda». Clarke explicó que «siempre exclamaban "Al Qaeda, Al Qaeda, Al Qaeda", cuando se trataba de conseguir dinero, pero luego les daban ese dinero y éste no iba para lo de Al Qaeda. En lo que se esforzaban era en reconstruir la D.O. [Dirección de Operaciones] y, por eso, buena parte de aquello se destinaba a infraestructuras de la D.O., y entonces decían: "Bueno, es que no se puede empezar a perseguir a Al Qaeda sin antes reparar el conjunto de la D.O." [...] Y yo les respondía: "Pues debe de haber algún dólar en alguna parte de la CIA que podáis redestinar a la caza de Al Qaeda". Pero ellos entonces te decían que no y ya estaba. Era una manera más de dar a entender que importaba más todo lo demás que estaban haciendo».[41]

La guerra pública de búsqueda de culpables y de asignación de responsabilidades dentro de la comunidad de los servicios de inteligencia y de los altos funcionarios de las administraciones Clinton y Bush por no haber impedido el 11-S se intensificó cuando Bob Woodward publicó su libro *State of Denial** en septiembre de 2006. En él, el veterano periodista describió un encuentro que, al parecer, tuvo lugar el 10 de julio de 2001, dos meses antes de los atentados del 11-S. El entonces director de la CIA, George J. Tenet, se reunió con Black, a la sazón director del CTC, en las oficinas centrales de la CIA. Los dos hombres revisaron las informaciones de inteligencia más recientes de las que disponían sobre Bin Laden y Al Qaeda. Black, según explicó Woodward, «argumentó, a partir de lo que daban a entender diversos fragmentos de comunicaciones interceptadas y otros datos de inteligencia altamente secretos, que cada vez parecía más probable un ataque inminente de Al Qaeda contra Estados Unidos. Lo que tenían entre manos era un amasijo de fragmentos y puntos separados que, juntos, no dejaban de formar un compendio de indicios bastante evidentes: tan convincentes le parecieron a Tenet que éste decidió que tanto él como Black tenían que ir con aquello a la Casa Blanca inmediatamente».[42] En aquellos días, «Tenet había tenido pro-

* Trad. cast.: *Negar la evidencia*, Barcelona, Belacqva, 2007.

blemas para conseguir poner en marcha un plan de acción inmediato contra Bin Laden, en parte porque el secretario de Defensa, Donald H. Rumsfeld, había puesto en duda todos los datos e informaciones de inteligencia interceptados por la Agencia de Seguridad Nacional. Todo aquello ¿no podía ser un gran engaño?, se había preguntado Rumsfeld. Tal vez se trataba de un plan del adversario para medir las reacciones y las defensas estadounidenses».[43] Tras estudiar la información de inteligencia con Black, Tenet llamó a la consejera de Seguridad Nacional, Condoleezza Rice, desde su propio vehículo camino de la Casa Blanca. Cuando Black y Tenet se reunieron con Rice aquel mismo día, según Woodward, tuvieron «la sensación de que ella no sintonizaba para nada con sus preocupaciones. Fue muy amable con ellos, pero ellos se llevaron la impresión de que les estaba dando calabazas». Black diría más tarde que «lo único que nos quedaba por hacer era apretar el gatillo de la pistola con la que le estábamos apuntando directamente a la cabeza».[44]

El 6 de agosto de 2001, el presidente Bush se encontraba en su rancho de Crawford, donde le pasaron su Informe Presidencial de aquel día, que llevaba el título «Bin Laden decidido a atentar en EE.UU.». En él se mencionaba dos veces la posibilidad de que los activistas de Al Qaeda tratasen de secuestrar aviones, posibilidad fundamentada en informaciones del FBI que indicaban «pautas sospechosas de actividad dentro de [Estados Unidos] que concuerdan con la preparación de secuestros aéreos y de otros tipo de atentados, y que incluyen la vigilancia reciente de edificios federales en Nueva York».[45] Nueve días después, Black habló ante una conferencia secreta sobre contraterrorismo celebrada en el Pentágono. «Nos atacarán pronto», dijo Black. «Van a morir muchos americanos y podría ser aquí mismo, en EE.UU.»[46]

Pese a que el debate sobre las responsabilidades por el 11-S se prolongó durante años, con duras acusaciones mutuas entre los altos cargos de la administración anterior (la Clinton) y los de la posterior (la Bush), el enrarecido ambiente no perjudicó a Cofer Black en las fechas inmediatamente posteriores a los atentados. Black se halló de pronto al volante de la política de la nueva administración con un Comandante en Jefe dispuesto a (y ansioso por) convertir en realidad las acciones encubiertas soñadas por el directivo de la CIA. Las iniciativas de Black habían sido frustradas durante años por las restricciones y los impedimentos que regían las acciones encubiertas de Estados Unidos (resumidos fundamentalmente en la prohibición de los asesinatos), pero la guerra contra el terror había cambiado las reglas del juego de la noche a la mañana. «Sentía la emoción de que aquello había comenzado oficialmente», dijo Black. «Por utilizar una analogía, era como aquel perro que han tenido encadenado todo el tiempo en el patio trasero de la casa y que están a punto de soltar. Y no podía esperar más.»[47]

En su encuentro inicial con el presidente Bush tras los atentados del 11-S, Black vino preparado con una presentación de PowerPoint y fue colocando papeles sobre el suelo mientras iba exponiendo sus planes de despliegue de fuerzas en el interior de Afganistán.[48] El 13 de septiembre, le habló a Bush sin tapujo alguno de que sus hombres irían allí con la misión de matar a activistas de Al Qaeda. «Cuando acaben con ellos, tendrán los ojos infestados de moscas», prometió Black aquel día, un toque dramático que le valdría a partir de entonces el apodo de «el de las moscas en los ojos» entre los más allegados al presidente.[49] A éste, al parecer, le encantó el estilo de Black; cuando el veterano de la CIA le dijo a Bush que la operación no sería incruenta, el presidente le respondió: «Adelante. Así es la guerra. Eso es lo que hemos venido a ganar aquí».[50]

Ese mismo septiembre, Bush dio luz verde a Black y a la CIA para que empezaran a infiltrar a fuerzas de operaciones especiales en Afganistán. En el instante previo al despliegue del equipo central de la CIA (conocido como el Jawbreaker, o «Partemandíbulas»), el 27 de septiembre de 2001, Black dio a sus hombres instrucciones directas y macabras. «Caballeros, quiero darles sus órdenes para la misión y quiero dejárselas muy claras. He hablado de esto con el presidente y está totalmente de acuerdo al respecto», explicó Black a, entre otros, el agente encubierto de la CIA Gary Schroen. «No quiero que capturen a Bin Laden y a sus matones; los quiero muertos. [...] Hay que matarlos. Quiero ver fotos de sus cabezas clavadas en estacas. Quiero que me envíen de vuelta la cabeza de Bin Laden en una caja con hielo seco. Quiero poder mostrarle la cabeza de Bin Laden al presidente. Le prometí que así lo haría.»[51] Schroen dijo que aquella fue la primera vez en sus treinta años de carrera en la que se le ordenó asesinar a un adversario sin tratar de capturarlo primero.[52] Black preguntó entonces si se había expresado con claridad. «Perfectamente, Cofer», le respondió Schroen. «Aunque no sé dónde encontraremos hielo seco en Afganistán, pero creo que no tendremos problemas para fabricar unas estacas sobre la marcha.»[53] Black explicó más tarde por qué era necesario un envío tan macabro. «Íbamos a necesitar ADN», dijo. «Y ése era un buen modo de conseguirlo. Coges un machete, le rebanas la cabeza y obtienes un cubo entero de ADN para estudiar y analizar. ¡Mucho mejor que facturar todo el cuerpo en el equipaje de vuelta!»[54]

Durante la planificación de la invasión estadounidense de Afganistán, Black no abandonó su aparente fijación con las amputaciones y las mutilaciones corporales. En un viaje a Moscú en el que acompañó al segundo de Colin Powell, Richard Armitage, para unas reuniones con las autoridades rusas, los rusos —hablando por experiencia propia— advirtieron a Black de la posibilidad de que Estados Unidos fuese derrotado por los muyahidines. Éste, sin embargo, les replicó: «Nosotros vamos a matarlos. Vamos a clavar sus cabezas en unos palos y vamos a convulsionar su mundo».[55] Uno de los aspectos más interesantes de las operaciones encubiertas que Black organizó inmediatamente después del 11-S es que para ellas se recurrió en gran medida a contratistas privados que respondían directamente ante él, y no tanto a fuerzas militares en servicio activo. Los hombres de Black usaron los contratos para hacerse con los servicios de unos 60 ex miembros de la Fuerza Delta, de los SEAL y de otros grupos de Fuerzas Especiales, en calidad de personal contratado independiente para la misión inicial, con lo que acabaron constituyendo la mayor parte del primer contingente de estadounidenses enviado a Afganistán tras el 11-S.[56]

A finales de 2001, Black se encontraba exactamente donde había querido desde que empezó su carrera: desempeñando un papel crucial en el diseño y la puesta en práctica de las políticas contraterroristas de la administración presidencial estadounidense. «Entre los agentes que habían sostenido aquella campaña antes del 11-S reinaba una muy viva sensación de que [...] por fin podían superar a aquellos abogados y a aquella pandilla de políticos excesivamente cautos que se habían interpuesto en su camino con anterioridad y por fin iban a recibir la licencia para actuar que ya debían haber recibido previamente», escribió Steve Coll en *Ghost Wars*.[57] El CTC de Black se expandió con rapidez y su plantilla pasó de los 300 a los 1.200 empleados.[58] «Aquello era el Camelot del contraterrorismo», explicó al *Washington Post* un ex alto cargo de la lucha contraterrorista. «No teníamos que rendir cuentas a nadie y era divertido.»[59] Mientras tanto, varias personas fueron secuestradas en Afganistán, Pakistán y otras zonas especialmente calientes y fueron luego trasladadas en avión hasta el campo de prisioneros estadounidense de la bahía de

Guantánamo, en Cuba, donde la mayoría quedaron retenidos sin cargos durante años, encuadrados dentro de la categoría de «combatientes enemigos» y sin posibilidad de acceso a sistema legal o judicial alguno. Otros detenidos fueron recluidos en condiciones infernales en campos de prisioneros de Afganistán y de otros países. En 2002, Black testificó ante el Congreso sobre la nueva «flexibilidad operativa» empleada en la guerra contra el terrorismo. «Éste es un ámbito de naturaleza sumamente secreta, pero debo decir que lo único que necesitan saber es que hubo un antes y un después del 11-S», dijo Black. «Tras el 11-S, se nos ha caído la piel de cordero.»[60]

Black también se jactaría más adelante, en 2004, de que «por encima del 70%» de los líderes de Al Qaeda habían sido ya arrestados, detenidos o asesinados, y «más de 3.400 de sus activistas y partidarios han sido igualmente recluidos y retirados de la circulación».[61] Dentro de esa nueva «flexibilidad operativa», la CIA llevaba a cabo también «entregas extraordinarias» de prisioneros, o, lo que es lo mismo, los enviaba a países con historiales cuestionables (o inapelablemente atroces) en materia de derechos humanos, donde, en ocasiones, eran torturados física o psíquicamente. El *Washington Post* informó que el CTC de Black se había prodigado en el uso de su «Grupo de Entregas, compuesto por agentes de la Agencia, paramilitares, analistas y psicólogos. Tienen encomendada la labor de secuestrar a personas concretas en la calle de una ciudad, en una montaña remota o en un rincón apartado de un aeropuerto mientras las autoridades locales hacen la vista gorda».[62] Según Dana Priest, del *Post*:

> Los miembros del Grupo de Entregas siguen un procedimiento establecido muy simple: vestidos de negro de la cabeza a los pies (con máscaras incluidas), tapan los ojos y rasgan la ropa de sus recién apresados cautivos y luego les administran un enema y unos somníferos. Colocan a sus detenidos un pañal y los enfundan en un mono porque el viaje puede ser largo (hasta de un día entero). ¿Sus destinos? Pueden ser un centro de detenciones bajo la autoridad de alguno de los países de Oriente Medio y Asia central que cooperan con Estados Unidos (incluida la propia Afganistán) o una de las prisiones secretas propias de la CIA (conocidas en los documentos clasificados como «sedes negras», instaladas a lo largo de los años hasta en ocho países distintos, varios de ellos en la Europa del este).[63]

La CIA proporcionaba a los países anfitriones las preguntas que quería que respondieran los prisioneros. Una autoridad estadounidense anónima directamente implicada en la entrega de cautivos dijo al *Post*: «No les sacamos las cosas a [expresión soez suprimida]. Los enviamos a otros países para que allí les saquen todo a [expresión soez suprimida]».[64] Otra autoridad encargada de supervisar la captura y el traslado de prisioneros explicó al diario que «si no violas los derechos humanos de las personas de vez en cuando, probablemente no puedas hacer bien tu trabajo», y añadió: «No creo que nos interese promover públicamente una política de tolerancia cero en ese sentido. Ése fue, en realidad, el problema que la CIA tuvo durante mucho tiempo».[65]

Black desempeñó un papel esencial en el uso de las «entregas extraordinarias» como elemento de la guerra contra el terrorismo, y lo hizo ya desde un primer momento, en noviembre de 2001, cuando Estados Unidos apresó al supuesto instructor de Al Qaeda, Ibn Al Sheik Al Libi.[66] El agente de la delegación del FBI en Nueva York Jack Cloonan pensaba que Libi podía ser un testigo muy valioso contra Zacarias Moussaoui y contra Richard Reid (acusado de intentar hacer estallar los explosivos que transportaba en sus zapatos en un vuelo entre París y Miami), que habían recibido entrenamiento en el campamento de Jalden que Libi supuestamente dirigía. Cloonan ordenó a los agentes del FBI que «llevaran esto como si se estuviese haciendo desde aquí mismo, desde mi despacho de Nueva York».[67] Recordó haber «hablado por una línea segura con ellos. Les dije: "No os busquéis problemas, leedle sus derechos. Puede que parezca anticuado, pero esto saldrá a la luz si no lo hacemos así. Igual tarda diez años, pero, si no lo hacemos así, acabará haciéndonos daño a nosotros y a la reputación de todo el organismo. Haced que destaque como ejemplo de lo que nosotros consideramos que es hacer bien las cosas"».[68] Pero la CIA no era de la misma opinión, ya que consideraba que podía obtener más información de Libi mediante otros métodos. Invocando unas supuestas promesas obtenidas tras el 11-S de mayor permisividad de cara a los interrogatorios de los sospechosos detenidos, el jefe de la delegación de la CIA en Afganistán solicitó a Black —que por entonces era el jefe de contraterrorismo de la Agencia— que ésta se hiciera cargo de Libi. Black trasladó aquella petición al director de la CIA, George Tenet, quien, a su vez, obtuvo permiso de la Casa Blanca para realizar aquella entrega extraordinaria, pese a las objeciones del director del FBI, Robert Mueller.[69]

Mientras tanto, la Casa Blanca puso a trabajar febrilmente a sus abogados para que desarrollaran justificaciones legales de tan extremadamente violentas políticas. Indicó «formalmente» a la CIA que no podría ser demandada judicialmente por el uso de técnicas de «tortura ligera» que no acarrearan «insuficiencias graves en órganos vitales» ni la «muerte» de los interrogados.[70] Black se había ganado rápidamente un pase de acceso privilegiado a la Casa Blanca tras el 11-S y algunos ex colegas suyos afirmaban que volvía de sus encuentros en el 1600 de Pennsylvania Avenue «inspirado y expresándose como un misionero».[71]

Un año después, Osama Bin Laden continuaba en libertad y no dejaba de hacer públicos mensajes en vídeo y de loar la resistencia antiestadounidense. Entonces, Cofer Black abandonó repentinamente la CIA. Hay quien sostiene que el secretario de Defensa, Donald Rumsfeld, hizo que lo destituyeran después de que Black actuara supuestamente como fuente no citada (pero suministradora de los «antecedentes» necesarios) de una noticia publicada por el *Washington Post* el 17 de abril de 2002, en la que se explicaba que, al parecer, el Pentágono había dejado huir a Bin Laden después de que éste hubiese resultado herido en Tora Bora (Afganistán).[72] En el párrafo introductorio del artículo, el diario consideraba el incidente como «el error más grave en la guerra contra Al Qaeda».[73] Un mes después, semioculto en el interior de otra noticia del *Post* del 19 de mayo, aparecía este anuncio: «En otro orden de cosas, ayer, altos cargos de la CIA dijeron que Cofer Black, jefe del Centro de Contraterrorismo de la Agencia durante los últimos tres años, ha sido asignado a otro puesto, lo cual calificaron de consecuencia de la rotación habitual en el seno de la Agencia».[74] La agencia de noticias UPI entrevistó posteriormente a varios ex altos cargos de la CIA y uno de ellos dijo: «A Black lo despidieron. Lo echaron sin más».[75] En el teletipo de UPI también se decía que «a Black no sólo lo despidieron, sino que le prohibieron la entrada en las oficinas de la CIA. "Ése es el procedimiento habitual si te echan", explicó a UPI la ex analista de la CIA para Irak Judith Yaphe. Humillado, Black tuvo que conformarse con una delegación satélite de la Agencia ubicada en Tysons Corner, lo que lo mantuvo separado de sus viejos camaradas de confianza y de la comodidad y la familiaridad de su anterior entorno».[76] De todos modos, la carrera de Black en el gobierno no estaba acabada y era evidente que conservaba amigos en muy altas esferas. El 10 de octubre de 2002, el presidente Bush lo nombró su coordinador de contraterrorismo y le otorgó el rango de embajador general ante el Departamento de Estado.[77]

Al poco de asumir su nuevo cargo, Black habló vía satélite ante un grupo de periodistas egipcios que se encontraban en El Cairo. En aquella conversación, le preguntaron acerca de varias de las nuevas políticas de la administración estadounidense en la llamada «guerra contra el terror». «He estado en Guantánamo», les dijo Black, «y debo decir que lo que he visto allí me ha dejado muy complacido. Lo que quiero decir es que tanto ustedes como yo seríamos muy afortunados si nuestros enemigos nos proporcionaran esa clase de alojamiento».[78] Pese a todo, la polémica no tardó en sacudirlo de nuevo.

Durante el discurso sobre el Estado de la Unión de 2003, el presidente Bush declaró: «Esta noche, he dado instrucciones a los máximos directivos del FBI, la CIA y los Departamentos de Seguridad Interior y de Defensa, para que desarrollen un Centro de Integración de la Amenaza Terrorista que fusione y analice en un único lugar toda la información sobre esas amenazas. Nuestro gobierno debe disponer de la mejor información posible».[79] Dentro de esa nueva misión, Black se encargaría de coordinar el informe anual del gobierno sobre «Pautas del terrorismo global», que serviría de una especie de boletín de evaluación de los progresos de la «guerra contra el terror» librada por la administración. Unos meses más tarde, el 30 de abril de 2003, Black publicó el informe y afirmó que, durante 2002, se había experimentado «el nivel más bajo de terrorismo en más de 30 años».[80] Aunque en aquel momento tal afirmación mereció escaso análisis público, Black no tuvo la misma suerte cuando publicó el informe correspondiente un año después y volvió a efectuar una afirmación casi idéntica a la del año previo.

El 29 de abril de 2004, en pleno estallido de la resistencia antiestadounidense en Irak, Black y el subsecretario de Estado Armitage presentaron «Pautas de terrorismo global 2003», documento en el que se atrevían a asegurar que Estados Unidos estaba ganando su poco precisa «guerra contra el terror». «En estas páginas, hallarán pruebas evidentes de que nos estamos imponiendo en esta lucha», anunció Armitage. El informe, dijo, fue elaborado «para que todos los americanos sepan qué estamos haciendo para mantener su seguridad».[81] Black, por su parte, dijo que, en 2003, «se experimentó el número más bajo de atentados del terrorismo internacional desde 1969. Eso supone el nivel mínimo de los últimos 34 años. En 2003 se produjeron 190 actos de terrorismo internacional. Eso constituye un ligero descenso desde los 198 que se registraron el año anterior y una caída del 45 % con respecto al nivel de 2001, cifrado en 346 atentados».[82] La Casa Blanca citó el informe como ejemplo claro del éxito de su estrategia: después de todo, el Servicio de Investigación del Congreso calificó aquel informe anual del Departamento de Estado como «el documento no clasificado del gobierno estadounidense más autorizado para la valoración de los atentados terroristas».[83]

El problema era que se trataba de un fraude. Los investigadores del Congreso y varios científicos independientes no tardaron en revelar la verdad. «Los datos que el informe pone de relieve no están bien definidos y parecen haber sido objeto de manipulación; para empezar, conceden un peso estadístico desproporcionado a los actos terroristas de menor importancia», escribieron en el *Washington Post* Alan Krueger y David Laitin, dos expertos independientes de las universidades de Princeton y Stanford, poco después de la publicación del informe. «La única información verificable en esos informes anuales indica que el número de sucesos terroristas se ha venido incrementando año tras año desde 2001, y que en 2003 ha alcanzado su mayor nivel en más de 20 años. [...] El supuesto descenso del terrorismo en 2003 respondía íntegramente al declive observado en sucesos no significativos.»[84] En lugar de un decremento de los actos terroristas en un 4% como sostenía el informe de Black, éstos se habían *incrementado* en realidad en un 5%.[85] Y los atentados clasificados como «significativos» alcanzaron su nivel máximo desde 1982.[86] Por otra parte, el informe había detenido su recuento en el 11 de noviembre de 2003, pese a los varios incidentes terroristas de importancia que se habían registrado tras aquella fecha.[87] A pesar de que, en sus discursos, las autoridades estadounidenses se referían sistemáticamente a los combatientes de la resistencia iraquí y afgana con el calificativo de «terroristas», en el informe de Black los ataques contra las fuerzas de la Coalición en Irak eran clasificados como actos de combate, no como terrorismo. Black vino a decir que «no se ajustan a la definición de terrorismo internacional tradicionalmente establecida por el gobierno estadounidense, porque iban dirigidos contra [combatientes], entendidos, esencialmente, como fuerzas estadounidenses y de otros países de la Coalición que se hallan allí en servicio activo».[88] La congresista demócrata Ellen Tauscher, miembro por California de la Cámara de Representantes, declaró posteriormente que aquello era toda una prueba de que la administración Bush «continúa negando el verdadero coste de la guerra y se obstina en no ser sincera con el pueblo estadounidense».[89]

El 17 de mayo de 2004, en una carta dirigida al secretario de Estado Colin Powell —superior directo de Black—, el congresista demócrata por California Henry Waxman, líder de su partido en el Comité sobre

Reforma Gubernamental de la Cámara de Representantes, arremetía contra el informe y descalificaba sus conclusiones por estar basadas en una «manipulación de los datos» que «favorece los intereses políticos de la actual administración. [...] Es sencillamente lamentable que el informe del Departamento de Estado afirme que los atentados terroristas están disminuyendo cuando, en realidad, la actividad terrorista significativa ha llegado a su máximo en los últimos 20 años».[90]

«Las falsas buenas noticias sobre el terrorismo venían además en un momento muy oportuno», escribió el columnista del *New York Times* Paul Krugman. «La Casa Blanca no se había recuperado aún de las revelaciones de su anterior jefe de contraterrorismo, Richard Clarke, quien, al final, había expresado públicamente la opinión que comparten muchos expertos de los servicios de inteligencia en el sentido de que la administración Bush está combatiendo muy mal a Al Qaeda. Mientras tanto, Bush se había embarcado en una campaña de promoción de su "Victoria en la guerra contra el terror" a bordo de su bus electoral por todo el Medio Oeste.»[91] En junio, la Casa Blanca se vio obligada a emitir una rectificación sustancial del informe, en la que reconocía que, en realidad, se había producido un *incremento* significativo en los atentados terroristas desde el inicio de la «guerra contra el terror» lanzada por Bush. El nuevo informe revisado indicaba que 3.646 personas habían resultado heridas en atentados terroristas en 2003 (lo que suponía más del doble de la cifra mencionada en el informe original de Black) y otras 625 habían muerto (frente al recuento original, que tan sólo las había cifrado en 307).[92] Como señaló el propio Krugman, Black y otras autoridades habían atribuido los errores a «"la falta de atención, la escasez de personal y una base de datos anticuada y de difícil manejo". Vale la pena recordarlo: estamos hablando del órgano central de este gobierno para el intercambio y la recogida de información sobre terrorismo, y su creación fue anunciada como un elemento más dentro de una "espectacular mejora" de los esfuerzos contraterroristas más de un año antes de la elaboración de este informe. Y, aun así, ¿continúa sin poder introducir datos en sus propios ordenadores? No debería sorprendernos que, en plena era de Halliburton, la tarea de la introducción de datos fuese delegada en contratistas privados y que éstos lo estropearan todo».[93] El rival demócrata de Bush en las elecciones presidenciales de 2004, John Kerry, denunció a través de un portavoz que Bush estaba «jugando arteramente con la verdad en lo referente a la guerra contra el terror», y añadió que la

Casa Blanca acababa de ser «sorprendida tratando de inflar sus éxitos en materia de terrorismo».[94] Se habló incluso de que rodarían algunas cabezas en el Departamento de Estado por culpa de aquel informe, pero la de Black no llegó a peligrar. «Fue un error inocente», aseguró el propio Black, «no un engaño deliberado».[95]

Pese a la controversia, su puesto en el Departamento de Estado permitió que Black se mantuviera en el centro de la política contraterrorista de Estados Unidos. Black trabajaba bajo la supervisión directa de Colin Powell, con quien, al parecer, compartía un adversario común en el seno de la administración: Donald Rumsfeld. Cuando el Pentágono trató de cambiar la política estadounidense tras el 11-S para permitir que el ejército introdujese fuerzas de Operaciones Especiales en terceros países sin aprobación previa del embajador estadounidense ni del jefe de la delegación local de la CIA, Black se convirtió en la punta de lanza de una ofensiva para frustrar los planes de Rumsfeld. «Di a Cofer instrucciones concretas para que descabalgara, sacrificara a los caballos y luchase a pie para que aquello no se hiciera nunca realidad», explicó al *Washington Post* Richard Armitage, el segundo de Colin Powell, para describir cómo tanto él como otros habían frenado media docena de intentonas del Pentágono para debilitar la autoridad de los jefes de las misiones diplomáticas y de inteligencia.[96] (Curiosamente, Black, Armitage y Powell acabarían dimitiendo con dos semanas de diferencia en noviembre de 2004 tras la reelección de Bush, mientras que Rumsfeld continuó en su cargo dos años más a partir de aquella fecha.)

Entre las otras tareas de Black en su nuevo puesto se encontraba la coordinación de la seguridad de los Juegos Olímpicos de 2004 en Grecia. Él mismo se desplazó hasta Atenas y supervisó el entrenamiento de más de 1.300 miembros del personal de seguridad griego dentro del programa estadounidense de Asistencia Antiterrorista (ATA).[97] Más de doscientas de aquellas personas recibieron formación en el manejo de explosivos subacuáticos y en la respuesta a posibles ataques con armas de destrucción masiva.[98] Blackwater obtuvo en 2003 un contrato (de un monto económico no revelado) para la formación de «equipos de seguridad especial» en previsión de aquellos Juegos internacionales.[99] La empresa negó más tarde que hubiera nada indigno en torno a aquella concesión y aseguró que la posterior contratación de Black no guardaba relación alguna.[100]

El 1 de abril de 2004, al día siguiente de la emboscada de que fueron objeto en Faluya los hombres de Blackwater, Black testificó ante el

Comité sobre Relaciones Internacionales de la Cámara de Representantes con motivo de una investigación sobre «La amenaza de Al Qaeda». Fue entonces cuando hizo sus primeros comentarios públicos sobre Blackwater. «No tengo palabras para expresar lo tristes que estamos todos de ver algo así. Y esto me trae malos recuerdos: ya he visto cosas así antes», dijo. «En mi opinión, y dado que esto ha sucedido concretamente en la zona de Faluya, que tiene una fuerte orientación favorable a Sadam Husein y un marcado sentimiento tribal, ellos nos ven como el enemigo y su inclinación natural —hasta que no les demostremos lo contrario— es dar rienda suelta a su frustración —a lo que ellos consideran que es su humillación y su derrota— proyectándola sobre una fuerza externa, contra los representantes de esa entidad. No es algo tan infrecuente.»[101] Black añadió: «Las personas que han hecho esto no eran cuatro gatos lanzados a la aventura, ¿saben? Era gente que contaba con la preparación necesaria y tenía un interés personal en lo que estaba haciendo». Cuando se le preguntó si veía «alguna relación entre Al Qaeda y esa otra clase de terrorismo islámico» que se había puesto de manifiesto en Faluya, Black respondió: «Creo que, desde nuestra perspectiva, ambos están relacionados, guardan una estrecha proximidad. No existe un vínculo directo concreto entre esa multitud y la Al Qaeda que conocemos. Pero sí coinciden por aquello de que el enemigo de mi enemigo es mi amigo».[102]

Al mes siguiente, Black dio un discurso durante una cena en el Concurso Mundial de SWAT organizado por Blackwater. En el mensaje de correo electrónico que envió para anunciar la presencia de tan distinguido invitado, el presidente de Blackwater, Gary Jackson, escribió: «La cena del jueves por la noche en Waterside cuenta con un fantástico orador especial, como es el embajador Cofer Black. Entre las responsabilidades del embajador Black se incluyen la coordinación de los esfuerzos del gobierno estadounidense para mejorar la cooperación contraterrorista con los gobiernos extranjeros, incluida la decisión política y la planificación del Programa de Asistencia en Formación Antiterrorista del Departamento» de Estado.[103]

A finales de 2004, dos meses después de las elecciones presidenciales, Black copó los titulares de prensa tras haber afirmado en la televisión paquistaní que Estados Unidos estaba muy próximo a capturar a Bin Laden. «Si tiene un reloj, debería mirarlo porque tiene las horas contadas», declaró Black. «Lo atraparemos.»[104] La osadía de aquellas declaraciones levantó una encendida polémica y motivó que las máximas autoridades de las administraciones estadounidense y paquistaní adoptaran una actitud defensiva en los medios de comunicación. En noviembre de 2004, Black dimitió de su cargo en el Departamento de Estado, según dijo, para explorar nuevas oportunidades profesionales. «Ha considerado que este momento de transición entre las dos administraciones presidenciales era idóneo para irse», explicó el portavoz del Departamento, Adam Ereli. «Tiene bastantes ofertas del sector privado y se va a tomar un tiempo para estudiarlas.»[105]

Lo cierto es que, durante un breve periodo inmediatamente posterior al 11-S, Cofer Black ayudó a la puesta marcha de una guerra encubierta que algunos altos funcionarios habían ansiado desde el inicio mismo de sus carreras. Ésta pasó por fin a la historia gracias a los esfuerzos denodados de los grupos y los abogados dedicados a la defensa de los derechos humanos, que se dedicaron a desmontar el oscuro sistema que Black había labrado tan diligentemente. En 2005, se le abrió un expediente sancionador, en el que también se incluyó a George Tenet y a otro ex alto cargo de la CIA, incoado por el Inspector General (IG) de la Agencia por las responsabilidades de éstos en los fallos de los servicios de inteligencia previos al 11-S.[106] La administración Bush, sin embargo, temerosa de que Tenet decidiera tomar represalias y dejara en evidencia a la Casa Blanca revelando información condenatoria para ésta, optó por enterrar el informe del IG, lo que salvó también a Black.[107]

Los demócratas del Congreso usaron más adelante el programa secreto de Black como prueba de que la administración había «subcontratado» las tareas relacionadas con la caza de Bin Laden. Pero, aunque posiblemente su labor como funcionario del gobierno ya había tocado definitivamente a su fin, Black halló una auténtica mina de oportunidades en un mundo que se hallaba en espectacular expansión: el de la subcontratación en manos privadas de los servicios militares, de inteligencia y de seguridad (un mundo, además, donde la observancia de los derechos humanos era, a lo sumo, meramente optativa). El 4 de febrero de 2005, Blackwater USA anunció oficialmente que había contratado a Black como vicepresidente de la compañía. «El embajador Black trae consigo treinta años de experiencia en el combate mundial del terrorismo y de dedicación absoluta a la libertad y a la democracia en los Estados Unidos de América», afirmó en aquel momento Erik Prince. «Es un honor para nosotros contar con su presencia como miembro de nuestro gran equipo.»[108]

Blackwater se apuntaba un tanto increíble con la contratación de Cofer Black (imposible de igualar en términos de *marketing*). La compañía no tardó en utilizarlo como una marca por sí mismo. En agosto de 2005, Black constituyó su propio gabinete de «consultoría», The Black Group, que se especializaría en protección y seguridad ejecutivas. «Los atentados del 11-S iban destinados a dañar la economía de Estados Unidos», decía Black en una declaración anunciada en su sitio web. «A fin de conseguir infligir el mayor daño posible, los terroristas apuntan a la savia vital de un país: su economía. Por ese motivo, las empresas del Fortune 500 resultan blancos particularmente atractivos en un momento en que los gobiernos continúan poniendo el acento en la Seguridad Interior. Nosotros procuramos adelantarnos a la siguiente táctica de los terroristas para derrotarla de antemano, tanto si se proponen provocar desbarajustes en las cadenas de suministro como si tratan de lanzar ataques coordinados contra activos o clientes clave, o, incluso, asesinar a altos ejecutivos. Las grandes sociedades empresariales son los objetivos más vulnerables. Nuestro trabajo consiste en mantener su seguridad.»[109] The Black Group presumía así de sus propias cualidades para esa labor: «Gracias a unos directivos procedentes de las altas esferas de la administración pública estadounidense, The Black Group cuenta con la experiencia práctica y la red de contactos necesarias para mitigar cualquier problema de seguridad. Garantice la seguridad de su personal y la de sus activos».[110]

En el sitio web del gabinete, diversas imágenes de objetivos potenciales de los ataques terroristas se suceden en pantalla: una multitud congregada en el Mall de Washington, D.C.; una central eléctrica; un hombre trajeado manejando un dispositivo de inspección de los bajos de un coche estacionado en un aparcamiento subterráneo; un cartel indicador de Wall Street. En la página donde se indican las direcciones y los teléfonos de contacto, aparece otra figura principal mencionada en el sitio web: Francis McLennand, otro agente de carrera de la CIA, que trabajó con Black en la Agencia.[111] El número de contacto de la empresa es el mismo usado por el «Prince Group» de Erik Prince en McLean, Virginia, no muy lejos del Centro de Contraterrorismo de la CIA que Black dirigió.

Pocos estadounidenses han estado tan profundamente implicados en los tejemanejes internos de las operaciones encubiertas llevadas a cabo por Estados Unidos por todo el mundo tras el 11-S como Cofer Black.

Pronto empezó a actuar también como una especie de padrino para la comunidad mercenaria al tiempo que seguía adelante con su campaña de renovación y perfeccionamiento de su propia marca. Los clientes potenciales de Blackwater podían afirmar que, a través de la empresa, obtendrían un acceso directo a los recursos de la CIA y del mundo de los servicios de inteligencia gracias a «unos directivos procedentes de los más altos niveles del gobierno estadounidense»,[112] algo de lo que muy pocas compañías privadas estaban en disposición de presumir. Black era un peso pesado entre los pesos pesados: el hombre que capturó a Carlos, el Chacal, y derribó a los talibanes. No tardaría en encabezar toda una campaña de promoción de Blackwater como fuerza privatizada de pacificación, susceptible de ser desplegada al momento en lugares como Darfur (Sudán) o en las operaciones del Departamento de Seguridad Interior en el propio Estados Unidos. Tampoco tardarían en unirse a él en Blackwater otros ex altos funcionarios gubernamentales de gran influencia coincidiendo con la ofensiva lanzada por la empresa para hacerse con varios de los lucrativos contratos resultantes de la catástrofe del huracán Katrina a finales de 2005. Pero mientras Black ponía manos a la obra en sus lujosas instalaciones nuevas, más hombres de Blackwater morían en Irak en los que acabarían siendo los días más mortíferos hasta la fecha para la compañía.

Capítulo 17

Escuadrones de la muerte, mercenarios y la «opción El Salvador»

Cuando Paul Bremer abandonó en secreto Irak el 28 de junio de 2004 dejó tras de sí un desastre de caos y violencia que la Casa Blanca definió como «un Irak libre y soberano».[1] La inestabilidad que sufría el país cuando Bremer se marchó salió a relucir cuando éste se vio obligado a organizar la salida de Bagdad fletando un avión para la prensa y saliendo él mismo en otro aparato para «que me sacaran de ahí... preferiblemente de una pieza».[2] En términos reales, esta «soberanía», que el presidente Bush describió como «la devolución de su país a los iraquíes»,[3] constituía un modo de preparar el terreno para que los altos cargos estadounidenses culparan al gobierno títere de Bagdad del empeoramiento del desastre inducido por los americanos. Cuando el vuelo secreto de Bremer abandonó Irak, los ataques contra los estadounidenses se intensificaban día a día, al tiempo que iba entrando en el país un mayor número de mercenarios, que actuaban ya oficialmente amparados en la inmunidad. Entre tanto, un mayor número de facciones iraquíes armaron milicias y empezó a hablarse ya más de guerra que de una resistencia unida frente a la ocupación estadounidense. Éste es el contexto que se encontró el sucesor de Bremer cuando llegó a Bagdad.

Al embajador John Negroponte, desde luego, no le eran ajenos los baños de sangre gratuitos y las operaciones con escuadrones de la muerte, puesto que ya se había fogueado trabajando con el gobierno de Henry Kissinger durante la guerra de Vietnam.[4] Fue el hombre clave de la administración Reagan para la introducción de escuadrones de la muerte en Centroamérica, una actividad que inició en 1981.[5] Como embajador en Honduras, Negroponte había dirigido la segunda embajada más importante de Latinoamérica por entonces y la mayor base de la CIA del mundo.[6] Desde ese cargo, Negroponte había coordinado el apoyo encu-

bierto de Washington a los escuadrones de la muerte de la Contra nicaragüense y a la junta militar hondureña, ocultando los asesinatos cometidos por el sanguinario Batallón 316.[7] Durante el mandato de Negroponte como embajador en Honduras, los altos cargos estadounidenses
que trabajaron a sus órdenes afirmaron que los informes sobre derechos
humanos en el país que emitía el Departamento de Estado se redactaron
para que sonara a algo parecido a Noruega y no reflejaran la verdadera
realidad de Honduras.[8] El antecesor de Negroponte en Honduras, el
embajador Jack R. Binns, declaró al *New York Times* que Negroponte no
era partidario de que se informara a Washington de los secuestros, torturas y asesinatos cometidos por destacadas unidades militares hondureñas. «Creo que [Negroponte] fue cómplice de prácticas ilícitas, creo que
trató de evitar que salieran a la luz estas prácticas y creo que no dijo la
verdad al Congreso sobre estas actividades», afirmó Binns.[9] Según informó el *Wall Street Journal*, en Honduras «la influencia de Negroponte,
respaldada por grandes cantidades de ayuda estadounidense, era tan
enorme que se decía que superaba la del presidente del país y que el único rival a su altura era el jefe militar hondureño».[10] Tenía «tanto poder
como embajador en Honduras a principios de la década de 1980, que se
le conocía como "el procónsul", un título que recibían los administradores más influyentes de la época colonial», apuntó el *Journal* en un artículo publicado poco después de su nombramiento como embajador en
Irak. «Ahora el presidente Bush le ha elegido para desempeñar de nuevo
ese papel en Irak.»[11]

Tal vez no tuvo nada de irónico, entonces, que poco después del
nombramiento de Negroponte como embajador en Irak, en abril de
2004, el gobierno hondureño anunciara la retirada de 370 efectivos de la
«coalición de la buena voluntad».[12] Aun con un documentado historial
de implicación en una política de terribles abusos en materia de derechos humanos, la confirmación de Negroponte como embajador en Irak
llegó a buen puerto sin excesivos problemas: el Senado la aprobó con 95
votos a favor y 3 en contra el 6 de mayo de 2004. El senador Tom Harkin, que como congresista en la década de 1980 había investigado las
actividades de Negroponte en Centroamérica, afirmó que deseaba haber
hecho algo más por impedir el nombramiento de Negroponte. «Me ha
sorprendido lo alto que ha llegado este individuo, desde lo que hizo en
Centroamérica, donde desaparecieron cientos de personas mientras él se
quedaba mirando. Falsificó informes y cerró los ojos ante lo que estaba

ocurriendo», afirmó Harkin. «¿Éste va a ser ahora nuestro embajador en Irak?»[13]

Negroponte fue protegido por efectivos de Blackwater cuando llegó a Bagdad en junio y también durante el período en que intensificó el desarrollo de la mayor embajada estadounidense del mundo, supervisando una plantilla que se calcula en 3.700 personas, entre las que se incluyen 2.500 personas dedicadas a tareas de seguridad, «una unidad sólo algo menos numerosa que un regimiento entero del cuerpo de marines».[14] Haciéndose eco de su época en Honduras, la embajada en Bagdad acogería a unos quinientos agentes de la CIA.[15] Al mismo tiempo, se acababa de adjudicar a Blackwater un cacareado contrato para seguridad diplomática por valor de cientos de millones de dólares.[16] Pero no sólo eran los ejércitos privados los que estaban dejando huella en Irak. Además de las empresas de mercenarios, que cada vez eran contratadas con mayor frecuencia por las fuerzas de ocupación y la industria de la reconstrucción, también se produjo un importante incremento en el país de actividades propias de escuadrones de la muerte durante los meses inmediatamente posteriores al breve alzamiento conjunto de chiíes y suníes en marzo y abril de 2004.

Seis meses después de que llegara Negroponte, el 8 de enero de 2005, *Newsweek* publicó que Estados Unidos estaba empleando una nueva táctica para derrotar a la insurgencia iraquí, una táctica que recordaba al anterior trabajo sucio llevado a cabo por Negroponte dos décadas antes.[17] Se denominó «la opción El Salvador», que «se remonta a una estrategia aún secreta de la batalla que libró la administración Reagan contra la insurgencia guerrillera izquierdista de El Salvador, a principios de la década de 1980. Por entonces, el gobierno estadounidense, inmerso en una guerra contra los rebeldes salvadoreños que iba perdiendo, financió o apoyó a fuerzas "nacionalistas" que incluían presuntamente a los denominados "escuadrones de la muerte", que ordenaban dar caza y asesinar a líderes y simpatizantes rebeldes».[18] La idea parecía ser que Estados Unidos intentaría utilizar escuadrones de la muerte iraquíes para localizar y eliminar a insurgentes contrarios a la ocupación, al tiempo que desviaría recursos de la resistencia y fomentaría las luchas sectarias. Aunque Rumsfeld calificó de «tonterías»[19] el artículo de *Newsweek* (que reconoció no haber leído), la situación sobre el terreno esbozaba un panorama bien distinto.

En febrero de 2005, el *Wall Street Journal* informó desde Bagdad que unos 57.000 soldados iraquíes estaban actuando en «unidades organizadas» que eran «resultado de los esmerados preparativos realizados este verano entre los mandos estadounidenses e iraquíes».[20] Al mismo tiempo, el país fue testigo de la aparición de milicias «dirigidas por amigos y parientes de altos cargos gubernamentales [iraquíes] y jeques tribales; adoptan nombres como los Defensores de Bagdad, los Comandos Especiales de la Policía, los Defensores de Jadamiya o la Brigada de Amarah. Las nuevas unidades, por lo general, cuentan con el respaldo del gobierno iraquí y reciben financiación gubernamental [...]. Algunos estadounidenses las consideran una grata incorporación a la lucha contra la insurgencia, aunque a otros les preocupan los riesgos».[21] Los mandos estadounidenses se referían a ellas como las unidades «emergentes» y calculaban que reunían a 15.000 efectivos. «He empezado a denominarlas "brigadas irregulares dirigidas por el ministerio iraquí"», comentó el comandante Chris Wales, a quien se encomendó la tarea de identificarlas en enero de 2005.[22] El *Wall Street Journal* identificó, como mínimo, a seis de esas milicias, una de ellas compuesta por «varios miles de soldados» armados generosamente con «lanzagranadas propulsados por cohete, lanzamorteros y grandes cantidades de munición». Una de las milicias, los «Comandos Especiales de la Policía», fue creada por el general Adnan Thabit, que participó en el fallido intento de golpe de Estado contra Sadam Husein de 1996. El teniente general David Petraeus, que en 2005 «supervisaba la operación a gran escala para entrenar y equipar a las unidades militares iraquíes», contó al *Journal* que había entregado fondos a la unidad de Thabit para que montara su base y adquiriera vehículos, munición, radios y más armas. «Decidí que era un caballo ganador», aseguró Petraeus.[23]

Cuando Negroponte llegó a Bagdad, se unió a otros altos cargos estadounidenses con amplia experiencia en las «guerras sucias» libradas por Estados Unidos en Centroamérica; entre ellos, James Steele, antigua mano derecha de Paul Bremer, que en la década de 1980 había sido uno de los militares clave en la brutal campaña «contrainsurgente» de Washington en El Salvador.[24] «El modelo para Irak en la actualidad no es Vietnam, con el que se ha comparado a menudo, sino El Salvador, donde un gobierno de derechas respaldado por Estados Unidos libró una guerra contra la insurgencia izquierdista que se inició en 1980 y se prolongó durante doce años», escribió por entonces el periodista Peter Maas en *The New York Times Magazine*; este periodista continúa:[25]

El coste fue muy elevado: fallecieron más de 70.000 personas, civiles en su mayoría, en un país con una población de seis millones de habitantes únicamente. La mayor parte de los asesinatos y torturas fueron cometidos por el ejército y los escuadrones de la muerte derechistas que actuaban en asociación. Según un informe de Amnistía Internacional de 2001, entre los actos ilícitos cometidos por el ejército y sus socios paramilitares destacan «ejecuciones extrajudiciales, otros asesinatos ilegales, "desapariciones" y torturas [...]. Pueblos enteros estuvieron en el punto de mira de las fuerzas armadas y sus habitantes fueron masacrados». Como parte de la política de apoyo a las fuerzas anticomunistas desarrollada por el presidente Reagan, se inyectaron en el ejército salvadoreño cientos de millones de dólares en forma de ayuda estadounidense y un equipo de 55 asesores de las Fuerzas Especiales, encabezado durante varios años por Jim Steele, entrenó a batallones de primera línea, que fueron acusados de cometer importantes violaciones de los derechos humanos. En la actualidad hay muchos más estadounidenses en Irak —unos 140.000 efectivos en total— que los que hubo en El Salvador, pero los soldados y oficiales de Estados Unidos están derivando cada vez más hacia un rol de asesoramiento, como ocurrió en El Salvador. En este proceso, están prestando apoyo a fuerzas locales que, como los militares salvadoreños, no rehúyen la violencia. No es ninguna coincidencia que esta nueva estrategia resulte de lo más evidente en una unidad paramilitar que tiene a Steele como principal asesor; éste, como figura clave en el conflicto salvadoreño, posee conocimientos para diseñar una campaña contrainsurgente liderada por fuerzas locales. No es el único estadounidense en Irak que cuenta con este tipo de experiencia: el asesor estadounidense en el Ministerio del Interior, con control operativo sobre los comandos, es Steve Casteel, un antiguo alto cargo de la Drug Enforcement Administration (DEA) que pasó gran parte de su carrera profesional inmerso en las guerras de la droga latinoamericanas. Casteel trabajó en colaboración con las fuerzas locales de Perú, Bolivia y Colombia.[26]

Newsweek describió la «opción El Salvador» en Irak como «el uso por parte de Estados Unidos de equipos de Fuerzas Especiales para asesorar, prestar apoyo y, tal vez, entrenar a escuadrones iraquíes, cuidadosamente seleccionados entre combatientes kurdos *peshmerga* y milicianos chiíes para atentar contra la insurgencia suní y sus simpatizantes».[27] La revista también publicó que Ayad Alaui, primer ministro del por entonces gobierno provisional, «era, según se rumoreaba, uno de los más directos partidarios de la opción El Salvador».[28] Este dato resultaba interesante, considerando que según el *New York Times*: «Negroponte había adoptado una postura discreta, al optar por mantenerse en la sombra como deferencia hacia Ayad Alaui».[29]

Aunque las acusaciones de que Estados Unidos estaba implicado en operaciones al estilo salvadoreño en Irak son anteriores al mandato de Negroponte en Bagdad, no parecieron intensificarse de un modo significativo cuando éste llegó al país. Ya en enero de 2004, el periodista Robert Dreyfuss informó que existía una operación secreta estadounidense en Irak parecida a «la mortífera operación Fénix en Vietnam, los escuadrones de la muerte latinoamericanos o la política oficial israelí de asesinatos selectivos de activistas palestinos».[30] Estados Unidos, según Dreyfuss, había reservado 3.000 millones de dólares como fondos «secretos» de la asignación de 87.000 millones destinados a Irak aprobada por el Congreso en noviembre de 2003. El dinero se utilizaría para organizar «una unidad paramilitar formada por milicianos asociados con antiguos grupos de exiliados iraquíes. Los expertos consideran que podría comportar una oleada de asesinatos extrajudiciales, no sólo de rebeldes armados sino también de nacionalistas, otros elementos contrarios a la ocupación estadounidense y miles de civiles baazistas».[31] El antiguo director de contraterrorismo de la CIA, Vincent Cannistraro, afirmó que las fuerzas estadounidenses en Irak estaban trabajando con importantes miembros del ya desaparecido aparato de inteligencia de Sadam Huseín: «Están montando equipos reducidos de miembros de los SEAL de la Armada y de Fuerzas Especiales combinados con equipos de iraquíes; están trabajando con personas que formaban parte de la antigua inteligencia iraquí para hacer ese tipo de cosas», afirmó Cannistraro.[32] «El grueso del dinero se destinará a la creación de una policía secreta iraquí para liquidar a la resistencia.»[33]

El veterano periodista Allan Nairn, que sacó a la luz el apoyo estadounidense a los escuadrones de la muerte centroamericanos en la década de 1980, declaró que, estuviera o no implicado Negroponte en la «opción El Salvador» en Irak, «esas operaciones, que respaldaban el asesinato de civiles extranjeros, forman parte habitual de la política estadounidense. Está arraigado en la política que desarrolla Estados Unidos en docenas y docenas de países».[34] Duane Clarridge, que dirigió la «guerra secreta [de la CIA] contra el comunismo en Centroamérica desde Honduras», visitó a su antiguo colega Negroponte en Bagdad durante el verano de 2004. En Irak, «[Negroponte] tenía órdenes de desempeñar un papel discreto y dejar que los iraquíes ocuparan la primera línea», declaró Clarridge al *New York Times*. «Y, de todas maneras, eso es lo que le gusta hacer.»[35] Según el *Times*, «Negroponte desvió más de mil millones de fondos destinados a proyectos de reconstrucción a la creación del ejército iraquí, una medida propiciada por su experiencia con la debilidad del ejército sudvietnamita».[36]

Negroponte calificó el vínculo establecido entre su nombre y la «opción El Salvador» como algo «totalmente gratuito».[37] Sin embargo, los defensores de los derechos humanos que seguían muy de cerca su carrera afirmaron que resultaba imposible cerrar los ojos ante el incremento de las actividades propias de escuadrones de la muerte en Irak durante el mandato de Negroponte en Bagdad. «Lo que estamos viendo es que los militares estadounidenses están perdiendo la guerra [en Irak], de modo que la "opción El Salvador" era realmente una política de escuadrones de la muerte», declaró Andrés Contreris, director de las operaciones en Latinoamérica del grupo pacifista Non-violence International. «No es ninguna coincidencia que Negroponte, al haber sido embajador en Honduras, donde se implicó mucho en este tipo de apoyo a escuadrones de la muerte, fuera embajador en Irak, y éste era el tipo de política que estaba empezando a aplicarse en la zona, una política que no sólo perseguía a la resistencia propiamente dicha, sino que buscaba la represión, la tortura y el asesinato de la base de apoyo subyacente, de familiares y miembros de las comunidades donde se localiza la resistencia. Este tipo de políticas constituyen crímenes de guerra.»[38]

El mandato de Negroponte en Irak fue breve: el 17 de febrero de 2005, el presidente Bush le nombró Director Nacional de Inteligencia. Algunas voces dirían que Negroponte tenía una misión en Irak, la cumplió y, después, se marchó. En mayo de ese mismo año, había regresado ya a Estados Unidos, mientras surgía un mayor número de informaciones relativas al incremento de las actividades propias de escuadrones de la muerte en Irak. «Las milicias chiíes y kurdas, actuando en ocasiones como parte de las fuerzas de seguridad del gobierno iraquí, han llevado a cabo una oleada de secuestros, asesinatos y otros actos de intimidación, consolidando su control sobre territorio del norte y el sur de Irak y agravando la división del país en líneas étnicas y sectarias», informó el *Washington Post* pocos meses después de que Negroponte abandonara Irak.[39] «En 2005 fuimos testigos de numerosos casos en los que el comportamiento de los escuadrones de la muerte era muy similar, asombrosamente similar al que habíamos observado en otros países; entre ellos, El Salvador», afirmó John Pace, diplomático de las Naciones Unidas durante cuarenta años, que ejerció como director de la oficina de derechos humanos de la ONU en Irak durante el mandato de Negroponte en el país. «Empezaron como milicias por así decirlo, una especie de grupos armados organizados que constituían el ala militar de distintas facciones.»[40] Con el tiempo, según declaró, «muchos de ellos acabaron actuando, en realidad, como agentes de policía oficiales bajo el paraguas del Ministerio del Interior [...] Ahora estas milicias, ataviadas con uniforme e insignias policiales, están llevando a la práctica unos planes que no convienen en absoluto al conjunto del país. Colocan controles de carretera en Bagdad y otras zonas, secuestran a gente. Se les ha relacionado de forma muy estrecha con numerosas ejecuciones masivas».[41]

Poco después de que Negroponte abandonara Irak, Scott Ritter, ex inspector de armamento de la Comisión Especial de las Naciones Unidas para el desarme de Irak, auguró que «la opción El Salvador servirá de acicate para la guerra civil generalizada. Igual que el asesinato de baazistas con el respaldo de la APC propició la reestructuración y el fortalecimiento de la resistencia liderada por los suníes, cualquier iniciativa de equipos kurdos y chiíes apoyados por Estados Unidos que pretendiera actuar contra líderes de la resistencia suní eliminaría todos los obstáculos que impiden un estallido generalizado de la guerra étnica y religiosa en Irak. Resulta difícil, como estadounidense, defender el fracaso de las operaciones militares de Estados Unidos en Irak. Este fracaso traerá aparejados muchos muertos y heridos entre los militares estadounidenses, y muchos más entre los iraquíes».[42] La opinión de Ritter acabaría resultando profética durante los meses siguientes, ya que Irak padeció un nivel de violencia continuada sin precedentes que muchas voces empezaron a describir como una guerra civil generalizada.

En octubre de 2005, el corresponsal Tom Lasseter, de la agencia de prensa Knight Ridder, pasó una semana patrullando «con una unidad de élite del ejército iraquí: la Primera Brigada de la Sexta División iraquí, formada por 4.500 miembros».[43] Según informó, «en lugar de situarse por encima de la tensión étnica que está desgarrando a su país, las tropas, de mayoría chií, están preparándose para una guerra civil, si no la están librando ya, contra la minoría suní». La unidad se encargaba de mantener la seguridad en zonas suníes de Bagdad y, según Lasseter, «están buscando vengarse de los suníes que los oprimieron cuando Sadam Husein ocupaba el poder». Citó al general de ejército chií Suadi Ghilan afirmando que quería matar a casi todos los suníes de Irak. «Existen dos Iraks; es algo que ya no se puede negar», declaró Ghilan. El ejército debería ejecutar a los suníes en sus barrios para que todos ellos presencien lo que ocurre, para que todos ellos aprendan la lección.»

Según Lasseter, muchos de los mandos y soldados chiíes afirmaron «desear un gobierno permanente, dominado por chiíes, que les permita aplastar por fin a gran parte de la minoría suní, que constituye cerca del 20% de la población y la columna vertebral de la insurgencia». Lasseter describió la Primera Brigada, que los mandos estadounidenses pusieron como modelo del futuro ejército iraquí, en los siguientes términos: «No parecen una unidad del ejército nacional iraquí ni actúan como tal, sino más bien como una milicia chií». Otro oficial, el sargento Ahmed Sabri, afirmó: «Permítannos, simplemente, tener constitución y elecciones... y, después, haremos lo mismo que hizo Sadam: empezaremos con cinco personas de cada barrio, las asesinaremos en las calles y de ahí en adelante». En noviembre de 2006 se calcula que cada semana eran asesinados unos mil iraquíes[44] y el balance final de víctimas mortales iraquíes había superado ya por entonces la cifra aproximada de 600.000 personas desde la invasión de marzo de 2003.[45]

Volviendo la vista atrás, si uno se distancia de las distintas tramas secundarias que estaban desarrollándose sobre el terreno en Irak en 2005, la realidad que ofrecía el escenario general era la de un país que estaba convirtiéndose con gran rapidez en el epicentro global de una guerra privatizada, con montones de grupos fuertemente armados, leales a causas distintas y con prioridades también diferentes, que merodeaban por Irak. Además de los escuadrones de la muerte, con respaldo estadounidense, que operaban reivindicando una cierta legitimidad dentro del sistema instaurado por Estados Unidos en Bagdad, estaban las milicias privadas de varios líderes chiíes contrarios a la ocupación, como Muqtada Al Sáder, y los movimientos de resistencia de las facciones suníes, compuestos en su mayor parte por antiguos mandos militares y soldados, además de las milicias de Al Qaeda. La administración Bush mantuvo la política de censurar la actuación de *algunas* milicias. «En un Irak libre, los antiguos milicianos deben dirigir ahora su lealtad hacia el gobierno nacional y aprender a actuar dentro del estado de derecho», declaró Bush.[46] Sin embargo, en la cúspide de esta pirámide de milicias se encontraban los mercenarios oficiales que Washington había exportado a Irak:

las empresas militares privadas, con Blackwater como líder del sector. Mientras reclamaba el desarme de algunas milicias *iraquíes*, Estados Unidos permitió abiertamente que sus propios mercenarios pro ocupación actuaran por encima de la ley en Irak.

«Sigue existiendo la necesidad de este tipo de seguridad»

Al final del mandato de Negroponte en Bagdad, con la violencia de las milicias en claro ascenso, los guardias de Blackwater ocuparon los titulares de prensa una vez más en lo que sería —hasta entonces— el incidente más mortífero que la empresa reconoció públicamente en Bagdad. El 21 de abril de 2005, día en que Negroponte fue ratificado en su nuevo cargo de Director Nacional de Inteligencia en Washington, algunos de sus antiguos guardaespaldas perdían la vida en Irak.[47] Ese día, un helicóptero Mi-8 con tripulación búlgara contratado por Blackwater volaba desde la Zona Verde hasta Tikrit, localidad natal de Sadam Husein.[48] A bordo se encontraban seis guardias estadounidenses de Blackwater contratados por la Oficina de Seguridad Diplomática del gobierno de EE. UU.[49] Con ellos viajaban tres tripulantes búlgaros y dos mercenarios fiyianos.[50] El día antes de partir, uno de los hombres de Blackwater, Jason Obert, de 29 años y natural de Colorado, había telefoneado a su esposa, Jessica. «Me dijo que le iban a enviar a una misión. Tenía un mal presentimiento», recordó. «Le supliqué que no fuera. Le dije que regresara a casa. Pero él no abandonaba nunca; no era propio de él.»[51] Jessica Obert aseguró que su marido no le contó las características de la misión. Jason Obert, como muchos otros que se postularon para trabajar con Blackwater en Irak, lo consideraba una oportunidad de reunir unos ahorros para su mujer y sus dos hijos pequeños.[52] En febrero de 2005, dejó su trabajo como agente de policía y se enroló en Blackwater. «El beneficio económico era increíble», afirmó el teniente Robert King, antiguo jefe de Obert en la Oficina del Sheriff del condado de El Paso. Me había contado, a mí y a otras personas, que se quedaría durante un año, y sus hijos y su mujer estarían cubiertos. Podrían pagar la educación universitaria, liquidar la hipoteca de la casa.»[53] El día después de contarle a su mujer que tenía un «mal presentimiento», se subió al helicóptero Mi8 con sus compañeros de Blackwater, los fiyianos y la tripulación búlgara.

Sobre las 13.45 del mediodía, cuando el helicóptero se dirigía hacia Tikrit, pasó cerca de Tarmiya, una pequeña comunidad de musulmanes suníes situada en la orilla del río Tigris, dieciocho kilómetros al norte de Bagdad.[54] Los pilotos volaban a baja altura, una táctica militar habitual para burlar a posibles atacantes. En un llano elevado de las cercanías se encontraba un iraquí que, según se dijo entonces, llevaba tres días esperando a que un aparato de las fuerzas de ocupación se acercara lo suficiente como para cumplir su misión.[55] Cuando el helicóptero se puso a tiro, el iraquí disparó un misil Strela termodirigido, de fabricación soviética, que impactó de lleno en el aparato y le hizo estrellarse en llamas contra el llano del desierto.[56] El atacante y sus compañeros filmaron el ataque y dejaron las cámaras encendidas mientras se dirigían corriendo al lugar del accidente. En el vídeo que grabaron, se les oye repitiendo casi sin aliento el cántico: «¡Alá es grande! ¡Alá es grande!». Cuando llegan al lugar, las piezas del helicóptero están diseminadas por campo abierto y siguen ardiendo varias hogueras de reducidas dimensiones. El cuerpo carbonizado de uno de los fallecidos está tendido en el suelo con un brazo levantado en forma de L, como si estuviera encogiéndose por alguna clase de ataque.[57] «Mirad qué basura», dice uno de los atacantes. «Vamos a ver si ha quedado algún americano.»[58]

Los atacantes continúan explorando los restos del helicóptero cuando se topan con Lyubomir Kostov, el piloto búlgaro que, con uniforme azul oscuro, está tendido en una zona de hierba alta. Uno de los hombres, al percatarse de que Kostov sigue vivo, grita en árabe y en inglés: «¿Llevas armas?». La cámara enfoca al piloto retorciéndose de dolor. «Levántate, levántate», grita uno de los atacantes en un inglés con marcado acento. «No puedo», contesta el piloto. Señalándose la pierna derecha, Kostov les dice: «No puedo, la tengo rota. Echadme una mano». Uno de los atacantes replica: «Ven aquí, ven aquí», mientras ayuda a levantarse a Kostov. «¡Venga, venga!», grita alguien al piloto. Kostov se vuelve y empieza a alejarse cojeando, de espaldas a la cámara. Mientras va renqueando, se gira y levanta la mano como para decir: «¡Alto!», cuando alguien grita de pronto: «Imponed el castigo de Dios». Los atacantes, gritando «Alá es grande», abren fuego sobre Kostov, grabando la ejecución mientras le disparan dieciocho balas en el cuerpo y siguen disparando incluso después de que el piloto se haya derrumbado en el suelo.

En el plazo de dos horas, un grupo que se identificó como el Ejército Islámico de Irak facilitó el vídeo a Al Yazira, que lo emitió. «Héroes del

Ejército islámico derriban un aparato de transporte del ejército de los infieles y matan a la tripulación y a todos sus ocupantes», relató el grupo en una declaración escrita que acompañaba al vídeo. «Uno de los miembros de la tripulación fue capturado y asesinado.»[59] El grupo declaró que había ejecutado al piloto superviviente «como venganza por los musulmanes que han sido asesinados a sangre fría en las mezquitas de la infatigable Faluya ante los ojos del mundo y en todas las pantallas de televisión, sin que nadie lo condene».[60] La declaración se interpretó como una referencia a la supuesta ejecución de un iraquí herido a manos de un soldado estadounidense en una mezquita de Faluya, el 24 de noviembre de 2004 (registrada en una grabación), durante el segundo asalto estadounidense a la ciudad.[61]

En un comunicado emitido poco después de que el helicóptero fuera derribado, Blackwater afirmó que «los seis eran pasajeros de un helicóptero comercial fletado por Sky Link a instancias de Blackwater, en el marco de un contrato con el Departamento de Defensa».[62] A pesar de su evidente uso militar, la inmensa mayoría de los medios de comunicación se refirió al helicóptero como aparato «civil» o «comercial». Entre tanto, los reporteros del Pentágono empezaron a divulgar que «estos aparatos comerciales vuelan sin el tipo de medidas de protección aérea que utilizan los aparatos militares».[63] Poco después de que fuera derribado el helicóptero, el general retirado de la Fuerza Aérea Don Shepperd, antiguo responsable de la Guardia Nacional Aérea, declaró a la CNN: «De ser posible, todos los aparatos que se encuentren en la zona deberían contar con contramedidas infrarrojas y lanzadores de bengalas para protegerse de los misiles disparados desde el hombro, la mayor amenaza para los helicópteros en vuelo rasante. [...] En cuanto te disparan desde el hombro un misil guiado por infrarrojos, puedes confundirlo y desviarlo, ya sea con lanzadores de bengalas o con maniobras más sofisticadas».[64] Y Shepperd añadió: «Todas esas medidas sirven de protección».[65] En la rueda de prensa del Pentágono posterior al derribo, un reportero preguntó al portavoz Larry Di Rita por la aparente ausencia de estas «contramedidas» en el helicóptero contratado por Blackwater:

REPORTERO: El departamento de Defensa está contratando a esta gente. Bien, ¿existe algún tipo de restricción que les imponga a ustedes obligar a esos contratistas a asegurarse de que los particulares que están trabajando en nombre del Departamento de Defensa cuenten con el mismo tipo de protecciones del que disfrutan quienes operan uniformados? Además, una persona que está haciendo el trabajo del Departamento de Defensa, que está cumpliendo idéntica misión, precisamente porque el sueldo le llega de un tercero, ¿no debería tener la misma protección, beneficiarse de las mismas protecciones que tendría una persona de uniforme?

Di Rita: No estoy seguro de que esa premisa constituya la base sobre la que opera la gente que está ahí. En otras palabras, hay contratistas que corren cierta dosis de riesgo. Todos los que están en Irak... bueno, no diría «todos»... hay algunos contratistas del ejército estadounidense, del Departamento de Defensa, y otros del Departamento de Estado, corren cierto riesgo precisamente por estar ahí y no quisiera describir exactamente cuál es su estatus particular; obviamente, lamentamos profundamente la pérdida de vidas humanas y estoy seguro de que la empresa contratista habrá adoptado las debidas precauciones. En definitiva, creo que ellos muestran la misma consideración hacia sus empleados que mostramos nosotros hacia nuestras fuerzas. Pero no puedo decir que eso implique necesariamente que vayan a disfrutar del mismo estatus. No creo que sea ése el caso.

Reportero: Tienen las mismas contramedidas. ¿Acaso no deberían contar con el mismo equipo de protección, no deberían contar con el mismo equipo balístico, no deberían contar con el mismo...?

Di Rita: Como ya he comentado, creo que los subcontratistas son conscientes del entorno en el que están actuando. Están por todo el mundo e introducen los ajustes adecuados por decisión propia.[66]

A diferencia del Pentágono —que estaba limitado por restricciones presupuestarias— Blackwater poseía escasa capacidad de defender a su personal si únicamente decidía la empresa cuánto gastar y qué cantidad estaba dispuesta a destinar a contramedidas defensivas. «Me preocupan muchos de los empleados de empresas contratistas que todavía están sobre el terreno», declaró Katy Helvenston-Wettengel, que ya había interpuesto una demanda contra Blackwater por el fallecimiento de su hijo en Faluya. «Nuestro gobierno parece estar subcontratando esta guerra y estas empresas no tienen responsabilidad alguna.»[67]

El mismo día en que fue derribado el helicóptero, Curtis Hundley, de 42 años, formaba parte del operativo de seguridad de Blackater fuera de Ramadi, no muy lejos del lugar donde fue abatido el aparato. Le quedaban pocos días para regresar a casa y ver a su esposa en Winston-Salem, Carolina del Norte.[68] «Cuando empezó la guerra en Irak, quería luchar

por su país», declaró su padre, Steve Hundley, piloto de helicóptero retirado que participó en la guerra de Vietnam. «Como era demasiado mayor
para alistarse en el ejército, se incorporó a la seguridad de Blackwater.
Esto le obligaba a salir casi a diario a la carretera en Irak, el sitio más peligroso donde pueda uno estar. Nunca le he visto tan orgulloso. Disfrutaba
lanzando caramelos a los niños desde la carretera. Igual que me ocurrió a
mí en Vietnam, en un principio pensó que el progreso era bastante bueno.
Pero errores de cálculo por parte de civiles (como, por ejemplo, no enviar
suficientes efectivos para proteger los depósitos de municiones y las fronteras y, después, desmantelar el ejército iraquí al completo, una medida
que generó de inmediato miles de terroristas en potencia) empezaron a
surtir efecto. Observé cómo mi hijo, que antes se mostraba despreocupa-
do, iba endureciéndose. Sus ojos, siempre con brillo en la mirada, no eran
los mismos en las fotografías que enviaba. Cuando conseguía que hablara
de su trabajo, empezó a parecerme asqueado por una situación que iba de
mal en peor. En las últimas semanas de su vida, el asco se había convertido
en ira.»[69] Curtis Hundley perdió la vida en Ramadi el 21 de abril, cuando
explotó una bomba cerca de un vehículo blindado para el transporte de
tropas de la empresa.[70] La muerte del Hundley implicaba que, con el incidente del helicóptero, Blackwater había perdido a siete hombres en Irak
aquel día, el más mortífero de la guerra hasta entonces. «El día negro de
Blackwater», proclamó el titular de un periódico.[71]

Entre tanto, en Moyock, los directivos de la empresa se movilizaron
de inmediato para dar una respuesta. «Es un día muy triste para la familia de Blackwater», declaró el presidente Gary Jackson. «Hemos perdido
a siete de nuestros amigos en ataques terroristas en Irak y nuestros pen-
samientos y oraciones están con sus familiares.»[72] Un comunicado de
prensa de la empresa manifestaba: «Blackwater cuenta con un equipo de
asesores de crisis, formado por quince miembros, que está trabajando
con esos familiares para ayudarles a sobrellevar la pérdida de sus seres
queridos».[73] Entre tanto, en el Departamento de Estado, los siete hombres fueron elogiados como héroes. «Esos miembros del personal contratado por Blackwater estaban prestando apoyo a la misión del Departamento de Estado en Irak y desempeñaban un papel crucial en nuestros
esfuerzos por proteger a los diplomáticos de la zona», afirmó el vicese-
cretario de Estado Joe Morton. «Esos valientes dieron su vida para que,
en un futuro, los iraquíes puedan disfrutar de la libertad y la democracia
que tenemos en Estados Unidos.»[74]

Una vez más, el asesinato de trabajadores de Blackwater en Irak había vuelto a sacar a la luz pública el hermético mundo de las empresas de mercenarios. «La verdad es que las empresas de seguridad privada han estado implicadas en Irak desde el principio, así que no representa ninguna novedad», afirmó Adam Ereli, portavoz del Departamento de Estado, ante preguntas de la prensa. «Hay una necesidad de seguridad que va más allá de lo que pueden ofrecer los trabajadores del gobierno estadounidense, así que recurrimos a empresas privadas para ofrecerlo. Es una práctica habitual. No es algo exclusivo de Irak, lo hacemos en todas partes del mundo.»[75] En Irak, según declaró Ereli: «Me parece que sería afirmar lo obvio decir que las condiciones [...] son tan particulares que no resulta completamente seguro moverse por todas las zonas del país, en todo momento, de modo que sigue existiendo la necesidad de ese tipo de seguridad».[76]

Estas palabras debieron de sonar a música celestial para Blackwater: *sigue existiendo la necesidad de ese tipo de seguridad*. Una vez más, el fallecimiento de trabajadores contratados por Blackwater se traducía en un mayor apoyo para la causa mercenaria. Un día después de que siete mercenarios de Blackwater perdieran la vida en Irak, el Senado de Estados Unidos aprobó una controvertida asignación presupuestaria de 81.000 millones de dólares para financiar las ocupaciones de Irak y Afganistán, lo que disparó el coste total de las guerras hasta los más de 300.000 millones de dólares.[77] Se estaba destinando más dinero a la «seguridad» en Irak. Cerca de 1.564 soldados estadounidenses habían perdido la vida desde la invasión,[78] junto con un número indeterminado de mercenarios. Había transcurrido un año desde la emboscada a Blackwater en Faluya y el negocio no podía ir mejor para Erik Prince y sus colegas, a pesar de que se había confirmado la muerte de ocho empleados de Blackwater en Irak.[79] Entre tanto, en Estados Unidos el Imperio Blackwater estaba a punto de añadir a su lista a otro personaje poderoso: un antiguo alto cargo de la administración Bush.

Capítulo 18

Joseph Schmitz: soldado cristiano

Joseph E. Schmitz llevaba mucho tiempo ejerciendo como soldado ideológico de causas derechistas antes de que el presidente Bush le nombrara Inspector General del Pentágono, el cargo de mayor rango responsable de supervisar directamente los contratos militares en Irak y Afganistán. Y demostró ser un leal servidor de la administración entre 2002 y 2005, el periodo plagado de escándalos que pasó en el puesto. Cuando dimitió, tanto demócratas como republicanos acusaban a Schmitz de proteger a esos mismos contratistas de la guerra que tenía obligación de supervisar y permitir que la corrupción y el amiguismo se extendieran prácticamente sin impedimentos. Mientras Schmitz era responsable de controlar los contratos, empresas con buenos contactos como Halliburton, KBR, Bechtel, Fluor, Titan, CACI, Triple Canopy, DynCorp y Blackwater hicieron su agosto con las ocupaciones de Irak y Afganistán. En junio de 2005, el Departamento de Defensa había suscrito 149 «contratos de interés preferencial» con 77 empresas en Irak por valor de unos 42.100 millones de dólares.[1] Según la auditoría del Pentágono, sólo Halliburton «representaba el 52% del valor contractual total».[2]

Las acusaciones de fraude contractual y especulación con la guerra durante este periodo podrían llenar miles de páginas. Igualmente, los legisladores denunciaron la ausencia de transparencia y licitaciones públicas. «Ha sido como una ciudad sin ley antes de que llegara el *sheriff*», declaró el senador Ron Wyden.[3] Ante el escándalo que se avecinaba por la especulación y corrupción de Halliburton en Irak, Schmitz declaró en julio de 2004: «No he sido testigo de ningún saqueo deliberado del contribuyente americano, pero lo estamos investigando».[4] Aunque el sistema gubernamental contaba con numerosos abogados que facilitaban este tipo de conductas profesionales poco éticas por parte de las empresas, las acusaciones de permitir estos contratos de defensa tan lucrativos financiados con los impuestos de los contribuyentes recayeron en Schmitz, cuya responsabilidad específica era supervisar un departamento con 1.250 empleados y un presupuesto de 200 millones de dólares.[5]

Después de pasar tres años desempeñando un papel fundamental en el sistema que garantizaba inmunidad a especuladores corporativos con la maquinaria bien engrasada, un periodo durante el cual Schmitz se quitó de en medio para demostrar su lealtad a la administración Bush, el «poli» más importante del Pentágono acabó siendo investigado. El poderoso senador republicano Charles Grassley abrió una investigación del Congreso para determinar si Schmitz «anuló o desvió dos investigaciones penales en curso» que se centraban en las actividades de altos funcionarios de la administración Bush.[6] Asimismo, Grassley «acusó a Schmitz de falsificar un comunicado de prensa oficial del Pentágono, organizarse un viaje privado a Alemania a cargo del contribuyente y ocultar información al Congreso».[7]

Finalmente, ante la creciente presión tanto de demócratas como de republicanos, Schmitz dimitió de su cargo de Inspector General, aunque negó que fuera como consecuencia de las investigaciones. Antes de su renuncia, reveló que tenía intención de continuar su carrera profesional trabajando para Erik Prince en Blackwater. Mediante una carta fechada el 15 de junio de 2005, informó oficialmente al Departamento de Defensa y a la Casa Blanca de que no estaba «cualificado para tomar parte en ningún asunto oficial que tenga consecuencias directas y previsibles para los intereses económicos» de Blackwater USA.[8] Schmitz escribió que tenía «intereses económicos» en Blackwater, «porque tengo intención de negociar mi posible incorporación a la empresa».[9] Durante el periodo que pasó Schmitz en el Pentágono a cargo de supervisar a los contratistas, Blackwater, que había sido en sus inicios un pequeño campamento privado de instrucción militar, había crecido hasta convertirse en un proveedor mundial de mercenarios, con cientos de millones de dólares en contratos suscritos con el gobierno.

Sin embargo, el interés de Schmitz en Blackwater (o el de Blackwater en Schmitz) no se explicaba simplemente por su dedicación a las guerras de la administración Bush, por haber trabajado para la administración Reagan, por haber representado al por entonces portavoz de la Casa

Blanca Newt Gingrich o por su implicación el turbio y corrupto mundo de los contratistas militares. Indudablemente, todos estos datos constituían factores de peso, pero el vínculo era más profundo. Joseph Schmitz, al igual que Erik Prince y otros directivos de Blackwater, era católico y cristiano fundamentalista. Algunos, incluso, se atreverían a afirmar que era un fanático religioso obsesionado por implantar los principios del «Estado de derecho conforme a Dios». En numerosos discursos pronunciados durante el periodo en que ocupó el cargo de Inspector General del Pentágono, Schmitz argumentó su visión e interpretación de la guerra mundial contra el terrorismo empleando la retórica de la supremacía cristiana: «Hoy en día ningún estadounidense debe dudar de que debemos rendir cuentas al Estado de derecho conforme a Dios. Ahí radica la diferencia fundamental entre nosotros y los terroristas», afirmó Schmitz en un discurso de junio de 2004, recién llegado de Irak y Afganistán. «Todo se reduce a esto: estamos orgullosos de respetar escrupulosamente los principios del Estado de derecho conforme a Dios.»[10] En su biografía oficial, Schmitz señala orgulloso su pertenencia a la la Soberana Orden Militar de Malta,[11] una milicia cristiana formada en el siglo XI, con anterioridad a la primera Cruzada, con la misión de defender «los territorios que los cruzados habían conquistado a los musulmanes».[12] En la actualidad, la Orden presume de ser «un sujeto soberano del derecho internacional, con su propia constitución, sus pasaportes, sus sellos y sus instituciones públicas», y de mantener «relaciones diplomáticas con 94 países».[13] Además de su fanatismo cristiano, Schmitz era un apasionado devoto y un impresionado admirador de uno de los famosos mercenarios extranjeros que lucharon en el bando del general George Washington durante la guerra de Independencia de Estados Unidos: el barón Friedrich Wilhem Von Steuben, general prusiano al que Schmitz se refería como «nuestro primer Inspector General de hecho».[14] Von Steuben es uno de los cuatro hombres que suelen citar los directivos de Blackwater como los mercenarios fundadores de Estados Unidos; los otros tres son el general Lafayette, Rochambeau y Kosciuszko, cuyos monumentos se encuentran frente a la Casa Blanca, ubicados en lo que algunos directivos de Blackwater se han aficionado a denominar el «parque de los contratistas».[15] Todos estos factores convertían a Schmitz en el candidato ideal para incorporarse a las filas de Prince y su cohorte en Blackwater, donde acabaría sentándose justo a la derecha de Prince como jefe de operaciones y asesor general del Prince Group.[16] En un comunicado de prensa donde se anunciaba su contratación, Erik Prince se refería a él como «general Schmitz».[17]

Joseph Schmitz pertenece a una de las familias políticas derechistas más peculiares y salpicadas de escándalos de toda la historia de Estados Unidos. Durante décadas, sus miembros han estado actuando en los márgenes de un escenario dominado por personalidades como los Kennedy, los Clinton o los Bush. El patriarca de la familia, John G. Schmitz, fue un político ultraconservador del estado de California que crió a su familia en un estricto hogar católico. Como legislador estatal, clamó contra la educación sexual en los colegios, el aborto y el impuesto sobre la renta, además de ser un feroz defensor de los derechos de los estados. Con frecuencia, presentaba medidas a favor de la «Enmienda de la Libertad», que habrían obligado al gobierno federal a salir de cualquier iniciativa que entrara en competencia directa con el sector privado.[18] En una ocasión, llegó a proponer la venta de la Universidad de California.[19] A finales de la década de 1960, acusó al por entonces gobernador de California, Ronald Reagan, republicano conservador, de querer «gestionar el socialismo con mayor eficacia» tras una subida de impuestos.[20] Un año después del asesinato de Martin Luther King Jr. en 1968, John Schmitz lideró en el Senado estatal de California el sector que se oponía a la conmemoración del fallecimiento del líder de los derechos civiles. Tras ganar un escaño republicano en el Congreso por el condado de Orange a principios de la década de 1970, enseguida «se ganó fama de ser uno de los congresistas más de derechas y con menos pelos en la lengua del país».[21] Disputó la presidencia a Richard Nixon en 1972 como candidato del Partido Independiente Americano, fundado en 1968 por el político segregacionista George Wallace.[22] Schmitz padre también fue director nacional de la anticomunista John Birch Society antes de que le expulsaran por ser demasiado extremista.[23] Hizo comentarios del tipo: «Los judíos son como todo el mundo, sólo que más»; «Martin Luther King es un hombre con fama de mentiroso»; «Puede que no sea hispano, pero me acerco mucho. Soy católico y llevo bigote»;[24] y calificó los disturbios de Watts como «operación comunista».[25] Después de que el presidente Nixon anunciara que iba a visitar la «China roja» en 1971, Schmitz —que representaba la circunscripción natal de Nixon— le tachó de «procomunista» y declaró que la visita «representaba una claudicación ante el comunismo internacional. Borra de un plumazo cualquier oportunidad de derrocar al gobierno [de Pekín]».[26] Schmitz manifestó, igualmente, que había «roto las relaciones diplomáticas con la Casa Blanca»[27] y declaró: «No me opongo en absoluto a que el presidente Nixon vaya a China; sólo me opongo a que regrese».[28] Schmitz acabó perdiendo su escaño en el Congreso y, tras su fallida tentativa presidencial, regresó a la política estatal. En 1981, presidió un comité sobre el aborto del Senado de California y describió al público asistente a la audiencia como «rostros duros, judíos y femeninos (aunque esto último podría discutirse)».[29] Igualmente, calificó a la abogada feminista Gloria Allred de «abogada marimacho con mucha labia» al arremeter contra la defensa que ésta hizo del derecho al aborto.[30] Allred demandó a Schmitz, que acabó con una sentencia que le condenaba a indemnizarla con 20.000 dólares y una disculpa pública.[31] Su carrera política, donde no se cansó de predicar las bondades de los valores familiares, finalizó de forma abrupta cuando reconoció ser el padre de, como mínimo, dos hijos extramatrimoniales.[32] Finalmente, John G. Schmitz se retiró a la zona de Washington, D.C., donde compró la casa que había pertenecido a su héroe: el senador John McCarthy, fanático anticomunista.[33] Schmitz escribió dos libros: *Stranger in the Arena: The Anatomy of an Amoral Decade 1964-1974* y *The Viet Cong Front in the United States*. Falleció en 2001 y fue enterrado en el Cementerio Nacional de Arlington, con todos los honores militares.[34]

El hermano mayor de Joseph Schmitz, John Patrick, también abogado, fue viceconsejero de George H. W. Bush entre 1985 y 1993, periodo en que este último ocupó tanto la vicepresidencia como la presidencia,[35] y desempeñó un papel decisivo para protegerle de la investigación Irán-Contra. En 1987, la fiscalía especial instó a Bush a entregar todos los documentos que guardaran alguna relación con la investigación, incluyendo «todos los documentos personales y oficiales del personal [de la Oficina de la Vicepresidencia]».[36] Bush delegó esta responsabilidad en su asesor C. Boyden Gray y su segundo, John P. Schmitz.[37] Hasta cinco años después —al mes siguiente de que Bush fuera elegido presidente— Gray y Schmitz no revelaron que Bush había llevado un diario personal durante el escándalo que, obviamente, no se incluyó en la primera solicitud de documentos.[38] Aunque entregaron el diario, Gray y Schmitz se entretuvieron con otros documentos relacionados y no llegaron a explicar por qué no llegaron a entregarlo durante los cinco años decisivos de la investigación.[39] Los investigadores se entrevistaron con todos los que tenían algo que ver con la entrega de los documentos de Bush, salvo Gray y Schmitz, que se negaron a hacerlo.[40] Schmitz se negó a entregar su propio diario, que cubría entre 1987 y 1992, asegurando que era un documento confidencial fruto de su trabajo,[41] una maniobra de confusión que se convertiría en la táctica de rigor en la rama ejecutiva de George W. Bush. Incluso después de que, esencialmente, se ofreciera inmunidad a Gray y Schmitz, éstos siguieron negándose; Schmitz abandonó la administración en 1993.[42] Joseph Schmitz tenía su propio vínculo personal con el escándalo Irán-Contra, ya que en 1987 trabajó como ayudante especial del fiscal Edwin Meese,[43] que fue Fiscal General durante el gobierno de Reagan y, en palabras del propio Meese, intentó «minimizar los daños».[44] Antes de llegar a la Casa Blanca, John Patrick había trabajado como administrativo para el por entonces juez del tribunal de apelación Antonin Scalia.[45] Prosiguió su carrera ejerciendo de abogado/cabildero para Mayer, Brown Rowe y Maw, un bufete de Washington, D.C.;[46] entre sus clientes: la Cámara de Comercio de Estados Unidos, Lockheed Martin, Enron, General Electric, Pfizer y Bayer.[47] Asimismo, fue uno de los principales patrocinadores de George W. Bush, al donar miles de dólares para las arcas de su campaña electoral.[48]

Pese a todo, tal vez el miembro más famoso de la familia Schmitz sea el menos vinculado a la política: la hermana de Joseph Schmitz, Mary Kay LeTourneau. En 1997, LeTourneau, maestra de escuela casada y madre de cuatro hijos, saltó a los titulares de la prensa cuando fue acusada de violar al menor Vili Fualaau, su alumno de trece años.[49] Cuatro meses después, dio a luz a la hija de Fualaau.[50] El caso fue la obsesión de la prensa sensacionalista durante años. Tras cumplir una pena de siete años de prisión, periodo durante el cual dio a luz a otra hija de Fualaau, LeTourneau contrajo matrimonio con su antiguo alumno en 2004.[51] Aunque su padre —el político obsesionado con los valores familiares que clamaba en contra de feministas, homosexuales y el aborto— la defendió enérgicamente, otros miembros de la familia adoptaron una postura más discreta en el caso, que se desarrolló de forma paralela al ascenso de Joseph Schmitz en el escalafón de la administración Bush.[52]

Joseph Schmitz se había graduado en la Academia Naval de Estados Unidos y llevaba 27 años en la Armada, aunque principalmente en la reserva, cuando en el verano de 2001 le nombraron Inspector General del Pentágono.[53] Su limitada experiencia profesional en tareas gubernamentales incluía el periodo que pasó con Meese y como inspector del programa de inteligencia de la Reserva Naval. Justo antes de su nombramiento, Schmitz era socio de Patton Boggs, un poderoso bufete de abogados dedicado, además, a labores de presión política con amplios contactos; se especializó en derecho aeronáutico y comercio internacional de alta tecnología en campos de crucial importancia militar.[54] Durante el tiempo en que Schmitz ocupó el cargo en el Pentágono, Patton Boggs puso en marcha su propia operación de «reconstrucción de Irak» en junio de 2003.[55] «La perspectiva desde el interior resulta decisiva [...] para las empresas que persiguen hacerse con uno de los numerosos contratos para la reconstrucción de Irak», afirmaba la página web sobre la reconstrucción de Patton Boggs; al mismo tiempo, la empresa presumía de contar con «un número excepcionalmente elevado de abogados con experiencia y contactos en el Capitolio, cuya efectividad aumenta gracias a su profundo conocimiento de las principales agencias federales implicadas en la reconstrucción de Irak» para ayudar a los clientes corporativos a obtener lucrativos contratos.[56] Como muchos de los altos cargos de la administración Bush, Schmitz era un ferviente defensor del gobierno, poseía numerosos contactos y su nombramiento fue fruto del amiguismo. Una serie de cartas en contra del aborto que escribió a varios periódicos de la zona de Washington, D.C. desde 1989 ofrece una visión sintética de su carrera política extremista y, en ocasiones, peculiar. En una de ellas, Schmitz escribió: «Como hombre, la grave situación de las víctimas de incesto y violación que acaban quedándose embarazadas podría resultarme algo un tanto hipotético; pero como feto en una etapa anterior de la vida, la grave situación de una vida humana que se interrumpe por un aborto me resulta tan real como podría serlo la violación para la mayoría de las mujeres».[57] En otra, Schmitz calificó el caso Roe contra Wade, una sentencia histórica en materia de aborto en Estados Unidos, como «legislación federal ilegítima promulgada por jueces que no han sido elegidos por votación» y afirmó que los políticos deberían «dejar para los estados y el pueblo las cuestiones políticas que no contemple la Constitución».[58] Y, en otra más, Schmitz declaró: «Muchos partidarios de la vida no tienen reparos en asumir una "posición impopular" en defensa de la vida humana, ya sea esta vida un embrión congelado, un feto, una anciana en estado vegetativo o una adolescente víctima de violación. Después de todo, el Dios de casi todos los partidarios de la vida dijo una vez: "Bienaventurados los perseguidos por causa de la justicia, porque de ellos es el Reino de los Cielos"».[59]

El presidente Bush nombró a Schmitz Inspector General del Pentágono en junio de 2001, un cargo que implicaba «la responsabilidad de llevar a cabo auditorías e investigaciones independientes y objetivas de programas de defensa, así como investigaciones imparciales para esclarecer las acusaciones de falta de ética profesional por parte de altos cargos civiles y militares del departamento».[60] A pesar de todo, la confirmación en el cargo no estuvo exenta de problemas. El nombramiento de Schmitz fue paralizado por el senador demócrata Carl Levin, presidente del Comité sobre Fuerzas Armadas del Senado. Durante una sesión del comité celebrada en octubre de 2001, Levin preguntó a Schmitz por una carta que escribió al periódico derechista *Washington Times* en 1992; era tres días antes de que George H. W. Bush y Bill Clinton concurrieran a las elecciones presidenciales. «Clinton prácticamente confesó ser un peligro para la seguridad en la guerra de Vietnam», escribió. «Ahora ese mismo Clinton quiere ser comandante en jefe del ejército, pero ni siquiera menciona que organizó actividades en contra de la guerra en Inglaterra, ni que viajó a Moscú en plena guerra de Vietnam. Según parece, el KGB conoce mucho mejor el lado más turbio de Bill Clinton que el propio pueblo estadounidense. El pueblo estadounidense se merece algo mejor.»[61] Schmitz firmó la carta con su rango militar oficial de capitán de corbeta de la Reserva Naval de Estados Unidos.[62] «Lo que nos ocupa aquí es que esa carta fue firmada con su rango militar de la Reserva», dijo Levin a Schmitz durante la sesión del comité. «No nos interesan las opiniones, con independencia de lo que uno piense de ellas, sino el hecho de que la firmó como capitán de corbeta de la Reserva Naval de Estados Unidos.»[63] Schmitz contestó a Levin en los siguientes términos: «La carta era, simplemente, un ejercicio de desahogo. No reflejaba la opinión que tenía por entonces y, desde luego, no refleja la opinión que sostengo en la actualidad». Cuidadoso con las palabras, Schmitz declaró: «El modo en que la prensa publicó mi carta y destacó mi rango militar, obviamente, hace que uno se plantee preguntas. Lo lamenté en su momento y lo lamento hoy. Aprendí una lección muy positiva que me ha convertido en mejor persona. Y, lo que es más importante, seré mejor inspector general por haber aprendido aquella lección si se me confirma en el cargo».[64] Levin también se oponía al expreso deseo de Schmitz de permanecer en la junta asesora de un grupo denominado US English Inc, aún ocupando el cargo de inspector general. «Es una organización que defiende que ninguna iniciativa gubernamental se lleve a cabo en un idioma que no sea el inglés», afirmó Levin. «¿Por qué cree que resultaría apropiado que usted, en tanto que inspector general, se mantuviera en la junta de un grupo que es..., que obviamente asume posiciones que, como poco, algunos militares considerarían una abominación?» Tras una larga y tediosa defensa de la organización, durante la cual acusó a Levin de tener «una idea errónea muy generalizada», Schmitz afirmó: «No es más que una cuestión práctica. Si uno quiere prosperar en Estados Unidos, tiene que aprender inglés».[65] Schmitz fue obligado a dimitir de US English (cosa que ya había hecho justo antes de comparecer ante el comité) como requisito previo a su confirmación en el cargo de inspector general, una ratificación que acabó produciéndose en marzo de 2002.

Joseph Schmitz sería el cargo de más alto nivel en el escalafón estadounidense que asumiría la responsabilidad de controlar el mayor filón bélico para las empresas durante su periodo más explosivo. La descripción de su puesto caracterizaba su misión como «la prevención del fraude, el derroche y los abusos en programas y operaciones» del Pentágono.[66] Pero, a diferencia de otros inspectores generales, el del Pentágono dependía directamente de Rumsfeld, una circunstancia que provocaba lo que algunas voces críticas consideraban un conflicto inherente de intereses, agravado por el estilo excesivamente controlador de Rumsfeld. Lo ideal habría sido que el cargo de inspector general lo hubiera ocupado una persona dispuesta a peinar el sistema en busca de actos impropios, corrupción y amiguismo. En lugar de eso, lo que consiguió la administración con Schmitz fue un alto cargo que, según parece, admiraba a los mismos interesados que se suponía que debía controlar; entre ellos, el propio Rumsfeld. Durante su mandato en el Pentágono, Schmitz ofreció este singular elogio de su jefe ante el Encuentro de Entrenadores de la Asociación Nacional de Entrenadores de Lucha Libre, celebrado en St. Louis, en un discurso titulado «Luchando con la disciplina: lecciones vitales de liderazgo»:

> El secretario de Defensa Donald Rumsfeld, mi jefe, también practicó la lucha libre en su juventud. Era famoso por su valor y disciplina en el cuadrilátero. La gente aún sigue contando la anécdota de cuando se dislocó el hombro durante un combate. Iba por detrás en los puntos, pero se negó a abandonar. Con un solo brazo, se las arregló para derribar a su contrincante —en tres ocasiones— y salió victorioso de la contienda. Es legendaria la disciplina de hierro del secretario Rumsfeld entre las cinco paredes del Pentágono. Nunca permite que las distracciones, la cambiante opinión pública o el voluntarismo perturben su concentración. Como

está tan concentrado en la tarea que está realizando, a todo el mundo le asombra todo lo que puede conseguir en un solo día. También podría decirse que este luchador retirado reina sobre sí mismo. Reinar sobre nosotros mismos —y rendir cuentas únicamente ante Dios— constituye la clave para llevar una vida virtuosa, honorable y con un norte como guía.[67]

Schmitz llevaba siempre en el bolsillo de la solapa los famosos doce principios de Rumsfeld, el primero de los cuales era: «No hagas nada que pueda comprometer la credibilidad del Departamento de Defensa».[68] Con Schmitz al cargo, los especuladores corporativos, muchos de ellos con estrechos vínculos con la administración, prosperaron a medida que iban dilapidando recursos aparentemente destinados a la reconstrucción de Irak y Afganistán. «Schmitz ralentizó o impidió investigaciones de altos cargos de la administración Bush, se gastó el dinero de los contribuyentes en sus proyectos preferidos y aceptó regalos que podrían haber supuesto una violación del código de conducta ética», según una investigación llevada a cabo por T. Christian Miller, de *Los Angeles Times*.[69] Según Miller, los investigadores que trabajaban a las órdenes de Schmitz estaban tan preocupados por sus lealtades que, en ocasiones, no le decían a quién estaban investigando —sustituían los nombres de las personas por códigos de letras en las reuniones informativas semanales— por temor a que Schmitz avisara a los superiores del Pentágono.[70] «Se implicó mucho en operaciones políticas donde no le correspondía implicarse», confesó al *Times* un alto funcionario de la oficina de Schmitz.[71] «He visto cómo esta oficina se implicaba en muchos proyectos cuestionables a pesar de la enérgica e insistente oposición de los altos funcionarios», afirmó el senador republicano por Iowa Charles E. Grassley al final del mandato de Schmitz. «Me parece que este hombre ha generado una falta de respeto y una desconfianza, circunstancia que ha propiciado una Oficina del Inspector General del todo ineficaz.»[72]

En marzo de 2003, un año después de que Schmitz aceptara el cargo de inspector general del Pentágono, y justo cuando estaba empezando la invasión de Irak, se vio en la tesitura de tener que investigar un escándalo que acabó con uno de los principales arquitectos de la política de la administración Bush en Irak: Richard Perle, un destacado líder neoconservador, fundador del Proyecto para un Nuevo Siglo Estadounidense y presidente del Consejo para la Política de Defensa. Perle se sentía muy cercano al subsecretario de Defensa Paul Wolfowitz y tenía un despacho contiguo al de Rumsfeld en el Pentágono.[73] A medida que iba avanzando la invasión de Irak, el *New York Times* y la revista *The New Yorker* revelaron que Perle estaba utilizando su cargo para ejercer presión política a favor de clientes corporativos en sus operaciones con el Departamento de Defensa.[74] «Aún ejerciendo de asesor del Pentágono para asuntos relacionados con la guerra, Richard N. Perle, presidente del influyente Consejo para la Política de Defensa, continuó en la empresa de telecomunicaciones Global Crossing, que buscó su ayuda para vencer la reticencia del Departamento de Defensa ante su propuesta de venta de una participación a una compañía extranjera», informó el *Times*.[75] Señalando que Perle era un hombre «muy cercano a muchos altos cargos, como el secretario de defensa Donald Rumsfeld, que le nombró para dirigir el consejo», el *Times* reveló que Perle había aceptado recibir 725.000 dólares de Global Crossing si el gobierno aprobaba la venta. El gobierno y el FBI eran contrarios a la misma porque «supondría que la red mundial de fibra óptica de Global Crossing —una de las que utilizaba el gobierno de Estados Unidos— pasaría a ser propiedad china».[76] En documentos legales que consiguió el *Times*, Perle vendió descaradamente su cargo en el Pentágono para explicar por qué se encontraba en una posición privilegiada para ayudar a Global Crossing. «Como presidente del Consejo para la Política de Defensa, cuento con una visión privilegiada y un profundo conocimiento de los temas de seguridad y defensa nacional que se plantearán» en el proceso de evaluación, escribió Perle.[77]

Cuando salió a la luz la noticia, Perle dimitió de inmediato de la presidencia del consejo asesor, al tiempo que mantuvo su inocencia. Al dimitir, Perle dijo a Rumsfeld que no quería que el escándalo «distrajera del reto urgente en el que usted está ahora comprometido» en Irak.[78] Rumsfeld le pidió que continuara como miembro del consejo, cosa que hizo. El congresista John Conyers solicitó que se investigara a Perle y el caso acabó llegando a manos de Schmitz. Tras seis meses de investigación, Schmitz exculpó a Perle afirmando: «Hemos terminado de investigar la actuación del señor Perle y no se confirma ninguna acusación de conducta ilícita».[79] A pesar de las revelaciones que aparecieron en prácticamente todos los periódicos importantes del país sobre los múltiples conflictos de intereses de Perle, el informe del Inspector General «no ha encontrado una base suficiente que permita concluir que el señor Perle diera la impresión de cometer algún acto ilícito desde la perspectiva de una persona razonable».[80] Perle afirmó estar «muy satisfecho»[81] con la conclusión de Schmitz, mientras que Rumsfeld declaró: «El informe del Inspector General corrobora la integridad del Consejo para la Política de Defensa y de la actuación del señor Perle».[82]

No mucho después de las revelaciones sobre las operaciones empresariales de Richard Perle, estalló otra polémica que salpicó, esta vez, a un poderoso alto cargo del círculo de personas más allegadas a Rumsfeld: el teniente general William Boykin, subsecretario adjunto de Defensa encargado de cuestiones de inteligencia. En octubre de 2003, se reveló que Boykin había lanzado varias diatribas contra los musulmanes en discursos públicos, pronunciados con uniforme militar en la mayor parte de los casos. Desde enero de 2002, Boykin había intervenido en 23 actos de orientación religiosa, de uniforme en todos ellos excepto en dos.[83] Entre otras afirmaciones, Boykin declaró que sabía que Estados Unidos se impondría al enemigo musulmán en Somalia porque «sabía que mi Dios era más grande que el suyo. Sabía que mi Dios era un Dios real y el suyo no era más que un ídolo».[84] Boykin también sostuvo que los radicales islamistas querían destruir Estados Unidos «porque somos una nación cristiana»[85] que «nunca abandonará a Israel».[86] Nuestros «enemigos espirituales», manifestó Boykin, «sólo saldrán derrotados si nos enfrentamos a ellos en nombre de Jesús».[87] En cuanto al presidente Bush, Boykin declaró: «¿Por qué está este hombre en la Casa Blanca? La mayoría de los estadounidenses no le votó. ¿Por que está ahí? Pues voy a decirles esta mañana que está en la Casa Blanca porque Dios le puso ahí en un momento como éste».[88] En otro discurso, Boykin aseguró que «otros países han perdido la moralidad, los valores. Pero Estados Unidos sigue siendo una nación cristiana».[89] Manifestó ante un grupo religioso de Oregón que las fuerzas de operaciones especiales estaban imponiéndose en Irak por su fe en Dios. «Señoras y señores, tengo que subrayar ante ustedes que la batalla que estamos librando es una batalla espiritual», afirmó. «Satanás quiere destruir esta nación, quiere destruirnos como nación y quiere destruirnos como ejército cristiano.»[90]

Boykin era militar de carrera, uno de los primeros miembros de la Delta Force que fue subiendo peldaños del escalafón hasta convertirse en responsable del ultrasecreto Comando Adjunto de Operaciones Especiales. Había estado en la CIA y, durante la guerra contra el terrorismo, había dirigido las unidades de Fuerzas Especiales del ejército antes de incorporarse al sólido equipo de liderazgo de Rumsfeld, donde se responsabilizó de la búsqueda de «objetivos de alto valor».[91] Boykin fue uno de los altos cargos decisivos para la implantación de lo que voces críticas definieron como actividades propias de escuadrones de la muerte en Irak. Cuando en una investigación del Congreso le preguntaron por el parecido entre el programa Fénix desarrollado por Estados Unidos en Vietnam y las operaciones especiales de la guerra contra el terrorismo, Boykin contestó: «Creo que estamos aplicando ese tipo de programa. Estamos persiguiendo a esa gente. Matar o capturar a esas personas es una misión legítima de departamento. Creo que estamos haciendo aquello para lo que se diseñó el programa Fénix, pero sin tanto secretismo».[92] El analista militar William Arkin, el primero en destapar los comentarios de Boykin, escribió: «Cuando Boykin vomita en público este mensaje intolerante con el uniforme del ejército de Estados Unidos, está insinuando claramente que es una opinión oficial y autorizada; y que, efectivamente, el ejército de Estados Unidos es un ejército cristiano. Pero esto sólo es una parte del problema. Boykin ocupa un cargo de responsabilidad en el Pentágono, con capacidad de decisión en materia de políticas, y es un error grave permitir que un hombre que cree en una *yihad* cristiana permanezca en ese puesto [...]. Boykin ha dejado claro que no recibe órdenes de sus superiores militares, sino de Dios, lo que constituye una cadena de mando muy preocupante. Además, es una imprudencia y un peligro tener a un alto mando responsable de liderar la guerra contra el terrorismo en Irak y Afganistán que cree que el islam es una religión idólatra y sacrílega contra la que estamos librando una guerra santa».[93] Cuando Boykin se encontró en el punto de mira por sus comentarios contra los musulmanes, Rumsfeld y otros peces gordos del Pentágono le defendieron enérgicamente. «Boykin no fue relevado ni trasladado. En aquel momento, se encontraba en plena operación secreta para "guantanamizar" [...] la cárcel de Abu Ghraib», escribió Sidney Blumenthal, antiguo asesor de Clinton. «Se había trasladado a Guantánamo, donde se había reunido con el teniente coronel Geoffrey Miller, al mando del Campamento Rayos X. Boykin ordenó a Miller que viajara a Irak y aplicara los métodos del Campamento Rayos X al sistema penitenciario iraquí, por órdenes de Rumsfeld.»[94]

Entre airadas protestas de grupos defensores de los derechos humanos y organizaciones islámicas, Boykin solicitó personalmente que el departamento del Pentágono dirigido por Schmitz abriera una investigación para esclarecer si había cometido algún posible acto ilícito.[95] El general Peter Pace, vicepresidente de la Junta de Jefes de Estado Mayor, afirmó que Boykin «está deseando que el investigador haga su trabajo».[96] Tras diez meses de indagaciones, la oficina de Schmitz exculpó a Boykin de lo esencial y concluyó que el general había violado tres reglas internas del Pentágono. «Aunque lo que suscitó controversia fue la esencia de los comentarios de Boykin y no su respeto por el reglamento del Pentágono, el informe evita deliberadamente pronunciarse sobre la oportunidad de la dosis de religión que inyectó Boykin en su descripción de las operaciones militares contraterroristas, incluyendo su comentario de que había "una presencia satánica" tras las acciones de los musulmanes radicales», informó el *Washington Post*.[97] El periódico citaba a un alto cargo del Departamento de Defensa que «afirmó que el informe se considera una "exculpación completa" que, en última instancia, responsabiliza a Boykin de cometer algunas "faltas relativamente leves" relacionadas con cuestiones burocráticas y técnicas».[98]

En junio de 2004, Schmitz viajó a Irak y Afganistán, y a su regreso, pronunció un importante discurso titulado «Los principios estadounidenses como potentes armas y posibles bajas en la guerra mundial contra el terrorismo».[99] En aquel momento, aún no se habían apagado en Estados Unidos los ecos del escándalo por las torturas y abusos contra prisioneros en la cárcel de Abu Ghraib y Schmitz, que dirigía la investigación, hizo todo lo posible por encubrirlo. Atribuyó los abusos de Abu Ghraib a unos cuantos «sinvergüenzas»[100] y afirmó: «No tengo conocimiento de ninguna orden ilegal por parte de ningún mando».[101] Manifestó ante el público del City Club de Cleveland: «Los escasos fallos del sistema y los actos censurables de unos pocos de los nuestros —que incluso ahora están siendo llevados ante los tribunales— no deberían ensombrecer los sacrificios y los logros de los miles de valerosos americanos que continúan sirviendo a su país con honor, siguiendo la gloriosa tradición de las Fuerzas Armadas de Estados Unidos».[102] Schmitz declaró que había estado en Abu Ghraib y en «otro centro de detención de prisioneros» de Afganistán para «conocer mejor las reglas, los criterios y los procedimientos que estamos utilizando para recabar datos de inteligencia y, aparte, para enfrentarnos a los terroristas reconocidos y potenciales que capturamos durante las operaciones militares en curso. Cuanto más tiempo paso con las tropas desplegadas en primera línea, escuchando las historias que tienen que contar y observando cómo cumplen sus obliga-

ciones, entiendo mejor por qué los terroristas nos odian tanto. Sin ningún tipo de duda, hemos contraído una deuda de gratitud con los hombres y mujeres estadounidenses destacados en el extranjero. No encuentro palabras para describirles el impresionante y honorable trabajo que
están llevando a cabo las tropas estadounidenses, tanto en Irak como en
Afganistán».[103] Los terroristas, dijo Schmitz, «se niegan a reconocer
mínimas normas de conducta que distinguen a la civilización de la barbarie». Incluso después de que salieran a la luz las torturas sistemáticas
en Abu Ghraib, declaró: «Continuamos siendo, por la gracia de Dios, un
faro de esperanza para el mundo».[104] Mientras se explayaba sobre los principios del «Estado de derecho» que gobiernan Estados Unidos, Schmitz
dijo al público: «No debemos permitir que las malas noticias que llegan
de Abu Ghraib eclipsen el hecho de que tenemos a unos estupendos
hijos e hijas de estadounidenses de a pie, de granjeros y demás, y que
están ahí haciendo un magnífico trabajo para ustedes y para mí».[105] En
Afganistán e Irak, dijo Schmitz: «Vi a los soldados americanos hacer lo
que nosotros, los yanquis, siempre hemos hecho: ser libertadores afa-
bles, entablar amistad con la gente del lugar si es posible y enfadarse por
la falta de contacto cuando impiden entablarlo las amenazas de violencia
procedentes de un enemigo siniestro y cobarde».[106]

Al igual que el general Boykin, Schmitz solía pronunciar discursos
durante su mandato en el Pentágono que estaban impregnados de retórica religiosa y cristiana, y resultaban degradantes para otras culturas y
tradiciones. «Apenas si puede decirse que existan unos principios de
derecho en las culturas tribales, como por ejemplo, en zonas de Irak y
Afganistán, donde la lealtad hacia uno mismo suele imponerse sobre
todo lo demás: sobre la honestidad, la ley, la justicia e, incluso, el sentido
común», afirmó Schmitz en un discurso de marzo de 2004.[107] En otro
declaró: «Hoy en día los hombres y mujeres de nuestras fuerzas armadas
no dudan de los sólidos principios que engrandecen a Estados Unidos;
esos mismos principios que mencionó el presidente Reagan en plena
Guerra Fría: responsabilidad individual, gobierno representativo y Estado de derecho conforme a Dios».[108] Schmitz finalizó su intervención
citando la «admonición» de Ronald Rumsfeld tras el atentado del 11 de
septiembre: «Hoy rezamos, Padre Celestial, la oración que nuestra
nación aprendió en otros tiempos de justificada lucha y noble causa; la
oración que siempre reza Estados Unidos: No pedimos que Dios esté a
nuestro lado, sino que siempre, Señor nuestro, Estados Unidos esté a Tu

lado». A continuación, Schmitz dijo al público: «Si queremos seguir siendo una nación que respete el Estado de derecho conforme a Dios, debemos ceñirnos siempre a unos principios elevados».[109]

Tan impregnados estaban los discursos de Schmitz de retórica religiosa que tras pronunciar uno de ellos, un miembro del público le espetó: «El sabor de boca que me ha dejado su discurso me ha resultado un tanto preocupante, porque siempre he creído que la Constitución es un documento laico y pensaba que se suponía que el gobierno tenía que ser una organización laica. Me parece que esta administración ha difuminado la separación entre Iglesia y Estado».[110] Schmitz optó por hacer caso omiso del comentario y siguió parloteando sobre los capellanes castrenses, antes de que su interlocutor dijera: «Mi intervención era de ese tenor. Creía que le estaba diciendo...». Llegados a este punto, Schmitz interrumpió al hombre y manifestó: «El pueblo estadounidense, a diferencia de otros pueblos del mundo, es profundamente religioso. Es un hecho histórico y actual. De manera que, para nosotros, fingir de algún modo que no debemos reconocer la existencia de Dios Todopoderoso sería... ignorar la realidad, señor. Lamento tener que decirlo, pero yo lo veo así».[111]

Algunas de las anécdotas más singulares del periodo que pasó Schmitz en el Pentágono están propiciadas por lo que sus colegas describieron como una «obsesión» por el barón Von Steuben, el mercenario que luchó en la guerra de la Independencia estadounidense.[112] Se dice que Steuben huyó de Alemania tras enterarse de que le perseguían por actividades homosexuales y George Washington le recibió con los brazos abiertos en Estados Unidos en tanto que importante instructor militar, uno de los muchos mercenarios que combatieron contra los británicos. Poco después del nombramiento de Schmitz en el Pentágono, según *Los Angeles Times*:

> Se pasó tres meses rediseñando el sello del inspector general para incluir el lema familiar de los Von Steuben: «Siempre bajo la protección del Todopoderoso». Decidió la cantidad de estrellas, hojas de laurel y colores del sello. También pidió una nueva águila, porque creía que la representada en el sello antiguo «parecía una gallina», afirmaron funcionarios actuales y de entonces. En julio de 2004, acompañó a Henning Von Steuben, periodista alemán y cabeza de la familia Von Steuben, a un acto del Cuerpo de Marines de Estados Unidos. Además, agasajó a Von Steuben con una comida de 800 dólares que supuestamente pagó con car-

go al erario público y contrató al hijo de Von Steuben para trabajar en unas prácticas no remuneradas en la oficina del Inspector General, según declaró un antiguo funcionario del Departamento de Defensa. Igualmente, suspendió un viaje de 200.000 dólares para asistir a un acto junto a una estatua de Von Steuben [...] en Alemania después de que Grassley lo cuestionara.[113]

«[Schmitz] se desvivía porque todo fuera alemán y todo fuera Von Steuben», contó un antiguo funcionario de Defensa a T. Christian Miller, de *Los Angeles Times*. «Estaba obsesionado.»[114] Schmitz también salpicaba de referencias a Von Steuben muchos de sus discursos oficiales como Inspector General, refiriéndose a él en unos términos casi mesiánicos: «Todos nos apoyamos en su precedente y en su sabiduría para constituir un faro de liderazgo dentro del Pentágono, para ayudarnos a encontrar un camino cuando todo parece convulso y distorsionado, como suele ocurrir a menudo en las grandes organizaciones burocráticas, sobre todo en plena batalla», manifestó Schmitz en un discurso pronunciado en mayo de 2004 en el acto de descubrimiento de un monumento a Von Steuben, en Nueva Jersey.[115] En Irak, declaró Schmitz en junio de 2004: «Debemos mantener el rumbo y permanecer detrás de nuestras tropas. Por mi parte, he desplegado a mis mejores "Von Steubens" sobre el terreno iraquí para que ayuden a que los nuevos inspectores generales se conviertan en paladines de la integridad e impulsores de cambios positivos en todos los nuevos ministerios iraquíes».[116]

Schmitz no tardó mucho en verse obligado a rendir cuentas a instancias de legisladores de distintas tendencias políticas y por el exhaustivo reportaje de investigación que Miller publicó en *Los Angeles Times*. Tal vez la mayor indignación a la que se enfrentó Schmitz por su papel en distintos escándalos llegó de un poderoso republicano: el senador Grassley. Se centró en uno de los ayudantes de Rumsfeld, John «Jack» Shaw, subsecretario de Defensa. Éste, un republicano recalcitrante que había trabajado en todas las administraciones de esta tendencia desde Gerald Ford, fue designado por la Casa Blanca para hacerse cargo del sistema de telecomunicaciones iraquí cuando ya estaba en marcha la ocupación, a pesar de que «carecía de experiencia tanto en contratación de defensa como en telecomunicaciones», escribió Miller.[117] Voces críticas dentro de la Autoridad Provisional de la Coalición, encabezada por Estados

Unidos, denunciaron que Shaw intentó aprovecharse de su cargo para conseguir lucrativos contratos a empresas amigas, según *Los Angeles Times*.[118] Shaw trabajó entre bastidores con poderosos legisladores republicanos en un intento de desviar sustanciosos contratos de redes de telefonía móvil a empresas dirigidas por personas con las que mantenía una relación personal, según Miller.[119]

En 2003, Schmitz, en calidad de Inspector General, firmó un consentimiento que concedía a Shaw potestad para realizar investigaciones, algo que supuestamente utilizó éste para ejercer presión y lograr que los contratos de telecomunicaciones acabaran en manos de sus amigos.[120] Una vez «se disfrazó de trabajador de Halliburton Co. y consiguió acceder a un puerto del sur de Irak después de que militares de EE. UU. le impidieran el paso», informó Miller, citando a funcionarios del Pentágono. «En otra ocasión, criticó el concurso para la concesión de licencias de telefonía móvil en Irak promovido por la Autoridad Provisional de la Coalición, encabezada por Estados Unidos. En ambos casos, Shaw instó a los funcionarios gubernamentales a solucionar los supuestos problemas desviando los contratos multimillonarios a empresas vinculadas a sus amigos, sin licitación pública, según fuentes y documentos del Pentágono. En el caso del puerto, los clientes de un amigo de Shaw que realizaba labores de presión política ganaron, sin licitación alguna, un contrato para llevar a cabo dragados».[121]

Cuando las acusaciones sobre Shaw de los críticos llegaron a oídos de Schmitz, en lugar de investigar el caso él mismo, se lo remitió al FBI, esgrimiendo un posible conflicto de interés, ya que Schmitz había actuado en representación de Shaw. «Es una apuesta segura enterrar algo en el FBI, porque no van a tener tiempo de mirárselo», dijo a Miller un funcionario del Pentágono.[122] «[Al FBI] le interesaba mucho más el terrorismo que la corrupción de los altos cargos públicos», señaló Miller en su libro *Blood Money*. «Los propios investigadores que estaban por encima de Schmitz se opusieron a la remisión del caso, por considerar la decisión una maniobra calculada para ayudar a otro compañero político nombrado por él. Como cabía esperar, la investigación del FBI no llegó a ninguna parte y, con el tiempo, acabó abandonándose.»[123]

Después de que *Los Angeles Times* destapara la supuesta corrupción de Shaw, el propio Schmitz ayudó personalmente a redactar un comunicado de prensa del Pentágono que pretendía exculpar a Shaw.[124] «Las acusaciones fueron examinadas por investigadores penales del Departamento de Defensa en Bagdad y no llegó a abrirse nunca una investigación penal», podía leerse en el comunicado de prensa del Pentágono, fechado el 10 de agosto de 2004. «En la actualidad, Shaw no está siendo objeto de ninguna investigación por parte del Inspector General del Departamento de Defensa, como tampoco ha sido objeto de investigación alguna en el pasado.»[125] El comunicado de prensa remitía a los periodistas al FBI para más información. Según la información de Miller, Chuck Beardall, segundo de Schmitz, envió un correo electrónico a su jefe donde aseguraba que el comunicado de prensa «era un tremendo error y es preciso retirarlo de inmediato. No hacerlo dice muy poco en favor del Departamento de Defensa y de nuestra integridad».[126] Schmitz, según Miller, «dijo a su ayudante Gregg Bauer que era partidario de "no revolver más el asunto". "Hicimos lo correcto al recomendar una versión del comunicado de prensa menos propensa a malas interpretaciones", escribió Schmitz en la respuesta a un correo electrónico».[127] En una carta posterior a Rumsfeld, el senador Grassley escribió: «Lo que me parece más preocupante de esta situación es la supuesta implicación del Inspector General, señor Schmitz, en el asunto. *En primer lugar*, hay un reguero de documentos en papel que, al parecer, demuestra que el señor Schmitz participó de forma personal y directa en la manipulación de ese comunicado de prensa. Y, *en segundo lugar*, entiendo que los propios empleados de Schmitz le avisaron repetidas veces para que lo "retirara" porque era una "evidente falsedad". También el FBI intervino en este sentido, según me dicen».[128] Grassley dijo a Rumsfeld que, cuando comunicó a Schmitz su intención de investigarle y solicitó acceso a sus archivos relativos a este asunto, «fuentes no oficiales de la oficina del Inspector General me informaron que "todos los documentos relacionados con Shaw y el asunto se clasificaron como confidenciales para impedirme acceder a ellos"».[129] Grassley acusó también a Schmitz de desbaratar una investigación de un alto cargo militar que, a juicio del primero, podría haber mentido bajo juramento».[130] Shaw, por su parte, negó haber cometido irregularidades y aseguró que las acusaciones en su contra se enmarcaban en una «campaña de difamación».[131]

Durante su mandato en el Pentágono, Schmitz habló públicamente con gran vehemencia sobre el azote del tráfico de seres humanos, centrándose en particular en el tráfico sexual, uno de los temas preferidos de la derecha cristiana y la administración Bush. En septiembre de 2004, Schmitz presentó ante el Comité sobre Fuerzas Armadas de la Cámara de Representantes un escrito que tituló: «Examinando la esclavitud sexual entre la niebla del relativismo moral».[132] En él declaraba: «El relativismo moral es enemigo de la Constitución de Estados Unidos» y «El Presidente de Estados Unidos ha identificado la esclavitud sexual en el siglo XXI como "un mal particularmente infame" ante "una ley moral que se sitúa por encima de hombres y naciones"». Y afirmaba también: «El aparente consentimiento de las partes implicadas en prácticas inmorales como la prostitución y el tráfico sexual no debería constituir jamás una excusa para cerrar los ojos al problema»; y concluía: «Incluso al enfrentarnos a los nuevos enemigos asimétricos del siglo XXI, aquellos de nosotros que hayan jurado defender la Constitución de Estados Unidos (y otros referentes jurídicos basados en idénticos principios) deberían reconocer, combatir y erradicar la esclavitud sexual y otras "prácticas disolutas e inmorales" en el lugar y en el momento en que asomen su horrible cabeza entre la niebla del relativismo moral. "Y que Dios nos ayude"».[133]

Sin embargo, mientras Schmitz clamaba contra el relativismo moral y la esclavitud sexual, le acusaban al mismo tiempo de no investigar graves imputaciones de tráfico de seres humanos por parte de empresas contratistas que operaban en Irak, entre las que se encontraba KBR, con más de 35.000 trabajadores de «terceros países» en Irak.[134] En un trabajo de investigación rompedor, «La ruta al peligro», Cam Simpson, del *Chicago Tribune*, documentó cómo doce ciudadanos nepaleses fueron enviados a Irak en 2004 y, posteriormente, fueron secuestrados y ejecutados.[135] El periódico reveló cómo «algunos subcontratistas y una cadena de proveedores de mano de obra participaron supuestamente en el mismo tipo de abusos que suele condenar el Departamento de Estado por constituir tráfico de seres humanos».[136] El *Tribune* también halló «pruebas de que subcontratistas y proveedores tenían como práctica habitual apoderarse de los pasaportes de los trabajadores, engañarles en cuestiones como contratos y seguridad y, al menos en un caso, obligar presuntamente a trasladarse a Irak a unos hombres aterrorizados amenazándoles con dejarles sin comida ni agua»; también demostró que KBR y el ejército «permitieron que los subcontratistas contrataran a trabajadores de países que habían prohibido el despliegue de sus ciudadanos en Irak, lo que implicó que el tráfico de personas introdujera en el país a miles de ellas por canales ilícitos».[137]

Según el *Chicago Tribune*: «Documentos independientes también demuestran que ya se habían oído acusaciones similares en septiembre de

2004, con Joseph Schmitz, que por entonces era inspector general del Departamento de Defensa. Schmitz no respondió aportando ningún detalle hasta casi un año después; en una carta al congresista por New Jersey Christopher Smith, fechada el 25 de agosto de 2005, afirmó que había "una lista de medidas correctivas" que los militares de la coalición en Irak habían ordenado aplicar tras una "investigación preliminar" de las acusaciones. La carta no mencionaba la incautación de los pasaportes ni violaciones de las leyes estadounidenses sobre tráfico de personas, pero afirmaba que las condiciones de vida "requerían una mayor atención" y que los militares estaban "supervisando el estatus de los ajustes" que supuestamente estaban introduciéndose».[138] Algo muy alejado de la censura por «relativismo moral» o por ser «un mal especialmente infame», que Schmitz y sus aliados parecían reservar para delitos más «inmorales».

Uno de los mayores escándalos en que estuvo implicado Schmitz se inició en mayo de 2003, cuando el Pentágono accedió a suscribir con Boeing un polémico contrato de alquiler con opción a compra de cien aviones cisterna militares por la astronómica cifra de 30.000 millones de dólares.[139] Casi de inmediato, el inusual acuerdo —el mayor de ese tipo en toda la historia de Estados Unidos— fue duramente criticado por grupos de control al gobierno, que lo calificaron de «derroche de caridad corporativa», ya que supondría una inyección para el maltrecho sector aeroespacial.[140] El senador republicano John McCain vapuleó el acuerdo tachándolo de ser «un caso clásico de mala política de suministro y favoritismo hacia una única empresa contratista de defensa».[141] McCain esgrimió que los análisis realizados por la Oficina de Auditoría General (GAO, por su sigla en inglés) demostraban que resultaría mucho más económico para el gobierno modernizar los aviones cisterna existentes, en lugar de alquilar más aparatos de Boeing a un precio muy superior.[142] «Nunca había visto las responsabilidades fiduciarias y de seguridad del gobierno federal subordinarse de un modo tan manifiesto a los intereses de una única empresa contratista», declaró McCain.[143] Para ganar ese polémico contrato, Boeing recibió supuestamente el apoyo de varios patrocinadores poderosos, entre los que se encontraban Dennis Hastert, portavoz de la Cámara de Representantes y un aliado clave de la Casa Blanca, y Karl Rove y Andy Card, importantes asesores de la Casa Blanca. «La peculiaridad de la presión política ejercida por Boeing fue que lograra acceso total a todas las instancias del gobierno, desde el presidente hacia abajo; se ganara a los líderes clave de la Cámara de Representantes y del Senado, y que decenas de legisladores presionaran para meter sus mercancías en el acuerdo», afirmó Keith Ashdown director de Taxpayers for Common Sense.[144] Según el *Financial Times*, «Boeing también invirtió 20 millones de dólares el año pasado en un fondo de capital de riesgo vinculado a defensa que dirigía Richard Perle [...] [que] fue coautor de un editorial del *Wall Street Journal* en agosto donde se defendía el acuerdo. No reveló la inversión de Boeing».[145]

El contrato fue aprobado por el principal responsable de adquisiciones armamentísticas de Bush en el Pentágono, Edward C. «Pete» Aldridge Jr.,[146] que casualmente había sido presidente de McDonnell Douglas Electronic Systems, una empresa que después acabaría formando parte de Boeing.[147] Aldridge dio luz verde al acuerdo durante su último día en el Pentágono antes de empezar a trabajar para el fabricante de armas Lockheed Martin.[148] El acuerdo pronto se consideraría «el mayor caso de mala gestión en el suministro de material militar de la historia contemporánea», en palabras del republicano John Warner, presidente del Comité sobre Fuerzas Armadas del Senado,[149] circunstancia que desembocó en la suspensión del acuerdo, entre acusaciones generalizadas de amiguismo. La antigua responsable de suministros de las Fuerzas Aéreas Darleen Druyun ingresó en prisión, al igual que el representante de Boeing, mientras que James Roche, secretario de la Fuerza Aérea, acabó presentando la dimisión.[150]

Finalmente, el caso acabó sobre la mesa de Joseph Schmitz en el Pentágono para ser objeto de investigación. En junio de 2005, Schmitz emitió un informe de 257 páginas sobre el escándalo que, según voces críticas, ocultaba el posible papel que desempeñaron en el acuerdo altos funcionarios de la Casa Blanca; el informe contenía cuarenta y cinco supresiones de referencias a funcionarios de la Casa Blanca.[151] De hecho, Schmitz había entregado el informe a la Casa Blanca para que lo revisaran antes de hacerlo público y parece ser que allí se borró la información que pudiera resultar más comprometida.[152] En una carta dirigida a Schmitz, el senador republicano Grassler escribió: «Al omitir pruebas pertinentes del informe final, ciertos objetivos potenciales quedaron eximidos de posibles responsabilidades». Grassley añadió que los funcionarios del Pentágono «podrían haber actuado siguiendo las directrices y los consejos de los altos funcionarios de la Casa Blanca, cuyos nombres fueron suprimidos del informe final por órdenes suyas; a estos funcionarios no se les considera responsables».[153]

Schmitz no incluyó los comentarios de Rumsfeld ni Wolfowitz porque, según declaró, no habían dicho nada «relevante». De ser así, afirmaba el editorial del *Washington Post*, «los investigadores no deben de haber planteado las preguntas adecuadas. Por ofrecer sólo un ejemplo: Roche contó que Rumsfeld le citó en julio de 2003 para comentar su nombramiento como secretario de la Fuerza Aérea, que aún no se había resuelto, y "afirmó de forma expresa que no quería que cediera ni un ápice con respecto a la propuesta de alquilar los aviones cisterna"».[154] En una transcripción de la entrevista que mantuvo Schmitz con Rumsfeld en la oficina del primero, que consiguió el *Washington Post*, los investigadores preguntaron al secretario de Defensa si había aprobado el acuerdo de los aviones cisterna con Boeing a pesar de que violaba ampliamente la normativa sobre suministros del Pentágono y del gobierno. «No recuerdo que lo aprobara», afirmó Rumsfeld, «pero seguro que tampoco recuerdo no haberlo aprobado, si les parece.»[155] A continuación, los investigadores preguntaron a Rumsfeld si, en 2002, el presidente Bush pidió a su jefe de gabinete, Andy Card, que interviniera en las negociaciones del Pentágono con Boeing (uno de los principales patrocinadores de Bush). «Según me han dicho», manifestó Rumsfeld, «las conversaciones con el presidente son confidenciales, lo mismo que con sus colaboradores más cercanos.»[156] El *Post* declaró que gran parte de la conversación inmediatamente posterior fue suprimida de la transcripción. El informe de Schmitz no incluía ninguno de los comentarios de Rumsfeld.[157]

Y, más aún, el equipo de Schmitz no interrogó a nadie que no fuera miembro del Departamento de Defensa, a pesar de la implicación bien documentada de varios legisladores de alto nivel, funcionarios de la administración y el propio presidente.[158] Schmitz tampoco llegó a interrogar a Edward Aldridge, el alto cargo del Pentágono que aprobó el acuerdo. Su informe señalaba que Aldridge no obtuvo las autorizaciones pertinentes antes de seguir adelante con el acuerdo, pero afirmó que dichas autorizaciones estaban ahí en cualquier caso. En una sesión del Senado dedicada al escándalo, cuando ya se había hecho público el informe, McCain le dijo a Schmitz: «Así que el señor Aldridge, básicamente, mintió»; ante lo cual Schmitz replicó: «En líneas generales, sabemos que... él y otros miembros de la Fuerza Aérea y [de la Oficina del Secretario de Defensa] intentaron tomarse la letra de los suministros como si no exigiera un montón de requerimientos legales.»[159] McCain no se lo podía creer: «¿No cree que habría sido importante contar con su testimonio?», preguntó a Schmitz. «Mis empleados no pudieron localizarle», acabó contestando Schmitz y añadió que le había enviado una carta certificada y le había dejado unos cuantos mensajes de voz. «¿Fue imposible localizarle a través de Lockheed Martin?», preguntó un estupefacto McCain. A pesar de que sus citaciones tenían mucho peso, Schmitz no utilizó el poder que le confería su cargo para obligar a Aldridge a someterse a un interrogatorio. «A mí no me parece que su paradero sea un misterio» dijo a Schmitz el senador John Warner. «Está en el consejo de administración de una importante empresa contratista de defensa; me parece a mí que es fácil localizarle.» De hecho, resulta muy difícil pensar que Schmitz no pudo ponerse en contacto con él en Lockheed Martin. El hermano de Schmitz, John P. Schmitz, antiguo subasesor del presidente George W. Bush, había trabajado para Lockheed Martin realizando oficialmente labores de presión política, entre julio de 2002 y enero de 2005,[160] un periodo que coincide con el acuerdo de Boeing y la investigación. Trabajó en un grupo de dos o tres miembros de Mayer, Brown, Rowe y Maw, que recibió un mínimo de 445.000 dólares durante ese periodo.[161] A pesar de todo, nada parece indicar que John P. Schmitz tuviera alguna relación directa ni con el acuerdo de los aviones cisterna ni con Aldridge.

Finalmente, el senador Grassley dijo a Joseph Smith que su manera de tratar el escándalo «plantea interrogantes sobre su independencia» como inspector general.[162] Ashdown, de Taxpayers for Common Sense, declaró: «Ahora sabemos que, en los más altos niveles del Pentágono y la Casa Blanca, los mecanismos estaban perfectamente engrasados para desviar miles de dólares de caridad corporativa a la empresa Boeing».[163] Sin embargo, añadió, por culpa de «la renuencia del Inspector General a interrogar al secretario de Defensa» y por «redacciones demasiado entusiastas [...], nos quedamos con más preguntas que respuestas».

Con su oficina envuelta en múltiples escándalos, Schmitz comunicó oficialmente en junio de 2005 que se apartaba voluntariamente de los asuntos relacionados con Blackwater porque estaba manteniendo conversaciones con la empresa con vistas a su posible incorporación. La escueta nota no revelaba qué había motivado la revelación de sus tratos con Blackwater, pero llegaba justo un año después de que Schmitz regresara de un viaje de nueve días a Bagdad, donde estuvo trabajando con el cliente más preciado de Blackwater, Paul Bremer, en la creación de una red de 29 inspectores generales (con los «mejores Von Steubens» de Schmitz) para los ministerios iraquíes, como paso previo al «traspaso de soberanía».[164] Para algunos observadores, que esos dos altos cargos desarrollaran un sistema de supervisión del «nuevo» gobierno iraquí era como pedir a dos zorros que decidieran cómo debía protegerse el gallinero.

En noviembre de 2004, Schmitz entregó a Bremer el premio Joseph H. Sherick, una distinción que se concedía a una persona «que contribuya al cumplimiento de la misión del inspector general».[165] Schmitz manifestó que había concedido el premio a Bremer porque era «un hombre con visión de futuro y un hombre de principios».[166] Al recoger el premio, Bremer declaró: «Desde el momento en que llegué [a Irak], percibí la importancia que tenía, teniendo en cuenta los antecedentes de corrupción durante el mandato de Sadam Husein, [...] tratar de consolidar ya desde el principio la idea de confianza en el gobierno».[167] A principios de 2005, Schmitz impartió una conferencia ante la Asociación Federal de la Orden de Malta en la iglesia de Bremer en Bethesda (Maryland), durante la cual contó una anécdota de *Running to Paradise*, la novela de Frances Bremer (esposa de Paul).[168] Pocos meses después, en noviembre de 2005, Schmitz y Paul Bremer volverían a unirse, esta vez porque Blackwater ejerció de anfitriona de Bremer en una «campaña de recolecta de fondos» para las víctimas del huracán Katrina.[169]

El 26 de agosto de 2005 Schmitz comunicó oficialmente al personal que abandonaba el Pentágono para trabajar en Blackwater. En el correo electrónico que envió se despedía en estos términos: «Que el Creador reconocido en nuestra Declaración de Independencia, que nos ha dotado de esos derechos inalienables que, como estadounidenses, consideramos "primordiales", continúe bendiciéndoos a todos vosotros».[170] Cuando Schmitz se incorporó a Blackwater, en septiembre de 2005, la empresa estaba cosechando los frutos de los lucrativos contratos con el gobierno e iba a desplegar a sus efectivos fuertemente armados en territorio estadounidense, tras el peor «desastre natural» de la historia del país.

Capítulo 19

Blackwater en el Sur: el Bagdad del delta del Mississippi

Los hombres de Blackwater USA llegaron a Nueva Orleans justo después de que el huracán Katrina causara estragos en la ciudad el 29 de agosto de 2005. La empresa se adelantó al gobierno federal y a la mayor parte de organizaciones de ayuda humanitaria al desplegar sobre el terreno a 150 hombres, provistos de un completo equipo de combate y fuertemente armados, en medio del caos en que estaba sumida la ciudad. Oficialmente, la empresa se enorgullecía de que sus «efectivos se incorporen a la operación de auxilio a las víctimas del huracán».[1] Pero los hombres desplegados sobre el terreno no contaron lo mismo.[2] Algunos patrullaban las calles en todoterrenos con cristales tintados y el logotipo de Blackwater en la parte trasera; otros conducían a toda velocidad por el Barrio Francés en un vehículo camuflado sin placas de matrícula. Llevaban uniformes caqui, gafas de sol cerradas, botas militares beige o negras, e identificaciones de Blackwater sujetas a los musculosos brazos. Todos iban muy bien provistos de armas; algunos de ellos llevaban fusiles M4 automáticos, con capacidad para 900 disparos por minuto, o escopetas. Y esto a pesar de que el comisario de policía Eddie Compass asegurara que «sólo las fuerzas de orden público están autorizadas a llevar armas».[3]

Los hombres de Blackwater se reunían en la esquina de la calle St. Peter con Bourbon, delante de un bar conocido como el 711. En un balcón encima del bar, varios efectivos de Blackwater se ocupaban de vaciar lo que había sido el piso de alguien. Tiraban colchones, ropa, zapatos y otros objetos domésticos del balcón a la calle. Cubrieron la baranda del balcón con una bandera estadounidense. Más de una docena de soldados de la 82ª División Aerotransportada se habían apostado en formación para observar la escena desde la calle.

Hombres armados entraban y salían del edificio, mientras algunos de ellos contaban anécdotas sobre sus experiencias pasadas en Irak. «Trabajé en el equipo de seguridad tanto de Bremer como de Negroponte», contó uno de los hombres de Blackwater refiriéndose a L. Paul Bremer, antiguo alto mando de la ocupación estadounidense de Irak, y a John Negroponte, antiguo embajador en Irak. Otro, mientras hablaba por su teléfono móvil, se quejó de que sólo le pagaban una dieta de 350 dólares como complemento a su paga diaria. «Cuando me dijeron Nueva Orleans, yo les dije: "¿Y eso en qué país está?"», comentó. Llevaba colgada al cuello la identificación de su empresa en una funda con la frase «Operación Libertad de Irak» impresa. Tras alardear de cómo se desplazaba por Irak en un «BMW blindado del Departamento de Estado», aseguró que estaba «intentando regresar [a Irak], que es donde está la acción de verdad».

Durante una conversación de una hora en el Barrio Francés, cuatro soldados de Blackwater describieron su trabajo como «garantizar la seguridad en los barrios» y «controlar la delincuencia». Todos llevaban armas de asalto automáticas y pistolas sujetas a la pierna, además de chalecos antibalas cargados de munición de repuesto. «Es una gran novedad que tipos como nosotros estemos trabajando en territorio estadounidense», comentó otro empleado de Blackwater. «Estamos mucho mejor equipados para enfrentarnos a la situación en Irak.» El presidente de la compañía, Gary Jackson, declaró al *Virginian-Pilot* que sus hombres iban fuertemente armados «por los datos que nos ha facilitado la inteligencia», y añadió: «Evaluamos los riesgos y decidimos que íbamos a enviar a los chicos ahí en serio».[4] Jackson aseguró que Blackwater «garantizaba básicamente la seguridad del Barrio Francés», una afirmación que pusieron en tela de juicio airadamente los agentes del orden público; uno de ellos afirmó: «Hay mucha fanfarronería en todo esto», refiriéndose a Jackson. El comandante Ed Bush, de la Guardia Nacional de Luisiana declaró al *Pilot*: «Todos los grupos quieren sacar pecho un poquito, pero piénsenlo bien. Vivimos aquí. Parece un tanto ingenuo pensar que Blackwater nos aventaja en el Barrio Francés».[5]

A Dan Boelens, ex policía de Kentwood (Michigan), otro trabajador contratado por Blackwater que había estado en Irak antes de desplegarse en Nueva Orleans, se le encomendó la misión de velar por la seguridad de los trabajadores de Bell South en Nueva Orleans.[6] Afirmó que, durante varios días después de que llegara, él y otros contratistas de Blackwater habían estado patrullando las calles en un todoterreno, armados con fusiles de asalto. «La única diferencia con Irak es que aquí no hay bombas al borde de la carretera», dijo. «Es como un país del Tercer Mundo. Es increíble que esto sea Estados Unidos.» A lo que añadió: «Seguimos con esas imágenes en mente, como cuando estábamos en Irak».[7] La única muerte que se atribuye Boelens en Nueva Orleans es la de un *pit bull*, al que pegó un tiro antes de que le atacara.

Blackwater se encontraba entre el grupo de empresas con buenos contactos que, de inmediato, aprovecharon la oportunidad de hacer negocio, no sólo entre los escombros y la devastación de la costa estadounidense del golfo de México, sino también por la histeria de los medios de comunicación. Mientras los gobiernos local, estatal y federal abandonaban a su suerte a cientos de miles de víctimas del huracán, las imágenes que coparon la cobertura televisiva del huracán fueron las de saqueos, delincuencia y caos. Estas noticias eran exageradas y, sin lugar a dudas, también racistas e incendiarias. Si se vieran desde, por ejemplo, Kennebunkport (Maine), cabría imaginar Nueva Orleans como una ciudad sumida en disturbios generalizados, un festival de delincuentes cuyo momento había llegado por fin. En realidad, era una ciudad llena de personas desplazadas y abandonadas, muy necesitadas de comida, agua, transporte, rescate y ayuda. Lo que hacía falta urgentemente era comida, agua y alojamiento; en cambio, lo que entró a raudales fueron armas, montones de armas.

Frank Borelli, ex policía militar que trabajó con Blackwater durante los primeros días de la operación, recordó que cuando llegó al campamento de la empresa en Luisiana: «Me dieron una Glock 17 y una Mossberg M590A. También me dieron una bolsa de munición con diez balas de goma del tipo "slug" y diez cartuchos de postas del tipo "00 Buck". No había (en aquel momento) munición de 9 mm, pero tuve la suerte de estar en un campamento lleno de gente dispuesta a apretar el gatillo. Antes de salir, ya tenía 51 balas de 9 mm cargadas en tres recámaras para el G17».[8] A todas luces bien armado, Borelli señaló: «El esfuerzo logístico para prestar apoyo a la operación es impresionante y *sé* que trajeron en avión la munición el lunes. Y que el miércoles llegó más. Dice mucho sobre el espíritu de poli/guerrero americano que Blackwater pueda desplegar *tantos* hombres sobre el terreno con *tanta rapidez*. El apoyo logístico supone un desafío gigantesco».

En los días posteriores al paso del huracán, incluso con soldados de Blackwater fuertemente armados patrullando por las calles de Nueva

Orleans, un portavoz del Departamento de Seguridad Interior, Russ Knocke, manifestó al *Washington Post* que no tenía conocimiento de que el gobierno federal tuviera intención de contratar a Blackwater ni a ninguna otra agencia de seguridad privada. «Consideramos que contamos con la adecuada mezcla de personal en el mantenimiento del orden público para que el gobierno federal cumpla los requerimientos de seguridad pública», afirmó Knocke el 8 de septiembre.[9] Pero justo al día siguiente, los efectivos de Blackwater desplegados sobre el terreno contaban algo muy distinto. Cuando se les preguntó a las órdenes de qué autoridad estaban actuando, uno de ellos contestó: «Nos ha contratado el Departamento de Seguridad Interior». Y, luego, señalando a uno de sus compañeros afirmó: «Él incluso tiene poderes del gobernador del estado de Luisiana. Podemos practicar detenciones y utilizar armas de fuego si lo juzgamos necesario». El hombre levantó después la placa dorada de las fuerzas de orden público de Luisiana que llevaba colgada al cuello. La portavoz de Blackwater Anne Duke también declaró que tenía una carta del gobierno de Luisiana que autorizaba a sus hombres a llevar armas cargadas.[10] Algunos de los hombres afirmaron que dormían en campamentos montados por Seguridad Interior.

«Esta vigilancia callejera constituye una demostración del completo fracaso del gobierno», afirmó Michael Ratner, presidente del Center for Constitutional Rights, al enterarse de que los efectivos de Blackwater se habían desplegado en la zona devastada por el huracán. «Esas fuerzas de seguridad privadas se han comportado de forma brutal, con total impunidad, en Irak. Tenerlos ahora en las calles de Nueva Orleans es espantoso y, seguramente, ilegal.» Un comunicado en la página web de Blackwater, fechado el 1 de septiembre de 2005, anunciaba servicios aéreos, servicios de seguridad y control de masas, además de afirmar que la empresa estaba desplegando su helicóptero Puma SA-330 para «ayudar a la evacuación de ciudadanos de las zonas inundadas».[11] El comunicado aseguraba que «los servicios de apoyo aéreo de Blackwater» se estaban «ofreciendo desinteresadamente» como contribución a la operación de ayuda humanitaria. «En un momento como éste, todos los estadounidenses deben hacer frente común y ayudar a los compatriotas afectados por esta catástrofe natural», afirmó el fundador Erik Prince. «Blackwater se enorgullece de servir a los ciudadanos de Nueva Orleans», declaró Bill Mathews, vicepresidente ejecutivo de la empresa el 13 de septiembre. «Ante todo, son estadounidenses ayudando a otros estadounidenses en un momento de desesperación.»[12] Cofer Black definió las operaciones de Blackwater en el Katrina como una actuación que respondía exactamente a motivos humanitarios. «Me parece importante subrayar que empresas como la nuestra están prestando un servicio», declaró Black posteriormente y añadió que, cuando el Katrina devastó la ciudad, «nuestra empresa fletó un helicóptero y un equipo sin que mediara ningún contrato, sin que nadie nos pagara por ello, que se desplazó a Nueva Orleans. Averiguamos cómo ponernos a las órdenes de los guardacostas; nos dieron una señal de radio y salvamos a unas 150 personas que, de no ser por nosotros, no se habrían salvado. Y, como consecuencia de todo ello, resultó muy positiva la experiencia».[13] «Siempre estamos deseando ayudar otros conciudadanos», aseguró Black, «cobremos o no cobremos por ello». Pero la realidad es que Blackwater estaba cobrando en Nueva Orleans, y mucho dinero.

El 18 de septiembre, Blackwater calculaba que tenía 250 efectivos desplegados en la zona; una cifra que, según Matthews, seguiría creciendo. «Somos personas a las que les gusta marcar la diferencia y ayudar» declaró. «Es el momento de poner las cosas en su sitio: no somos [...] mercenarios que machacan cabezas. No creemos que vayamos a sacar ningún beneficio por estar aquí; hemos corrido hacia el fuego porque ya estaba ardiendo.»[14] En otra entrevista Matthew afirmó que, como Blackwater había donado más de un millón de dólares en servicios de aviación, «si llegamos a cubrir los gasto de los servicios de seguridad, la empresa habrá hecho un buen trabajo».[15] Para entonces, la empresa estaba reclutando de un modo muy agresivo trabajadores para sus operaciones en Nueva Orleans. Exigía a los candidatos que tuvieran un mínimo de cuatro años de experiencia militar «en cometidos que implicaran el manejo de armas de fuego». Un anuncio de Blackwater afirmaba: «Esta oportunidad laboral exige un despliegue inmediato. Ingresos potenciales de hasta 9.000 dólares mensuales».[16] Entre tanto, la empresa presentó en el Departamento de Seguridad Interior una propuesta para montar un campamento de entrenamiento donde se preparara a trabajadores locales para ocupar puestos en el sector de la seguridad en Nueva Orleans, ya fuera con Blackwater o con otras empresas. «La seguridad va a ser un problema durante toda la operación de reconstrucción», aseguraba Mathews.[17]

Aunque de hecho es posible que Blackwater prestara gratuitamente algunos «servicios» en Nueva Orleans, los guardacostas, a cuyas órdenes se jactaba Blackwater de haber actuado, pusieron seriamente en duda la operación de rescate con el helicóptero. A principios de 2006, Erik Prince alardeó de que: «Tras el paso del huracán Katrina, mandamos uno de nuestros helicópteros Puma [...]. Yo les dije: "En acción". Nos pusimos bajo mando de los guardacostas; de hecho, nos dieron una señal de radio de los guardacostas, volamos y salvamos a 128 personas».[18] No parece que la historia cuadre demasiado. «[Blackwater] se ofreció para llevar a cabo operaciones de rescate, pero se planteaban dudas jurídicas. ¿Qué ocurriría si alguien resultaba herido? Así que les pedimos que no se metieran a sacar a nadie», manifestó Todd Campbell, comandante de los guardacostas, que dirigió gran parte de las operaciones de rescate. Éste declaró al *Virginian-Pilot* que Blackwater «me informaba de sus actuaciones todos los días y nadie me dijo nunca que hubieran realizado ningún rescate. Si estaban por ahí haciéndolos, era únicamente por su cuenta y riesgo».[19]

Además, a pesar de sus alardes moralizadores, Blackwater tampoco llevaba a cabo precisamente una operación de ayuda humanitaria *ad honorem* en Nueva Orleans. Además del trabajo que realizaban protegiendo empresas privadas, bancos, hoteles, zonas industriales y a individuos acaudalados,[20] se concedió a la empresa, sin apenas hacer ruido y sin licitación pública alguna, un contrato con el Servicio de Protección Federal del Departamento de Seguridad Interior, aparentemente para proteger proyectos federales de reconstrucción gestionados por la FEMA. Según los contratos suscritos por Blackwater con el gobierno, entre el 8 y el 30 de septiembre —un periodo de tres semanas solamente—, Blackwater recibió 409.000 dólares por aportar catorce guardias privados y cuatro vehículos que «protegieran el tanatorio instalado de forma provisional en Baton Rouge, Luisiana».[21] Los documentos demuestran que el gobierno pagó a Blackwater 950 dólares diarios por cada uno de los guardias que tenía en la zona, unos 660 dólares diarios más por cada hombre de lo que se suponía que la empresa estaba pagando a sus trabajadores desplegados sobre el terreno.[22] Ese contrato constituyó el preludio de unos suculentos beneficios para Blackwater a resultas del huracán; a finales de 2005, sólo en tres meses, el gobierno había pagado a la empresa un mínimo de 33,3 millones de dólares por los servicios prestados al Departamento de Seguridad Interior en el marco de las actuaciones derivadas del Katrina.[23] Todos estos servicios los justificaba el gobierno alegando que no disponía de suficiente personal para desplegarse con rapidez en la zona del huracán, aunque el portavoz evitó cuidadosamente establecer una relación con las distintas ocupaciones que tenía en marcha Estados Unidos en el ámbito internacional. «Vimos el coste de esta práctica, en términos de responsabilidad y dólares, en Irak y ahora lo estamos viendo en Nueva Orleans», afirmó Jan Schakowsky, miembro demócrata de la Cámara de Representantes por Illinois y una de las pocas voces críticas con Blackwater en el Congreso. «Una vez más, han concedido un contrato muy lucrativo, sin proceso de licitación pública, a una empresa que mantiene estrechos vínculos con la administración.»[24] En junio de 2006, la empresa había recaudado unos 73 millones por su trabajo para el gobierno en el Katrina, unos 243.000 dólares diarios.[25]

En lugar de una operación seria de auxilio a las víctimas en Nueva Orleans, las fuerzas que se movilizaron con más rapidez fueron las grandes empresas con conexiones republicanas; y muchas de ellas eran las mismas que estaban haciendo su agosto con la ocupación de Irak. Para ayudar más a estas empresas, el presidente Bush dejó en suspenso la aplicación de la ley Davis-Bacon, de 1931, que obligaba a las empresas contratistas federales a pagar a sus empleados el salario que se impone en el sector[26] (posteriormente, le obligaron a restablecerla). Esto permitía que las empresas pagaran poco dinero a los trabajadores mientras se llevaban grandes beneficios corporativos. En los días inmediatamente posteriores al paso del Katrina, se concedió a Halliburton/KBR (la mayor beneficiaria corporativa de la guerra de Irak), «antigua» empresa del vicepresidente Dick Cheney, 30 millones de dólares para «evaluar el estado de las bombas de drenaje y la infraestructura de la ciudad, y construir una instalación de apoyo a las operaciones de reconstrucción»;[27] por su parte, el Shaw Group (que había recibido más de 135 millones de dólares en Irak) obtuvo más de 700 millones en contratos del Katrina.[28] Ambas empresas estaban representadas por un cabildero llamado Joseph Allbaugh, que casualmente había sido director de campaña del presidente Bush y antiguo director de la FEMA.[29] Con el tiempo, el gobierno incrementó de forma notable el tope de sus contratos con empresas relacionadas con los republicanos: 950 millones para Shaw, 1.400 millones para Fluor y 557 millones para Bechtel.[30] El proyecto de Fluor en el Katrina lo dirigió Alan Boeckmann, el mismo directivo que se ocupaba de los contratos de la empresa en Irak. «Están reduciéndose las obras de reconstrucción que estamos llevando a cabo en Irak», manifestó a Reuters. «Y por eso tenemos a gente disponible para cubrir las necesidades de nuestro trabajo en Luisiana.»[31]

Algunos empezaron a referirse a Nueva Orleans y la zona catastrófica de los alrededores como el «Bagdad del Delta» (del Mississippi). Como denunció Christian Parenti, del *The Nation*, en un reportaje desde Nueva Orleans, «parece que la operación de rescate está convirtiéndose en un simulacro de guerra urbana. Aquí, en Nueva Orleans, se impondrá una imaginaria versión nacional de la victoria total que le está siendo esquiva a Estados Unidos en Bagdad. Es casi como si hubiera inundado una ciudad del Tigris, y no del Mississippi. Da la sensación de que la zona se ha convertido en un parque temático de mal gusto, el Mundo de los Machos, donde polis, mercenarios, periodistas y voluntarios extraños de todo tipo están representando una versión relativamente inofensiva de sus fantasías militaristas sobre la batalla del Armagedón y el puño de hierro purificador».[32] Con el ejército estadounidense escasamente desplegado en múltiples escenarios bélicos, la zona era caldo de cultivo para una enorme especulación con el desastre por parte del mundo de la seguridad y la empresas militares privadas, un sector en rápida expansión.

Pero Blackwater no fue la única empresa de mercenarios que no dejó escapar la enorme oportunidad de sacar beneficios de la gran catástrofe. Mientras los líderes empresariales y los altos cargos del gobierno hablaban abiertamente de cambios en el perfil demográfico de una de las ciudades estadounidenses con una vida cultural más rica, mercenarios de firmas como DynCorp, American Security Group, Wackenhut, Kroll y una empresa israelí denominada Instinctive Shooting International (ISI) se desplegaban en abanico para proteger empresas y viviendas privadas, además de proyectos e instituciones gubernamentales. Dos semanas después del paso del huracán, el número de empresas de seguridad privada registradas en Luisiana pasó de golpe de 185 a 235 y seguiría creciendo en semanas posteriores. Algunas, como Blackwater, estaban contratadas por el gobierno federal. Otras las contrataban las clases altas con dinero, como F. Patrick Quinn III, que trajo vigilantes privados para proteger su urbanización de tres millones de dólares y sus hoteles de lujo, unas propiedades que se estaba considerando incluir en un lucrativo contrato federal para alojar a los trabajadores de la FEMA.[33]

Un incidente que pudo haber resultado mortal puso de relieve lo peligroso que era que ejércitos privados patrullaran por las calles de Estados Unidos. Uno de los vigilantes privados afirmó que, durante su segunda noche en Nueva Orleans, donde se encontraba contratado por un rico empresario, iba con un equipo de seguridad fuertemente armado a recoger a uno de los socios de su jefe y acompañarlo en su desplazamiento por la caótica ciudad. El vigilante afirmó que su convoy fue atacado con armas de fuego por «pandilleros negros» en un paso elevado cerca del barrio deprimido de Ninth Ward. «En aquel momento estaba al teléfono con mi socio», recordó. «Solté el teléfono y respondí a los disparos.» El vigilante aseguró que él y sus hombres iban armados con fusiles AR-15 y pistolas Glock y que dispararon una ráfaga en la dirección aproximada donde se encontraban los presuntos atacantes en el paso elevado. «Después de aquello, sólo oí gemidos y gritos, y cesaron los disparos. Eso fue todo, que ya es decir bastante.»

A continuación manifestó: «Se presentó el ejército, gritándonos y creyéndose que el enemigo éramos nosotros. Les explicamos que éramos vigilantes de seguridad. Yo les conté lo que había sucedido y no les importó lo más mínimo. Simplemente, se marcharon». Cinco minutos después, según declaró el vigilante, agentes de policía de Luisiana llegaron al lugar de los hechos, se interesaron por el incidente y, luego, preguntaron al vigilante si podía indicarles «cómo salir de la ciudad». Éste declaró que nadie le pidió nunca detalles del incidente y que no se elaboró ningún informe. «Lo que tiene la seguridad», dijo, «es que nos coordinamos entre todos: somos una gran familia.» Según parece, esa coordinación no incluía las Secretarías de Estado de Luisiana y Alabama, que afirmaron no tener constancia alguna de su empresa.

A poca distancia del Barrio Francés, otro rico empresario de Nueva Orleans, James Reiss, que había trabajado en la administración del alcalde Ray Nagin como presidente de la Autoridad Regional de Tráfico, se trajo a pistoleros de peso para proteger el recinto de la exclusiva comunidad de Audubon Place: mercenarios israelíes vestidos de negro y armados con fusiles M16. Reiss, que trajo a los hombres en helicóptero, declaró al *Wall Street Journal*: «Quienes quieren ver la ciudad reconstruida desean que se haga de una manera completamente distinta: desde un punto de vista demográfico, geográfico y político. Nuestra forma de vida anterior no va a repetirse o estaremos acabados».[34] Dos israelíes que patrullaban fuera de la verja de Audubon afirmaron haber trabajado como soldados profesionales en el ejército israelí y uno alardeó de haber participado en la invasión del Líbano. «Llevamos luchando contra los palestinos todo el día, todos los días, durante toda la vida», declaró uno de ellos. «Aquí en Nueva Orleans no tenemos que proteger de terroristas.»³⁵ Luego, dando un golpecito en la ametralladora, dijo: «La mayoría de los estadounidenses, cuando ven estas cosas, ya es suficiente para que les entre miedo.»

Los hombres dijeron que trabajaban para Instinctive Shooting International, empresa que describía a sus trabajadores como «veteranos de las fuerzas especiales israelíes de los siguientes cuerpos del gobierno israelí: Fuerza de Defensa de Israel (IDF, por su sigla en inglés), unidades de Contraterrorismo de la Policía Nacional israelí, instructores de las unidades de Contraterrorismo de la Policía Nacional de Israel, Servicio General de Seguridad (GSS, por su sigla en inglés, o "Shin Beit") y otras agencias de inteligencia secretas».³⁶ La empresa se constituyó en 1993; el perfil que ofrecía su página web afirmaba: «Nuestros modernos servicios constituyen una respuesta a las exigentes necesidades de preparación, métodos de combate en el extranjero y disponibilidad que impone la Seguridad Interior. En la actualidad, ISI es proveedor oficial del gobierno estadounidense para la prestación de servicios de Seguridad Interior».

A medida que iban entrando innumerables armas en Nueva Orleans, se percibía una evidente ausencia de operaciones de auxilio y distribución de comida y agua. La presencia de los mercenarios planteaba otra pregunta importante: considerando la numerosa presencia en Nueva Orleans de la Guardia Nacional, el ejército, la Patrulla de Fronteras, policías locales llegados de todos los puntos del país y prácticamente todas las demás agencias gubernamentales con insignia, ¿para qué se necesitaban las empresas de seguridad privada, sobre todo para proteger proyectos federales? «Que yo sepa, no está planeándose ningún ataque terrorista contra las oficinas de la FEMA en el golfo de México» afirmó Barack Obama, senador por Illinois. «Me da la impresión de que, con todos los miembros de la Guardia Nacional que tenemos en la zona y con un grupo de efectivos de las fuerzas locales de orden público que ya han vuelto al trabajo y están recomponiendo sus vidas otra vez, tal vez ése no sea el uso más adecuado del dinero.»³⁷ Poco después de que *The Nation* sacara a la luz las operaciones de Blackwater en Nueva Orleans, la congresista Schakowsky y otros miembros del Congreso se interesaron por el escándalo. Entraron en los informes del registro del Congreso durante las sesiones sobre el Katrina celebradas a finales de septiembre de 2005 y los citaron en unas cartas a Richard Skinner, inspector general para el Departamento de Seguridad Interior, que de resultas de ello abrió una investigación.[38] En cartas a oficinas del Congreso fechadas en febrero de 2006, Skinner defendía el acuerdo con Blackwater, asegurando que era «adecuado» que el gobierno contratara a la empresa. Skinner reconocía que «el actual coste del contrato es [...], a todas luces, muy elevado» y, a continuación, dejaba caer una bomba: «Se prevé que la FEMA necesite los servicios de seguridad durante un periodo relativamente largo (entre dos y cinco años)».[39]

Los estragos causados por el huracán a su paso constituyeron el preludio del regreso de la «guerra contra el terrorismo» a territorio nacional, un amplia oferta de plácidos contratos que proporcionaba a las empresas beneficios a gran escala, similares a los obtenidos en Irak, sin tener que salir del país y con una minúscula parte de riesgo. Para las voces que criticaban cómo había gestionado el gobierno la catástrofe, el mensaje estaba claro. «Es lo que pasa cuando las víctimas son negros vilipendiados antes y después del huracán; en lugar de prestarles auxilio, les reprimen», manifestó Chris Kromm, director ejecutivo del Institute for Southern Studies y editor del Gulf Coast Reconstruction Watch.[40] Kromm sostuvo que, mientras se repartían cantidades de dinero aparentemente inagotables entre contratistas implicados en múltiples escándalos, había proyectos de crucial importancia que «no recibían nada o muy poco» en Nueva Orleans durante el mismo periodo; proyectos tan importantes como creación de empleo, reconstrucción de escuelas y hospitales, alojamientos asequibles y recuperación de los pantanos. Incluso en este contexto, el Departamento de Seguridad Interior continuó defendiendo el contrato con Blackwater. El 1 de marzo de 2006, en un memorando dirigido a la FEMA, Matt Jadacki, Inspector General Especial del Departamento de Seguridad Interior para la Recuperación del Golfo de México tras el Huracán, escribió que el Servicio de Protección Federal consideraba a Blackwater «el mejor activo para el gobierno».[41]

Un mes después del paso del Katrina, los guardias de Blackwater también estaban ganando dinero fácil con el huracán Rita. En este momento álgido, la empresa tenía unos seiscientos trabajadores desplegados entre Texas y Mississippi.[42] En el verano de 2006, el personal a cargo de las operaciones de Blackwater en Nueva Orleans tenía características más policiales que los comandos desplegados en un primer momento. El equipo paramilitar acabó sustituido por polos negros con el logotipo de la empresa, pantalones caqui y pistolas, ya que los hombres de Blackwater patrullaban el aparcamiento de un supermercado Wal-Mart convertido en puesto de avanzada de la FEMA.[43] A finales de agosto de 2006, Blackater seguía protegiendo instituciones públicas de tanta importancia como la biblioteca de la ciudad —que estaba utilizando la FEMA—, donde uno de los usuarios habituales, después de que un vigilante de Blackwater le impidiera supuestamente el acceso sin ofrecerle explicación alguna, afirmó que «el muy caradura se negó a darme su nombre y llamó a un encargado, que se negó a darme su nombre y el del vigilante que impedía el acceso a la biblioteca».[44] En Baton Rouge, Blackwater había instalado un cuartel general para sus operaciones tras el Katrina, alquilando espacios del World Evangelism Bible College and Seminary, dirigido por Jimmy Swaggart, un telepredicador cristiano caído en desgracia (su carrera pública se fue al traste en 1998 cuando lo pillaron con una prostituta en un motel).[45]

Para Blackwater el Katrina supuso una ocasión de gran trascendencia: su primer despliegue oficial en territorio estadounidense. Aunque amasaba una jugosa suma por sus operaciones nacionales en la zona de la catástrofe, el mayor beneficio para la empresa consistía en hacerse un hueco en un mercado nuevo y lucrativo para sus servicios de mercenarios, lejos del baño de sangre que estaba produciéndose en Irak. Como observó el *Virginian Pilot*, que anda tras los pasos de Blackwater, los huracanes de 2005 representaron «una posible manera de cubrir una laguna en el modelo de negocio de Blackwater. Las empresas militares privadas prosperan en la guerra; ese dato gélido podría destruir un sector ahora floreciente cuando la situación en Irak recupere la normalidad, si es que esto llegara a ocurrir alguna vez. El Katrina brindó a Blackwater la oportunidad de diversificarse y actuar en desastres naturales».[46] Erik Prince ha declarado que antes del Katrina: «No teníamos previsto en absoluto entrar en el negocio de la seguridad interior».[47] Sin embargo, tras el paso del huracán, Blackwater puso en marcha una nueva división de operaciones nacionales. «Miren, a ninguno de nosotros le gusta la idea de que la devastación se convierta en una oportunidad de negocio», afirmó Seamus Flatley, responsable de la división y piloto de combate de la Armada retirado. «Es desagradable, pero es lo que hay. Médicos, abogados, directores de funerarias, incluso los periódicos... todos se ganan la vida con las cosas malas que ocurren. Nosotros también, porque alguien tiene que encargarse de hacerlo.»[48]

No obstante, voces críticas consideraron el despliegue de las fuerzas de Blackwater en territorio nacional como un precedente peligroso que podría minar la democracia estadounidense. «Sus actuaciones pueden no estar sometidas a las limitaciones constitucionales que se aplican a los funcionarios y trabajadores tanto federales como estatales, incluyendo el derecho a estar protegido contra registros e incautaciones arbitrarios, recogidos en la Primera Enmienda y en la Cuarta Enmienda. A diferencia de los agentes de policía, no se les ha formado para proteger los derechos constitucionales», afirmó Ratner, del Center for Constitutional Rigts. «Este tipo de grupos paramilitares recuerdan a las camisas marrones del partido nazi, al funcionar como un mecanismo extrajudicial de seguridad que puede operar, y de hecho lo hace, fuera de la ley. Recurrir a estos grupos paramilitares constituye una amenaza sumamente peligrosa para nuestros derechos.»

Blackwater y la frontera

Una cualidad de la que Blackwater ha hecho gala sistemáticamente es su asombrosa capacidad de estar en el sitio adecuado en el momento adecuado; sobre todo, cuando se trata de acaparar lucrativos contratos del gobierno. Lejos de ser una cuestión de mera suerte, la empresa ha dedicado considerables recursos a observar las tendencias que se imponen en el mundo de las acciones militares y el mantenimiento del orden público, además de contratar a muchos ex agentes de la policía secreta con amplios contactos, antiguos altos cargos federales y capitostes del ejército. Como los mejores empresarios, Blackwater siempre busca ofrecer lo que define como «soluciones de seguridad» para problemas que sufre la burocracia gubernamental o para cubrir las lagunas de «seguridad nacional», aparentemente infinitas, que surgieron a raíz de la «guerra contra el terrorismo». En los años posteriores a los atentados del 11 de septiembre, Blackwater demostró una notable habilidad para situarse en medio de muchas de las preciadas batallas que estaba librando la administración (y la derecha en general): rápida privatización del gobierno, las ocupaciones de Irak y Afganistán y el refuerzo de las empresas afines a los republicanos/cristianos.

Aunque que los huracanes aceleraron el programa nacional de Blackwater, no era ni mucho menos la primera vez que la empresa había considerado los importantes beneficios que podrían obtenerse en territorio nacional. De hecho, a mediados de 2005, tres meses antes del paso del Katrina —con sus fuerzas firmemente atrincheradas en Irak y una dosis de suero intravenoso a cargo del contribuyente conectado directamente entre Washington, D.C., y Moyock—, se lanzó sin apenas hacer ruido al ruedo de otro campo importante: la inmigración y la «seguridad fronteriza». Tras desencadenarse «la guerra contra el terrorismo», los grupos contrarios a la inmigración se sirvieron del miedo a otros ataques para forzar una mayor militarización de las fronteras estadounidenses —algunos reclamaron, incluso, una enorme valla metálica a lo largo de miles de kilómetros de frontera entre Estados Unidos y México— y presionar para que «se tomaran medidas enérgicas» contra las personas que calificaron de «extranjeros ilegales».

En abril de 2005, la causa en contra de la inmigración y a favor de una frontera militarizada cobró un gran impulso cuando la organización Minuteman Project Civil Defense Corps entró en escena arrasando. Este movimiento mayoritariamente blanco organizó milicias antiinmigración para patrullar la frontera estadounidense con México. Los *minutemen*, que tomaban el nombre de las milicias que lucharon en la Guerra de Independencia de Estados Unidos, se presentaban a sí mismos como «estadounidenses que hacen el trabajo que no hace el gobierno». Aseguraban contar con cientos de voluntarios de 37 estados, entre ellos muchos antiguos militares y agentes del orden público, además de pilotos que se encargarían de la vigilancia aérea.

Uno de los aliados clave de Blackwater en el Congreso, Duncan Hunter, miembro de la Cámara de Representantes, empezó a intensificar su campaña a favor de una gigantesca «valla fronteriza»,[49] mientras que el antiguo jefe de Erik Prince, el congresista Dana Rohrabacher, dio su apoyo a los *minutemen*, afirmando que las milicias «demostraban los efectos positivos de un incremento de la presencia en la frontera del sudoeste. No puede negarse que un mayor número de patrullas fronterizas contribuiría a crear una frontera más sólida y a disminuir el paso de ilegales, entre los que podrían incluirse terroristas internacionales».[50] T. J. Bonner, presidente del Consejo Nacional de Patrullas Fronterizas —un *lobby*—, se hizo eco de estas impresiones, invocando los ataques terroristas del 11 de septiembre: «Aunque un terrorista representa una posibilidad entre un millón, con varios millones de personas entrando al país cada año enseguida se alcanza el número crítico necesario para perpetrar otro ataque de idéntica magnitud al del 11 de septiembre», manifestó. «Es completamente inaceptable desde el punto de vista de la seguridad interior y de la seguridad nacional. Tenemos que recuperar el control de las fronteras.»[51]

En el Capitolio, los republicanos aprovecharon la oportunidad para intensificar su campaña en contra de la inmigración y a favor de la privatización y la militarización, y sacar adelante un programa que difícilmente habría resultado aceptable antes del 11-S. Ahora la nueva histeria nacional proporcionaba el caldo de cultivo ideal para librar la batalla. En medio de este ambiente, el 18 de mayo de 2005 la Cámara de Representantes aprobó el primer proyecto de ley de asignaciones presupuestarias para el Departamento de Seguridad Interior, que daba luz verde a la contratación de unos dos mil nuevos agentes para patrullas de fronteras. El 24 de mayo, el Subcomité de Gestión, Integración y Supervisión del Comité sobre Seguridad Interior de la Cámara de Representantes celebró una sesión dedicada a la instrucción de estos nuevos agentes. Según parece, uno de los objetivos principales era promover la externalización del programa de instrucción de estos agentes al sector privado.

Las primeras declaraciones ante el comité fueron las de dos funcionarios de Inmigración del gobierno estadounidense. El segundo bloque representaba al sector privado; y sólo hubo dos oradores: T. J. Bonner y Gary Jackson.[52] «Necesitamos refuerzos con toda urgencia, y los necesitamos para ayer», declaró Bonner ante el subcomité. «Hay una necesidad acuciante de incrementar el número de agentes, que se confirma con el llamamiento para crear patrullas ciudadanas en la frontera. Está claro que no estamos haciendo nuestro trabajo. Pero la razón de que necesitemos más patrullas fronterizas es el refuerzo de las fronteras. Es preciso gastar lo que sea necesario, no intentar hacerlo en plan barato, ni pensar cómo podemos ahorrar contratando el mayor número posible de agentes, sino gastar lo que sea preciso para prestar apoyo a esos hombres y mujeres, que puedan salir ahí fuera con todas las garantías.»[53] Jackson inició su intervención con un recorrido breve y selectivo por la historia de Blackwater. La empresa, según manifestó, se fundó «con una clara visión de la necesidad de ofrecer soluciones de seguridad y formación innovadoras y flexibles, como apoyo a los retos de seguridad tanto nacionales como mundiales. Tanto las fuerzas de orden público como las fuerzas militares necesitaban capacidades adicionales para formar de un modo exhaustivo a su personal y alcanzar los niveles de calidad necesarios para la seguridad del país. Como no dejaban de incrementarse las exigencias en materia de instalaciones de entrenamiento, Blackwater consideró que el gobierno aceptaría externalizar una instrucción de calidad. Construimos las instalaciones de Blackwater en Carolina del Norte para ofrecer esa capacidad que pensábamos que iba a necesitar el gobierno para cumplir las exigencias futuras en materia de instrucción. Con los años, Blackwater no sólo se ha convertido en líder del sector en el campo de la instrucción, sino también en una empresa puntera». Jackson afirmó que, a medida que la empresa iba creciendo, «enseguida hicimos ver al gobierno lo importante que era que todos los servicios se encontraran bajo el mismo techo. Aunque había otras empresas que proporcionaban uno o dos servicios de entrenamiento diferentes, ninguna ofrecía todos lo que tenemos nosotros y, sin duda, tampoco en un único emplazamiento». La importancia de este factor, según Jackson, «no puede negarse. Ser capaz de impartir formación en un emplazamiento centralizado constituye el modo más rentable y eficaz de garantizar que los nuevos agentes federales de las fuerzas de orden público reciben la instrucción de calidad exigida por los actuales desafíos de seguridad, tanto nacionales como estatales».[54]

Mike Rogers, el congresista republicano por Alabama que presidió la sesión del Congreso, arremetió contra el coste de los programas gubernamentales de instrucción para las patrullas de fronteras diciendo: «Va a costar más entrenar a un agente de la Patrulla de Fronteras en un programa de diez meses que sacarse una licenciatura en la universidad de Harvard». Rogers preguntó: si a Blackwater le dieran 100.000 dólares por agente, ¿creería Jackson que la empresa «iba a impartirles una formación igual o mejor que la que están recibiendo» en el programa de instrucción del gobierno federal? «Puedo asegurarle que sí», replicó Jackson. Aseguró a los legisladores que Blackwater podía entrenar a la totalidad de los nuevos dos mil agentes en un año. «Blackwater ya realiza una exitosa colaboración similar entre el sector público y el privado con el Departamento de Estado para reclutar, formar, desplegar y gestionar a especialistas en seguridad diplomática en Irak y otras zonas de interés. La protección fronteriza continuará representando un desafío para nuestro país. La urgencia es palpable. La historia demuestra repetidamente que la innovación y la eficacia constituyen el factor que modifica el equilibrio estratégico y Blackwater ofrece ambas en la instrucción de los nuevos agentes de las patrullas de fronteras. Igual que el sector privado ha respondido moviendo el correo y la paquetería por todo el mundo con mayor eficacia, igual puede responder Blackwater ante las crecientes e imperiosas necesidades de instrucción que tiene Aduanas y Protección de Fronteras.»

Pocos días después, el boletín informativo de Blackwater *Tactical Weekly* publicaba un artículo con el siguiente titular: «Legislador afirma que la Patrulla de Fronteras debería considerar la externalización de la instrucción».[55] El artículo, que era del *Federal Times*, informaba en estos términos: «[El congresista] Rogers declaró que el gobierno tal vez se vea en la necesidad de tener que recurrir a Blackwater USA u otra empresa contratista si pueden hacer ese trabajo a un precio más económico. "Tenemos un compromiso fiduciario con los contribuyentes que nos obliga a considerar otras opciones" afirmó Rogers. "Sería una irresponsabilidad seguir adelante con ello sin la debida documentación que lo confirme."»[56]

En noviembre de 2005 Blackwater y la Cruz Roja de Estados Unidos pusieron en marcha la campaña conjunta de recaudación de fondos «Ayuda humanitaria para la zona del golfo de México» que, de modo simbólico, cerraba el círculo de los diversos contratos federales de Blackwater. El orador principal, recibido con una ovación del público puesto en pie, fue uno de los antiguos clientes más valiosos de Blackwater, L. Paul Bremer, que acababa de publicar un libro sobre Irak. Blackwater aseguró que aquella noche habían recaudado 138.000 dólares;[57] sólo faltaban 100.000 dólares más para llegar a lo que se calculaba que obtenía a diario la empresa con el premio gordo de los contratos del Katrina. «Esta noche ha sido un éxito porque son estadounidenses que ayudan a otros estadounidenses», comentó Gary Jackson repitiendo lo que se había convertido en el nuevo mantra de la empresa. «Nuestros estupendos trabajadores y la especial relación que mantenemos con el embajador Bremer y la Cruz Roja han hecho posible organizar este acto.»[58] Recuerda a cuando la industria tabacalera aplaudía sus míseras contribuciones a las campañas antitabaco, al tiempo que comercializaba cigarrillos con gran agresividad, destinando a ello unos recursos que, en proporción, eran muchísimo mayores. En realidad, Blackwater ganó mucho más con el huracán de lo que ganaron las víctimas de Nueva Orleans con los servicios de Blackwater.

El presidente Bush utilizó la catástrofe del Katrina para intentar derogar la ley Posse Comitatus (que impide utilizar al ejército para el cumplimiento de la ley dentro de territorio nacional); por su parte, Blackwater y otras empresas de seguridad privada iniciaron una ofensiva para instalar a sus paramilitares en territorio estadounidense, trayendo a casa la guerra, otra vez de modo ignominioso. «Es una tendencia», comentó un mercenario de Blackwater en Nueva Orleans. «Vais a ver a más tipos como nosotros en situaciones como éstas.» Para entonces, Blackwater había consolidado su posición, no sólo como una de las grandes beneficiarias de la «guerra contra el terror», sino como una pieza decisiva en varios de los ámbitos clave del programa neoconservador. En el primer aniversario del Katrina, Gary Jackson aprovechó la oportunidad para exhibir los servicios de Blackwater: «Cuando el Departamento de Seguridad Interior se presentó con la incipiente e imperiosa necesidad de una solución de seguridad inmediata para múltiples activos federales, ofrecimos una respuesta», escribió. «Nuestra Empresa de Respuesta Rápida posee alcance mundial y puede influir de forma positiva en las vidas de las víctimas de catástrofes naturales o atentados terroristas.»[59]

Poco después de que empezaran a llover los beneficios del Katrina, Erik Prince envió un memorando en papel con membrete del Prince Group a «todos los directivos, empleados y trabajadores contratados de Blackwater USA»; el asunto: «Juramento de seguridad nacional y estándares de liderazgo de Blackwater USA». Exigía que los trabajadores de Blackwater prestaran el mismo juramento de lealtad a la constitución estadounidense que rige entre los «clientes del ámbito de la seguridad nacional» y por el que quienes lo pronuncian se comprometen a «apoyar y defender la Constitución de los Estados Unidos frente a todos los enemigos, extranjeros o nacionales, [...] con la ayuda de Dios».[60]

Desplome en la calle K

En enero de 2006, mientras Blackwater seguía disfrutando de las cuantiosas ganancias generadas por el huracán Katrina, su poderosa firma de presión política, Alexander Strategy Group (ASG), se vio alcanzada por las llamas del escándalo del cabildero Jack Abramoff. Abramoff, que había sido miembro del equipo de transición del presidente Bush en 2001, era un poderoso cabildero republicano y socio muy cercano a muchas de las principales figuras políticas de Estados Unidos. En marzo de 2006, tras meses de continuas revelaciones sobre tráfico de influencias por parte de

Abramoff, éste acabó confesándose culpable de cinco delitos en uno de los mayores escándalos de corrupción en Washington de la historia reciente. ASG fue una de las múltiples bajas ocasionadas por Abramoff. El *lobby* republicano, que poseía una influyente agenda de contactos y había sido creado y dirigido por antiguos empleados del ex líder de la mayoría de la Cámara de Representantes, Tom Delay, también estaba involucrado hasta el cuello en varios escándalos más que convulsionaban Washington por entonces. Mientras Abramoff iba cayendo, los cabilderos de ASG lucharon con ahínco para saltar de un barco que se iba a pique.

Pocos meses antes, habría sido difícil vaticinar el desplome de ASG. La compañía había vivido un prospero año 2005; se contaba entre los 25 mejores *lobbies* según el *National Journal*, con unos ingresos en aumento constante: un incremento del 34% anual, hasta alcanzar la cifra de ocho millones de dólares en lo que el *Washington Post* calificó de «lista de unas 70 empresas y organizaciones de primera línea».[61] Además de empresas líderes como PhRMA, Enron, TimeWarner, Microsoft y Eli Lilly, contaba entre los clientes que había ido captando con los años a varias causas y organizaciones cristianas, como, por ejemplo, empresas de comunicación vinculadas a la derecha como Salem Communications, National Religious Broadcasters y Grace News.[62] ASG también se esforzaba sin hacer ruido por conseguir lucrativos contratos militares para algunos de sus clientes. Cuando se produjo su caída, ASG era una empresa puntera en uno de los sectores del mundo militar que había experimentado un mayor crecimiento: la seguridad privada. Eso fue posible, en gran medida, gracias a la larga relación que mantenían Paul Behrends, socio de ASG, y Erik Prince, propietario de Blackwater.

Aunque Behrends había realizado labores de presión política a favor de Prince y Blackwater casi desde el momento en que echó a andar el negocio, la ayuda decisiva que prestó Behrends llegó inmediatamente después de la emboscada que sufrió Blackwater en Faluya en 2004. En noviembre de 2005, cuando Blackwater y otras empresas de seguridad privada iniciaron una ofensiva para lavar su imagen de mercenarias bajo la bandera de la International Peace Operations Association (IPOA), una asociación que reúne a empresas de mercenarios, reclutaron a Behrends y ASG para que les ayudara a hacerlo.[63] Entre las personas que constaban en ASG como cabilderos para la IPOA figuraban varios empleados de DeLay, como Ed Buckham y Karl Gallant, ex director del

ARMPAC (comité de acción política de estadounidenses para una mayoría republicana) de DeLay, y Tony Rudy, ex subsecretario de DeLay, que en marzo de 2006 se declaró culpable de conspiración para corromper a funcionarios públicos y estafar a clientes.[64] Resulta interesante que Rudy también hubiera trabajado junto a Behrends en la oficina del congresista Dana Rohrabacher a principios de la década de 1990, el mismo periodo en que Erik Prince aseguró haber trabajado allí como analista de defensa.[65] Según la oficina de Rohrabacher, Prince era, en realidad, un trabajador en prácticas sin remuneración alguna. Rohrabacher continuó siendo un apasionado defensor de Abramoff, a quien conoció cuando éste era miembro destacado de College Republican y Rohrabacher era ayudante del presidente Reagan. Cuando Abramoff fue condenado en 2006, Rohrabacher fue el único congresista en activo (de cualquiera de las dos cámaras del Congreso estadounidense) que escribió al juez encargado del caso para pedirle que fuera benevolente: «Jack fue un patriota desinteresado casi siempre que mantuvimos relación. Su principal objetivo, ante todo, era proteger a Estados Unidos de sus enemigos», escribió Rohrabacher. «Sólo después sacó provecho económico de los contactos que había hecho con sus esfuerzos idealistas.»[66]

El propio Prince se las arregló para eludir las investigaciones, a pesar de sus vínculos con Rudy y su relación con Abramoff. La Fundación Edgar y Elsa Prince, con Erik Prince como vicepresidente y su madre como presidenta, donó un mínimo de 130.000 dólares a Toward Tradition,[67] una organización que se describía a sí misma como una «coalición nacional de judíos y cristianos dedicada a la lucha contra las instituciones laicas que fomentan la intolerancia antirreligiosa, causan daño a las familias y ponen en peligro el futuro de Estados Unidos».[68] Abramoff ejerció de presidente de la organización, que estaba dirigida por un amigo suyo desde hacía mucho tiempo, el rabino Daniel Lapin, hasta el año 2000, y no abandonó la junta hasta 2004.[69] Toward Tradition apareció en el alegato de defensa de Abramoff como una «organización sin ánimo de lucro», a través de la cual «Abramoff realizaba valiosas aportaciones [...] para influir en [...] actuaciones de funcionarios».[70] Clientes de Abramoff como eLottery, una empresa de apuestas por Internet, y el Magazine Publishers of America (MPA) donaron 25.000 dólares cada uno a Toward Tradition.[71] Luego, se pagaron esos 50.000 dólares a la esposa de Tony Rudy, Lisa, en diez cuotas de 5.000 dólares por servicios de asesoría.[72] Por entonces, Rudy, que era jefe adjunto de gabinete de DeLay, estaba ayudando a eLottery a impedir un proyecto de ley que habría ilegalizado las apuestas por Internet y también trabajaba con MPA para impedir un aumento de las tarifas de correos.[73]

A pesar del escándalo de ASG a principios de 2006, el presidente de la IPOA, Doug Brooks, declaró a *Roll Call* que continuarían colaborando con Behrends y manifestó que la IPOA lo consideraba «útil para los objetivos que nos esforzamos por conseguir».[74] Mientras los cabilderos de ASG se apresuraban a montar otras empresas con distintos nombres y los clientes intentaban distanciarse del escándalo, Behrends empezó a trabajar en el *lobby* C&M Capitol Link, que dependía del poderoso gabinete de abogados Crowell & Moring. Y, en 2004, ya había trabajado con ese *lobby* representando a Blackwater.[75]

Con todo, algunos pusieron en tela de juicio la contratación del cabildero vinculado a DeLay. «Hicimos los deberes. Lo hicimos todo con la debida diligencia, como imaginan» afirmó John Thorne, director de C&M Capitol Link. «La reputación [de Behrends] es sólida. Todas las personas con las que hablamos dijeron que estaba absolutamente al margen de aquel otro asunto.»[76] Pero Behrends no había abandonado el mundo de los mercenarios en general ni tampoco los intereses de Blackwater en ese mundo en particular. El vínculo entre el influyente cabildero y Erik Prince era demasiado fuerte como para no superar un mero escándalo político. Además, había importantes proyectos en perspectiva.

La compañía no tardaría en ampliar su alcance mundial y aumentar su apetito de contratos internacionales, presentando a sus efectivos como posibles tropas para el mantenimiento de la paz en lugares como Darfur, una zona de crisis humanitaria ubicada en Sudán, uno de los viejos lugares favoritos de Cofer Black. Ocho años después de los discretos inicios de Blackwater, la empresa se había convertido en una pieza clave de la revolución neoconservadora y ejercería de flautista de Hamelín en el movimiento de renovación neomercenaria.

Capítulo 20

«Los caballeros de la Tabla Redonda»

Cuando el secretario de Defensa Donald Rumsfeld dimitió a finales de 2006, había supervisado, tal como declaró el presidente Bush, «la transformación más radical de la postura militar mundial de Estados Unidos desde el fin de la Segunda Guerra Mundial».[1] En el último día de mandato de Rumsfeld, la proporción de soldados estadounidenses en activo y contratistas privados desplegados en Irak casi era de uno a uno,[2] un dato estadístico sin precedentes en la guerra moderna. El vicepresidente Jack Cheney definió a Rumsfeld como «el mejor secretario de Defensa que ha tenido nunca este país».[3] El elogio era comprensible viniendo de Cheney. El espectacular programa de privatización militar iniciado durante el mandato de Cheney como secretario de Defensa durante la primera guerra del Golfo en 1991 había crecido más allá de cualquier expectativa con Rumsfeld y ha transformado para siempre la manera de hacer la guerra de Estados Unidos. Y, sin embargo, a pesar de que el sector privado tiene un nivel de implicación sin precedentes en el campo de batalla, el ejército estadounidense rara vez se ha quedado tan corto como ahora, ni se ha enfrentado a tiempos más peligrosos. Las ocupaciones de Irak y Afganistán por parte de la administración Bush han puesto a prueba a las fuerzas armadas hasta tal punto que el ex secretario de Estado Colin Powell declaró a finales de 2006 que «el ejército regular está prácticamente roto».[4] Cuando se produjo este sorprendente comentario por parte de una de las figuras militares más célebres, el presidente Bush anunció su intención de incrementar las tropas estadounidenses con el fin de «posicionar al ejército para que no pierda la disponibilidad ni la capacidad de implicación en una guerra larga».[5] En su discurso sobre el Estado de la Unión de 2007, Bush propuso aumentar en 92.000 los efectivos en servicio activo en cinco años y anunció la creación de un cuerpo de reservistas civiles para complementar al ejército.[6]

Aunque no cabía duda alguna de que el «desangramiento» del ejército era consecuencia de las políticas agresivas y ocupaciones impopulares realizadas por la administración, la nueva mayoría demócrata en el Congreso, que asumió el control de ambas cámaras en noviembre de 2006, parecía más que dispuesta a secundar las aspiraciones de Bush para conseguir un ejército aún más numeroso, en lugar de poner en tela de juicio el insaciable deseo de conquista que lo convertía en una necesidad. Entre las pocas fuerzas que iban a encontrarse cómodas en esta situación estaban las que más se han beneficiado de la guerra contra el terrorismo: las empresas del sector bélico. Pocas han ganado tanto durante los años de Bush y pocas se han beneficiado tanto del rumbo previsto para Estados Unidos en el futuro como Blackwater USA. Y Erik Prince lo sabe. De hecho, ha ofrecido un remedio propio para la crisis de efectivos en el ejército: la creación de una «brigada de efectivos por contrato». En cuanto a los planes de incrementar la tropa en 30.000 efectivos, Prince aseguró: «Desde luego, podríamos hacerlo más barato».[7] Éstas son palabras de un hombre que se sabe fuerte por el éxito conseguido y que confía en su futuro. Son palabras de un hombre con su propio ejército, aclamado por el neoconservador *Weekly Standard* como «el alfa y el omega de la externalización militar».[8]

Durante los años transcurridos desde que Blackwater iniciara sus actividades en 1997 como campo de tiro y pabellón de alojamiento, cerca del pantano de Great Dismal en Carolina del Norte, la empresa de soldados privados ha crecido hasta convertirse en una de las piezas más poderosas del escenario mundial. En 2006 Blackwater contaba con unos 2.300 soldados privados desplegados en nueve países del mundo y alardeaba de poseer una base de datos con 21.000 candidatos a los que podía contratar si hubiera necesidad de hacerlo. En 2006 un miembro del Congreso estadounidense observó que, en términos de poderío militar, la empresa podría derrocar a muchos de los gobiernos mundiales sin ayuda de nadie. Sus instalaciones de 2.800 hectáreas en Moyock (Carolina del Norte) se han convertido, en la actualidad, en el centro privado de instrucción militar más importante del planeta, mientras que la empresa cuenta con uno de los mayores arsenales de armamento pesado en manos privadas del mundo. Es un importante centro de instrucción para agentes de seguridad local y federal y militares estadounidenses, además de militares extranjeros y particulares. Vende su propia línea de blancos de tiro y vehículos blindados. La sede corporativa de Blackwater, unas instalaciones de vanguardia con una extensión de casi 60.000 metros cuadrados, recibe a los visitantes con pomos en las puertas hechos con bocas de armas automáticas. Está desarrollando dirigibles para tareas de vigilancia y pistas de aterrizaje privadas para su flota de aviones, que incluye helicópteros de combate.[9]

Blackwater está construyendo más instalaciones tanto en Illinois («Blackwater Norte») como en California («Blackwater Oeste»), además de un centro de instrucción de combate en la selva en Filipinas, ubicado en la antigua base naval de Subic Bay, que antaño fue la mayor base militar estadounidense de Asia. La empresa maneja cientos de millones de dólares en contratos del gobierno, entre los que se encuentran algunos contratos «oscuros» que escapan al control de la opinión pública, y ha empezado a venderse con gran agresividad a las empresas. Mantiene estrechos vínculos con la inteligencia estadounidense y el aparato de defensa y se ha convertido nada menos que en la Guardia Pretoriana de la administración en la guerra contra el terrorismo. Aunque, en un principio, los directivos de Blackwater albergaban las elevadas aspiraciones de convertirse en un ala del ejército —como los Marines o el Ejército de Tierra—, ahora la empresa, embriagada de éxito, no se contenta con ser subordinada de Estados Unidos. A pesar de que sigue manteniendo su compromiso de lealtad y patriotismo, lucha por llegar a ser un ejército independiente, que se despliega en zonas de conflicto como alternativa a las fuerzas de la OTAN o la ONU, pero un ejército que responde ante los propietarios de Blackwater y no ante los países miembros.

Sueños de Darfur

A finales de marzo de 2006, Cofer Black voló hasta Amman (Jordania) para representar a Blackwater en una de las principales ferias bélicas del mundo, la Exposición y Conferencia de Fuerzas de Operaciones Especiales (SOFEX, por su sigla en inglés). Más de 220 empresas, desde fabricantes y vendedores de armas, asesores e instructores militares hasta empresas de mercenarios en toda regla, estaban reunidas en el mismo lugar para vender sus servicios y productos a gobiernos ricos de todos los puntos de Oriente Medio, el Norte de África y el mundo. Los organizadores alardeaban de que SOFEX era «la principal exposición y conferencia mundial de fuerzas de operaciones especiales, seguridad interior, contraterrorismo y fuerzas de seguridad que abastece al mercado mundial de defensa».[10] Con el fin de la Guerra Fría, Oriente Medio no tardó en convertirse en uno de los mercados de equipos militares y servicios de instrucción más voraces del mundo, y la feria bianual constituía una valiosa oportunidad para que mandos y estrategas militares examinaran y adquirieran las últimas mercancías que ofrecían los contratistas internacionales y los vendedores de material bélico. Asistían delegaciones militares de 42 países, y más de 7.500 visitantes llegados de todo el mundo. Como presumía el material promocional de la conferencia: «En la última década, Oriente Medio se ha convertido en la principal zona importadora de equipos de seguridad y defensa militar, lo que representa aproximadamente el 60% del gasto mundial en defensa».[11] Como para conferir una mayor apariencia de legalidad al evento, el director ejecutivo de la conferencia, Amer Tabbah, pregonaba que SOFEX había sido «acreditada por el Departamento de Comercio de Estados Unidos [...], un reflejo de la confianza depositada a nivel global y la convicción de muchos».[12]

La conferencia SOFEX estaba patrocinada por uno de los más cercanos aliados árabes del presidente Bush: el rey Abdalá de Jordania. A diferencia de su padre, el rey Husein, que se opuso a la guerra del Golfo, Abdalá, educado en Estados Unidos y el Reino Unido, prestó un apoyo fundamental a la administración Bush a la hora de hacer propaganda y ejecutar la invasión de Irak. Jordania también ha constituido una importante escala y zona de tránsito para las empresas de servicios militares que prestaban apoyo a la ocupación de la vecina Irak. Blackwater, al igual que la Casa Blanca, desarrolló una especial relación con Jordania y llegó a abrir una oficina en Amman durante los inicios de la ocupación iraquí.[13] Desde que Abdalá sucedió a su difunto padre en 1999, ha trabajado con gran diligencia para modernizar y occidentalizar el potencial militar de Jordania y para reforzar su posición como potencia dominante en la región. Cuando el rey Abdalá —que había sido mando de las fuerzas de operaciones especiales[14]— decidió crear una unidad de la fuerza aérea especializada en operaciones especiales contraterroristas, formada por quinientos hombres, Jordania contrató a Blackwater para que se ocupara de la instrucción de esta unidad de élite.[15] El contrato, sin embargo, fue suspendido por el Departamento de Estado, por la normativa sobre control de exportaciones que se aplicaba por la delicada naturaleza de la instrucción de fuerzas militares extranjeras. A principios de diciembre de 2004, el rey Abdalá visitó Washington y, según cuentan, sacó el tema del contrato con Blackwater que tenía bloqueado con casi todos los altos cargos con quienes se reunió.[16] Poco después, el contrato recibió el visto bueno de la administración Bush. La unidad jordana recibiría instrucción sobre el funcionamiento de diversos helicópteros de asalto aéreo, como los Blackhawk y los Hugues MD500, para emplearlos en operaciones contraterroristas, asaltos rápidos y reconocimiento avanzado. Jordania afirmó que asumiría el coste de la instrucción con parte de los mil millones de dólares anuales en concepto de asistencia militar que recibía de Estados Unidos.[17] «Los jordanos nos buscaron», declaró Erik Prince. «Nos contrataron para ayudarles a organizar sus escuadrones, instruirles en el vuelo con visores nocturnos y montar operaciones desde un helicóptero.»[18]

Como guinda de la iniciativa del rey Abdalá para reformar el ejército jordano, justo antes de la conferencia SOFEX, altos cargos del reino confirmaron que habían concluido la planificación de lo que denominaban el Centro de Instrucción para Operaciones Especiales Rey Abdalá, en Jordania, un proyecto de 100 millones de dólares financiado también por el gobierno estadounidense.[19] El rey Abdalá manifestó que el proyecto lo estaba supervisando el Cuerpo de Ingenieros del Ejército de Estados Unidos y la descripción que hizo el monarca sonó como si estuviera construyendo unas instalaciones inspiradas en el centro de instrucción de Blackwater en Moyock. Abdalá afirmó que se utilizaría para impartir «instrucción a las fuerzas de operaciones especiales, tanto nacionales como regionales, cuerpos contraterroristas y unidades de seguridad y servicios de emergencia y sería el primer centro de instrucción con fuego real de Oriente Medio».[20] De hecho, miembros de la unidad jordana de élite para operaciones antiterroristas, el Batallón 71, había participado en el Concurso de SWAT organizado por Blackwater en Moyock, en 2004, y habían visto personalmente el tan cacareado centro de instrucción estadounidense.[21]

La especial relación de Blackwater con Jordania y su rey convirtió a la empresa en una pequeña estrella de la feria bélica internacional de Amman, celebrada en marzo de 2006. Blackwater eligió la conferencia SOFEX para presentar su nuevo equipo de paracaidistas, que actuó en público por vez primera en la inauguración de la conferencia en la base aérea

Rey Abdalá I.[22] Sin embargo, aunque el equipo de paracaidistas de Blackwater hizo quedarse boquiabiertos a los espectadores que lo contemplaban desde tierra, fue Cofer Black quien acaparó todo el protagonismo el día de la inauguración. Black «asombró» a los representantes de fuerzas especiales internacionales cuando declaró que Blackwater estaba preparada para desplegar una fuerza militar del tamaño de una brigada en cualquier zona de conflicto o crisis del mundo.[23] «Es una buena idea, fascinante, desde el punto de vista práctico, porque salimos baratos y somos rápidos», dijo Black. «El problema es: ¿quién va a dejarnos jugar en su equipo?»[24] Como ejemplo, Black sugirió que Blackwater podría desplegar sus efectivos en la región sudanesa de Darfur y añadió que Blackwater ya había propuesto la idea a altos mandos de la OTAN y Estados Unidos cuyo nombre no reveló. «Hace alrededor de un año, nos dimos cuenta de que podíamos hacerlo», declaró Black. «Hay un claro potencial para llevar a cabo operaciones de seguridad por una pequeña parte del coste que implican las operaciones de la OTAN.» Tras estos comentarios, los proveedores de servicios de defensa se apiñaron en torno a Black, emocionados por la perspectiva de los nuevos mercados que estaba describiendo una de las figuras clave del sector, y no digamos ya uno de los espías más legendarios de Estados Unidos. Black explicó que Blackwater era una operación autosuficiente. «Ya hemos jugado a la guerra con profesionales», comentó. «Somos capaces de hacerlo.» Y, de inmediato, añadió que la empresa no iría en contra de la política de Estados Unidos alquilando sus servicios a enemigos del gobierno: «Somos una compañía estadounidense», declaró Black. «Solicitaríamos el visto bueno del gobierno estadounidense antes de hacer nada por nuestros amigos extranjeros.»[25]

Tras los comentarios de Black en Jordania, el vicepresidente de Blackwater Chris Taylor desarrolló la visión que tenía su empresa de un despliegue en Sudán: «Por supuesto, podríamos ofrecer seguridad en campos de refugiados, seguridad defensiva. Lo que pretendemos hacer primero es actuar como el mejor elemento disuasorio posible».[26] Alardeó de que Blackwater podría movilizarse más rápido que la ONU o la OTAN: «Con el tiempo que se tarda en poner sobre el terreno una unidad de un cuerpo reconocido internacionalmente, yo puedo estar ahí en una tercera parte de ese tiempo y salgo un 60% más barato», declaró Taylor a la National Public Radio.[27] Pero expertos independientes ponían en duda las afirmaciones de Blackwater: «Sería como comparar manzanas reales con peras ficticias», manifestó P. W. Singer, de la Brookings Institution. «Las operaciones de la OTAN o la ONU representan un amplio despliegue de compromiso y actividades políticas, no son sólo unos cuantos tipos con pistola y un avión de transporte CASA 212. Por eso resultan caras y son algo completamente distinto.»[28]

Pero es que Blackwater no sólo se refería a Darfur. Taylor también ampliaba el tema del ejército privado de alquiler, sugiriendo la idea de que el gobierno iraquí contratara a los hombres de Blackwater para sofocar los ataques de la resistencia. «Está claro que no podríamos entrar en todo el territorio iraquí», declaró Taylor al *Virginian Pilot*. «Pero sí tendríamos capacidad para entrar en una región o una ciudad.» Cofer Black y otros altos cargos de la compañía definieron su visión de la «pacificación», la «estabilización» y las operaciones «humanitarias» como producto de una indignación moralista ante el sufrimiento humano. Sostuvieron que la comunidad internacional responde con lentitud e ineficacia, mientras que, como afirmó Black en Jordania: «Blackwater se pasa mucho tiempo pensando cómo podemos contribuir al bien común». Lo que rara vez, o nunca, comentan en público los directivos de Blackwater son los enormes beneficios que obtienen de prestar servicios en catástrofes, crisis y guerras. En Jordania, Blackwater y otras empresas de mercenarios promocionaron con gran agresividad la internacionalización de la rápida privatización de las operaciones militares y de seguridad, cuyos beneficios ya se están disfrutando actualmente en Estados Unidos. Enarbolando la bandera amable de los «fines humanitarios», estas empresas esperaban «acaparar» negocios copados por organismos y entidades internacionales como la ONU, la OTAN, la Unión Africana o la Unión Europea. Para Blackwater, una transformación de esta naturaleza supondría una oportunidad permanente de obtener beneficios, limitada únicamente por el número de crisis, catástrofes y conflictos internacionales. «Las operaciones de estabilización mundial y de pacificación y mantenimiento de la paz han resultado vergonzosamente ineficaces en términos de costes y un fracaso desde el punto de vista operativo», declaró Taylor, de Blackwater. «¿Enviar 10.000 efectivos de la ONU a Darfur? Un inmenso despilfarro de dinero. No se instaura la seguridad y la paz lanzando a la arena a más gente mediocre y no comprometida.»[29]

Singer, que ha estudiado en profundidad el papel de las empresas militares privadas en conflictos internacionales, apuntó lo siguiente a propósito del discursito de Blackwater sobre Sudán:

Las empresas van por ahí contando cómo podrían salvar a gatitos de los árboles si se lo permitiera la pandilla de la comunidad internacional, pero es que la situación es mucho más compleja. A menudo, este tipo de presión política trata de confundir a la gente [...]. El problema que impide una acción eficaz en Darfur no es simplemente una cuestión de costes económicos. Es decir, no existe ningún precio imaginario que, si tales empresas fuerzan capaces de no rebasar, solucionaría las cosas. El verdadero problema es la caótica situación sobre el terreno, no existe un mandato efectivo de la ONU, no hay voluntad política en el exterior de comprometerse de verdad y a todo esto hay que añadir un gobierno sudanés obstruccionista que, de hecho, es una de las partes (lo que implica que si vas sin mandato, tienes que estar dispuesto a entrar dando patadas a las puertas, destruir bases aéreas y demás, algo que ninguna empresa tiene capacidad para hacer, de modo que el problema vuelve a manos de EE. UU., la OTAN y la ONU), lo que impide en gran medida un despliegue efectivo. Por tanto, aunque haya empresas dispuestas a hacerlo, aún deben solucionarse esos problemas.[30]

A pesar de todo, el valor de Sudán para Blackwater iba más allá de un único contrato de mantenimiento de la paz o una supuesta preocupación humanitaria por las víctimas de Darfur. Para la empresa, representaba la puerta de entrada a toda una nueva dimensión de crecimiento en potencia: Darfur se convirtió en un llamamiento a tomar posiciones para ganar un importante número de contratos internacionales para las empresas de mercenarios. A diferencia de la invasión y la ocupación de Irak, que fue rechazada por una mayoría aplastante del mundo, los llamamientos a favor de una intervención en Darfur están mucho más extendidos y, por consiguiente, a Blackwater y sus aliados les resulta mucho más fácil vender un mayor uso de soldados privados. De hecho, incluso en concentraciones antibelicistas, montones de manifestantes llevan pancartas donde se lee: «Salid de Irak, entrad en Darfur».

Un rápido examen de los inmensos recursos naturales de Sudán disipa por completo la idea de que los deseos estadounidenses/corporativos de entrar en Sudán nacen de motivaciones puramente humanitarias. Antes que nada, como el Departamento de Estado ha incluido a Sudán entre los países que promueven el terrorismo, las empresas estadounidenses tienen prohibido invertir en el país. En consecuencia, China se ha convertido en la principal potencia que explota las formidables reservas petrolíferas de Sudán.[31] Aunque este país no forma parte de la Organización de Países Exportadores de Petróleo (OPEP), se le concedió la condición de observador en 2001, una distinción reservada para importantes productores mundiales de petróleo.[32] Cuatro años después, las reservas petrolíferas comprobadas del país se habían multiplicado por seis hasta alcanzar los 1.600 millones de barriles, lo que sitúa a Sudán en el trigésimo quinto puesto mundial,[33] una producción inaccesible para las empresas estadounidenses. La China National Petroleum Corporation (CNPC) posee el 40% —el mayor porcentaje individual— de la Greater Nile Petroleum Operating Company (GNPOC), el consorcio que explota la mayor parte de los pozos sudaneses.[34] El país también cuenta con considerables reservas de gas, uno de los tres mayores depósitos mundiales de uranio de gran pureza y ocupa la cuarta posición en cuanto a yacimientos de cobre se refiere.[35] Un cambio de régimen en Sudán representaría el acceso a oportunidades de inversión sumamente lucrativas para las empresas estadounidenses, que tendrían la posibilidad de arrebatárselas a las empresas chinas. Asimismo, supondría el fin de un gobierno islámico fuerte que no ha abandonado el proceso de modernización, a pesar de las importantes sanciones promovidas por Estados Unidos. Enviar a sus fuerzas estadounidenses privadas, con el pretexto de una misión humanitaria internacional, podría proporcionar a Washington una importante vía de entrada al país de cara a futuras acciones.

En el momento en que se produjo el viaje de Cofer Black a Jordania, Darfur ocupaba los titulares con mucha frecuencia. El propio Black había pasado allí un considerable periodo de tiempo como parte de su trabajo para la CIA. «Cofer y yo hemos estado hablando hasta la saciedad de nuestras posibilidades de ayudar a Darfur, algo que revienta a los responsables de las operaciones de ayuda humanitaria», afirmó Chris Taylor. «Tienen problemas con las empresas de seguridad privada, no por su actuación, sino porque creen que, en algunos casos, les coarta la capacidad de cruzar fronteras, de hablar con ambos bandos, de ser neutrales. Y es estupendo, pero aquí entra en juego la pregunta de siempre: ¿vale más la neutralidad que salvar otra vida? ¿Cuál es la utilidad marginal de una vida más?»[36] En febrero de 2005, el mes en que Black se incorporó a Blackwater, Erik Prince planteó públicamente por vez primera la posibilidad de fuerzas de paz privadas en un simposio de la National Defense Industrial Association. «En zonas donde está la ONU, donde hay mucha inestabilidad, enviar una fuerza convencional de grandes dimensiones y amplia cobertura es difícil de aceptar en el terreno político; resulta caro, además de complicado en el ámbito diplomático», afirmó Prince ante los militares reunidos. «Podríamos formar una fuerza multinacional profesional, suministrarle lo necesario, gestionarla, dirigirla, ponerla bajo control de la ONU, la OTAN o de Estados Unidos, lo más conveniente. Podemos contribuir a estabilizar la situación.»[37] Prince sugirió que Blackwater podría desplegar una «Fuerza de Reacción Rápida» para proteger a organizaciones no gubernamentales en Darfur u otras zonas de conflicto. «Hablando de Darfur: no creo que se necesite una fuerza de 8.000 efectivos para el mantenimiento de la paz», afirmó. «Si se están cometiendo atrocidades, lo que debe hacerse es parar los pies a la *yanyawid* [milicia] y tenemos que movernos y resolver el problema, y resolver la amenaza inmediata; no llevar una fuerza de 8.000 o 10.000 hombres.»[38]

Blackwater, al igual que utilizó la «masacre» de Columbine para hacer más negocio, estaba aprovechándose de una crisis mundial ante la cual partidos de todo el espectro político reclamaban una intervención y censuraban la aparente indiferencia de la ONU y otras instituciones internacionales. Sudán se ha convertido en una de las causas favoritas de las fuerzas cristianas derechistas con las que se ha aliado Blackwater, entre las que destaca Christian Freedom International (CFI), en cuya reducida junta directiva de nueve miembros se encuentran tanto Erik Prince como su cabildero Paul Behrends. Se ha acusado a Christian Freedom, fundada por un consorcio de evangélicos republicanos con buenos contactos, de utilizar su condición de «organización no gubernamental de ayuda humanitaria» como tapadera para ejercer actividades misioneras. A pesar de actuar mayoritariamente en países musulmanes, la organización declara públicamente: «Creemos que la Biblia es la única Obra de Dios fidedigna e infalible, fruto de Su inspiración».[39]

La dirección de Christian Freedom ha mantenido una larga relación con la crisis de Sudán por el conflicto que enfrenta a musulmanes y cristianos. En los inicios de su trabajo en la zona, CFI practicó «redenciones de esclavos» —compraba a cristianos que creía que estaban esclavizados—, pero más tarde denunció la práctica afirmando que las «redenciones» se habían convertido en una fuente de financiación de grupos rebeldes y que la gente «se estaba inventando las historias de esclavitud para conseguir dinero».[40] Durante años, CFI ha formulado la visión que tiene de Sudán en los mismos términos económicos que han impulsado las políticas mundiales de la administración Bush y la estrategia corpora-

tiva de Blackwater. «Muchos cristianos del sur de Sudán desean liberar-
se de las limosnas internacionales y aprender los principios, los instru-
mentos útiles y las tecnologías del libre mercado que les impulsen a
avanzar desde la dependencia hasta la independencia», escribió Jim
Jacobson, fundador de Christian Freedom y antiguo alto cargo de la
administración Reagan, en una columna de 1999. «Es hora de ayudar a
los cristianos de Sudán para que empiecen a caminar. Cuando llegue
ese día, que llegará, se habrá terminado la esclavitud en el país.»[41] Al
igual que los directivos de Blackwater, Jacobson ha menospreciado el
trabajo de las Naciones Unidas, esgrimiendo que a la organización le
interesa que los refugiados no salgan de la pobreza: «Creo realmente
que las organizaciones de la ONU son mercaderes de pobreza», manifestó Jacobson. «Las organizaciones humanitarias de la ONU necesitan
personas en condiciones lamentables para justificar su propia existencia. Cuantas más personas dependan de ellas, más dinero ganan. Estamos intentando fomentar la autosuficiencia para liberar a la gente de
las limosnas.»

Mientras Blackwater continuaba promocionando con gran agresividad su campaña para Sudán, Behrends —el principal cabildero de la
empresa—, salía en la radio conservadora solicitando apoyo: «Podemos
ser de grandísima ayuda y actuar como instrumento catalizador y facili-
tador para ayudar a esas personas», declaró en una entrevista de 2006
realizada en *The Danger Zone*, el programa de radio independiente de la
Foundation for Defense of Democracies, de tendencia neoconservadora. En el programa, presentaron a Behrends simplemente como un representante de Blackwater. «Me gustaría insistir en que el dinero que gane-
mos lo devolveremos a la comunidad del país: a hospitales, colegios,
carreteras y cualquier otro ámbito; porque no es un lugar con el que que-
ramos ganar dinero sino, simplemente, un lugar que nos parece muy
necesario ayudar», manifestó.[42]

Como ocurrió con muchas operaciones de Blackwater auspiciadas
por la administración Bush, la empresa obtuvo grandes beneficios al tiempo que prestaba servicio a los intereses políticos y religiosos de la administración y de los aliados neoconservadores de Prince. Sin embargo,
aparte de las motivaciones religiosas y políticas de la promoción que realizó Blackwater para desplegarse en Sudán, la propuesta permitía vis-
lumbrar claramente la estrategia corporativa que Blackwater considera
clave para su futuro: lavar la imagen de los mercenarios y convertirlos en

efectivos para el mantenimiento de la paz. «Hay muchas crisis en el mundo», afirmó Singer, autor de *Corporate Warriors*. «Si pudieran meter el pie en la puerta que representan, se abriría ante ellos todo un nuevo sector de negocio en potencia.»[43] Aunque los medios de comunicación insinuaron, durante la conferencia militar de Jordania, que la propuesta de «mantenimiento de la paz» planteada por Cofer Black suponía una novedad en la visión estratégica de Blackwater, lo cierto es que ya llevaban con ello un año como mínimo. El escritor Robert Young Pelton afirmó que la empresa desarrolló una propuesta detallada para su despliegue en Sudán poco después de que el por entonces secretario de Estado Colin Powell visitara Darfur en junio de 2004. «Si se observa la presentación, no sólo incluye hombres con pistolas. Están ofreciendo helicópteros de combate, un cazabombardero con capacidad para bombas de racimo, [armamento guiado por satélite] y vehículos blindados», declaró Pelton. «Y uno se dice a sí mismo: "Aguarda un momento. Es una fuerza ofensiva muy importante. ¿Qué tiene esto que ver con el mantenimiento de la paz?"»[44]

En enero de 2006, tres meses antes de que Cofer Black fuera enviado a Jordania, Prince intervino en otra conferencia militar más donde habían acudido montones de altos cargos militares estadounidenses. «Uno de los campos donde podríamos ayudar seguramente sea el mantenimiento de la paz. En Haití hay una fuerza de mantenimiento de paz de 9.000 hombres, con un coste de 496 millones de dólares anuales, y el comandante se suicidó. Está sumida en el caos», afirmó Prince. «Enumérenme, si es que pueden, las operaciones de mantenimiento de paz llevadas a cabo por la ONU que hayan sido un éxito de verdad. Me refiero a que, por ejemplo, veo la película *Hotel Ruanda* y me pongo enfermo; me pregunto: "¿Por qué permitimos que ocurra?". Podemos hacer algo la próxima vez sin una gran presencia estadounidense. Es posible crear una brigada multinacional de profesionales sometidos a los mismos criterios de selección que utiliza el Departamento de Estado para los vigilantes de las embajadas, para saber que no estamos contratando a criminales de guerra ni a tipos malos; podemos formarlos, investigarlos y equiparlos, y se consigue una fuerza multinacional con la que se puede hacer algo.»[45] Sin embargo, como señaló Prince, «sencillamente, en la ONU no apoyan una operación global de privatización de estas características. La línea oficial del portavoz es que la idea es "un imposible". Me parece que eso equivale a decir que dos grupos independientes de líderes mundiales de alto nivel se ponen a reflexionar para solucionar el tema del mantenimiento de la paz y ninguno de ellos incluye tan siquiera en el debate la posibilidad de privatizar este tipo de operaciones, y mucho menos apoyarlo. Tampoco hablaron de la llegada de los marcianos para dirigir las operaciones de paz, pero es que, una vez más, me parece que los marcianos no cuentan con las mismas iniciativas para ejercer presión política».[46] En un artículo de portada muy promocional del neoconservador *Weekly Standard*, Mark Hemingway escribió: «En la actualidad, el Departamento de Mantenimiento de la Paz de las Naciones Unidas tiene un presupuesto anual de 7.000 millones de dólares, por no mencionar los miles de millones que llegan en forma de donaciones benéficas y ayuda extranjera para los lugares más necesitados del mundo. Incluso quienes sospechen de las motivaciones de Blackwater deben darse cuenta de que resulta razonable desde un punto de vista comercial que les interese el trabajo. ¿Por qué perseguir a turbios clientes corporativos cuando el gran filón está en ayudar a la gente?».[47] Definió a Blackwater como «el alfa y el omega de la externalización militar».[48]

Poco después de la propuesta sobre Sudán planteada por Black en Jordania, Blackwater recibió espaldarazos para su causa de varios comentaristas destacados. Max Boot, investigador del Council of Foreign Relations, escribió una columna en *Los Angeles Times*, con mucha repercusión, titulada «La solución para Darfur: mandar a los mercenarios».[49] En ella Boot escribió:

> Si las llamadas naciones civilizadas del mundo se tomaran en serio acabar con lo que el gobierno estadounidense ha calificado de genocidio, no endilgarían el trabajo a las Naciones Unidas. Enviarían a sus propias tropas. Pero, por supuesto, no se lo toman en serio; al menos no tan en serio. Aun así, tal vez haya una manera de poner fin al baño de sangre, incluso sin mandar un ejército europeo o estadounidense. Enviar a un ejército privado. Varias empresas de seguridad privada, como por ejemplo, Blackwater USA, están dispuestas a enviar, por un precio justo, a sus propios efectivos, formados en su mayoría por veteranos de ejércitos occidentales, para detener el genocidio. Sabemos por experiencia que tales unidades privadas resultarían mucho más eficaces que cualquier fuerza de paz de la ONU. En la década de 1990, la empresa sudafricana Executive Outcomes y la empresa británica Sandline despacharon con rapidez alzamientos rebeldes en Angola y Sierra Leona. Las voces críticas se quejaron de que estos mercenarios sólo consiguieron una suspensión

temporal de la violencia, pero es que se les contrató sólo para eso. Es de suponer que, con unos contratos a más largo plazo, se conseguiría una seguridad más estable y por una mínima parte del coste que supone una misión de la ONU. Sin embargo, los gigantes morales que dirigen las Naciones Unidas consideran inadmisible esta solución. Esgrimen que resulta inaceptable contratar —lloriqueo— a mercenarios. Más inaceptable, por lo visto, que aprobar resoluciones vacías de contenido, enviar fuerzas de mantenimiento de paz del todo ineficaces y permitir que continúe el genocidio.[50]

Boot insinuó después que Blackwater u otra compañía de mercenarios podría desplegarse en Sudán cuando la contratara «un grupo *ad hoc* de países implicados o, incluso, filántropos como Bill Gates o George Soros».[51] Pero los conservadores no eran los únicos que hicieron frente común para apoyar a Blackwater. Ted Koppel, uno de los periodistas más venerables de la historia de Estados Unidos, escribió un artículo de opinión para el *New York Times*, publicado el 22 de mayo de 2006, que llevaba por título «These guns for hire» («Estos pistoleros de alquiler») y se iniciaba con la frase: «El concepto de ejército mercenario tiene algo de lo más seductor».[52] Koppel continuaba enumerando «sólo una lista parcial de los factores que contribuirían a que resultara atractiva una fuerza formada por modernos mercenarios»:

> La creciente desilusión de la opinión pública con la guerra de Irak; la perspectiva de una interminable campaña contra el terrorismo mundial; un ejército desbordado, apoyado por una fuerza agotada, incluso mermada, de reservistas y miembros de la Guardia Nacional; la poca disposición, o la incapacidad, de las Naciones Unidas u otras organizaciones multinacionales para enviar fuerzas adecuadas que pongan fin rápidamente a las horribles atrocidades a gran escala (véanse Darfur o Congo); la expansión de las empresas estadounidenses en escenarios más remotos, conflictivos y potencialmente hostiles.

Tras repasar la lista, que parecía sacada de los temas de conversación predilectos del sector de las empresas de mercenarios, Koppel opinó que: «Al igual que un ejército totalmente profesional liberó al gobierno de gran parte de la presión política que había acompañado al reclutamiento obligatorio para el servicio militar, un ejército de alquiler, al aprovechar el privilegio de todo presunto guerrero de alquilarse por más dinero del que ganaría nunca prestando un servicio directo al Tío Sam, podría liberarnos de un amplio abanico de presiones políticas que se sufren en la actualidad».

Koppel dedicaba luego un amplio fragmento de su artículo a presentar una posible promoción en favor de Blackwater:

> ¿Y qué ocurriría si se diera el inevitable paso siguiente: una fuerza militar defensiva pagada directamente por las empresas que más se beneficiaran de su protección? Por ejemplo, si una insurrección en Nigeria pone en peligro la capacidad de exportar petróleo del país (y lo hace), ¿por qué Chevron o Exxon Mobile no podrían aprobar el envío de uno o dos batallones de mercenarios?
>
> Chris Taylor, vicepresidente de iniciativas estratégicas y estrategia corporativa de Blackwater USA, quiso asegurarse de que yo entendía que tal cosa únicamente podría ocurrir si se contara con la aprobación del gobierno de Nigeria y, como mínimo, con una aprobación tácita de Washington. ¿Pero Blackwater podría aportar un par de batallones en esas circunstancias? «Un batallón está formado por 600 personas», respondió. «Podría proporcionar 1.200 personas, sí. Hay personas en todo el mundo que han servido honradamente en sus fuerzas armadas o cuerpos policiales. Puedo encontrar personas de honradez acreditada, reclutarlas y formarlas para que alcancen los niveles de calidad que necesitamos.»
>
> Tendría el mérito de estabilizar los precios del petróleo, una circunstancia que beneficiaría a los intereses nacionales estadounidenses, sin ni siquiera tener que echar mano del presupuesto federal. Entre tanto, las petroleras podrían proteger algunos de sus intereses más vulnerables en el extranjero sin necesidad de involucrar al Congreso en la tediosa cuestión de si los estadounidenses deben implicarse militarmente en un país soberano del tercer mundo.

Lo que Koppel omitió mencionar en el artículo era la posibilidad de que el tipo de insurrección contra la que podrían acabar combatiendo en Nigeria las fuerzas de Blackwater, en defensa de Chevron o Exxon Mobile, podría ser una insurrección popular, que tuviera por objetivo recuperar los inmensos recursos petrolíferos del país de manos de la cleptocracia apoyada por Estados Unidos y las petroleras que lleva años gobernando brutalmente el país más poblado de África. Tampoco mencionó Koppel que las multinacionales del petróleo ya recurren a la brutalidad para defender sus intereses de los indígenas nigerianos, sobre todo en el Delta del Níger, una zona rica en yacimientos petrolíferos. El autor teatral nigeriano Ken Saro-Wiwa fue ejecutado —en la horca— junto a ocho personas más por su resistencia ante la Shell Oil Corporation; igualmente, Chevron ha estado implicada de lleno en el asesinato de manifestantes en el delta del Níger.[53] Lo que resultaba más inquietante del artículo de Kopper era que parecía estar prestando su credibilidad y su reputación a la campaña de lavado de imagen de los mercenarios, y lo hacía en un momento decisivo. A finales de 2006, Bush relajó las sanciones contra el sur de Sudán, de mayoría cristiana, una medida que preparó el terreno para que Blackwater entrenara a las fuerzas de la región.

Mientras se intensificaba la campaña de Blackwater, una de las pocas voces críticas con la empresa en el Congreso consideró una mala señal que se hablara del despliegue en Darfur. Blackwater «tiene tanto poder e influencia en la administración que le permite creer que podría constituir una fuerza más poderosa que, por ejemplo, la OTAN, en Darfur», afirmó la congresista Jan Schakowsky. «Lo que implica que, de repente, tienes moviéndose por el mundo a una empresa con ánimo de lucro, que acumula más poder que cualquier país; que, posiblemente, pueda influir en cambios de gobierno allí donde vaya; que parece gozar de todo el apoyo que necesita por parte de esta Administración (y que, además, es bastante intrépida al aventurarse por el mundo y opera al amparo de la opacidad). Plantea interrogantes sobre las democracias, sobre los Estados, sobre quién influye en las políticas mundiales, sobre las relaciones que mantienen algunos países.»[54] Tal vez, como observó Schakowsky, el objetivo de Blackwater era «conseguir que coaliciones de países como la OTAN resulten superfluas en el futuro, que ellos sean los únicos y estén dispuestos a venderse al mejor postor. ¿Quién decide realmente la guerra y la paz en el mundo?

«Resulta sumamente inquietante y tiene unas consecuencias de suma importancia», afirmó Schakowsky. «¿A quién son leales? Y es que, además, confiere poder a una administración, como la administración Bush. Si pueden implicarse en este tipo de guerra privada o de ejército privado, ¿para qué nos necesitan entonces? Pueden actuar en un escenario totalmente independiente e intervenir en conflictos por todas partes del mundo y parece que no necesitan consultárnoslo mucho.»

Blackwater y el león dormido

Cofer Black ha aconsejado a otras empresas del sector de los mercenarios que «sean oportunistas»,[55] una cualidad que a Blackwater le surge de forma natural. «Tenemos un plan de negocio a veinte años vista», fanfarroneó Gary Jackson, presidente de Blackwater, en el verano de 2006. «Así que vamos a seguir aquí bastante tiempo.»[56] No obstante, aunque Blackwater ha disfrutado de una prosperidad casi sin precedentes a raíz de los atentados del 11 de septiembre, el ascenso al poder de la administración Bush y un Congreso controlado por los republicanos, sus directivos saben que tal vez tarde en surgir otro momento así, con tantos partidarios en las riendas del poder, si es que llega a repetirse nunca. A pesar de que la administración Bush fomentó con gran entusiasmo la privatización del ejército y el uso de fuerzas y tácticas indeseables, puede ocurrir que a futuras administraciones no les entusiasme tanto la idea de utilizar mercenarios. Un componente obvio de ese «plan de negocio dinámico» del que habló Jackson es una sofisticada campaña de cambio de imagen que pretende transformar el concepto que se tiene de los mercenarios y consolidar el «legítimo» papel de los soldados privados en la estructura de la política estadounidense, tanto nacional como internacional, y en la estructura de organismos internacionales como la ONU o la OTAN. Aunque la administración Bush gobernará durante un periodo limitado de tiempo, Blackwater y sus aliados han aprovechado al máximo el abrumador entusiasmo que suscita su causa en las cámaras del poder durante el mandato de Bush para hacer rápidos progresos en su campaña de cambio de imagen a largo plazo.

El cambio de imagen está produciéndose en muchos niveles y la terminología ya resuena en el discurso más general. Por ejemplo, a las compañías de mercenarios se las denomina actualmente «empresas militares privadas» o «empresas de seguridad privada». En lugar de mercenarios, ahora son «soldados privados» o «contratistas civiles». Aunque existe una encarnizada competencia entre los mercenarios, éstos reconocen claramente la necesidad de desarrollar un lenguaje común para promover su causa. Muchas empresas han contratado a sus propios cabilderos. Blackwater ha contribuido decisivamente al rápido crecimiento de la International Peace Operations Association (IPOA), la asociación de profesionales del sector de los mercenarios con denominación orwelliana. Su logotipo es el dibujo de un león dormido que encajaría a la perfección en una secuela de *El rey león* de Disney. Bajo los auspicios de la IPOA, Blackwater y sus aliados han promovido con gran agresividad la regulación del «sector militar/seguridad privada». La IPOA proclama orgullosa: «Estamos en el negocio de la paz porque la paz es importante»; y su portavoz afirma que la organización está formada por «las empresas más profesionales, innovadoras y éticas del sector».[57] Entre sus miembros se encuentran muchas de las principales empresas de mercenarios que operan en la «guerra contra el terrorismo»: Blackwater, ArmorGroup, Erinys, Hart Security y MPRI.[58]

Aunque muchas empresas rechazan la idea de regulación y supervisión, Blackwater asumió el liderazgo de la presión a favor de tales políticas; por lo menos, las que encajan en sus prioridades. Blackwater ha sido «una de las principales defensoras de que se incremente la regulación, la responsabilidad y la transparencia, algo que, sin duda, es positivo para cualquier sector», aseguró J. J. Messner, portavoz de la IPOA.[59] El motivo era sencillo: a la larga, es mejor para el negocio. Pero, lo que es más importante aún, también permite que las empresas de mercenarios moldeen a su favor las leyes que rigen en sus despliegues, como hizo Blackwater tras la emboscada de Faluya, cuando se dice que «lideró la presión política ejercida por empresas de seguridad privada y otros contratistas para intentar bloquear las iniciativas del Congreso o el Pentágono encaminadas a someter a sus empresas y sus trabajadores al mismo código de justicia que se aplica a los militares [en activo]».[60]

La IPOA, perfectamente consciente de los graves problemas de imagen que afectaban a la industria de los mercenarios, ha intentado captar como asesores a miembros de Amnistía Internacional y otras organizaciones de derechos humanos respetadas.[61] La IPOA alardea de contar con un «código de conducta» redactado a partir de «las aportaciones de docenas de organizaciones internacionales y organizaciones no gubernamentales, abogados especializados en derechos humanos y expertos».[62] En una declaración ante el Congreso de 2006, Chris Taylor destacó la afiliación de su empresa a la IPOA como una prueba de que Blackwater está «comprometida con la definición de unos criterios que permitan habilitar a los contratistas independientes como aptos para trabajar en el sector, mejoren el proceso de contratación y supervisión general, incrementen la transparencia de las operaciones empresariales y fomenten el debate en nuestro sector para que éste pueda integrarse mejor en el proceso de búsqueda de soluciones para los complicados desafíos que se presentan».[63] Taylor también ha sugerido que «las agencias contratantes» utilicen la IPOA como «una certificación, algo parecido a las normas de gestión de calidad ISO 9000».[64]

El código de la IPOA, que deben firmar todas las empresas que son miembros de la asociación, obliga a sus miembros a «respetar todas las disposiciones del derecho internacional humanitario y la legislación sobre derechos humanos que sean aplicables, además de todos los protocolos y convenciones internacionales pertinentes».[65] Tiene apartados sobre transparencia, ética y responsabilidad, y la asociación advierte: «Los signatarios que no cumplan cualquier disposición de este código de conducta pueden ser expulsados de la IPOA a criterio de la junta directiva de la asociación».[66] Sin embargo, el código de la asociación no es un documento vinculante y carece de cualquier peso jurídico. Además, el presidente de la junta directiva de la IPOA en 2006 era Chris Taylor,[67] un candidato de lo más inverosímil para supervisar la expulsión de Blackwater del grupo en caso de violación de los derechos humanos.

El papel decisivo que ha desempeñado la IPOA en la campaña de lavado de imagen ha consistido en presionar a legisladores, periodistas y grupos de derechos humanos para que apoyen una mayor privatización de las operaciones militares y de mantenimiento de paz, promoviendo la idea de que la sociedad tiene oportunidad de beneficiarse con un sector de empresas de mercenarios regulado. Al mismo tiempo, las empresas de mercenarios utilizan el código de conducta de la IPOA, un documento imposible de hacer cumplir e irregular desde el punto de vista jurídico, como tema favorito para demostrar lo responsables que son y lo concienciadas que están, por iniciativa propia.[68] La IPOA ha funcionado como ala política de la industria mercenaria organizada, que se ha atribuido el nuevo nombre de «industria de la paz y la estabilidad».[69]

A pesar de que se calcula que, en diciembre de 2006, había unos 100.000 contratistas trabajando en Irak,[70] seguía sin aplicarse un sistema de supervisión, ni tampoco había ninguna entidad jurídica con jurisdicción efectiva sobre los contratistas. La Orden nº 17 de Paul Bremer, que garantizaba a los contratistas inmunidad ante los procesos judiciales iraquíes, continuó siendo la ley de un país con sucesivos gobiernos títere —desde el encabezado por Ayad Alaui hasta el de Nuri Al Maliki— que gobernaron en Irak hasta que Paul Bremer abandonó el país y se disolvió la APC. En teoría, los países de origen de los contratistas son los responsables de vigilarlos. En la práctica, esta circunstancia se ha traducido en

impunidad. Este punto se abordó en Estados Unidos de un modo efec-
tista en una de las pocas sesiones del Congreso dedicadas a los contratistas en Irak, que se celebró en junio de 2006. El congresista Dennis Kucinich preguntó a Shay Assad, director de Contratos y Adquisiciones de
Defensa del Pentágono, qué sección del Departamento de Defensa se
responsabilizaba de los contratistas. Kucinich señaló que los soldados
estadounidenses debían cumplir las reglas de contratación que sean aplicables y que se había procesado a unos cuantos por violaciones de dichas
reglas en Irak, aunque los contratistas no estaban obligados a hacerlo:

> KUCINICH: ¿Usted sabe cuándo prescriben los asesinatos en Estados
> Unidos?
> ASSAD: No, no lo sé, señor congresista.
> KUCINICH: Pues no prescriben nunca. Entonces, si alguien relacionado
> con una empresa de contratistas privada estuviera implicado en el asesina-
> to de un civil, ¿el Departamento estaría dispuesto a recomendar que se le
> denunciara ante los tribunales?
> ASSAD: Señoría, no estoy cualificado para contestar esa pregunta.[71]

Como no acababa de creerse lo que oía, Kucinich preguntó a Assad y
a los demás altos cargos del gobierno que asistían a la sesión: «¿Hay
alguien que sí esté cualificado para contestar? Y, si no lo hay, con el debido respeto, ¿para qué están ustedes aquí?». Kucinich señaló que, desde
que se celebró la sesión en junio de 2006, «ningún contratista de seguridad ha sido formalmente acusado» por la comisión de delitos en Irak. A
continuación, preguntó directamente a Assad: «¿Estaría preparado el
Departamento de Defensa para la formulación de una acusación formal
contra cualquier empleado de un contratista privado del que se demostrase que hubiese asesinado ilegalmente a un civil?» «Señoría, no puedo
responder a esa pregunta», replicó Assad. «¡Pues vaya!», espetó Kucinich. «¿Se da cuenta de lo que eso significa? Esos contratistas privados
pueden cometer asesinatos y salir impunes.» Los contratistas, según dijo
Kucinich, «no parecen estar sujetos a ley alguna y, por consiguiente, tienen una licencia mayor para tomarse la justicia por su mano». (A finales
de 2006, el senador Lindsey Graham incorporó subrepticiamente al
proyecto de ley de autorización de defensa de 2007, que Bush promulgó
posteriormente como ley, que a los contratistas se les aplicara el Código
Uniforme de Justicia Militar del Pentágono; sin embargo, desde entonces siguen estando poco claras las consecuencias efectivas que esto

pudiera tener, con unos expertos que prevén resistencia por parte del sector de la guerra privada.)

En esa misma sesión, Chris Taylor, representante de Blackwater, y Doug Brooks, fundador de la IPOA, eran los dos principales defensores de las empresas de mercenarios. «Este sector empresarial es sumamente responsable», declaró Brooks en la sesión del Congreso. «La IPOA cuenta entre sus miembros a las empresas más profesionales, innovadoras y éticas del sector, y todos los miembros se comprometen públicamente a respetar nuestro código de conducta.» Sin embargo, aunque Brooks estaba predicando el evangelio de la responsabilidad ante el Congreso de Estados Unidos, luchaba al mismo tiempo contra los intentos de impedir el despliegue de mercenarios en el continente africano, donde las empresas del sector tienen posibilidades de ganar grandes cantidades de dinero si les permiten actuar en Sudán y otras zonas de crisis.

El ejemplo sudafricano

Tal vez el trabajo más visible que ha realizado la IPOA en los últimos años no lo ha desarrollado, de hecho, en Estados Unidos, aunque tiene implicaciones trascendentales para Blackwater y otras empresas estadounidenses, sobre todo en lo relativo a sus aspiraciones de desplegarse en operaciones de mantenimiento de paz en el continente africano. A pesar de su retórica sobre el apoyo a la regulación del sector, la IPOA y Brooks intervinieron activamente en un esfuerzo coordinado para burlar la revolucionaria legislación que impide la actuación de mercenarios en Sudáfrica, apoyada por la abrumadora mayoría de los legisladores electos del país.

Sudáfrica —y, de hecho, todo el continente africano— ha tenido una larga y sangrienta historia de mercenarios blancos. Tras la caída del régimen del *apartheid* a principios de la década de 1990, muchos soldados y policías sudafricanos blancos, que se habían pasado los años anteriores aterrorizando a los africanos negros, se vieron en la tesitura de tener que buscar trabajo. Un número indeterminado de esos soldados alquiló sus servicios a empresas, gobiernos y causas contrarrevolucionarias, lo que trajo más infamia a Sudáfrica, esta vez como base de operaciones de mercenarios. Entre las empresas sudafricanas más destacadas se encuentra Executive Outcomes (EO), fundada en 1989 por un antiguo comandante de la época del *apartheid*, que operó abiertamente hasta que la cerraron en 1998. Entre sus clientes destacaban el gigante de los diamantes DeBeers y el gobierno de Angola, que contrató a EO en 1993 para que recuperara zonas estratégicas con recursos petrolíferos en nombre de las fuerzas gubernamentales. Sin embargo, tal vez EO sea más conocida por sus operaciones en Sierra Leona, un territorio rico en diamantes, donde sus mercenarios fueron contratados para defender al gobierno de un alzamiento encabezado por el Frente Revolucionario Unido de Foday Sankoh, que estaba cometiendo graves violaciones de los derechos humanos. El gobierno pagó a EO unos 35 millones de dólares —un tercio del presupuesto anual de defensa— en 1995 para que aplastara la insurrección después de que los gobiernos estadounidense y británico rehusaran intervenir.[72] EO sólo necesitó nueve días para sofocar la rebelión y dos días para recuperar las preciadas minas de diamantes de Kono. Los defensores de la industria de los mercenarios han esgrimido el trabajo de EO y Sandline (la antigua empresa de Tim Spicer) como prueba del éxito de las fuerzas militares privadas.

Pero el fin no siempre justifica los medios. El éxito de EO se atribuyó en gran medida a que descendía de fuerzas de élite del *apartheid* sudafricano, de las que había heredado un amplio sistema de contactos corporativos, redes clandestinas y aparatos contrainsurgentes por todo África que se habían utilizado para oprimir a los ciudadanos y disidentes negros.[73] A pesar de que se promocionaban los éxitos «tácticos» de EO en Angola y Sierra Leona, la implicación de mercenarios en conflictos internacionales planteaba una cuestión más general: ¿quién determina el orden internacional?, ¿la ONU?, ¿los Estados?, ¿los ricos?, ¿las empresas? ¿Y ante quién rinden cuentas estas fuerzas? Esta cuestión adquirió gran relevancia con la amplia privatización materializada en las ocupaciones de Afganistán e Irak. Aunque Estados Unidos eludió en gran medida el problema de la responsabilidad de los soldados privados, no ocurrió lo mismo en Sudáfrica, con su larga y tumultuosa experiencia en la acogida de mercenarios. Tras la caída del gobierno del *apartheid* y el inicio del proceso promovido por la Comisión de la Verdad y la Reconciliación, se generalizaron los llamamientos para cerrar las empresas de mercenarios, sobre todo por los estrechos vínculos que mantenían muchas de ellas con el régimen del *apartheid*. Esto condujo a la promulgación, en 1998, de una ley que prohibía los mercenarios en Sudáfrica.

Pero sólo unos pocos años después, con rumores de que había mercenarios sudafricanos desplegados en Irak, los legisladores de Johannesburgo afirmaron que la ley no se estaba aplicando con eficacia. Aseguraron que la legislación había dado como resultado «un reducido número de procesos y condenas judiciales»,[74] a pesar de las evidentes pruebas de actividades mercenarias realizadas por sudafricanos, y no sólo en Irak. La ley de prohibición de las actividades mercenarias, aprobada por el parlamento sudafricano en 2005, no sólo se creó a raíz de lo ocurrido en Irak, sino también por la supuesta implicación de más de sesenta sudafricanos en una presunta conspiración para derrocar al gobierno de Guinea Ecuatorial en 2004. El incidente saltó a los titulares de la prensa internacional por la presunta implicación de sir Mark Thatcher, hijo de la ex primera ministra británica Margaret Thatcher.[75] El pequeño país de medio millón de habitantes hacía poco que había descubierto grandes yacimientos petrolíferos y, por entonces, se había convertido en el tercer país productor de petróleo de África. El presunto cabecilla del intento de golpe de Estado era Simon Mann, antiguo mando de las SAS, las fuerzas especiales británicas, y fundador tanto de Executive Outcomes como de Sandline, además de amigo de Mark Thatcher.[76]

Los impulsores de la ley sudafricana aseguraron que el intento de golpe de Estado demostraba que «las actividades mercenarias se llevan a cabo desde el interior de las fronteras» sudafricanas y señaló sin rodeos: «Las llamadas empresas militares privadas están continuando con el reclutamiento de sudafricanos desde fuera de la República, para prestar servicios militares y de seguridad en zonas de conflictos armados (como Irak)».[77] Por entonces, el gobierno sudafricano calculaba oficialmente que cuatro mil ciudadanos del país trabajaban en zonas de conflicto de todo el mundo; y, entre ellos, unos dos mil lo hacían en Irak.[78] La mayoría pertenecía a la minoría blanca del país.[79] Otras estimaciones calculaban en una cifra muy superior los sudafricanos desplegados a nivel mundial y en Irak.

La ley pretendía impedir que los sudafricanos participaran «en conflictos armados como combatientes con ánimo de lucro» o que se implicaran en «cualquier acto que aspire a derrocar un gobierno o menoscabar el orden constitucional, la soberanía o la integridad territorial de un Estado».[80] Obligaba a que los sudafricanos que pretendieran trabajar en empresas militares o de seguridad privada solicitaran autorización al gobierno para hacerlo y estipulaba la imposición de multas y penas de

cárcel para quienes no lo respetaran. Asimismo, prohibía que los sudafricanos sirvieran en ejércitos extranjeros si el gobierno de Sudáfrica era
contrario a la implicación de ese país en una guerra o conflicto. En aquel
momento, unos ochocientos sudafricanos prestaban servicio activo en el
ejército británico, además de un número indeterminado que lo hacía en
el ejército israelí.[81] Curiosamente, la ley permitía la participación de sudafricanos en «luchas armadas legítimas, como aquellas que, de acuerdo
con la legislación internacional en materia de derechos humanos, se libran
en nombre de la liberación nacional, la autodeterminación, la independencia del colonialismo o la resistencia frente a la ocupación, la agresión
o la dominación por parte de ciudadanos extranjeros o fuerzas militares
extranjeras».

Entre las fuerzas más destacadas que se oponían al intento sudafricano de parar los pies a los mercenarios estaban Doug Brooks y la IPOA.
Asociados con partidos políticos minoritarios de Sudáfrica y empresas
de mercenarios, Brooks y la IPOA trabajaron febrilmente para impedir
que se aprobara la ley. Durante el año que precedió a la votación de la
legislación, Brooks escribió artículos políticos y de opinión y viajó a
Johannesburgo, donde se reunió con miembros del Parlamento. Expresó la frustración que sentía por haber «evitado» los legisladores la participación de las empresas del sector en la redacción de la legislación[82] y
afirmó que la aprobación podría resultar «desastrosa» para las empresas
privadas que actuaban en zonas de conflicto y que podría menoscabar las
operaciones de mantenimiento de paz. «Estarán en peligro muchas iniciativas internacionales [...]. Algunas tendrán que dejar de actuar si no
pueden contar con los sudafricanos», suplicó Brooks a los legisladores.
«Los sudafricanos son más fuertes, más capaces de vivir en condiciones
más austeras, han incrementado la flexibilidad y se adaptan a condiciones cambiantes.»[83] Brooks acabó en el mismo bando que políticos sudafricanos blancos que se quejaban de que la ley ponía en el punto de mira
a los antiguos miembros blancos de las fuerzas armadas, a quienes, de
aprobarse, les resultaría «prácticamente imposible encontrar trabajo».[84]
Aunque Brooks se movilizaba para obstaculizar los intentos sudafricanos
de tomar medidas contundentes contra los mercenarios, también estaba
revelando sus verdaderos intereses: promover de forma agresiva el uso
de mercenarios en el continente africano, no sólo en Sudán, sino también en el Congo y otras zonas de crisis. «La OTAN sale terriblemente
cara; no es una organización rentable. Como tampoco lo es la Unión

Africana. Las empresas privadas podrían resultar mucho más baratas», declaró Brooks.[85]

El 29 de agosto de 2006, la Asamblea Nacional sudafricana aprobó la ley de prohibición de actividades mercenarias por la abrumadora mayoría de 211 votos frente a 28.[86] El ministro de Defensa sudafricano Mosiuoa Lekota rechazó el intento de lavado de imagen de los mercenarios y articuló el debate esgrimiendo la sangrienta relación de África con los mercenarios a lo largo de la historia, que según afirmó se remontaba a 1960 en el recién independizado Congo: «Apenas había logrado el Congo la independencia cuando soltaron a los perros de la guerra para que se abalanzaran sobre el país», declaró. Y poco después de que se aprobara la ley manifestó: «Los mercenarios son el azote de las zonas pobres del mundo, sobre todo de África. Son asesinos a sueldo; venden sus habilidades al mejor postor. Cualquiera con dinero puede contratar a esos seres humanos y convertirlos en máquinas de matar o en carne de cañón».[87] Sudáfrica había asestado un golpe poco habitual a las empresas de mercenarios, un sector en rápida expansión, pero sólo fue un contratiempo en una trayectoria de avance del sector en general, y de Blackwater en particular.

Greystone

El plan de Blackwater no sólo contemplaba introducirse en el mundo de las operaciones de mantenimiento de paz. Prince y sus aliados habían previsto una remodelación total del ejército estadounidense, una remodelación que encajaría perfectamente en la política exterior agresiva y ofensiva que surgía de la Casa Blanca desde el 11-S. Los principales obstáculos que impedían a la administración Bush ampliar sus guerras de ocupación y agresión eran la falta de soldados y las insurrecciones que provocaban sobre el terreno sus intervenciones. La oposición nacional a las guerras de agresión tiene por consecuencia un menor número de voluntarios que se alistan para servir en las fuerzas armadas, un factor que, históricamente, enfría la campaña bélica u obliga al llamamiento forzoso a filas. Al mismo tiempo, la oposición internacional ha propiciado que a Washington le cueste más convencer a otros gobiernos para que apoyen sus guerras y ocupaciones. Sin embargo, con las empresas de mercenarios privados, estas dinámicas cambian de un modo espectacular, ya que la reserva de posibles soldados a disposición de una administración agresiva sólo está limitada por el número de hombres del planeta que estén dispuestos a matar por dinero. Con la ayuda de mercenarios, no es necesario el llamamiento a filas, ni siquiera el apoyo de la opinión pública nacional, para declarar guerras de agresión, como tampoco es necesaria una coalición de naciones «dispuestas» a ayudarte. Si Washington no puede cubrir una ocupación o una invasión con sus propias fuerzas armadas nacionales, las empresas de mercenarios ofrecen una alternativa privatizada, que incluye la base de datos de Blackwater con 21.000 guardias y vigilantes armados contratados.[88] Si los ejércitos nacionales de otros países no se unen a la «coalición de los dispuestos», Blackwater y sus aliados ofrece una internacionalización alternativa de las fuerzas militares al reclutar a soldados privados de todos los lugares del mundo. Aunque los gobiernos extranjeros no se suban al carro de la guerra, sigue habiendo posibilidad de contratar a soldados extranjeros.

«El creciente uso de contratistas, fuerzas privadas o, como dirían algunos, "mercenarios", facilita el inicio y la continuación de guerras, porque ya no se necesita la ciudadanía, sino simplemente dinero», declaró Michael Ratner, del Center for Constitutional Rights. «Cuando la llamada a ir a una guerra es toda la población de un país, siempre se produce una resistencia, una necesaria resistencia, para impedir guerras que sean de ampliación territorial, absurdas o, en el caso de Estados Unidos, de imperialismo hegemónico. De ahí que las fuerzas privadas sean casi una necesidad para un Estados Unidos empeñado en retener su imperio en declive.»

Con un presidente atrevido en la Casa Blanca, los mercenarios podrían posibilitar un interminable alarde de invasiones, operaciones secretas, ocupaciones, golpes de Estado; y todo con la cobertura de protecciones burocráticas, la negación plausible y el desprecio por la voluntad (o la falta de ella) de la población. Además, los soldados privados no se contabilizan en las bajas, un factor que constituye otro incentivo más para que el gobierno recurra a ellos. «Estas tropas pueden usarse sin mucha publicidad, y es una característica muy útil para cualquier gobierno. Resulta más fácil desde el punto de vista político y hay que hacer menos papeleo», manifestó Thomas Pogue, un antiguo miembro de los SEAL que se alistó en la academia de Blackwater. «Somos prescindibles. Si diez contratistas mueren, no es lo mismo que si murieran diez soldados. Porque la gente va a decir que estábamos ahí por dinero, cosa que tiene una connotación completamente distinta para el pueblo estadounidense.»[89]

Aunque las operaciones de Blackwater en Irak y Nueva Orleans han suscitado gran atención y controversia, constituyen despliegues temporales y sólo una pequeña parte del alcance y las aspiraciones globales de la compañía. A pesar de la proyección de Blackwater como una compañía cien por cien estadounidense dispuesta a luchar contra el genocidio con cualquier pretexto, la empresa se ha implicado a fondo en un proyecto secreto que tiene a la compañía reclutando mercenarios en algunos de los lugares del mundo más turbios en lo que a violaciones de derechos humanos se refiere. A algunos de estos mercenarios podrían presentarlos después como especialistas internacionales en operaciones de mantenimiento de paz o fuerzas de tierra en alguna otra acción de la coalición de la buena voluntad. El proyecto se denomina «Greystone».

Alrededor de un mes después de la infame emboscada de Faluya en 2004, Blackwater, sin llamar mucho la atención, registró «Greystone Limited» en la oficina central de contrataciones del gobierno estadounidense, que consignó el 13 de mayo de 2004 como su «fecha de inicio de las actividades mercantiles».[90] Sin embargo, en lugar de constituirla en Carolina del Norte, Virginia o Delaware, como las demás filiales de Blackwater, la estableció en un paraíso fiscal: la isla-nación caribeña de Barbados.[91] El gobierno estadounidense la clasificó debidamente como un «ente empresarial exento de impuestos» y consignó entre sus servicios: «Servicios de guardias y patrullas de seguridad».[92] Pero esta descripción, que evoca imágenes de guardias de seguridad en centros comerciales, no se asemeja en nada a la imagen que ofrece la literatura promocional y los vídeos para futuros clientes de Greystone. La primera página web de Blackwater para Greystone se iniciaba con una llamativa presentación donde la palabra «Greystone» aparecía en pantalla sobre una gran roca. De repente, desde la parte superior de la pantalla, descendía una espada medieval de plata, muy elaborada, que se estrellaba contra la roca para formar la «T» de GreysTone, al estilo del rey Arturo. Tras esta pequeña introducción, saltaba a una página con la espada en la piedra junto al lema: «Promoviendo la paz y la seguridad en todo el mundo».

El 19 de febrero de 2005, Blackwater celebró una lujosa «inauguración» de Gresytone, reservada a personalidades y sólo por invitación, en el ostentoso hotel Ritz-Carlton de Washington, D.C. La lista de invitados al acto de siete horas era una reveladora mezcla de diplomáticos de embajadas extranjeras, fabricantes de armas, petroleras y representantes del Fondo Monetario Internacional.[93] Los diplomáticos procedían de países como Uzbekistán, Yemen, Filipinas, Rumanía, Indonesia, Túnez, Argelia, Hungría, Polonia, Croacia, Kenia, Angola y Jordania. Asistieron varios agregados de defensa y agregados militares de las embajadas de estos países. «A su país le resulta más difícil que nunca proteger eficazmente sus intereses ante las variopintas y complicadas amenazas del mundo gris en que nos movemos actualmente, un mundo donde las soluciones a sus preocupaciones por la seguridad ya no son tan sencillas como blanco o negro», decía a los asistentes el panfleto publicitario de la empresa. «Greystone es una empresa internacional de servicios de seguridad que ofrece a su país u organización una solución integral a sus necesidades más acuciantes de seguridad. Contamos con el personal, el apoyo logístico, el equipo y la experiencia necesarios para resolver sus problemas de seguridad más importantes.»[94] La invitación prometía a los invitados ofrecerles «la oportunidad de reunirse con acreditados expertos del sector de la seguridad integral. Habrá ocasión de asistir a presentaciones sobre servicios punteros y ver expositores con equipos innovadores y soluciones tecnológicas para la guerra mundial contra el terrorismo».[95] El discurso de apertura corría a cargo de Cofer Black, que, en la invitación, se presentaba únicamente como «antiguo embajador y coordinador de contraterrorismo del Departamento de Estado y ex director de contraterrorismo de la CIA».

El material que repartieron entre sus posibles clientes, tanto empresas como Estados, proclamaba: «Greystone proporciona los mejores activos físicos de seguridad de todo el mundo para contribuir a la libertad, la instauración y el mantenimiento de la paz. Nuestro enfoque internacional nos permite desarrollar soluciones específicas y creativas para satisfacer las necesidades particulares de cada cliente». Greystone aseguraba que sus efectivos estaban preparados para un «despliegue inmediato en apoyo tanto de objetivos de seguridad nacional como de intereses privados». Entre los «servicios» que ofrecían destacaban los equipos móviles de seguridad que, entre otras funciones, podían utilizarse en operaciones de seguridad personal, vigilancia y contravigilancia. Asimismo, era posible contratar sus equipos de intervención preventiva para «satisfacer las necesidades de seguridad (existentes o emergentes) que nuestros clientes puedan tener en el extranjero. Nuestros equipos están preparados para llevar a cabo campañas de estabilización, labores de protección y recuperación de activos y tareas de retirada urgente de personal». Greystone se jactaba de «mantener y formar a una plantilla de personal extraído de una base diversa de ex profesionales de operaciones especiales, defensa, inteligencia y policía, listos para ser convocados inmediatamente y desplegados en cualquier parte del mundo».

Un vídeo promocional de Greystone de dos minutos se inicia con el gráfico de la espada en la piedra para pasar a una escena donde un helicóptero de Blackwater entrega pertrechos a sus soldados en una azotea.[96] A continuación, incluye una escena donde mercenarios vestidos de paisano reparten a mano material de primera necesidad entre una multitud de personas desesperadas, tal vez iraquíes o afganos. Suena de fondo la melodía de un chirriante teclado Casio. El vídeo muestra después un montaje de imágenes: comandos armados hasta los dientes, con atuendo de camuflaje y pasamontañas asaltando una habitación, paramilitares patrullando una calle llena de humo, soldados arrancando una puerta y lanzando al interior una granada de humo. Luego, con un destello en la pantalla, se lee la frase: «Ofreciendo protección», y nos muestran a mercenarios asegurando un perímetro con una unidad canina antes de escoltar a un «alto cargo» desde el coche hasta un edificio. Aparecen las palabras «Seguridad internacional» antes de disolverse en un pasillo lleno de humo por el que avanzan comandos de negro, con las armas en alto. Más imágenes de escoltas a personalidades importantes y, luego, un helicóptero que sobrevuela una masa de agua. El vídeo intercala escenas de guerra en la jungla para continuar con paracaidistas saltando de aviones y acabar regresando a la jungla. Aparece con un destello «Análisis de vulnerabilidad» en la pantalla. Se ve un rostro con pintura de camuflaje, seguido de hombres blancos con camisetas negras, chalecos de color caqui y gafas de sol, que empuñan armas automáticas al escoltar a otra personalidad que sale de su vehículo. El vídeo intercala la imagen de un coche que corta el paso a otro vehículo con gran agresividad, antes de que vuelva a aparecer el logotipo de Greystone, la espada dentro de la piedra.

Aunque Blackwater se define a sí misma como una compañía cien por cien estadounidense, incluso el nombre de Greystone se aprovecha de la ambigüedad moral y jurídica de su misión y de la guerra moderna, con el respaldo de sus iniciativas para reclutar personal. La solicitud que proponía Greystone pedía a los futuros mercenarios que indicaran la «fuente de reclutamiento»; y daba una lista de agencias con nombres como Beowulf, Spartan y AVI. Los países de donde Greystone aseguraba obtener contratistas eran: Filipinas, Chile, Nepal, Colombia, Ecuador, El Salvador, Honduras, Panamá y Perú. Solicitaba a los candidatos que indicaran sus permisos de armas: fusiles AK-47, pistolas Glock 19, fusiles M-16, rifles de carabina M-4, ametralladoras, morteros y armas que se cargan al·hombro (lanzagranadas RPG, lanzacohetes antitanque). La solicitud pedía: francotiradores, tiradores de precisión, artilleros en helicópteros de combate, expertos en artillería explosiva y miembros de equipos de contraasalto.

A excepción del *marketing* dirigido a posibles clientes, Blackwater fue muy discreta con respecto a Greystone. Poco después de poner en marcha el proyecto, la empresa retiró la página web inicial y la sustituyó por otra con una imagen más amable y una nueva marca de fábrica. Había desaparecido la espada en la piedra, al igual que todas las imágenes de combates abiertos, y se habían sustituido por un soldado de camuflaje con boina y un niño en el regazo, con la frase «Ayuda humanitaria» sobre la fotografía. Otra imagen mostraba a un hombre trajeado hablando por un *walkie-talkie*; esta fotografía se definía como «Seguridad». El nuevo eslogan, «Fomentando la estabilidad, promoviendo la paz», atravesaba toda la parte superior de la página y se ofrecían servicios como: seguridad, programas formativos, logística y ayuda humanitaria/mantenimiento de la paz. También se había renovado la declaración de la misión de la empresa. «Greystone centra sus esfuerzos en proporcionar estabilidad a emplazamientos convulsos, ya sea por causa de conflictos armados, epidemias o catástrofes naturales o provocadas por el hombre. Greystone tiene capacidad para desplegarse con rapidez y eficacia en cualquier parte del mundo con el fin de crear un entorno más seguro para nuestros clientes», se leía en la nueva declaración. Greystone podía prestar apoyo a «operaciones de estabilización a gran escala que requieran un amplio contingente de personas para ayudar a proteger una región. Nuestra meta es contribuir a la consolidación de un entorno positivo que propicie la seguridad de los civiles y permita el desarrollo de actividades comerciales».

«Los caballeros de la Tabla Redonda»

El mismo mes en que Blackwater puso en marcha Greystone, Erik Prince empezó a plantear, al menos públicamente, la posibilidad de crear lo que denominó una «brigada de efectivos por contrato» para complementar a las fuerzas armadas convencionales de Estados Unidos. «Existe preocupación en el Departamento de Defensa en torno a la posibilidad de aumentar el tamaño permanente del Ejército de Tierra», afirmó Prince en un simposio militar celebrado en Washington, D.C. a principios de 2005. «Nosotros queremos incorporar 30.000 personas y ellos han hablado de unos costes de entre 3.600 y 4.000 millones de dólares para cubrir esa ampliación. Pues, bien, si las matemáticas no me fallan, eso viene a significar unos 135.000 dólares por soldado.»[97] Prince aseguró lleno de confianza que Blackwater podría hacerlo por menos dinero. Para Prince, fue una aparición pública excepcional y, como la mayor parte de sus discursos, se basó en el evangelio del libre mercado y lo pronunció ante un público formado por militares.

Lo mismo ocurrió también en enero de 2006, cuando Prince pronunció un discurso en «West 2006», una conferencia con una importante asistencia de militares, fabricantes y vendedores de armas, contratistas y demás entidades militares. Estaba patrocinada por las grandes firmas de tecnología bélica: Raytheon, Boeing, General Dynamics, Lockheed Martin y Northrop Grumman.[98] Prince fue el único representante de los mercenarios en una mesa redonda de altos mandos militares entre los que se encontraban Dennis Hejlik, comandante del Mando de Operaciones Especiales del Cuerpo de Marines; Sean Pybus, comandante del Grupo de Guerra Naval Especial; y el coronel Edward Reeder, responsable del Séptimo Grupo de Fuerzas Especiales. «¿Por qué nosotros? ¿Por qué una organización privada? ¿Por qué estoy aquí tan siquiera?», preguntó Prince retóricamente. «Pues por la idea de que las organizaciones privadas hacen cosas que antes solían ser coto privado del gobierno estadounidense.»[99] En su presentación, Prince repasó a grandes rasgos el rápido auge de Blackwater y habló lleno de orgullo de la construcción de su propio «campo de sueños», el impresionante complejo de Blackwater en Moyock, Carolina del Norte. «En la actualidad, disponemos de 28.000 hectáreas en Moyock; son unas instalaciones militares grandes», afirmó mientras ofrecía una perspectiva general de algunas de las operaciones de la empresa, y manifestó que impartía formación a unos 35.000

miembros de fuerzas armadas y «fuerzas de orden público» cada año, entre los que se incluyen militares en activo, fuerzas de operaciones especiales y personal del Departamento de Seguridad Interior, además de miembros de gobiernos locales, federales y estatales. «Estamos integrados verticalmente en todo el escalafón de personal», declaró. «Tenemos nuestro propio negocio de dianas de tiro, construimos íntegramente instalaciones de entrenamiento táctico, tenemos nuestra propia división de aviación con veinte aparatos, una sección canina con sesenta equipos caninos desplegados en el extranjero, construcción íntegra y un servicio de inteligencia privado.» En aquella ocasión, Prince afirmó que Blackwater tenía ochocientas personas desplegadas por el mundo, y «todas en sitios peligrosos».

Prince también habló con considerable franqueza sobre la visión que tenía del futuro de los mercenarios: «Cuando tienen un envío postal que quieren que llegue a su destino la mañana siguiente, ¿a quién recurren: a Correos o a FedEx?», preguntó al público y a sus compañeros de mesa redonda. «Es algo así como que... nuestra meta como empresa es conseguir para el aparato de la seguridad nacional lo que FedEx consiguió para los servicios postales; nunca vamos a sustituirlos, pero queremos conseguir que funcionen mejor, más rápido, con mayor eficacia, hacer que la gente piense de forma innovadora.» El Departamento de Defensa, según manifestó Prince ante el público, es responsable del 48% del gasto militar mundial, «y resulta muy complicado que una organización tan grande se transforme a sí misma. Pero si hay agentes externos que hacen cosas más o menos similares, eso les proporciona una referencia con la que comparar sus prácticas». Al comparar el sector militar con el sector de la automoción, Prince afirmó: «General Motors sólo puede mejorar si se fija en cómo lo hacen Toyota y Honda. Les obliga a pensar de forma creativa y les proporciona un vehículo como referencia para superarse». Prince contó la anécdota de cuando, en 1991, tras la caída del muro de Berlín, iba conduciendo por la *Autobahn* alemana en un coche de alquiler. De repente, «un Mercedes S500 me adelantó como un bólido a doscientos kilómetros por hora. Era el último modelo de Mercedes, el más potente del mercado, 300 caballos, *airbags*, transmisiones automáticas y todos los demás accesorios». Sin embargo, después de que el Mercedes de fabricación alemana adelantara a Prince, un lento Tribant —el vehículo nacional de la Alemania del Este comunista— se cambió de carril delante del Mercedes y casi provoca un accidente. «Pensé:

"Menudo estudio de contrastes"», declaró Prince. «Tienes dos países iguales, el mismo idioma, la misma cultura, la misma historia, pero una estructura de poder diferente: uno de ellos respondía a una planificación centralizada, mientras que el otro tendía mucho más hacia el libre mercado, innovaba, asumía riesgos y era un país eficiente.»

Si se juzga por las apariencias el mensaje que transmitió Prince aquel día, todo se reduce a la eficiencia. Al final del discurso, Prince manifestó que no quería «menospreciar» al Pentágono. «El Departamento de Defensa tiene muchísima gente fantástica, pero están tan atrapados en tantas capas burocráticas instauradas desde hace unos setenta años que reprime mucho la innovación», declaró. «Nosotros dejamos una huella distinta.» Esa «huella reducida», una de las expresiones preferidas de Prince, consiste en ir creciendo día a día. Y está creciendo gracias a los esfuerzos muy coordinados de una poderosa camarilla de mercenarios modernos que saben de relaciones públicas, contratan gabinetes de presión política, no dudan en recurrir a interpretaciones parciales y han demostrado una gran eficacia a la hora de seguir la corriente de privatizaciones. Mientras que el contingente de soldados estadounidenses en servicio activo ha caído en picado durante los últimos veinte años, pasando de 2,1 millones en la década de 1980 a 1,3 millones cuando se produjo la invasión iraquí en 2003,[100] los pagos y contrataciones de compañías de mercenarios se han disparado. Antes de que Estados Unidos invadiera Irak, entre 1999 y 2002, el Pentágono repartió más de tres mil contratos entre empresas radicadas en Estados Unidos, por valor de más de 300.000 millones de dólares.[101] Como ha señalado P. W. Singer: «Aunque los contratistas llevan tiempo acompañando a las fuerzas armadas estadounidenses, la externalización generalizada de servicios militares en Estados Unidos desde la década de 1990 no tiene precedentes».[102] Esta tendencia se acentuó, sin duda, con una administración Bush y un secretario de defensa Ronald Rumsfeld comprometidos desde los inicios de la guerra contra el terrorismo «a seguir adelante con oportunidades adicionales de externalización y privatización»,[103] en parte por su obsesión personal de que el ejército moderno tenga una «cobertura reducida». Como apuntó el columnista del *New York Times* Paul Krugman: «Los conservadores han convertido en una obsesión la privatización de funciones gubernamentales; tras las elecciones de 2002, George Bush anunció sus intenciones de privatizar hasta 850.000 puestos de trabajo federales. En casa, temeroso de una reacción violenta de la opinión pública, se ha ido acercando poco a poco hacia ese objetivo. En cambio, en Irak, donde hay poco control de la opinión pública o el Congreso, la administración ha privatizado todo lo que se mueve».[104] Irak no representó el final de esta tendencia, sino un modelo para el futuro. «Los contingentes militares son más reducidos que al final de la Guerra Fría», aseguró Doug Brooks, de la IPOA. «Así que si alguien quiere hacer algo, ahora básicamente tiene que recurrir al sector privado. Y lo que están descubriendo es que resulta más rápido, mejor y más económico. Los ejércitos son unas organizaciones con una capacidad extraordinaria, pero no están diseñados para ser rentables.»[105]

Es indudable que los asesinatos de Faluya en marzo de 2004 incrementaron de forma espectacular el éxito empresarial de Blackwater. Por una parte —algunos dirían que es la manera cínica de ver las cosas—, podría decirse que Erik Prince hizo caja con las muertes y enseguida vio los beneficios de unos asesinatos muy publicitados. Otra manera de verlo es pensar que los asesinatos, que se produjeron en un momento no programado, acabaron proporcionando a Blackwater el escenario y el público perfectos para ampliar su campaña, que ya estaba activa, encaminada a abrir un camino hacia una mayor privatización, con la empresa, por supuesto, en primera línea. La campaña de cambio de imagen de los mercenarios, que perseguía acelerar el ritmo de las privatizaciones para maximizar los beneficios, ha permitido que empresas como Blackwater se hayan hecho con una presencia institucionalizada permanente para sí mismas dentro de las estructuras estatales. El cambio de imagen posibilita grandes oportunidades de relaciones públicas y una retórica de reclutamiento, y permite desplegar toda una retahíla de justificaciones preparadas de antemano para que los políticos y las distintas burocracias externalicen y privaticen cada vez más operaciones militares y de seguridad sufragadas por los contribuyentes, lo que conduce a una mayor legitimidad y a unos beneficios que no dejan de crecer. Y esto nos lleva de nuevo al punto de partida: al final, todo sigue reduciéndose al dinero, a mucho dinero.

Resulta casi imposible precisar cuál es la cantidad exacta de dinero que ha pagado el gobierno estadounidense a las compañías de mercenarios; una circunstancia que, en gran parte, se debe a la aparente ausencia de una contabilidad transparente y exhaustiva. Un informe de la Oficina de Auditoría General (GAO, por su sigla en inglés), de junio de 2006, reconocía «que ni el Departamento de Estado, ni el Departamento de

Defensa, ni la Agencia Estadounidense para el Desarrollo Internacional (USAID) —las principales agencias responsables de las operaciones de reconstrucción— contaban con datos completos sobre los costes vinculados al uso de proveedores de seguridad privada».[106] Pero el informe reveló que «desde diciembre de 2004, las agencias y contratistas que examinamos habían adelantado 766 millones de dólares por servicios y equipos de seguridad» en Irak.[107] La GAO descubrió que, en muchos casos, la seguridad representaba más del 15% del coste de las actuaciones en Irak, cifra que no incluye los costes de seguridad de los subcontratistas; y el Departamento de Estado, por su parte, aseguró que los costes de seguridad representaban entre un 16 y un 22% de los costes de los proyectos de reconstrucción.[108] Considerando que los costes totales de la reconstrucción entre 2004 y 2007 se estimaron aproximadamente en 56.000 millones de dólares, incluso una modesta asignación del 10% implicaría 5.600 millones de dólares.[109] Lo fundamental es que el gobierno de Estados Unidos no ha ofrecido públicamente información verificable sobre muchas de las empresas privadas que cada vez contrata con más frecuencia con dólares de los contribuyentes.

Blackwater solamente ha ganado más de 500 millones de dólares en contratos públicamente identificables del gobierno estadounidense durante la guerra contra el terrorismo, una cifra que no contempla gran parte de los negocios «en negro», ni los contratos «por necesidad imperativa y urgente», ni los servicios prestados a agentes privados. Y su retórica sobre ahorrar dinero al contribuyente gracias a una eficacia propiciada por el libre mercado parece cada vez más vacía de contenido, teniendo en cuenta que su división de seguridad ni siquiera parece que haya ganado nunca una licitación mediante concurso público.[110] Con un gobierno estadounidense incapaz de presentar cifras detalladas del gasto en servicios militares y de seguridad privados, o nada dispuesto a hacerlo, resulta mucho más complicado realizar un cálculo a nivel mundial. En 2003, justo cuando se estaba poniendo en marcha la invasión de Irak, y antes de que se disparara la demanda de mercenarios, se calculó en más de 100.000 millones de dólares el valor del sector de la seguridad privada a nivel mundial.[111] Homeland Security Research, una empresa dedicada a la investigación de mercados de seguridad para asesorar a inversionistas, calculó que en 2006 el gobierno y las empresas destinaron globalmente 59.000 millones de dólares a la lucha contra el terrorismo, una cantidad que no incluye numerosos servicios «pasivos» de seguridad privada y que representa un incremento seis veces superior al del año 2000.[112]

Lo que esto implica, en la práctica, es que la campaña de cambio de imagen está consiguiendo que los mercenarios pasen permanentemente la criba de acceso a una de las más lucrativas fuentes de ingresos: el presupuesto nacional de Estados Unidos y sus aliados bélicos. Estos «servicios» ya no están reservados para países inestables que luchan por conservar el poder, sino que los utilizan de buen grado las grandes potencias mundiales como parte integrante de sus fuerzas armadas nacionales. Al comentar el «papel cada vez más generalizado» de los mercenarios, Cofer Black afirmó: «Creo que es algo sobre lo que todos debemos reflexionar. Necesitamos hablar y llegar a un cierto acuerdo. No creo que vayamos a retroceder. No creo que el contingente de las fuerzas armadas vaya a incrementarse de forma proporcional y considero [el recurso a empresas como Blackwater] un instrumento útil y rentable».[113]

Lo que resulta especialmente inquietante del «papel cada vez más generalizado» de Blackwater en particular es la cuestión del liderazgo derechista de la empresa, su cercanía con una gran cantidad de causas y políticos conservadores, sus intereses cristianos fundamentalistas y su naturaleza secreta, además de los profundos vínculos que mantiene desde hace largo tiempo con el Partido Republicano, el ejército y las agencias de inteligencia estadounidenses. Blackwater está convirtiéndose con gran rapidez en uno de los ejércitos privados más poderosos del mundo y varios de sus más altos mandos son fanáticos religiosos radicales; entre ellos, algunos parecen creer que están librando una batalla épica por la defensa de la cristiandad. El despliegue de fuerzas con este tipo de liderazgo en países árabes o musulmanes alienta los peores temores de muchos miembros del mundo islámico sobre una ofensiva de los neo-cruzados disfrazada de misión estadounidense para «liberarles» de sus opresores. Lo que defiende y prevé Blackwater, según parece, es un ejército de patriotas temerosos de Dios, bien pagados y entregados a los intereses de la hegemonía estadounidense, apoyados por carne de cañón bastante peor pagada, soldados de infantería de países del Tercer Mundo, muchos de los cuales tienen legados de regímenes brutales auspiciados por Estados Unidos o escuadrones de la muerte. Para sus tan cacareadas fuerzas estadounidenses, Blackwater ha ampliado el factor de motivación (o de racionalización) de los mercenarios más allá de los simples beneficios económicos (aunque no ha dejado de ser un factor importante) hasta una justificación patriótica orientada al deber. «No se trata de negocios, ni de artilugios, ni de ganar dinero. Por lo menos, en nuestra empresa no se trata de eso», afirmó Cofer Black.[114] «Si no estás dispuesto a creer en Blackwater y comprometerte a defender la democracia humanitaria en todo el mundo, entonces seguro que hay un lugar mejor» para trabajar que Blackwater, «porque eso es lo que hacemos aquí», declaró Taylor a *The Weekly Standard*.[115]

En una imagen ideológica más amplia, los ejecutivos de Blackwater se imaginan a sí mismos como parte de una tradición mercenaria «justa». «No es nada nuevo», aseguró Doug Brooks, de la IPOA, «hasta George Washington tenía contratistas».[116] Es una línea de argumentación que les encanta a los directivos de Blackwater. De hecho, suelen citar las estatuas del parque Lafayette, frente a la Casa Blanca, como monumentos a su oficio y tradición. En medio del parque se encuentra la estatua ecuestre del presidente Andrew Jackson. Flanqueando las cuatro esquinas del parque, se alzan estatuas de mercenarios que lucharon en el bando estadounidense durante la Guerra de la Independencia: el marqués Gilbert de Lafayette, general francés, y el conde Jean de Rochambeau, comandante general también francés; el general polaco Thaddeusz Kosciuszko; el comandante general prusiano barón Frederich Wilhem Von Steuben (la obsesión de Joseph Schmitz, el asesor general de Prince Group). «La idea de que es algo nuevo que los contratistas hagan este tipo de cosas en el campo de batalla es un error», manifestó Erik Prince en una conferencia militar celebrada en 2006.[117] Y, al mencionar las estatuas del parque Lafayette, comentó: «Son cuatro oficiales, oficiales extranjeros, contratistas, si quieren llamarlos así, que vinieron y contribuyeron a mejorar el potencial del ejército continental, que estaba pasando por momentos difíciles hasta que llegaron. En la estatua de Von Steuben dice que impartió instrucción militar y disciplina a los ciudadanos-soldados que lograron la independencia de Estados Unidos. Eso es lo que estamos haciendo en Irak y Afganistán, cada vez que el gobierno estadounidense nos contrata o nos autoriza a hacerlo, estamos mejorando su capacidad de defenderse, y de solucionar sus propios problemas, de tal manera que no sea preciso enviar un gran ejército convencional para hacerlo. Ya saben, los mercenarios alemanes lucharon en nombre de la unión en la guerra civil, hasta ganaron la medalla de honor». Cofer Black se hizo eco del relato: «Esto no tiene nada de nuevo. De lo que estamos hablando, en realidad, es de gestionarlo todo por el bien del país y lograr el objetivo. El parque Lafayette podría llamarse "el parque de los contratistas", por los héroes que vinieron a este país y nos entrenaron, entrenaron a nuestros antepasados».[118]

En febrero de 2006, el sector de las empresas de mercenarios obtuvo un importante triunfo en su campaña de cambio de imagen cuando el Informe Cuatrienal de Defensa del Pentágono reconoció oficialmente a los contratistas privados como parte de la «Fuerza Total» del ejército de Estados Unidos. Al hacer público el informe, el secretario de Defensa Donald Rumsfeld afirmó que el análisis «determina en qué punto se encuentra actualmente el Departamento de Defensa y la dirección que consideramos que debe tomar»; y añadió: «En este momento, en el quinto año de guerra a nivel mundial, las ideas y propuestas de este documento se presentan como una hoja de ruta del cambio, el camino hacia la victoria».[119] Cofer Back se mostró especialmente satisfecho del fragmento del informe que reconocía explícitamente el papel de contratistas como Blackwater.[120] «El contingente total del departamento —los componentes militares en activo y en la reserva, los funcionarios civiles y los contratistas— conforma su capacidad y su potencial de combate. Los miembros de la Fuerza Total prestan servicio en miles de destinos de todo el mundo, donde realizan una amplia gama de actividades para llevar a cabo misiones de vital importancia.»[121] La política del Pentágono, según el informe, «obliga actualmente a incluir la ejecución de actividades mercantiles por parte de contratistas [...] en los planes y órdenes operativos. Al incluir a las empresas contratistas en su planificación, los mandos combatientes pueden determinar con mayor exactitud las necesidades de la misión». Fue un momento trascendental para el sector de las empresas de mercenarios, un momento que Backwater y otras compañías reconocieron como decisivo en la campaña a favor del tipo de integración y legitimidad que consideraban esenciales para su supervivencia y rentabilidad. La contratación de mercenarios había dejado de ser una posibilidad, era la política de Estados Unidos. Que se promulgara como edicto de Rumsfeld, sin debate público, resultaba irrelevante. En 2007 Blackwater tenía a sus fuerzas desplegadas en un mínimo de nueve países. Había unos 2.300 soldados privados de Blackwater diseminados por todo el mundo, más los 21.000 contratistas que tenían en su base de datos para recurrir a ellos en caso de que se necesitaran sus servicios.[122] El auge del ejército privado de Blackwater representa nada menos que la materialización del inquietante escenario que profetizó hace décadas el presidente Eisenhower cuando advirtió de las «graves impli-caciones» que tendría un ascenso «del complejo militar-industrial» y una «acumulación de poder indebido».

En la cresta de la ola de privatización que lleva adelante la adminis-tración Bush, el American Enterprise Institute, un *think tank* de dere-chas que lleva tiempo encabezando el movimiento a favor de privatizar el gobierno y el ejército, patrocinó una conferencia de mercenarios en Washington, D.C., durante el verano de 2007. La titularon: «Contratis-tas en el campo de batalla: sesión informativa sobre el futuro de la indus-tria de defensa». Intervenían dos antiguos altos cargos del Pentágono que contribuyeron decisivamente a los proyectos de privatización, ade-más del vicepresidente de Blackwater, Cofer Black. La sala donde se celebraba la conferencia estaba abarrotada de representantes de distintas compañías militares privadas, además de representantes del Departa-mento de Estado, el Pentágono y varias ONG. El acto daba la sensación de ser un campamento de reeducación para mercenarios, con el padrino, Black, presidiendo unas clases de lavado de imagen y *marketing* del pro-ducto: los servicios de los mercenarios. «Como planeta, nos encontra-mos en un estado turbulento», declaró Black ante la multitud. «Perso-nalmente, esta circunstancia me disgusta bastante, porque, como salíamos de la Guerra Fría, estaba convencido de que disfrutaríamos de un perio-do de calma, relajación y buena voluntad entre los hombres. Esta turbu-lencia es subversiva.»[123] Pasando directamente al tema de la industria de los mercenarios y ante una sala en completo silencio, Black habló despa-cio, de un modo entrecortado y metódico, como si fuera un hipnotiza-dor hablando con alguien hasta llevarlo al trance: «Puede sonar un poco a los caballeros de la Tabla Redonda, pero es en lo que creemos», decla-ró el veterano espía. «Centrarse en la moral, la ética y la integridad. Es importante. No somos gente informal; no somos estafadores. Creemos en esas cosas; creemos en estar representados; creemos en prestar el apo-yo necesario. Tenemos ética. Impartimos formación a nuestros trabaja-dores. Es algo que irá creciendo cada vez más. Queremos ser capaces de contribuir durante un considerable periodo de tiempo.»[124]

BLACKWATER MÁS ALLÁ DE BUSH

A comienzos de 2008, el nombre de Blackwater ya se había ido desvaneciendo de los grandes titulares y sólo permanecían los avisos ocasionales en el radar de los medios provocados por las investigaciones de las actividades de la compañía que proseguía Henry Waxman. Sus fuerzas continuaban desplegadas en Irak y Afganistán y, pese a la mala fama internacional asociada al nombre de Blackwater, el negocio continuaba afluyendo a espuertas. En las dos semanas inmediatamente posteriores a la masacre de la plaza Nisur de septiembre de 2007, Blackwater firmó contratos con el Departamento de Estado para el desempeño de «servicios de protección» en Irak y Afganistán por un monto total de 144 millones de dólares, y, en las semanas siguientes, obtuvo contratos con otras entidades federales como la Guardia Costera, la Armada y el Centro Federal de Formación Policial por un valor de varios millones de dólares más.[1] Erik Prince seguía describiendo su compañía como la víctima de una caza de brujas partidista. «Me he reunido dos veces con el presidente», dijo tras comparecer ante el comité de Waxman. «La de Irak es una guerra controvertida, sin duda. Si pueden perseguir a los contratistas y cargarse a unos cuantos, [...] es otra forma de tratar de poner en evidencia a la administración».[2]

Pero aunque el contrato de Blackwater en Irak se prorrogó en abril de 2008, la compañía no estaba dispuesta a tirar la casa por la ventana apostando por su presencia a largo plazo en aquel país. Aunque mantenían discretamente sus operaciones en Irak, los ejecutivos de Blackwater también buscaban agresivamente otras oportunidades de negocio para el imperio del Prince Group. El aluvión de críticas soportado por Blackwater a propósito de su conducta en Irak tenía también un aspecto positivo para la compañía: le deparó una reputación muy visible como servicio duro y contundente que protegía (y mantenía con vida) a sus «personalidades» en los escenarios más hostiles y por los medios que fueran menester. Su presencia misma en Irak tras los sucesos de la plaza Nisur (contra las objeciones del primer ministro iraquí y entre las múltiples investigaciones abiertas en el Congreso, el ejército y el Departamento de Justicia) servía también para enviar un mensaje muy claro: Blackwater era más necesario para Washington que el mantenimiento de la ficción de una soberanía iraquí. La presencia de Blackwater sobre el terreno era demasiado importante como para renunciar a ella, incluso frente a la indignación creciente en Estados Unidos por la imposibilidad de imputar responsabilidades a las fuerzas privadas de Washington en Irak. «Sé que estamos allí no sólo para ser un escudo protector», dijo Prince a finales de 2007, «sino, quizás también, el chivo expiatorio si algo sale mal. Eso es probablemente lo que nos sucedió en este caso».[3]

Tras los sucesos de la plaza Nisur, Prince dio a entender que Blackwater podría abandonar Irak, al menos, en lo que a sus operaciones no encubier-tas se refiere. «Ha sido un motivo de enorme controversia y complicación para nosotros», dijo.[4] Pero Prince y Blackwater se sintieron claramente envalentonados por la gráfica demostración de su importancia central en la maquinaria de guerra estadounidense y, en los días y semanas que siguieron a lo de Nisur, el fundador de la empresa empezó a hablar del crecimiento de su imperio y de su expansión hacia actividades «de más amplio espectro».[5]

Todo lo que el gobierno necesite «unificado bajo un mismo techo»

En septiembre de 2007, se supo que Blackwater había sido «designada» por la Oficina del Programa de Tecnología para el Contranarcoterrorismo, del Pentágono, como candidata a encargarse de una parte de un presupuesto quinquenal de 15.000 millones de dólares destinado «a combatir a terroristas vinculados con el comercio de drogas».[6] Según *The Army Times*, el contrato «podría incluir tecnologías y equipamiento antidroga, vehículos y aparatos aéreos especiales, comunicaciones, formación en seguridad, formación de pilotos, sistemas de información geográfica y apoyo especializado in situ».[7] Un portavoz de otra de las empresas que pujaban por ese servicio dijo que «un 80% del trabajo será en el extranjero».[8] Tal como explicó Richard Douglas, un subsecretario adjunto del Departamento de Defensa, «la verdad es que recurrimos a Blackwater para que se encargue de buena parte de nuestra formación de policías antinarcóticos en Afganistán. Y he de decir que lo ha hecho muy bien».[9]

Merced a un acuerdo como éste, Blackwater podría operar al mismo nivel que los grandes padrinos de la industria bélica, como Lockheed Martin, Northrop Grumman y Raytheon. También le permitiría potencialmente expandirse hacia América Latina, donde se sumaría a otras compañías de seguridad privada que tienen una presencia consolidada en la región. La ingente empresa estadounidense de seguridad DynCorp ya está afincada en Colombia, Bolivia y otros países dentro de la llamada «guerra contra la droga». Sólo en Colombia, los contratistas de defensa estadounidenses reciben casi la mitad de los 630 millones de dólares anuales de ayuda militar destinada desde Estados Unidos a aquel país.[10] Justo al sur de la frontera estadounidenses, el gobierno de Washington ha lanzado el llamado Plan México, un programa antinarcóticos de 1.500 millones de dólares de presupuesto. Éste y otros proyectos similares podrían proporcionar lucrativas fuentes de negocio para Blackwater y otras compañías. «El reclutamiento de Blackwater USA para la guerra contra la droga», señaló el periodista John Ross, supondría «un desafío directo a su más duro competidor, DynCorp. Hasta el momento, esta última empresa, con sede en Dallas, se ha procurado el 94% de todos los contratos de seguridad privada relacionados con la guerra contra la droga».[11] El *New York Times* informó que el contrato podría ser «el mayor encargo hasta la fecha» de Blackwater.[12]

Ahora que los movimientos populistas ganan fuerza en América Latina y amenazan los intereses económicos estadounidenses así como el prestigio de los aliados políticos derechistas de Washington en la región, la «guerra contra la droga» pasa a convertirse en una parte cada vez más básica de las iniciativas de contrainsurgencia de Estados Unidos. Por una parte, permite que se proceda a una formación más extensa de fuerzas de seguridad extranjeras a través del sector privado (y lejos de toda supervisión efectiva por parte del Congreso estadounidense) y, por la otra, hace posible el despliegue del personal procedente de las grandes empresas bélicas norteamericanas. En un momento en el que las fuerzas oficiales estadounidenses están desplegadas y extendidas casi al máximo, el envío de empresas de seguridad privada a América Latina proporciona a Washington una alternativa «de huella reducida» frente al despliegue de tropas norteamericanas en servicio activo, que siempre resulta más problemático tanto en el plano político como en el militar. En un informe de enero de 2008 elaborado por el grupo de trabajo de Naciones Unidas sobre mercenarios, los investigadores internacionales descubrieron «una tendencia creciente en América Latina, pero también en otras regiones del mundo, [que] revela ciertas situaciones en las que compañías de seguridad privada protegen a grandes empresas extractoras transnacionales cuyos empleados se ven frecuentemente involucrados en la represión de las protestas sociales legítimas de las comunidades locales y de las organizaciones ecologistas y de defensa de los derechos humanos de las zonas donde operan estas grandes compañías».[13]

A principios de 2008, Blackwater sufrió un revés para sus planes de trabajo en la frontera de Estados Unidos. La empresa anunció que abandonaba su proyecto de construcción de «Blackwater West» sobre 333 hectáreas de terreno en el sur de California, a muy poca distancia de Tecate, México. Blackwater tenía planeado usar aquel campamento para entrenar a agentes de la patrulla de fronteras y a otros miembros de los cuerpos policiales y de las fuerzas armadas en uno de los grandes frentes del debate sobre la inmigración.[14] Varios vecinos de la pequeña localidad de Potrero (de 850 habitantes) libraron una batalla heroica de más de un año contra la futura presencia de la compañía en su municipio. Expresaron una amplia lista de temas que les preocupaban —desde la reputación de la empresa en Irak hasta la cuestión medioambiental— y obligaron a dimitir a las autoridades municipales que habían tratado de imponer el despliegue de Blackwater en su localidad. Finalmente, en marzo de 2008, la empresa decidió que ya había tenido bastante y emitió un discreto comunicado en el que declaraba que «la ubicación propuesta no cumple con nuestros objetivos comerciales en este momento».[15] Un portavoz de la compañía dijo que la decisión no tenía nada que ver con las protestas en contra de Blackwater. Aun así, mirada desde una perspectiva más amplia, aquélla fue sólo una derrota menor para el creciente negocio de la empresa. Aun sin contar con sus ansiadas instalaciones californianas, Blackwater forma o entrena ya a más de 25.000 miembros del personal militar y de diversos cuerpos policiales (locales, estatales y federales) en su sede central en Moyock. También ha inaugurado con gran éxito «Blackwater North» en Illinois.

Si una cualidad resulta evidente al examinar la historia comercial de Blackwater, es la capacidad de la compañía para aprovechar los mercados generados por las guerras y los conflictos emergentes. A lo largo de la década de existencia de Blackwater, Prince ha erigido agresivamente su imperio dándole una estructura paralela a la del aparato de seguridad nacional estadounidense. «Prince quiere catapultar a Blackwater a la primera división de los contratos militares federales sacando partido del actual movimiento privatizador de toda clase de servicios de seguridad gubernamentales», informaba el *Wall Street Journal* poco después de los sucesos de la plaza Nisur. «La empresa quiere convertirse en un proveedor que ofrezca al gobierno estadounidense todo lo que éste necesita unificado bajo un mismo techo en aquellas misiones a las que Washington no quiere enviar fuerzas oficiales de los Estados Unidos. Se trata de un nicho de mercado con muy escasos competidores consolidados».[16]

Osos grises y osos polares

Además de proporcionar fuerzas armadas para zonas de conflicto o en guerra, amén de una amplia variedad de servicios de entrenamiento militar y policial, Blackwater hace un consistente negocio multimillonario con su división de aviación. También cuenta con una división marítima en crecimiento y con otras iniciativas nacionales e internacionales. Entre éstas se encuentra la presencia de la empresa en Japón, donde sus fuerzas protegen el sistema de defensa antimisiles balísticos que tiene allí instalado Estados Unidos, el cual, según *Stars and Stripes*, «envía potentes ondas de radio en dirección oeste, hacia el Asia continental, en busca de misiles enemigos que apunten hacia el este, tanto hacia Estados Unidos como hacia sus aliados».[17] Entretanto, a principios de 2008, según ha informado *Defense News*, «Blackwater [ha estado] formando a miembros del servicio de protección especial de la Oficina de Seguridad Nacional (OSN) taiwanesa, encargado de la vigilancia del presidente. La OSN es responsable de la seguridad global del país y fue en tiempos un instrumento terrorista durante el período en el que imperó la ley marcial. Actualmente, según su sitio web, la OSN se encarga de "las labores de inteligencia nacional, el servicio de protección especial y la criptografía unificada"».[18] Al parecer, la ex primera ministra paquistaní Benazir Bhutto también trató de contratar los servicios de Blackwater para que la protegiera durante su campaña para la presidencia en 2007.[19] Algunas versiones dicen que el Departamento de Estado norteamericano vetó la idea, mientras que otras señalan que fue el gobierno paquistaní. En diciembre de 2007, murió asesinada.

En el propio Estados Unidos, Blackwater ha redoblado los esfuerzos que dedica a la creación de armamento militar, equipos de vigilancia y tecnología destinada para su venta al Pentágono y al Departamento de Seguridad Interior.

Blackwater tiene la esperanza de lograr buenas ventas de su vehículo blindado MRAP (iniciales en inglés de Resistente a Minas y Protegido contra Emboscadas), o Grizzly («oso gris»), al Ejército de Tierra y al Cuerpo de los Marines de Estados Unidos.[20] La compañía asegura que ya está utilizando tres de estos automóviles de veinte toneladas métricas en Irak.[21] La promoción del Grizzly lo describe como un vehículo que combina la versatilidad de un todoterreno con la durabilidad de un potente blindado. Puede conducirse a velocidades punta de 105 kilómetros por hora y sus fabricantes aseguran que es capaz de repeler munición de artillería de hasta media pulgada de calibre.[22] En septiembre de 2007, el Pentágono obtuvo vía libre para adquirir más de 15.000 vehículos MRAP por unos 11.300 millones de dólares.[23] Blackwater no es, ni mucho menos, la única fabricante, pero si consigue su parte de esa transacción (como parece probable), obtendría una nueva y muy rentable fuente de ingresos. La empresa fabricaría los Grizzlies en su planta de producción de 6.500 metros cuadrados situada en Carolina del Norte y operada en parte por ex trabajadores de Ford. Los ejecutivos de la compañía prevén que pueda llegar a producir hasta mil vehículos anuales.[24] «Vamos a ser testigos de un crecimiento bueno y constante durante, al menos, los próximos diez años», afirmó el presidente de Blackwater, Gary Jackson.[25]

Para las operaciones de Seguridad Interior, la contrainsurgencia o la «guerra contra la droga», Blackwater está fabricando un aparato aéreo no tripulado: el Polar 400. Este dirigible de vigilancia funcionará por control remoto y, a diferencia de los aviones teledirigidos tradicionales, será capaz de permanecer durante días seguidos en el aire sin aterrizar, manteniéndose a una altitud de hasta 4.500 metros y a una velocidad de casi cien kilómetros por hora. «Podremos situarlo por encima de Bagdad a cinco kilómetros de altura y desde allí observar todo lo que pasa», aseguró Jackson. «El único problema será que, si realmente funcionan, será difícil producirlos con la suficiente rapidez. Creo que los dirigibles generarán un negocio de varios miles de millones de dólares».[26] A finales de 2007, Blackwater llevó a cabo un vuelo de prueba con un prototipo de 50 metros y dijo que preveía iniciar la producción en 2008.[27] Una vez más, la empresa se hacía un hueco en un mercado en rápida expansión. Los gastos de Defensa en aeronaves no tripuladas subieron desde los 284 millones de dólares de 2000 hasta los más de 2.000 millones de 2005, y los analistas prevén que esa tendencia continuará.[28] Blackwater, según el *Virginian-Pilot*, está «promocionando su dirigible como una alternativa más barata y con una vida útil más prolongada que las aeronaves teledirigidas de alas fijas y rotatorias que hoy se utilizan de forma generalizada en la Fuerza Aérea y en otros cuerpos del ejército». Alan Ram, jefe de producción y de desarrollo de negocio de Blackwater Airships, declaró: «Pensamos que es un producto que tiene su nicho de mercado y numerosos compradores potenciales».[29]

Blackwater también continúa haciendo campaña pública por tener una mayor participación en las operaciones de Seguridad Interior y de reacción a las catástrofes, y en las misiones internacionales de paz. Prince ha sugerido de forma reiterada y sistemática que su empresa podría ser utilizada en Darfur. En las entrevistas concedidas tras los sucesos de la plaza Nisur, llegó a decir: «Y, si no, ¿quién ve *Hotel Ruanda* y no desea que las cosas hubieran acabado de una forma distinta?».[30] En una entrevista de 2007, Jackson comentó: «La pregunta no es "¿por qué íbamos a recurrir al sector privado para operaciones humanitarias?", sino "¿por qué no estamos usando el sector privado al máximo nivel posible para reducir el sufrimiento humano en cualquier parte del mundo?"».[31] Prince dijo que un amigo suyo se puso incluso en contacto con el actor George Clooney en nombre del propio Prince para tratar de convencerlo de las bondades de una potencial participación de Blackwater en Darfur. Al parecer, Clooney, quien ha alertado públicamente en diversas ocasiones de la situación en aquella región, no devolvió la llamada.[32] Se estima que el presupuesto para misiones de paz de la ONU está entre los 6.000 y los 10.000 millones de dólares.[33] Pese a que hace años que se utiliza a compañías militares privadas en las operaciones de Naciones Unidas para que presten apoyo logístico, los «servicios» armados que ofrece Blackwater desatarían sin duda una gran polémica a nivel internacional. «Si ahora tenemos un mercado para la guerra, estamos ante una cuestión comercial y no ante un problema político que debería suscitar un debate en los diferentes países», dice Hans von Sponeck, veterano diplomático de la ONU con 32 años de experiencia que ejerció durante un tiempo como subsecretario general del organismo. «Externalizar los aspectos relacionados con la seguridad o de carácter militar a fuerzas no gubernamentales y no oficialmente militares es fuente de gran preocupación».[34] Mientras Blackwater continúa presionando para hacer realidad ese proyecto, hay otro de gran importancia, relacionado con uno de los sectores más sensibles de la defensa nacional estadounidense, que está ya plenamente en marcha.

Espías como los de verdad

La que podría convertirse en una de las empresas más rentables y duraderas de Blackwater es una de las iniciativas de la compañía que se ha mantenido en un mayor secreto: su incursión en el mundo de los servicios de inteligencia privatizados. En abril de 2006, Prince comenzó discretamente a erigir Total Intelligence Solutions, que alardea de sacar al mercado servicios «como los de la CIA» que ofrece a las empresas de la lista de las Fortune 500.[35] En su oferta se incluyen «la vigilancia y la contravigilancia, la recopilación de información de inteligencia y la rápida salvaguarda de los empleados y de otros activos de especial importancia».[36]

En un momento en el que Estados Unidos está inmerso en el programa de privatizaciones más radical de la historia del país, pocos ámbitos han experimentado una transformación tan espectacular hacia los servicios privatizados como el mundo de la información de inteligencia. «Ahora mismo, son un imán. Todo se ve atraído hacia esas compañías privadas, todo, incluso los individuos, los conocimientos y las funciones de las que normalmente se encargaban las agencias de inteligencia», explica Melvin Goodman, ex jefe de división y analista principal de la CIA. «Lo que más me preocupa es la no atribución de responsabilidades, la imposibilidad de que se les obligue a rendir cuentas. Se puede decir que, en la actualidad, todo el sector se halla fuera de control. Es un escándalo».[37]

A finales de 2007, R. J. Hillhouse, cuyo *blog* está dedicado a investigar las turbias interioridades de los contratistas privados y la inteligencia estadounidense, obtuvo documentos de la Dirección General de la Inteligencia Nacional (la DNI) en los que se mostraba que Washington gasta ahora anualmente unos 42.000 millones de dólares en contratistas de inteligencia privados, cuando en el año 2000 se gastaba 17.540 millones.[38] Eso significa que el 70% del presupuesto federal en servicios de inteligencia va a parar actualmente a empresas privadas. Quizás no sorprenda, pues, que el máximo mandatario de la DNI en estos momentos (primavera de 2008) sea Mike McConnell, ex presidente de la junta directiva de la Intelligence and National Security Alliance (Alianza de la Inteligencia y la Seguridad Nacional), la organización patronal que aúna a las empresas del sector de los servicios de inteligencia privados.

Hillhouse también reveló que uno de los documentos más delicados de la inteligencia estadounidense, el Informe Diario del Presidente, es elaborado en parte por empresas privadas, pese a contar con el sello oficial del aparato de inteligencia federal. «Digamos que una compañía se siente frustrada por un determinado gobierno nacional que pone trabas a su negocio o al de alguno de sus clientes. Introduciendo información de inteligencia sesgada que convierta a ese gobierno en sospechoso de colaborar con terroristas llamaría rápidamente la atención de la Casa Blanca. Esa información podría ser luego utilizada para decidir la política nacional», comentó Hillhouse.[39]

Total Intelligence, que inició su actividad comercial en febrero de 2007, es el resultado de la fusión de tres entidades compradas por Prince: Terrorism Research Center, Technical Defense y The Black Group (esta última era la agencia de consultoría del vicepresidente de Blackwater, Cofer Black).[40] Los directivos de la empresa parecen sacados de un directorio «quién es quién» de los protagonistas de las operaciones iniciales de la CIA en la «guerra contra el terror» inmediatamente después del 11-S. Además del veterano Black (con una carrera de 28 años en la Agencia), que es el presidente de Total Intelligence, entre los ejecutivos de la compañía se cuenta el director ejecutivo, Robert Richer, quien fuera subdirector adjunto de la Dirección General de Operaciones de la Agencia y el segundo de ésta en la cadena de mando al cargo de las operaciones encubiertas. Entre 1999 y 2004, Richer fue jefe de la División para Oriente Próximo de la CIA, puesto desde el que dirigió operaciones clandestinas por todo Oriente Próximo y Medio, y por el sur de Asia. Entre sus cometidos, actuó como enlace de la CIA con el rey Abdalá de Jordania, un aliado clave de EE.UU. y cliente de Blackwater, e informó regularmente al presidente Bush sobre la creciente resistencia iraquí en su fase temprana.[41] El principal director de operaciones de Total Intelligence es Enrique («Ric») Prado, otro veterano con 24 años de servicio en la CIA y ex alto mando ejecutivo en la Dirección General de Operaciones. Pasó más de una década trabajando en el Centro Contraterrorista de la Agencia y diez años con el Grupo «paramilitar» de Operaciones Especiales de la propia CIA.[42] Prado y Black fueron estrechos colaboradores en la Agencia.[43] Prado también estuvo destinado en América Latina junto a José Rodríguez, quien alcanzó especial notoriedad a finales de 2007 cuando se desveló que, en su etapa como director del Servicio Secreto Nacional de la CIA, fue el presunto responsable de la destrucción de grabaciones de interrogatorios a prisioneros, durante los que, al parecer, se emplearon técnicas «perfeccionadas» de interrogación, como la llamada «cura de agua» o *waterboarding*.[44] Richer explicó al *New York Times* que recordaba múltiples conversaciones con su entonces jefe, Rodríguez, acerca de aquellas cintas. «Siempre decía: "No voy a dejar que atrapen a mi gente por algo que se les ordenó hacer"», aseguró Richer.[45] Antes de que estallara el escándalo, algunas informaciones apuntaron que Blackwater había tratado «enérgicamente de contratar» a Rodríguez.[46] Hoy es un retirado de la CIA.

Entre los directivos de Total Intelligence también están Craig Johnson, agente de la CIA durante 27 años y especializado en América Central y del Sur, y Caleb («Cal») Temple, que se incorporó a la compañía directamente desde la Agencia de Inteligencia de la Defensa, donde ejerció como director de la Oficina de Operaciones de Inteligencia del llamado Grupo de Trabajo Conjunto sobre Inteligencia-Combatiendo el Terrorismo entre 2004 y 2006.[47] Según la biografía facilitada por la propia Total Intelligence, Temple dirigió «durante 24 horas al día, los siete días de la semana, el desarrollo analítico de blancos del terrorismo y otras actividades de inteligencia contraterrorista en apoyo de diversas operaciones militares en todo el mundo. También supervisó en todo momento los indicadores de contraterrorismo global y el análisis de alertas para el Departamento de Defensa estadounidense». La compañía también presume de tener en su seno a altos cargos procedentes de la DEA y del FBI.[48]

Total Intelligence está dirigida desde un despacho situado en el noveno piso de un edificio de la zona de Ballston, en Arlington (Virginia).[49] Su «Centro de Fusión Global», equipado con televisores de gran pantalla que proyectan las emisiones de diversos canales informativos internacionales y con terminales informáticos ocupados por analistas que navegan por la Red, «funciona las 24 horas del día durante todo el año»[50] y toma como modelo el centro contraterrorista de la CIA, del que Black

fue director.[51] La empresa emplea actualmente a un mínimo de 65 trabajadores a tiempo completo (algunas estimaciones cifran su plantilla en
cerca de cien empleados).[52] «Total Intel lleva las [...] habilidades tradicionalmente adquiridas y perfeccionadas por los agentes de la CIA a la
sala de juntas de las empresas», declaró Black en la inauguración de la
compañía. «Con un servicio como éste, los directores generales y su personal de seguridad serán capaces de responder a las amenazas de forma
rápida y segura, tanto si se trata de decidir qué ciudad es más segura para
abrir una nueva planta o de conseguir que los empleados estén a salvo
tras un ataque terrorista».[53]

Black insiste: «Ésta es una empresa absolutamente legal. No infringi-
mos ninguna ley. Ni siquiera estamos cerca de hacerlo. No tenemos por
qué».[54] Pero qué y a quién provee Total Intelligence es algo que perma-
nece envuelto en un total secretismo. Lo que está claro es que la compañía pone en juego y aprovecha las reputaciones y los contactos internos
de sus ejecutivos. «Cofer puede abrir algunas puertas», explicó Richer al
Washington Post en 2007. «Yo puedo abrir algunas puertas. Generalmen-
te, podemos entrar a ver a quien necesitamos ver. No ayudamos a pagar
sobornos. Hacemos todo dentro de la ley, pero somos capaces de tratar
con el ministro o la persona adecuada».[55] Black señaló al periódico que
tanto él como Richer dedicaban buena parte de su tiempo a viajar.
«Mantengo la discreción en cuanto a dónde voy y a quién veo. Paso la
mayoría del tiempo tratando con altos cargos gubernamentales, haciendo contactos».[56] De todos modos, es evidente que los contactos preexis-
tentes de sus tiempos como agentes secretos en la CIA han generado
negocio para Total Intelligence.

Tomemos el caso de Jordania.

Durante años, Richer colaboró estrechamente con el rey Abdalá en calidad de enlace de la Agencia Central de Inteligencia con el monarca.
Según el periodista Ken Silverstein, «la CIA ha subvencionado generosamente el servicio de inteligencia jordano y ha enviado millones de
dólares durante los últimos años para formación en tareas de inteligencia. Tras retirarse, Richer (según indican algunas fuentes) ayudó a Blackwater a cerrar un lucrativo acuerdo con el gobierno jordano para proporcionarle la misma clase de formación ofrecida por la CIA. Millones

de dólares "invertidos" por la Agencia en Jordania tomaron la puerta de salida con Richer. Si esto fuera una película, sería un cruce entre *Jerry Maguire* y *Syriana*. "En la [agencia] están muy enfadados", dijo una fuente. "Abdalá sigue hablando con Richer habitualmente y cree que es lo mismo que hablar con nosotros. Piensa que Richer sigue siendo el hombre". La diferencia es que, en este caso, es Richer (y no su cliente) el que grita "¡enséñame el dinero!"».[57]

Black fue entrevistado en 2007 en el canal de televisión por cable CNBC, especializado en contenidos financieros, al que fue invitado como analista para hablara sobre la «inversión en Jordania».[58] Durante la entrevista no se hizo ni una sola referencia al hecho de que Black trabajaba para el gobierno jordano. Total Intelligence fue descrita como «una empresa de consultoría empresarial que incluye estrategia inversora», mientras que «el embajador Black» fue presentado como «un veterano de la CIA en la que trabajó durante 28 años», como «la principal figura del contraterrorismo» y como «un planificador clave de la rápida victoria de las fuerzas estadounidenses que derrocaron a los talibanes en Afganistán». Durante esa misma entrevista, Black no escatimó elogios hacia Jordania y su monarquía. «Es un país bien dirigido por el rey Abdalá, Su Majestad el Rey Abdalá, que da una muy buena acogida a los inversores y los protege», dijo Black. «Jordania es, a nuestro juicio, una muy buena inversión. Allí hay algunas oportunidades excepcionales». También aseguró que Jordania se encuentra en una región donde «se producen numerosas materias primas que están yendo muy bien».

Sin el más mínimo asomo de referencia a la brutalidad que acompañó a aquel éxodo, vino a señalar que las dificultades de los refugiados iraquíes que huyeron de la violencia de la ocupación estadounidense eran buenas para los inversores potenciales en Jordania. «Tenemos unos 600.000 ó 700.000 iraquíes que se han desplazado allí desde su país y que necesitan cemento, muebles, vivienda, etc. Así que constituyen una isla de crecimiento y de potencial, como mínimo, en esa área más inmediata. Así que la perspectiva es buena», dijo Black. «Hay oportunidades para la inversión. No todo es malo. A veces, los americanos necesitan ver un poco menos la televisión. [...] Pero en todo hay oportunidades. Por eso tenemos que estar atentos a la situación y ésa es una de las cosas que hace nuestra empresa. Proporciona la inteligencia y la información que permiten tener una conciencia de la situación para que ustedes puedan hacer las mejores inversiones».

Black y otros ejecutivos de Total Intelligence han convertido las carreras, las reputaciones, los contactos y las conexiones acumuladas durante sus años en la CIA en rentables oportunidades de negocio. Lo que hacían antaño para el gobierno estadounidense lo hacen ahora para otros intereses privados. Es de suponer, pues, que sus clientes tengan la sensación de estar contratando los servicios de gobierno de los Estados Unidos para sus propios intereses privados. «Tienen los conocimientos y la experiencia necesaria para hacer lo que cualquiera desee que hagan», dijo Hillhouse. «No existe supervisión alguna. Son una empresa independiente que ofrece servicios de espionaje por cuenta propia. Son espías de alquiler».[59]

En 2007, Richer comentó al *Post* que, desde que trabaja en el sector privado, las autoridades militares y los altos cargos de otros países están más dispuestos a facilitarle información que cuando trabajaba para la CIA. Concretamente, recordó una conversación que tuvo con un general de un ejército extranjero durante la cual Richer se sorprendió de la información potencialmente «reservada» que aquel alto mando le había revelado. Cuando Richer le preguntó por qué le estaba dando toda esa información, el general le contestó: «Si se la digo a un funcionario de la embajada, habré generado espionaje. Usted, sin embargo, es un socio comercial».[60]

«Duermo el sueño de los justos»

En 2008, Irak ha sido un tema destacado de la campaña para las elecciones presidenciales en Estados Unidos. Mientras los demócratas prometían poner fin a esa guerra, el nominado republicano, John McCain, sugirió que las fuerzas estadounidenses podrían permanecer en Irak durante «tal vez cien» años más, una situación que, según dijo, «a mí me parecería bien».[61] Pero tras la retórica de los discursos políticos y, a menudo, oculta tras el debate entre los partidarios y los oponentes de la guerra de Irak, se constata una cruda realidad: la ocupación de aquel país se prolongará durante años independientemente de quién ocupe el 1600 de la avenida Pennsylvania de Washington. Erik Prince, que había donado anteriormente más de 250.000 dólares a las campañas y a las causas de los republicanos, parece haber decidido que las contribuciones de campaña sometidas a control y visibilidad pública constituyen una carga.

«No sé si me implicaré políticamente en la ayuda a uno de los dos partidos», dijo a finales de 2007.[62] Pero tanto si esa decisión es comercial como si es política, su empresa y el sumamente rentable sector en el que opera están tan profundamente incrustados en el sistema político estadounidense que no lo van a abandonar tan fácilmente.

Las empresas de mercenarios tienen sin duda muy poco que temer de un poder político en manos de los republicanos en Washington. Pero ¿y si quienes lo dominan son los demócratas? Pese a sus alegatos contra la guerra, los planes preponderantes entre los candidatos demócratas para Irak seguirían manteniendo allí a decenas de miles de soldados estadounidenses por un plazo indefinido, al tiempo que intensificarían las actuaciones de Estados Unidos en Afganistán. Para los contratistas militares, como Blackwater, éstas son muy buenas noticias. «Nadie va a ser capaz de expulsar a los contratistas de allí», dijo David Isenberg, del Consejo Británico-Americano de Información sobre Seguridad. «Son la tarjeta American Express del ejército estadounidense: el ejército no sale de casa sin ella, porque no puede».[63]

En 2007, los demócratas impulsaron un proyecto de ley para la aprobación de gasto público suplementario en Irak en el que dejaron entrever lo que podría ocurrir durante un primer mandato de un presidente de su partido. Sumadas a las conclusiones del análisis del Grupo de Estudio Baker-Hamilton sobre Irak, las disposiciones del mencionado proyecto acabaron conformando la base de los planes para Irak propuestos por los principales contendientes demócratas por la presidencia. El proyecto fue descrito en su momento como el plan de los demócratas para la retirada, y los senadores Barack Obama y Hillary Clinton se declararon fervientes partidarios del mismo. El propio Obama llegó a declarar que significaba que el país estaba «a sólo una firma de poner fin a la guerra de Irak».[64] Pero ésa es una afirmación que suena falsa cuando se hace una lectura más detenida de aquel proyecto legislativo (vetado posteriormente por el presidente Bush). El plan habría vuelto a desplegar parte de las fuerzas retiradas inicialmente de Irak en un máximo de 180 días. Pero también preveía que entre 40.000 y 60.000 de esos hombres y mujeres se quedarían en el país en calidad de «formadores», «fuerzas contraterroristas» y personal dedicado a la «protección de la embajada y de los diplomáticos», según un análisis realizado por el Institute for Policy Studies.[65] «En aquel proyecto no se hacía mención alguna a los contratistas ni a las fuerzas mercenarias», según el analista del IPS Erik Leaver.[66] La realidad es que, mientra siga habiendo tropas desplegadas en Irak, habrá contratistas privados en el país.

Estos contratistas realizan, en parte, tareas rutinarias que tradicionalmente ejecutaban los soldados, como conducir camiones o encargarse de la lavandería. Estos servicios son suministrados a través de compañías como Halliburton, KBR o Fluor, así como por un extenso laberinto de subcontratistas. Pero el personal privado, como la historia de Blackwater en Irak ha demostrado, también ha participado de forma sistemática en operaciones de «seguridad» y de combate armado. Los empleados de empresas contratistas privadas interrogan a prisioneros, recopilan información de inteligencia, operan vuelos de entregas irregulares, protegen a las altas autoridades de la ocupación (incluidos algunos generales estadounidenses del máximo rango) y, en algunos casos, han tomado el mando de tropas estadounidenses e internacionales en combate. En una confesión que es sumamente elocuente del extremo alcanzado por la privatización, el general David Petraeus, a quien se encargó la puesta en práctica de un supuesto «aumento» de la presencia de fuerzas militares oficiales, admitió que él mismo, en ocasiones, no ha sido protegido en Irak por miembros del ejército estadounidense, sino por «seguridad contratada».[67] Al menos, tres generales estadounidenses al mando en Irak han sido custodiados allí por pistoleros de alquiler, incluido el que supervisa las contrataciones del ejército norteamericano en Irak y Afganistán.[68]

En 2008, el volumen de personal de contratistas privados desplegado en Irak alcanzó la paridad con el del número de soldados estadounidenses en servicio activo destinados en aquel país, lo que supone una escalada sensacional en comparación con la situación durante la guerra del Golfo de 1991. «Que la mitad de tu ejército sea personal privado es algo que no creo que tenga precedentes», opina el congresista Dennis Kucinich, miembro del Comité de la Cámara de Representantes sobre Supervisión y Reforma Gubernamental.[69]

Algunas estimaciones sitúan en realidad el número de empleados de empresas contratistas en niveles superiores al de soldados en servicio activo en Irak, pero resulta casi imposible obtener cifras exactas.[70] Según un informe de marzo de 2008 de la Oficina de Auditoría General del gobierno federal (la GAO), el Pentágono «no lleva la cuenta del número total de empleados de contratistas privados afiliados al departamento que trabajan junto a sus empleados federales».[71] De todos modos, en un examen de 21 oficinas del Departamento de Defensa, la GAO halló que, en «quince de ellas, los empleados por contrato privado superaban en número a los del propio Departamento de Defensa y componían hasta el 88% de la mano de obra efectiva. Los empleados de empresas contratistas realizan tareas clave, incluida la determinación de las condiciones de los contratos del departamento y el asesoramiento sobre las primas de beneficios para otros contratistas».

Pero por encima de las dudas que puedan suscitarse en torno a los contratistas privados empleados por el Pentágono se sitúa el más preocupante problema planteado por las fuerzas armadas privadas del Departamento de Estado. Una parte importante del plan de los demócratas apoya el mantenimiento de la ingente embajada estadounidense en Bagdad (la mayor embajada de la historia mundial) y de la Zona Verde. En la actualidad, buena parte de las labores de seguridad requeridas por la embajada y de los desplazamientos de entrada y salida de las autoridades estadounidenses de la Zona Verde son realizados por tres empresas de seguridad privada: Blackwater, Triple Canopy y DynCorp. Esta situación refleja la militarización y la privatización simultáneas experimentadas por la Oficina de Seguridad Diplomática del Departamento de Estado. Creado a mediados de los noventa, el Servicio de Protección Mundial del Personal fue ideado originalmente como un programa de escolta personal a pequeña escala, formado por empleados de contratistas de seguridad privada y dedicado a proteger a grupos reducidos de diplomáticos y autoridades estadounidenses y de otros países. En Irak, sin embargo, ha pasado a convertirse en una fuerza paramilitar de considerable tamaño. El gasto en dicho programa se disparó desde los 50 millones de dólares de presupuesto para 2003 hasta los 613 millones para 2006.[72]

La duda que acecha en los planes de los demócratas es: ¿quién protegerá al ejército de diplomáticos que pretenden conservar en Irak? Hay quien insiste en que se puede seguir confiando en las fuerzas privadas para realizar ese trabajo siempre que rindan cuentas por sus acciones. A fecha de marzo de 2008, estas fuerzas privadas continúan gozando de un estatus que, en la práctica, las sitúa «por encima de la ley» y que tanto Obama como Clinton han condenado. Pero es difícil imaginar de qué modo se va a materializar esa «rendición de cuentas», al menos, a corto plazo.

A finales de 2007, tras los sucesos de la plaza Nisur, la Cámara de

Representantes aprobó por mayoría aplastante una nueva legislación que garantizaría que todos los contratistas y su personal estuviesen sujetos a posibles acciones legales en los tribunales de la justicia civil estadounidense por delitos cometidos en una zona de combate extranjera.[73] Para ello, los investigadores del FBI tendrían que desplazarse hasta la escena del crimen, recoger pruebas y tomar declaración a testigos, lo que conduciría a la presentación de cargos y acusaciones formales. Pero esta metodología plantea una serie de interrogantes. ¿Quién protegería a los investigadores? ¿Cómo se tomaría declaración a las víctimas iraquíes? ¿Cómo se conseguiría recopilar pruebas entre el caos y los peligros de una zona de guerra hostil como es Irak? En vista de que ni el gobierno federal ni el ejército parecen capaces (ni dispuestos) a llevar siquiera un recuento del número de empleados de contratistas actualmente presentes en aquel país, ¿cómo iban a supervisarse las actividades de éstos? Aparte de la imposibilidad de vigilar policialmente un despliegue tan extensivo de contratistas privados (como el que se observa en Irak, donde su personal iguala en número al de la presencia militar oficial estadounidense), esta legislación podría brindar a la industria militar privada una tremenda victoria publicitaria. Las compañías podrían por fin afirmar que ya existe una estructura legal de responsabilidades que rige sus operaciones. Pero, al mismo tiempo, serían muy conscientes de que dicha legislación es prácticamente imposible de aplicar. Quizás sea por eso que el sector ha respaldado entusiastamente esta metodología. Prince calificó su aprobación en la Cámara de Representantes de «excelente».

Otras voces han propuesto abordar el problema simplemente ampliando la presencia de fuerzas oficiales del gobierno estadounidense responsables de proteger la embajada y la Zona Verde, lo que reduciría el mercado disponible para las compañías de mercenarios. En una carta de octubre de 2007 dirigida a la secretaria de Estado Condoleezza Rice, el senador Joe Biden, presidente del influyente Comité sobre Relaciones Exteriores, sugirió que Estados Unidos examinase la posibilidad de «expandir los efectivos de Seguridad Diplomática en lugar de seguir dependiendo hasta tal extremo de contratistas privados».[74] El senador pedía la contratación de más agentes: «La necesidad de una numerosa presencia de personal de seguridad que se encargue de la protección de los empleados de la misión estadounidense seguirá existiendo durante varios años, sea cual sea el número de fuerzas de nuestro país desplegadas en Irak».

Pero, aunque un incremento del presupuesto de la división de Seguridad Diplomática allanaría sensiblemente el camino para la consolidación de una fuerza compuesta enteramente por personal oficial del gobierno estadounidense, existen serias dudas sobre la rapidez con la que algo así podría producirse. En octubre de 2007, el Departamento de Estado contaba sólo con 1.450 agentes de Seguridad Diplomática *en todo el mundo que* fuesen verdaderos empleados federales estadounidenses, de los que únicamente 36 estaban destinados en Irak.[75] Esta situación contrastaba claramente con la Blackwater, que, en marzo de 2008, tenía cerca de 1.000 guardias *sólo* en Irak, por no hablar de los varios centenares más presentes en el país a sueldo de Triple Canopy y de DynCorp. El Departamento de Estado ha afirmado que podría llevar años seleccionar a los candidatos a nuevos agentes, investigarlos, formarlos y desplegarlos sobre el terreno.[76] Se trataría, en definitiva, de una empresa harto costosa en tiempo y dinero y, aunque hubiese la voluntad política y el presupuesto necesarios para hacerle frente, harían falta años para llevarla a la práctica.

Si los demócratas tratasen de transformar la seguridad diplomática en un servicio puramente militar, también se plantearían serias dificultades. Tal como informaba el *New York Times* a finales de 2007, «el ejército no dispone de suficiente personal con la formación necesaria para encargarse de esa tarea».[77] Aunque el ejército formase a una fuerza especializada en «protección ejecutiva» y en labores de vigilancia y escolta en Irak, este programa supondría un aumento de convoyes militares estadounidenses en circulación por las carreteras de Irak, lo que los colocaría regularmente en una situación de conflicto potencialmente mortal con la población civil iraquí.

Consciente de las dificultades prácticas que comportaría cualquier transición desde la actual situación de nutrida presencia de fuerzas de seguridad privada en Irak, uno de los asesores principales de Obama en materia de política exterior durante la campaña electoral de 2008 declaró: «No puedo ni quiero descartar a los contratistas de seguridad privada».[78] Ésta debió de ser una realidad difícil de admitir para el equipo del candidato demócrata. Pese a que Obama se ha situado a la vanguardia de los intentos de legislar mayores responsabilidades para los contratistas en las zonas de combate (de hecho, presentó un proyecto de ley de reforma de la situación de los contratistas ocho meses antes de los sucesos de la plaza Nisur), sus asesores en política exterior son también conscientes de que su apoyo al mantenimiento de una presencia estadounidense considerable en Irak no les dejaba otra salida. Curiosamente, el 28 de febrero de 2008, al día siguiente de que yo mismo informara sobre la postura de Obama en un artículo publicado en *The Nation*, Hillary Clinton anunció que ella suscribiría una nueva legislación que «prohíba el uso de Blackwater y de otras empresas privadas de mercenarios en Irak».[79] El momento de aquel anuncio (en plena y reñida campaña de nominación de un candidato demócrata a la presidencia) no dejaba de ser sorprendente: durante sus cinco años como miembro del Comité del Senado sobre Fuerzas Armadas, Clinton había mantenido un silencio casi total sobre la cuestión hasta el tiroteo del 16 de septiembre desatado por las fuerzas de Blackwater y, tras la masacre, aún tardó seis meses en pronunciarse como lo hizo. En cualquier caso, los pormenores de cómo pensaba llevar a cabo su plan para Irak sin el concurso de aquellas fuerzas privadas tampoco estaban claros.

Tanto Clinton como Obama señalaron su apoyo al aumento del presupuesto para Seguridad Diplomática que propugnó el senador Biden en 2007. Pero, visto desde una perspectiva más general, es evidente que empresas como Blackwater operan en un sector basado en la demanda. Y es esta demanda, que se deriva de una serie de guerras ofensivas e impopulares de conquista, la que debe ser cortada de raíz. Por mucho que un presidente estadounidense esté decidido a transferir todos los puestos de la seguridad diplomática a manos de agentes oficiales del gobierno federal y a apartarlos de empresas como Blackwater (lo que no dejaría de ser un gran logro), el Departamento de Estado ya ha declarado que una medida así tardaría años en implementarse. La realidad es que, si no se reduce espectacularmente la magnitud de la presencia de personal civil y diplomático estadounidense en Irak (que es el que requiere del despliegue de una fuerza de seguridad «diplomática» tan numerosa), el próximo presidente podría no tener más remedio que proseguir con el actual ritmo de contrataciones. Y eso es una buena noticia para Blackwater y para otras empresas de seguridad privada.

Pero Irak y la seguridad diplomática conforman sólo una parte del panorama total. En el Congreso, apenas se debate el impresionante crecimiento de las actividades de compañías como Blackwater, tanto a escala internacional como dentro de Estados Unidos. Su expansión a ámbitos como la inteligencia privada, la seguridad nacional interior, el armamento militar, la tecnología de vigilancia, la «guerra contra la droga» y las misiones de paz, continúa prácticamente libre del ojo escrutador de los legisladores y de los medios de comunicación. Hace tiempo, estas empresas empezaron a procurarse un papel en los futuros conflictos y una mayor presencia en programas estatales de alta sensibilidad y cuya privatización iba en aumento. Hoy, debido en gran parte a la ausencia de una mayor vigilancia y examen desde los medios y desde el Congreso, el futuro de esas compañías se presente tan seguro como resplandeciente.

A Erik Prince no le quitan el sueño actualmente ni los asesinatos de civiles iraquíes que cometen sus fuerzas ni el futuro del estatus de su compañía dentro de la maquinaria de guerra estadounidense y del aparato de la seguridad nacional. Poco después del incidente de la plaza Nisur y enfrentado a diversas investigaciones (del Congreso, del ejército y del Departamento de Justicia), Prince dijo: «¿Que cómo puedo dormir? Porque estoy a gusto y sé lo que estamos haciendo. Hacemos lo correcto, así que, aparte de eso, nada me preocupa. Duermo el sueño de los justos. No me siento culpable».[80]

Agradecimientos

Estoy agradecido a mis padres, Michael y Lisa Scahill. Ellos me proporcionaron una educación con la que no puede compararse la de ninguna universidad. Su sosegada humildad, su dedicación a la justicia y su amor hacia los demás me fascinan. Nunca he conocido a personas más dignas y buenas. Son mis héroes y mis amigos. Gracias también a mi hermano Tim y a mi hermana Stephanie por su cariño, su compañerismo y su apoyo de toda una vida, así como a mi cuñada Jenny y a mi sobrina Maya. Ksenija, eres mi corazón y mi mundo. Barb y Harry Hoferle, gracias por tener fe siempre y por estar siempre ahí. Igualmente, deseo tener un recuerdo para mis ya difuntos abuelos, dos de los cuales eran inmigrantes irlandeses que vivieron el terror de los paramilitares Black and Tans («Negros y caquis») allá por 1920. También quiero expresar mi gratitud hacia mis tías, mis tíos y mis primos por el cariño que me han mostrado todos estos años.

Este libro es producto, en gran parte, del trabajo duro y la influencia de un gran número de personas que prestaron su tiempo, su dedicación, su amistad, su cariño y su solidaridad tanto a este proyecto como a mí mismo y a mi familia. Querría agradecer a mi editora, Betsy Reed, quien pasó un sinfín de horas preparando y revisando este manuscrito y quien ha apoyado también mi actividad periodística tanto a las duras como a las maduras. Trabajar con ella estos últimos años ha sido todo un regalo para mí. Sin ella, este proyecto jamás se habría hecho realidad. Gracias igualmente a Garrett Ordower por todo. Tienen toda mi gratitud también mi amigo y agente Anthony Arnove, quien no ha dejado de creer en mi trabajo desde que nos conocimos; Naomi Klein, por su amistad, solidaridad y apoyo imperecederos; Daniela Crespo por su apoyo; mis *compañeros* Sharif Abdel Kouddous, Ana Nogueira, Carmen Trotta y Dave

Mickenberg, por ser como son; Carl Bromley y Ruth Baldwin de Nation Books, por su apoyo, entusiasmo y dedicación desde el pistoletazo de salida (vosotros fuisteis el aglutinante de todo). Asimismo, querría hacer extensivo mi más profundo agradecimiento al increíble equipo de Perseus (David Steinberger, John Sherer, Michele Jacob, Nicole Caputo y Elena Guzmán); a Michele Martin, de Avalon, por su fe, su tenacidad y sus ánimos; al equipo de producción de Avalon (Peter Jacoby, Linda Kosarin, Jonathan Sainsbury y Mike Walters) por reunirlo y estructurarlo todo. Gracias también a Anne Sullivan y a Karen Auerbach. Mark Sorkin realizó una extraordinaria y meticulosa labor de corrección del libro. Muchas gracias también a Joe Duax y a su talento para dedicarse durante meses a filtrar hasta la última frase y nota al pie comprobando diligentemente que el manuscrito estuviera correcto.

Quisiera enviar *un abrazo fuerte* a Liliana Segura por su incansable esfuerzo. Trabajó exhaustivamente sobre el manuscrito original y ha sido de fundamental importancia para poner a punto esta nueva edición. Ha sido una dedicada colaboradora, aliada y estratega. Su cariño, su compañerismo y su amistad *en la lucha* no dejan nunca de asombrarme. Mercedes Camps González, de Real World Radio, y Russell Cobb también tradujeron excelentemente numerosos artículos. Quisiera también hacer extensiva mi gratitud a Hamilton Fish, Taya Kitman y al *The Nation* Institute por su vital apoyo y sus ánimos. Mi más hondo agradecimiento a Perry Rosenstein y a la Fundación Puffin por respaldar este proyecto y mi trabajo. Doy especialmente las gracias a Katrina vanden Heuvel, Victor Navasky y la revista The Nation por apoyar y publicar mis reportajes. También deseo expresar mi reconocimiento para Alan Kaufman, Sophie Ragsdale, Kim Nauer, Mike Webb, Roane Carey, Ben Wyskida, Suzanne Ceresko y Andrés Conteris por su ayuda. Gracias a Jared Rodríguez por la fotografía y, también, al periodista Tim Shorrock por la cinta. Asimismo, desearía agradecer a todos los periodistas cuyo trabajo aparece citado en el presente libro, así como a aquellas personas que han cedido generosamente su tiempo para las entrevistas y la investigación, en especial, a Katy Helvenston-Wettengel y a Danica Zovko.

Estoy particularmente agradecido a mi amiga, colega y mentora, Amy Goodman, de *Democracy Now!* Ella me cobijó bajo su ala y me enseñó a volar, y siempre estaré en deuda con ella. Es la mejor periodista de este país. Y también tengo palabras de gratitud para uno de mis héroes y amigos de los medios, Juan González, por el ejemplo que ha dado y las batallas que ha librado. Deseo igualmente expresar mi reconocimiento para la labor de mis camaradas periodistas rebeldes de la familia de *Democracy Now!*: Dan Coughlin, María Carrión, Sharif Abdel Kouddous, Ana Nogueira, Mike Burke, Elizabeth Press, Nell Geiser, Yoruba Richen, John Hamilton, Mike DiFilippo y Aaron Mate. También quiero dar especialmente las gracias a: la congresista Jan Schakowsky (y el personal de su gabinete), Dave Rapallo (de la oficina del congresista Henry Waxman), Brenda Coughlin, Michael Moore, Elisabeth Benjamin, Kwame Dixon, Dave Isay, Verna Avery Brown, Dave Riker, Diana Cohn, Denis Moynihan, Mattie Harper, Isis Philips, Chuck Scurich, Karen Pomer, Vince Vitrano, Kareem Kouddous, la familia Antic, Ian van Hulle, Laura Flanders, la familia Crespo, Art Heitzer, William Worthy, el ya fallecido Dave Dellinger, Tom Hayden, Errol Maitland, Dred Scott Keyes, Elombe Brath, Sharan Harper, Bernard White, Mario Murrillo, Deepa Fernandes, Karen Ranucci, Michael Ratner, el entrenador Goran Raspudic, Santa Rosa de Lima y Neighborhood House. Por su apoyo y sus ánimos, gracias a Carmen Trotta, Tom Cornell, Frank Donovan, Matt Daloisio, Bill y Sue Frankel-Streit, y toda la familia CW. Mi más profunda gratitud para Philip, Daniel y Frida Berrigan, y para Liz McAlister, por su ejemplo, su comunión y su cariño.

Gran parte de lo que verdaderamente puede considerarse periodismo independiente es producido por personas y comunidades que padecen dificultades y que donan su trabajo porque carecen de recursos económicos suficientes y porque están profundamente comprometidos con unos medios de comunicación libres y con un mundo justo. Me gustaría agradecer a los medios independientes que han apoyado y publicado mi trabajo a lo largo de los años: Pacifica Radio, sus periodistas y trabajadores, y sus cinco emisoras (WBAI, KPFA, KPFK, KPFT y WPFW); *Democracy Now!*; emisoras de acceso público local y afiliadas a Pacifica en todo Estados Unidos y en el resto del mundo; *Free Speech Radio News*; Dennis Bernstein y *Flashpoints*; Norm Stockwell y WORT; Commondreams.org y Craig Brown; Antiwar.com; Alternet.org; *Z Magazine* y Michael Albert; Guerrilla News Network y Anthony Lappé; Jeffrey St. Clair y Alex Cockburn, de Counterpunch.org; CorpWatch.org; el diario *Indypendent* y los Independent Media Centers de todo el mundo; Sam Husseini y el Institute for Public Accuracy; Brian Drolet y Free Speech TV; Dee Dee Halleck, verdadera madrina de la TV de acceso público para las comunidades locales; Danny Schechter y MediaChannel.org;

John Alpert y DCTV; la revista *The Progressive;* la revista *Dollars & Sense;* la Grassroots Radio Conference; Ali Abunimah y Nigel Parry, de ElectronicIraq.net, y HuffingtonPost.com y Arianna Huffington. Gracias también a los periodistas independientes Dahr Jamail, Arun Gupta, Christian Parenti, Laila al-Arian, Alan Maass, Rosa Clemente, Norman Solomon, Josh Breitbart, Robert Greenwald, Pratap Chatterjee, John Tarleton, Andrew Stern, Kat Aaron y Rahul Mahajan. También se lo dedico a aquellos amigos y colegas con los que trabajé y compartí penas en un lugar antaño llamado Yugoslavia: Ivana Anti, Ljiljana Smajlović, Terry Sheridan, Katya Subasić, Nenad Stefanović, Thorne Anderson, Kael Alford, Alex Todorović, Josh Kucera, Vesna Peric Zimonjić, Ana Nikitović, Ivan Benussi, Novak Gaijić y Dusan Cavić. Igualmente, gracias a Oronto Douglas y a Sowore Omoyele, de Nigeria, por correr los grandes riesgos que corren por la justicia.

Querría expresar la gratitud y la admiración que siento por mi querida amiga Kathy Kelly, quien me introdujo a Irak y a su hermosa gente en 1998 y ha recorrido conmigo aquel país tantas veces desde entonces. La suya es, ciertamente, una voz que predica en el desierto. Gracias también a Cathy Breen y a Abdul Sattar Jihad Jabbar por su amistad en tiempos difíciles en Irak durante tantos años. Mi agradecimiento especial para Jacquie Soohen, Rick Rowley (y Big Noise Films) y Norm Stockwell por conseguir lo imposible y traspasar aquel cortafuegos tecnológico y político. Gracias igualmente a Hans von Sponeck y a Denis Halliday, cuyo valor a la hora de decir lisa y llanamente «no» ha sido toda una inspiración para mí. Mi más profunda gratitud para aquellos iraquíes cuyo nombre no puedo citar por su propia seguridad y que me han ayudado en tantas y tantas ocasiones, imposibles de recontar. Por último, quisiera recordar a aquellos periodistas asesinados mientras actuaban como los ojos y los oídos del mundo. Tengamos el coraje de recoger sus cámaras, sus cuadernos de notas y sus micrófonos para continuar su lucha y su trabajo.

Introducción

1. Steven R. Hurst y Qassim Abdul-Zahra, «Pieces Emerge in Blackwater Shooting», Associated Press, 8 de octubre de 2007.
2. Sudarsan Raghavan, «Tracing the Paths of 5 Who Died in a Storm of Gunfire», *Washington Post*, 4 de octubre de 2007.
3. Jennifer Daskal, «Blackwater in Baghdad: "It Was a Horror Movie"», *Salon*, 14 de diciembre de 2007.
4. Entrevista a Alí Jalaf Salman grabada en vídeo.
5. Ibídem.
6. Ibídem; Jennifer Daskal, «Blackwater in Baghdad», *Salon*, 14 de diciembre de 2007.
7. James Glanz y Alissa J. Rubin, «From Errand to Fatal Shot to Hail of Fire to 17 Deaths», *New York Times*, 3 de octubre de 2007.
8. Entrevista a Alí Jalaf Salman grabada en vídeo; Jennifer Daskal, «Blackwater in Baghdad», *Salon*, 14 de diciembre de 2007.
9. Ibídem.
10. James Glanz y Alissa J. Rubin, «From Errand to Fatal Shot to Hail of Fire to 17 Deaths», *New York Times*, 3 de octubre de 2007.
11. Sudarsan Raghavan, «Tracing the Paths of 5 Who Died in a Storm of Gunfire», *Washington Post*, 4 de octubre de 2007.
12. Sudarsan Raghavan y Josh White, «Blackwater Guards Fired at Fleeing Cars, Soldiers Say», *Washington Post*, 12 de octubre de 2007.
13. James Glanz y Alissa J. Rubin, «From Errand to Fatal Shot to Hail of Fire to 17 Deaths», *New York Times*, 3 de octubre de 2007.
14. Steven R. Hurst y Qassim Abdul-Zahra, «Pieces Emerge in Blackwater Shooting», Associated Press, 8 de octubre de 2007.
15. Entrevista a Alí Jalaf Salman grabada en vídeo.
16. Ibídem.

17. Jomana Karadsheh y Alan Duke, «Blackwater Incident Witness: "It Was Hell"», CNN.com, 2 de octubre de 2007.

18. Entrevista a Alí Jalaf Salman grabada en vídeo.

19. Jomana Karadsheh y Alan Duke, «Blackwater Incident Witness: "It Was Hell"», CNN.com, 2 de octubre de 2007.

20. Sabrina Tavernise y James Glanz, «Guards' Shots Not Provoked, Iraq Concludes», *New York Times*, 21 de septiembre de 2007.

21. Entrevista a Alí Jalaf Salman grabada en vídeo.

22. Ibídem.

23. Sudarsan Raghavan, «Tracing the Paths of 5 Who Died in a Storm of Gunfire», *Washington Post*, 4 de octubre de 2007.

24. Ibídem.

25. Entrevista a Jawad Al Rubaie grabada en vídeo.

26. James Glanz y Alissa J. Rubin, «From Errand to Fatal Shot to Hail of Fire to 17 Deaths», *New York Times*, 3 de octubre de 2007.

27. Steven R. Hurst y Qassim Abdul-Zahra, «Pieces Emerge in Blackwater Shooting», Associated Press, 8 de octubre de 2007.

28. Ibídem.

29. Entrevista a Alí Jalaf Salman grabada en vídeo; Jennifer Daskal, «Blackwater in Baghdad», *Salon*, 14 de diciembre de 2007.

30. Sudarsan Raghavan, «Tracing the Paths of 5 Who Died in a Storm of Gunfire», *Washington Post*, 4 de octubre de 2007.

31. Ibídem.

32. Kim Sengupta, «The Real Story of Baghdad's Bloody Sunday», *The Independent* (Londres), 21 de septiembre de 2007.

33. Ibídem.

34. Steven R. Hurst y Qassim Abdul-Zahra, «Pieces Emerge in Blackwater Shooting», Associated Press, 8 de octubre de 2007.

35. Jomana Karadsheh y Alan Duke, «Blackwater Incident Witness: "It Was Hell"», CNN.com, 2 de octubre de 2007.

36. Steven R. Hurst y Qassim Abdul-Zahra, «Pieces Emerge in Blackwater Shooting», Associated Press, 8 de octubre de 2007.

37. Ibídem.

38. Jomana Karadsheh y Alan Duke, «Blackwater Incident Witness: "It Was Hell"», CNN.com, 2 de octubre de 2007.

39. Steven R. Hurst y Qassim Abdul-Zahra, «Pieces Emerge in Blackwater Shooting», Associated Press, 8 de octubre de 2007.

40. Richard Engel, «Blackwater's Ugly Americans», MSNBC World Blog http://worldblog.msnbc.msn.com/archive/2007/09/28/385833.aspx, 28 de septiembre de 2007.

41. Sabrina Tavernise, «US Contractor Banned by Iraq Over Shooting», *New York Times*, 18 de septiembre de 2007.

42. James Glanz y Sabrina Tavernise, «Blackwater Shooting Scene Was Chaotic», *New York Times*, 28 de septiembre de 2007.

43. Ibídem.

44. Richard Engel, «Blackwater's Ugly Americans», MSNBC World Blog, 28 de septiembre de 2007.

45. James Glanz y Alissa J. Rubin, «From Errand to Fatal Shot to Hail of Fire to 17 Deaths», *New York Times*, 3 de octubre de 2007.

46. Jennifer Daskal, «Blackwater in Baghdad», *Salon*, December 14, 2007.

47. Steven R. Hurst y Qassim Abdul-Zahra, «Pieces Emerge in Blackwater Shooting», Associated Press, 8 de octubre de 2007.

48. Ned Parker, «Iraq Bans U.S. Security Firm After Deadly Incident», *Los Angeles Times*, 18 de septiembre de 2007.

49. James Glanz y Alissa J. Rubin, «Blackwater Shootings "Deliberate Murder," Iraq Says», *New York Times*, 8 de octubre de 2007.

50. Sabrina Tavernise, «US Contractor Banned by Iraq Over Shooting», *New York Times*, 18 de septiembre de 2007.

51. Ibídem.

52. Jeremy Scahill, «Making a Killing», *The Nation*, 15 de octubre de 2007.

53. Steve Fainaru, «Four Hired Guns in an Armored Truck, Bullets Flying, and a Pickup and a Taxi Brought to a Halt. Who Did the Shooting and Why?», *Washington Post*, 15 de abril de 2007.

54. Ibídem.

55. John M. Broder, «Ex-Paratrooper Is Suspect in Drunken Killing of Iraqi», *New York Times*, 4 de octubre de 2007.

56. Comité sobre Supervisión y Reforma Gubernamental, informe del gabinete de la Mayoría de la Cámara, «Additional Information About Blackwater USA», 1 de octubre de 2007.

57. John M. Broder, «Ex-Paratrooper Is Suspect in Drunken Killing of Iraqi», *New York Times*, 4 de octubre de 2007.

58. Comité sobre Supervisión y Reforma Gubernamental, informe del gabinete de la Mayoría de la Cámara, «Additional Information About Blackwater USA», 1 de octubre de 2007.

59. Transcripción, Sesión de Comparecencia sobre supervisión de los contratistas privados en Irak, Comité de la Cámara de Representantes sobre Supervisión y Reforma Gubernamental, 7 de febrero de 2007.

60. Bill Sizemore, «Blackwater Supports Inquiry into Fatal Shooting», *Virginian-Pilot*, 25 de julio de 2007.

61. Transcripción, Sesión de Comparecencia sobre supervisión de los contratistas privados en Irak, Comité de la Cámara de Representantes sobre Supervisión y Reforma Gubernamental, 2 de octubre de 2007.

62. John M. Broder, «State Dept. Plans Tighter Control of Security Firm», *New York Times*, 6 de octubre de 2007.

63. Transcripción, Sesión de Comparecencia sobre supervisión de los contratistas privados en Irak, Comité de la Cámara de Representantes sobre Supervisión y Reforma Gubernamental, 7 de febrero de 2007.

64. Bill Sizemore, «Blackwater Supports Inquiry into Fatal Shooting», *Virginian-Pilot*, 25 de julio de 2007.

65. Steve Fainaru, «How Blackwater Sniper Fire Felled 3 Iraqi Guards», *Washington Post*, 8 de noviembre de 2007.

66. Ibídem.

67. Ibídem.

68. Ibídem.

69. Steve Fainaru y Saad al-Izzi, «U.S. Security Contractors Open Fire in Baghdad», *Washington Post*, 27 de mayo de 2007.

70. Ibídem.

71. «U.S. Ambassador Calls Blackwater Shooting Horrific, but Still Feels High Regard for Guards», Associated Press, 25 de octubre de 2007.

72. Steve Fainaru, «Warnings Unheeded on Guards in Iraq», *Washington Post*, 24 de diciembre de 2007.

73. Sudarsan Raghavan y Steve Fainaru, «U.S. Repeatedly Rebuffed Iraq on Blackwater Complaints», *Washington Post*, 23 de septiembre de 2007.

74. Steve Fainaru, «How Blackwater Sniper Fire Felled 3 Iraqi Guards», *Washington Post*, 8 de noviembre de 2007.

75. Jeremy Scahill, «Making a Killing», *The Nation*, 15 de octubre de 2007.

76. «Iraq Makes U-turn on Blackwater», Al Jazeera, 23 de septiembre de 2007.

77. «Iraq Official: Blackwater Exit Would Leave "Vacuum"», Associated Press, 23 de septiembre de 2007.

78. Sudarsan Raghavan y Steve Fainaru, «U.S. Repeatedly Rebuffed Iraq on Blackwater Complaints», *Washington Post*, 23 de septiembre de 2007.

79. Entrevista del autor, septiembre de 2007.

80. Steve Fainaru, «Where Military Rules Don't Apply», *Washington Post*, 20 de septiembre de 2007.

81. Steve Fainaru, «Warnings Unheeded on Guards in Iraq», *Washington Post*, 24 de diciembre de 2007.

82. Secretaria de Estado Condoleezza Rice, conferencia de prensa del Departamento de Estado, 21 de septiembre de 2007.

83. Jeremy Scahill, «Making a Killing», *The Nation*, 15 de octubre de 2007.

84. Alissa J. Rubin y Andrew E. Kramer, «Iraqi Premier Says Blackwater Shootings Challenge His Nation's Sovereignty», *New York Times*, 24 de septiembre de 2007.

85. James Glanz y Sabrina Tavernise, «Security Firm Faces Criminal Charges in Iraq», *New York Times*, 23 de septiembre de 2007.

86. Ibídem.

87. Ibídem.

88. Jeremy Scahill, «Making a Killing», *The Nation*, 15 de octubre de 2007.

89. Véase más al respecto en el capítulo 4.

90. Entrevista del autor, septiembre de 2007.

91. Steve Fainaru, «Where Military Rules Don't Apply», *Washington Post*, 20 de septiembre de 2007.

92. Ibídem.

93. «U.S. Ambassador Calls Blackwater Shooting Horrific, but Still Feels High Regard for Guards», Associated Press, 25 de octubre de 2007.

94. Transcripción, Sesión de Comparecencia sobre supervisión de los contratistas privados en Irak, Comité de la Cámara de Representantes sobre Supervisión y Reforma Gubernamental, 2 de octubre de 2007.

95. Ibídem.

96. Matthew Lee, «Security Firm Is in Smuggling Probe; Blackwater May Be Charged for Bringing Weapons Into Iraq», Associated Press, 22 de septiembre de 2007.

97. Copia en poder del autor de una carta remitida por el congresista Henry Waxman a Howard Krongard, 18 de septiembre de 2007.

98. Ibídem.

99. Jeremy Scahill, «Blackwater's Brothers», *The Nation*, 15 de noviembre de 2007.

100. Warren P. Strobel, «Inspector General Krongard Resigns», McClatchy Newspapers, 8 de diciembre de 2007.

101. Joseph Neff, «U.S. Probes Blackwater Weapons Shipments», *Raleigh News and Observer*, 22 de septiembre de 2007.

102. Copia en poder del autor de una carta remitida por el Departamento de Estado a Blackwater, 20 de septiembre de 2007.

103. Copia en poder del autor de una carta remitida por el congresista Henry Waxman a Condoleezza Rice, 25 de septiembre de 2007.

104. Copia en poder el autor de una carta remitida por el Departamento de.Estado a Blackwater USA, 25 de septiembre de 2007.

105. Entrevista del autor, marzo de 2007.

106. Declaración de John Negroponte ante el Comité del Senado sobre Presupuestos, 26 de septiembre de 2007.

107. Jomana Karadsheh y Alan Duke, «Blackwater Incident Witness: "It Was Hell"», CNN.com, 2 de octubre de 2007.

108. «"They Protect People's Lives"—One Month After Baghdad Killings, Bush Defends Blackwater USA», *Democracy Now!*, 18 de octubre de 2007.

109. Salvo que se indique lo contrario, la descripción y las citas relacionadas con el testimonio de Erik Prince del 2 de octubre de 2007 ante el Congreso están extraídas de las observaciones de primera mano del propio autor y de la transcripción oficial de la sesión facilitada por el Comité de la Cámara de Representantes sobre Supervisión y Reforma Gubernamental.

110. «Edwards Points to a Link», *Washington Post*, 6 de octubre de 2007.

111. Biografía de Charles R. Black, Jr., BKSH & Associates.

112. Committee on Oversight and Government Reform Majority Staff Report, "Additional Information About Blackwater USA," October 1, 2007.

113. Steve Fainaru, "Guards in Iraq Cite Frequent Shootings," *Washington Post*, October 3, 2007.

114. Comité sobre Supervisión y Reforma Gubernamental, informe del gabinete de la Mayoría de la Cámara, «Additional Information About Blackwater USA», 1 de octubre de 2007.

115. Ibídem.

116. Ibídem.

117. Transcripción, *Bill Moyers Journal*, 1 de febrero de 2008.

118. Dena Bunis, «Rohrabacher Stands Behind Blackwater Chief», *Orange County Register*, 9 de octubre de 2007.

119. Copia en poder del autor.

120. «Blackwater Most Often Shoots First, Congressional Report Says», CNN.com, 2 de octubre de 2007.

121. David M. Herszenhorn, «House's Iraq Bill Applies U.S. Laws to Contractors», *New York Times*, 5 de octubre de 2007.

122. James Gordon Meek, «Blackwater to Guard FBI Team Probing It», *New York Daily News*, 3 de octubre de 2007.

123. Karen DeYoung, «Federal Guards to Protect Agents in Blackwater Investigation», *Washington Post*, 4 de octubre de 2007.

124. Entrevista del autor, septiembre de 2007.

125. James Risen y David Johnston, «Justice Department Briefed Congress on Legal Obstacles in Blackwater Case», *New York Times*, 16 de enero de 2008.

126. Jonathan Karl y Kirit Radia, «ABC News Obtains Text of Blackwater Immunity Deal», ABCNews.go.com, 30 de octubre de 2007.

127. Entrevista del autor, octubre de 2007.

128. Entrevista del autor, octubre de 2007.

129. Ned Parker, «"Wall of Silence" Protects Security Contractor in Iraq», *Los Angeles Times*, 21 de septiembre de 2007.

130. Comité sobre Supervisión y Reforma Gubernamental, informe del gabinete de la Mayoría de la Cámara, «Additional Information About Blackwater USA», 1 de octubre de 2007.

131. Transcripción, Sesión de Comparecencia sobre supervisión de los contratistas privados en Irak, Comité de la Cámara de Representantes sobre Supervisión y Reforma Gubernamental, 2 de octubre de 2007.

132. Comité sobre Supervisión y Reforma Gubernamental, informe del gabinete de la Mayoría de la Cámara, «Additional Information About Blackwater USA», 1 de octubre de 2007.

133. Ibídem.

134. Transcripción, Sesión de Comparecencia sobre supervisión de los contratistas privados en Irak, Comité de la Cámara de Representantes sobre Supervisión y Reforma Gubernamental, 2 de octubre de 2007.

135. Comité sobre Supervisión y Reforma Gubernamental, informe del gabinete de la Mayoría de la Cámara, «Additional Information About Blackwater USA», 1 de octubre de 2007.

136. Transcripción, Sesión de Comparecencia sobre supervisión de los contratistas privados en Irak, Comité de la Cámara de Representantes sobre Supervisión y Reforma Gubernamental, 2 de octubre de 2007.

137. Steve Fainaru, «How Blackwater Sniper Fire Felled 3 Iraqi Guards», *Washington Post*, 8 de noviembre de 2007.

138. Jennifer Daskal, «Blackwater in Baghdad», *Salon*, 14 de diciembre de 2007.

139. Ibídem.

140. Jomana Karadsheh y Alan Duke, «Blackwater Incident Witness: "It Was Hell"», CNN.com, 2 de octubre de 2007.

141. Sudarsan Raghavan, «U.S. Offers Cash to Victims in Blackwater Incident», *Washington Post*, 25 de octubre de 2007.

142. Ibídem; Jennifer Daskal, «Blackwater in Baghdad», *Salon*, 14 de diciembre de 2007.

143. Sudarsan Raghavan, «U.S. Offers Cash to Victims in Blackwater Incident», *Washington Post*, 25 de octubre de 2007.

144. Karen DeYoung, «Immunity Jeopardizes Iraq Probe», *Washington Post*, 30 de octubre de 2007.

145. David Johnston y John M. Broder, «F.B.I. Says Guards Killed 14 Iraqis Without Cause», *New York Times*, 14 de noviembre de 2007.

146. Lara Jakes Jordan, «FBI Finds Blackwater Trucks Patched», Associated Press, 12 de enero de 2008.

147. Copia del informe en poder del autor.

148. Lara Jakes Jordan, «FBI Finds Blackwater Trucks Patched», Associated Press, 12 de enero de 2008.

149. Ibídem.

150. Max Boot, «Accept the Blackwater Mercenaries», *Los Angeles Times*, 3 de octubre de 2007.

151. Declaración preparada de Erik D. Prince para el Comité de la Cámara de Representantes sobre Supervisión y Reforma Gubernamental, 2 de octubre de 2007.

152. Declaración jurada de «Paul», 18 de septiembre de 2007; Ginger Thompson, «From Texas to Iraq, and Center of Blackwater Case», *New York Times*, 19 de enero de 2008.

153. Declaración jurada de «Paul», 18 de septiembre de 2007.

154. Sudarsan Raghavan y Josh White, «Blackwater Guards Fired at Fleeing Cars, Soldiers Say», *Washington Post*, 12 de octubre de 2007.

155. Declaración jurada de «Paul», 18 de septiembre de 2007.

156. Declaración preparada de Erik D. Prince para el Comité de la Cámara de Representantes sobre Supervisión y Reforma Gubernamental, 2 de octubre de 2007.

157. Steve Fainaru y Sudarsan Raghavan, «Blackwater Faced Bedlam, Embassy Finds», *Washington Post*, 28 de septiembre de 2007.

158. Sudarsan Raghavan y Josh White, «Blackwater Guards Fired at Fleeing Cars, Soldiers Say», *Washington Post*, 12 de octubre de 2007.

159. Transcripción, entrevista a Erik Prince, *The Charlie Rose Show*, PBS, 15 de octubre de 2007.

160. David Johnston y John M. Broder, «F.B.I. Says Guards Killed 14 Iraqis Without Cause», *New York Times*, 14 de noviembre de 2007.

161. Sudarsan Raghavan y Josh White, «Blackwater Guards Fired at Fleeing Cars, Soldiers Say», *Washington Post*, 12 de octubre de 2007.

162. Peter Spiegel, «Gates: U.S., Guards Are at Odds in Iraq», *Los Angeles Times*, 19 de octubre de 2007.

163. Karen DeYoung, «Security Firms in Iraq Face New Rules», *Washington Post*, 14 de octubre de 2007.

164. James Risen y David Johnston, «Justice Department Briefed Congress on Legal Obstacles in Blackwater Case», *New York Times*, 16 de enero de 2008.

165. Oficina Ejecutiva del Presidente, «Statement of Administration Policy», 3 de octubre de 2007.

166. Entrevista del autor, enero de 2008.

167. Comunicado de prensa del congresista Jan Schakowsky, «Schakowsky Condemns State Department for Offering Blackwater Immunity», 30 de octubre de 2007.

168. «Family Members of Slain Iraqis Sue Blackwater USA for Deadly Baghdad Shooting», *Democracy Now!*, 11 de octubre de 2007.

169. Copia del escrito de demanda en poder del autor.

170. Entrevista del autor, octubre de 2007.

171. Transcripción, *The Thom Hartmann Show*, Air America, 29 de enero de 2008.

172. «Iraqi Shooting Victims' Families Sue Blackwater», *Virginian-Pilot*, 12 de octubre de 2007.

173. Transcripción, entrevista a Erik Prince, *Late Edition With Wolf Blitzer*, CNN, 14 de octubre de 2007.

174. J. Michael Waller, «Lawyers for Terror», *New York Post*, 17 de octubre de 2007.

175. Entrevista del autor, enero de 2008.

176. Copia del escrito de demanda en poder del autor.

177. «Blackwater Sued Again for Sept. 9th Attack, Five Iraqis Dead, Ten Wounded», *Democracy Now!*, 19 de diciembre de 2007.

178. Eric Schmitt y Paul von Zielbauer, «Accord Tightens Control of Security Contractors in Iraq», *New York Times*, 5 de diciembre de 2007.

179. R. J. Hillhouse, «Blackwater Expanding State Department Contract», TheSpyWhoBilledMe.com, 4 de diciembre de 2007.

180. Jeremy Scahill, «Blackwater's Business», *The Nation*, 24 de diciembre de 2007.

181. Ibídem.

182. Ibídem.

183. August Cole, «Blackwater Vies for Jobs Beyond Guard Duty», *Wall Street Journal*, 15 de octubre de 2007.

184. Transcripción, Sesión de Comparecencia sobre supervisión de los contratistas privados en Irak, Comité de la Cámara de Representantes sobre Supervisión y Reforma Gubernamental, 2 de octubre de 2007.

185. August Cole, «Blackwater Vies for Jobs Beyond Guard Duty», *Wall Street Journal*, 15 de octubre de 2007.

186. Ibídem.

187. Jeremy Scahill, «Blackwater's Business», *The Nation*, 24 de diciembre de 2007.

188. Registro de *lobbies* del Senado.

189. Entrevista del autor, febrero de 2008.

190. Donald Bartlett y James Steele, «Washington's $8 Billion Shadow», *Vanity Fair*, marzo de 2007.

191. Naomi Klein, «Outsourcing Government», *Los Angeles Times*, 20 de octubre de 2007.

192. Entrevista del autor, julio de 2007.

193. Jeremy Scahill, «*All* Cowboys Out Now», *The Nation*, 26 de noviembre de 2007.

194. Comité sobre Supervisión y Reforma Gubernamental, informe del gabinete de la Mayoría de la Cámara, «Additional Information About Blackwater USA», 1 de octubre de 2007.

195. Jennifer Parker, «Iraq Disputes Blackwater's Account of Baghdad Killings», ABC News, 19 de septiembre de 2007.

196. T. Christian Miller, «Private Contractors Outnumber US Troops in Iraq», *Los Angeles Times*, 4 de julio de 2007.

197. Ibídem y Jeremy Scahill, «A Very Private War», *The Guardian*, 1 de agosto de 2007.

198. Thom Shanker y Steven Lee Myers, «U.S. Asking Iraq for Wider Rights in Fighting War», *New York Times*, 25 de enero de 2008.

199. Comunicado de prensa de la Casa Blanca, «President Bush Signs H.R. 4986, the National Defense Authorization Act for Fiscal Year 2008 into Law», 28 de enero de 2008.

200. Jeremy Scahill, «*All* Cowboys Out Now», *The Nation*, 26 de noviembre de 2007.

201. Transcripción, entrevista a Erik Prince, *The Charlie Rose Show*, PBS, 15 de octubre de 2007.

202. Entrevista del autor, octubre de 2007.

203. «On-the-Record Briefing with Acting Assistant Secretary of State for Diplomatic Security Gregory B. Starr», 4 de abril de 2008. Transcripción disponible en <www.state.gov/r/pa/prs/ps/2008/apr/102999.htm>.

204. Entrevista en *Private Armies*, Journeyman Pictures.

Capítulo 1

1. Transcripción, «Remarks as delivered by Secretary of Defense Donald H. Rumfsfeld», el Pentágono, 10 de septiembre de 2001.

2. Donald H. Rumsfeld, «Transforming the military», *Foreign Affairs*, mayo-junio de 2002.

3. Erik Prince en el programa *The O'Reilly Factor*, 27 de septiembre de 2001.

4. Tanto Cheney como Rumsfeld fueron signatarios originales de la «Declaración de principios» del PNAC, <www.newamericancentury.org/statementofprinciples.htm>, 3 de junio de 1997.

5. *Rebuilding America's Defenses: Strategy, Forces and Resources for a New Century*, The Project for the New American Century, septiembre de 2000.

6. *Ibídem*.

7. Renae Merle, «Census counts 100,000 contractors in Iraq», *Washington Post*, 5 de diciembre de 2006.

8. *Quadrennial Defense Review Report*, Departamento de Defensa, 6 de febrero de 2006.

9. Palabras pronunciadas por Erik Prince en la conferencia West 2006 el 11 de enero de 2006.

10. John Helyar, «Fortunes of war», *Fortune*, 26 de julio de 2004, según figura en <http://money.cnn.com/magazines/fortune/fortune-archive/2004/07/26/377180/index.htm>.

11. James Hider, «Soldiers of fortune rush to cash in on unrest in Baghdad», *The Times* (Londres), 31 de marzo de 2004.

12. Orden Número 17 de la Autoridad Provisional de la Coalición, firmada por L. Paul Premer, 27 de junio de 2004.

13. Transcripción, «Hearing of the National Security, Emerging Threats and International Relations Subcommittee of the House Government Reform Committee», 13 de junio de 2006.

14. Escrito de apelación de Blackwater, presentado el 31 de octubre de 2005.

15. Palabras pronunciadas por Erik Prince en la conferencia West 2006 el 11 de enero de 2006.

16. Ley de Presupuestos de la Defensa Nacional (EE.UU.) para el ejercicio fiscal de 2007.

17. Informe a los comités del Congreso, «Military operations: High-Level DOD action needed to address long-standing problems with management and oversight of contractors supporting deployed forces», Government Accountability Office, diciembre de 2006.

18. Transcripción del programa *Face the Nation*, CBS, 17 de diciembre de 2006.

19. Nathan Hodge, «Washington urged to save money by raising private military "contractor brigade"», *Financial Times*, 10 de febrero de 2005.

20. Copia en poder del autor de una circular de Erik Prince para el Prince Group fechada el 16 de septiembre de 2005.

21. Copia en poder del autor de la documentación sobre Greystone Limited en el Registro Central (Federal) de Contratistas.

22. Jonathan Franklin, «US contractor recruits guards for Iraq in Chile», *The Guardian* (Londres), 5 de marzo de 2004.

23. Mensaje de correo electrónico al autor, enero de 2007.

24. Copia de los contratos y de los registros de pago del gobierno en poder del autor.

25. Joanne Kimberlin y Bill Sizemore, «Blackwater: On American soil», *Virginian-Pilot*, 27 de julio de 2006.

26. *Ibídem.*

27. Véase el capítulo 1.

28. Biografía oficial de Joseph E. Schmitz, Departamento de Defensa, 10 de febrero de 2005.

29. Según se afirma en el sitio web de la Asociación Federal (estadounidense) de la Orden de Malta, <www.smom.org/worldwide-history.php>, consultada el 4 de diciembre de 2006.

30. *Ibídem.*

Capítulo 2

1. «The early history of Holland», <www.holland.org/index.pl?paID=6>, consultada el 14 de noviembre de 2006.

2. «Albertus Christiaan Van Raalte papers», <hope.edu/jointarchives/collections/registers/wts/vanraalt.html>, página consultada el 14 de noviembre de 2006.

3. *Ibídem.*

4. «The early history of Holland», <www.holland.org/index.pl?paID=6>, consultada el 14 de noviembre de 2006.

5. Esquela de Peter Prince en un diario de la zona de Holland, 21 de mayo de 1943.

6. Michael Lozon, *Vision on Main Street: Downtown Holland's Resurgence as the Heart of the Community*, Lumir Corporation, 1994, pág. 59.

7. Esquela de Peter Prince.

8. Michael Lozon, *Vision on Main Street: Downtown Holland's Resurgence as the Heart of the Community*, Lumir Corporation, 1994, pág. 59.

9. Jim Timmerman, «Holland's home-grown Prince Corp. has big role in community», *Holland Sentinel*, 19 de julio de 1996.

10. «Prince Manufacturing Co. builds diecast machines», *Holland Sentinel*, 5 de junio de 1969.

11. *Ibídem.*

12. «Prince Corp. constantly expanding», *Holland Sentinel*, 16 de mayo de 1973.

13. Caroline Vernia, «Prince's jewel: Production of illuminated visors», *Holland Sentinel*, 26 de enero de 1980.

14. Carta del presidente de Family Research Council, Gary Bauer, del 13 de abril de 1995.

15. *Ibídem.*

16. Caroline Vernia, «Prince's jewel: Production of illuminated visors», *Holland Sentinel*, 26 de enero de 1980.

17. *Ibídem.*

18. «Blackwater's founder on the record», *Virginian-Pilot*, 24 de julio de 2006.

19. *Ibídem.*

20. Folleto de la Prince Corporation, sin fecha.

21. Katherine Sanderson, «Prince expanding, building new office», *Holland and Golden Sentinel*, 29 de enero de 1983.

22. Diane Carmony, «Prince Corp. plans functional, aesthetically pleasing facilities», *Grand Rapids Press*, 31 de agosto de 1987.

23. *Ibídem.*

24. «Edgar Prince: Spirit of giving defined a giant», *Grand Rapids Press*, 3 de marzo de 1995.

25. Katherine Sanderson, «Prince expanding, building new office», *Holland and Golden Sentinel*, 29 de enero de 1983.

26. Robert Young Pelton, *Licensed to Kill: Hired Guns in the War on Terror*, Nueva York, Crown, 2006, pág. 3.

27. Carta del presidente del Family Research Council, Gary Bauer, del 13 de abril de 1995.

28. «Orlando Magic, NBA team valuations», *Forbes*, <www.forbes.com/lists/2005/32/324583.html>, página consultada el 30 de noviembre de 2006.

29. Rachel Burstein y Kerry Lauerman, «She did it anyway», *Mother Jones*, septiembre-octubre de 1996.

30. *Ibídem.*

31. *Ibídem.*

32. *Ibídem.*

33. *Ibídem.*

34. Copia de la guía Polk de Holland (Michigan) en poder del autor.

35. Carta del presidente de Family Research Council, Gary Bauer, del 13 de abril de 1995.

36. *Ibídem.*

37. Rachel Burstein y Kerry Lauerman, «She did it anyway», *Mother Jones*, septiembre-octubre de 1996.

38. *Ibídem.*

39. June Kronholz, «Big test: In Michigan, vouchers get money and savvy and a broad coalition — Amway chief and wife give program higher profile, better shot at success», *Wall Street Journal*, 25 de octubre de 2000; «Biographical information about Betsy DeVos», Associated Press, 21 de octubre de 2006.

40. Ward Harkavy, «The Bush-Cheney gazillions tour», *The Village Voice*, 22 de octubre de 2003.

41. Gordon Trowbridge, Charlie Cain y Mark Hornbeck, «Granholm wins second term», *Detroit News*, 8 de noviembre de 2006.

42. Ted Roelofs, «(Mostly) conservative to the core; Dutch values made us this way, but a large group has never fit the mold», *Grand Rapids Press*, 31 de octubre de 2004.

43. Russ Bellant, *The Religious Right in Michigan Politics*, Silver Spring (Maryland), Americans for Religious Liberty, 1996, págs. 52-55 y 63.

44. *Ibídem.*, pág. 61.

45. *Ibídem.*, pág. 33.

46. *Ibídem.*, pág. 32.

47. *Ibídem.*, págs. 34-35.

48. *Ibídem.*, pág. 35.

49. «Elsa Prince, DeVos give Calvin College $10 million each», *Holland Sentinel*, 27 de julio de 1998; copia en poder del autor de documentos de la Fundación Edgar y Elsa Prince.

50. Michael Lozon, *Vision on Main Street: Downtown Holland's Resurgence as the Heart of the Community*, Lumir Corporation, 1994, págs. 101-115 y 136-140.

51. *Ibídem.*, págs. 102-103.

52. *Ibídem.*, págs. 86-87.

53. *Ibídem.*

54. Carta del presidente del Family Research Council, Gary Bauer, del 13 de abril de 1995.

55. *Ibídem.*

56. «Major auto suppliers in West Michigan», *Grand Rapids Business Journal*, 26 de mayo de 1992.

57. «The Prince Legacy», *Grand Rapids Press*, 3 de marzo de 1995.

58. Michael Lozon, *Vision on Main Street*, pág. 101; «Edgar Prince: Spirit of giving defined a giant», *Grand Rapids Press*, 3 de marzo de 1995.

59. «Edgar Prince: Spirit of giving defined a giant», *Grand Rapids Press*, 3 de marzo de 1995; Jim Harger, «Prince Corp. will continue to prosper», *Grand Rapids Press*, 4 de marzo de 1995.

60. Jim Harger, «Prince Corp. will continue to prosper», *Grand Rapids Press*, 4 de marzo de 1995.

61. «Edgar Prince: Spirit of giving defined a giant», *Grand Rapids Press*, 3 de marzo de 1995.

62. *Ibídem.*

63. Jim Harger, «Prince Corp. will continue to prosper», *Grand Rapids Press*, 4 de marzo de 1995.

64. *Ibídem.*

65. John Agar y John Burdick, «Eulogies focus on religious side of Prince», *Holland Sentinel*, 6 de marzo de 1995; carta del presidente del Family Research Council, Gary Bauer, del 13 de abril de 1995.

66. John Agar y John Burdick, «Eulogies focus on religious side of Prince», *Holland Sentinel*, 6 de marzo de 1995.

67. «A Christian man; Holland philantropist, industrialist Edgar D. Prince leaves many hometown legacies», *Gran Rapids Press* (suplemento para el área del Lakeshore), 3 de marzo de 1995.

68. John Burdick, «Bil Mar cofounder, downtown supporter honored», *Holland Sentinel*, 19 de octubre de 2002.

69. «Blackwater's founder on the record», *Virginian-Pilot*, 24 de julio de 2006.

70. John Agar, «Family says he always put them first», *Holland Sentinel*, 3 de marzo de 1995.

71. John Agar y John Burdick, «Eulogies focus on religious side of Prince», *Holland Sentinel*, 6 de marzo de 1995.

72. John Agar, «Family says he always put them first», *Holland Sentinel*, 3 de marzo de 1995.

73. *Ibídem.*

74. Carta del presidente del Family Research Council, Gary Bauer, del 13 de abril de 1995.

75. Joseph Neff y Jay Price, «A business gets a start», *News & Observer* (Raleigh, Carolina del Norte), 29 de julio de 2004.

76. *Ibídem.*

77. Copia de documentos archivados en la Comisión Electoral Federal en poder del autor.

78. *Ibídem.*

79. Biografía oficial de Erik Prince en Prince Manufacturing.

80. Ted Roelofs, «Neither party well off here as primary nears», *Grand Rapids Press*, 23 de febrero de 1992.

81. *Ibídem.*

82. Copia en poder del autor del historial militar de Erik Prince; entrevistas realizadas en 2006.

83. Entrevistas realizadas en 2006.

84. Michael Lozon, «New era begins at Prince», *Holland Sentinel*, 2 de octubre de 1996.

85. *Ibídem.*

86. *Ibídem.*

87. Richard Harrold, «City officials talked with governor about job loss», *Holland Sentinel*, 31 de marzo de 2004.

88. Mark Sanchez, «A Prince, by any other name», *Holland Sentinel*, 16 de octubre de 1998; Patrick Revere, «Analysts: Area hit hardest by JCI», *Holland Sentinel*, 2 de junio de 2006.

89. Ted Roelofs, «(Mostly) conservative to the core; Dutch values made us this way, but a large group has never fit the mold», *Grand Rapids Press*, 31 de octubre de 2004.

90. John Burdick, «Bil Mar cofounder, downtown supporter honored», *Holland Sentinel*, 19 de octubre de 2002; Russ Bellant, *The Religious Right in Michigan Politics*, pág. 13.

91. John Burdick, «Bil Mar cofounder, downtown supporter honored», *Holland Sentinel*, 19 de octubre de 2002.

92. Documentos de la campaña federal.

93. June Kronholz, «Big test: In Michigan, vouchers get money and savvy and a broad coalition — Amway chief and wife give program higher profile, better shot at success», *Wall Street Journal*, 25 de octubre de 2000.

94. «Kerry Candaele's interview with Robert Pelton», <www.iraqforsale.org/robert_pelton.php>, consultada el 28 de noviembre de 2006.

95. Esquela de Joan Nicole Prince obtenida del archivo de esquelas de la Herrick District Library; esquela en el *Albany Times Union*, 24 de junio de 2003.

96. Página sobre *Christian Fatherhood* en Amazon.com, <www.amazon.com/exec/obidos/tg/detail/0965858227>, consultada el 30 de noviembre de 2006.

97. «Voter's guide for serious Catholics», San Diego (California), Catholic Answers Action, 2006.

98. *Ibídem.*

99. Karl Keating, «Karl Keating's e-letter», 29 de abril de 2003.

100. Copia en poder del autor de documentos de la Fundación Freiheit.

101. *Ibídem.*

102. David D. Kirkpatrick, «Club of the most powerful gathers in strictest privacy», *New York Times*, 28 de agosto de 2004.

103. *Ibídem*.

104. *Ibídem*.

105. *Ibídem*.

106. *Ibídem*.

107. *Ibídem*.

108. *Ibídem*.

109. *Ibídem*.

110. *Ibídem*.

111. Russ Bellant, *The Religious Right in Michigan Politics*, pág. 13.

112. *Ibídem*., pág. 63.

113. Copia en poder del autor de documentos de la Fundación Freiheit.

114. *Ibídem*.

115. Véase el sitio web de Prison Fellowship: <www.prisonfellowship.org>.

116. Joseph Loconte, «God's warden; how Charles Colson went from Watergate villain to Christian hero», *Weekly Standard*, 17 de octubre de 2005.

117. David Plotz, «Charles Colson», revista *Slate*, 11 de marzo de 2000.

118. Morton H. Halperin, «Bush is no Nixon — He's worse», *Los Angeles Times*, 16 de julio de 2006.

119. David Plotz, «Charles Colson», *Slate*, 11 de marzo de 2000.

120. *Ibídem*.

121. Sitio web de Prison Fellowship, <www.prisonfellowship.org/generic.asp?ID=138>, consultado el 4 de diciembre de 2006.

122. *Ibídem*.

123. Transcripción, «America's compassion in action: Remarks by the President at the First White House National Conference on Faith-Based and Community Initiatives at the Washington Hilton and Towers», <www.whitehouse.gov/news/releases/2004/06/20040601-10.html>, 1 de junio de 2004.

124. *Ibídem*.

125. Gary Emerling, «Inmate aid project grows», *Washington Times*, 20 de marzo de 2005.

126. Charles Colson, «How now shall we live», *Journal of Markets and Morality*, primavera de 2002.

127. Chuck Colson, «What's hidden in the shadows: Radical Islam and U.S. prisons», Town-Hall.com, 26 de septiembre de 2006.

128. *Ibídem*.

129. *Ibídem.*

130. «Honoring Chuck Colson», <www.acton.org/dinner>, página consultada el 27 de noviembre de 2006.

131. Copia en poder del autor de documentos de la Fundación Freiheit.

132. Junta Directiva del Acton Institute, <www.acton.org/about/board>, página consultada el 27 de noviembre de 2006; esquela de Joan Nicole Prince obtenida del archivo de esquelas de la Herrick District Library.

133. Copia en poder del autor de la grabación del discurso «War of the worlds» pronunciado por Charles Colson en la cena de gala anual del Acton Institute el 26 de octubre de 2006.

134. «Evangelicals and Catholics together: The Christian mission in the third millennium», *First Things*, mayo de 1994.

135. Damon Linker, *The Theocons: Secular America Under Siege*, Nueva York, Doubleday, 2006.

136. «Evangelicals and Catholics together: The Christian mission in the third millennium», *First Things*, mayo de 1994.

137. *Ibídem.*

138. *Ibídem.*

139. Damon Linker, *The Theocons*, pág. 7.

140. «Evangelicals and Catholics together: The Christian mission in the third millennium», *First Things*, mayo de 1994.

141. *Ibídem.*

142. *Ibídem.*

143. *Ibídem.*

144. *Ibídem.*

145. *Ibídem.*

146. Damon Linker, *The Theocons*, págs. 85-86.

147. Charles Colson, «How now shall we live», *Journal of Markets and Morality*, primavera de 2002.

148. Nathan Hodge, «Blackwater CEO touts private peacekeeping model», *Defense Daily*, 23 de febrero de 2005.

149. Documentos de los archivos de las fundaciones Freiheit y Edgar y Elsa Prince.

150. «Milestone man», <www.haggai-institute.com/News/NewsItem.asp?ItemID=990>, página consultada el 27 de noviembre de 2006.

151. «Where Christians are persecuted today», Christian Freedom International, <www.christianfreedom.org/program_detail.aspx?id=77>, página consultada el 27 de noviembre de 2006.

152. Hans S. Nichols, «Jacobson converts faith into action», *Insight Magazine*, 12 de agosto de 2002.

153. «Christians face uncertain future in Irak, says Christian Freedom International», *U.S. Newswire*, 2 de agosto de 2004; «Losing the Christian Right?», *The Hotline*, 31 de marzo de 2006; Hans S. Nichols, «Jacobson converts faith into action», *Insight Magazine*, 12 de agosto de 2002.

154. «Christian Freedom International urges military action to protect the world's persecuted Christians and others», *PR Newswire*, 8 de octubre de 2001.

155. Documentos de los archivos de Christian Freedom International; David R. Sands, «VOA director was undermined by doubts; "principled conservative" driven out», *Washington Times*, 5 de septiembre de 2002; Mark Schapiro y Eric Burnand, «Keeping faith», *The Nation*, 17 de enero de 1987; Walter Pincus, «Army's Iraq media plan criticized», *Washington Post*, 16 de octubre de 2003.

156. June Kronholz, «Big test: In Michigan, vouchers get money and savvy and a broad coalition — Amway chief and wife give program higher profile, better shot at success», *Wall Street Journal*, 25 de octubre de 2000.

157. *Ibídem*.

158. Transcripción, «Remarks by the President upon arrival at the South Lawn», <www.whitehouse.gov/news/releases/2001/09/20010916-2.html>, 16 de septiembre de 2001.

Capítulo 3

1. Entrevista, julio de 2006.

2. *Ibídem*.

3. *Ibídem*.

4. Copia del historial militar de Erik D. Prince en poder del autor.

5. Entrevista, julio de 2006.

6. «Blackwater's founder on the record», *Virginian-Pilot*, 24 de julio de 2006.

7. «Wife of Prince founder disappointed by layoffs», *Holland Sentinel*, 1 de abril de 2004.

8. «Blackwater's founder on the record», *Virginian-Pilot*, 24 de julio de 2006.

9. Sitio web de Blackwater USA, <www.blackwaterusa.com/about>, consultado el 14-11-2006.

10. «Blackwater's founder on the record», *Virginian-Pilot*, 24 de julio de 2006.

11. Entrevista, agosto de 2006.

12. Dan Briody, *The Halliburton Agenda: The Politics of Oil and Money*, Hoboken (Nueva Jersey), John Wiley & Sons, 2004, págs. 195-196.

13. *Ibídem.*, pág. 184.

14. *Ibídem.*

15. *Ibídem.*, pág. 196.

16. Entrevista, julio de 2006.

17. Entrevista, julio de 2006.

18. Jon Frank, «Best of the best arms training site aims to lure gun enthusiasts, soldiers», *Virginian-Pilot*, 27 de septiembre de 1998.

19. «The end of democracy», *First Things*, noviembre de 1996.

20. *Ibídem.*

21. *Ibídem.*

22. *Ibídem.*

23. Charles W. Colson, «Kingdoms in conflict», *First Things*, noviembre de 1996.

24. James C. Dobson, «The end of democracy? A discussion continued», *First Things*, enero de 1997.

25. «The end of democracy», *First Things*, noviembre de 1996.

26. Documentos de los archivos de la Fundación Freiheit y de la Fundación Edgar y Elsa Prince.

27. Historial militar de Erik D. Prince.

28. Documentos del registro mercantil de Delaware.

29. Jon Frank, «Best of the best arms training site aims to lure gun enthusiasts, soldiers», *Virginian-Pilot*, 27 de septiembre de 1998.

30. Información procedente del sitio web de Blackwater USA, obtenida el 5 de abril de 2004.

31. Censo de Estados Unidos.

32. Anna Saita, «Hearing set on beach man's plan for shooting range in Moyock», *Virginian-Pilot*, 5 de diciembre de 1996.

33. *Ibídem.*

34. Anna Saita, «Currituck rejects outdoor firing range: An ordinance change was needed to pave the way for the project», *Virginian-Pilot*, 8 de enero de 1997.

35. *Ibídem.*

36. *Ibídem.*

37. *Ibídem.*

38. *Ibídem.*

39. Jon Frank, «Best of the best arms training site aims to lure gun enthusiasts, soldiers», *Virginian-Pilot*, 27 de septiembre de 1998.

40. Entrevista, julio de 2006.

41. Entrevista, julio de 2006.

42. <www.navstanorva.navy.mil/history.htm>, 14 de noviembre de 2006.

43. Entrevista, julio de 2006.

44. *Ibídem.*

45. Jon Frank, «Best of the best arms training site aims to lure gun enthusiasts, soldiers», *Virginian-Pilot*, 27 de septiembre de 1998.

46. *Ibídem.*

47. Entrevista, julio de 2006.

48. Steve Waterman, «Blackwater lodge», <http://williambowles.info/guests/blackwater.html>, página consultada el 23 de junio de 2006.

49. *Ibídem.*

50. Kathy Scruggs, «Class is in for SWAT teams; North Carolina facility provides realistic setting to train officers for the latest type of domestic terrorism», *Atlanta Journal-Constitution*, 24 de octubre de 1999.

51. Jon Frank, «Training program simulates a school under assault; Blackwater lodge in Moyock is run by former SEALs», *Virginian-Pilot*, 23 de septiembre de 1999.

52. *Ibídem.*

53. *Ibídem.*

54. Entrevista, julio de 2006.

55. Kathy Scruggs, «Class is in for SWAT teams», *Atlanta Journal-Constitution*, 24 de octubre de 1999.

56. Jon Frank, «Training program simulates a school under assault; Blackwater lodge in Moyock is run by former SEALs», *Virginian-Pilot*, 23 de septiembre de 1999.

57. Mensaje de correo electrónico de Jon Anderson, portavoz de la Administración de Servicios Generales, 19 de septiembre de 2006.

58. <www.gsaadvantage.gov/ref_text/GS07F0149K/GS07F0149K_online.htm>; <www.gsaelibrary.gsa.gov/ElibMain/ContractorInfo?contractNumber=GS-07F-0149K&contractorName=BLACKWATER+LODGE+AND+TRAINING+CE&executeQuery=YES>; páginas consultadas el 14 de noviembre de 2006.

59. Entrevista, agosto de 2006.

60. Archivos del Departamento de Defensa.

61. Archivos de la Comisión Electoral Federal.

62. Mensaje de correo electrónico del 19 de septiembre de 2006.

63. *Ibídem.*

64. *Ibídem.*

65. Entrevista, julio de 2006.

66. *Ibídem.*

67. Sitio web de FedBizOps, <www.fbo.gov/servlet/Documents/R/450249>, consultado el 25 de julio de 2006.

68. Testimonio del almirante Vern Clark ante el Comité sobre Fuerzas Armadas del Senado, 3 de mayo de 2001.

69. Declaración de Situación del Departamento de la Armada, 1998, capítulo 7: «Efficiency: Exploiting the revolution in business affairs».

70. *Ibídem.*

71. Barry Yeoman, «Soldiers of good fortune», *Mother Jones*, mayo-junio de 2003.

72. Bill Sizemore y Joanne Kimberlin, «Profitable patriotism», *Virginian-Pilot*, 24 de julio de 2006.

73. Discurso de Chris Taylor en la Facultad de Derecho de la Universidad George Washington, 28 de enero de 2005.

74. «Defense contracts», *Defense Daily*, 18 de septiembre de 2002.

75. *Ibídem.*

76. Matthew Dolan, «Tough duty: The terror watch; Protecting their own», *Virginian-Pilot*, 15 de diciembre de 2002.

77. Aparición de Erik Prince en el programa *The O'Reilly Factor*, 27 de septiembre de 2001.

78. Información obtenida del Federal Procurement Data System (Sistema de Datos sobre Adquisiciones y Contrataciones del Gobierno Federal).

79. *Ibídem.*

80. Sitio web de la Universidad Regent, <www.regent.edu>, consultado el 17 de noviembre de 2006.

81. Entrevista, agosto de 2006.

82. *Ibídem.*

83. Copia en poder del autor de los documentos del registro de sociedades mercantiles del Departamento de Estado de Delaware.

84. Entrevistas, agosto de 2006; Robert Young Pelton, *Licensed to Kill: Hired Guns in the War on Terror*, Nueva York, Crown, 2006, págs. 36-41.

85. *Ibídem.*

86. «Former Alex.Brown exec becomes CIA's No. 3 man», Associated Press, 16 de marzo de 2001.

87. Anita Raghavan, «Bankers trust's vice chairman resigns to become counselor to CIA director», *Wall Street Journal*, 21 de enero de 1998.

88. Evan Thomas, «A James Bond wanna-be? Buzzy Krongard plans to shake up the troubled CIA», *Newsweek*, 28 de mayo de 2001.

89. *Ibídem.*

90. *Ibídem.*

91. *Ibídem.*

92. Chris Blackhurst, «Mistery of terror "insider dealers"», *Independent on Sunday* (Reino Unido), 14 de octubre de 2001.

93. Evan Thomas, «A James Bond wanna-be? Buzzy Krongard plans to shake up the troubled CIA», *Newsweek*, 28 de mayo de 2001.

94. David Ignatius, «The CIA as venture capitalist», *Washington Post*, 29 de septiembre de 1999.

95. «It's not going to be pretty, CIA says», *Mercury* (de Hobart), 20 de octubre de 2001.

96. Tony Alen-Mills, «Let Bin Laden stay free, says CIA man», *Sunday Times* (Reino Unido), 9 de enero de 2005.

97. *Ibídem*.

98. Pelton, *Licensed to Kill*, pág. 37.

99. Entrevista, agosto de 2006.

100. *Ibídem*.

101. Entrevistas, agosto de 2006; Pelton, *Licensed to Kill*, págs. 36-41.

102. Entrevista, agosto de 2006.

103. Entrevistas, agosto de 2006; Pelton, *Licensed to Kill*, págs. 36-37.

104. Entrevista, agosto de 2006.

105. *Ibídem*.

106. *Ibídem*.

107. Pelton, *Licensed to Kill*, pág. 38.

108. *Ibídem*., págs. 36-41.

109. *Ibídem*., págs. 38-41.

110. *Ibídem*.

111. Ken Silverstein, «Revolving door to Blackwater causes alarm at CIA», *Harper's Magazine* online, 12 de septiembre de 2006.

112. *Ibídem*.

113. Entrevista, agosto de 2006.

114. Barry Yeoman, «Soldiers of good fortune», *Mother Jones*, mayo-junio de 2003.

Capítulo 4

1. Anthony Shadid, *Night Draws Near: Iraq's People in the Shadow of America's War*, Nueva York, Henry Holt and Company, 2005, pág. 283.

2. Alfonso Rojo, «The Gulf War: Death comes to a town almost forgotten by war — Eyewitness», *The Guardian* (Londres), 18 de febrero de 1991.

3. *Ibídem*.

4. Daivid Fairhall, Kathy Evans y Richard Norton-Taylor, «RAF admits bomb hit civilian area — "50 die" as laser aimer fails», *The Guardian* (Londres), 18 de febrero de 1991.

5. David White, «Britain admits bomb missed target and hit town», *Financial Times* (Londres), 18 de febrero de 1991.

6. Finlay Marshall, «RAF regrets civilian deaths in Fallouja», The Press Association Limited, 18 de febrero de 1991.

7. *Ibídem.*

8. «Pentagon top brass "admit bomb error"», *Courier-Mail* (Queensland, Australia), 18 de febrero de 1991.

9. Conclusión basada en las impresiones del autor tras su estancia en Faluya en 2002.

10. Rajiv Chandrasekaran, «Troops kill anti-U.S. protesters; Accounts differ; 13 dead, many hurt, iraqis say», *Washington Post*, 30 de abril de 2003.

11. Entrevista, nobiembre de 2006.

12. Rajiv Chandrasekaran, «Troops kill anti-U.S. protesters; Accounts differ; 13 dead, many hurt, iraqis say», *Washington Post*, 30 de abril de 2003.

13. Charles J. Hanley, «U.S. troops, conservative religion a fiery combination in heartland town», Associated Press, 1 de mayo de 2003.

14. Rajiv Chandrasekaran, «Troops kill anti-U.S. protesters; Accounts differ; 13 dead, many hurt, iraqis say», *Washington Post*, 30 de abril de 2003.

15. Charles J. Hanley, «U.S. troops, conservative religion a fiery combination in heartland town», Associated Press, 1 de mayo de 2003.

16. *Ibídem.*

17. Anthony Shadid, *Night Draws Near*, pág. 233.

18. Charles J. Hanley, «U.S. troops, conservative religion a fiery combination in heartland town», Associated Press, 1 de mayo de 2003.

19. Larry Kaplow, «U.S. claims defense in killing 13, Iraqis said just protesting», Cox News Service, 29 de abril de 2003. También: Rajiv Chandrasekaran, «Troops kill anti-U.S. protesters; Accounts differ; 13 dead, many hurt, iraqis say», *Washington Post*, 30 de abril de 2003.

20. Ellen Knickmeyer, «U.S. soldiers fire on Iraqi protesters after reportedly taking fire; Hospital chief says 13 Iraqis are dead», Associated Press, 29 de abril de 2003.

21. Ellen Knickmeyer, «U.S. soldiers fire on Iraqi protesters after reportedly taking fire; Hospital chief says 13 Iraqis are dead», Associated Press, 29 de abril de 2003.

22. Según, entre otros: «US troops shoot dead three iraqi demonstrators», Agencia de Noticias Xinhua (China), 30 de abril de 2003.

23. Mohamed Hasni, «US troops shoot dead 13 iraqis at anti-American protest», Agence France-Presse, 29 de abril de 2003.

24. Ellen Knickmeyer, «U.S. soldiers fire on Iraqi protesters after reportedly taking fire; Hospital chief says 13 Iraqis are dead», Associated Press, 29 de abril de 2003.

25. Rajiv Chandrasekaran, «Troops kill anti-U.S. protesters; Accounts differ; 13 dead, many hurt, iraqis say», *Washington Post*, 30 de abril de 2003.

26. Human Rights Watch Report, «Violent response: The U.S. army in Al-Falluja», junio de 2003.

27. Tales testimonios fueron muy abundantes y quedaron recogidos en casi todas las crónicas sobre el incidente que los medios desplazados al lugar transmitieron desde Faluya.

28. Rajiv Chandrasekaran, «Troops kill anti-U.S. protesters; Accounts differ; 13 dead, many hurt, iraqis say», *Washington Post*, 30 de abril de 2003.

29. Alan Philps, «U.S. troops fire into crowd: 13 iraqis killed, 75 wounded. U.S. claims protesters fired first shots», *Daily Telegraph* (Londres), 30 de abril de 2003.

30. *Ibídem.*

31. Elizabeth Neuffer, «US, Iraqis at odds on protesters' deaths», *Boston Globe*, 30 de abril de 2003.

32. *Ibídem.*

33. Rajiv Chandrasekaran, «Troops kill anti-U.S. protesters; Accounts differ; 13 dead, many hurt, iraqis say», *Washington Post*, 30 de abril de 2003.

34. Phil Reeves, «Iraq aftermath: At least 10 dead as US soldiers fire on school protest; US put under pressure after civilian shooting, as Europe forges ahead», *The Independent* (Londres), 30 de abril de 2003.

35. *Ibídem.*

36. *Ibídem.*

37. Ellen Knickmeyer, «U.S. soldiers fire on Iraqi protesters after reportedly taking fire; Hospital chief says 13 Iraqis are dead», Associated Press, 29 de abril de 2003; Mohamed Hasni, «US troops shoot dead 13 iraqis at anti-American protest», Agence France-Presse, 29 de abril de 2003.

38. Human Rights Watch Report, «Violent response: The U.S. army in Al-Falluja», junio de 2003.

39. *Ibídem.*

40. Ellen Knickmeyer, «U.S. soldiers fire on Iraqi protesters after reportedly taking fire; Hospital chief says 13 Iraqis are dead», Associated Press, 29 de abril de 2003.

41. «US troops kill 13 at pro-Saddam rally, claim self-defence», Agence France-Presse, 29 de abril de 2003.

42. Elizabeth Neuffer, «US, Iraqis at odds on protesters' deaths», *Boston Globe*, 30 de abril de 2003.

43. Phil Reeves, «Iraq aftermath: At least 10 dead as US soldiers fire on school protest; US put under pressure after civilian shooting, as Europe forges ahead», *The Independent* (Londres), 30 de abril de 2003.

44. Human Rights Watch Report, «Violent response: The U.S. army in Al-Falluja», junio de 2003.

45. *Ibídem*.

46. Scott Wilson, «U.S. forces kill 2 more civilians; Tensions remain high in city in Central Iraq», *Washington Post*, 1 de mayo de 2003.

47. Ian Fisher, «U.S. force said to kill 15 iraqis during an anti-American rally», *New York Times*, 30 de abril de 2003.

48. Véase, por ejemplo, Martin Sieff, «Falluja fire-bell in the night», United Press International, 1 de mayo de 2003.

49. P. Mitchell Prothero, «Second day of fighting at Falluja», UPI, 30 de abril de 2003.

50. Ian Fisher y Michael R. Gordon, «G.I.s kill 2 more protesters in an angry Iraqi city», *New York Times*, 1 de mayo de 2003.

51. P. Mitchell Prothero, «Second day of fighting at Falluja», UPI, 30 de abril de 2003.

52. Ian Fisher y Michael R. Gordon, «G.I.s kill 2 more protesters in an angry Iraqi city», *New York Times*, 1 de mayo de 2003.

53. Scott Wilson, «U.S. forces kill 2 more civilians; Tensions remain high in city in Central Iraq», *Washington Post*, 1 de mayo de 2003.

54. *Ibídem*.

55. *Ibídem*.

56. Ian Fisher y Michael R. Gordon, «G.I.s kill 2 more protesters in an angry Iraqi city», *New York Times*, 1 de mayo de 2003.

57. «Rumsfeld flies into Iraq and declares Iraqis free», Agence France-Presse, 30 de abril de 2003.

58. *Ibídem*.

59. Phil Reeves, «Iraq aftermath: Iraqi rage grows after Fallujah massacre», *Independent on Sunday* (Londres), 4 de mayo de 2003.

60. Según aparecía publicada en el sitio web del *Guardian* de Londres: «Full text: The Saddam Hussein "Letter"», traducida (al inglés) por Brian Whitaker, 30 de abril de 2003.

61. Charles J. Hanley, «U.S. troops, conservative religion a fiery combination in heartland town», Associated Press, 1 de mayo de 2003.

62. Niko Price, «U.S. troops again fire on anti-American protesters; Rumsfeld visits Baghdad», Associated Press, 30 de abril de 2003.

63. Charles J. Hanley, «U.S. troops, conservative religion a fiery combination in heartland town», Associated Press, 1 de mayo de 2003.

64. Sudarsan Raghavan, «Resistance songs urge iraqis to rise up against occupiers», *Knight-Ridder*, 28 de diciembre de 2003.

65. Ivan Watson, «Inexpensive propaganda DVDs being produced by

insurgents in Fallujah, Iraq», transcripción del programa *Morning Edition* de la cadena National Public Radio, 31 de marzo de 2004.

66. Sudarsan Raghavan, «Resistance songs urge iraqis to rise up against occupiers», *Knight-Ridder*, 28 de diciembre de 2003.

Capítulo 5

1. La información que Paul Bremer proporciona en su libro (L. Paul Bremer III, en colaboración con Malcolm McConnell, *My Year in Iraq: The Struggle to Build a Future of Hope*, Nueva York, Simon & Schuster, 2006) es de la mejor que se puede encontrar sobre su paso por Irak.

2. T. Christian Miller, «War's aftermath: Stinging report on missing funds; Audit finds U.S.-led Coalition managed Iraqi money poorly», *Los Angeles Times*, 31 de enero de 2005.

3. Bremer copresidió (junto al ex fiscal general Edwin Meese) el grupo de trabajo sobre «seguridad interior» de la Fundación Heritage.

4. Sesión informativa en el Nixon Center, «Countering the changing threat of international terrorism; A presentation by Ambassador L. Paul Bremer», Nixon Center, Washington, D.C., 19 de julio de 2000. Véase <www.nixoncenter.org/publications/Program%20Briefs/vol6no19 Bremer.htm>.

5. Véase el sitio web de Marsh & McLennan, <www.mmc.com/about/history.php>.

6. L. Paul Bremer, «What now? Crush them; Let us wage total war on our foes», *Wall Street Journal*, 13 de septiembre de 2001.

7. Transcripción del programa *Fox Special Report with Brit Hume*, «Terrorism hits America», Fox News, 11 de septiembre de 2001.

8. Naomi Klein, «Downsizing in disguise», *The Nation*, 23 de junio de 2003.

9. *Ibídem.*

10. *Ibídem.*

11. L. Paul Bremer, *My Year in Iraq*, págs. 6-7.

12. Knut Royce (*Newsday*), «Diplomat expected to take charge in Iraq; Bremer to replace Garner as leader of postwar transition», *Seattle Times*, 2 de mayo de 2003.

13. Naomi Klein, «Downsizing in disguise», *The Nation*, 23 de junio de 2003.

14. Romesh Ratnesar, en colaboración con Simon Robinson, «Life under fire», *Time*, 14 de julio de 2003.

15. David Leigh, «General sacked by Bush says he wanted early elections», *The Guardian*, 18 de marzo de 2004.

16. Mike Allen, «Expert on terrorism to direct rebuilding», *Washington Post*, 2 de mayo de 2003.

17. Bremer, *My Year in Iraq*, pág. 8.

18. Scott Wilson, «Bremer adopts firmer tone for U.S. Occupation of Iraq», *Washington Post*, 26 de mayo de 2003.

19. Bremer, *My Year in Iraq*, pág. 4.

20. En *My Year in Iraq*, Bremer explica que el secretario de Defensa Rumsfeld le dio la «orden de ataque» para proceder a la «desbaazización» y Feith fue el encargado de los trabajos preliminares.

21. Naomi Klein, «Baghdad year zero», *Harper's*, septiembre de 2004.

22. Lara Marlowe, «Mission impossible», *Irish Times*, 17 de abril de 2004.

23. Anthony Shadid, *Night Draws Near*, pág. 152.

24. David Rieff, «Blueprint for a mess», *The New York Times Magazine*, 2 de noviembre de 2003.

25. Marc Lacey, «After the war: The military; Jobs at risk, ex-Iraqi soldiers vow fight if Allies don't pay», *New York Times*, 25 de mayo de 2003.

26. Ilene R. Prusher, «Jobless Iraqi soldiers issue threats», *Christian Science Monitor*, 5 de junio de 2003.

27. Edward Wong, «Beleaguered premier warns U.S. to stop interfering in Iraq's politics», *New York Times*, 30 de marzo de 2006.

28. Andrew Marshall (Reuters), «Sacked troops, tribes threaten U.S. with war», *Toronto Star*, 3 de junio de 2003.

29. *Ibídem*.

30. Entrevista a Robert Frost, «Breakfast with Frost», BBC, citada en el sitio web de la BBC, <http://news.bbc.co.uk/2/hi/middle-east/3029538.stm>, 29 de junio de 2003.

31. Romesh Ratnesar, en colaboración con Simon Robinson, «Life under fire», *Time*, 14 de julio de 2003.

32. *Ibídem*.

33. Mark Zimmerman, «Iraq envoy says faith gives him strength», *Catholic Standard*, 19 de junio de 2003.

34. Ed Sealover, «Candidates talk religion at focus forum», *Colorado Springs Gazette*, 1 de agosto de 2006.

35. Dick Foster, «Bremer says he has background others lack; Lawyer running on his international experience, problem-solving ability», *Rocky Mountain News* (Denver), 26 de julio de 2006.

36. Del *blog* de campaña de Duncan Bremer: <http://bremerforcon-

gress.blogspot.com/2006/08/freedom-of-religion.html>, consultado el 13 de noviembre de 2006.

37. Programa de radio de Focus on the Family, presentado por James Dobson, «A visit with Ambassador and Mrs. Bremer», 27 de junio de 2006.

38. Mark Zimmerman, «Iraq envoy says faith gives him strength», *Catholic Standard*, 19 de junio de 2003.

39. Naomi Klein, «Baghdad year zero», *Harper's*, septiembre de 2004.

40. *Ibídem.*

41. Jeff Madrick, «Economic scene; The economic plan for Iraq seems long on ideology, short on common sense», *New York Times*, 2 de octubre de 2003.

42. Alissa J. Rubin, Mark Fineman y Edmund Sanders, «Iraqis on Council to get guards», *Los Angeles Times*, 13 de agosto de 2003.

43. Copia en poder del autor del Informe Trimestral del Inspector General Especial para la Reconstrucción de Irak, correspondiente a julio de 2004.

44. Bill Sizemore y Joanne Kimberlin, «Blackwater: On the front lines», *Virginian-Pilot*, 25 de julio de 2006.

45. Bremer, *My Year in Iraq*, pág. 148.

46. Bremer, *My Year in Iraq*, pág. 152.

47. *Ibídem.*

48. Jonathan E. Kaplan, «Private army seeking political advice in D.C.», *The Hill*, 14 de abril de 2004.

49. Dana Priest y Mary Pat Flaherty, «Under fire, security firms form an alliance», *Washington Post*, 8 de abril de 2004.

50. John Helyar, «Fortunes of war», *Fortune*, 26 de julio de 2004, según figura en <http://money.cnn.com/magazines/fortune/fortune_archive/2004/07/26/377180/index.htm>.

51. Chris Taylor en «Contractors on the battlefield: Learning from the experience in Iraq», Universidad George Washington, 28 de enero de 2005.

52. *Ibídem.*

53. *Ibídem.*

54. Energy Intelligence Group, Inc., «Perspective: Doing business in Iraq», *Energy Compass*, 16 de octubre de 2003.

55. Según los documentos que registró en la Secretaría de Estado de Carolina del Norte, Blackwater Security Consulting LLC se constituyó el 29 de septiembre de 2003.

56. Según se afirma en el sitio web de Blackwater, <www.blackwatersecurity.com/dospsd.html>.

57. *Ibídem.*

58. «In his own words: "The guys who do this are not money-hungry pigs"», *Virginian-Pilot*, 28 de julio de 2006.

59. Tim Shorrock, «Contractor's arrogance contributed to Iraqi rebellion, Marine Colonel says», <http://timshorrock.blogspot.com/2005/01/contractors-arrogance-contributed-to.html>, publicado el 31 de enero de 2005.

60. *Ibídem.*

61. *Ibídem.*

62. Entrevista para *Frontline*, programa de la PBS, <www.pbs.org/wgbh/pages/frontline/shows/warriors/interviews/hammes.html>, publicada el 21 de junio de 2005.

63. Michael Duffy, «When private armies take to the front lines», *Time*, 12 de abril de 2004.

64. Joanne Kimberlin, «Crash course in survival; Class teaches those preparing for Iraq how to defend themselves amid danger», *Virginian-Pilot*, 30 de junio de 2004.

65. El relato completo y detallado de este incidente está en: T. Christian Miller, *Blood Money: Wasted Billions, Lost Lives, and Corporate Greed in Iraq*, Nueva York, Little Brown and Company, 2006, págs. 169-171.

66. T. Christian Miller, *Blood Money*, pág. 168.

67. Entrevista para *Frontline*, programa de la PBS, <www.pbs.org/wgbh/pages/frontline/shows/warriors/interviews/hammes.html>, publicada el 21 de junio de 2005.

68. Según informó la CNN, «Purported bin Laden tape offers gold for Bremer», <http://www.cnn.com/2004/WORLD/asiapcf/05/06/bin.laden.message>, noticia publicada el 7 de mayo de 2004.

69. Robert Young Pelton, «Riding shotgun in Baghdad», *Popular Mechanics*, abril de 2005.

70. «In his own words: "The guys who do this are not money-hungry pigs"», *Virginian-Pilot*, 28 de julio de 2006.

71. L. Paul Bremer, *My Year in Iraq*, pág. 151.

72. *Ibídem.*, pág. 245.

73. *Ibídem.*, pág. 246.

74. Alan Sipress, «Bremer survived ambush outside Baghdad; Officials don't see attack as attempt at assassination», *Washington Post*, 20 de diciembre de 2003.

75. *Ibídem.*

76. Michele Faul, «Bremer escaped injury in ambush on convoy; Iraqi woman killed by blast at Shiite party office», Associated Press, 19 de diciembre de 2003.

77. Alan Sipress, «Bremer survived ambush outside Baghdad; Officials don't see attack as attempt at assassination», *Washington Post*, 20 de diciembre de 2003.

78. *Ibídem*.

79. Transcripción de una sesión informativa de la Autoridad Provisional de la Coalición, Bagdad, 19 de diciembre de 2003.

80. Sophie Claudet, «Coalition removes first of Saddam's four infamous heads atop Baghdad palace», Agence France-Presse, 2 de diciembre de 2003.

81. *Ibídem*.

82. «In his own words: "The guys who do this are not money-hungry pigs"», *Virginian-Pilot*, 28 de julio de 2006.

83. Jim Wolf (Reuters), «U.S. tells contractors to bring guards if they use work sites in Iraq», *Orlando Sentinel*, 20 de noviembre de 2003.

84. «The Baghdad boom; Mercenaries», *The Economist*, 27 de marzo de 2004.

85. *Ibídem*.

86. James Hider, «Soldiers of fortune rush to cash in on unrest in Baghdad», *The Times* (Londres), 31 de marzo de 2004.

87. John G. Roos, «1-shot killer; This 5.56mm round has all the stopping power you need — but you can't use it», *The Army Times*, 1 de diciembre de 2003.

88. *Ibídem*.

89. *Ibídem*.

90. *Ibídem*.

91. *Ibídem*.

92. «A better bullet; Blended-metal ammo rates realistic testing», *Armed Forces Journal*, editorial de diciembre de 2003.

93. *Ibídem*.

94. John G. Roos, «1-shot killer», *The Army Times*, 1 de diciembre de 2003.

95. «A better bullet», *Armed Forces Journal*, editorial de diciembre de 2003.

96. Ben Thomas's blog, <http://blog.myspace.com/index.cfm?fuseaction=blog.view&friendID=63089073&blogID=107649210&MyToken=89c3dd1c-4760-4c6b-8e90-65039e474568>, entrada publicada el 8 de abril de 2006.

97. Véase, por ejemplo, Michael Duffy, «When private armies take to the front lines», *Time*, 12 de abril de 2004.

98. Mary Pat Flaherty y Jackie Spinner, «In Iraq, contractors' security costs rise», *Washington Post*, 18 de febrero de 2004.

99. Jackie Calmes, «Washington wire: A special weekly report from the *Wall Street Journal*'s capital bureau», *Wall Street Journal*, 23 de febrero de 2004.

100. Marego Athans, «Security businesses, black market in guns thrive», *Baltimore Sun*, 18 de marzo de 2004.

101. Walter Pincus, «More private forces eyed for Iraq; Green Zone contractor would free U.S. troops for other duties», *Washington Post*, 18 de marzo de 2004.

102. David Barstow, James Glanz, Richard A. Oppel Jr. y Kate Zernike, «Security companies: Shadow soldiers in Iraq», *New York Times*, 19 de abril de 2004.

Capítulo 6

1. Nicolas Pelham, «Fear of ambush slows urgent drive to rebuild», *Financial Times*, 13 de enero de 2004.

2. James Hider, «Soldiers of fortune rush to cash in on unrest in Baghdad», *The Times* (Londres), 31 de marzo de 2004.

3. Michael Stetz, «War against terror gives former SEALs the chance to resurrect their skills», *San Diego Union-Tribune*, 3 de junio de 2004.

4. Ted Roelofs, «Good money, constant fear: Local residents stake their claim as Iraqi civilian contractors», *Gran Rapids Press*, 26 de septiembre de 2004.

5. Joanne Kimberlin, «Iraq «operators» perform duties in the line of fire», *Virginian-Pilot*, 15 de abril de 2005.

6. Michael Stetz, «War against terror gives former SEALs the chance to resurrect their skills», *San Diego Union-Tribune*, 3 de junio de 2004.

7. *Ibídem*.

8. Joanne Kimberlin, «Iraq «operators» perform duties in the line of fire», *Virginian-Pilot*, 15 de abril de 2005.

9. A menos que se indique lo contrario, todos los datos biográficos sobre Scott Helvenston proceden de entrevistas realizadas a su madre por el autor durante 2006, al igual que las citas textuales de las palabras de ésta que se incluyen a lo largo del libro.

10. Matt Crenson, «Military experts envision lightning-fast special forces attack as next move in Afghanistan», Associated Press, 11 de octubre de 2001.

11. Samuel Lee, «War is hell, but it makes for good TV», *Straits Times* (Singapur), 21 de enero de 2002.

12. Mark A. Perigard, «»Missions» accomplished — USA reality series crowns a champion tonight», *Boston Herald*, 17 de abril de 2002.

13. Jay Price, Joseph Neff y el corresponsal Charles Crain, «Series: The bridge»; Capítulo 5: «»Scotty bod» grows up», *News and Observer* (Raleigh, Carolina del Norte), 30 de julio de 2004.

14. Andrea Perera, «Mom mourns her fallen son; Leesburg woman saw TV reports, then got call; Ex-Seal was pentathlon champ, actor in movies», *Orlando Sentinel*, 2 de abril de 2004.

15. Abby Goodnough y Michael Luo, «Amid grief, they focus on pride; Iraq ambush victims' kin recall how their loved ones lived», *New York Times*, 4 de abril de 2004.

16. Andrea Perera, «Mom mourns her fallen son; Leesburg woman saw TV reports, then got call; Ex-Seal was pentathlon champ, actor in movies», *Orlando Sentinel*, 2 de abril de 2004.

17. Jonathan Franklin, «US contractor recruits guards for Iraq in Chile», *The Guardian*, 5 de marzo de 2004.

18. *Ibídem.*

19. Copia del mensaje de correo electrónico de Scott Helvenston en poder del autor; asunto: «extreme unprofessionalism», 27 de marzo de 2004.

20. *Ibídem.*

21. *Ibídem.*

22. Mensaje de correo electrónico de Kathy Potter; asunto: «shared conversations with Scott», 13 de abril de 2004.

23. *Ibídem.*

24. Joseph Neff y Jay Price, «Contractors in Iraq make costs balloon; Extensive paramilitary work earns profit on several levels», *News and Observer* (Raleigh, Carolina del Norte), 24 de octubre de 2004.

25. *Ibídem.*

26. *Ibídem.*

27. Transcripción, Sesión de Comparecencia sobre supervisión de los contratistas privados en Irak, Comité de la Cámara de Representantes sobre Supervisión y Reforma Gubernamental, 7 de febrero de 2007.

28. Copia del contrato en poder del autor.

29. *Richard P. Nordan v. Blackwater Security Consulting, LLC et al.*, demanda presentada el 5 de enero de 2005.

30. Jay Price y Joseph Neff, «Security company broke own rules; Four U.S. Civilians ambushed and killed in Fallujah, Iraq, lacked some protection their contract promised», 22 de agosto de 2004.

31. *Ibídem.*

32. *Ibídem.*

33. *Richard P. Nordan v. Blackwater Security Consulting, LLC et al.*, demanda presentada el 5 de enero de 2005.

34. Copia del mensaje de correo electrónico de Scott Helvenston en poder del autor; asunto: «extreme unprofessionalism», 27 de marzo de 2004.

35. *Ibídem.*

36. *Ibídem.*

37. *Ibídem.*

38. *Richard P. Nordan v. Blackwater Security Consulting, LLC et al.*, demanda presentada el 5 de enero de 2005.

39. Mensaje de correo electrónico al autor, 14 de abril de 2006.

40. Copia en poder del autor.

Capítulo 7

1. Human Rights Watch Report, «Violent response: The U.S. army in Al-Falluja», junio de 2003.

2. Departamento de Defensa (transcripción), «82nd Airborne Division commanding General's briefing from Iraq», 6 de enero de 2004.

3. Anthony Shadid, *Night Draws Near*, pág. 235.

4. Patrick Graham, «23 killed as Iraqi rebels overrun police station», *Observer*, 15 de febrero de 2004.

5. L. Paul Bremer III, *My Year in Iraq*, págs. 314-315.

6. Associated Press, «A year after invasion, some Iraqis allege more insecurities», 20 de marzo de 2004.

7. CNN, «General: It's "fun to shoot some people"», CNN.com, 4 de febrero de 2005. Véase: <www.cnn.com/2005/US/02/03/general.shoot>.

8. Hamza Hendawi, «Marines seek to pacify Fallujah with show of force, residents are skeptical», Associated Press, 30 de marzo de 2004.

9. Rajiv Chandrasekaran y Anthony Shadid, «U.S. targeted fiery cleric in risky move; As support for Sadr surged, Shiites rallied for Fallujah», *Washington Post*, 11 de abril de 2004.

10. *Ibídem.*

11. Christopher Torchia, «13 killed in Iraq, including US Marine», Associated Press, 26 de marzo de 2004.

12. «Four killed, seven wounded in Iraq battle: Hospital», Agence France-Presse, 26 de marzo de 2004.

13. Hamza Hendawi, «Marines seek to pacify Fallujah with show of force, residents are skeptical», Associated Press, 30 de marzo de 2004.

14. Stephen Farrell y Richard Beeston, «Out of the desert darkness came hellfire», *The Times* (Londres), 23 de marzo de 2004.

15. Nayla Razzouk, «Iraqis fear «Resistance leader» Yassin's killing may fuel terrorism», Agence France-Presse, 22 de marzo de 2004.

16. *Ibídem*.

17. Hamza Hendawi, «Marines seek to pacify Fallujah with show of force, residents are skeptical», Associated Press, 30 de marzo de 2004.

18. Dexter Filkins (Associated Press), «2 civilians killed in Mosul gun-battles», *Houston Chronicle*, 27 de marzo de 2004.

19. Hamza Hendawi, «Marines seek to pacify Fallujah with show of force, residents are skeptical», Associated Press, 30 de marzo de 2004.

20. *Ibídem*.

21. Transcripción del programa *NewsHour with Jim Lehrer*, PBS, 31 de marzo de 2004.

22. Thomas E. Ricks, *Fiasco: The American Military Adventure in Iraq*, Nueva York, Penguin, 2006, pág. 331.

23. Sesión informativa para la prensa (transcripción), general de brigada Mark Kimmitt, Bagdad (Irak), 30 de marzo de 2004.

24. Salvo que se indique lo contrario, tanto la información biográfica sobre Jerry Zovko como los comentarios de su madre que aquí se recogen están extraídos de entrevistas realizadas a ésta por el autor en el verano de 2006.

25. Joseph Neff y Jay Price, «A private driven man; A 1995 tour in Bosnia matured Jerry Zovko and steered him to the contracting business that would take him to Iraq», *News and Observer*, 28 de julio de 2004.

26. Entrevistas, verano de 2006.

27. Joseph Neff y Jay Price, «Army molds a future; During his 20 years in the service, Wesley Batalona built skills that would come into play later for the tough former sergeant», *News and Observer*, 27 de julio de 2004.

28. *Ibídem*.

29. «Slain US security agents once served with Navy Seals, Special Forces», Agence France-Presse, 2 de abril de 2004.

30. *Ibídem*.

31. Jay Price, Joseph Neff y Charles Crain, «Mutilation seen around the world», *News and Observer* (Raleigh, Carolina del Norte), 25 de julio de 2004.

32. Bill Powell, «Into the cauldron; The murder of four American civilians in Fallujah provokes a vow of retaliation. But can anything defuse the rage in Iraq?», *Time*, 8 de abril de 2004.

33. *Ibídem*.

34. La descripción de esta misión y los detalles de la misma provienen principalmente de tres fuentes distintas: de copias de diversos contratos de Blackwater obtenidas por el autor, de la demanda presentada contra Black-

water en enero de 2005 por las familias de los cuatro hombres asesinados y de la pionera labor periodística de investigación realizada por Jay Price y Joseph Neff para el diario *News and Observer*.

35. Sitio web del programa *Frontline*, de la PBS, «Private warriors: Contractors: The high-risk contracting business», <www.pbs.org/wgbh/pages/frontline/shows/warriors/contractors/highrisk.html>, publicado el 21 de junio de 2005.

36. Jay Price y Joseph Neff, «Families sue over Fallujah· ambush: Relatives contend an N.C. company denied necessary equipment to four men who were killed in the Iraqi city», *News and Observer* (Raleigh, Carolina del Norte), 6 de enero de 2005.

37. Jay Price y Joseph Neff, «Security company broke own rules; Four U.S. Civilians ambushed and killed in Fallujah, Iraq, lacked some protection their contract promised», 22 de agosto de 2004.

38. Jay Price, Joseph Neff y Charles Crain, «Graveyard; The ambush was so sudden that the four private contractors had little chance to react. The men had driven into Fallujah rather than bypassing that tinderbox in the Sunni Triangle. The city's barely suppressed fury boiled to the surface», *News and Observer* (Raleigh, Carolina del Norte), 31 de julio de 2004.

39. Jay Price, Joseph Neff y Charles Crain, «Ambush kills 4 workers in Iraq; Men worked for N.C. security firm», *News and Observer* (Raleigh, Carolina del Norte), 7 de junio de 2004.

40. *Richard P. Nordan v. Blackwater Security Consulting, LLC et al.*, demanda presentada el 5 de enero de 2005.

41. Jay Price y Joseph Neff, «Security company broke own rules; Four U.S. Civilians ambushed and killed in Fallujah, Iraq, lacked some protection their contract promised», *News & Observer* (Raleigh, Carolina del Norte), 22 de agosto de 2004.

42. Copia del contrato en poder del autor.

43. Jay Price, Joseph Neff y Charles Crain, «Graveyard; The ambush was so sudden that the four private contractors had little chance to react. The men had driven into Fallujah rather than bypassing that tinderbox in the Sunni Triangle. The city's barely suppressed fury boiled to the surface», *News and Observer* (Raleigh, Carolina del Norte), 31 de julio de 2004.

44. *Ibídem.*

45. Joshua Hammer, «Cowboy up», *The New Republic*, 24 de mayo de 2004.

46. Comité sobre Supervisión y Reforma Gubernamental, informe del gabinete de la Mayoría de la Cámara, «Private Military Contractors in Iraq: An Examination of Blackwater's Actions in Fallujah», septiembre de 2007.

47. *Ibídem.*

48. Robert Young Pelton, *Licensed to Kill*, pág. 134.

49. David Barstow, «Security firm says its workers were lured into Iraqi ambush», *New York Times*, 9 de abril de 2004.

50. Thomas E. Ricks, *Fiasco*, pág. 331.

51. Bill Powell, «Into the cauldron; The murder of four American civilians in Fallujah provokes a vow of retaliation. But can anything defuse the rage in Iraq?», *Time*, 8 de abril de 2004.

52. Sewell Chan, «Descent into carnage in a hostile city; In Fallujah, mob unleashes its rage», *Washington Post*, 1 de abril de 2004. Nota: por autopsias posteriores se dedujo que los hombres habían fallecido inmediatamente a consecuencia de los disparos (lo que desmentía esas otras versiones) y que fueron sus cadáveres los que habían resultado brutalmente mutilados.

53. Comité sobre Supervisión y Reforma Gubernamental, informe del gabinete de la Mayoría de la Cámara, «Private Military Contractors in Iraq: An Examination of Blackwater's Actions in Fallujah», septiembre de 2007.

54. *Ibídem.*

55. Sameer N. Yacoub, «Insurgents attack U.S. convoy in Fallujah day after bodies of American civilians dragged through streets», Associated Press, 1 de abril de 2004.

56. Sewell Chan, «Descent into carnage in a hostile city; In Fallujah, mob unleashes its rage», *Washington Post*, 1 de abril de 2004.

57. *Ibídem.*

58. *Ibídem.*

59. *Ibídem.*

60. Michael Georgy, «Iraqis drag bodies through streets after attack», Reuters, 31 de marzo de 2004.

Capítulo 8

1. Bing West, *No True Glory: A Frontline Account of the Battle for Fallujah*, Nueva York, Bantam Dell, 2005, pág. 58.

2. Transcripción de «Deputy Director for Coalition operations hosts news conference on security operations in Iraq», sesión informativa del Departamento de Defensa, 31 de marzo de 2004.

3. Tom Raum, «Stakes for U.S. much higher in Iraq than they were in Somalia», Associated Press, 1 de abril de 2004.

4. Transcripción de «Deputy Director for Coalition operations hosts news conference on security operations in Iraq», sesión informativa del Departamento de Defensa, 31 de marzo de 2004.

5. *Ibídem.*

6. *Ibídem.*

7. *Ibídem.*

8. *Ibídem.*

9. Transcripción de «Remarks by the President at Bush-Cheney 2004 Dinner Marriott Wardman Park Hotel Washington, D.C.», anuncio de prensa de la Casa Blanca, 31 de marzo de 2004.

10. L. Paul Bremer III, *My Year in Iraq*, pág. 317.

11. *Ibídem.*

12. *Ibídem.*

13. Tom Raum, «Stakes for U.S. much higher in Iraq than they were in Somalia», Associated Press, 1 de abril de 2004.

14. David Stout, «White House, with support, vows to finish mission in Iraq», *New York Times*, 1 de abril de 2004.

15. *Ibídem.*

16. Transcripción del programa *The O'Reilly Factor*, Fox News Network, 31 de marzo de 2004.

17. *Ibídem.*

18. Transcripción del programa *The O'Reilly Factor*, Fox News Network, 1 de abril de 2004.

19. *Ibídem.*

20. Transcripción de *Scarborough Country*, MSNBC, 31 de marzo de 2004.

21. Claude Salhani, «Analysis: Mogadishu revisited?», UPI, 31 de marzo de 2004.

22. Paul McGeough, «Shocked Iraqis wait for US retribution», *Sydney Morning Herald*, 3 de abril de 2004.

23. Transcripción de «Deputy Director for Coalition operations hosts news conference on security operations in Iraq», sesión informativa del Departamento de Defensa, 31 de marzo de 2004.

24. Transcripción de *CNN Crossfire*, CNN, 1 de abril de 2004.

25. Transcripción de «Coalition Provisional Authority briefing with Brigadier General Mark Kimmitt», sesión informativa del Departamento de Defensa, 1 de abril de 2004.

26. *Ibídem.*

27. *Ibídem.*

28. Transcripción de «Coalition Provisional Authority briefing with Brigadier General Mark Kimmitt», sesión informativa del Departamento de Defensa, 12 de abril de 2004.

29. Jeffrey Gettleman, «4 from U.S. killed in ambush in Iraq; Mob drags bodies», *New York Times*, 1 de abril de 2004.

30. Transcripción de *Larry King Live*, CNN, 1 de abril de 2004.

31. Anne Barnard y Thanassis Cambanis, «Brutality, cheers in Iraq; Mob drags burned bodies of four slain American civilians through streets», *Boston Globe*, 1 de abril de 2004.

32. Paul McCleough, «Shocked Iraqis wait for US retribution», *Sydney Morning Herald*, 3 de abril de 2004.

33. *Ibídem*.

34. Sewell Chan, «Descent into carnage in a hostile city; In Fallujah, mob unleashes its rage», *Washington Post*, 1 de abril de 2004.

35. Kevin Johnson, «Fallujah leaders set defiant tone», *USA Today*, 5 de abril de 2004.

36. *Ibídem*.

37. Jack Fairweather, «American dead butchered "like sheep"», *The Telegraph* (Londres), 1 de abril de 2004.

38. Transcripción de la sesión informativa para la prensa de la Casa Blanca del 31 de marzo de 2004.

39. Transcripción de «Interview with Maybritt Illner of Zdf German Television», FDCH Federal Department and Agency Documents, 1 de abril de 2004.

40. Transcripción de «Coalition Provisional Authority briefing with Brigadier General Mark Kimmitt», sesión informativa del Departamento de Defensa, 1 de abril de 2004.

41. Transcripción de *CNN Live Today*, CNN, 1 de abril de 2004.

42. Joanne Kimberlin, «Three slain Blackwater workers identified», *Virginian-Pilot*, 2 de abril de 2004.

43. Jonathan E. Kaplan, «Private army seeking political advice in D.C.», *The Hill*, 14 de abril de 2004.

44. Gerry J. Gilmore, «U.S. firm mourns slain employees», American Forces Press Service, 2 de abril de 2004.

45. *Ibídem*.

46. Ben Deck, «N.C. Sheriff: Some Blackwater workers ex-law enforcement officers», Cox News Service, 31 de marzo de 2004.

47. Transcripción, «Hearing of the Emerging Threats and Capabilites Subcommittee of the Senate Armed Services Committee», Federal News Service, 2 de abril de 2004.

48. D. R. Staton, «Chaplain corner 04/05/04», *Blackwater Tactical Weekly*, 5 de abril de 2004.

49. Sonja Barisic, «Deaths of North Carolina company's employees in Iraq hit stir hometown», Associated Press, 1 de abril de 2004.

50. Thomas E. Ricks, *Fiasco*, pág. 332.

51. Alissa J. Rubin y Doyle McManus, «Why America has waged a losing battle on Fallouja», *Los Angeles Times*, 24 de octubre de 2004.

52. *Ibídem.*

53. Thomas E. Ricks, *Fiasco*, pág. 332.

54. Alissa J. Rubin y Doyle McManus, «Why America has waged a losing battle on Fallouja», *Los Angeles Times*, 24 de octubre de 2004.

55. Nota biográfica sobre Jim Steele en «Premiere speakers bureau».

56. Jon Lee Anderson, «Letter from Baghdad: The uprising», *The New Yorker*, 3 de mayo de 2004.

57. Nota biográfica sobre Jim Steele en «Premiere speakers bureau». Obviamente, Steele no los llama «escuadrones de la muerte», sino que se refiere a ellos como una «fuerza contraterrorista».

58. Jon Lee Anderson, «Letter from Baghdad: The uprising», *The New Yorker*, 3 de mayo de 2004.

59. *Ibídem.*

60. *Ibídem.*

61. Peter Maass, «The Salvadorization of Iraq?», *The New York Times Magazine*, 1 de mayo de 2005.

62. *Ibídem.*

63. Nota biográfica sobre Jim Steele en «Premiere speakers bureau».

64. Jon Lee Anderson, «Letter from Baghdad: The uprising», *The New Yorker*, 3 de mayo de 2004.

Capítulo 9

1. David Barstow, James Glanz, Richard A. Oppel Jr. y Kate Zernike, «Security companies: Shadow soldiers in Iraq», *New York Times*, 19 de abril de 2004.

2. Una de las mejores y más completas historias de la vida de Muqtada Al Sáder es la que se incluye en el libro de Anthony Shadid *Night Draws Near*.

3. Robert Fisk, «Iraq on the brink of anarchy», *The Independent* (Londres), 6 de abril de 2004.

4. Lo que se convertiría más tarde en política oficial con la aprobación de la Orden n° 17 de la Autoridad Provisional de la Coalición, el 27 de junio de 2004.

5. Jeffrey Gettleman, «A young radical's anti-U.S. wrath is unleashed», *New York Times*, 5 de abril de 2004.

6. Rajiv Chandrasekaran y Anthony Shadid, «U.S. targeted fiery cleric

in risky move; As support for Sadr surged, Shiites rallied for Fallujah», *Washington Post*, 11 de abril de 2004.

7. Jason Burke, Kamal Ahmed, Jonathon Steele y Ed Helmore, «Ten days that took Iraq to the brink», *The Observer* (Londres), 11 de abril de 2004.

8. Rajiv Chandrasekaran y Anthony Shadid, «U.S. targeted fiery cleric in risky move; As support for Sadr surged, Shiites rallied for Fallujah», *Washington Post*, 11 de abril de 2004.

9. Jeffrey Gettleman, «A young radical's anti-U.S. wrath is unleashed», *New York Times*, 5 de abril de 2004.

10. Rajiv Chandrasekaran y Anthony Shadid, «U.S. targeted fiery cleric in risky move; As support for Sadr surged, Shiites rallied for Fallujah», *Washington Post*, 11 de abril de 2004.

11. Jeffrey Gettleman, «U.S. accepts responsibility, but not blame, in deaths of 2 Iraqi journalists», *New York Times*, 30 de marzo de 2004.

12. Anthony Shadid, *Night Draws Near*, pág. 367.

13. Rajiv Chandrasekaran y Anthony Shadid, «U.S. targeted fiery cleric in risky move; As support for Sadr surged, Shiites rallied for Fallujah», *Washington Post*, 11 de abril de 2004.

14. *Ibídem.*

15. Dan Murphy, «Risks rise for Iraqi journalists», *Christian Science Monitor*, 5 de abril de 2004.

16. Jeffrey Gettleman, «A young radical's anti-U.S. wrath is unleashed», *New York Times*, 5 de abril de 2004.

17. Mohamad Bazzi (*Newsday*), «U.S. goes after the cleric who incited violence, move against Shiite could spark more clashes in Iraq», *Seattle Times*, 6 de abril de 2004.

18. Rajiv Chandrasekaran y Anthony Shadid, «U.S. targeted fiery cleric in risky move; As support for Sadr surged, Shiites rallied for Fallujah», *Washington Post*, 11 de abril de 2004.

19. *Ibídem.*

20. *Ibídem.*

21. Jeffrey Gettleman, «A young radical's anti-U.S. wrath is unleashed», *New York Times*, 5 de abril de 2004.

22. Anne Barnard, «Cleric followers battle US troops; Shi'ite protests in Iraq cities turn violent, kill 8 Americans», *Boston Globe*, 5 de abril de 2004.

23. Anthony Shadid, *Night Draws Near*, pág. 369.

24. *Ibídem.*

25. David Barstow, «Security firm says its workers were lured into Iraqi ambush», *New York Times*, 9 de abril de 2004.

26. Salvo que se indique lo contrario, el relato del cabo Lonnie Young

sobre la batalla acaecida en Nayaf el 4 de abril de 2004 está extraído de: U.S. Fed News, «True grit: Real-life account of combat readiness», nota de prensa del Cuerpo de los Marines de Estados Unidos, 2 de septiembre de 2004.

27. Anthony Shadid, *Night Draws Near*, pág. 370.

28. Dana Priest, «Private guards repel attack on U.S. headquarters», *Washington Post*, 6 de abril de 2004.

29. Kate Wiltrout, «If I had to die, it would be defending my country», *Virginian-Pilot*, 18 de septiembre de 2004.

30. Dana Priest, «Private guards repel attack on U.S. headquarters», *Washington Post*, 6 de abril de 2004.

31. Anthony Shadid, *Night Draws Near*, pág. 370.

32. Copia del vídeo en poder del autor.

33. David Barstow, «Security firm says its workers were lured into Iraqi ambush», *New York Times*, 9 de abril de 2004.

34. *Ibídem*.

35. Kate Wiltrout, «If I had to die, it would be defending my country», *Virginian-Pilot*, 18 de septiembre de 2004.

36. David Barstow, «Security firm says its workers were lured into Iraqi ambush», *New York Times*, 9 de abril de 2004.

37. Copia del vídeo en poder del autor.

38. John G. Roos, «1-shot killer; This 5.56mm round has all the stopping power you need — but you can't use it», *The Army Times*, 1 de diciembre de 2003.

39. Entrada de Ben Thomas (alias «Mookie Spicoli») en el foro «Get off the X», 12 de octubre de 2006, <http://getoffthex.com/eve/forums/a/tpc/f/440107932/m/7871025602?r=6851057602#6851057602>, consultada el 21 de noviembre de 2006.

40. *Ibídem*.

41. *Ibídem*.

42. Dana Priest, «Private guards repel attack on U.S. headquarters», *Washington Post*, 6 de abril de 2004.

43. Robert Fisk, «Three-hour gun battle leaves 22 dead as Shia join Iraq conflict», *The Independent* (Londres), 5 de abril de 2004.

44. Dana Priest, «Private guards repel attack on U.S. headquarters», *Washington Post*, 6 de abril de 2004.

45. Kate Wiltrout, «If I had to die, it would be defending my country», *Virginian-Pilot*, 18 de septiembre de 2004.

46. Transcripción de «Coalition Provisional Authority briefing with Brigadier General Mark Kimmitt», sesión informativa del Departamento de Defensa, 5 de abril de 2004.

47. David Barstow, «Security firm says its workers were lured into Iraqi ambush», *New York Times*, 9 de abril de 2004.

48. «Deadly clashes erupt between Iraqi Shiites and Coalition troops», Agence France-Presse, 4 de abril de 2004.

49. Kate Wiltrout, «If I had to die, it would be defending my country», *Virginian-Pilot*, 18 de septiembre de 2004.

50. Rajiv Chandrasekaran y Anthony Shadid, «U.S. targeted fiery cleric in risky move; As support for Sadr surged, Shiites rallied for Fallujah», *Washington Post*, 11 de abril de 2004.

51. Robert Fisk, «Three-hour gun battle leaves 22 dead as Shia join Iraq Conflict», *The Independent* (Londres), 5 de abril de 2004.

52. Anne Barnard, «Cleric followers battle US troops; Shi'ite protests in Iraq cities turn violent, kill 8 Americans», *Boston Globe*, 5 de abril de 2004.

53. *Ibídem.*

54. Transcripción de *Democracy Now!*, 31 agosto de 2005.

55. Melinda Liu, «Mean streets: Inside the brutal battle of Sadr City. As a venue for urban warfare, this is as bad as it gets», *Newsweek* (vía web exclusivamente), 27 de abril de 2004.

56. *Ibídem.*

57. Hala Boncompagni, «US brands radical Shiite cleric an outlaw amid anti-Coalition uprising», Agence France-Presse, 5 de abril de 2004.

58. «Warrant outstanding for arrest of cleric behind Iraq unrest: Coalition», Agence France-Presse, 5 de abril de 2004. Nota: la APC afirmó que la orden de arresto había sido emitida meses antes por un juez iraquí e insistió en que el momento de emisión de dicha orden fue una decisión de ese juez y no de las autoridades de la ocupación.

59. «Privatizing warfare», editorial del *New York Times*, 21 de abril de 2004.

60. *Ibídem.*

Capítulo 10

1. Servicio de noticias del *Seattle Times*, «8 U.S. troops killed in Iraqi Shiite revolt anti-U.S. cleric's backers riot; Coalition calls in jets, copters; In separate action today, Marines move to retake control of Fallujah», *Seattle Times*, 5 de abril de 2005.

2. Bassem Mroue, «Marines tighten the noose on rebel town», *Daily Telegraph* (Sydney, Australia), 7 de abril de 2004.

3. Pamela Constable, «Marines, insurgents battle for Sunni city; Death toll disputed in air attack on mosque», *Washington Post*, 8 de abril de 2004.

4. Bassem Mroue, «Marines tighten the noose on rebel town», *Daily Telegraph* (Sydney, Australia), 7 de abril de 2004.

5. Pamela Constable, «Marines, insurgents battle for Sunni city; Death toll disputed in air attack on mosque», *Washington Post*, 8 de abril de 2004.

6. Bassem Mroue, «Marines tighten the noose on rebel town», *Daily Telegraph* (Sydney, Australia), 7 de abril de 2004.

7. *Ibídem.*

8. *Ibídem.*

9. Thomas E. Ricks, *Fiasco*, pág. 333.

10. Rajiv Chandrasekaran, «Anti-U.S. upsrising widens in Iraq; Marines push deeper into Fallujah; Cleric's force tightens grip in holy cities», *Washington Post*, 8 de abril de 2004.

11. Thanassis Cambanis, «Americans advance on Fallujah», *Boston Globe*, 8 de abril de 2004.

12. Rajiv Chandrasekaran, «Anti-U.S. upsrising widens in Iraq; Marines push deeper into Fallujah; Cleric's force tightens grip in holy cities», *Washington Post*, 8 de abril de 2004.

13. *Ibídem.*

14. Bassem Mroue y Abdul-Qader Saadi, «US bombs Fallujah mosque; More than 40 worshippers killed; Revolutionary violence engulfs Iraq», Associated Press, 7 de abril 2004.

15. Jack Fairweather, «"There were bodies by the road but no one stopped. We just wanted to get out of that hellish place;" Jack Fairweather talks to families who fled the fighting in Fallujah», *The Daily Telegraph* (Londres), 12 de abril de 2004.

16. Rahul Mahajan, «Fallujah and the reality of war», Commondreams.org, 6 de noviembre de 2004.

17. David Blair, Alec Russell y David Rennie, «Urban warfare grips Iraq; US forces hit mosque compound in Fallujah with bombs and rockets; Britons evacuated as Coalition HQ is abandoned to the Mahdi militia», *The Daily Telegraph* (Londres), 8 de abril de 2004.

18. Pamela Constable, «Troops gaining grip in sections of Fallujah», *Washington Post*, 7 de abril de 2004.

19. *Ibídem.*

20. *Ibídem.*

21. Bing West, *No True Glory*, pág. 176.

22. *Ibídem.*

23. Thanassis Cambanis, «Americans advance on Fallujah», *Boston Globe*, 8 de abril de 2004.

24. *Ibídem.*

25. Patrick Cockburn, «Iraq: The descent into chaos: US has killed 280 in Fallujah this week, says hospital doctor», *The Independent* (Londres), 9 de abril de 2004.

26. *Ibídem*.

27. Anne Barnard, «Anger over Fallujah reaches ears of the faithful», *Boston Globe*, 11 de abril de 2004.

28. Pamela Constable, «Marines try to quell "a hotbed of resistance"», *Washington Post*, 9 de abril de 2004.

29. Thomas E. Ricks, *Fiasco*, pág. 333.

30. *Ibídem*.

31. Jack Fairweather, «"There were bodies by the road but no one stopped. We just wanted to get out of that hellish place;" Jack Fairweather talks to families who fled the fighting in Fallujah», *The Daily Telegraph* (Londres), 12 de abril de 2004.

32. Dahr Jamail, «Americans slaughtering civilians in Falluja», *The New Standard*, 11 de abril de 2004.

33. *Ibídem*.

34. Dahr Jamail, «Americans slaughtering civilians in Falluja», *The New Standard*, 11 de abril de 2004.

35. Rahul Mahajan, «Fallujah and the reality of war», Commondreams.org, 6 de noviembre de 2004.

36. Dahr Jamail, «Americans slaughtering civilians in Falluja», *The New Standard*, 11 de abril de 2004.

37. Jeffrey Gettleman, «Marines use low-tech skill to kill 100 in urban battle», *New York Times*, 15 de abril de 2004.

38. Joshua Hammer, «Fallujah: In the hands of insurgents», *Newsweek*, 24 de mayo de 2004: «El teniente general James T. Conway, comandante de la Primera Fuerza Expedicionaria, explicó a NEWSWEEK que el empleo de armamento de "precisión" por parte de los marines garantizaba que "entre el 90 y el 95%" de los iraquíes a los que mataban en el interior de la ciudad fuesen combatientes».

39. Jeffrey Gettleman, «Marines use low-tech skill to kill 100 in urban battle», *New York Times*, 15 de abril de 2004.

40. Mustafa Abdel-Halim, «U.S. forces want Al-Jazeera out of Fallujah», IslamOnline.net (El Cairo), 9 de abril de 2004.

41. Transcripción de *Democracy Now!*, 22 febrero de 2006.

42. *Ibídem*.

43. Melinda Liu, «War of perceptions: The U.S. military is devising a plan to end the siege of Fallujah. But will it win on the battleground of Iraqi public opinion?», *Newsweek* (vía Web exclusivamente), 29 de abril de 2004.

44. Mustafa Abdel-Halim, «U.S. forces want Al-Jazeera out of Fallujah», IslamOnline.net (El Cairo), 9 de abril de 2004: «"Las fuerzas estadounidenses han declarado que Al Yazira debe irse como condición previa a cualquier posible solución de los enfrentamientos en Faluya", ha explicado a IslamOnline.net el director de Al Yazira Wadah Khanfar, citando fuentes próximas al Consejo de Gobierno iraquí».

45. Copia (en poder del autor) de la carta, «Letter from Ahmed Mansour», 29 de abril de 2004.

46. Transcripción de «Coalition Provisional Authority briefing with Brigadier General Mark Kimmitt», sesión informativa del Departamento de Defensa, 12 de abril de 2004.

47. *Ibídem.*

48. Transcripción de la sesión informativa habitual del Departamento de Defensa, 15 de abril de 2004.

49. *Ibídem.*

50. Kevin Maguire y Andy Lines, «Exclusive: Bush plot to bomb his Arab ally», *Daily Mirror* (Londres), 22 de noviembre de 2005.

51. *Ibídem.* Nota: Estados Unidos bombardeó tanto las oficinas de Al Yazira en Afganistán en 2001 como el hotel de Basora donde sólo estaban alojados unos periodistas de la cadena en abril de 2003, y, además, mató unos días después en Bagdad al corresponsal en Irak, Tareq Ayoub, y encarceló a varios reporteros de Al Yazira en Guantánamo y otros centros de detención. Algunos de ellos declararon luego haber sido torturados. Además de los ataques militares, el gobierno iraquí respaldado por EE.UU. prohibió a la cadena informar desde Irak.

52. Transcripción de *Democracy Now!*, 22 de febrero de 2006.

53. Anne Barnard, «Anger over Fallujah reaches ears of the faithful», *Boston Globe*, 11 de abril de 2004.

54. Christina Asquith, «Refugees tell of rising anger in Fallujah», *Christian Science Monitor*, 14 de abril de 2004.

55. Transcripción, «President adresses the Nation in prime time press conference», la Casa Blanca, 13 de abril de 2004.

56. Anne Barnard, «Anger over Fallujah reaches ears of the faithful», *Boston Globe*, 11 de abril de 2004.

57. Jack Fairweather, «"There were bodies by the road but no one stopped. We just wanted to get out of that hellish place;" Jack Fairweather talks to families who fled the fighting in Fallujah», *The Daily Telegraph* (Londres), 12 de abril de 2004.

58. Anne Barnard, «Anger over Fallujah reaches ears of the faithful», *Boston Globe*, 11 de abril de 2004.

59. Nota de prensa de la Casa Blanca, 20 de enero de 2004. En el pie de

la foto de la señora Bush y Pachachi que la acompañaba, podía leerse: «La señora Bush aplaude a su invitado especial, el Dr. Adnan Pachachi, presidente del Consejo de Gobierno iraquí, durante el discurso sobre el Estado de la Unión del presidente Bush ante el Congreso estadounidense el 20 de enero de 2004. El presidente dedicó al doctor Pachachi las siguientes palabras: "Señor, Estados Unidos está con usted y con el pueblo iraquí en su esfuerzo por construir una nación libre y en paz"».

60. Anne Barnard, «Anger over Fallujah reaches ears of the faithful», *Boston Globe*, 11 de abril de 2004.

61. Anthony Shadid, *Night Draws Near*, pág. 373.

62. Rajiv Chandrasekaran, «Key General criticizes April attack in Fallujah abrupt withdrawal called vacillation», *Washington Post*, 13 de septiembre de 2004.

63. *Ibídem.*

64. Transcripción de la sesión informativa para la prensa de la Autoridad Provisional de la Coalición, transcripción informativa del Departamento de Defensa, 12 de abril de 2004.

65. Thanassis Cambanis, «U.N. envoy offers plan for interim government», *Boston Globe*, 15 de abril de 2004.

66. Transcripción de *This Week with George Stephanopoulos*, ABC, 25 de abril de 2004.

67. Dahr Jamail, «Vigilant resolve», DahrJamailIraq.com, 15 de febrero de 2005.

68. Patrick Cockburn, «The failure in Iraq is even deeper than people imagine», *The Independent* (Londres), 17 de abril de 2004.

69. Transcripción de la sesión del Comité sobre Fuerzas Armadas del Senado, 20 de abril de 2004.

70. Bill Sizemore y Joanne Kimberlin, «Blackwater: When things go wrong», *Virginian-Pilot*, 26 de julio de 2006.

71. *Ibídem.*

72. Copia de la foto del puente de Faluya (AFP/Getty) en poder del autor.

73. Dahr Jamail, «Vigilant resolve», DahrJamailIraq.com, 15 de febrero de 2005.

Capítulo 11

1. Whitney Gould, «Iraq casualty was a born leader; Gore, a St. John's Northwestern graduate, died in helicopter crash», *Milwaukee Journal Sentinel*, 24 de abril de 2005.

2. Salvo que se indique lo contrario, todas las citas atribuidas a Danica

Zovko y la información sobre su experiencia personal se basan en entrevistas realizadas por el autor en el verano de 2006.

3. Jay Price y Joseph Neff, «The bridge; The scene in Fallujah was unforgettable: Four Americans shot, their bodies defiled, two of them hung from a bridge. They weren't soldiers, but private guards working for a North Carolina company», *News & Observer* (Raleigh, Carolina del Norte), 25 julio de 2004.

4. Salvo que se indique lo contrario, todas las citas atribuidas a Katy Helvenston-Wettengel y la información sobre su experiencia personal se basan en entrevistas realizadas por el autor a lo largo de 2006.

5. Bill Sizemore y Joanne Kimberlin, «Blackwater: On the front lines», *Virginian-Pilot*, 25 de julio de 2006.

6. Jonathan E. Kaplan, «Private army seeking political advice in D.C.», *The Hill*, 14 de abril de 2004.

7. Biografía de Erik Prince en Prince Manufacturing.

8. Registro federal de *lobbies*.

9. Bill McAllister, «Guns for hire», *Washington Post*, 18 de junio de 1998; Dena Bunis, «U.S. Representatives release net-worth figures for '98», *Orange County Register* (California), 17 de junio de 1999.

10. Registro federal de *lobbies*.

11. Discurso del congresista Dana Rohrabacher ante el pleno de la Cámara de Representantes de los Estados Unidos, 17 de septiembre de 2001.

12. Informe de Public Citizen, «Rep. Roy Blunt: Ties to special interests leave him unfit to lead», enero de 2006.

13. Johanthan E. Kaplan, «Private army seeking political advice in D.C.», *The Hill*, 14 de abril de 2004.

14. David Barstow, «Security firm says its workers were lured into Iraqi ambush», *New York Times*, 9 de abril de 2004.

15. *Ibídem.*

16. *Ibídem.*

17. Joseph Neff y Jay Price, «After the horror, strong words mask inaction; Little has been done to determine the facts of the ambush in Fallujah that cost four civilian contractors their lives», *News & Observer* (Raleigh, Carolina del Norte), 1 de agosto de 2004.

18. *Ibídem.*

19. Douglas Quenqua, «Security firms in Iraq look to up US political support», *PR Week*, 26 de abril de 2004.

20. James Rosen, «Contractors operate in a legal gray area; The roles of an interrogator and an interpreter in the abuse scandal are murky. Even less clear is whom they answer to», *Star Tribune* (Minneapolis), 23 de mayo de 2004.

21. *Ibídem.*

22. Véase Jeremy Scahill, «Mercenary jackpot», *The Nation*, 28 de agosto de 2006.

23. Orden n° 17 de la Autoridad Provisional de la Coalición, 27 de junio de 2004.

24. Copia de la carta, fechada el 8 de abril de 2004, en poder del autor.

25. Oficina del senador Jack Reed, «Statement by Senator Reed regarding the private contractor allegations», nota de prensa, 16 de febrero de 2005.

26. David Barstow, James Glanz, Richard A. Oppel Jr. y Kate Zernike, «Security companies: Shadow soldiers in Iraq», *New York Times*, 19 de abril de 2004.

27. Brenda Kleman, «Blackwater USA eyes HQ expansion», Cox News Service, 16 de abril de 2004.

28. Transcripción, «Inside the world of a security contractor in Iraq», CNN, 18 de junio de 2006.

29. Brenda Kleman, «Blackwater USA eyes HQ expansion», Cox News Service, 16 de abril de 2004.

30. *Ibídem.*

31. Nota de prensa, «Blackwater USA to host 2004 World SWAT Conference and Challenge May 17-22, 2004», PR Web Newswire, 14 de abril de 2004.

32. *Ibídem.*

33. Kim O'Brien Root, «World Swat Challenge; Top-ranked teams vie for national tactics title», *Daily Press* (Newport News, Virginia), 22 de mayo de 2004.

34. *Ibídem.*

35. La descripción de la exposición que hizo David Grossman en aquel congreso está extraída de Peter Carlson, «Sultans of SWAT; Competition has law enforcement assault teams gunning to be the best», *Washington Post*, 25 de mayo de 2004.

36. Gary Jackson, *Blackwater Tactical Weekly*, 17 de mayo de 2004.

37. Douglas Quenqua, «Security firms in Iraq look to up US political support», *PR Week*, 26 de abril de 2004.

38. *Ibídem.*

39. Jonathan E. Kaplan, «British security firm in Iraq seeks K Street input», *The Hill*, 21 de abril de 2004.

40. David Barstow, James Glanz, Richard A. Oppel Jr. y Kate Zernike, «Security companies: Shadow soldiers in Iraq», *New York Times*, 19 de abril de 2004.

41. Joanne Kimberlin, «Blackwater sees increase in applications», *Virginian-Pilot*, 10 de abril de 2004.

42. *Ibídem.*

43. David Barstow, James Glanz, Richard A. Oppel Jr. y Kate Zernike, «Security companies: Shadow soldiers in Iraq», *New York Times*, 19 de abril de 2004.

44. Robert Fisk y Patrick Cockburn, «Deaths of scores of mercenaries not reported», *The Star* (Sudáfrica), 13 de abril de 2004.

45. Greg Griffin, «Reconstructing a country: Civilians face increased danger; U.S. contractors resolve to stay in Iraq», *Denver Post*, 22 de abril de 2004.

46. Joshua Chaffin, James Drummond y Nicolas Pelham, «Not only are staff being moved to safer locations, but the escalating cost of security is eating into the resources available to improve infrastructure», *Financial Times*, 6 de mayo de 2004.

47. John F. Burns y Kirk Semple, «U.S. finds Iraq Insurgency has funds to sustain itself», *New York Times*, 26 de noviembre de 2006.

48. Greg Griffin, «Reconstructing a country: Civilians face increased danger; U.S. contractors resolve to stay in Iraq», *Denver Post*, 22 de abril de 2004.

49. Jeremy Kahn y Nelson D. Schwartz, «Private sector soldiers: With violence escalating in Iraq, tens of thousands of U.S. contractors are getting more than they bargained for», *Fortune*, 3 de mayo de 2004.

50. Greg Griffin, «Reconstructing a country: Civilians face increased danger; U.S. contractors resolve to stay in Iraq», *Denver Post*, 22 de abril de 2004.

51. Jeremy Kahn y Nelson D. Schwartz, «Private sector soldiers: With violence escalating in Iraq, tens of thousands of U.S. contractors are getting more than they bargained for», *Fortune*, 3 de mayo de 2004.

52. Sandip Roy, «U.S. to worldwide firms: Iraq safer than you think», Pacific News Service, 7 de mayo de 2004.

53. *Ibídem.*

54. Saifur Rahman, «Call to take advantage of opportunities in Iraq», *Gulf News* (Dubai, Emiratos Árabes Unidos), 21 de abril de 2004.

55. Sandip Roy, «U.S. to worldwide firms: Iraq safer than you think», Pacific News Service, 7 de mayo de 2004.

56. David Barstow, James Glanz, Richard A. Oppel Jr. y Kate Zernike, «Security companies: Shadow soldiers in Iraq», *New York Times*, 19 de abril de 2004.

57. *Ibídem.*

58. *Ibídem.*

59. James Hider, «Soldiers of fortune rush to cash in on unrest», *The Times* (Londres), 31 de marzo de 2004.

60. Joshua Chaffin, James Drummond y Nicolas Pelham, «Not only are

staff being moved to safer locations, but the escalating cost of security is eating into the resources available to improve infrastructure», *Financial Times*, 6 de mayo de 2004.

61. Jeremy Kahn y Nelson D. Schwartz, «Private sector soldiers: With violence escalating in Iraq, tens of thousands of U.S. contractors are getting more than they bargained for», *Fortune*, 3 de mayo de 2004.

62. David Barstow, James Glanz, Richard A. Oppel Jr. y Kate Zernike, «Security companies: Shadow soldiers in Iraq», *New York Times*, 19 de abril de 2004.

63. *Ibídem*.

64. Diana McCabe, «Risky business: Even in Baghdad's "Green Zone", life can be tough, but big paychecks and a sense of nation-building inspire workers», *Orange County Register*, 21 de abril de 2004.

65. *Ibídem*.

66. Barry Yeoman, «How South African hit men, Serbian paramilitaries, and other human rights violators became guns for hire for military contractors in Iraq», *Mother Jones*, noviembre-diciembre de 2004.

67. Michael Duffy, «When private armies take to the front lines», *Time*, 12 de abril de 2004.

68. CBS News, «Abuse of Iraqi POWs by GIs probed», *60 Minutes II*, 28 de abril de 2004.

69. Deborah Hastings, «Military reports match some lawsuit details», Associated Press, 24 de octubre de 2004.

70. Tim Shorrock, «CACI and its friends», *The Nation*, 21 de junio de 2004.

71. Nota de prensa, «Lawsuit charges two U.S. corporations conspired with U.S. officials to torture and abuse detainees in Iraq», The Center for Constitutional Rights, 9 de junio de 2004.

72. Michael Duffy, «When private armies take to the front lines», *Time*, 12 de abril de 2004.

73. David Barstow, James Glanz, Richard A. Oppel Jr. y Kate Zernike, «Security companies: Shadow soldiers in Iraq», *New York Times*, 19 de abril de 2004.

74. Paul Tharp, «Security firms get boost from Rambo work in Iraq», *New York Post*, 8 de abril de 2004.

75. Seth Borenstein y Scott Dodd, «Private security companies in Iraq seek big paychecks, bit risks», *Knight Ridder/Tribune Business News*, 2 de abril de 2004.

76. Jay Price, «Armed security business booms», *News & Observer* (Raleigh, Carolina del Norte), 2 de abril de 2004.

77. Jonathan Franklin, «US contractor recruits guards for Iraq in Chile», *The Guardian*, 5 de marzo de 2004.

78. Dana Priest y Mary Pat Flaherty, «Under fire, security firms form an alliance», *Washington Post*, 8 de abril de 2004.

79. Robert Fisk, «Saddam in the dock: So this is what they call the new, free Iraq», *The Independent on Sunday* (Londres), 4 de julio de 2004.

80. Mary Pat Flaherty, «Iraq work awarded to veteran of civil wars; Briton who provided units in Asia and Africa will oversee security», *Washington Post*, 16 de junio de 2004.

81. Véase la versión del propio Spicer sobre aquellos hechos en Lt. Col. Tim Spicer OBE, *An Unorthodox Soldier: Peace and War and the Sandline Affair*, Edimburgo (Gran Bretaña), Mainstream Publishing Company, 1999.

82. Stephen Armstrong, «The enforcer: Colonel Tim Spicer is effectively in charge of the second largest military force in Iraq — some 20,000 private soldiers. Just don't call him a mercenary», *The Guardian* (Londres), 20 de mayo de 2006.

83. P. W. Singer, «Nation builders and low bidders in Iraq», *New York Times*, 15 de junio de 2004.

84. Jonathan Guthrie, «Tim Spicer finds security in the world's war zones», *Financial Times* (Londres), 7 de abril de 2006.

85. Mary Pat Flaherty, «Iraq work awarded to veteran of civil wars; Briton who provided units in Asia and Africa will oversee security», *Washington Post*, 16 de junio de 2004.

86. Jonathan Guthrie, «Tim Spicer finds security in the world's war zones», *Financial Times* (Londres), 7 de abril de 2006.

87. Mary Fitzgerald, «U.S. contract to British firm sparks Irish American protest; Anger over Iraq deal stems from 1992 murder in Belfast», *Washington Post*, 9 de agosto de 2004.

88. P. W. Singer, «Nation builders and low bidders in Iraq», *New York Times*, 15 de junio de 2004.

89. Mary Fitzgerald, «U.S. contract to British firm sparks Irish American protest; Anger over Iraq deal stems from 1992 murder in Belfast», *Washington Post*, 9 de agosto de 2004.

90. Carta de los senadores Hillary Rodham Clinton, Edward M. Kennedy, Christopher J. Dodd, Charles E. Schumer y John F. Kerry al secretario de Defensa Donald Rumsfeld, 25 de agosto de 2004.

91. Charles M. Sennott, «Security firm's $293m deal under scrutiny», *Boston Globe*, 22 de junio de 2004.

92. James Boxell y Jimmy Burns, «Aegis Iraqi contract renewed», *Financial Times* (Londres), 19 de abril de 2006.

93. P. W. Singer, «Nation builders and low bidders in Iraq», *New York Times*, 15 de junio de 2004.

94. *Ibídem.*

95. Jonathan Finer, «Contractors cleared in videotaped attacks; Army fails to find "probable cause" in machine-gunning of cars in Iraq», *Washington Post*, 11 de junio de 2006.

96. *Ibídem.*

97. *Ibídem.*

98. James Boxell, «Iraq investigation clears Aegis defence», *Financial Times* (Londres), 15 de junio de 2006.

99. T. Christian Miller, «Federal audit criticizes Iraq contract oversight; Inspector General finds that a controversial security firm failed to meet its obligacions», *Los Angeles Times*, 23 de abril de 2005.

100. Matthew Lynn, «Men with guns are the new dotcoms», *The Spectator* (Londres), 4 de noviembre de 2006.

101. Kim Sengupta, «Blair accused of trying to "privatise" war in Iraq», *The Independent* (Londres), 30 de octubre de 2006.

102. «Four hired guns killed in Baghdad ambush saturday», Agence France-Presse, 6 de junio de 2004.

103. Danica Kirka, «Four employees of U.S. company killed in ambush in Baghdad», Associated Press, 6 junio de 2004.

104. *Ibídem.*

105. William R. Levesque, «Clearwater security worker killed in Iraq», *St. Petersburg Times* (Florida), 8 de junio de 2004.

106. *Ibídem.*

107. «Four private security workers killed in Iraq», Deutsche Presse-Agentur, 6 de junio de 2004.

108. «Have gun... will travel», *The Warsaw Voice* (Polonia), 23 de junio de 2004.

109. Joseph Neff y Jay Price, «Ambush kills 4 workers in Iraq; Men worked for N.C. security firm», *News & Observer* (Raleigh, Carolina del Norte), 7 de junio de 2004.

110. William R. Levesque, «Clearwater security worker killed in Iraq», *St. Petersburg Times* (Florida), 8 de junio de 2004.

111. *Ibídem.*

112. Joseph Neff y Jay Price, «Ambush kills 4 workers in Iraq; Men worked for N.C. security firm», *News & Observer* (Raleigh, Carolina del Norte), 7 de junio de 2004.

113. Vickie Chachere, «Palm Harbor man among dead in ambush on Iraq convoy», Associated Press, 7 de junio de 2004.

114. *Ibídem.*

115. Odai Sirri, «Allawi may resort to Baathist expertise», Aljazeera.net, 7 de junio de 2004.

116. L. Paul Bremer III, *My Year in Iraq*, pág. 384.

117. Orden n° 17 de la Autoridad Provisional de la Coalición, 27 de junio de 2004.

118. Nota de prensa, «Fact sheet on the anti-war profiteering amendment to the Defense Authorization Bill», senador Patrick Leahy, 15 de junio de 2004.

119. Scott Shane, «Cables show central Negroponte role in 80's covert war against Nicaragua», *New York Times*, 13 de abril de 2005; Michael Dobbs, «Papers illustrate Negroponte's Contra role; Newly released documents show intelligence nominee was active in U.S. effort», *Washington Post*, 12 de abril de 2005.

120. *Ibídem.*

121. Puede encontrarse un tratamiento exhaustivo de la estancia de Negroponte en Honduras en una serie informativa de cuatro partes publicada en el *Baltimore Sun* en junio de 1995 y escrita por Gary Cohn y Ginger Thompson.

122. Carol Rosenberg, «Weary Iraqis losing confidence in U.S.», *Miami Herald*, 8 de abril de 2004.

123. Copia de los documentos del contrato en poder del autor.

124. Mensaje de correo electrónico de un representante del Departamento de Estado, agosto de 2006.

125. Copia de la auditoría en poder del autor.

126. *Ibídem.*

127. Gary Jackson, *Blackwater Tactical Weekly*, 22 de noviembre de 2004.

128. *Ibídem.*

Capítulo 12

1. Jan H. Halicki, «Caspian energy at the crossroads», *Foreign Affairs*, septiembre-octubre de 2001.

2. Stephen Kinzer, «Azerbaijan has reason to swagger: Oil deposits», *New York Times*, 14 de septiembre de 1997.

3. *Ibídem.*

4. Informe del Grupo de Desarrollo de la Política Energética Nacional (National Energy Policy Development Group), «Reliable, affordable, environmentally sound energy for America's future», publicado por la Casa Blanca en mayo de 2001.

5. *Ibídem.*

6. Departamento de Energía (EE.UU.), «Top world oil net exporters»,

<www.eia.doe.gov/emeu/cabs/topworldtables1_2.html>, página consultada el 14 de diciembre de 2006.

7. Candace Rondeaux, «A pipeline to promise, or a pipeline to peril», *St. Petersburg Times* (Florida), 15 de mayo de 2005.

8. *Ibídem.*

9. «Caspian pipeline dream becomes reality», *BBC News*, 14 de septiembre de 2002.

10. Eric Margolis, «Shevy's big mistake: Crossing Uncle Sam», *Toronto Sun*, 30 de noviembre de 2003.

11. Nick Paton Walsh, «Russia accused of plot to sabotage Georgian oil pipeline», *The Guardian*, 1 de diciembre de 2003.

12. Mevlut Katik, «Amid risk, Baku-Ceyhan pipeline edges forward», EurasiaNet, 1 de diciembre de 2003.

13. Nick Paton Walsh, «US privatises its military aid to Georgia», *The Guardian*, 6 de enero de 2004.

14. Decisión (decreto) presidencial sobre Azerbaiyán, firmada por George W. Bush el 25 de enero de 2002.

15. John J. Fialka, «Search for crude comes with new dangers — U.S. strategic and diplomatic thinking adjusts to handle hot spots with oil potential», *Wall Street Journal*, 11 de abril de 2005.

16. Alman Talyshli, «Rumsfeld's Baku trip stirs controversy», EurasiaNet, 13 de abril de 2005.

17. Copia del contrato (en poder del autor) fechado el 28 de julio de 2004.

18. Chris Taylor en «Contractors on the battlefield: Learning from the experience in Iraq», Universidad George Washington, 28 de enero de 2005.

19. Comentarios de Erik Prince en la West 2006 Conference.

20. Nathan Hodge, «After the gold rush», Slate.com, 9 de febrero de 2006.

21. Sitio web de la Cámara de Comercio Estadounidense-Azerí, <www.usacc.org/contents.php?cid=97>, consultado el 5 de diciembre de 2006.

22. Sitio web de la Cámara de Comercio Estadounidense-Azerí, <www.usacc.org/contents.php?cid=2>, consultado el 5 de diciembre de 2006.

23. *Ibídem.*

24. Tim Shorrock, «Contractor's arrogance contributed to Iraqi rebellion, Marine Colonel says», <http://timshorrock.blogspot.com/2005_01_01_timshorrock_archive.html>, consultado el 14 de diciembre de 2006.

25. Emery P. Dalesio, «NC firm was providing security for food delivery in Iraq», Associated Press, 31 de marzo de 2004.

26. Chris Taylor en «Contractors on the battlefield: Learning from the

experience in Iraq», Universidad George Washington, 28 de enero de 2005.

27. Transcripción, «Secretary Rumsfeld and Ambassador Jon Purnell press conference in Uzbekistan», Departamento de Defensa, 24 de febrero de 2004.

28. Nick Paton Walsh, «US privatises its military aid to Georgia», *The Guardian*, 6 de enero de 2004.

29. *Ibídem.*

30. Russ Rizzo, «Pentagon aims to bolster security in Caspian Sea region», *Stars and Stripes* (edición europea), 10 de agosto de 2005.

31. Brett Forrest, «Azerbaijan over a barrel», *Fortune* (edición europea), 28 de noviembre de 2005.

32. «US working to boost sea forces in oil-rich Caspian: Envoy», Agence France-Presse, 21 de septiembre de 2005.

33. Kathy Gannon, «As Azerbaijan democracy struggles, Iran makes its weight felt», Associated Press, 30 de abril de 2006.

34. «2005 in review: Conflicts in Caucasus still characterized by gridlock», *Radio Free Europe/Radio Liberty*, 22 de diciembre de 2005.

35. «The danger of a military buildup in the South Caucasus», *Radio Free Europe/Radio Liberty*, 16 de octubre de 2006.

36. «Caspian hopes and hazards», *Africa Analysis* (The Financial Times Limited), 16 de abril de 2004.

37. Ariel Cohen, «Azerbaijan intrigue», *Washington Times*, 25 de octubre de 2005.

38. Joshua Kucera, «US helps forces, gains foothold in Caspian region», *Jane's Defence Weekly*, 25 de mayo de 2005.

39. Alman Talyshli, «Rumsfeld's Baku trip stirs controversy», EurasiaNet, 13 de abril de 2005.

40. *Ibídem.*

41. Candace Rondeaux, «A pipeline to promise, or a pipeline to peril», *St. Petersburg Times* (Florida), 15 de mayo de 2005.

42. Vladimir Radyuhin, «Another move in the Great Game», *The Hindu*, 27 de mayo de 2005.

43. *Ibídem.*

44. *Ibídem.*

45. Nota de prensa de la Casa Blanca, «Caspian pipeline consortium fact sheet», 13 de noviembre de 2001.

46. *Ibídem.*

47. *Ibídem.*

48. Nota de prensa del Departamento de Energía (de EE.UU.), «Baku-

Tiblisi-Ceyhan pipeline first oil ceremony: Remarks of Secretary of Energy Samuel Bodman», 25 de mayo de 2005.

49. Informe del Grupo de Desarrollo de la Política Energética Nacional (National Energy Policy Development Group), «Reliable, affordable, environmentally sound energy for America's future», publicado por la Casa Blanca en mayo de 2001.

50. Nota de prensa del Departamento de Energía (de EE.UU.), «Baku-Tiblisi-Ceyhan pipeline first oil ceremony: Remarks of Secretary of Energy Samuel Bodman», 25 de mayo de 2005.

51. *Ibídem.*

52. David E. Sanger, «There's democracy, and there's an oil pipeline», *New York Times*, 29 de mayo de 2005.

53. Human Rights Watch, *World Report 2005.*

54. Departamento de Estado (EE.UU.), *Country Reports on Human Rights Practices-2005*, publicado el 8 de marzo de 2006.

55. *Ibídem.*

56. *Ibídem.*

57. <www.BlackwaterUSA.com>.

58. Tim Shorrock, «Contractor's arrogance contributed to Iraqi rebellion, Marine Colonel says», <http://timshorrock.blogspot.com/2005_01_01_timshorrock_archive.html>, consultado el 14 de diciembre de 2006.

Capítulo 13

1. School of the Americas Watch, «What is the SOA?», <www.soaw.org>.

2. Informe de Amnistía Internacional, «United States of America: Human dignity denied; Torture and accountability in the "War on terror"», 27 de octubre de 2004.

3. Salvo que se indique lo contrario, toda la información biográfica y las citas textuales de las palabras de Miguel Pizarro están extraídas de una entrevista realizada por el autor en octubre de 2006.

4. Una de las historias más completas del papel de Estados Unidos en Chile puede encontrarse en un libro increíblemente detallado de Peter Kornbluh, *The Pinochet File: A Declassified Dossier on Atrocity and Accountability*, Nueva York, The New Press, 2003 (trad. cast.: *Pinochet: los archivos secretos*, Barcelona, Crítica, 2004).

5. Peter Kornbluh, *The Pinochet File*, pág. 5.

6. *Ibídem.*, «Project FUBELT: "Formula for chaos"», págs. 1-35.

7. *Ibídem.*, pág. 17.

8. Archivo de la Seguridad Nacional (National Security Archive), «Chile and the United States: Declassified documents relating to the military coup, 1970-1976»; «CIA, notes on meeting with the President on Chile, September 15, 1970».

9. Peter Kornbluh, *The Pinochet File*, pág. 91.

10. *Ibídem.*, pág. 113.

11. Jeff Cohen y Norman Solomon, «Chile coup — Media coverage still evasive 20 years later», *Media Beat*, Fairness & Accuracy in Reporting, 8 de septiembre de 1993.

12. Peter Kornbluh, *The Pinochet File*, pág. 234.

13. *Ibídem.*, pág. 176.

14. *Ibídem.*, pág. 153.

15. *Ibídem.*, pág. 176.

16. *Ibídem.*, pág. 154.

17. *Ibídem.*, pág. 344.

18. Marcelo Miranda, «Reclutamientos irregulares en Chile», *El Periodista* (Chile), 30 de enero de 2004.

19. Gracia Rodrigo y Jorge Suez, «Parlamentarios rechazaron que en dependencias de la Armada se haya efectuado la inscripción de ex funcionarios interesados en trabajar para una firma en ese país en labores de seguridad», *La Tercera* (Chile), 20 de octure de 2003.

20. «Ex comandos chilenos entrenan en EE.UU. antes de partir a Irak. Los ex uniformados chilenos llegarán al Medio Oriente la próxima semana para prestar apoyo paramilitar a profesionales norteamericanos», *La Tercera* (Chile), 24 de febrero de 2004.

21. Entrevista a Pizarro, octubre de 2006.

22. Isabel Guzmán, Mauricio Aguirre y Jorge Suez, «La Armada suspendió el proceso de captación de personal para una empresa particular e inició sumario interno. Ministra Bachelet pide investigar reclutamiento de chilenos para tareas de seguridad en Irak. La oferta laboral es para prestar servicios de vigilancia en instalaciones portuarias, petrolíferas y civiles en el golfo Pérsico», *La Tercera* (Chile), 21 de octubre de 2003.

23. Gracia Rodrigo y Jorge Suez, «Parlamentarios rechazaron que en dependencias de la Armada se haya efectuado la inscripción de ex funcionarios interesados en trabajar para una firma en ese país en labores de seguridad», *La Tercera* (Chile), 20 de octure de 2003.

24. Mauricio Aguirre, «El jueves, en dos vuelos de distintas aerolíneas, los militares (R) se embarcaron hacia EE.UU. para arribar a su destino final los primeros días de marzo. Ex comandos chilenos partieron a Irak a prestar labores de seguridad», *La Tercera* (Chile), 22 de febrero de 2004.

25. Entrevista del autor a Pizarro, octubre de 2006.

26. Gracia Rodrigo y Jorge Suez, «Parlamentarios rechazaron que en dependencias de la Armada se haya efectuado la inscripción de ex funcionarios interesados en trabajar para una firma en ese país en labores de seguridad», *La Tercera* (Chile), 20 de octure de 2003.

27. Gracia Rodrigo y Jorge Suez, «Parlamentarios rechazaron que en dependencias de la Armada se haya efectuado la inscripción de ex funcionarios interesados en trabajar para una firma en ese país en labores de seguridad», *La Tercera* (Chile), 20 de octure de 2003.

28. Isabel Guzmán, Mauricio Aguirre y Jorge Suez, «La Armada suspendió el proceso de captación de personal para una empresa particular e inició sumario interno. Ministra Bachelet pide investigar reclutamiento de chilenos para tareas de seguridad en Irak. La oferta laboral es para prestar servicios de vigilancia en instalaciones portuarias, petrolíferas y civiles en el golfo Pérsico», *La Tercera* (Chile), 21 de octubre de 2003.

29. Garry Leech, «Washington targets Colombia's rebels», *Colombia Journal*, 29 de julio de 2002.

30. Gustavo González, «Chilean mercenaries in the line of fire», Inter Press Service, 7 de abril de 2004.

31. Entrevista a Pizarro, octubre de 2006.

32. Entrevista a Pizarro; Héctor Rojas, «José Miguel Pizarro dice que recluta a efectivos para trabajar en labores de seguridad en el Medio Oriente, pero niega que se trate de mercenarios. Empresario asegura que enviará 3.000 ex militares chilenos a Irak en 2006», *La Tercera* (Chile), 28 de octubre de 2005.

33. Mauricio Aguirre, «El jueves, en dos vuelos de distintas aerolíneas, los militares (R) se embarcaron hacia EE.UU. para arribar a su destino final los primeros días de marzo. Ex comandos chilenos partieron a Irak a prestar labores de seguridad», *La Tercera* (Chile), 22 de febrero de 2004.

34. *Ibídem.*

35. «Empresa estadounidense adelanta viaje de ex comandos chilenos a Irak. Por razones de seguridad, los ejecutivos de Blackwater —entidad que contrató los servicios de los ex militares— no quisieron dar mayores detalles sobre el traslado de los ex uniformados al Medio Oriente», *La Tercera* (Chile), 26 de febrero de 2004.

36. «Ex comandos chilenos entrenan en EE.UU. antes de partir a Irak», *La Tercera* (Chile), 24 de febrero de 2004.

37. Mauricio Aguirre, «El jueves, en dos vuelos de distintas aerolíneas, los militares (R) se embarcaron hacia EE.UU. para arribar a su destino final los primeros días de marzo. Ex comandos chilenos partieron a Irak a prestar labores de seguridad», *La Tercera* (Chile), 22 de febrero de 2004.

38. *Ibídem.*

39. Louis E. V. Nevaer, «For security in Iraq, corporate America turns South», Pacific News Service, 15 de junio de 2004.

40. Jonathan Franklin, «US contractor recruits guards for Iraq in Chile», *The Guardian*, 5 de marzo de 2004.

41. Mauricio Aguirre, «De aprobar la evaluación a la que serán sometidos por la empresa estadounidense de seguridad Blackwater, los paramilitares se sumarán al contingente de avanzada que ya se encuentra en Irak desempeñando labores de vigilancia para el gobierno encabezado por George Bush», *La Tercera* (Chile), 7 de marzo de 2004.

42. Fiona Ortiz, «Chile guards in Iraq, a thorn for government at home», Reuters, 20 de abril de 2004.

43. Gustavo González, «Chilean mercenaries in the line of fire», Inter Press Service, 7 de abril de 2004.

44. Roberto Manríquez, «Chile in Haiti & Iraq», Znet, 2 de junio de 2004.

45. Entrevista por correo electrónico, octubre de 2006.

46. *Ibídem.*

47. Gustavo González, «Chilean mercenaries in the line of fire», Inter Press Service, 7 de abril de 2004.

48. Carmen Gloria Vitalic, «Ejército investiga reclutamiento de ex militares para trabajar como "guardias" en Irak», *La Tercera* (Chile), 21 de julio de 2004.

49. Irene Caselli, «More Chilean mercenaries to be sent to Iraq», *The Santiago Times* (Chile), 9 de septiembre de 2004.

50. *Ibídem.*

51. Ricardo Calderón, «Atrapados en Bagdad», *Semana* (Colombia), 20 de agosto de 2006.

52. Sonni Efron, «Worry grows as foreigners flock to Iraq's risky jobs», *Los Angeles Times*, 30 de julio de 2005.

53. *Ibídem.*

54. *Ibídem.*

55. Salvo que se indique lo contrario, las citas textuales de las explicaciones que dan los colombianos de sus experiencias personales con Blackwater están extraídas de Ricardo Calderón, «Atrapados en Bagdad», *Semana* (Colombia), 20 de agosto de 2006.

56. Andy Webb-Vidal, «Colombian ex-soldiers in Iraq pay dispute», *Financial Times*, 21 de agosto de 2006.

57. «Honduras orders Chileans training to become security guards in Iraq to leave country», Associated Press, 20 de septiembre de 2005.

58. Carmen Gloria Vitalic, «Ejército investiga reclutamiento de ex mili-

tares para trabajar como "guardias" en Irak», *La Tercera* (Chile), 21 de julio de 2004.

59. Ginger Thompson y Gary Cohn, «Torturers' confessions: Now in exile, these CIA-trained Hondurans describe their lives — and the deaths of their victims», *Baltimore Sun*, 13 de junio de 1995.

60. *Weekly News Update on the Americas #817*, 25 de septiembre de 2005.

61. «In Honduras, former soldiers leave for private-security work in Iraq», Associated Press, 23 de agosto de 2005.

62. «Honduras orders Chileans training to become security guards in Iraq to leave country», Associated Press, 20 de septiembre de 2005.

63. Hugo Infante, «Comandos chilenos en Irak relatan cómo han sobrevivido en ese país», *La Tercera* (Chile), 6 de junio de 2004.

64. *Ibídem.*

65. Darío Bermúdez, «Capítulos desconocidos de los mercenarios chilenos en Honduras camino de Irak», *La Nación* (Chile), 25 de septiembre de 2005; entrevistas, octubre de 2006.

66. «Honduras orders Chileans training to become security guards in Iraq to leave country», Associated Press, 20 de septiembre de 2005.

67. Carmen Gloria Vitalic, «Ejército investiga reclutamiento de ex militares para trabajar como "guardias" en Irak», *La Tercera* (Chile), 21 de julio de 2004.

68. Freddy Cuevas, «Honduras fines U.S. subsidiary over alleged mercenary training», Associated Press, 25 de noviembre de 2006.

69. «Honduras extends deadline for deporting Chileans after Nicaragua refuses to accept them», Associated Press, 24 de septiembre de 2005.

70. «Chileans trained in Honduras to be shipped to Iraq», *Santiago Times*, 21 de septiembre de 2005.

71. *Weekly News Update on the Americas #817*, 25 de septiembre de 2005.

72. «Honduras deports Chileans training for private guard duty in Iraq», Associated Press, 23 de septiembre de 2005.

73. «Chilean security guards destined for Iraq, training in Honduras», *Honduras This Week*, 26 de septiembre de 2005.

74. «Engañados dos hondureños que trabajaban en Irak», Agencia EFE (España), 29 de octubre de 2005.

75. Freddy Cuevas, «Honduras fines U.S. subsidiary over alleged mercenary training», Associated Press, 25 de noviembre de 2006.

76. *Ibídem.*

77. «Former officer accused of recruiting soldiers, police, for security work in Iraq», Associated Press, 21 de octubre de 2005.

78. Héctor Rojas, «José Miguel Pizarro dice que recluta a efectivos para

trabajar en labores de seguridad en el Medio Oriente, pero niega que se trate de mercenarios. Empresario asegura que enviará 3.000 ex militares chilenos a Irak en 2006», *La Tercera* (Chile), 28 de octubre de 2005.

79. Entrevista, octubre de 2006.

80. Entrevista por correo electrónico, octubre de 2006.

Capítulo 14

1. Salvo que se indique lo contrario, toda la información y las citas textuales de las palabras de Danica Zovko proceden de entrevistas realizadas por el autor en el verano de 2006.

2. Copia en poder del autor.

3. Joseph Neff y Jay Price, «After the horror, strong words mask inaction; Little has been done to determine the facts of the ambush in Fallujah that cost four civilian contractors their lives», *News & Observer* (Raleigh, Carolina del Norte), 1 de agosto de 2004.

4. «A warrior who wanted peace», *St. Petersburg Times* (Florida), 14 de abril de 2004.

5. «Death and funeral notices», *San Diego Union-Tribune*, 9 de abril de 2004.

6. Renae Merle, «Contract workers are war's forgotten; Iraq deaths create subculture of loss», *Washington Post*, 31 de julio de 2004.

7. *Ibídem.*

8. *Ibídem.*

9. Salvo que se indique lo contrario, la información y las citas textuales de las palabras de Katy Helvenston-Wettengel provienen de entrevistas realizadas por el autor a lo largo de 2006.

10. David Barstow, «Security firm says its workers were lured into Iraqi ambush», *New York Times*, 9 de abril de 2004.

11. Transcripción de *The Big Story with John Gibson*, Fox News, 31 de marzo de 2004.

12. *Ibídem.*

13. Transcripción de *Morning Edition*, NPR, 1 de abril de 2004.

14. Transcripción de *The Big Story with John Gibson*, Fox News, 31 de marzo de 2004.

15. Patrick Graham, «Veiled threat: Why an SUV is now the most dangerous vehicle in Iraq», *The Observer* (Londres), 4 de abril de 2004.

16. *Ibídem.*

17. Mark LeVine, «Seeing Iraq through the globalization lens», *Christian Science Monitor*, 5 de abril de 2004.

18. David Barstow, «Security firm says its workers were lured into Iraqi ambush», *New York Times*, 9 de abril de 2004.

19. *Ibídem.*

20. *Ibídem.*

21. Comité sobre Supervisión y Reforma Gubernamental, informe del gabinete de la Mayoría de la Cámara, «Private Military Contractors in Iraq: An Examination of Blackwater's Actions in Fallujah», septiembre de 2007.

22. David Barstow, «Security Firm Says Its Workers Were Lured Into Iraqi Ambush», *New York Times*, 9 de abril de 2004.

23. Jon Lee Anderson, «The uprising», *The New Yorker*, 3 de mayo de 2004.

24. Colin Freeman, «Fallujah: Brutal ambush might have been avoided», *San Francisco Chronicle*, 19 de abril de 2004.

25. *Ibídem.*

26. Michael Duffy, «When private armies take to the front lines», *Time*, 12 de abril de 2004.

27. Colin Freeman, «Fallujah: Brutal ambush might have been avoided», *San Francisco Chronicle*, 19 de abril de 2004.

28. *Ibídem.*

29. *Ibídem.*

30. Joseph Neff y Jay Price, «After the horror, strong words mask inaction; Little has been done to determine the facts of the ambush in Fallujah that cost four civilian contractors their lives», *News & Observer* (Raleigh, Carolina del Norte), 1 de agosto de 2004.

31. *Ibídem.*

32. «U.S. security contractor cites explosive growth amid Iraq War», Associated Press, 13 de octubre de 2004.

33. *Ibídem.*

34. *Ibídem.*

35. Entrevistas en 2006.

36. Entrevistas en 2006.

37. *Blackwater Tactical Weekly*, 8 de noviembre de 2004.

38. Bill Sizemore y Joanne Kimberlin, «When things go wrong», *Virginian-Pilot*, 26 de julio de 2006.

39. Copia de la foto en poder del autor.

40. *Blackwater Tactical Weekly*, 22 de noviembre de 2004.

41. *Beckman Coulter v. Flextronics* (Tribunal Superior del Condado de Orange, California). La compensación dictaminada en la sentencia fue la más abultada impuesta en un juzgado de California en 2003 y la mayor de la historia del condado de Orange.

42. Entrevista en 2006.

43. *Richard P. Nordan v. Blackwater Security Consulting, LLC et al.*, demanda interpuesta el 5 de enero de 2005.

44. *Ibídem.*

45. Copia del contrato en poder del autor.

46. Moción de Blackwater para la desestimación, presentada el 31 de enero de 2005.

47. *Richard P. Nordan v. Blackwater Security Consulting, LLC et al.*, interpuesta el 5 de enero de 2005.

48. *Ibídem.*

49. Entrevista en 2006.

50. *Richard P. Nordan v. Blackwater Security Consulting, LLC et al.*, interpuesta el 5 de enero de 2005.

51. *Ibídem.*

52. Joseph Neff y Jay Price (*News & Observer*), «Use of private contractors in war zones proves costly», Associated Press, 25 de octubre de 2004.

53. Copia del contrato en poder del autor.

54. Copia de la carta en poder del autor.

55. Copia de la carta en poder del autor.

56. Transcripción de la sesión del Comité sobre Reforma Gubernamental de la Cámara de Representantes, 28 de septiembre de 2006.

57. Mensaje de correo electrónico a los productores de *Frontline*, de la PBS, <www.pbs.org/wgbh/pages/frontline/shows/warriors/etc/response.html>, publicado el 21 de junio de 2005.

58. *Ibídem.*

59. «Interim audit report on inappropriate use of proprietary data markings by the Logistics Civil Augmentation Program (LOGCAP) contractor», Oficina del Inspector General Especial para la Reconstrucción de Irak, 26 de octubre de 2006.

60. *Ibídem.*

61. Jeff Gerth y Don Van Natta Jr., «Halliburton contracts in Iraq: The struggle to manage costs», *New York Times*, 29 de diciembre de 2003.

62. Declaración de Halliburton, 7 de diciembre de 2006.

63. Carta del congresista Henry Waxman (miembro de la Cámara de Representantes de EE.UU.) al secretario de Defensa Donald Rumsfeld, 7 de diciembre de 2006.

64. *Ibídem.*

65. Transcripción de la comisión de investigación sobre la supervisión de los contratistas privados en Irak, Comité sobre Supervisión y Reforma Gubernamental de la Cámara de Representantes, 7 de febrero de 2007.

66. Véase Jeremy Scahill y Garrett Ordower, «KBR's $400 Million Iraq Question», *The Nation*, 12 de marzo de 2007.

67. Transcripción de la comisión de investigación sobre la supervisión de los contratistas privados en Irak, Comité sobre Supervisión y Reforma Gubernamental de la Cámara de Representantes, 7 de febrero de 2007.

68. Copia del contrato en poder del autor.

69. Comité sobre Supervisión y Reforma Gubernamental, informe del gabinete de la Mayoría de la Cámara, «Private Military Contractors in Iraq: An Examination of Blackwater's Actions in Fallujah», septiembre de 2007.

70. *Ibídem.*

71. *Ibídem.*

72. *Ibídem.*

73. Informe de Blackwater, «Blackwater's Response to "Majority Staff Report"», 23 de octubre de 2007.

74. *Ibídem.*

75. Transcripción de la comisión de investigación sobre la supervisión de los contratistas privados en Irak, Comité sobre Supervisión y Reforma Gubernamental de la Cámara de Representantes, 7 de febrero de 2007.

76. *Ibídem.*

77. Entrevista en 2006.

78. *Richard P. Jordan v. Blackwater Security Consulting, LLC et al.*, interpuesta el 5 de enero de 2005.

79. Bill Sizemore y Joanne Kimberlin, «When things go wrong», *Virginian-Pilot*, 26 de julio de 2006.

80. Mensaje de correo electrónico al autor, 14 de abril de 2006.

81. Scott Dodd, «Families of 4 contractors killed in Iraq sue security company», Knight Ridder/Tribune News Service, 6 de enero de 2005.

82. Comité sobre Supervisión y Reforma Gubernamental, informe del gabinete de la Mayoría de la Cámara, «Private Military Contractors in Iraq: An Examination of Blackwater's Actions in Fallujah», septiembre de 2007.

83. *Ibídem.* [[¡Nota corregida!]]

84. *Ibídem.*

85. Copia en poder del autor del «Blackwater defendants' memorandum in opposition», 26 de diciembre de 2006.

86. Comité sobre Supervisión y Reforma Gubernamental, informe del gabinete de la Mayoría de la Cámara, «Private Military Contractors in Iraq: An Examination of Blackwater's Actions in Fallujah», septiembre de 2007.

87. Copia en poder del autor de la «United States' limited opposition to plaintiff's motion», 26 de diciembre de 2006.

88. Comité sobre Supervisión y Reforma Gubernamental, informe del

gabinete de la Mayoría de la Cámara, «Private Military Contractors in Iraq: An Examination of Blackwater's Actions in Fallujah», septiembre de 2007.

89. Quadrennial Defense Review Report, 6 de febrero de 2006.

90. Comité sobre Supervisión y Reforma Gubernamental, informe del gabinete de la Mayoría de la Cámara, «Private Military Contractors in Iraq: An Examination of Blackwater's Actions in Fallujah», septiembre de 2007.

91. *Ibídem.*

92. Informe de Blackwater, «Blackwater's Response to "Majority Staff Report"», 23 de octubre de 2007.

93. *Ibídem.*

94. Petición de Blackwater, presentada el 19 de diciembre de 2005. Nota: Bremer firmó la Orden n° 17 el 27 de junio de 2004, tres meses después de la emboscada de Faluya.

95. Escrito de apelación de Blackwater, presentado el 31 de octubre de 2005.

96. *Ibídem.*

97. *Ibídem.*

98. *Ibídem.*

99. «Halliburton/KBR the Lex Column», *Financial Times* (Londres), 16 de noviembre de 2006.

100. *Amicus curiae* de KBR, presentado el 22 de septiembre de 2006.

101. *Ibídem.*

102. Joseph Neff, «Blackwater suit can go forward; a wake judge rules in favor of families of four killed in Iraq», *News & Observer* (Raleigh, Carolina del Norte), 28 de noviembre de 2006.

103. Entrevistas en 2006.

104. Jeremy Scahill y Garrett Ordower, «From Whitewater to Blackwater», TheNation.com, publicado el 26 de octubre de 2006.

105. Petición de Blackwater al Tribunal Supremo de Estados Unidos, 18 de octubre de 2006.

106. *Ibídem.*

107. Joseph Neff, «Blackwater suit can go forward; a wake judge rules in favor of families of four killed in Iraq», *News & Observer* (Raleigh, Carolina del Norte), 28 de noviembre de 2006.

108. Copia en poder del autor de la «Petition for a Writ of Certiorari» de Blackwater, presentada el 20 de diciembre de 2006.

109. Copia en poder del autor de la «Petition for order directing arbitration» de Blackwater, presentada el 20 de diciembre de 2006; copia en poder del autor de la «Demand for arbitration» de Blackwater, firmada el 14 de diciembre de 2006.

110. Bill Sizemore, «Suit Against Blackwater Over Contractor Deaths Moves to Arbitration», *Virginian-Pilot*, 20 de mayo de 2007.

111. Bill Sizemore, «Suit Against Blackwater Over Contractor Deaths Moves to Arbitration», *Virginian-Pilot*, 20 de mayo de 2007.

112. Copia de la declaración en poder del autor.

113. Entrevista en 2006.

Capítulo 15

1. Muchos de los detalles descriptivos del siniestro del vuelo 61 de Blackwater y de los momentos posteriores al mismo están extraídos del expediente sobre el accidente que abrió la Junta Nacional para la Seguridad en el Transporte, del que el autor tiene una copia.

2. Copia (en poder del autor) del expediente de la Junta Nacional para la Seguridad en el Transporte sobre el accidente.

3. Reclamación enmendada, presentada el 4 de octubre de 2005.

4. Moción de urgencia de Presidential Airways para anular la orden de comparecencia, 24 de febrero de 2006.

5. Datos registrados sobre el vuelo obtenidos en flightaware.com, consultados en octubre y noviembre de 2006; registro de aparatos aéreos de la Administración Federal de Aviación.

6. Copia (en poder del autor) del expediente de la Junta Nacional para la Seguridad en el Transporte sobre el accidente.

7. *Ibídem.*

8. *Ibídem.*

9. *Ibídem.*

10. *Ibídem.*

11. *Blackwater Tactical Weekly*, 18 de octubre de 2004.

12. Copia (en poder del autor) del expediente de la Junta Nacional para la Seguridad en el Transporte sobre el accidente.

13. *Ibídem.*

14. *Ibídem.*

15. *Ibídem.*

16. *Ibídem.*

17. *Ibídem.*

18. *Ibídem.*

19. *Ibídem.*

20. *Ibídem.*

21. *Ibídem.*

22. *Ibídem.*

23. *Ibídem.*

24. Suzanne Goldenberg, «CIA accused of torture at Bagram base;

Some captives handed to brutal foreign agencies», *The Guardian*, 27 de diciembre de 2002.

25. Copia (en poder del autor) del expediente de la Junta Nacional para la Seguridad en el Transporte sobre el accidente.

26. *Ibídem.*

27. Copia (en poder del autor) del expediente de la Junta Nacional para la Seguridad en el Transporte sobre el accidente; «Coalition forces in Afghanistan as of Oct. 4, 2004», <www.defenselink.mil/home/features/1082004d.html>.

28. Rafael A. Almeda, «A soldier until the end», *Sun-Sentinel*, 3 de diciembre de 2004.

29. Copia (en poder del autor) del expediente de la Junta Nacional para la Seguridad en el Transporte sobre el accidente.

30. *Ibídem.*

31. Todos los diálogos recogidos durante el vuelo están extraídos de la transcripción de la grabadora de voz de cabina incluida en «Specialist's factual report of investigation», National Transportation Safety Board Vehicle Recorders Division, 18 de octubre de 2005.

32. Copia (en poder del autor) del expediente de la Junta Nacional para la Seguridad en el Transporte sobre el accidente.

33. *Ibídem.*

34. *Ibídem.*

35. *Ibídem.*

36. Jennifer Feehan, «Plane crash kills a Weston man in Afghanistan», *Toledo Blade*, 2 de diciembre de 2004.

37. Reclamación enmendada, presentada el 4 de octubre de 2005.

38. Griff White, «Blackwater broke rules, report says», *Washington Post*, 5 de octubre de 2005.

39. Copia (en poder del autor) del expediente de la Junta Nacional para la Seguridad en el Transporte sobre el accidente.

40. *Ibídem.*

41. Griff White, «Blackwater broke rules, report says», *Washington Post*, 5 de octubre de 2005.

42. Copia (en poder del autor) del expediente de la Junta Nacional para la Seguridad en el Transporte sobre el accidente.

43. *Ibídem.*

44. Jay Price y Joseph Neff, «Inquiry pins Blackwater crash on pilot», *News & Observer*, 6 de diciembre de 2006.

45. Copia (en poder del autor) del expediente de la Junta Nacional para la Seguridad en el Transporte sobre el accidente.

46. Moción de urgencia de Presidential Airways para anular la orden de comparecencia, 24 de febrero de 2006.

47. Orden del juez John Antoon denegando las mociones de Blackwater, 27 de septiembre de 2006.

48. Moción de urgencia de Presidential Airways para anular la orden de comparecencia, 24 de febrero de 2006.

49. Orden del juez John Antoon denegando las mociones de Blackwater, 27 de septiembre de 2006.

50. *Ibídem.*

51. *Ibídem.*

52. *Ibídem.*

53. Moción de urgencia de Presidential Airways para anular la orden de comparecencia, 24 de febrero de 2006.

54. *Ibídem.*

55. *Ibídem.*

56. Orden del juez John Antoon denegando las mociones de Blackwater, 27 de septiembre de 2006.

57. *Ibídem.*

58. *Ibídem.*

59. *Ibídem.*

60. *Ibídem.*

61. Jane Mayer, «Outsourcing torture», *The New Yorker*, 14 de febrero de 2005.

62. *Ibídem.*

63. «United States policy with respect to the involuntary return of persons in danger of subjection to torture», Public Law 105-277.

64. Jane Mayer, «Outsourcing torture», *The New Yorker*, 14 de febrero de 2005.

65. *Ibídem.*

66. Jim Landers, «CIA official says war on terrorism will be won with great force», *Dallas Morning News*, 19 de octubre de 2001.

67. William M. Leary, «Supporting the "Secret War": CIA air operations in Laos, 1955-1974», *CIA Studies in Intelligence*, invierno de 1999-2000.

68. Stephen Grey, *Ghost Plane: The True Story of the CIA Torture Program*, Nueva York, St. Martin's Press, 1996, pág. 108.

69. Nota de prensa, «Blackwater USA completes acquisition of Aviation Worldwide Services», PRWEB, 3 de mayo de 2003.

70. *Ibídem.*

71. Copia (en poder del autor) del expediente de la Junta Nacional para la Seguridad en el Transporte sobre el accidente.

72. *Ibídem.*
73. Nota de prensa, «Blackwater USA completes acquisition of Aviation Worldwide Services», PRWEB, 3 de mayo de 2003.
74. Jeffrey S. Hampton, «Blackwater aviation unit to relocate», *Virginian-Pilot*, 29 de marzo de 2006.
75. *Ibídem.*
76. *Ibídem.*
77. «Hangar plaque honors C.I.A.'s air operative», *New York Times*, 30 de diciembre de 1985.
78. David E. Hendrix, «CIA got burned on airplane deal, suit says Hemet City councilman James Venable ended up with some of the planes», *Press-Enterprise*, 11 de enero de 1996.
79. Nota de prensa, 12 de abril de 2006.
80. Stephen Grey, *Ghost Plane: The True Story of the CIA Torture Program*, Nueva York, St. Martin's, 1996, págs. 142-143.
81. *Ibídem.*, pág. 125.
82. Aaron Sarver, «Tracking the CIA torture flights», *In These Times*, 27 de septiembre de 2006.
83. Todos los datos registrados sobre vuelos obtenidos de flightaware.com fueron consultados en octubre y noviembre de 2006.
84. «To catch a spy», *Washington Post*, 26 de marzo de 2006.
85. Copia (en poder del autor) del expediente de la Junta Nacional para la Seguridad en el Transporte sobre el accidente.
86. Stephen Grey, *Ghost Plane*, pág. 39.
87. Copia (en poder del autor) del expediente de la Junta Nacional para la Seguridad en el Transporte sobre el accidente.
88. *Ibídem.*
89. Glen Owen, «The Picture That Proves "Torture Flights" Are STILL Landing in the UK», *Daily Mail*, 10 de junio de 2007.
90. Comunicado de prensa de Blackwater, «British Tabloid Withdraws False Story on Blackwater», 14 de junio de 2007.
91. Michael Hirsh, John Barry y Daniel Klaidman, «Interrogation: A tortured debate», *Newsweek*, 21 de junio de 2006.

Capítulo 16

1. Bob Woodward, *Bush at War*, págs. 50-52 (trad. cast.: *Bush en guerra*, Barcelona, Península, 2003).
2. La información biográfica sobre Cofer Black se ha extraído principal-

mente del libro de Steve Coll, *Ghost Wars: The Secret History of the CIA, Afghanistan, Bin Laden, from the Soviet invasion to September 10, 2001*, Nueva York, Penguin, 2004.

3. Steve Coll, *Ghost Wars*, pág. 267.

4. *Ibídem.*, pág. 267.

5. *Ibídem.*, «Front matter».

6. *Ibídem.*, pág. 271.

7. *Ibídem.*, pág. 267.

8. Billy Waugh, con la colaboración de Tim Keown, *Hunting the Jackal: A Special Forces and CIA ground soldier's fifty-year career hunting America's enemies*, Nueva York, William Morrow, 2004, pág. 143.

9. Robert Young Pelton, *Licensed to Kill*, pág. 28.

10. Steve Coll, *Ghost Wars*, pág. 271.

11. *Ibídem.*, pág. 271.

12. Billy Waugh, con la colaboración de Tim Keown, *Hunting the Jackal*, pág. 151.

13. *Ibídem.*, pág. 150.

14. *Ibídem.*, pág. 155.

15. *Ibídem.*, págs. 156-157.

16. *Ibídem.*, págs. 156-200.

17. *Ibídem.*, pág. 198.

18. Biografía oficial de J. Cofer Black, Departamento de Defensa (EE.UU.).

19. *Ibídem.*

20. Steve Coll, *Ghost Wars*, pág. 454.

21. Ned Zeman, David Wise, David Rose y Bryan Burrough, «The path to 9/11: Lost warnings and fatal errors», *Vanity Fair*, noviembre de 2004.

22. James Bamford, *A Pretext for War: 9/11, Iraq, and the Abuse of America's Intelligence Agencies*, Nueva York, Doubleday, 2004, pág. 221.

23. Testimonio de J. Cofer Black ante la Comisión del 11-S, 13 de abril de 2004.

24. Testimonio de J. Cofer Black en la comisión de investigación del 11-S del Comité Conjunto sobre Servicios de Inteligencia de la Cámara de Representantes y el Senado, 26 de septiembre de 2002.

25. *Ibídem.*

26. Steve Coll, *Ghost Wars*, pág. 455.

27. James Bamford, *A Pretext for War*, pág. 219; Ned Zeman, David Wise, David Rose y Bryan Burrough, «The path to 9/11: Lost warnings and fatal errors», *Vanity Fair*, noviembre de 2004.

28. Steve Coll, *Ghost Wars*, pág. 492.

29. *Ibídem.*, págs. 456-459.

30. *Ibídem.*, pág. 457.

31. *Ibídem.*, págs. 456-457.

32. James Bamford, *A Pretext for War*, pág. 219.

33. Nick Paton Walsh, «The envoy who said too much: One minute he was our man in Tashkent, the next he was a major embarrassment for the Foreign Office», *The Guardian*, 15 de julio de 2004.

34. Steve Coll, *Ghost Wars*, pág. 502.

35. James Bamford, *A Pretext for War*, pág. 220.

36. Steve Coll, *Ghost Wars*, pág. 516.

37. *Ibídem.*, pág. 518.

38. Jon Lee Anderson, «A lion's death: The assassination of the Taliban's most important Afghan opponent», *The New Yorker*, 1 de octubre de 2001.

39. Steve Coll, *Ghost Wars*, pág. 543.

40. Ned Zeman, David Wise, David Rose y Bryan Burrough, «The path to 9/11: Lost warnings and fatal errors», *Vanity Fair*, noviembre de 2004.

41. *Ibídem.*

42. «Two months before 9/11, an urgent warning to Rice», *Washington Post*, 1 de octubre de 2006.

43. *Ibídem.*

44. *Ibídem.*

45. Copia (en poder del autor) del memorando desclasificado «Bin Laden determined to strike in US», 6 de agosto de 2001.

46. Testimonio de J. Cofer Black en la comisión de investigación del 11-S del Comité Conjunto sobre Servicios de Inteligencia de la Cámara de Representantes y el Senado, 26 de septiembre de 2002.

47. Gordon Corera, «How terror attacks changed the CIA», BBC News Online, 12 de marzo de 2006.

48. Bob Woodward, *Bush at War*, Nueva York, Simon & Schuster, 2002, pág. 52 (trad. cast.: *Bush en guerra*, Barcelona, Península, 2003).

49. *Ibídem.*

50. *Ibídem.*

51. Gary Schroen, *First In: An Insider's Account of How the CIA Spearheaded the War on Terror in Afghanistan*, Nueva York, Ballantine, 2005, pág. 38.

52. *Ibídem.*

53. *Ibídem.*

54. Jane Mayer, «The search for Osama», *The New Yorker*, 4 de agosto de 2003.

55. Bob Woodward, *Bush at War*, pág. 103.

56. Robert Young Pelton, *Licensed to Kill*, págs. 30-32.

57. Transcripción de una entrevista a Steve Coll en *Frontline*, de la PBS, <www.pbs.org/wgbh/pages/frontline/darkside/interviews/coll.html>, publicada el 20 de junio de 2006.

58. Dana Priest, «Wrongful imprisonment: Anatomy of a CIA mistake German citizen released after months in "rendition"», *Washington Post*, 4 de diciembre de 2005.

59. *Ibídem*.

60. Dana Priest y Barton Gellman, «U.S. decries abuse but defends interrogations; "Stress and duress" tactics used on terrorism suspects held in secret overseas facilities», *Washington Post*, 26 de diciembre de 2002.

61. Transcripción, *Wolf Blitzer Reports*, CNN, 30 de abril de 2004.

62. Dana Priest, «Wrongful imprisonment: Anatomy of a CIA mistake German citizen released after months in "rendition"», *Washington Post*, 4 de diciembre de 2005.

63. *Ibídem*.

64. Dana Priest y Barton Gellman, «U.S. decries abuse but defends interrogations; "Stress and duress" tactics used on terrorism suspects held in secret overseas facilities», *Washington Post*, 26 de diciembre de 2002.

65. *Ibídem*.

66. Michael Hirsh, John Barry y Daniel Klaidman, «A tortured debate», *Newsweek*, 21 de junio de 2004.

67. Jane Mayer, «Outsourcing torture», *The New Yorker*, 14 de febrero de 2005.

68. *Ibídem*.

69. Jane Mayer, «Outsourcing torture», *The New Yorker*, 14 de febrero de 2005.

70. Evan Thomas y Michael Hirsh, «Torture and terror: Interrogators have pondered the uses of torture for centuries and in the wake of 9/11 the US has embraced so-called Torture Lite», *Newsweek*, 22 de noviembre de 2005.

71. Dana Priest, «Wrongful imprisonment: Anatomy of a CIA mistake German citizen released after months in "rendition"», *Washington Post*, 4 de diciembre de 2005.

72. Richard Sale, «Embarrassed Rumsfeld fired CIA official», United Press International, 28 de julio de 2004.

73. Barton Gellman y Thomas E. Ricks, «U.S. concludes Bin Laden escaped at Tora Bora fight; Failure to send troops in pursuit termed major error», *Washington Post*, 17 de abril de 2002.

74. Bob Woodward y Dan Eggen, «Aug. memo focused on attacks in

U.S. lack of fresh information frustrated Bush», *Washington Post*, 19 de mayo de 2002.

75. Richard Sale, «Embarrassed Rumsfeld fired CIA official», United Press International, 28 de julio de 2004.

76. *Ibídem.*

77. Nota de prensa de la Casa Blanca, 10 de octubre de 2002.

78. Transcripción de «Counterterrorism chief says terrorist attacks fell sharply in 2002», Departamento de Estado (EE.UU.), 14 de mayo de 2002.

79. Transcripción del discurso del Estado de la Unión de 2003, 28 de enero de 2003.

80. Kathleen T. Rhem, «State Department: Terrorist attacks down 44 percent in 2002», American Forces Press Service, 30 de abril de 2003.

81. Transcripción de «Release of the 2003 "Patterns of global terrorism" annual report», Departamento de Estado (EE.UU.), 29 de abril de 2004.

82. Transcripción de «Rollout of "Patterns of global terrorism 2003" annual report», Departamento de Estado (EE.UU.), 29 de abril de 2004.

83. Alan B. Krueger y David Laitin, «Faulty terror report card», *Washington Post*, 17 de mayo de 2004.

84. *Ibídem.*

85. «Verbatim», *Time* (Asia), 5 de julio de 2004.

86. Cam Simpson (*Chicago Tribune*), «Corrected report shows 2003 terror attacks the highest in 2 decades», *Knight Ridder/Tribune Business News*, 23 de junio de 2004.

87. Alan B. Krueger y David Laitin, «Faulty terror report card», *Washington Post*, 17 de mayo de 2004.

88. Transcripción de «Ambassador J. Cofer Black, Coordinator, Office of the Coordinator for Counterterrorism Foreign Press Center Briefing», Departamento de Estado (EE.UU.), 29 de abril de 2004.

89. Barry Schweid, «Revised State Department report shows rise in terror incidentes worldwide», Associated Press, 23 de junio de 2004.

90. Copia de la carta en poder del autor.

91. Paul Krugman, «White House claims on terrorism don't add up», *International Herald Tribune*, 26 de junio de 2004.

92. Salamander Davoudi, «US re-releases flawed global terror report», *Financial Times*, 23 de junio de 2004.

93. Paul Krugman, «White House claims on terrorism don't add up», *International Herald Tribune*, 26 de junio de 2004.

94. Barry Schweid, «Revised State Department report shows rise in terror incidentes worldwide», Associated Press, 23 de junio de 2004.

95. *Ibídem.*

96. Ann Scott Tyson y Dana Priest, «Pentagon seeking leeway overseas; Operations could bypass envoys», *Washington Post*, 24 de febrero de 2005.

97. «US supplies three patrol ships to boost Olympic security», Agence France-Presse, 26 de junio de 2004.

98. *Ibídem.*

99. BlackwaterUSA.com, consultado el 30 de noviembre de 2006.

100. «Blackwater's top brass», *Virginian-Pilot*, 24 de julio de 2006.

101. Transcripción de «Hearing of the International Terrorism, Non-proliferation and Human Rights Subcommittee of the House International Relations Committee», 1 de abril de 2004.

102. *Ibídem.*

103. *Blackwater Tactical Weekly*, 17 de mayo de 2004.

104. Paul Wiseman, «The hunt for Bin Laden: Dragnet snares many of his men, but terrorist kingpin still at large», *USA Today*, 10 de septiembre de 2004.

105. «US State Department counter-terrorism chief resigns», *AFX News*, 7 de noviembre de 2004.

106. Douglas Jehl, «Officials won't be disciplined for actions before Sept. 11», *New York Times*, 6 de octubre de 2005.

107. John B. Roberts II, «Chinese mole hunt at CIA; Agency keeps human-intelligence apparatus, barely», *Washington Times*, 14 de octubre de 2005.

108. Nota de prensa de Blackwater USA, «Ambassador Cofer Black becomes Vice-Chairman at Blackwater USA», 4 de febrero de 2005.

109. Sitio web de The Black Group, <www.blackgroupllc.com/services.html>, consultado el 30 de noviembre de 2006.

110. Sitio web de The Black Group, <www.blackgroupllc.com/about.html>, consultado el 30 de noviembre de 2006.

111. Sitio web de The Black Group, <www.blackgroupllc.com/contact.html>, consultado el 30 de noviembre de 2006.

112. Sitio web de The Black Group, <www.blackgroupllc.com>, consultado el 30 de noviembre de 2006.

Capítulo 17

1. Transcripción, «President Bush Discusses Early Transfer of Iraqi Sovereignty», www.whitehouse.gov, 28 de junio de 2004.

2. Bremer, Paul L. III, *My Year in Iraq*, pág. 395.

3. Transcripción, «President Bush Discusses Early Transfer of Iraqi Sovereignty», www.whitehouse.gov, 28 de junio de 2004.

4. Shane, S., «Poker-Faced Diplomat, Negroponte Is Poised for Role as Spy Chief», *New York Times*, 29 de marzo de 2005.

5. *Ibíd.*

6. Robbins, C. A., «Negroponte Has Tricky Mission: US Diplomat Is at Center of Debate Over Power of Iraq Envoy», *Wall Street Journal*, 27 de abril de 2004.

7. Hancock, J., Cohn, G. y Bowman, T., «Contra-era Envoy Nominated to Be UN Ambassador; Diplomat Helped Hide Abuses from Congress in '80s; Vocal Supporters, Critics», *Baltimore Sun*, 7 de marzo de 2001; Dobbs, M., «Paper Illustrate Negroponte's Contra Role; Newly Released Documents Show Intelligence Nominee Was Active in US Effort», *Washington Post*, 12 de abril de 2005; Parry, R., «Negroponte's Dark Past: The Case Against Bush's New Intelligence Czar», *In These Times*, 28 de marzo de 2005.

8. Hancock, J., Cohn, G. y Bowman, T., «Contra-era Envoy Nominated to Be UN Ambassador; Diplomat Helped Hide Abuses from Congress in '80s; Vocal Supporters, Critics», *Baltimore Sun*, 7 de marzo de 2001.

9. Shane, S., «Poker-Faced Diplomat, Negroponte Is Poised for Role as Spy Chief», *New York Times*, 29 de marzo de 2005.

10. Robbins, C. A., «Negroponte Has Tricky Mission: US Diplomat is at Center of Debate Over Power of Iraq Envoy», *Wall Street Journal*, 27 de abril de 2004.

11. *Ibídem.*

12. «Honduras Rushes to Pull Out Troops», www.CNN.com, 20 de abril de 2004.

13. Haygood, W., «Ambassador With Big Portfolio: John Negroponte Goes to Baghdad With a Record of Competence, and Controversy», *Washington Post*, 21 de junio de 2004.

14. Marshall, T., «Operation Limited Freedom: The US Embassy in Baghdad Is a Hub of "Extreme Diplomacy". All Moves Are Scripted, and There's Even a Hostage Negociator on Site», *Los Angeles Times*, 22 de enero de 2005.

15. Transcripción, *Democracy Now!*, 27 de abril de 2004.

16. Scahill, J., «Mercenary Jackpot», *The Nation*, 28 de agosto de 2006.

17. Hirsh, M. y Barry, J., «The Salvador Option: The Pentagon May Put Special-Forces-Led Assassination or Kidnapping Teams in Iraq», *Newsweek* (exclusivo de la edición electrónica), 8 de enero de 2005.

18. *Ibídem.*

19. Transcripción: «Joint Media Availability With US Secretary of Defense Donald Rumsfeld and Russian Defense Minister Sergey Ivanov Following Their Meeting», rueda de prensa del Departamento de Defensa, 11 de enero de 2005.

20. Jaffe, G., «Bands of Brothers-New factor in Iraq: Irregular Brigades Fill Security Void-Jailed by Hussein, Gen. Thavit is Leading Thousands Now; Questions About Loyalty-"Toughest Force We've Got"», *Wall Street Journal*, 16 de febrero de 2005.

21. *Ibídem.*

22. *Ibídem.*

23. *Ibídem.*

24. Maas, P., «The Way of the Commandos», *The New York Times Magazine*, 1 de mayo de 2005.

25. *Ibídem.*

26. *Ibídem.*

27. Hirsh, M. y Barry, J., «The Salvador Option: The Pentagon May Put Special-Forces-Led Assassination or Kidnapping Teams in Iraq», *Newsweek* (exclusivo de la edición electrónica), 8 de enero de 2005.

28. *Ibídem.*

29. Jehl, D. y Bumiller, E., «Bush Picks Longtime Diplomat for New Top Intelligence Job», *New York Times*, 18 de febrero de 2005.

30. Dreyfuss, R., «Phoenix Rising», *The American Prospect*, 1 de enero de 2004.

31. *Ibídem.*

32. *Ibídem.*

33. *Ibídem.*

34. Transcripción, *Democracy Now!*, 10 de enero de 2005.

35. Shane, S., «Poker-Faced Diplomat, Negroponte Is Poised for Role as Spy Chief», *New York Times*, 29 de marzo de 2005.

36. *Ibídem.*

37. Hirsh, M. y Barry, J., «The Salvador Option: The Pentagon May Put Special-Forces-Led Assassination or Kidnapping Teams in Iraq», *Newsweek* (exclusivo de la edición electrónica), 8 de enero de 2005.

38. Transcripción, *Democracy Now!*, 18 de febrero de 2005.

39. Shadid, A. y Fainaru, S., «Militias on the Rise Across Iraq: Shiite and Kurdish Groups Seizing Control, Instilling Fear in North and South», *Washington Post*, 21 de agosto de 2005.

40. Transcripción, *Democracy Now!*, 28 de febrero de 2006.

41. *Ibídem.*

42. Ritter, S., «The Salvador Option: By Any Standard, the Ongoing Ame-

rican Occupation of Iraq is a Disaster», www.aljazeera.net, 20 de enero de 2005.

43. Lasseter, T., «Sectarian Resentment Extends to Iraq Army», Knight-Ridder, 12 de octubre de 2005.

44. Cockburn, P., «Does Anyone in Washington or at Downing Street Know What's Really Happening in Iraq?», *CounterPunch*, 28 de noviembre de 2006.

45. Brown, D. «Study Claims Iraq's "Excess" Death Toll Has Reached 655,000», *Washington Post*, 11 de octubre de 2006.

46. Transcripción, «President Discusses War on Terror and Rebuilding Iraq», www.whitehouse.gov, 7 de diciembre de 2005.

47. Warren, J., «Kentucky Buddies Are Killed in Iraq: 2 Ex-Soldiers Were With Security Firms Died in Separate Incidents», *Lexington Herald Leader*, 23 de abril de 2005.

48. Sly, L., «6 Americans Die in Crash of Helicopter: Civilians Employed by Private Security Firm», *Chicago Tribune*, 22 de abril de 2005.

49. «Security Company Faces Loss of Sven in Iraq: A Very Sad Day for the Blackwater Family», Associated Press, 22 de abril de 2005.

50. *Ibídem.*

51. Transcripción, *ABC World News Tonight*, 23 de abril de 2005.

52. Gutierrez, H., «Coloradan Killed in Iraq Trying to Earn Family Nest Egg», *Rocky Mountain News*, 23 de abril de 2005.

53. *Ibídem.*

54. Sly, L., «6 Americans Die in Crash of Helicopter: Civilians Employed by Private Security Firm», *Chicago Tribune*, 22 de abril de 2005.

55. Burns, J. F., «Video Appears to Show Insurgents Kill a Downed Pilot», *New York Times*, 23 de abril de 2005.

56. *Ibídem.*

57. Copia del vídeo del autor.

58. Burns, J. F., «Video Appears to Show Insurgents Kill a Downed Pilot», *New York Times*, 23 de abril de 2005.

59. Wagner, T., «Militant Group Says It Shot Down Helicopter in Iraq, Killed Sole Survivor», Associated Press, 22 de abril de 2005.

60. *Ibídem.*

61. *Ibídem.*

62. Comunicado de prensa de Blackwater USA, 21 de abril de 2005.

63. Transcripción, *CNN Live From*, 21 de abril de 2005.

64. Transcripción, *CNN Wolf Blitzer Reports*, 21 de abril de 2005.

65. *Ibídem.*

66. Transcripción, rueda de prensa del Departamento de Defensa, 22 de abril de 2005.

67. Dalesio, E. P., «N.C. Security Company Faces Largest Death Toll in Iraq», Associated Press, 23 de abril de 2005.

68. Khanna, S., «Slain Guards' Lives Recalled: N.C. Company Losses 7 in Iraq», *News & Observer* (Raleigh, Carolina del Norte), 24 de abril de 2005.

69. Hundley, S., «US Sends Soldiers Into a Meat Grinder», *Austin American-Statesman*, 11 de junio de 2006.

70. Khanna, S., «Slain Guards' Lives Recalled: N.C. Company Losses 7 in Iraq», *News & Observer* (Raleigh, Carolina del Norte), 24 de abril de 2005.

71. «11 Die As Missile Downs Copter(Blackwater's Black Day: 7 Employees Killed», *Commercial Appeal* (Memphis), 22 de abril de 2005.

72. Comunicado de prensa de Blackwater USA, 21 de abril de 2005.

73. *Ibídem.*

74. Joe D. Morton, subsecretario accidental de Seguridad Diplomática y director de la Oficina de Misiones en el Extranjero, declaración ante los empleados de la Oficina de Seguridad Diplomática, 22 de abril de 2005.

75. Transcripción, rueda de prensa diaria, Departamento de Estado de Estados Unidos., 21 de abril de 2005.

76. *Ibídem.*

77. «11 Die As Missile Downs Copter(Blackwater's Black Day: 7 Employees Killed», *Commercial Appeal* (Memphis), 22 de abril de 2005.

78. Wagner, T., «Car Bomb Kills 8 at Baghdad Mosque; Militant Group Says it Killed Survivor of Copter Crash», Associated Press, 22 de abril de 2005.

79. Dalesio, E., «N.C. Company Loses Seven in Iraq», Associated Press, 23 de abril de 2005.

Capítulo 18

1. Comité sobre Reforma Gubernamental de la Cámara de Representantes de Estados Unidos, División (de la Minoría parlamentaria de la Cámara) de Investigaciones Especiales sobre Personal, «Halliburton Questioned and Unsupported Costs in Iraq Exceed $1.4 Billion», 27 de junio de 2005.

2. *Ibídem.*

3. Firestone, D., «Senate Votes to Require Open Bidding on Contracts», *New York Times*, 3 de octubre de 2003.

4. Bloomberg News, «Pentagon Official Sees No Gouging», *Houston Chronicle*, 2 de julio de 2004.

5. Schmitz, J., «Improving Oversight at Defense; Mission Drives Over-haul of IG's Office», *Federal Times*, 8 de septiembre de 2003; biografía oficial de Joseph Schmitz del Departamento de Defensa, <www.defenselink. mil/bios/schmitz_bio.html>.

6. Miller, C. T., «Pentagon Investigator Resigning: Joseph E. Schmitz, the Defense Department's Inspector General Is Suspected of Blocking Investigations of Senior Bush Officials», *Los Angeles Times*, 3 de septiembre de 2005.

7. *Ibídem.*

8. Copia de la carta de Schmitz en posesión del autor.

9. *Ibídem.*

10. Transcripción del discurso de Joseph E. Schmitz tal como estaba preparado para su alocución ante el City Club de Cleveland, 25 de junio de 2004.

11. Biografía oficial de Joseph E. Schmitz del Departamento de Defensa, 10 de febrero de 2005.

12. Como se afirma en la página web de la Order of Malta Federal Association USA, <www.smom.org/worldwide-history.php>, consultada el 4 de diciembre de 2006.

13. *Ibídem.*

14. Comentario del inspector general Joseph E. Schimtz del Departamento de Defensa en la XVI Conferencia Internacional de Capellanes Castrenses, Liubliana (Eslovenia), 9 de febrero de 2005.

15. Intervención de Cofer Blank en el American Enterprise Institute, 17 de mayo de 2006.

16. Nota de prensa de Blackwater USA, «Joseph E. Schmitz Becomes Chief Operating Officer and General Counsel for the Prince Group», 13 de septiembre de 2005.

17. *Ibídem.*

18. Seelye, H., «Schmitz Striving for Moderate Image in Race for Utt's Seat», *Los Angeles Times*, 12 de abril de 1970.

19. *Ibídem.*

20. Kerby, P., «The Reagan Backlash», *The Nation*, 25 de septiembre de 1967.

21. Haldane, D. y Pasco, J. O., «Fiery O.C. Ultraconservative Schmitz Dies», *Los Angeles Times*, 11 de enero de 2001.

22. *Ibídem.*

23. Bernstein, A., «Conservative GOP Congressman John G. Schmitz Dies», *Washington Post*, 12 de enero de 2001.

24. Haldane, D. y Pasco, J. O., «Fiery O.C. Ultraconservative Schmitz Dies», *Los Angeles Times*, 11 de enero de 2001.

25. «LeTourneau's Father Dies», *Seattle Post-Intelligence*, 12 de enero de 2001.

26. Foley, T. J., «Rousselot, Schmitz Condemn Visit Plan», *Los Angeles Times*, 17 de julio de 1971.

27. *Ibídem.*

28. Bernstein, A., «Conservative GOP Congressman John G. Schmitz Dies», *Washington Post*, 12 de enero de 2001.

29. Haldane, D. y Pasco, J. O., «Fiery O.C. Ultraconservative Schmitz Dies», *Los Angeles Times*, 11 de enero de 2001.

30. Bernstein, A., «Conservative GOP Congressman John G. Schmitz Dies», *Washington Post*, 12 de enero de 2001.

31. *Ibídem.*

32. Haldane, D. y Pasco, J. O., «Fiery O.C. Ultraconservative Schmitz Dies», *Los Angeles Times*, 11 de enero de 2001.

33. *Ibídem.*

34. Martin, M., «John G. Schmitz, Former Congressman From Orange County», *San Francisco Chronicle*, 12 de enero de 2001.

35. Perfil de John P. Schmitz, <www.mayerbrownrowe.com/lawyers/profile.asp?hubbardid=S884112239>, consultado el 5 de diciembre de 2006.

36. Walsh, L. E., «Final Report of the Independent Counsel for Iran/Contra Matters», capítulo 28, 4 de agosto de 1993.

37. *Ibídem.*

38. *Ibídem.*

39. *Ibídem.*

40. *Ibídem.*

41. *Ibídem.*

42. *Ibídem.*

43. Biografía de Joseph Schmitz del Departamento de Defensa, <www.defenselink.mil/bios/schmitz_bio.html>.

44. Walsh, L. E., «Final Report of the Independent Counsel for Iran/Contra Matters», capítulo 31, 4 de agosto de 1993.

45. Perfil de John P. Schmitz, <www.mayerbrownrowe.com/lawyers/profile.asp?hubbardid=S884112239>, consultado el 5 de diciembre de 2006.

46. *Ibídem.*

47. Copia del autor de documentos relativos a grupos de presión de la Oficina del Registro Público del Senado.

48. «Bush Donor Profile: John Patrick Schmitz», Texans for Public Justice, <www.tpj.org/docs/pioneers_view.jsp?id=723>, consultado el 5 de diciembre de 2006.

49. Tresniowski, A., Benet, L. y Wilson, S., «One Year Later», *People*, 15 de mayo de 2006.

50. *Ibídem.*

51. *Ibídem.*

52. «LeTourneau's Father Dies», *Seattle Post-Intelligence*, 12 de enero de 2001.

53. Biografía de Joseph Schmitz del Departamento de Defensa, <www.defenselink.mil/bios/schmitz_bio.html>.

54. *Ibídem.*

55. Página sobre la reconstrucción de Irak de Patton Boggs, <www.pattonboggs.com/practiceareas/a-z/104.html>, como aparecía el 15 de junio de 2003.

56. *Ibídem.*

57. Schmitz, J. E., «Comments About Recent Veto of HHS Bill», carta publicada en el *Washington Times*, 7 de noviembre de 1989.

58. Schmitz, J. E., «It's Not a Federal Matter», carta publicada en el *Washington Post*, 13 de julio de 1990.

59. Schmitz, J. E., «Mr. Dershowitz's Dilemma Is No Dilemma», carta publicada en el *Washington Times*, 6 de julio de 1992.

60. Transcripción, «US Senate Armed Services Committee Holds a Hearing on Defense Department Nominations», 23 de octubre de 2001.

61. Schmitz, J. E., «If you pull that lever for Clinton...», carta publicada en el *Washington Times*, 30 de octubre de 1992.

62. *Ibídem.*

63. Transcripción, «US Senate Armed Services Committee Holds a Hearing on Defense Department Nominations», 23 de octubre de 2001.

64. *Ibídem.*

65. *Ibídem.*

66. Tal como se afirma en la página web del Inspector General del Departamento de Defensa.

67. Palabras pronunciadas por el inspector general Joseph E. Schmitz del Departamento de Defensa, «Wrestling with Discipline: Life Lessons in Leadership», Encuentro de Entrenadores de Lucha Libre de la Asociación Nacional de Entrenadores de Lucha Libre, St. Louis, Missouri, 20 de marzo de 2004.

68. Palabras pronunciadas por el inspector general Joseph E. Schmitz del Departamento de Defensa, Desayuno de líderes del sector de la defensa de la Asociación de Aviación Naval, Tysons Corner, Virginia, 10 de junio de 2004.

69. Miller, C. T., «The Scrutinizer Finds Himself Under Scrutiny», *Los Angeles Times*, 25 de septiembre de 2005.

70. *Ibídem.*

71. *Ibídem.*

72. *Ibídem.*

73. Transcripción, rueda de prensa diaria de la Casa Blanca, 25 de marzo de 2003.

74. Labaton, S., «Pentagon Adviser Is Also Advising Global Crossing», *New York Times*, 21 de marzo de 2003; Hersh, S. M., «Lunch With the Chairman: Why Was Richard Perle Meeting With Adnan Khashoggi?», *The New Yorker*, 17 de marzo de 2003.

75. Labaton, S., «Pentagon Adviser Is Also Advising Global Crossing», *New York Times*, 21 de marzo de 2003.

76. *Ibídem.*

77. *Ibídem.*

78. Zacharia, J., «Pentagon Clears Richard Perle of Wrongdoing», *Jerusalem Post*, 19 de noviembre de 2003.

79. Labaton, S., «Report Finds no Violations at Pentagon by Adviser», *New York Times*, 15 de noviembre de 2003.

80. Zacharia, J., «Pentagon Clears Richard Perle of Wrongdoing», *Jerusalem Post*, 19 de noviembre de 2003.

81. Kerr, J., «Perle Didn't Violate Ethics Rules, IG Report Says», Associated Press, 15 de noviembre de 2003.

82. «Investigation Clears Perle of Wrongdoing_Rumsfeld», Reuters, 16 de noviembre de 2003.

83. Smith, R. J. y White, J., «General's Speeches Broke Rules; Report Says Boykin Failed to Obtain Clearance», *Washington Post*, 19 de agosto de 2004.

84. Arkin, W. M., «The Pentagon Unleashes a Holy Warrior», *Los Angeles Times*, 16 de octubre de 2006.

85. *Ibídem.*

86. Smith, R. J. y White, J., «General's Speeches Broke Rules; Report Says Boykin Failed to Obtain Clearance», *Washington Post*, 19 de agosto de 2004.

87. Arkin, W. M., «The Pentagon Unleashes a Holy Warrior», *Los Angeles Times*, 16 de octubre de 2006.

88. Transcripción, *NBC Nightly News*, 15 de octubre de 2003.

89. Arkin, W. M., «The Pentagon Unleashes a Holy Warrior», *Los Angeles Times*, 16 de octubre de 2006.

90. *Ibídem.*

91. *Ibídem.*

92. Smith, M., «Donald Rumsfeld's New Killer Elite», edición electrónica de *The Times* (Londres), 12 de febrero de 2006.

93. Arkin, W. M., «The Pentagon Unleashes a Holy Warrior», *Los Angeles Times*, 16 de octubre de 2006.

94. Blumenthal, S., «The Religious Warrior of Abu Ghraib: An Evangelical US General Played a Pivotal Role in Iraqi Prison Reform», *Guardian*, 20 de mayo de 2004. Véase también: Barry, J., Hirsh, M. e Isikoff, M., «The Roots of Torture», *Newsweek*, 24 de mayo de 2004.

95. Mannion, J., «General to Be Investigated for Anti-Muslim Remarks», Agencia France-Presse, 21 de octubre de 2003.

96. *Ibídem.*

97. Smith, R. J. y White, J., «General's Speeches Broke Rules; Report Says Boykin Failed to Obtain Clearance», *Washington Post*, 19 de agosto de 2004.

98. *Ibídem.*

99. Transcripción del discurso de Joseph E. Schmitz tal como estaba preparado para su alocución ante el City Club de Cleveland, 25 de junio de 2004.

100. Milicia, J., «Inspector General Says Prisoner Abuse Result of "Bad Eggs"», Associated Press, 25 de junio de 2004.

101. *Ibídem.*

102. Transcripción del discurso de Joseph E. Schmitz tal como estaba preparado para su alocución ante el City Club de Cleveland, 25 de junio de 2004.

103. *Ibídem.*

104. *Ibídem.*

105. *Ibídem.*

106. *Ibídem.*

107. Palabras pronunciadas por el inspector general Joseph E. Schmitz del Departamento de Defensa, Día del Sector de la Seguridad de la Información, Arligton, Virginia, 30 de marzo de 2004.

108. Transcripción del discurso de Joseph E. Schmitz tal como estaba preparado para su alocución ante el City Club de Cleveland, 25 de junio de 2004.

109. *Ibídem.*

110. *Ibídem.*

111. *Ibídem.*

112. Miller, C. T., «The Scrutinizer Finds Himself Under Scrutiny», *Los Angeles Times*, 25 de septiembre de 2005.

113. *Ibídem.*

114. *Ibídem.*

115. Palabras pronunciadas por el Inspector General Joseph E. Schmitz del Departamento de Defensa, descubrimiento del monumento a Von Steuben: «The Role of Inspector General in Defending American Values», Monmouth Battlefield, Monmouth, Nueva Jersey, 15 de mayo de 2004.

116. Transcripción del discurso de Joseph E. Schmitz tal como estaba preparado para su alocución ante el City Club de Cleveland, 25 de junio de 2004.

117. Miller, C. T., *Blood Money*, pág. 57.

118. Miller, C. T., «The Scrutinizer Finds Himself Under Scrutiny», *Los Angeles Times*, 25 de septiembre de 2005.

119. Miller, C. T., *Blood Money*, pág. 55-68.

120. Miller, C. T., «Pentagon Investigator Resigning: Joseph E. Schmitz, the Defense Department's Inspector General Is Suspected of Blocking Investigations of Senior Bush Officials», *Los Angeles Times*, 3 de septiembre de 2005.

121. Miller, C. T., «The Conflict in Iraq: Pentagon Deputy Probes in Iraq Weren't Authorized, Officials Say», *Los Angeles Times*, 7 de julio de 2004.

122. Miller, C. T., «The Scrutinizer Finds Himself Under Scrutiny», *Los Angeles Times*, 25 de septiembre de 2005.

123. Miller, C. T., *Blood Money*, pág. 68.

124. Miller, C. T., «The Scrutinizer Finds Himself Under Scrutiny», *Los Angeles Times*, 25 de septiembre de 2005.

125. Copia de la nota de prensa en poder del autor.

126. *Ibídem.*

127. *Ibídem.*

128. Copia de una carta fechada el 27 de julio de 2005 en poder del autor.

129. *Ibídem.*

130. Miller, C. T., «Pentagon Ousts Official Under FBI Investigation», *Los Angeles Times*, 11 de diciembre de 2004.

131. Miller, C. T., «Pentagon Investigator Resigning: Joseph E. Schmitz, the Defense Department's Inspector General Is Suspected of Blocking Investigations of Senior Bush Officials», *Los Angeles Times*, 3 de septiembre de 2005.

132. Copia del autor, Schmitz, J. E., «Inspecting Sex Slavery Through the Fog of Moral Relativism», 18 de septiembre de 2004.

133. *Ibídem.*

134. Simpson, C., «Commander Contractors Violating US Trafficking Laws», *Chicago Tribune*, 23 de abril de 2006.

135. La serie «Pipeline to Peril», de Cam Simpson, se publicó en el *Chicago Tribune*, 9-10 de octubre de 2005.

136. Simpson, C., «Commander Contractors Violating US Trafficking Laws», *Chicago Tribune*, 23 de abril de 2006.

137. *Ibídem.*

138. *Ibídem.*

139. Allen, M., «Details on Boeing Deal Sought; Senators Raise Questions About White House Involvement», *Washington Post*, 24 de mayo de 2003.

140. Schneider, G. y Renae, M., «Pentagon to Lease Boeing Tanker Planes: Unusual Deal Saves jobs; McCain Alleges Bias», *Washington Post*, 24 de mayo de 2003.

141. *Ibídem.*

142. *Ibídem.*

143. Spiegel, P., «Pentagon Gives Go-Ahead Over Boeing Deal», *Financial Times*, 24 de mayo de 2003.

144. Daniel, C., Harding, J., Chaffin, J. y Brun-Rovet, M., «A Cosy Relationship: Boeing's Pentagon Deal Bears Testament to Its Skilful Lobbying Efforts», *Financial Times*, 8 de diciembre de 2003.

145. *Ibídem.*

146. Schneider, G. y Renae, M., «Pentagon to Lease Boeing Tanker Planes: Unusual Deal Saves jobs; McCain Alleges Bias», *Washington Post*, 24 de mayo de 2003.

147. Renae, M., «Lockheed Adds Director Fresh from the Pentagon», *Washington Post*, 27 de junio de 2003.

148. Schneider, G. y Renae, M., «Pentagon to Lease Boeing Tanker Planes: Unusual Deal Saves jobs; McCain Alleges Bias», *Washington Post*, 24 de mayo de 2003.

149. «Holes in the Tanker Story», *Washington Post*, 20 de junio de 2005.

150. Smith, R. J., «Tanker Inquiry Finds Rumsfeld's Attention Was Elsewhere», *Washington Post*, 20 de junio de 2006.

151. Allen, M., «Details on Boeing Deal Sought; Senators Raise Questions About White House Involvement», *Washington Post*, 24 de mayo de 2003.

152. Copia de la carta del senador Grassley a Schmitz en poder del autor, fechada el 8 de agosto de 2005.

153. *Ibídem.*

154. «Holes in the Tanker Story», *Washington Post*, 20 de junio de 2005.

155. Smith, R. J., «Tanker Inquiry Finds Rumsfeld's Attention Was Elsewhere», *Washington Post*, 20 de junio de 2006.

156. *Ibídem.*

157. Allen, M., «Details on Boeing Deal Sought; Senators Raise Questions About White House Involvement», *Washington Post*, 24 de mayo de 2003.

158. «Holes in the Tanker Story», *Washington Post*, 20 de junio de 2005.

159. Transcripción, «Hearing of the Senate Armed Services Committee», 7 de junio de 2005.

160. Registro oficial de grupos de presión del Senado.

161. *Ibídem.*

162. Copia de la carta del senador Grassley a Schmitz en poder del autor, fechada el 8 de agosto de 2005.

163. Mundy, A., «Material Withheld from tanker Report Angers Senate Panel; Many Names, Data Blacked Out-Key Pentagon Official Refused to Aid Probe», *Seattle Times*, 8 de junio de 2005.

164. Milicia, J., «Inspector General Says Prisoner Abuse Result of "Bad Eggs"», Associated Press, 25 de junio de 2004.

165. DoD Inspector General Lauds Bremer», Servicio de Información de las Fuerzas Estadounidenses, 15 de noviembre de 2004.

166. *Ibídem.*

167. *Ibídem.*

168. Palabras pronunciadas por el Inspector General Joseph E. Schmitz del Departamento de Defensa ante la Asociación Federal de la Orden de Malta en Estados Unidos, en la Church of the Little Flower, Bethesda (Maryland), 5 de febrero de 2005.

169. Comunicado de prensa de Blackwater USA, «Red Cross-Blackwater Fundraiser and Silent Auction a Huge Success!», 23 de noviembre de 2005.

170. Cahlink, G., «Defense IG Schmitz Leaves for Senior Post With Blackwater», *Defense Daily*, 1 de septiembre de 2005.

Capítulo 19

1. Comunicado de prensa de Blackwater USA, «Blackwater USA Continues to Support Katrina devastated Areas; Aid Focuses on Humanitarian, Security and Clean Up Needs», 13 de septiembre de 2005.

2. A menos que se indique lo contrario, todas las descripciones de las operaciones de Blackwater y las citas de su personal en Nueva Orleans se han obtenido durante el periodo que pasó el autor en la ciudad en septiembre de 2005.

3. Berenson, A. y Broder, J. M., «Police Begin Seizing Guns of Civilians», *New York Times*, 9 de septiembre de 2005.

4. Kimberlin, J. y Sizemore, B., «Blackwater: On American Soil», *Virginian-Pilot*, 27 de julio de 2006.

5. *Ibídem.*

6. Roelofs, T., «Iraq or New Orleans, It's All Part of the Job; Former Kentwood Cop describes War-like Horrors from Security Assignment», *Grand Rapids Press*, 13 de septiembre de 2005.

7. *Ibídem.*

8. Borelli, F., «Blackwater in Louisiana», SwatDigest.com, 8 de septiembre de 2005.

9. Witte, G., «Private Security Contractors Head to Gulf», *Washington Post*, 8 de septiembre de 2005.

10. Sizemore, B., «Blackwater Employees Create a Sit in New Orleans», *Virginian-Pilot*, 15 de septiembre de 2005.

11. Comunicado de prensa de Blackwater USA, «Blackwater Joins Hurricane Katrina Relief Effort!», 1 de septiembre de 2005.

12. Comunicado de prensa de Blackwater USA, «Blackwater USA Continues to Support Katrina Devastated Areas; Aid Focuses on Humanitarian, Security and Clean Up Needs», 13 de septiembre de 2005.

13. Entrevista, mayo 2006.

14. Bowean, L. y Horan, D., «Outsiders Come Looking for Work», *Chicago Tribune*, 18 de septiembre de 2005.

15. Cole, A., «From Green Zone to French Quarter», *MarketWatch*, 18 de septiembre de 2005.

16. *Blackwater Tactical Weekly*, 19 de septiembre de 2005.

17. Cole, A., «From Green Zone to French Quarter», *MarketWatch*, 18 de septiembre de 2005.

18. Copia en poder del autor del discurso de Erik Prince en la conferencia West 2006 celebrada en San Diego, 11 de enero de 2006.

19. Kimberlin, J. y Sizemore, B., «Blackwater: On American Soil», *Virginian-Pilot*, 27 de julio de 2006.

20. *Ibídem.*

21. Copia del contrato en poder del autor.

22. Entrevistas, septiembre de 2005.

23. Copia de contratos gubernamentales registrados en poder del autor.

24. Entrevista, junio de 2006.

25. Kimberlin, J. y Sizemore, B., «Blackwater: On American Soil», *Virginian-Pilot*, 27 de julio de 2006.

26. Alpert, B., «Democrats Fight Repeal of Prevailing Wage Law; Recovery Contractors Can Reduce Salaries», *Times-Picayune* (Nueva Orleans), 27 de septiembre de 2005.

27. Chatterjee, P., «Big, Easy Iraqi-Style Contracts Flood New Orleans», *CorpWatch*, 20 de septiembre de 2005.

28. King, R. J., «A High-Stakes Game With Almost No Rules», *CorpWatch*, 16 de agosto de 2006.

29. *Ibídem.*

30. Hsu, S. S., «$400 Million FEMA Contracts Now Total $3.4 Billion», *Washington Post*, 9 de agosto de 2006.

31. «Fluor Slowed Irak Work Frees It for Gulf Coast», Reuters, 9 de septiembre de 2005.

32. Parenti, Ch., «New Orleans: Raze or Rebuild?», *The Nation*, edición electrónica, 12 de septiembre de 2005.

33. Entrevistas, 25 de septiembre.

34. Cooper, Ch., «Old-Line Families Escape Worst of Flood and Plot the Fortune», *Wall Street Journal*, 8 de septiembre de 2005.

35. Entrevista, septiembre de 2006.

36. Página web de ISI, <www.isiusa.us/html/about.swf>, consultada el 7 de diciembre de 2006.

37. Transcripción, «US Senators Tom Coburn (R-Ok) y Barack Obama (D-II) Hold a News Conference on Hurricane Katrina Relief Efforts», 14 de septiembre de 2005.

38. Copia de la carta en poder del autor.

39. Copia de la carta en poder del autor.

40. Entrevista, 2006.

41. Copia del memorando en poder del autor.

42. Kimberlin, J. y Sizemore, B., «Blackwater: On American Soil», *Virginian-Pilot*, 27 de julio de 2006.

43. Merle, R., «Storm-Wracked Parish Considers Hired Guns: Contractors in Louisiana Would Make Arrests, Carry Weapons», *Washington Post*, 14 de marzo de 2006.

44. *LeRoy vs. Blackwater USA*, archivado el 25 de agosto de 2005, Tribunal Federal de Primera Instancia para el Distrito Este de Luisiana.

45. Kimberlin, J., «Fort Swaggart: Bible Campus Becomes Blackwater Base», *Virgnian-Pilot*, 27 de julio de 2006.

46. Kimberlin, J. y Sizemore, B., «Blackwater: On American Soil», *Virginian-Pilot*, 27 de julio de 2006.

47. Copia en poder del autor del discurso de Erik Prince en la conferencia West 2006 celebrada en San Diego, 11 de enero de 2006.

48. Kimberlin, J. y Sizemore, B., «Blackwater: On American Soil», *Virginian-Pilot*, 27 de julio de 2006.

49. Rodgers, T. «Finish the Fence, Congressmen Say; Republican Leaders Gather at Border to Promote "Real ID Act"», *San Diego-Union Tribune*, 30 de marzo de 2005.

50. Comunicado de prensa, «Rep. Rohrabacher Comments Minuteman Project», 19 de abril de 2005.

51. Robinson, D., «US Citizen Volunteers on Border Security: We Won't Stop», *Voice of America*, 12 de mayo de 2005.

52. Transcripción, «Hearing of the Management, Integration, and Oversight Subcommittee of the House Homeland Security Committee. Sub-

ject: Training More Border Agents: How the Department of Homeland Security Can Increase Training Capacity More Effectively», 24 de mayo de 2005.

53. *Ibídem.*

54. *Ibídem.*

55. *Blackwater Tactical Weekly*, 13 de junio de 2005.

56. Losey, S., «Border Patrol Should Consider Outsourcing its Training Lawmaker Says», *Federal Times*, 27 de mayo de 2005.

57. Comunicado de prensa de Blackwater USA, «Red Cross-Blackwater Fundraiser and Silent Auction a Huge Success!», 23 de noviembre de 2005.

58. *Ibídem.*

59. *Blackwater Tactical Weekly*, 28 de agosto de 2006.

60. Copia del memorando fechado el 16 de septiembre de 2005, en poder del autor.

61. Birnbaum, J. H. y Grimaldi, J. V., «Lobby Firm is Scandal Casualty; Abramoff, DeLay Publicity Blamed for Shutdown», *Washington Post*, 10 de enero de 2006.

62. Registro gubernamental de *lobbies*.

63. Sarahson, J., «Security Contractors Try Friendly Persuasion», *Washington Post*, 22 de dciciembre de 2005; registro gubernamental de grupos de presión.

64. Registro gubernamental de *lobbies*.

65. Biografía de Erik Prince ofrecida por Prince Manufacturing.

66. Kane, P. y Bresnahan, «Letters Depict a Softer Abramoff», *Rol Call*, 29 de marzo de 2006.

67. Copia de documentos de la Edgar and Elsa Prince Foundation en poder del autor.

68. Página web de Toward Tradition, <www.towardtradition.org>.

69. «The Rabbi Responds», *Seattle Weekly*, 18 de enero de 2006.

70. Acuerdo de aceptación de culpabilidad de Jack Abramoff, 3 de enero de 2006.

71. Postman, D. y Bernton, H., «Abramoff Used Area Foundation as Conduit for Money», *Seattle Times*, 9 de enero de 2006.

72. *Ibídem.*

73. *Ibídem.*

74. Ackley, K. y Newmyer, T., «Key Clients Quit Alexander Strategy Group; Others Weigh Options», *Roll Call*, 11 de enero de 2006.

75. Palmer, A., «Pickups», *Legal Times*, 27 de marzo de 2006.

76. *Ibídem.*

Capítulo 20

1. Transcripción, discurso del presidente Bush en el Despacho Oval, 8 de noviembre de 2006.

2. Merle, R., «Census Counts 100.000 Contractors in Irak», *Washington Post*, 5 de diciembre de 2006.

3. Transcripción, «Remarks By Vice President Dick Cheney at an Armed Forces Full Honor Review in Honor of Secretary of Defense Donald Rumsfeld», 15 de diciembre de 2006.

4. Transcripción, *Face the Nation*, CBS, 7 de diciembre de 2006.

5. Baker, P., «Bush to Expand Size of the Military», *Washington Post*, 19 de diciembre de 2006.

6. Presidente George W. Bush, «State of the Union», 23 de enero de 2007.

7. Hodge N., «Washington Urged to Save Money By Raising Private Military "Contractor Brigade"», *Financial Times*, 10 de febrero de 2005.

8. Hemingway, M., «Warriors for Hire: Blackwater USA and the Rise of Private Military Contractors», *Weekly Standard*, 18 de diciembre de 2006.

9. *Ibídem*.

10. Copia en poder del autor de la hoja informativa de la VI Exposición y Conferencia Internacional de Operaciones Especiales (SOFEX 2006), celebrada los días 27 de marzo de 2006, Base Aérea Rey Abdalá, Amman (Jordania).

11. *Ibídem*.

12. «Record Number of Participants to Visit SOFEX 2006», Defense-World.net, consultado el 2 de noviembre de 2006.

13. BlackwaterUSA.com

14. Biografía oficial, «His Majesty King Abdullah II», embajada jordana en Estados Unidos, <www.jordanembassyus.org/new/jib/monarchy/hmk.shtml>, consultada el 2 de diciembre de 2006.

15. Kahwaji, R., «Jordan Forming Spec Ops Air Unit; Contracted US Aviators Will Conduct Training», *Armed Forces Journal*, 1 de febrero de 2005.

16. *Ibídem*.

17. *Ibídem*.

18. Copia en poder del autor del discurso pronunciado por Erik Prince en West 2006.

19. Kahwaji, R., «Jordan Leads Region in Spec Ops Capabilities», *Defense News*, 20 de marzo de 2006.

20. «Exclusive Interview: Partner for Peace. His Majesty King Abdullah

II bin al Hussein, King of The Hashemite Kingdom of Jordan», <www.special-operations-technology.com/print_article.cfm?DocID=1361>, sin fecha.

21. Franklin, J., «The SWAT Olympics: North America's Toughest, Most Heavily Armed Corps Go Head-To-Head in Live Ammo Games to See Who's The Ultimate Badass. What's Not to Love?», *Maxim*, septiembre de 2004.

22. Comunicado de prensa de Blackwater USA, «Blackwater USA Parachute Team Launched», 21 de marzo de 2006.

23. Kennedy, K., «Private Firm Pitches Army-for-Hire-Plan», *Air Force Times*, 10 de abril de 2006.

24. *Ibídem*.

25. *Ibídem*.

26. Transcripción, «Private Military Firm Pitches Its Services in Darfur», National Public Radio, *All Things Considered*, 26 de mayo de 2006.

27. *Ibídem*.

28. Correo electrónico al autor, diciembre de 2006.

29. Transcripción, Chris Taylor, vicepresidente de iniciativas estratégicas, Blackwater USA, discurso en la Facultad de Derecho de la Universidad George Washington, 28 de enero de 2005.

30. Correo electrónico al autor, diciembre de 2006.

31. Goodman, «China Invests Heavily in Sudan's Oil Industry; Beijing Supplies Arms Used on Villagers», *Washington Post*, 23 de diciembre de 2004.

32. *Ibídem*.

33. CIA World Factbook, <https://cia.gov/cia/publications/factbook/rankorder/2178rank.html>, consultado el 6 de diciembre de 2006.

34. Goodman, «China Invests Heavily in Sudan's Oil Industry; Beijing Supplies Arms Used on Villagers», *Washington Post*, 23 de diciembre de 2004.

35. Flounders, S., «The US Role in Darfur, Sudan: Oil Reserves Rivalling Those of Saudi Arabia?», The Centre for Research on Globalization, 6 de junio de 2006.

36. Hemingway, M., «Warriors for Hire: Blackwater USA and the Rise of Private Military Contractors», *Weekly Standard*, 18 de diciembre de 2006.

37. Hodge, N., «Blackwater CEO Touts private Peacekeeping Model», *Defense Daily*, 23 de febrero de 2005.

38. *Ibídem*.

39. Christian Freedom International, «About Us», <www.christianfreedom.org/about_cfi/Statement%20of%20Faith.html, consultado el 26 de noviembre de 2006.

40. Jacobson, J., «Slave Redemption Money Rewards the Slaver», *Washington Times*, 30 de mayo de 1999.

41. *Ibídem.*

42. Programa de radio «The Danger Zone», producido por la Foundation for Defense of Democracies, 8 de octubre de 2006.

43. Transcripción, «Private Military Firm Pitches Its Services in Darfur», National Public radio, *All Things Considered*, 26 de mayo de 2006.

44. Witter, W. «Private Firms Eye Darfur», *Washington Times*, 2 de octubre de 2006.

45. Copia en poder del autor del discurso pronunciado por Erik Prince en West 2006.

46. Correo electrónico al autor, dciembre de 2006.

47. Hemingway, M., «Warriors for Hire: Blackwater USA and the Rise of Private Military Contractors», *Weekly Standard*, 18 de diciembre de 2006.

48. *Ibídem.*

49. Boot, M., «Darfur Solution: Send in the Mercenaries», *Los Angeles Times*, 31 de mayo de 2006.

50. *Ibídem.*

51. Boot, M., «A Mercenary Force for Darfur», *Wall Street Journal*, 25 de octubre de 2006.

52. Koppel, T., «These Guns for Hire», *New York Times*, 22 de mayo de 2006.

53. Véase *Democracy Now!*, «Drilling and Killing: Chevron and Nigeria's Oil Dictatorship», 30 de septiembre de 1998.

54. A menos que se indique lo contrario, los comentarios de la congresista Schakowsky proceden de una entrevista realizada en junio de 2006.

55. Kennedy, K., «Private Firm Pitches Army-for-Hire-Plan», *Air Force Times*, 10 de abril de 2006.

56. Kimberlin, J., «Blackwater Eyes Creation of Private "Brigade Force"», *Virginian-Pilot* 28 de julio de 2006.

57. Transcripción, «Hearing of the National Security, Emerging Threats and International Relations Subcommittee of the House Government Reform Committee», 13 de junio de 2006.

58. Lista de miembros de la IPOA, <http://ipoaonline.org/php/index.php?option=com_content&task=view&id=18&Itemid=30>, consultado el 7 de diciembre de 2006.

59. Messner, J. J., carta al director: «Don't Call Us Mercenaries», *The Nation*, 10 de julio de 2006.

60. Rosen, J., «Contractors Operate in Legal Gray Arena; The Roles of an Interrogator and an Interpreter in the Abuse Scandal Are Murky. Even Less Clear is Whom They Answer to», *Star Tribune*, 23 de mayo de 2004.

61. Ulam Weiner, R., «Peace Corp.; As the International Community Dithers Over Darfur, Private Military Companies Say They've Got What it Takes to Stop the Carnage; If Only Someone Would Hire Them», *Boston Globe*, 23 de abril de 2006.

62. Historia de la IPOA, <http://ipoaonline.org/php/index.php?option =com_content&task=view&id=13&Itemid=30>, consultado el 7 de diciembre de 2006.

63. Transcripción, «Hearing of the National Security, Emerging Threats and International Relations Subcommittee of the House Government Reform Committee», 13 de junio de 2006.

64. Transcripción, Chris Taylor, vicepresidente de iniciativas estratégicas, Blackwater USA, intervención en la Facultad de Derecho de la George Washington University, 28 de enero de 2005.

65. Código de conducta de la IPOA, versión 10, <http://ipoaonline.org/ php/index.php?optioin=com_content&task=view&id=35&Itemid=62>, consultado el 7 de diciembre de 2006.

66. *Ibídem.*

67. Comité ejecutivo de la IPOA 2006, <http://ipoaonline.org/php/ index.php?optioin=com_content&task=view&id=40&Itemid=73>, consultado el 7 de diciembre de 2006; Transcripción, «Hearing of the National Security, Emerging Threats and International Relations Subcommittee of the House Government Reform Committee», 13 de junio de 2006.

68. Transcripción, «Hearing of the National Security, Emerging Threats and International Relations Subcommittee of the House Government Reform Committee», 13 de junio de 2006.

69. Declaración de misión de la IPOA, <http://ipoaonline.org/php/ index.php?optioin=com_content&task=view&id=14&Itemid=31>, consultado el 7 de diciembre de 2006.

70. Merle, R., «Census Counts 100.000 Contractors in Iraq: Civilian Number, Duties Are Issues», *Washington Post*, 5 de diciembre de 2006.

71. Transcripción, «Hearing of the National Security, Emerging Threats and International Relations Subcommittee of the House Government Reform Committee», 13 de junio de 2006.

72. Singer, P. W., *Corporate Warriors*, pág. 114.

73. *Ibídem.*, págs. 116-117.

74. Ley de prohibición de las actividades mercenarias y de prohibición y regulación de determinadas actividades en zonas de conflicto de la República de Sudáfrica, octubre de 2005.

75. BBC News, «Q&A: Equatorial Guinea "Coup Plot"», <http://news. bbc.co.uk/2/hi/africa/3597450.stm>, 13 de enero de 2005.

76. BBC News, «Q&A: Equatorial Guinea "Coup Plot"», <http://news.bbc.co.uk/2/hi/africa/3597450.stm>, 13 de enero de 2005; BBC News, «Profile: Simon Mann», 10 de septiembre de 2004.

77. Ley de prohibición de las actividades mercenarias y de prohibición y regulación de determinadas actividades en zonas de conflicto de la República de Sudáfrica, octubre de 2005.

78. «South Africa Passes Controversial Mercenaries Bill», Reuters, 29 de agosto de 2006.

79. Reed, J., «S. African Ban on Mercenaries Could Hit Conflict Zone Workers», *Financial Times*, 30 de agosto de 2006.

80. Ley de prohibición de las actividades mercenarias y de prohibición y regulación de determinadas actividades en zonas de conflicto de la República de Sudáfrica, octubre de 2005.

81. Reed, J., «S. African Ban on Mercenaries Could Hit Conflict Zone Workers», *Financial Times*, 30 de agosto de 2006.

82. Brooks, D., «New Legislation Will Undermine South Africa's Security Staff Abroad», *The Cape Times*, 5 de octubre de 2005.

83. «Defence Portfolio Committee Hears: Role of South Africans "Critical for World Peace"», *Mercury* (Sudáfrica), 24 de mayo de 2006.

84. Nullis, C., «South Africa Assembly OKs Mercenary Bill», Associated Press, 29 de agosto de 2006.

85. Ulam Weiner, R., «Peace Corp.; As the International Community Dithers Over Darfur, Private Military Companies Say They've Got What it Takes to Stop the Carnage; If Only Someone Would Hire Them», *Boston Globe*, 23 de abril de 2006.

86. Nullis, C., «South Africa Assembly OKs Mercenary Bill», Associated Press, 29 de agosto de 2006.

87. *Ibídem.*

88. Hemingway, M., «Warriors for Hire: Blackwater USA and the Rise of Private Military Contractors», *Weekly Standard*, 18 de diciembre de 2006.

89. Kimberlin, J., «Blackwater Eyes Creation of Private "Brigade Force"», *Virginian-Pilot*, 28 de julio de 2006.

90. Copia en poder del autor de los documentos del registro central de contratistas relativos a Greystone Limited.

91. *Ibídem.*

92. *Ibídem.*

93. Copia de la lista de invitados en poder del autor.

94. Copia del folleto en poder del autor.

95. Copia de la invitación en poder del autor.

96. Copia del vídeo en poder del autor.

97. Hodge N., «Washington Urged to Save Money By Raising Private Military "Contractor Brigade"», *Financial Times*, 10 de febrero de 2005.

98. Página web de West 2006, <www.afcea.org/events/west/2006/intro.html>, consultada el 7 de diciembre de 2006.

99. Copia en poder del autor del discurso pronunciado por Erik Prince en West 2006.

100. Daggett, S. y Belasco, A., «Defense Budget for FY2003: Data Summary», Congressional Research Service, 29 de marzo de 2002.

101. Singer, P. W., *Corporate Warriors*, pág. 15.

102. *Ibídem.*, pág. 16.

103. Traynor, I., «The Privatisation of War», *Guardian*, 10 de diciembre de 2003.

104. Krugman, P., «Battlefield of Dreams», *New York Times*, 4 de mayo de 2004.

105. Sizemore, B., «The Layered Look: On Multi-level Contracts, Everyone Gets a Cut», *Virginian-Pilot*, 28 de julio de 2006.

106. «Rebuilding Irak», Oficina de Supervisión del Gobierno (GAO), junio de 2006.

107. *Ibídem.*

108. *Ibídem.*

109. <www.globalsecurity.org/military/ops/iraq_reconstruction_costs.htm>.

110. Contratos gubernamentales, tal como aparecen detallados en fedspending.org.

111. Singer, P. W., «Peacekeepers, Inc.», *Policy Review*, junio de 2003.

112. Stoller, G., «Homeland security generates multibillion dollar business», *USA Today*, 10 de septiembre de 2006.

113. Comentarios de Cofer Black en una conferencia del American Enterprise Institute, «Contractors on the Battlefield: A Briefing on the Future of the Defense Industry», 17 de mayo de 2006.

114. *Ibídem.*

115. Hemingway, M., «Warriors for Hire: Blackwater USA and the Rise of Private Military Contractors», *Weekly Standard*, 18 de diciembre de 2006.

116. Lerman, D, y Heinatz, S., «War in Iraq: For Contractors, War Is a Job, Not an Adventure», *Daily Press* (Newport News, Virginia), 4 de abril de 2004.

117. Copia en poder del autor del discurso pronunciado por Erik Prince en West 2006.

118. Comentarios de Cofer Black en una conferencia del American En-

terprise Institute, «Contractors on the Battlefield: A Briefing on the Future of the Defense Industry», 17 de mayo de 2006.

119. Informe Cuatrienal de Defensa, 6 de febrero de 2006.

120. Comentarios de Cofer Black en una conferencia del American Enterprise Institute, «Contractors on the Battlefield: A Briefing on the Future of the Defense Industry», 17 de mayo de 2006.

121. Informe Cuatrienal de Defensa, 6 de febrero de 2006.

122. Hemingway, M., «Warriors for Hire: Blackwater USA and the Rise of Private Military Contractors», *Weekly Standard*, 18 de diciembre de 2006.

123. Comentarios de Cofer Black en una conferencia del American Enterprise Institute, «Contractors on the Battlefield: A Briefing on the Future of the Defense Industry», 17 de mayo de 2006.

124. *Ibídem.*

Epílogo

1. Según los registros del Federal Procurement Data System (Sistema de Datos sobre Adquisiciones y Contrataciones del Gobierno Federal).

2. Joanne Kimberlin, «At Blackwater, Time Is Now Told in "Before" and "After"», *Virginian-Pilot*, 28 de octubre de 2007.

3. *Ibídem.*

4. *Ibídem.*

5. August Cole, «Blackwater Vies for Jobs Beyond Security», *Wall Street Journal*, 15 de octubre de 2007.

6. *Ibídem.*

7. Paul Richfield, «$15B Narcoterrorism War to be Outsourced», *Army Times*, 14 de septiembre de 2007.

8. *Ibídem.*

9. Solomon Moore, «Disputed in Iraq, Blackwater Now Splits California Town», *New York Times*, 11 de diciembre de 2007.

10. Toby Muse, «U.S. Contractors Get Half of Aid to Colombia», *USA Today*, 15 de junio de 2007.

11. John Ross, «Full Spectrum Mercenaries», CounterPunch.org, 9 de noviembre de 2007.

12. Solomon Moore, «Disputed in Iraq, Blackwater Now Splits California Town», *New York Times*, 11 de diciembre de 2007.

13. Organización de las Naciones Unidas, «Report of the Working Group on the Use of Mercenaries as a Means of Violating Human Rights

and Impeding the Exercise of the Right of People to Self-Determination»,
9 de enero de 2008.

14. Solomon Moore, «Disputed in Iraq, Blackwater Now Splits California Town», *New York Times*, 11 de diciembre de 2007.

15. Anne Krueger, «Blackwater Pulls Application for Potrero Training Center», *San Diego Union-Tribune*, 7 de marzo de 2008.

16. August Cole, «Blackwater Vies for Jobs Beyond Security», *Wall Street Journal*, 15 de octubre de 2007.

17. Teri Weaver, «Tiny Base Assimilates Into Japanese Town», *Stars and Stripes*, 8 de octubre de 2007.

18. Wendell Minnick, «Blackwater Training Taiwanese», *Defense News*, 12 de febrero de 2008.

19. «Life-and-Death Repercussions of Blackwater Trashing», *Serviam*, número de enero-febrero de 2008.

20. «ARES Systems Group Armor Applique Gets Thumbs Up From Army Aberdeen Test Center», Market Wire, 3 de marzo de 2008.

21. Kris Osborn, «Six Companies Compete for DoD MRAP II Contract», *Navy Times*, 5 de noviembre de 2007.

22. David Macaulay, «Blackwater USA Hires Ford Workers to Build New APC», *Daily Advance*, 20 de febrero de 2007.

23. Kris Osborn, «Six Companies Compete for DoD MRAP II Contract», *Navy Times*, 5 de noviembre de 2007.

24. David Macaulay, «Blackwater USA Hires Ford Workers to Build New APC», *Daily Advance*, 20 de febrero de 2007.

25. «Blackwater USA President Outlines Firm's Future Plans», Associated Press, 31 de julio de 2007.

26. David Macaulay, «Blackwater USA Hires Ford Workers to Build New APC», *Daily Advance*, 20 de febrero de 2007.

27. Jon W. Glass, «Off the Ground», *Virginian-Pilot*, 23 de noviembre de 2007.

28. *Ibídem.*

29. *Ibídem.*

30. Joanne Kimberlin, «At Blackwater, Time Is Now Told in "Before" and "After"», *Virginian-Pilot*, 28 de octubre de 2007.

31. R. J. Hillhouse, «Exclusive Interview: Blackwater USA's President Gary Jackson», TheSpyWhoBilledMe.com, 26 de abril de 2007.

32. Joanne Kimberlin, «At Blackwater, Time Is Now Told in "Before" and "After"», *Virginian-Pilot*, 28 de octubre de 2007.

33. Organización de las Naciones Unidas, «Report of the Working Group on the Use of Mercenaries as a Means of Violating Human Rights

and Impeding the Exercise of the Right of People to Self-Determination», 9 de enero de 2008.

34. Entrevista, julio de 2007.

35. Comunicado de prensa de Total Intelligence Solutions, «Former CIA and Counterterrorism Experts Respond to Security and Intelligence Demands of the Private Sector», 20 de febrero de 2006.

36. <www.totalintel.com>, consultado el 17 de marzo de 2008.

37. Entrevista, julio de 2007.

38. R. J. Hillhouse, «The ODNI's Wal-Mart Approach to Intel», TheSpyWhoBilledMe.com, 18 de junio de 2007.

39. R. J. Hillhouse, «Corporate Content and the President's Daily Brief», TheSpyWhoBilledMe.com, 23 de julio de 2007.

40. Ben Hammer, «Blackwater Boss, Former CIA Execs Create New Firm», *Washington Business Journal*, 12 de marzo de 2007.

41. Los detalles biográficos de Richer están extraídos de múltiples fuentes, entre ellas: biografía oficial de Richer según Total Intelligence; Ken Silverstein, «Revolving Door to Blackwater Causes Alarm at CIA», *Harper's* online, columna de Washington Babylon, 12 de septiembre de 2006; Dana Hedgpeth, «Blackwater's Owner Has Spies for Hire», *Washington Post*, 3 de noviembre de 2007; Ben Van Heuvelen, «The Bush Administration's Ties to Blackwater», *Salon*, 2 de octubre de 2007.

42. Biografía de Prado según Total Intelligence.

43. *Ibídem*.

44. Ken Silverstein, «Revolving Door to Blackwater Causes Alarm at CIA», *Harper's* online, columna de Washington Babylon, 12 de septiembre de 2006.

45. Mark Mazzetti y Scott Shane, «Tape Inquiry: Ex-Spymaster in the Middle», *New York Times*, 20 de febrero de 2008.

46. Ken Silverstein, «Revolving Door to Blackwater Causes Alarm at CIA», *Harper's* online, columna de Washington Babylon, 12 de septiembre de 2006.

47. Biografías según Total Intelligence.

48. *Ibídem*.

49. Dana Hedgpeth, «Blackwater's Owner Has Spies for Hire», *Washington Post*, 3 de noviembre de 2007.

50. <www.totalintel.com/dsp_gfc.php>, consultado el 17 de marzo de 2008.

51. Dana Hedgpeth, «Blackwater's Owner Has Spies for Hire», *Washington Post*, 3 de noviembre de 2007.

52. Ben Hammer, «Blackwater Boss, Former CIA Execs Create New

Firm», *Washington Business Journal*, 12 de marzo de 2007; Dana Hedgpeth, «Blackwater's Owner Has Spies for Hire», *Washington Post*, 3 de noviembre de 2007.

53. Comunicado de prensa de Total Intelligence Solutions, «Former CIA and Counterterrorism Experts Respond to Security and Intelligence Demands of the Private Sector», 20 de febrero de 2006.

54. Dana Hedgpeth, «Blackwater's Owner Has Spies for Hire», *Washington Post*, 3 de noviembre de 2007.

55. *Ibídem.*

56. *Ibídem.*

57. Ken Silverstein, «Revolving Door to Blackwater Causes Alarm at CIA», *Harper's* online, columna de Washington Babylon, 12 de septiembre de 2006.

58. Kudlow & Company, «Ambassador Cofer Black Discusses Investing in Jordan», transcripción de la CNBC, 9 de julio de 2007.

59. Dana Hedgpeth, «Blackwater's Owner Has Spies for Hire», *Washington Post*, 3 de noviembre de 2007.

60. Ibídem.

61. Discurso de John McCain en Derry (New Hampshire), 3 de enero de 2008.

62. Joanne Kimberlin, «At Blackwater, Time Is Now Told in "Before" and "After"», *Virginian-Pilot*, 28 de octubre de 2007.

63. Peter Grier y Gordon Lubold, «Private Security in Iraq: Whose Rules?», *Christian Science Monitor*, 20 de septiembre de 2007.

64. Comunicado de prensa de Barack Obama, «Obama Statement on Supplemental Bill That Sets a Target Redeployment Date», 26 de abril de 2007.

65. Erik Leaver, «Iraq Supplemental Analysis», Institute for Policy Studies, 14 de marzo de 2007.

66. Entrevista, marzo de 2007.

67. Transcripción de la comparecencia de confirmación del general David Petraeus ante el Comité del Senado sobre Fuerzas Armadas, 24 de enero de 2007.

68. Steve Fainaru, «Iraq Contractors Face Growing Parallel War», *Washington Post*, 16 de junio de 2007.

69. Entrevista, marzo de 2007.

70. T. Christian Miller, «Private Contractors Outnumber US Troops in Iraq», *Los Angeles Times*, 4 de julio de 2007.

71. Government Accountability Office (Oficina de Auditoría General del gobierno federal), «Report to the Committee on Armed Services, US Senate», marzo de 2008.

72. Jeremy Scahill, «*All* Cowboys Out Now», *The Nation*, 26 de noviembre de 2007.

73. See Jeremy Scahill, «Bush's Shadow Army», *The Nation*, 2 de abril de 2007.

74. Jeremy Scahill, «*All* Cowboys Out Now», *The Nation*, 26 de noviembre de 2007.

75. Transcripción, Sesión de Comparecencia sobre supervisión de los contratistas privados en Irak, Comité de la Cámara de Representantes sobre Supervisión y Reforma Gubernamental, 2 de octubre de 2007.

76. *Ibídem.*

77. John H. Broder y David Rohde, «State Department Use of Contractors Leaps in 4 Years», *New York Times*, 24 de octubre de 2007.

78. Jeremy Scahill, «Obama's Mercenary Position», *The Nation*, 17 de marzo de 2008.

79. Comunicado de prensa de Hillary Clinton, «Senator Clinton Cosponsors Legislation to Ban Use of Private Security Contractors in Iraq and Afghanistan," 28 de febrero de 2008.

80. Joanne Kimberlin, «At Blackwater, Time Is Now Told in "Before" and "After"», *Virginian-Pilot*, 28 de octubre de 2007.